芳澤勝弘編著

東陽英朝 少林無孔笛訳注 一

思文閣出版

題字——藤原宗欽老師

図1　大道真源禅師尊像　聖澤院蔵

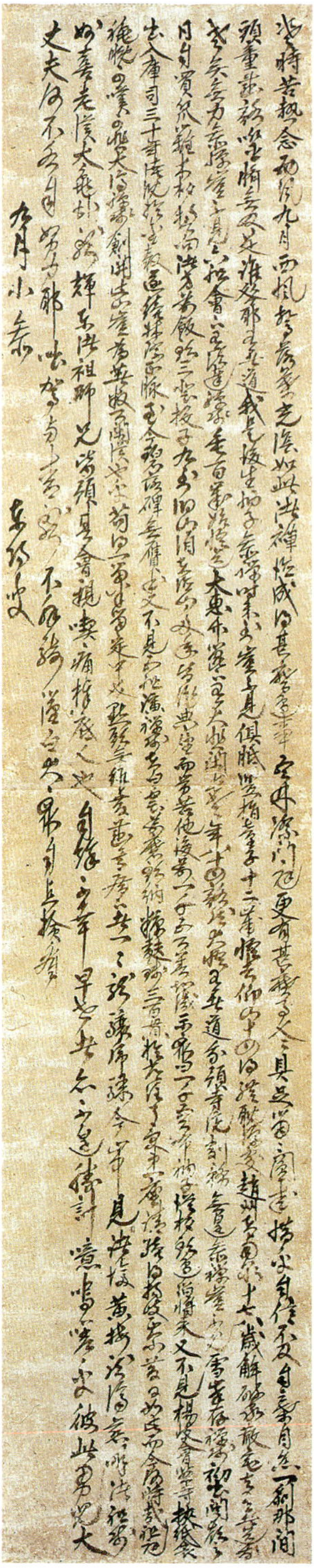

図２　九月一日小参語　聖澤院蔵　［２-118］参照

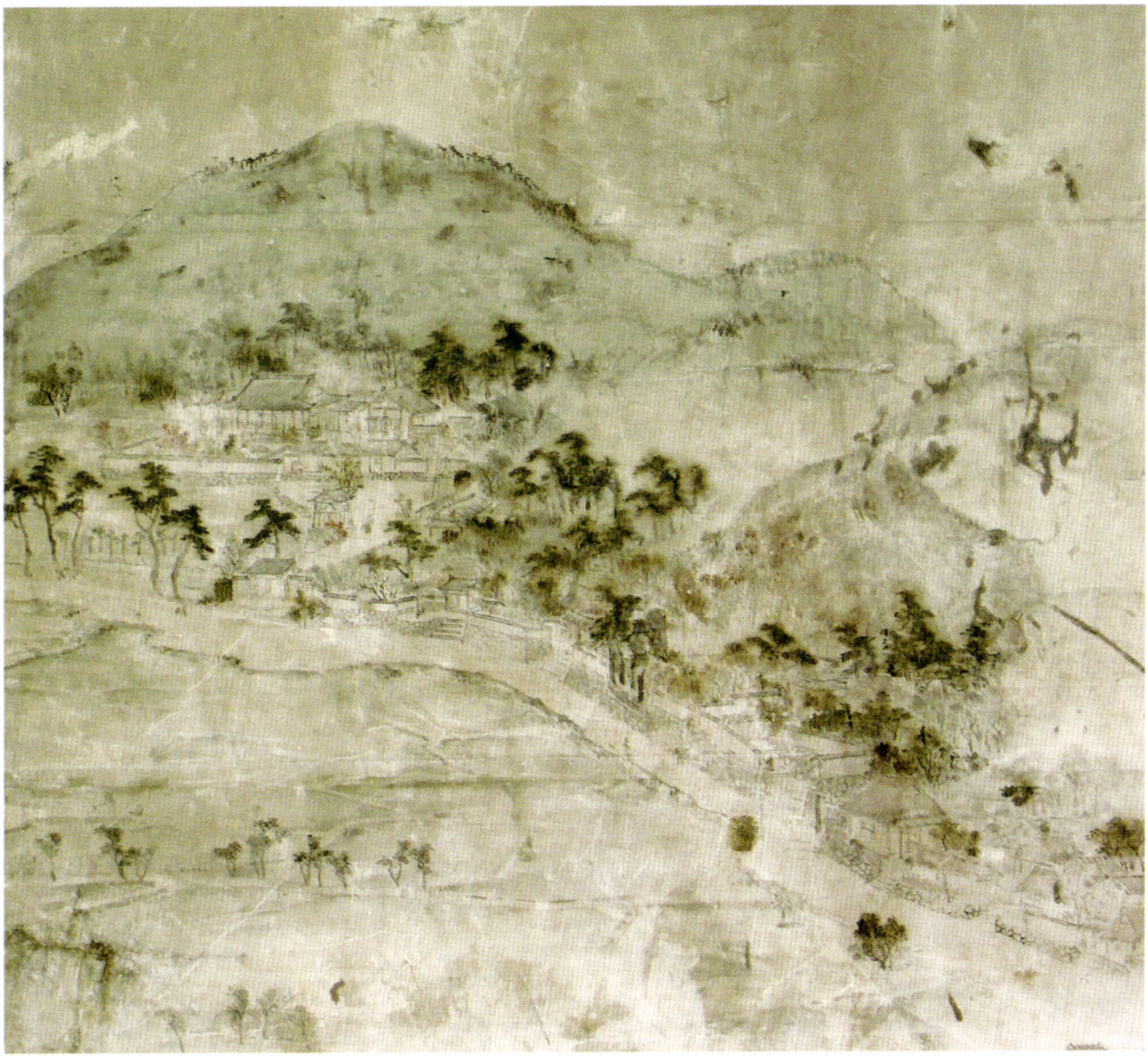

図3　龍興寺と塔頭(部分)　龍興寺蔵

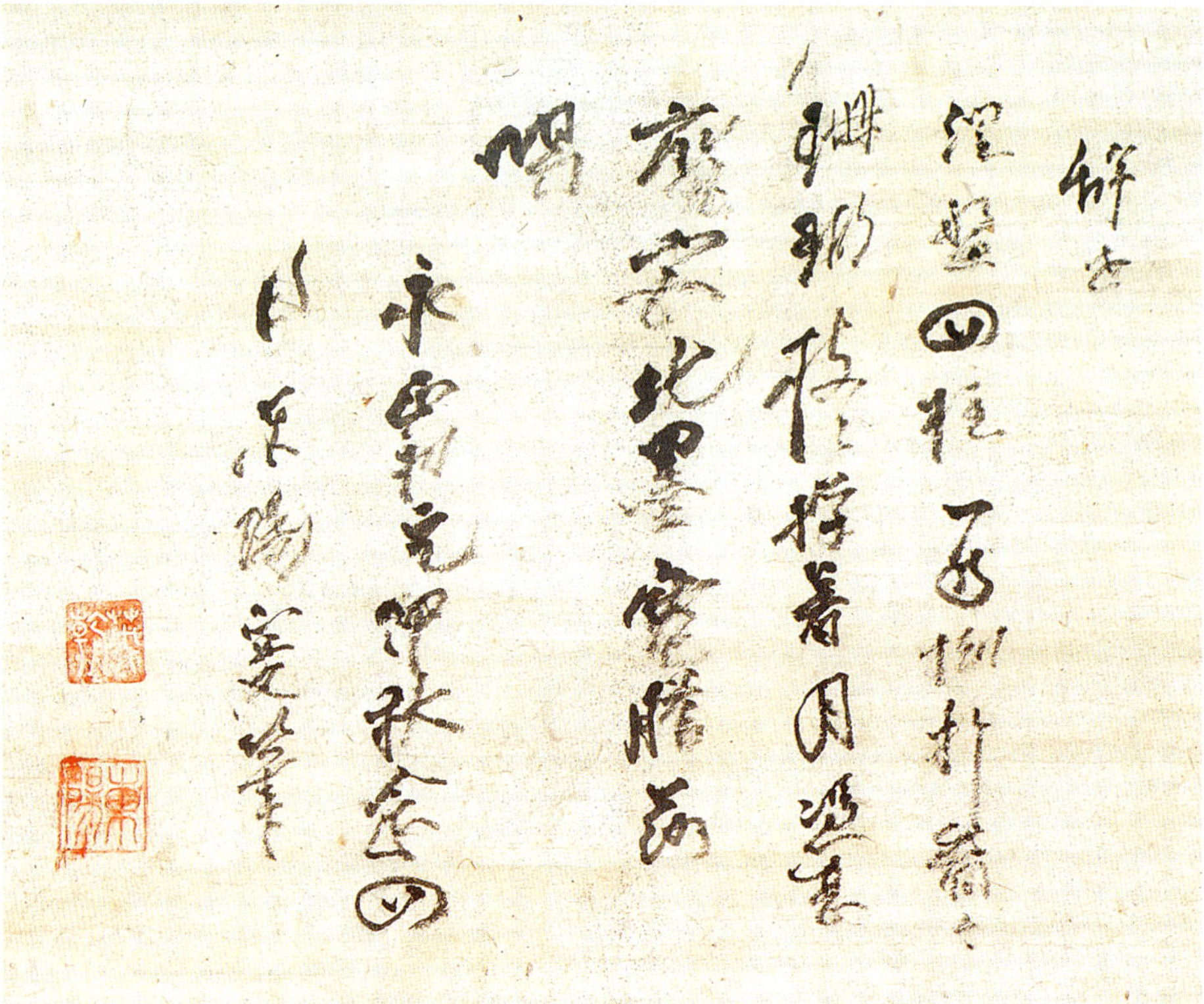

図４　辞世　少林寺蔵　［２-177］参照

序

平成二十九年四月聖澤派徒弟開祖大雅耑匡禪師の五百年遠諱を嚴修するに當たり、その師である東陽英朝禪師の語錄『少林無孔笛』を刊行することとなりました。若くして五山の薫陶を受けた師の難解な膠盆子に譯注が著くと云うことは誠に有難いことであります。

聖澤一派の開祖である師は、五歳にして天龍寺玉岫和尚につき落髮得度、南禪寺にて内外の典籍・語錄を涉獵し、詩文を錬り、清規法式を修得しました。後、齡三十一、龍安寺の雪江禪師の鑪鞴に入り、親炙請益し、黒豆の正眼を豁開し、師の印可を受けました。齡五十一歳の時であります。初め米山龍興寺に入寺開堂して以來、紫野大徳寺、尾張瑞泉寺、法山妙心寺、堆雲菴、不二菴、法雲山定慧寺、臨滹山大仙寺、そして最後に、龍慶山少林寺で壽七十七歳で示寂する迄、關山一流の宗風を發揚してこられたのであります。

この間の法語を編緝したのが『少林無孔笛』であります。其の禪文兼熟の流麗優雅な詩操、博學無比の知職、また堅忍不拔の英氣、枯淡清貧な閑活計等々は人をして感嘆せしめるものであります。

這回、大春和尚が校定上梓された底本の上中下六卷本の、入寺・法語・佛事・偈頌・像贊・道號等の中、上二卷の入寺・法語の部分を譯注本として印行しました。其の中の瑞泉寺法語九月一日小參（二―一一八）、ならびに龍興寺法語冬夜小參（一―九七）は我が一流門下の一大龜鑑であります。

曩に平成十五年、開祖眞源禪師五百年遠諱に際しては、記念として『江湖風月集譯注』

を出版し供養した處、輪下の緇流からは絶讃をもって喜んでいただきました。此度も亦た芳澤勝弘先生に譯注をお願いし、御多忙の中、變らぬ御盡力によって出來上ったものであります。爰に聖澤派諸尊宿の越格なる宗盟心と佛天の加護は元より、今回御盡力賜わった芳澤先生と是を加擔補佐された花園大學國際禪學研究所の各位の不斷の勞に深甚なる謝意を表します。

願わくば是が全巻の完結を希し、無孔笛に和して、辨道の機縁に資せんことを。

平成二十九丁酉歳三月吉日

遠孫禅比丘宗欽焚香九拜謹誌

目次

住尾張州青龍山瑞泉禪寺語……二四八

住堆雲菴語……二五九

東陽和尚少林無孔笛　卷之二

住平安城正法山妙心禪寺語……二六七

凡例

○底本は、宝永六年の影印本を用いた。
○底本の漢字表記は、現在パソコンで通行する一般的な表記にあらためた。したがって、一部、正字表記できないものがある。
○訓読は原則として底本の訓点に忠実に行い、一部あらためた場合は、その旨を記した。
○ルビのうちカタカナで示したものは底本にあるものである。
○本書には索引を付さなかったが、花園大学国際禅学研究所のＨＰ上の「電子達磨」で検索し、本書の該当頁を捜すことができる予定なので、ご活用いただきたい。
○訳注のために用いた、主要なる諸抄、参考書類は左のとおりである。

『少林無孔笛』（大仙寺写本）
『少林無孔笛草稿』（少林寺写本）
『無孔笛集』（開善寺写本）
『少林無孔笛校証』（無著道忠撰　春光院写本）

『葛藤語箋』
『虚堂録犂耕』
『五家正宗賛助桀』
『禅林象器箋』
『大慧普覚禅師書栲栳珠』
『百丈清規左觽』

以上、無著道忠撰。花園大学国際禅学研究所ＨＰの電子達磨版。

『錦繡段抄』（天隠龍澤編）

『句双葛藤鈔』（元禄五年刊。電子達磨版）

『荊叢毒蘂』（白隠慧鶴撰。芳澤勝弘訓注。禅文化研究所刊）

『江湖風月集添足』

『江湖風月集略註』

『江湖風月集解』

右三書は芳澤勝弘編注『江湖風月集訳注』（禅文化研究所刊）に翻刻したものである。

両足院本『山谷詩抄』（清文堂出版刊。影印）

『三体詩素隠抄』（説心宗宣撰。寛永十四年。勉誠社刊、影印）

『三体詩由的抄』（宇都宮遯庵撰。元禄十三年刊。電子達磨版）

『四河入海』（万里集九他撰。清文堂出版刊。影印）

『諸録俗語解』（桂洲道倫他撰。芳澤勝弘編注。禅文化研究所刊）

『碧巌録種電抄』（大智実統。元文四年刊。電子達磨版）

『碧巌録秘抄』（白隠慧鶴撰。大正六年。成功雑誌社）

『臨済録撮要抄』（鉄崖道空撰。元禄四年刊。電子達磨版）

『臨済録抄』（寛永七年刊。電子達磨版）

『臨済録夾山鈔』（承応三年刊。電子達磨版）

『臨済録摘葉抄』（耕雲子撰。元禄十一年刊。電子達磨版）

安藤嘉則『中世禅宗における公案禅の研究』（平成一三年　国書刊行会）

聖澤院篇『開祖大道眞源禅師と聖澤派』（平成十五年　聖澤院）
古田平一郎他編『美濃　大仙寺史』（昭和五六年　大仙寺）
横山住雄『美濃の土岐・斎藤氏』（平成九年　濃尾歴史研究所）
横山住雄『瑞泉寺史』（平成二一年　思文閣出版）

東陽和尚少林無孔笛　巻之一

侍者某等編集
遠孫元貞校定

序

東陽和尚少林無孔笛序
鷲嶺著賊、嵩少納款以降、燈燈相照、心心相傳。或託槌拂而演道、或假文字而説禪。我祖大道眞源禪師、夙發英聲於五嶽、忽轉路翻身、直衝突衡梅之瘴毒、觸他辣手、而喪盡生涯焉。後來住院。初自米山、終到少林、把箇無孔笛、向於關山之月、横吹竪吹、逆弄順弄。和者口啞、豈陽春白雪之足比哉。聞者膽喪、雖毒鼓旱雷蔑以加焉。非惟逞徳嶠滹沱之機、亦能擒器之仲靈之藻。可謂禪文兼熟、而擔當鷲嶺之密旨、黼黻嵩少之眞宗矣。慧照大春和尚、歴歳勤勞于此。剞劂流傳將就緒。値璧備乏、視篆乎法山。以陪遠孫之列、苦責作序。固辭而不可。遂僭數語冠卷端。
寶永戊子仲夏二十四日　現住妙心［祖璧］熏沐拜題

鷲嶺《じゅれい》に賊《ぞく》を著《つ》け、嵩少《すうしょう》に款《かん》を納れてより以降《このかた》、燈燈相照《とうとうあいてら》し、心心相傳《しんしんあいつた》う。或《ある》いは槌拂《ついほつ》に託《たく》して道《みち》を演《の》べ、或《ある》いは文字《もんじ》を假《か》って禪《ぜん》を説く。我《わ》が祖《そ》、大道眞源禪師《だいどうしんげんぜんじ》、夙《つと》に英聲《えいせい》を五嶽《ごがく》に發《はっ》し、忽《たちま》ち轉路《てんろ》翻身《ほんしん》し、直《じき》に衡梅《こうばい》の瘴毒《しょうどく》に衝突《しょうとつ》して、他《た》の辣手《らっしゅ》に觸れて、生涯《しょうがい》を喪盡《そうじん》す。後來住院《こうらいじゅういん》。初め米山《べいざん》より、終《おわ》り少林《しょうりん》に到るまで、箇《こ》の無孔笛《むくてき》を把《と》って、關山《かんざん》の月《つき》に向かって、横吹豎吹《おうすいじゅすい》、逆弄順弄《ぎゃくろうじゅんろう》。和する者、口啞《くちあ》す、豈《あに》に陽春《ようしゅん》 白靈《びゃくれい》の比《ひ》するに足らん。聞く者、膽喪《きもそう》す、毒鼓旱雷《どっくかんらい》と雖《いえど》も、以て加《くわ》うる蔑《な》し。惟《た》だ徳嶠滹沱《とっきょうこだ》の機を逞《たくま》しうするのみに非ず、亦た能く器之仲靈《きしちゅうれい》の藻《そう》を擒《の》ぶ。謂っつ可し、禪文兼《ぜんぶんか》ね熟《じゅく》して、鷲嶺《じゅれい》の密旨《みっし》を擔當《たんとう》し、嵩少《すうしょう》の眞宗《しんしゅう》を黼黻《ほふつ》すと。慧照《えしょう》の大春和尚《だいしゅんおしょう》、歳《とし》を歴《へ》て此《ここ》に勤労《きんろう》す。剞劂《きけつ》流傳《るでん》、將《まさ》に緒《ちょ》を就《つ》けんとす。値《たま》たま、璧《へき》、乏《ぼう》に備えて、法山《ほうざん》に視篆《してん》す。遠孫《えんそん》の列《れつ》に陪《ばい》せるを以て、苦《ねんご》ろに責《せ》めて序を作らしむ。固辭《こじ》すれども可《き》かず。遂に數語を僣《せん》して巻端《かんたん》に冠《かんむ》らしむ。

寶永戊子仲夏《ほうえいつちのえねちゅうか》二十四日　現住妙心《げんじゅうみょうしん》［祖璧《そへき》］熏沐拜題《くんもくはいだい》

〈訳〉

釈尊が霊鷲山で暁の明星に一杯くわされ、達磨が嵩山少林寺で（己が罪状を）自供してからというもの、わが禅宗は一灯から一灯へ、心から心へと相伝え、あるときは槌や払子を振り上げて道を示し、またあるときは文字をもって禅を説いて来た。

我が聖沢派の祖である大道真源禅師は、つとに五山にあって英名を馳せておられたが、身を転じて衡梅院の雪江宗深禅師の炉鞴に入り、その悪辣なる手段に触れて、ついに大悟された。のちに住院され、最初に丹波の米山龍興寺に入ってから、最後、少林寺に到るまで、一本の無孔笛（達磨の宗旨）を手にして、関山の月に向かって（関山国師の宗旨を）、自由自在に吹かれた。これに和して歌おうと思っても言葉は出ず、口は啞のごとし。陽春白雪の至難の曲も比べものにはならない。この曲調を聞く者は、たちまち肝を失う、塗毒鼓や青天に轟く雷も、これには及ばないほどであった。徳山禅師や臨済禅師のごとき禅機を発揮されるばかりか、大覚懐璉禅師や明教契嵩禅師のごとき文才もほしいままに操られた。まことに禅を文とを兼ね修められ、釈尊の密旨を担い、達磨の真宗を表現されたのである。

慧照院の大春元貞和尚は、ながらくこの語録を整理して来られたが、ここに開板の緒に就くことになった。たまたま、わたくし祖璧が本山に視篆し、遠孫の末席に連なっていたために、序を書くことを責められた。固く辞したのだがかなわず、ついに僭越ながら、数語を冠頭に載せる次第である。

○少林無孔笛＝言語を絶した不立文字の宗旨を孔のない笛に例える。『碧巌録』第五十一則の本則下語など。
○著賊＝賊の手段にしてやられる。『諸録俗語解』「著賊了」に「賊は〈賊手段〉なり。〈賊にあうた〉なり」。
○納款＝自供する、白状する。いずれも抑下の表現。
○衡梅＝衡梅院祖の雪江宗深禅師。
○瘴毒＝中国南方の地は山気に毒があるとされた。今、悪辣の手段になぞらえる。
○喪尽生涯＝財産をすっかり失う。転じて、悟ること。
○無孔笛＝孔のない笛。孔がなくて笛をふくことのできないさまを、不立文字の説法に喩える。「少林無孔笛」は達磨の玄旨。密庵咸傑が仏照徳光に送った偈に、「瞎驢、瞎驢児を生じ得て、齷齪たる声名、四維に徹す。更に少林の無孔笛を把って、人に逢わば、応に是れ逆風に吹くべし」（『叢林盛事』巻上）と見える。
○陽春白雪＝古楽府の至難の曲の名。『文選』巻四十五、「宋玉、楚王の問いに対うる文」に、「客の郢中に歌う者有り。其の始めを下里巴人《かりはじん》と曰う。国中属《つ》いで和する者、数千人。其の陽阿《ようあ》、薤露《かいろ》を為すときに、国中属《つ》いで和する者、数百人。其の陽春、白雪を為すときは、国中属いで和する者、数十人。商を引《の》べて羽《う》を刻み、雑《まじ》うるに流徴《りゅうち》を以てすれば、国中属いで和する者数人に過ぎざるのみ。其の曲弥《いよ》いよ高ければ、其の和する、弥《いよ》いよ寡《すくな》し」。下里巴人は下曲の名、陽春・白雪は高曲の名。

○毒鼓＝塗毒鼓。『涅槃経』巻九に「譬えば人有りて雑毒薬を以て、用って大鼓に塗り、大衆中に於て之を撃ち声を発せしむれば、聞くを欲する心無しと雖も、之を聞くもの皆死するが如し」

○徳嶠＝徳山。

○滹沱＝臨済のこと。臨済院の近くを滹沱河《こだか》が流れる。

○摛器之仲靈之藻＝「器之」は、『校証』に「大覚禅師、名は懐璉、字は器之」。「仲霊」は明教契嵩の字。「摛藻（藻を摛《の》ぶ）」は、詞章をつくること。

○黼黻＝礼服にあるぬいとりの飾り。転じて、文章を以て立派にすること。

○慧照大春和尚＝妙心寺慧照院中興の大春元貞。妙心寺二九一世。巻末［六―一一二］に大春の跋文がある。

○剞劂＝版木を彫る人、または開板のこと。

○璧＝祖璧の自称。

○備乏＝承乏というに同じ。自分が空席を補充することを謙遜していう語。

○宝永戊子仲夏二十四日＝宝永五（一七〇八）年五月二十四日。

○祖璧＝大随祖璧。妙心寺二九七世。長崎、天桂寺中興開山。

初住丹州路米山龍興禪寺語

【一―一】［巻之一の一丁表］

初住丹州路米山龍興禪寺語

師以文明十二年庚子［時五十三歳］七月十五日入寺。

丹州路《たんしゅうじ》米山《べいざん》龍興禪寺《りゅうこうぜんじ》に初住《しょじゅう》する語《ご》

師、文明《ぶんめい》十二年庚子《かのえね》［時に五十三歳］七月十五日を以て入寺《にゅうじ》。

○丹州路米山龍興禅寺＝京都府船井郡八木町の八木山龍興寺。義天和尚（勅諡大慈恵光禅師）の開創。檀越は右京太夫細川勝元。世代は、義天玄承―雪江宗深―景川宗隆―悟渓宗頓―特芳禅傑―東陽英朝。

○文明十二年庚子［時五十三歳］七月十五日入寺。一四八〇年。

【一―二】［巻之一の一丁表］

祝聖。

拈香曰、大日本國丹州路、米山龍興禪寺新住持、傳法沙門［英朝］、開堂令辰、虔爇寶香、端爲祝延。今上皇帝、聖躬萬歳、萬歳萬萬歳。陛下欽願媲明哲於宣光、如挑百億日月、齊全盛於唐宋、以保八千春秋。

祝聖《しゅくしん》。

香《こう》を拈《ねん》じて曰《いわ》く、大日本國丹州路《だいにほんこくたんしゅうじ》、米山龍興禪寺《べいざんりゅうこうぜんじ》新住持《しんじゅうじ》、傳法沙門《でんぼうしゃもん》［英朝《えいちょう》］、開堂《かいどう》の令辰《れいしん》、虔爇寶香《けんぜつほうこう》、端爲《たんに》祝延《しゅくえん》。今上皇帝《きんじょうこうてい》、聖躬萬歳《せいきゅうばんざい》、萬歳萬萬歳《ばんざいばんばんざい》。陛下《へいか》、欽《つつし》んで願《ねが》わくは、明哲《めいてつ》を宣光《せんこう》に媲《なら》べて、百億《ひゃくおく》の日月《じつげつ》を挑《かか》ぐるが如く、全盛《ぜんせい》を唐宋《とうそう》に齊《ひと》しうして、以て八千《はっせん》の春秋《しゅんじゅう》を保たんこと。

〈訳〉

香を拈じて曰く、「大日本国丹州路、米山龍興禅寺の新住持、伝法の沙門英朝、開堂にあたって、恭しく今上皇帝の、聖躬万歳を祝延したてまつる。陛下、願わくはその明哲を周の宣王と東漢の光武帝とならべて、百億の日月を挑げたように輝き、唐宋のごとく全盛して八千歳の春秋を保たれんことを」。

○祝聖＝開堂にあたって、今上帝の聖寿無窮を禱る。

○媲明哲於宣光＝「宣光」は、周の宣王と東漢の光武帝。ともに中興の主と称えられる。『圜悟語録』巻六に「成宣光興漢室之業」、巻七に「奮宣光之中興」。また杜甫の「北征」詩に「周漢獲再興、宣光果明哲」。周と漢を中興した古の皇帝の聡明さと同じように。

○百億日月＝『大智度論』巻九、「百億須弥山、百億日月、名為三千大千世界」。

○八千春秋＝上古の大椿のごとく永遠に長寿なれ。『荘子』逍遥遊に「上古、大椿なる者有り。八千歳を以て春と為し、八千歳を秋と為す」。

【一―三】［巻之一の二丁表］

記得、圜悟禪師住天寧日、著臨濟正宗記、以付大慧、令分座訓徒。大慧乃炷香誓曰、寧以此身代衆生受地獄苦、終不將佛法以當人情。乃握竹篦爲應機之器。於是聲譽藹著叢林。我龍安老漢、見居大雲山頭、坐斷天下法窟。今日分米山座、付囑山僧、開堂演法。然我這裏、全無佛法可以當人情。説甚代衆生受苦。若行正令、逼釋迦達磨、生陷地獄也得。扶狸奴白牯、立地成佛也得。這裏縱令有不惜性命作家戰將、出來血戰一場、展掀倒禪牀、喝散大衆底作略、也不消山僧一捏。不如做得一箇太平無事僧、長松泉石之間、要坐便坐、楓林荷橋之上、要行便行。［咄一咄云］有一句子、舉示大衆去也。大唐打鼓新羅舞、張公喫酒李公醉。

記得《きとく》す、圜悟禪師《えんごぜんじ》、天寧《てんねい》に住《じゅう》する日《ひ》、臨濟正宗記《りんざいしょうじゅうき》を著《あら》わして、以て大慧《だいえ》に付《ふ》し、分座《ぶんざ》して徒《と》を訓《くん》さしむ。大慧《だいえ》、乃《すなわ》ち香《こう》を炷《た》いて誓《ちか》って曰《いわ》く、寧《むし》ろ此《こ》の身《み》を以て衆生《しゅじょう》に代《か》えて地獄《じごく》の苦《く》を受《う》くとも、終《つい》に佛法《ぶっぽう》を將《も》って以《も》って人情《にんじょう》に當《あ》てじ、と。乃《すなわ》ち竹篦《しっぺい》を握《にぎ》って應機《おうき》の器《うつわ》と爲《な》す。是《ここ》に於《お》いて、聲譽《せいよ》、叢林《そうりん》に藹著《あいじゃく》す。我《わ》が龍安老漢《りょうあんろうかん》、見《げん》に大雲山頭《だいうんさんとう》に居《きょ》して、天下《てんか》の法窟《ほっくつ》を坐斷《ざだん》す。今日《こんにち》、米山《べいざん》の座《ざ》を分《わ》かって、山僧《さんぞう》に付囑《ふしょく》し、開堂演法《かいどうえんぽう》せしむ。然《しか》も我《わ》が這裏《しゃり》、全《まった》く佛法《ぶっぽう》の以《もっ》て人情《にんじょう》に當《あ》つ可《べ》き無《な》し。甚《なん》の衆生《しゅじょう》に代わって苦《く》を受《う》くとか説かん。若し正令《しょうれい》を行ぜば、釋迦達磨《しゃかだるま》を逼《せま》って、生きながら地獄《じごく》に陷《おと》せしむることも也《ま》た得たり。狸奴白牯《りぬびゃっこ》を扶《たす》けて、立地《りっち》に成佛《じょうぶつ》せしむることも也《ま》た得たり。這裏《しゃり》、縱令《たと》い性命《しょうみょう》を惜《おし》まざる作家《さっけ》の戰將《せんしょう》有って、出で來たって血戰一場《けっせんいちじょう》、禪牀《ぜんしょう》を掀倒《きんとう》し、大衆《だいしゅ》を喝散《かっさん》する底《てい》の作略《さりゃく》を展《の》ぶるも、也《ま》た山僧《さんぞう》が一捏《いちねつ》を消《しょう》せず。如《し》かじ、一箇太平無事《いっこたいへいぶじ》の僧と做《な》り得て、長松泉石《ちょうしょうせんせき》の間《かん》、坐《ざ》せんと要《よう》すれば便《すなわ》ち坐《ざ》し、楓林荷橋《ふうりんかきょう》の上、行《ゆ》かんと要《よう》すれば便《すなわ》ち行《ゆ》かんには。[咄一咄《とついっとつ》して云く」一句《いっく》子《す》有り、大衆《だいしゅ》に擧示《こじ》し去《さ》らん。大唐《だいとう》に鼓《く》を打《う》てば、新羅《しんら》に舞う、張公《ちょうこう》、酒《さけ》を喫《きっ》すれば、李公《りこう》酔う。

〈訳〉

「圜悟禅師が天寧寺におられたとき、『臨済正宗記』を著わして大慧に与え、自分に代わって皆の指導にあたらせた。大慧は焼香し、〈一切衆生の身代わりとなって地獄の苦を受けても、決して仏法を世渡り事にはすまい〉と誓い、竹篦を握って指導の具とした。これより禅界にその声望があがった。

我が師雪江老漢は大雲山龍安寺に居られ、禅界を圧倒しておられる。今日、龍興寺を私に託して開堂説法させられたのだが、私には人のために説くべき仏法などはございません。だから大慧のように、衆生に代わって地獄の苦を受けるなどとは申せません。とはいえ、もし禅の本分のやり口をするならば、釈迦達磨さえも生きながら地獄に落とすことができ、また猫や牛のたぐいもたちまち成仏させることもできるのだ。さて、この場に、命知らずの男が出て来て、血戦を挑んで、禅牀をひっくりかえし、大衆を喝散するはたらきを示したとしても、私はあしらうことは致さぬ。そんな大仰なことはせず、事も無しでおるがましというもの。静かな山中で、坐りたければ坐るだけ。楓を愛でたければ行き、蓮が咲けば行って愛でるだけだ」。〔咄一咄して云く〕「ここに諸君にお示しする一句がある。（この一句を受け止めよ）。大唐に鼓を打てば、新羅に舞う、張公、酒を喫すれば、李公酔う」。

○記得＝文字どおりには「～と覚えている」。古則などを引いて、我が見解を述べるときに使う常套語。「（古則には）～とあるが、それについて、自分は～のように思う」。
○圜悟禅師住天寧日、著臨済正宗記、以付大慧、令分座訓徒＝『大慧年譜』三十七歳の条。圜悟の『臨済正宗記』にいう、「祖有ってより已来、唯だ単伝直指を努めて、帯水拕泥を喜ばず、露布を打し、窟を列ねて、人を鈍置す。蓋し釈迦老子の三百余会、対機設教、立世垂範、太段周遮なり。是の故に最後に径ちに省要を截り、最上機を接す。迦葉より二十八世、少しく機関を示し、多く理致を顕すと雖も、付受の際に至っては、直面提持せざる靡《な》し（略）」。
○終不将仏法以当人情＝「人情」は、人の常情、渡世のならい。一大事は世渡り事ではない。
○龍安老漢＝雪江宗深。
○大雲山頭＝大雲山龍安寺。
○坐断天下法窟＝禅界をとりひしいでおられる。
○不如倣得一箇太平無事僧＝『句双葛藤鈔』「太平無事日、何用説干戈」に、「大用無功ノ肌ニ至タ人ハ、再ビ仏法ノサタハナイゾ」。
○大唐打鼓新羅舞＝唐の都で鼓を打てば、新羅で舞を踊る。新羅（朝鮮半島）は唐人にとっては、「箭過新羅」というように、東の果てというイメージ。
○張公喫酒李公酔＝張さんが酒を飲めば李さんが酔っぱらう。法身の中では、張・李の別もない。自他の区別もない。『句双葛藤鈔』「張公喫酒李公酔」に「一理斉平ト云フ義ナリ。法身一片ニシテ隔テ無キ也」。後出［三―一九―三］にも出る。

【一―四】［巻之一の二丁表］

因雪示衆。

少林斷臂、鰲山成道。古人恁麼便得坐斷毘盧頂𩕳受人天供養。諸仁今日著衣喫飯、且道、受誰恩力。若只委委隨隨、倚窓吟詩、圍爐談食、總是噇酒糟漢。爭得一回寒徹骨。直饒具臨濟徳山作略、也須棒頭喝下、一回捨身命始得。歳云暮矣、風雪連宵。諸仁、且歸七尺單前、豎起脊梁骨、火急著精彩看。忽然石火電光中一機瞥轉、急須向山僧面前、道將著力底一句來。與麼時節、許你掀倒禪牀、喝散大衆。不亦快乎。珍重。

雪《ゆき》に因《ちな》んで衆《しゅ》に示《しめ》す。

少林斷臂《しょうりんだんぴ》、鰲山成道《ごうざんじょうどう》。古人《こじん》、恁麼《いんも》に便《すなわ》ち毘盧《びる》頂𩕳《ちょうねい》を坐斷《ざだん》し、人天《にんでん》の供養《くよう》を受くることを得たり。諸仁《しょにん》、今日著衣喫飯《こんにちじゃくえきっぱん》、且《しば》らく道《い》え、誰《た》が恩力《おんりき》を受く。若し只だ委委隨隨《いいずいずい》にして、窓《まど》に倚《よ》って詩を吟じ、爐《ろ》を圍《かこ》んで食《じき》を談《だん》ぜば、總《そう》に是れ噇酒糟《とうしゅそう》の漢《かん》。爭《いか》でか得ん、一回《いっかい》、寒《かん》、骨《ほね》に徹《てつ》することを。直饒《たと》い臨濟徳山《りんざいとくさん》の作略《さりゃく》を具するも、也《ま》た須《すべか》らく棒頭喝下《ぼうとうかっか》、一回《いっかい》、身命《しんみょう》を捨てて始めて得べし。歳《とし》、云《ここ》に暮れぬ、風雪連宵《ふうせつれんしょう》。諸仁《しょにん》、且《しば》らく七尺單前《しちしゃくたんぜん》に歸って、脊梁骨《せきりょうこつ》を豎起《じゅき》し、火急《かきゅう》に精彩《せいさい》を著《つ》けて看《み》よ。忽然《こつねん》として石火電光《せっかでんこう》中、一機瞥轉《いっきべってん》せば、急に須《すべか》らく山僧面前《さんぞうめんぜん》に向かって著力底《じゃくりきてい》の一句《いっく》を道《い》い將《も》ち來《き》たれ。與麼《よも》の時節《じせつ》、你《なんじ》に許《ゆる》す、禪牀《ぜんしょう》を掀倒《きんとう》し、大衆《だいしゅ》を喝散《かっさん》することを。亦《また》た快《かい》ならずや。珍重《ちんちょう》。

〈訳〉

雪に因んでの示衆

「二祖は雪庭に立って臂を斬った、雪峰は鰲山で雪に降り込められて悟った。古人はこのように毘盧遮那仏の頭を踏み越えるようなはたらきがあったから、帰依され信仰されたのだ。諸君がいま衣を着、飯を食べておれるのは、いったい、誰のお蔭か。軟弱な精神でおって、窓辺で詩を吟じ、炉を囲んでは食い物の話をしておるようでは、まったく糟食らいというもの（禅の生一本《きいっぽん》は飲めぬぞ）。一ぺん、徹底、骨を折ってみよ。いくら臨済や徳山のようなはたらきがあっても、棒喝のもとで死に切らねばならぬ。今年も暮れようとしておる。折しも連日の雪だ（これぞ好時節）。諸君、禅堂で脊梁骨をまっすぐにして坐れ、精を出すのだ。そして、たちまち火花が散るように、瞬時にひらめくところがあったら、一句を持って来い」。

○少林断臂＝二祖立雪。『五灯会元』巻一、菩提達磨章に「其の年十二月九日の夜、天、大雪を雨《ふ》らす。光、堅く立って動かず。遅明《あくるあさ》、積雪、膝を過ぐ。祖、憫れんで問うて曰く、〈汝、久しく雪中に立つ、当《は》た何事をか求む〉。光、悲涙して曰く、〈惟だ願わくは和尚、慈悲もて甘露門を開いて、広く群品《ぐんぼん》を度せんことを〉。祖曰く、〈諸仏無上の妙道は、曠劫に精勤し行じ難きを能く行じ、忍ぶに非ざるを忍ぶ。豈に不徳小智、軽心慢心を以て真乗を冀わんと欲せんや。徒らに勤苦を労せん〉。光、祖の誨励を聞いて、潜かに利刀を取って自ら左臂を断って祖の前に置く。祖、是れ法器なることを知って、乃ち曰く、〈諸仏、最初道を求むるに、法の為に形《からだ》を忘ず、汝今、臂を吾が前に断って、求むること亦た可なる在り〉。祖、遂に因って与《ため》に名を易えて慧可と曰う。可曰く、〈諸仏の法印、聞くことを得可けんや〉。祖曰く、〈諸仏の法印は人より得るに匪《あら》ず〉。可曰く、〈我が心未だ寧《やす》んぜず、乞う師与《ため》に安んぜよ〉。祖曰く、〈心を将ち来たれ、汝が与《ため》に安んぜん〉。可、良久して曰く、〈心を覓むるに、了《つい》に不可得〉。祖曰く、〈我れ汝が与《ため》に心を安んじ竟《おわ》んぬ〉」。

○鰲山成道＝『碧巌録』第二十二則、本則評唱に「雪峰、巌頭・欽山と与《とも》に同じく行く。……一日、巌頭を率いて欽山を訪わんと鰲山店上に至って雪に阻まる。巌頭、毎日只だ是れ打睡す。雪峰、一向に坐禅す。巌頭喝して云く、〈瞳眠《とうみん》し去れ。毎日床上に恰も七村裏《しちそんり》の土地に似て相似たり。他時後日、人家の男女《なんにょ》を魔魅《まみ》し去ること在らん〉。峰自ら点胸《てんきょう》して云く、〈某甲《それがし》、這裏《しゃり》未穏在《みおんざい》、敢えて自ら瞞ぜじ〉。頭云く、〈我れ你は已後、孤峰頂上に向って草庵を盤結して大教を播揚せんと将謂《おも》いたるに、猶お這箇《しゃこ》の語話を作《な》すか〉。峰云く、〈某甲、実に未穏在〉。頭云く、〈你若し実に此の如くならば你が見処に拠って一一通じ来たれ。是処は我れ你が与に証明せん、不是処は你が与に剗却《さんきゃく》せん〉。峰遂に挙す、〈塩官が上堂に色空の義を挙せるを見て箇《こ》の入処《にっしょ》を得たり〉。頭云く、〈此去《これより》三十年、切に忌む挙著することを〉。峰又た挙す、〈洞山が過水の頌を見て箇《こ》の入処を得たり〉。頭云く、〈若し与麼《よも》ならば自救不了《じぐふりょう》〉。〈後に徳山に到って、従上宗乗中の事、学人還《は》た分有りやと問いしに、山、打すこと一棒して什麼《なん》と道うぞと。我れ当時《そのかみ》、桶底《つうてい》の脱するが如くに相似たり〉。頭、遂に喝して云く、〈你、門より入る者は是れ家珍《かちん》にあらずと道うことを聞かずや〉。峰云く、〈他後、如何かすれば即ち是ならん〉。頭云く、〈他日若し大教を播揚せんと欲せば、一一自己の胸襟より流出し将ち来たって我が与《ため》に蓋天蓋地にし去れ〉。峰、言下に於いて大悟す。便ち礼拝し起き来たって、連声に叫んで云く、〈今日始めて是れ鰲山成道《ごうざんじょうどう》、今日始めて是れ鰲山成道〉と」。『五灯会元』巻七、福州雪峰義存章にも。

○坐断毘盧頂𩕳＝毘盧遮那仏の頭を踏みこえて行く。仏祖をも超える。仏にも縛られず、その上を行く。『碧巌録』

第九十九則「忠国師十身調御」の本則に、「粛宗帝、忠国師に問う、〈如何なるか是れ十身調御〉。国師云く、〈檀越、毘盧頂上を踏んで行け〉。帝云く、〈寡人《かじん》不会〉。国師云く、〈自己清浄法身を認むること莫かれ〉」。

○委委随随＝環境に随順する、柔弱なさま。

○倚窓吟詩、圍炉談食＝いわゆる「雪下三等僧」。『大慧武庫』「円通秀禅師、因みに雪下《ふ》るに云く、〈雪下《ふ》るに三種の僧有り、上等底は僧堂中に坐禅し、中等は墨を磨し筆を点じ、雪の詩を作る、下等は炉を圍んで食を説く〉」。夢窓国師の遺戒にもある。

○嚔酒糟漢＝『碧巌録』第十一則の「黄檗酒糟漢」。

【一―五】［巻之一の二丁裏］

冬至。

擧。息耕祖翁冬至上堂曰、天地不仁、以萬物爲芻狗、衲僧不仁、以自己爲臘月扇子。諸仁還搆得麼。［衆下語］。師代曰、孜孜矻矻底、鬼神莫測其由。类类奊奊底、佛祖辨他不出。

冬至《とうじ》。

擧《こ》す。息耕祖翁《そっこうそおう》、冬至上堂《とうじじょうどう》に曰く、天地不仁《てんちふじん》、萬物《ばんぶつ》を以て芻狗《すうく》と爲《な》し、衲僧不仁《のうそうふじん》、自己《じこ》を以て臘月《ろうげつ》の扇子《せんす》と爲す、と。諸仁《しょにん》、還《かえ》って搆得《こうとく》すや。［衆、下語《あぎょ》す］。師代わって曰く、孜孜矻矻底《ししこっこってい》は、鬼神《きじん》も其の由《よし》を測《はか》ること莫《な》し。类类奊奊底《れつれつけつけつてい》は、佛祖《ぶっそ》も他《た》を辨《べん》じ出《い》ださず。

〈訳〉

「虚堂禅師は冬至上堂に言われた、〈天地不仁、万物を以て芻狗と為し、衲僧不仁、自己を以て臘月の扇子と為す〉と。諸君、そこのところを合点したかな」。

［大衆が下語する。ここには省略］。師が代わっていう、「綿密に修行し、たゆまずにコツコツと努力する者は、鬼神からその行ないの綻びを窺われるようなことはない。規矩節度《きくせつど》にこだわらぬ越格底《おっかくてい》の者は、仏祖といえども、その本質を見抜くことはできまい」。

○息耕祖翁冬至上堂＝『虚堂録』巻一「興聖寺語録」、「冬至小参」。

○冬至＝二十四気の一つ。陽暦の十二月二十二、三日ごろ。

○天地不仁、以万物為芻狗＝『老子』虚用の語。このあとに「聖人不仁、以百姓為芻狗」とつづく。天地は仁などという情を持たない、天地が万物を扱うさまは、人が祭祀に用いるワラで作った犬を扱うようなものである（祭祀が終われば路傍に捨てられる）。聖人も同じで、万民に対して愛情を持っているわけではなく、人々が芻狗に対するように虚心な態度で万民を扱う。

○衲僧不仁、以自己為臘月扇子＝（『老子』には右のようにいうが）衲僧たる者も同じで、自己に対しても虚心で、さながら十二月の扇子のごとくに扱うのである。

○衆下語＝それぞれに一句を述べたが、その語が省略されている。

○師代曰＝以下の語は、『虚堂録』巻一、「報恩光孝寺語録」、「上堂。始め安居を見て又た中夏に逢う。孜孜矻矻底、鬼神莫測其由。奘奘㚇㚇底、仏祖辨他不出。報恩門下、還って此の有りや。家に白沢の図無し」。

○孜孜矻矻底、鬼神莫測其由＝『犂耕』（電子達磨版一六九頁）に「忠曰く、修行綿密にして縫罅《ほうか》無き故、鬼神も其の行由を測度することを得ず」。「孜孜」は、勤めてやまぬさま。「矻矻」は、コツコツとよくはたらくさま。
○类类奊奊底、仏祖辨他不出＝『犁耕』（電子達磨版一六九頁）に、「一向の担板漢。忠曰く、出格の漢、順逆自在なり。故に仏祖も亦た渠《かれ》を弁別し得ず」。中川『禅語辞彙』では「圭角多くして、衆に異なる非凡の形容也（虚一）。また、他に叛逆する気質の者をいふ」とする。『禅語辞典』では、『虚堂録』の例を引いた上で「类类も奊奊も節目の多いこと。綿密さに喩える」とする。『諸録俗語解』［一五五六］では、「人の胸次、坦夷ならず、独見を逞しうし、以て人に忤《さから》うなり〉」。『犁耕』の解を取る。

【一―六】［巻之一の二丁裏］

半夏示衆。

一夏半過、任運騰騰。人人護鵝之戒如雪、箇箇守臘之行似氷。雖然與麼、如臨濟半夏上黄檗底、却曾夢見也無。［良久云］半夏猶在、各自努力。


半夏《はんげ》、衆《しゅ》に示《しめ》す。

一夏《いちげ》半《なか》ば過《す》ぐ、任運騰騰《にんぬんとうとう》たり。人人《にんにん》、護鵝《ごが》の戒《かい》、雪《ゆき》の如《ごと》く、箇箇《ここ》、守臘《しゅろう》の行《ぎょう》、氷《こおり》に似たり。然も與麼《よも》なりと雖も、臨濟《りんざい》、半夏《はんげ》、黄檗《おうばく》に上《のぼ》る底《てい》の如きんば、却《かえ》って曾《かつ》て夢《ゆめ》にも見《み》るや也《ま》た無《なき》や。［良久《りょうきゅう》して云く］半夏《はんげ》猶《な》お在り、各自《かくじ》に努力《どりょく》せよ。

〈訳〉

半夏の示衆

「流れのままに任せて、一夏も半ばが過ぎた。各人、これまでよく氷潔の戒行を守って来られた。しかしながら、臨済は夏中に黄檗のところに行って掛搭《かとう》したではないか、諸君はそんなことは夢にも思うまい。〔良久して云く〕まだあと半分ある、しっかり努めよ」。

○半夏示衆＝夏安居は五月十五日から七月十五日までの三カ月。半夏はその中間。

○任運騰騰＝『禅学大辞典』「騰騰」に「かけまわり動くさま」とする解は、ここでは不可。『犁耕』（電子達磨版一六九九頁）に「騰騰は、拘滞せざるなり」。時の推移にまかせて、造作もせず、拘滞もせぬさま。また、流れのままに任す。『伝灯録』巻二十三、泉州亀洋慧忠章に、「多年麈事、謾りに騰騰。方袍を著くると雖も未だ是れ僧ならず。今日、修行、善慧に依る。満頭に髪を留む、後然灯」。これは武宗の廃仏に遭い、還俗した時の偈。

○護鵝之戒如雪＝鵞護雪とも。『大荘厳論』巻十一に見える話。比丘が托鉢して珠師（玉造り）の家に立ち寄った。珠師が食事をしているときに一羽の鵝鳥があらわれ、比丘の衣の色が映って紅となった珠を肉と誤って呑み込んだ。食事を終えた珠師は、珠がなくなっていたので比丘を疑った。比丘は、本当のことを喋れば鵝鳥が殺されるのを恐れて、自分の命に換えても鵝鳥を守ろうとした、という戒行の潔癖さを示す話。

『祖庭事苑』「鵞護雪」「昔、比丘有り。乞食して穿珠の家に至る。摩尼珠を穿つ次いで、比丘の衣赤うして、珠色に映じて紅なり。時に彼の珠師、舍に入って食を取る。忽ち一鵞有り、即便《すなわ》ち之を呑む。珠師、尋ねて即ち珠を覓むるに在る所を知らず。比丘に語って言わく、〈我が珠を得るや〉。比丘、鵞を殺して珠を取らんことを恐れて、即ち偈を説いて言わく、〈我れ今它《た》の命の為に、身分、苦悩を受く。更に余の方便無し、唯だ命を以て彼に代わらん〉。此の語を聞くと雖も、即便《すなわ》ち繋縛し撾《う》打つ。縄を以て急に絞めるに、口鼻より尽く皆な血出づ。彼の鵞、即ち来たって血を食らう。珠師、嗔り忿って、即ち鷙を打って死なす。比丘、乃ち偈を説いて言わく、〈我れ諸もろの苦悩を受くることは、望むらくは此の鷙をして活せしめんとなり。我れ今命未だ絶えざるに、鷙、我が先に在って死なす〉。珠師曰く、〈鷙、今汝に於いて竟《つい》に是れ何の親しきぞ〉。比丘具さに説く。鷙の腹を開いて珠を得たり。珠師、声を挙げて号哭す。〈汝鷙の命を護って、我をして此の非法の事を造らしむ〉」。

○守臘之行似氷＝守蠟人氷とも。『祖庭事苑』「蠟人氷」に、「蠟は当に臘に作るべし。年臘を謂う。按ずるに、増輝記に臘は接なり、新故の交接を謂う。俗に臘の明日を謂いて初歳と為す。蓋し臘尽きて歳来たる。故釈式に、解制受臘の日を以て、之を法歳と謂う、是れなり。天竺に臘人を以て験と為すことは、且つ其の人の臘に長幼有り。又た其の行を験するに染浄有り。臘人氷と言うことは、是れ其の行の氷潔なるを言う。今、衆中に妄りに謂う、西天に制を立てて、唯だ蠟人の氷融するを観て、然る後に其の行の染浄を知ると。仏経に文無し、律範に制無し。未だ詳らかにせず、是の説を何れに得るや。今、此の集、臘を以て蠟と為す。深く後人を誤らすことを。良《まこと》に歎ず可し」。

『敕修百丈清規』下二、節臘章に、「蠟人冰を験《こころ》むと言うが如きんば、坐臘の人、其の行を験《こころ》むるに猶お冰潔のごとしというを以てなり。或いは蠟人を地に埋めて以て所修の成虧《せいき》を験すと謂う者は、淫巫《いんぷ》の俚語に類す。庸《あ》に相伝の訛に非ざらんや」。

○臨済半夏上黄檗底＝いわゆる臨済破夏《はげ》の因縁。『臨済録』行録、「師因みに、半夏《はんげ》、黄檗に上り、和尚の看経《かんきん》するを見る。師云く、〈我れ是れ箇《こ》の人と将謂《おも》いたるに、元来、是れ揞黒豆《あんこくず》の老和尚〉。住すること数日、乃ち辞し去る。黄檗云く、〈汝、夏《げ》を破って来たり、夏《げ》を終えずして去る〉。〈某甲、暫らく来たって和尚を礼拝す〉。黄檗、遂に打って趁《お》い去らしむ。師行くこと数里、此の事を疑い、却回《きゃうい》して夏《げ》を終う」。

【一—七】［巻之一の二丁裏］

六月望。

擧。般若會上、舍利弗問須菩提曰、夢中説六波羅蜜、與覺時是同是別。須菩提曰、此義幽遠、吾不能説。會中有箇彌勒大士、汝往問之。舍利弗便問彌勒。彌勒曰、誰爲彌勒、誰是彌勒者。雖是教文、太有要妙處。且道、妙處在什麽處。山僧到者裏、還不會。梅陽老人有一偈恰好、爲諸人擧去也。荷葉團團團似鏡、蔆角尖尖尖如錐。風吹柳絮毛毬走、雨打梨花蛺蝶飛。珍重。

六月望《もう》。

擧《こ》す。般若會上《はんにゃえじょう》、舍利弗《しゃりほつ》、須菩提《しゅぼだい》に問《と》うて曰く、夢中《むちゅう》に六波羅蜜《ろくはらみつ》を説《と》く、覺《かく》の時《とき》と是《こ》れ同《どう》か是《これ》れ別《べつ》か。須菩提《しゅぼだい》曰く、此《こ》の義《ぎ》、幽遠《ゆうえん》なり、吾《わ》れ説《と》くこと能《あた》わず。會中《えちゅう》に箇《こ》の彌勒大士《みろくだいし》有り、汝往《ゆ》いて之に問え。舍利弗《しゃりほつ》、便ち彌勒《みろく》に問う。彌勒《みろく》曰く、誰か彌勒《みろく》と爲る、誰か是れ彌勒《みろく》なる者、と。

是れ教文《きょうもん》なりと雖《いえど》も、太《はなは》だ要妙《ようみょう》の處《ところ》有り。且《しば》らく道《い》え、妙處《みょうしょ》、什麽《いずれ》の處《ところ》にか在る。山僧《さんぞう》、者裏《しゃり》に到って、還《かえ》って不會《ふえ》。梅陽老人《ばいようろうじん》、一偈恰好《いちげかっこう》なる有り、諸人《しょにん》の爲に擧《こ》し去らん。荷葉團團《かようだんだん》として、鏡《かがみ》よりも團《まど》かに、蔆角尖尖《りょうかくせんせん》、錐《きり》よりも尖《せん》なり。風《かぜ》、柳絮《りゅうじょ》を吹いて毛毬《もうきゅう》走《わし》り、雨、梨花《りか》を打てば蛺蝶《きょうちょう》飛ぶ。珍重《ちんちょう》。

〈訳〉

六月十五日の上堂
釈尊が般若部の経を説かれたときに、舎利弗《しゃりほつ》が須菩提《しゅぼだい》にたずねた、「夢の中で六波羅蜜を説いた場合、これは覚めていたときと同じか別か」。須菩提がいう、「この意味するところは幽遠であって、私には説明できない。弥勒大士がいるから、行って聞け」。そこで舎利弗は弥勒にたずねた。すると弥勒が言われた、「誰か弥勒と為る、誰か是れ弥勒なる者」と。

この話について師が言われた、「これは経に出る話だが、じつに要妙なところがある。その妙はどこにあるか。ここに至っては、私も分からぬのだが、幸いに大慧禅師が素晴らしい一偈を残しておられるので、それを諸君にお示ししよう。

荷葉団団として、鏡よりも団《まど》かに、菱角尖尖、錐よりも尖なり。風、柳絮を吹いて毛毬走り、雨、梨花を打てば蛺蝶飛ぶ。珍重」。

○般若会上、舎利弗問須菩提＝『大般若経』巻十九、夢行品。
○梅陽老人＝大慧宗杲が趙州無字の話に下した偈（『大慧普説』三巻）。
○荷葉団団似鏡、蔆角尖尖如錐＝『句双葛藤鈔』に「ヨリモ、ヨリモト云ハ、似タモノガナイゾ。爰《ここ》ヲ知レ」。
○風吹柳絮毛毬走、雨打梨花蛺蝶飛＝相似の句。柳絮が毛毬か、毛毬が柳絮か。梨花が蛺蝶（アゲハ蝶）か、蛺蝶が梨花か。互いに相似てその違いが分明ならざること。原本「蛟蝶」に作るが蛺蝶に訂す。

【一―八】［巻之一の三丁表］

解制。

擧。雲門大師因僧問、殺父殺母、佛前懺悔、殺佛殺祖、向甚麼處懺悔。門曰、露。這箇鐵橛子鐵蒺藜、諸仁試下觜看。師代曰、徳山入門便棒、臨濟入門即喝。

解制《かいせい》。

擧《こ》す。雲門大師《うんもんだいし》、因《ちな》みに僧問《そうと》う、父《ちち》を殺《ころ》し母《はは》を殺《ころ》しては、佛前《ぶつぜん》に懺悔《ざんげ》す、佛《ほとけ》を殺《ころ》し祖《そ》を殺《ころ》しては、甚麼《いずれ》の處《ところ》に向《む》かってか懺悔《ざんげ》せん。門《もん》曰く、露《ろ》。這箇《しゃこ》の鐵橛子《てつけつす》、鐵蒺藜《てつしつり》、諸仁《しょにん》、試みに觜《くちばし》を下《くだ》せ看《み》ん。師代わって曰く、徳山《とくさん》、門に入れば便ち棒《ぼう》す、臨濟《りんざい》、門に入れば即ち喝《かつ》す。

〈訳〉

僧が雲門大師に問うた、「父母を殺せば仏前に懺悔する。仏を殺し祖を殺した場合は、どこで懺悔したらよろしいか」。雲門いわく「露」と。師が言う、「この鉄杭のごとき鉄ビシのごとき〈露〉を一かじりしてみよ」。師が代わっていう、「徳山は門に入ればたちまち棒で打ち、臨済は門に入ればたちまち一喝する」。

○雲門大師因僧問＝『雲門広録』。

○鉄橛子鉄蒺藜＝鉄杭と鉄菱。何としても歯が立たぬ。
○徳山入門便棒、臨済入門即喝＝『碧巌録』第八十五則、本則評唱に「且らく盲枷瞎棒すること莫かれ。只だ徳山の門に入れば便ち棒し、臨済の門に入れば便ち喝するが如きんば、且らく道え、古人の意如何」。

【一―九】［巻之一の三丁裏］

臘月旦。

擧。明招上堂。衆纔集。招曰、者裏風頭稍硬、且歸煖處商量。便下座。衆隨到丈室。招曰、纔到煖處、便見瞌睡。以拄杖一時趁下。

明招放去太遲、收來太急。只是無人承當得。山僧要明招令。衆中還莫有不惜性命底麽。

師代曰、杖頭有眼明如日、要識眞金火裏看。時有僧拊掌呵呵大笑。

師曰、笑中有刀。殺人邪活人邪。

僧曰、和尚勘辨看。

師曰、試呈露看。

僧咄。師便喝。僧復咄。師曰、再犯不容。


臘月旦《ろうげつたん》。

擧《こ》す。明招上堂《みょうしょうじょうどう》。衆纔《わず》かに集まる。招《しょう》曰く、者裏《しゃり》、風頭稍《ふうとうや》や硬《かた》し、且《しば》らく煖處《だんしょ》に歸って商量《しょうりょう》せよ、といって便ち下座《げざ》。衆隨って丈室《じょうしつ》に到る。招曰く、纔《わず》かに煖處《だんしょ》に到れば、便ち瞌睡《かっすい》するを見る。

拄杖《しゅじょう》を以て一時《いちじ》に趁《お》い下す。

明招《みょうしょう》、放去《ほうこ》は太《はなは》だ遅《おそ》く、收來《しゅうらい》は太《はなは》だ急《きゅう》なり。只《た》だ是《こ》れ人《ひと》の承當得《じょうとうとく》する無し。山僧《さんぞう》、明招《みょうしょう》の令《れい》を要す。

衆中《しゅうちゅう》、還《かえ》って性命《しょうみょう》を惜《お》しまざる底《てい》有《あ》ること莫《な》きや。

師代わって曰く、杖頭《じょうとう》に眼《まなこ》有り、明《めい》なること日の如し、眞金《しんきん》を識らんと要《よう》せば、火裏《かり》に看《み》よ。

時に僧有り、掌《て》を拊《う》って、呵呵大笑《かかたいしょう》す。

師曰く、笑中《しょうちゅう》に刀《かたな》有り。殺人《せつにん》か活人《かつにん》か。

僧曰く、和尚《おしょう》、勘辨《かんべん》せよ看《み》ん。

師曰く、試みに呈露《ていろ》せよ看《み》ん。

僧咄《とつ》す。師便ち喝す。僧復《ま》た咄《とつ》す。師曰く、再犯《さいぼん》、容《ゆる》さず。


〈訳〉

明招和尚が上堂された。大衆が集まると、明招和尚は、「ここはとても寒い、暖かい所で話そう」といって座を下りた。そこで大衆は方丈に行った。すると和尚は、「ちょっと暖ければ、すぐに居眠りしよる」といって棒で追い出した。

師が言う、「明招の手口は、放行し許す（放去）ときには、はなはだゆったりしておるが、手綱をグッと引き締める（収来）となれば、はなはだ急である。だが、そこを受け止められる者はない。わしが明招式のやり口を見せてやろう。命知らずはおるか」。

師が大衆に代わって言われた、「この杖は、邪正を見分けること少しも誤ることはない。真金か鈍鉄かは、火鑪に入れて再三鍛錬して初めて分かる」。そのとき、一人の僧が手を打って呵呵大笑した。師、「その笑いの中に刀有り。この笑い、殺人刀か活人剣か」。僧、「どうぞ、お極めを」。師、「ずばり出してみよ」。僧が咄すると、師が一喝。僧がまた咄する。師、「二度目は許さぬぞ」。

○明招上堂＝『五灯会元』巻八、婺州明招徳謙章に、「一日天寒し。上堂。衆纔かに集まるや、師曰く、〈風頭稍《はなは》だ硬し、是れ汝らが安身立命の処にあらず、且らく暖室に帰って商量せよ〉といって便ち方丈に帰る。大衆随い至り立定す。師又た曰く、〈纔かに暖室に到るや、便ち瞌睡《かっすい》するを見る〉といって拄杖を以て一時に趁《お》い下す」。

○風頭稍硬＝「稍」はこの場合、『漢語大詞典』に「甚、很」とする意。

○杖頭有眼明如日、要識真金火裏看＝『句双葛藤鈔』「棒頭有眼明如日」に「棒下デ眼ヲ開ケバ、日ノ大千ヲ照ス如ク、影ハナイゾ」。

○再犯不容＝『碧巌録秘抄』「二度三度ハ、容赦セヌ」。『句双葛藤鈔』「再犯不容」に「二度トハ口ヲキカセマイトナリ」。

【一－一〇】［巻之一の三丁裏］

退院上堂。

頌曰、苕帚多年胡亂揮、宗綱難整決然歸。山前一片閑田地、松有清風是我扉。

退院上堂《ついいんじょうどう》。

頌《じゅ》に曰く、苕帚《ちょうそう》、多年《たねん》、胡乱《うろん》に揮《ふる》う、宗綱《しゅうこう》整《ととの》え難《がた》し、決然《けつぜん》として帰る。山前一片《さんぜんいっぺん》の閑田地《かんでんち》、松《まつ》に清風《せいふう》有り、是れ我が扉《とびら》。

〈訳〉

退院上堂の頌

「このホウキのごとき払子を長年振り回し、いいかげんな説法をして来たが、宗綱整え難し、ここできっぱり退山だ。（とはいえ）ここに祖翁伝来の手つかずの田地がある。松に清風がそよぐ、ここが我が禅への入り口だ」。

○退院上堂＝龍興寺を去るにあたっての上堂。

○苕帚多年胡乱揮＝「苕帚」はホウキのことだが、ここでは払子をいう。後出［一—四三］に「豎起払子云、吾家苕帚椿、天下蔭涼樹」とあるのも、その意。

○山前一片閑田地＝『五灯会元』巻十九、五祖法演章に「山前一片の閑田地、叉手《しゃしゅ》、叮嚀に祖翁に問う。幾度か売り来たり還《ま》た自ら買う、為に憐れむ、松竹の清風を引くことを」。これより、「祖翁旧田園」「祖翁一片閑田地」「祖翁田地」などの語あり、「祖道」を田になぞらえたもの、

住平安城龍寶山大徳禪寺語

【一―一一】〔巻之一の四丁表〕

住平安城龍寶山大徳禪寺語
師文明十三年辛丑〔時五十四歳〕在丹州龍興受請、以十一月十九日入寺。

平安城《へいあんじょう》龍寶山《りゅうほうざん》大徳禪寺《だいとくぜんじ》に住する語
師、文明《ぶんめい》十三年辛丑《かのとうし》〔時に五十四歳〕、丹州龍興《たんしゅうりゅうこう》に在って請《しょう》を受け、十一月十九日を以て入寺《にゅうじ》。

○文明十三年辛丑＝一四八一年。

【一―一二】〔巻之一の四丁表〕

三門。
〔指云〕臨濟三關、壁立萬仞。〔進前云〕看東海兒孫、當陽提祖印。〔喝一喝〕

三門《さんもん》。
〔指《ゆびさ》して云《いわ》く〕臨濟《りんざい》の三關《さんかん》、壁立萬仞《へきりゅうばんじん》。〔進前《しんぜん》して云く〕看《み》よ、東海《とうかい》の兒孫《じそん》、當陽《とうよう》に祖印《そいん》を提《ひっさ》ぐることを。

[喝《かつ》一喝《いっかつ》]

〈訳〉

[山門を指して]「臨済の三玄三要の大関門が、ここに壁立万仞」。[前に進んで]「臨済の児孫たる諸君よ、まのあたりにひっさげたる臨済の旗印を見よ」。喝一喝(この喝が祖印だ)。

○三門=『勅修百丈清規』入院に「古人、腰包頂笠して山門首に到り、笠を下して門に入る。香を炷《た》いて法語有り。僧堂前に就いて包を解き、屏処《へいしょ》に足を濯《すす》ぎ、衣を取って披搭《ひとう》す」。

○臨済三関、壁立万仞=臨済の三玄三要の大関門。臨済三句とも。『臨済録』に、「師云く、〈一句語に須らく三玄関を具すべし。一玄門に須らく三要を具すべし。権有り用有り、汝等諸人、作麼《そも》生《さん》か会せん〉」。『祖庭事苑』に、「臨済家に三玄三要有り。謂わく体中玄、玄中玄、句中玄、以て学者を接す」。

○当陽=(天子が)南面して正位につくこと。誰からもよく見えるところ。転じて、面と向かって、直に、分明に。

【一一三】[巻之一の四丁表]

佛殿。

倒騎佛殿、横行法堂。叱。朝日上扶桑。聻。

佛殿《ぶつでん》。

倒《さかし》まに佛殿《ぶつでん》に騎《の》って、法堂《はっとう》に横行《おうこう》す。叱《しつ》。朝日《ちょうじつ》、扶桑《ふそう》に上《のぼ》る。聻《にい》。

〈訳〉

「仏殿に後ろ向きに騎って、法堂内を気ままに歩きまわる（逆を行なえばこうなる。かくも自由自在でござる）。シッシッシッ（それ行け）。朝には東から日がのぼる（順を行なえば、かくのとおりだが）、いかがかな」。

○仏殿＝『勅修百丈清規』入院に「仏殿に到って拈香し、法語有り」。
○倒騎仏殿、横行法堂＝『碧巌録』第二十八則、頌下語に「還って老僧が仏殿に騎って山門を出づるを見るや」。
○叱＝仏殿を牛に見立てて、それに騎り、追い立てる声。
○朝日上扶桑＝「扶桑」は、東海中にある神木で、ここから日が昇るとされる。『虎穴録』に「昭昭乎として朝日の扶桑に上るが如し」。
○聻＝「～とはどうじゃ、ん？」という語気。

【一―一四】〔巻之一の四丁表〕

土地。

你歡喜園、欠無根樹。〔擧香云〕者一株能保護。

土地《つち》。

你《なんじ》が歓喜園《かんぎえん》、無根樹《むこんじゅ》を欠く。［香《こう》を擧《こ》して云く］者《こ》の一株《いっしゅ》、能《よ》く保護《ほご》せよ。

〈訳〉

「忉利天《とうりてん》には、いくら歓喜があっても、法の根源たる無根の樹はあるまい」。［香木を手にして］「この（法を象徴する）香木を保ち護れ、土地神《つちしん》よ」。

○土地＝土地神を祀る堂での法語。『禅林象器箋』「土地堂」に「土地神は護法神の堂。仏殿の東辺に設く。南禅規式に曰う、或いは曰う、宋国の土地祖師の二堂は、法堂の左右に在りと。義堂云く、但だ宜しき処に随って之を立つ、必ずしも法堂の左右にあらず」。

○歓喜園＝忉利天にある帝釈宮の四園のひとつ。歓喜苑、喜林苑とも。諸天、ここに入ると歓喜の情を起こすという。

○無根樹＝『五灯会元』巻一、釈迦牟尼仏章、「世尊、因みに七賢女、屍陀林《しだりん》に遊ぶ。……帝釈を感ぜしめて散華して曰わしむ、〈惟だ願わくは聖姉よ、何の須《もと》むる所か有る、我れ当《まさ》に身を終うるまで供給《くきゅう》すべし〉。女曰く、〈我が家には四事七珍、悉く皆な具足す、唯だ三般の物のみを要す。一には無根の樹子一株を要す、二には無陰陽の地一片を要す、三には叫べども響かざる山谷一所を要す〉」。また、菩提心になぞらえる。『華厳経』入法界品、「譬えば樹有り、名づけて無根と曰う。根より生ぜずして、枝葉華果、悉く皆な繁茂するが如く、菩薩摩訶薩の菩提心樹もまた是の如く、無根にて得べし。而して能く一切智智、神通大願を長養す」。

【一―一五】［巻之一の四丁表］

祖堂。

少林九鼎、輕重繫人。［提起坐具云］一髪千鈞。𡆢。

祖堂《そどう》。

少林《しょうりん》の九鼎《きゅうてい》、輕重《けいちょう》、人に繫《かか》る。［坐具《ざぐ》を提起《ていき》して云く］一髪千鈞《いっぱつせんきん》。𡆢《か》。

〈訳〉

「達磨の宗旨の鼎《かなえ》の軽重を問うて（その位置を奪う）ことは、まことに人物にかかっておる」。［坐具を持ち上げて云う］「一髪千鈞。𡆢」。

○祖堂＝開山、百丈、達磨、臨済を祀る。
○少林九鼎、軽重繫人＝「問鼎軽重」は、『春秋左氏伝』宣公三年。
○提起坐具云＝坐具を九鼎に見立てて。
○一髪千鈞＝一髪もて千鈞を引く。危ない、危ない。
○𡆢＝千鈞を持ち上げる掛け声。𡆢は、思わず発する声。力を出して物を引く声。詳しくは後出［一―八九―二］「咄咄咄力口希」を参照。

【一一六】［巻之一の四丁表］

據室。

［竹篦揮案云］打草蛇驚。［拈起坐具云］移花蝶至。咄。若能凌滅正宗、與你瞎驢邊授記。

據室《こしつ》。

［竹篦《しっぺい》もて案《あん》を揮《ふる》って云く］草《くさ》を打てば蛇驚《じゃおどろ》く。［坐具《ざぐ》を拈起《ねんき》して云く］花《はな》を移《うつ》せば蝶至《ちょういた》る。咄《とつ》。若し能く正宗《しょうじゅう》を凌滅《りょうめつ》せば、你《なんじ》に瞎驢邊《かつろへん》の授記《じゅき》を與《あた》えん。

〈訳〉

［竹篦で机を打って云く］「草むらを叩けば蛇が驚く」。［坐具を手にとって云く］「花を移動すれば、蝶々もついてくる。咄。もし、正法眼蔵をぶっつぶすような者がおったならば（臨済禅師が言われたように）認めてやろう」。

○拠室＝新住持が方丈に入るにあたって一句を述べる。

○竹篦揮案＝拊案ともいう。竹篦で打って机を動かす。

○打草蛇驚＝打草驚蛇とも。いくつか異なる意味がある。他人の懲らすべき点を見て己の戒めとする。一人を懲らしめて、他の者を戒める。疎漏な出方をして相手に用心されたり、あるいは逆襲されること、など。しかし、ここでは、『句双葛藤鈔』「打草驚蛇」に「一棒一喝ヲ下シテ、邪気ヲ奪フノ心ナリ」とあるような義であろう。

『虚堂録』巻六、「代別」に「挙す。洛浦、一日、因みに侍者云く、〈肇法師、四論を製得す、也た甚だ奇怪なり〉と。浦云く、〈肇公、甚だ奇怪なるも、要且つ祖師を見ず〉と。者、無語。代云、打草蛇驚」。『犁耕』（電子達磨版一三五二頁）に「忠曰く、肇公、祖師を見ずと言う、某甲も亦た祖師を見ず。故に他を判するを聞いて、却って吾が意を驚かす。又た曰く、等閑《なおざり》に肇公に問う、豈に計らん、祖師を赫発せんとは、と。初めの義勝る」。

『南唐近事』に、「王魯、当塗の宰と為る。頗る資産を以て務めと為す。会《たま》たま部民、状を連ねて主簿の賂《まいない》を貪ることを県尹《けんいん》に訴う。魯、乃ち判じて曰く、〈汝、草を打つと雖も、吾れ已に蛇を驚かす〉。甚だ好事の者の為に口実とせらる」。この場合は「彼を懲して此を戒める」義。

○移花蝶至＝姚合の「武功県中に作る」三十首に「移花兼蝶至、買石得雲」。『禅林類聚』十「移花兼蝶到、買石得雲饒（花を移して蝶を兼ねて到る、石を買うて雲の饒《あま》すを得たり）」。

○若能凌滅正宗、与你瞎驢辺授記＝『臨済録』の末尾の一段にある「誰か知らん吾が正法眼蔵、這《こ》の瞎驢辺に向かって滅却せんことを」をふまえる。これは「滅宗之記」といって、臨済が言葉では貶しながら、三聖に密付した、というのが伝統的解釈。能く滅する者こそが、能く宗旨を興隆することができる、ということである。しかし、わが国では一九六〇年代、柳田聖山氏の『初期禅宗史書』の研究によって、この一段は、宋代になって臨済宗を確立するために新たに加えられたものとされた。そして、入矢義高氏の参加によって、この言葉は「平心に読めば、まさに落胆の嘆息であるが、しかし宋代ではほとんど例外なくこれを高い趣旨に取って、三聖に法を託したものとさえする」（岩波文庫版、解説）とされ、この解釈はすでに定説として確定している。近年、日本の禅語録の注釈本においても、この近代禅学の解釈をあてはめるものがある。唐代禅の新しい解釈が、初期禅宗研究にとどまればそれでよいのだが、歴史を遡って適用されているのである。わが大応国師の法嗣に滅宗興宗禅師あり、そして大徳寺の一休はみずから瞎驢と称した。すべて、臨済末期の記をふまえる。『少林無孔笛』には、この語は以降、しばしば出て来る。

雪江頂相自賛に「老来高臥憨眠、微笑宗猷堪凌滅」とある。『大徳寺墨蹟全集』（毎日新聞社）の解説では「老来、高臥憨眠《かんみん》し、微笑す、宗猷の凌滅するに堪えるを」と訓じているが、これでは「年寄って馬鹿みたいに眠り、開山の法が衰えようとして、それに堪えているのを微笑んで見ている」という意になってしまい、雪江の意を得ざること甚だしい。「微笑の宗猷」とは、妙心寺関山一流の法を言う。「老来、高臥して憨眠す。微笑の宗猷、凌滅するに堪えたり」。『雪江録』版本の訓点もかくの如し。「老いてはただ馬鹿みたいに眠るのみ（だが）、関山の法灯を滅宗興宗した」ということである。

その他、『景川録』に「凌滅白拈手段於正法眼蔵」、『虎穴録』に「凌滅宗乗、或罵倒諸方邪師」、『見桃録』に「凌滅正法眼蔵」などとある。

ちなみに『臨済録』の各種抄物は次のように解している。

『直記』「林際ノ如此云レタハ三聖ヘノ印可ゾ。此印ニハ常ノ如ク文ガナイ程ニ他人ノ眼ニカ、ルコトデハナイ也」。『臨済録鈔』「一山国師云ク、誰カ知ラン、吾ガ正法眼蔵、這《こ》の瞎驢辺に向カッテ滅却セン者、抑シテ揚グ、別ニ漏逗ノ意有ル也」。『カナ鈔』「抑而托上也。……東陽云、凡ソ瞎驢受記トイウハ三聖ヲ言ウ也。夢窓国師云、抑シテ揚グ、別ニ漏逗ノ意有ル也」。『夾山鈔』「学者切に須らく這《こ》の滅字に実参して始めて正法眼蔵の大段を知るべし。他の浅学、這《こ》の滅字に参得せずして、才《わず》かに滅の字を見ては輙《たやす》く宗旨断滅の解会を為す。一笑を発すべし。『正宗賛』馬祖賛に〈滅菩提達磨之心宗、応般若多羅之懸讖〉。又た圜悟禅師、一日、勲・遠と同じく東山に侍して夜坐す。帰らんと欲して月黒し。山、各おの一転語を下さしむ。勲曰く、〈彩鳳舞丹霄〉。遠曰く、〈鉄蛇横古路〉。師曰く、〈看脚下〉。山曰く、〈吾が宗を滅する者は克勤のみ〉と。此の滅の字も亦や一準なり」。『瑞巌抄』「有般《あるつら》は知らずして言う、若し滅字を見て断滅の会を作《な》さば笑う可しと。知らずして笑うは過は汝に在り。此の祖の臨終に、吾滅後不得滅却吾正法眼蔵と言うは、断滅せしめざるの義に非ずして什麼《なに》とか作《な》さん。還って汝、他の笑いを招かんか。祖師の遺旨を知らずして出世する者有らんや。正法眼蔵は不生不滅、滅却する所に非ず。嗣法の人は生滅の者なり、滅却せざらんことを欲するも其れ得べけんや。若し是の如く知らば、是れ大邪見、顚倒の衆生なり。名づけて滅却と為す所以は何ぞ。吾が宗は然らず、自覚の聖智、現在前するが故に。汝、不生不滅の蹤跡を求むるに不可得なり。一切の言説も亦た不可得なり。是れ臨済の正法眼蔵を滅却する底」。『摘葉抄』「瞎驢の瞎、方に死牛皮に活機関有り、滅却の滅、是れ録中の眼目、看過する勿かれ」。

【一一七】［巻之一の四丁裏］

勅黄。

網珠垂範、無地遯蹤。羞将煨芋手、輕觸紫泥封。

勅黄《ちょくこう》。

網珠《もうしゅ》、範《はん》を垂《た》れて、蹤《あと》を遯《のが》るるに地《ち》無《な》し。羞《は》ずらくは、煨芋《わいう》の手《て》を将《も》って、輕《かろがろ》しく紫泥《しでい》の封《ほう》に觸《ふ》るることを。

〈訳〉

「（帝のご威光は）摩尼珠が次から次へと網のように連なって、一切を包んでおり、逃れられる場所はない。軽々しくも、芋を焼いていた手を差し出すとは。（懶瓚《らんざん》和尚のように勅書を無視できぬとは）お恥ずかしい次第」。

○勅黄＝勅黄は勅書。これを奉じての一句。

○網珠垂範、無地遯蹤＝『碧巌録』第八十九則の頌に「網珠垂範、影重重」。評唱にいう「網珠は乃ち天帝釈が善法堂の前に、摩尼珠《まにしゅ》を以て網と為す。凡そ一珠中に百千珠を映現し、百千珠倶に一珠中に現ず。交《こも》ごも映じ重重主伴《しゅばん》尽くる無し。此れ用って事事無礙法界を明かすなり」。華厳でいう帝網重々の真理。如来の功徳は帝釈天で網のようになっており、その網の線に珠玉が重々に入り交じっている。

○羞芋手、軽触紫泥封＝『碧巌録』第三十四則、頌評唱「懶瓚《らんざん》和尚、衡山の石室中に隠居す。唐の徳宗、其の名を聞き、使いを遣わして之れを召す。使者、其の室に至って宣言す、〈天子、詔《みことのり》有り。尊者、当《まさ》に起って恩を謝すべし〉。瓚、方《まさ》に牛糞の火を撥って、煨芋《わいう》を尋ねて食す。寒涕《かんてい》、頤《おとがい》に垂るるも、未だ嘗て答えず。使者、笑って曰く、〈且らく勧む、尊者、涕《はなみず》を拭え〉。瓚曰く、〈我れ豈に俗人の為に涕を拭う工夫《ひま》有らんや〉といって、竟《つい》に起たず。使、回って奏す。徳宗、甚だ之れを欽嘆す」。

【一一八】［巻之一の四丁裏］

山門疏。

人若無洞庭七十二朶峭巍之舌、 世寧有天台萬八千丈烟霞之詞。 家風未展、 天知地知。

山門《さんもん》の疏《しょ》。

人若《ひとも》し洞庭《どうてい》七十二朶峭巍《だしょうぎ》の舌《した》無くんば、世に寧《なん》ぞ天台萬八千丈烟霞《てんだいまんはっせんじょうえんか》の詞有らんや。家風《かふう》未《いま》だ展《の》べざるに、天《てん》知《し》る、地《ち》知《し》る。

〈訳〉

「雪竇のような文才がなかったならば、どうして一万八千丈の天台山のような言葉が世に残りましょうや。わが家風など、語らずとも、天知る地知る、とっくに露見」。

○山門疏＝この山に入寺することを請う書（山門疏）を拈じて、これに答える句を述べる。
○洞庭七十二朶峭巍之舌＝雪竇の文才。『大慧語録』巻十二「雪竇明覚禅師像賛」に「太湖三万六千頃の渺茫、即ち師の口なり。洞庭七十二朶の巍峭、即ち師の舌なり」。「洞庭七十二朶」は、雪竇の『祖英集』「晦迹自貽」頌に「図画当年、洞庭を愛す、波心、七十二峰青し」。この「洞庭」は岳州（今の湖南省）の洞庭湖ではなく、蘇州の太湖の中の島にある洞庭山翠峰のこと。雪竇は始めここに住した。『碧巌録』第三十七則、偈頌の評に「雪竇に翰林の才有り」。
○天台万八千丈烟霞之詞＝『真誥』に「高さ一万八千丈、周廻八百里、山、八重有り、四面一の如し」。「華頂万八千丈」ともいう。華頂は天台山中のひとつ。
○天知地知＝『後漢書』巻八十四、楊震伝、「天知地知、我知子知」。

【一一九】［巻之一の四丁裏］

同門疏。
怨憎會苦、風雨一牀。罪我蒹葭醜、傾君錦繡腸。

同門《どうもん》の疏《しょ》。
怨憎會苦《おんぞうえく》、風雨一牀《ふうういっしょう》。我が蒹葭《けんか》の醜《しゅう》を罪して、君が錦繡《きんしゅう》の腸《ちょう》を傾《かたむ》く。

〈訳〉

「（時には）仇敵のように励みあい（時には）風雨の夜を床を共にして語った仲間たち。我が非才をとがめ、君らの錦繡の才をたたえる」。

○同門疏＝同門の者が新住持の入寺を祝って作った疏（同門疏）を奉じて、これに答える一句。
○怨憎会苦＝通常は八苦のひとつで「憎い人と会わざるを得ない苦」をいうが、ここでは「是れ怨家《おんけ》にあらずんば頭《こうべ》を聚めず」の語をふまえた抑下の表現。よくよくの御縁。
○風雨一牀＝「夜雨対床」「風雨連床」の語あり、親しき者どうしが、ともに心を傾けて交談歓楽するをいう。基づくところは蘇東坡が弟の子由を思って作った詩のいくつか。例えば「初秋寄子由」に「雪堂風雨夜、已作対床声」など。室町禅林では「友道」を表わす語ともなる。
○罪我蒹葭醜、傾君錦繡腸＝己れの文才を謙遜して蒹葭（荻と蘆。つまらぬもの）といい、相手のそれを錦繡と称える。佳句を吐く詩人の心を「錦繡腸」という。

【一―二〇】［巻之一の四丁裏］

拈衣。

者箇皮毛、變化自在。且看、朝上座一肩擔荷、入水牯牛群隊去。［搭起云］玷辱宗風、獲罪如是。


拈衣《ねんえ》。

者箇《しゃこ》の皮毛《ひもう》、變化自在《へんげじざい》。且《しば》らく看《み》よ、朝《あした》、上座一肩《じょうざいっけん》に擔荷《たんか》して、水牯牛《すいこぎゅう》の群隊《ぐんたい》に入《い》り去《さ》ることを。

［搭起《たっき》して云く］宗風《しゅうふう》を玷辱《てんじょく》して、罪《つみ》を獲《う》ること是《かく》の如《ごと》し。

〈訳〉

「この（牛皮の）衣は変化自在。よく看よ、朝は肩にかかっているが、（死ねばこの身は）水牯牛の仲間に入ってしまうのだ」。［衣を搭起して］「宗風を汚した罰が当たって、これこのとおり」。

○拈衣＝新住持が入寺の際、師から伝えられた袈裟をとって、自分の袈裟と換え、法語を下す。

○者箇皮毛、変化自在＝「皮毛」は牛皮。衣を牛皮になぞらえる例は、『仏海慧遠広録』巻一、「報恩光孝禅院語録」、「妙喜和尚持書并びに法衣至る上堂」に「衣は則ち披し已んぬ、法は作麼生《そもさん》か説く。此れ乃ち本色《ほんじき》真正の老牯牛《ろうこぎゅう》皮《ひ》。此の皮の長短高底、方円闊狭、従上の諸祖も辺表を知ること莫し」。また『断橋和尚語録』巻上、「台州瑞峰祇園禅寺語録」の「拈衣」の語に「這《こ》の一片の牛皮、天下の老和尚、総に他に包裹《ほうか》せられ了んぬ」。また中巌円月『東海一漚集』の相州乾明山万寿禅寺語録の「拈衣」の語に「這箇《しゃこ》は是れ大慧祖師、世に在って仏を呵し祖を罵りし時、身上に著くる底の本色真正の老牯牛皮、閩の怡山に遺下せること二百載」。『十牛図』に見るように、牛は仏心の象徴であり、その牛の皮だから伝法衣に比する。当然ながら、牛皮を着るわけではない。

○入水牯牛群隊去＝『伝灯録』巻九、潙山霊祐章、「上堂、衆に示して云く、老僧百年後、山下に向かって一頭の水牯牛に作《な》り去らん、左脇に五字を書して潙山の僧某甲と云わん。此の時、喚んで潙山の僧某甲と作《な》さば又た是れ水牯牛。喚んで水牯牛と作《な》さば又た潙山の僧と云う。喚んで什麼《なん》と作《な》さば即ち得てん」。『聯灯会要』巻七では最後に「仰山出でて作礼して退く」とある。

死後、牛（畜生）に生まれて生前の債務を還すという唐代の説話は『法苑珠林』などに多くとりあげられる。また『太平広記』巻四三四、畜獣一に類話を多くおさめる。そのパターンはつぎのごとし。①父が債務を残して死ぬ。②債権者の家に子牛が生まれ、その頭部に白毛で父の名が現れる。③債務者の子がその噂を聞いて恥に思う。⑤子がその子牛を買い取って父の債務を還す。

【一―二二】［巻之一の四丁裏］

登座。

咄哉燈王古佛、汚吾一座迷盧。侍者、香水以灑、衆花以敷。遂陞座。

登座《とうざ》。

咄哉《とつさい》、燈王古佛《とうおうこぶつ》、吾が一座《いちざ》の迷盧《めいろ》を汚《けが》す。侍者《じしゃ》、香水《こうすい》以て灑《そそ》ぎ、衆花以て敷《し》け。遂《つい》に陞座《しんぞ》。

〈訳〉

「コレッ、この灯王仏めが、わしが座るべき須弥座《しゅみざ》を汚してからに。侍者よ、香水を灑ぎ、花を敷いてきれいにせよ」。そこで座に登った。

○登座＝須弥壇の高座に登っての一句。『勅修百丈清規』「座を指して法語有り」。

○咄哉灯王古仏、汚吾一座迷盧＝『維摩経』不思議品「爾時、長者維摩詰、文殊師利に問う、〈仁者、無量千万億阿僧

祇国に遊ぶ、何等の仏土にか好上妙功徳成就の師子の座は有る〉。文殊師利言わく、〈居士、東の方、三十六恒河沙国を度って世界有り、須弥相と名づく。其の仏、須弥灯王と号す。今現在す。彼の仏、身長八万四千由旬。其の師子座、高さ八万四千由旬〉」。

【一―二二】［巻之一の四丁裏］

祝聖。

拈香曰、大日本國山城州平安城、龍寶山大德禪寺新住持、傳法沙門英朝、開堂令辰、虔爇寶香、端爲祝延。今上皇帝聖躬萬歲萬歲萬萬歲。陛下恭願、三皇春兮三王秋、平分雨露。衆水東兮衆星北、一統乾坤。

祝聖《しゅくしん》。

香を拈《ねん》じて曰く、大日本國山城州平安城《だいにほんこくやましろしゅうへいあんじょう》、龍寶山大德禪寺《りゅうほうざんだいとくぜんじ》新住持《しんじゅうじ》、傳法沙門英朝《でんぽうしゃもんえいちょう》、開堂令辰《かいどうれいしん》、虔爇《けんぜつ》寶香《ほうこう》、端《たん》に祝延《しゅくえん》。今上皇帝《きんじょうこうてい》、聖躬萬歲萬歲萬萬歲《せいきゅうばんざいばんざいばんばんざい》。陛下《へいか》恭《うやうや》しく願《ねが》わくは、三皇《さんこう》は春、三王《さんのう》は秋、雨露《うろ》を平分《へいぶん》す、衆水《しゅうすい》は東、衆星《しゅうせい》は北、乾坤《けんこん》を一統《いっとう》せんことを。

〈訳〉

「大日本国山城州平安城、龍宝山大徳禅寺の新住持である、伝法の沙門英朝、いま開堂にあたって、うやうやしく香をたいて、今上天皇の聖躬万歳を祈りたてまつる。陛下、上古の三皇が春のごとく、古代の三王が秋のごとく在ったように、恩寵を公平に分かちたまい、一切の河の流れが東し、すべての星が北を望むように、天下を統一されんことを」。

○虔爇宝香、端為祝延、今上皇帝聖躬万歳万歳万万歳＝訓読すれば、「虔しく宝香を爇《た》いて、端《まさ》に今上皇帝聖躬万歳万歳万万歳を祝延するが為にしたてまつる」。

○三皇春兮三王秋＝『禅林僧宝伝』巻十八、大覚璉禅師章、「三皇の教は簡にして素、春なり。……三王の教は密にして厳、秋なり」。「三皇」は上古の伝説上の三皇。伏羲、女媧、神農。「三王」は、夏の禹王、殷の湯王、周の文王。

○平分雨露＝「平分」は、公平に分かつ。『楚辞』九辨に「皇帝平分四時」。「雨露」は、雨露のごとくにゆきわたる恩寵、めぐみ。

○衆水東兮衆星北＝『圜悟語録』巻一に「天上に星有り皆な北に拱《たんだく》す、人間《じんかん》に水として東に朝《ちょう》せざる無し」。

【一―二三】〔巻之一の五丁表〕

次拈香曰、這香爇却寶爐、奉爲準三后、資倍祿算。伏願、壽山岌岌、支甘棠笏于累朝、台府潭潭、傳鹽梅詔于萬世。

次に香《こう》を拈《ねん》じて曰く、這《こ》の香、寶爐《ほうろ》に爇却《ぜっきゃく》して、準三后《じゅさんごう》の奉爲《オオンタメ》に祿算《ろくさん》を資倍《しばい》す。伏《ふ》して願《ねが》わくは、壽山岌岌《じゅざんきゅうきゅう》、甘棠《かんどう》の笏《しゃく》を累朝《るいちょう》に支え、台府潭潭《だいふたんたん》、鹽梅《あんばい》の 詔《みことのり》を萬世《ばんせい》に傳えんことを。

〈訳〉

「香をたいて準三后《じゅさんごう》の祿算をお祈りします。高く聳え立つ山の如く長寿で、かの召公のごとき仁政をいつまでもなされ、度量が広く、殷の名宰相傅説《ふえつ》のように活躍されんことを」。

○準三后＝準三宮。皇族、生母、准母、女御など天皇の近親者への称号。誰か未詳。
○甘棠笏＝「笏」は、官人が束帯のときに持つ手板。記憶すべき事柄をこれに記すもの。「甘棠」は、カラナシの樹。また、『詩経』召南の篇名で、そこでは聖主を愛慕する至情をうたう。人々が召伯の仁政を愛慕して、かつて南巡のときに召公が、その下に宿った甘棠を愛慕した。それより、主を愛慕する至情、あるいは故人の遺徳を偲ぶ情をいう。室町禅林では「甘棠故笏」という表現が見られる。『見桃録』「謝語」に「養源和尚、甘棠故笏、苦海慈航。……」、同じく希雲号頌に「甘棠故笏慕先宗」などとある。
○台府潭潭＝「潭潭」は、度量が広い。
○伝塩梅詔于万世＝「塩梅詔」は、殷の名宰相傅説《ふえつ》になぞらえる。『書経』説命下。「霖雨塩梅」「輔塩梅於傅巌」なども。「塩梅」はここでは、臣下が君王を助けて、ほどよい政治をさせること。

【一―二四】［巻之一の五丁表］

又拈香曰、這香奉爲勅使尊官、増崇祿位。伏願、射策天門、清名兼雙宋玉、鳴珂昧旦、雅望累百歐陽。

又た香《こう》を拈《ねん》じて曰く、這《こ》の香《こう》、勅使尊官《ちょくしそんかん》の奉爲《オオンタメ》に祿位《ろくい》を増崇《ぞうすう》す。伏して願わくは、策《さく》を天門《てんもん》に射て、清名《せいめい》、宋玉《そうぎょく》を雙《なら》べるを兼ね、珂《か》を昧旦《まいたん》に鳴らして、雅望《がぼう》、百の歐陽《おうよう》を累《かさ》ねんことを。

〈訳〉

「この香をたいて勅使の祿位が増さんことを祈ります。天子にとりたてられ、その名はもう一人の宋玉だと称えられますように。また、早朝には飾りたてた馬で出仕し、その声望が歐陽修の百人前だと称えられますように」。

○射策天門＝「射策」は登用試験のひとつ。「天門」は天子の居所、御所。

○双宋玉＝杜甫「秋日荊南にて石首の薛明府が満を辞し告別するを送る、云々」詩に「侍臣双宋玉」。宋玉は屈原の弟子である詩人。薛明府もまたもうひとりの宋玉というべき存在であることを「双宋玉」といったもの。

○鳴珂昧旦＝「鳴珂」は珂（貴人が用いる馬勒の飾り）を鳴らすこと。「昧旦」は夜明け、黎明。朝から飾りたてた馬で出仕すること。

○百歐陽＝歐陽修を百人重ねたほどの才。

【一―二五】［巻之一の五丁表］

又拈香曰、這香爲兵部源公、資嚴祿位。伏願、出鎮三邊、則威名被草木、進封萬戸、則積善生公侯。

又た香《こう》を拈《ねん》じて曰く、這《こ》の香《こう》、兵部源公《ひょうぶげんこう》の爲に祿位《ろくい》を資嚴《しごん》す。伏して願わくは、出《い》でて三邊《さんぺん》を鎭《ちん》するときは、則ち威名《いみょう》、草木《そうもく》に被《こうむ》らしめ、進んで萬戸《ばんこ》に封ぜらるるときは、則ち積善《せきぜん》、公侯《こうこう》を生ぜんことを。

〈訳〉

「この香をたいて兵部源公の祿位を祈ります。兵を出して地方を鎮めるときは、その威名に草木のように臥しますように。万戸を封ぜられ、その善行によって子孫に多くの公侯が出ますように」。

○又拈香曰＝檀香。
○兵部源公＝細川勝元（一四三〇～一四七三）。このとき（一四八一年）五十二歳。
○三辺＝中国における三つの辺地。匈奴、南越、朝鮮。

【一―二六】［巻之一の五丁裏］

次拈香曰、這爛枯柴、小根魔子、毀戒定慧爲臭惡、讚婬怒癡作馨香。信手拈來、供養前住當山見住微笑雪江老漢大和尚、用酬法乳之恩。

次に香《こう》を拈《ねん》じて曰く、這《こ》の爛枯柴《らんこし》、小根《しょうこん》の魔子《ますう》、戒定慧《かいじょうえ》を毀《こぼ》って臭惡《しゅうあく》と爲し、婬怒癡《いんどち》を讚《さん》して馨香《きょうこう》と作《な》す。手に信《まか》せて拈《ねん》じ來たって、前住《ぜんじゅう》當山《とうざん》見住《げんじゅう》微笑《みしょう》雪江《せっこう》老漢《ろうかん》大和尚《だいおしょう》に供養《くよう》して、用《も》って法乳《ほうにゅう》の恩《おん》に酬《むく》う。

〈訳〉

「小根の魔子《ます》たる私は、戒香・定香・慧香などは捨て、逆に、婬香・怒香・癡香を馨香だとして、手に任せて取り出し、わが雪江老漢大和尚に嗣法の香として献げ、法乳の恩に酬いたてまつる」。

○次拈香曰＝嗣法の香。
○爛枯柴＝香木。
○小根魔子＝自らの謙称。『了庵清欲語録』巻六「送大乗覚首座」偈に、「大乗菩薩信無疑、小根魔子安能知」。
○毀戒定慧為臭悪、讃婬怒癡作馨香＝戒香・定香・慧香などは悪臭ゆえ毀つ。それとは逆に、婬香・怒香・癡香をよい香りとして讃嘆する。逆順縦横のはたらき。

【一—二七—一】［巻之一の五丁裏］

師斂衣就座。上首白槌罷垂語曰、垂鉤四海、横劍水盆。具孟賁勇底、一任登龍門。有麼。
時有僧出衆曰、闡揚雲門宏規、蹈上頭關於尊貴路。承當臨濟密旨、滅正法眼於瞎驢邊。茲受綸命開堂、萬歲祝贊聖壽。

師曰、手把少林無孔笛、等閑吹起萬年歡。
進曰、鳳凰來儀、麒麟現瑞。正在此時。
師曰、山河增瑞氣、草木盡霑恩。

師、衣《ころも》を斂《おさ》めて座《ざ》に就《つ》く。上首《じょうしゅ》、白槌《びゃくつい》し罷《おわ》って、垂語《すいご》して曰く、鉤《つりばり》を四海《しかい》に垂れ、剣《つるぎ》を水盆《すいぼん》に横《よこ》たう。孟賁《もうほん》が勇《ゆう》を具《ぐ》する底《てい》、一任《いちにん》す、龍門《りょうもん》に登るに。有りや。

時に僧有り、衆を出でて曰く、雲門《うんもん》の宏規《こうき》を闡揚《せんよう》して、上頭《じょうとう》の關《かん》を尊貴《そんき》の路《みち》に踏《ふ》む。臨済《りんざい》の密旨《みっし》を承當《じょうとう》して、正法眼《しょうぼうげん》を瞎驢邊《かつろへん》に滅《めつ》す。茲《ここ》に綸命《りんめい》を受けて開堂《かいどう》、萬歳《ばんざい》、聖壽《せいじゅ》を祝賛《しゅくさん》したまえ。

師曰く、手に少林《しょうりん》の無孔笛《むくてき》を把《と》って、等閑《なおざり》に吹き起こす、萬年歡《まんねんかん》。

進《すす》めて曰く、鳳凰來儀《ほうおうらいぎ》、麒麟《きりん》、瑞《ずい》を現《げん》ず。正に此の時に在り。

師曰く、山河《せんが》、瑞氣《ずいき》を増し、草木《そうもく》、盡《ことごと》く恩《おん》に霑《うるお》う。

〈訳〉

伝法の信衣をおさめて着座。白槌師《びゃくついし》による白槌の儀が終わって、師が言われた、「四海に釣り針を垂れ、（慈明和尚のように）水盆の上には剣を横たえた。さあ、孟賁《もうほん》のごとき猛者《もさ》はおるか。龍門を登って龍となるがよい。おるか」。

一僧が出ていう、「雲門の宗旨を挙揚し尊貴のところを歩み、臨済の正法眼を瞎驢辺に滅することによってその密旨を承けた東陽禅師こそは真の法孫であります。本日、勅命によっての開堂。どうか聖寿万歳の一句をお示しください」。

師、「孔のない笛で、さりげなく万年歓の曲を奏でよう」。

僧、「鳳凰が来儀し、麒麟が瑞を現ずるとは、まさにこの時であります」。

師、「山河は瑞気を増し、草木はことごとくその恩にうるおっている」。

○白槌＝請法を大衆に知らせるために槌を撃つこと。「白」は申す意。説法に先だって白槌師が槌を打つこと一下して「法筵《ほうえん》龍象衆《りゅうぞうしゅう》、当観第一義《とうかんだいいちぎ》」と宣言し、それから問答商量があり説法が始まる。一連の法式が済むと、また白槌師が槌を一下して「諦観法王法《たいかんほうおうほう》、法王法如是《ほうおうほうにょぜ》」と唱えて証明の辞とする。『祖庭事苑』「白椎」。

○垂鉤四海、横剣水盆……＝問禅の僧の力量を試みるために問話でもって釣り出す。「横剣水盆」は、慈明和尚が室中で、水盆の上に剣を横たえて学人を接したこと。

○孟賁＝戦国斉の勇士。生きながら牛の角を抜いたという力持ち。水中を行くときは蛟龍をも避けることがなかったという。

○闡揚雲門宏規、踏上頭関於尊貴路＝東陽をたたえる礼語。

○承当臨済密旨、滅正法眼於瞎驢辺＝滅宗興宗という趣旨。前出［一―一六］。

○師曰、手把少林無孔笛、等閑吹起万年歓＝万年歓は唐の教坊の曲名。

○鳳凰来儀、麒麟現瑞＝鳳凰が来たり舞い、瑞祥である麒麟があらわれる。仁政が行われ太平である徴。『書経』益稷篇、「簫韶九成、鳳凰来儀」。

○山河増瑞気、草木尽霑恩＝祝語。

【一―二七―二】［巻之一の五丁裏］

進曰、記得、大應國師住興徳日、擧保壽開堂公案曰、大衆要知二大老落處麼。象王回顧、師子嚬呻。凛凛神威、誰敢近傍。如何商確。

師曰、劈開華嶽連天色、放出黄河到海聲。

進曰、又云、雖然如是、點檢將來、總被這僧勘破、意在那裏。

師曰、驅耕奪飢。


進めて曰く、記得《きとく》す、大應國師《だいおうこくし》、興徳《こうとく》に住する日、保壽開堂《ほじゅかいどう》の公案《こうあん》を擧《こ》して曰く、大衆《だいしゅ》、二大老《にだいろう》の落處《らくしょ》を知らんと要するや。象王回顧《ぞうおうかいこ》、師子嚬呻《ししひんしん》。凛凛《りんりん》たる祖印《そいん》、誰か敢えて近傍《きんぼう》せん、と。如何《いかん》か商確《しょうかく》せん。

師曰く、華嶽連天《かがくれんてん》の色《いろ》を劈開《ひっかい》し、黄河到海《こうがとうかい》の聲《こえ》を放出《ほうしゅつ》す。

進めて曰く、又た云く、然《しか》も是《かく》の如《ごと》くなりと雖も、點檢《てんけん》し將《も》ち來《き》たれば、總《そう》に這《こ》の僧に勘破《かんぱ》せらる、と。意《い》、那裏《なり》にか在る。

師曰く、耕《こう》を驅《か》り飢《き》を奪《うば》う。


〈訳〉

僧、「大応国師は興徳寺での上堂で、保寿開堂の公案をとりあげ、三聖和尚と保寿和尚の二人の境涯（落処）が分かるか、と尋ね、（みずから）〈象王回顧、師子嚬呻。その凛凛たる威厳には誰も近づけたものではない〉と言われました。これをどう受け止めたものでしょう」。

師、「華山を一撃で切り開き、そこに黄河の流れを放つような大力量の発揮」。

僧、「大応国師は〈しかしよく点検すれば、この僧に見破られた〉と言われていますが、その意味は如何」。

師、「耕夫からは牛を奪い、飢え人からは食料を取り上げる」。

○大応国師住興徳日＝初住筑州早良県興徳禅寺語録。

○保寿開堂公案＝宝寿の沼和尚が遷化に臨んで、三聖に二世宝寿の開堂の儀を遺嘱した。その開堂のときの話。『五灯会元』巻十一、宝寿（保寿）二世の章、「師開堂の日、三聖、一僧を推出す、師（宝寿）便ち打つ。聖曰く、〈与麽《よも》の為人ならば、但だ這《こ》の僧の眼を瞎却《かっきゃく》するのみならず、鎮州一城人の眼を瞎却し去ること在らん〉。師、拄杖を擲下して、便ち方丈に帰る」。

○象王回顧、師子嚬呻＝象王がちょいとふりかえる、あるいは、獅子がちょっと眉をしわめて声を挙げる（だけで、百獣は脳裂する）。（何も大騒ぎせずとも）エヘンというだけで相手を屈服させる大機用。

○劈開華嶽連天色、放出黄河到海声＝仏眼清遠の臨済三頓棒頌に「擘開す華嶽連天の色、放出す黄河到海の声。云々」（『古尊宿語録』巻三十四）。華山と首陽山はもともと一つの山であったが、黄河の巨神が手で二つに分けて河の流れを放ったという話にもとづくもの。張衡の「西京賦」（『文選』巻二）。

○雖然如是、点検将来、総被這僧勘破＝これは大応国師のコメント。

○駆耕奪飢＝駆耕夫之牛、奪飢人之食（耕夫の牛を駆り、飢人の食を奪う）。『句双葛藤鈔』「駆耕夫牛奪飢人食」に「息ヲツガセズセメカケ、咬付処ヲ追放シタ事ゾ」。

【一─二七─三】［巻之一の五丁裏］

進曰、上來已蒙指示、即今咨問和尚、微笑老人、如何領拈花旨。

師曰、別別。珊瑚枝枝撐著月。

進曰、可謂親言出親口。

師曰、認取不是。

進曰、遊龍寶者、徒手不歸。

師曰、清風生八極、老虎出南山。


進めて曰く、上來《じょうらい》、已《すで》に指示《しじ》を蒙る、即今《そっこん》、和尚《おしょう》に咨問《しもん》す、微笑老人《みしょうろうじん》、如何《いかん》か拈花《ねんげ》の旨《し》を領ず。

師曰く、別別《べつべつ》。珊瑚枝枝《さんごしし》、月を撐著《とうじゃく》す。

進めて曰く、謂《い》っつ可《べ》し、親言《しんごん》は親口《しんく》より出づと。

師曰く、認取《にんとく》せば不是《ふぜ》。

進めて曰く、龍寶《りゅうほう》に遊《あそ》ぶ者は、手を徒《ムナ》しうして歸らず。

師曰く、清風《せいふう》、八極《はっきょく》に生じ、老虎《ろうこ》、南山《なんざん》を出づ。

〈訳〉

僧、「お示しありがとうございました。では今、和尚にお尋ねします、微笑老人、如何か拈花の旨を領ずる」。

師、「別々。海底の珊瑚の枝という枝が月を映じて輝いている」。

僧、「よく分かった人ならではこの語は吐けぬ、と申します（ずばりのお示し、ありがとうございます）」。

師、「そう受け止めてはいかんぞ」。

僧、「こちらに参ったからには、手ぶらでは帰りませぬ」。

師、「清風が全世界（八極）に吹いて、老虎が南山から出で来た」。

○微笑老人＝雪江宗深。
○別別＝改めてさらにコメントする。
○珊瑚枝枝撐著月＝『碧巌録』第一〇〇則「巴陵吹毛剣」の本則に「珊瑚枝々月を撐著す」。南海の珊瑚は、明月の夜になると、海底より姿をあらわし、枝という枝が海水を帯びて、その一滴一滴の水玉が、月を映して輝くとされる。
○親言出親口＝款出囚人口（款は囚人口より出づ）」と同義。当事者でなければ言えぬ言葉は当事者の口からしか出ない。「親口」は「当人の口より出る」の意。
○遊龍宝者、徒手不帰＝「龍宝」は龍宝山大徳寺。
○清風生八極、老虎出南山＝『大川録』「浄慈天目和尚至上堂」、「法昌は只だ一隻眼を具するのみ、当日の事有ることを知って、今日の事有ることを知らず。如何なるか是れ今日の事。清風生八極、老虎出南山」。

【一―二八―一】［巻之一の六丁表］

提綱。
師乃以拂子、打一圓相曰、靈光不昧、萬古徽猷。是名無上法寶、或謂不貲天球。等閑托出時、身雲衣雲樓閣雲、興於膚寸、而徧滿華藏刹海、無端收來處、象寶馬寶玉女寶、合於一塵、而包含金色彌勒。到者裏、露柱燈籠、猫兒狗子、一時入王三昧正受、光嚴住持。朶朶湖山千古佛、銅頭鐵額、僧鳳人龍、隨處稱第一等宗師。照用齊行。凛凛威風四百州。驚奔南海瞎波斯、同光年來未酬價。嚇殺西天貧須達、開聖院裡無所求。

提綱《ていこう》。
師乃ち拂子《ほっす》を以て一圓相《いちえんそう》を打《た》して曰く、靈光不昧《れいこうふまい》、萬古《ばんこ》の徽猷《きゆう》。是れ無上《むじょう》の法寶《ほうぼう》と名づく、或いは不貲《ふし》の天球《てんきゅう》と謂う。等閑《なおざり》に托出《たくしゅつ》する時、身雲《しんうん》、衣雲《えうん》、樓閣雲《ろうかくうん》、膚寸《ふすん》より興《お》こって、華藏刹海《けぞうせっかい》に徧滿《へんまん》し、端《はし》無くも收來《しゅうらい》する處《ところ》、象寶《ぞうほう》、馬寶《めほう》、玉女寶《ぎょくじょほう》、一塵《いちじん》に合《がっ》して、金色《こんじき》の彌勒《みろく》を包含《ほうがん》す。者裏《しゃり》に到って、露柱燈籠《ろちゅうとうろう》、猫兒狗子《みょうじくす》、一時《いちじ》に王三昧正受《おうざんまいしょうじゅ》に入って光嚴住持《こうごんじゅうじ》す。朶朶《だだ》の湖山《こざん》、千古《せんこ》の佛《ぶつ》。銅頭鐵額《どうとうてつがく》、僧鳳人龍《そうほうじんりゅう》、隨處《ずいしょ》に第一等《だいいっとう》の宗師《しゅうし》と稱《しょう》す。照用齊《しょうゆうひと》しく行《ぎょう》ず。凛凛《りんりん》たる威風《いふう》、四百州《しひゃくしゅう》。南海《なんかい》の瞎波斯《かつはし》を驚奔《きょうほん》して、同光年來《どうこうねんらい》、未だ價《あたい》を酬《むく》いず。西天《せいてん》の貧須達《ひんすだ》を嚇殺《かくさつ》して、開聖院裡《かいせいいんり》、求むる所無し。

〈訳〉

師は払子で一円相を描いて言われた、「この一心の霊光は昧まされることがない、これが万古にうるわしき大道。これを無上の法宝といい、また無量の天球という。なおざりにこの法球を取り出せば、無量の仏身・諸尊および無量の衣、そしてそれが居する無量の楼閣がわずか一寸より起こる。ゆくりなくもこれを収め来たれば、象宝、馬宝、玉女宝などの七宝が一微塵に合して、金色の弥勒を包含する。このような時、灯籠も丸柱も猫も犬も、一時に三昧に入って、世界を荘厳して法を保持しておる。湖上にたたなわる山々は千仏のようである。鳳龍のような豪僧傑僧たちは、至るところで第一等の宗師と称えられ、間、髪を容れぬはたらきを示し、その凛々たる威風は、全世界を圧している。〈そこに示される心という〉一宝は目利きのペルシャ人も値をつけられぬので、同光皇帝よりこのかた、誰も値段をつける者がおらぬ。開聖院の棲禅師は〈貧乏人には高く、金もちには安く〉と言われたが、そんな宝物には天竺の金持ちである須達長者も貧乏人のように仰天することであろう」。

○提綱＝仏法の綱要を説く。『禅林象器箋』「提綱」に「説法を提綱と曰う。宗旨の大綱を提起して説く」。
○霊光不昧、万古徽猷＝『伝灯録』巻九、平田普岸章に「神光不昧、万古徽猷。入此門来、莫存知解」。
○不貲天球＝「不貲」は、数えられぬ、無量の。「天球」は古の玉の名。
○身雲衣雲楼閣雲＝『華厳経』の説。雲のごとく無量にある仏身・諸尊、その無量の衣、そしてそれが居する無量の楼閣。

○無端＝右に出た「等閑」と同義。

○象宝馬宝玉女宝＝七宝。一輪宝、二象宝、三馬宝、四珠宝、五（玉）女宝、六居士宝、七主兵宝（『倶舎論』）。

○王三昧正受＝「王三昧」は三昧の中の最勝のもの。坐禅をいう。「正受」は三昧の漢訳。

○光厳住持＝右とあわせて、『円覚経』に「如是我聞。一時婆伽婆、入於神通大光明蔵、三昧正受、一切如来蔵、三昧正受。一切如来、光厳住持」。ここでの「住持」は、世に安住して法を保持すること。

○朶朶湖山千古仏＝『江湖風月集』大川の「慈峰千仏閣」頌に、「朶々たる湖山、千の古仏、重々たる煙樹」。山々が千仏、樹々が楼閣。この世界がそのまま毘盧法身の国土なのだから。

○照用斉行＝「照」は相手を見るはたらき、「用」は相手に応じるはたらき。臨済四照用（先照後用、先用後照、照用同時、照用不同時）の第三。

○凛凛威風四百州＝『碧巌録』第十一則の頌。『句双葛藤鈔』「凛凛威風四百州」に「法王ノ化ノ普《あま》ネイヲ云ウゾ」。

○驚奔南海瞎波斯、同光年来未酬価＝「南海波斯」は、南海から船でやって来るペルシャ人。中国人がごくつまらぬ物と思っていた品物が実は無価《むげ》の（値のつけようもない）秘宝であって、それを見分けることのできるペルシャ人が高価で買い取るという「波斯弁宝譚」をふまえる。類話は『太平広記』に多く載せられている。禅録では、これをふまえ、「別宝還他碧眼胡（宝を別かつことは他の碧眼胡に還す）」「別宝撞著瞎波斯（宝を別かつ、瞎波斯に撞著す）」などの語がある。

『従容録』九十七則に、「同光帝、興化に謂いて曰く、〈寡人、中原の一宝を収得せり、只だ是これ人の価を酬いる無し〉。化云く、〈陛下の宝を借し看よ〉。帝、両手を以て幞頭脚《はくとうきゃく》を引く。化云く、〈君王の宝、誰か敢えて価を酬いん〉」。

○嚇殺西天貧須達、開聖院裡無所求＝『宗門正灯録』「和州開聖院語録」に、「香を拈じて云く、此の一瓣、大いに人の疑着する有り。三十年、一叢林を出でて一宝社に入る。賎《やすき》に遇うときは則ち貴《たか》く、貴《たかき》に遇うときは則ち賎《やす》し。

末後、箇《こ》の無面目の老子に撞着して、命根上に向かって一劄《いっさつ》、覚えず空より放下す。……」。

【一―二八―二】［巻之一の六丁表］

與麼時節、光曜土中萬歳佛。［豎起拂子云］忽現於拂子頭上、震威一喝曰、休休、即今新長老、遊戲這光明藏、打禾山鼓、輥雪峯毬、直得無邊刹境、一毫端收。是皆以九天紫詔、鳳翔千仭、兩朝宸奎、虹貫六幽也。何故。適來告報、一似癡狂外邊走、打遭南閻浮相似。阿呵呵。萬歳古佛早輸吾一籌了也。雖然恁地、作麼生是那一籌。［叉手云］無象太平今有象、五雲縹緲擁蓬丘。

與麼《よも》の時節《じせつ》、光曜土中《こうようどちゅう》、萬歳佛《ばんざいぶつ》、［拂子《ほっす》を豎起《じゅき》して云く］忽《たちま》ち拂子頭上《ほっすとうじょう》に現じて、震威一喝《しんいいっかつ》して曰く、休《や》みね休《や》みね、即今《そっこん》、新長老《しんちょうろう》、這《こ》の光明藏《こうみょうぞう》に遊戲《ゆげ》して、禾山《かさん》の鼓《く》を打《だ》し、雪峯《せっぽう》の毬《きゅう》を輥《こん》ず。直《じき》に得《え》たり、無邊刹境《むへんせっきょう》、一毫端《いちごうたん》に収むることを。是れ皆な九天《きゅうてん》の紫詔《ししょう》、鳳《おおとり》、千仭《せんじん》に翔《かけ》り、兩朝《りょうちょう》の宸奎《しんけい》、虹《にじ》、六幽《りくゆう》を貫《つらぬ》くを以てなり。何《なん》が故《ゆえ》ぞ。適來《せきらい》の告報《こくほう》、一《ひと》えに癡狂《ちきょう》の外邊《がいへん》に走《わし》って南閻浮《なんえんぶ》に打遭《たそう》するに似《に》て相《あい》似《に》たり。阿呵呵《あかか》。萬歳古佛《ばんざいこぶつ》、早く吾れに一籌《いっちゅう》を輸《ま》け了《おわ》れり。然《しか》も恁地《いんち》なりと雖も、作麼生《そもさん》か是れ那《な》一籌《いっちゅう》。［叉手《しゃしゅ》して云く］無象《むしょう》の太平《たいへい》、今、象《しょう》有り、五雲縹緲《ごうんひょうびょう》として、蓬丘《ほうきゅう》を擁《よう》す。

〈訳〉

「この時にあたって、この大光明蔵三昧の世界に、人寿八万歳のときに出現する転輪《てんりん》聖王《じょうおう》が、［払子を立てて］、たちまちこの払子の上に現われて、威を振るって言われる、〈やめよ、やめよ、即今、新住持長老和尚が、この光明世界に遊戯《ゆげ》して、禾山禅師のように鼓を打ち、あるいは雪峰和尚のごとく毬を転がして接化され、全世界を一微塵の中に収めるであろうぞ。これもみな、詔勅によって鳳が千仞の九天に翔り、その宸奎が虹のように天地の果てを貫き照らすからである。（かく言うのは）なぜか。先ほどの（東陽和尚の）告報は、癡狂《おろかもの》が異見を述べて外に向かって求め走り、須弥山の南の娑婆世界にぶち当たったようなものだからである〉と。（師がいう）アハハ、（さすがの）万歳古仏もすでに我に一手負けたというものだ。（その究極の）一手とは何か」。［叉手して］「真実の太平に象《かたち》はないのに、不思議や、今はそれがある。五雲がたなびいて蓬丘を囲んでいる（それが無象の象だ）」。

○光曜土中万歳仏＝人寿八万歳以上のときに出現する転輪聖王。『倶舎論』。
○光明蔵＝大光明蔵三昧。大円覚世界。
○打禾山鼓＝禾山無殷が何を聞かれても「解打鼓《かいたく》」と答えた話。『碧巌録』第四十四則。
○輥雪峰毬＝雪峰義存がつねに三箇の木毬を転がして為人《いにん》の手段としたこと。『玄沙広録』など。『碧巌録』第四十四則の頌に、「象骨老師曾て輥毬するも、争でか似かん禾山の解打鼓《かいたく》には」。
○一似癡狂外辺走、打遭南閻浮相似＝「癡狂外辺走」、『大荘厳経論』巻十五、「諸もろの外道各おの異見を生じて顚倒の心有るを以て、是の故に名づけて癡狂の人と為す」。ここまでを転輪聖王の語と解した。
○阿呵呵＝ここから東陽の語。

○無象太平今有象、五雲縹緲擁蓬丘＝蘇軾「山村五絶」の一に「竹籬茅屋、渓を趁《お》って斜めなり、春は山村に入って、処処花なり。無象の太平、還って象有り、孤煙起こる処、是れ人家」。『四河入海』に「真実ノ太平ニハ象ハナキモノゾ。……不思議ヤ、今は象無キ太平ニ象ガアルゾ。何ゾト云ヘバ、アソコニ炊煙ガ起ルコソ太平ノ象ゾ」。

【一一二九】［巻之一の七丁表］

自叙。

［英朝］椰子之身、髭嗄之器。如同觸鼻羊逢物、輸却長髯鳥説禪。辱蒙綸言、漫汚法席。難免諸方貶剝。只消滿面慚惶。衆慈亮察。

自叙《じじょ》。

［英朝《えいちょう》］椰子《やし》の身《しん》、髭嗄《しさ》の器《き》。觸鼻羊《そくびよう》の物《もの》に逢《あ》うに如同《にょどう》し、長髯鳥《ちょうしちょう》の禪《ぜん》を説くに輸却《ゆきゃく》す。辱《かたじけな》くも綸言《りんげん》を蒙《こうむ》り、漫《みだ》りに法席《ほっせき》を汚《けが》す。諸方《しょほう》の貶剝《へんはく》を免《まぬが》れ難《がた》し。只だ満面《まんめん》の慚惶《ざんこう》を消《しょう》す。衆慈亮察《しゅうじりょうさつ》。

〈訳〉

「某《それがし》英朝は、椰子身《やししん》のように卑小で、壊れやすい器のようなもの。また、鼻に触れた物は何でも食べる羊のようなもので、禅を説けば、かの長髯鳥に負けるような私であります。今、辱くも綸言を蒙り、ここに法席を汚しております。諸方からのご批判を免れますまい。ひたすら満面の慚惶のところ、慈悲をもってご亮察ください」。

○自叙＝自分がこの説法の任ではないことを、謙譲して語る。
○椰子之身＝小さい体の譬え。雲門が洞山に言った言葉。「你、身、椰子大の如くにして、如許《かくのごと》き大口を開き得たり」。『五灯会元』巻十五、洞山守初宗慧禅師章。
○甆嗄之器＝瓶のようにもろく壊れやすいものの譬え。
○如同触鼻羊逢物＝『臨済録撮要抄』に「一山云く、羊の物名なり。言うこころは、羊の目、物を辨ぜず、凡そ鼻に触るる者有らば即ち之を食す」。
○長鬐鳥説禅＝「雲門、僧に問う、〈你、向北より来たる、曾て臺に遊ぶや否や〉。僧云く、〈是〉。師云く、〈関西湖南、還って長鬐鳥の禅を説くを見るや〉。僧云く、〈見ず〉」。

【一―三〇】［巻之一の七丁表］

白槌謝。

開堂之次、共惟徳禪東堂大和尚、人天藻鑑、佛祖權衡。萬衲趨風、栗棘蓬噀漫天毒氣。三台欽道、苕帚椿振寰宇英聲。茲承、忘大降尊、俯臨座側、特鳴犍椎、作法證明。下情莫勝感激之至。所冀永保郝翁甲子、増挑大照光華。至祝至禱。


白槌《びゃくつい》の謝《しゃ》。

開堂《かいどう》の次いで、共《うやうや》しく惟《おもん》みれば、徳禪東堂大和尚《とくぜんとうどうだいおしょう》、人天《にんでん》の藻鑑《そうかん》、佛祖《ぶっそ》の權衡《けんこう》。萬衲《まんのう》、風《かぜ》に趨《わし》る、栗棘蓬《りっきょくほう》、漫天《まんてん》の毒氣《どっき》を噀《ふ》く。三台《さんだい》、道《どう》を欽《うやま》う、苕帚椿《ちょうそうとう》、寰宇《かんう》の英聲《えいせい》を振《ふる》う。茲《ここ》に承《うけたま》わる、大《だい》を忘《わす》れ尊《そん》を降《くだ》す、俯《ふ》して座側《ざそく》に臨《のぞ》み、特《とく》に犍椎《けんち》を鳴らして、法《ほう》の證明《しょうめい》を作《な》す。下情《あじょう》、感激《かんげき》の至《いた》りに勝《た》うること莫《な》し。冀《こいねが》う所《ところ》は、永《なが》く郝翁《かくおう》の甲子《かっし》を保《たも》ち、増《ます》ます大照《だいしょう》の光華《こうか》を挑げ《かかげ》んことを。至祝至禱《ししゅくしとう》。

〈訳〉

「恭しく惟みれば、徳禅大和尚は人天を品評するための鏡であり、仏祖を量る基準であられる。その徳風を慕い集まる多くの禅侶に向かっては、栗棘蓬のごとき言句でもって、漫天の毒気を吐かれる。その道徳を敬い尊ぶ大臣たちには無心の古箒を振るって接化。その噂は天下に行きわたっております。本日ここに、その尊位から降って、この開堂の場に臨まれ、わざわざ白槌師となって法の証明をしていただきますことは、感激の至りであります。願わくは趙州和尚のように百二十歳まで長生きされて、宗門を照らしたまわんことを。至祝至禱」。

○白槌謝＝白槌師に対する謝語。
○藻鑑＝品定め（藻）するための鏡。
○権衡＝権はオモリ、衡はハカリサオ。
○栗棘蓬＝毬栗と荊棘のような、何としても飲み込めぬ毒語。
○三台＝三公。日本では太政大臣、左大臣、右大臣をいう。
○苕帚椿＝使い古した箒。無心に到ったところを、用いることのできぬ弊帚になぞらえる。
○所冀永保郝翁甲子、増挑大照光華＝趙州は百二十歳を生き、「七百甲子の老僧」とよばれた（『趙州録』に附する行状）。百二十年間に甲子の日の数は七百ある。

【一―三二】［巻之一の七丁裏］

總謝。
又惟諸位東堂大和尚、諸位西堂和尚。遞昌法幢、各據雄席。豈圖自他不隔主伴交參。於戲、議之蚍蜉撼山、讃之太虚生翳。乞各各道照。又惟山門東西兩序、單寮、耆宿、蒙堂、前資、適來禪客、四來高賓、一會海衆、諸位禪師。箇箇璞玉渾金、人人光風霽月。迫開堂浩繁、欠逐一褒讃。枉賜恕宥。

總謝《そうじゃ》。
又た惟《おも》みれば、諸位東堂大和尚《しょいとうどうだいおしょう》、諸位西堂和尚《しょいせいどうおしょう》。遞《たが》いに法幢《ほうどう》を昌《さか》んにし、各《おの》おの雄席《ゆうせき》に據《よ》る。豈《あ》に圖《はか》らんや、自他《じた》隔《へだ》てず、主伴交參《しゅばんこうさん》せんとは。於戲《ああ》、之《これ》を議《ぎ》すれば、蚍蜉《ひふ》、山《やま》を撼《うご》かし、之《これ》を讃《さん》すれば、太虚《たいきょ》、翳《かげ》を生《しょう》ず。乞《こ》う各各道照《かくかくどうしょう》。又た惟《おも》みれば、山門東西兩序《さんもんとうざいりょうじょ》、單寮《たんりょう》、耆宿《きしゅく》、蒙堂《もうどう》、前資《ぜんし》、適來《せきらい》の禪客《ぜんかく》、四來《しらい》の高賓《こうひん》、一會海衆《いちえかいしゅう》、諸位禪師《しょいぜんじ》。箇箇《ここ》、璞玉渾金《はくぎょくこんきん》、人人《にんにん》、光風霽月《こうふうせいげつ》。開堂《かいどう》の浩繁《こうはん》に迫って、逐一《ちくいち》の褒讃《ほうさん》を欠く。枉《ま》げて恕宥《じょゆう》を賜《たま》え。

〈訳〉

「また惟みれば、もろもろの東堂大和尚、西堂和尚は、それぞれ役位に拠って互いに法幢を盛んにしておられます。（それなのに、本日ここに）自他を隔てず、主伴交参（して、この一会を営弁）されるとは。ああ、その行いは偉大すぎて論評もできません。もし論評すれば、さながら蟻が山を動かそうとするようなものです。どうかお察しください。また惟みれば、東西の両序、単寮、耆宿、蒙堂、前資、適来の禅客、四来の高賓、一会の海衆、諸位禅師、どなたも璞玉渾金のように質朴で光風霽月のような人品であられますが、開堂の儀式が繁多になるので、逐一褒讃の言葉を省略させていただきます。枉《ま》げてお許しを願う」。

○総謝＝営弁にあたった東西両班の僧への謝辞。

○諸位東堂大和尚、諸位西堂和尚＝わが国における「東堂大和尚」「西堂和尚」の呼称とその意味については、井本宗浩師の『実伝録注』において、『続々群書類従』第十二にある「五山一派階級法服次第」という資料によって詳説されている。

いわく、「西堂は、単寮（＝前堂）の僧のうち衆の師範たるべき者を分座説法せしめた。これを秉払と称し、五山の出世衆となる。吹嘘状なるものを以て僧録に願い出て、諸山十刹の公帖を頂戴して「改衣規式相調」たのである。西堂を自称し、他人は和尚と称した。衣は黒で、袈裟は紫以外の色である、と。一方、東堂は、西堂の僧が道業純熟して高臘の仁体となれば、吹嘘して僧録に願い出て公帖を頂戴して「改衣規式相調」た者である。長老を自称し、他人は大和尚と称した。五山では公帖を頂戴した者は、衣は黄衣で、紫の外は何色でもよかった。ただし、天龍寺は浅紫衣で、南禅寺は深紫衣である、と。おそらくこれが日本の東堂・西堂であろう。つまり前堂↓西堂↓東堂と法階を昇っていったのである。なぜ東堂を「大和尚」といい西堂は「和尚」のみであるのかも明らかである」と。

○議之蚍蜉撼山＝韓愈の「張籍の詩を調す」に「蚍蜉、大樹を撼《うご》かす、笑う可し、自ら量らざること」。見識の乏しい者がみだりに大人物を批評する喩。

○讃之太虚生翳＝「虚空無翳絶朕跡」という語あり、これの反対をいう。朕跡をつけることになる。『夢窓国師語録』に「師滅度すと謂わば、太虚に翳を受く」。

○東西両序＝東序知事（都寺・監寺・維那・典座・直歳）と西序頭首（首座・書記・知客・知浴・知殿）の役位。

○単寮＝知事、頭首がその職を退いたばあい、独寮を与えられているもの。

○耆宿＝老年で徳の高い僧。

○蒙堂＝職を退いたもの。

○前資＝副寺以下の職を退いたもの。

○適来禅客＝前出［一―二七］で問禅という儀式をした僧。

○璞玉渾金＝質朴で文飾がないこと。

○光風霽月＝人品をほめる語。陽に光る草木、晴れた月のよう。『宋史』列伝、周敦頤伝に「其の人品甚だ高く、胸中灑落として、光風霽月の如し」。

【一―三二】［巻之一の七丁裏］

拈提。

擧。鹽官安國師示衆。虛空爲鼓、須彌爲槌。甚麼人打得。衆無對。南泉聞曰、王老師不打這破鼓。

後來雪竇拈曰、打者甚多、聞者極少。師曰、大小大國師、掌四世界、如陶家輪。垂萬里鉤、不遇箇蛙歩。南泉雪竇、或刻畫無鹽唐突西施、或不惜黃金要鑄子期。至竟、只做得雲居羅漢。新寶山、且爲三大老雪屈去也。［卓拄杖云］一聲雷發動、蟄戸一時開。

拈提《ねんてい》。

擧《こ》す。鹽官《えんかん》の安國師《あんこくし》、衆《しゅ》に示《しめ》す。虛空《こくう》を鼓《く》と爲し、須彌《しゅみ》を槌《つい》と爲す。甚麼《いずれ》の人をか打ち得ん。衆、對《こた》うる無し。南泉《なんせん》聞いて曰く、王老師《おうろうし》、這《こ》の破鼓《はく》を打たず。後來《こうらい》、雪竇拈《せっちょうねん》じて曰く、打《う》つ者は甚《はなは》だ多く、聞《き》く者は極《きわ》めて少《すく》なし。師曰く、大小大《だいしょうだい》の國師《こくし》、四世界《しせかい》を掌《たなごころ》にすること陶家輪《とうけりん》の如し。萬里《ばんり》の鉤《つりばり》を垂れて、箇《こ》の蛙歩《あほ》だにも遇《あ》わず。南泉《なんせん》、雪竇《せっちょう》、或《ある》いは無鹽《むえん》を刻畫《こくが》し西施《せいし》を唐突《とうとつ》す、或《ある》いは黃金《おうごん》を惜《おし》まず子期《しき》を鑄《い》んと要《よう》す。至竟《しきょう》、只だ雲居《うんご》の羅漢《らかん》と做《な》り得《え》たり。新寶山《しんほうざん》、且《しば》らく三大老《さんだいろう》の爲に屈《くつ》を雪《そそ》ぎ去《さ》らん。［拄杖《しゅじょう》を卓《たく》して云く］一聲《いっせい》、雷發動《らいはつどう》すれば、蟄戸《ちっこ》、一時《いちじ》に開く。

〈訳〉

塩官国師が衆に示して言われた、「虚空を太鼓にし、須弥を槌にして、これをたたくことができるのは誰か」。誰もこれに答える者がなかった。このことを南泉が聞いて言った、「わしはそんな破れ太鼓をたたかぬ」と。のちに雪竇がとりあげて言った、「たたく者は多いが、その音を聞き得る者はない」と。この公案をとりあげて師が言われた、「さすがの塩官国師、（『維摩経』に出る陶器師の）陶家輪のように大世界を掌中におさめて、万里にも届く釣り針を垂れたが、蛙一匹もかからなかった。南泉も雪竇も、美人の西施を描こうとして醜女の無塩を描いたというところ、あるいは黄金を惜まず、知音《ちいん》の鍾子期の黄金像を鋳たというところ。結局（三人共に）高慢になったというものだ。そこで、それがしが、三大老の屈辱を晴らしてやろう」。［拄杖を立てて云く］「春雷一発、すべての虫類が眼を覚ました」。

○拈提＝古則をとりあげて法要を示す。
○塩官安国師示衆＝『五灯会元』巻三、塩官斎安章。
○王老師＝南泉の自称。
○大小大＝さすがの。
○掌四世界、如陶家輪＝『維摩経』不思議品に「住不可思議解脱菩薩、断取三千大世界、如陶家輪著右掌中」。「陶家輪」は陶器を造る職人。
○垂万里鉤、不遇箇蛙歩＝『碧巌録』第三十八則、本則、風穴の語。「鯨鯢を釣って巨浸を澄すに慣れて、却って嗟す、蛙歩の泥沙に驟《まろ》ぶことを」。
○刻画無塩唐突西施＝醜女（無塩）を以て美人（西施）に比したようなもの。比べ物にならない比喩。ここでの「唐突」は「触れ犯す」「冒瀆する」の意。後出［一―九二―二］の「唐突臨済雲門」も同じ意味での用例。「無塩」は、戦国斉の宣王の后、鍾離春のこと、無塩県の出身ゆえ無塩女という。有徳の婦人だったが、その容貌がはなはだ醜かったので、のちには醜女の代表とされた。『列女伝』鍾離春伝に「斉に婦人有り、極めて醜きこと双ぶもの無し。

臼頭深目、長指大節、……」。

○不惜黄金要鋳子期＝知音でもないのに鍾子期の黄金像を鋳るとは、無駄なこと。「黄金鋳像」は、范蠡《はんれい》が死んでのち、越王がその像を黄金で鋳てこれを朝礼したこと。「子期」は鍾子期。春秋時の琴の名人伯牙の演奏を聴いて、その友の鍾子期は伯牙の心中まで察した。その鍾子期が死んでから、伯牙はもはや知音なしと、琴を破り絃を絶ち、生涯、琴を彈かなかったという。中峰の偈に「知音自ずから是れ従来少なし、徒らに黄金を把って子期を鋳る」。一山の偈に「調高く絃絶して知音少なし、誰か黄金もて子期を鋳んと擬す」。本拠は『禅月詩集』の「乾坤有清気」詩に、「乾坤、清気有り、散じて詩人の脾に入る。聖賢、清風を遺す、悪木の枝に在らず。千人万人の中、一人両人のみ知る。憶う東渓に在りし日、花開き葉落つる時、幾くか黄金を以て鋳て鍾子期を作らんと擬す」。

○雲居羅漢＝『禅林方語』に「点胸尊者」又た「自点胸」。高慢。

○一声雷発動、蟄戸一時開＝すべての虫類の眼を覚ます、春雷一発。

【一—三三—一】［巻之一の八丁表］

當晩小參。

蘿梅輕拆、溪雪稍寒。［擊拂子云］打鼓看來君不見、和風搭在玉欄干。參。

時有僧出衆曰、鳳舞龍翔、覽昇平乎瑞彩。位高道大、振宗要乎萬乘。禮樂雙全時、願聞小參之家訓。

師曰、金輪天子勅、草店家風別。

進曰、寒月分清影、天香逐晩風。

師曰、還覺寒毛卓竪麼。

進曰、如汾陽晩參、規繩惟新。

師曰、叢林千載憶遺愛、有如召伯留甘棠。


當晩小參《とうばんしょうさん》。

壟梅《ろうばい》輕《かろ》く拆《ひら》け、溪雪《けいせつ》稍《や》や寒《さむ》し。

［拂子《ほっす》を撃って云く］鼓《く》を打《う》って看《み》せしめ來《き》たれども、君《きみ》見《み》ず、風《かぜ》に和《わ》して搭在《とうざい》す、玉欄干《ぎょくらんかん》。參《さん》。

時に僧有り、衆を出でて曰く、鳳《おおとり》舞《ま》い龍翔《りゅうか》ける、昇平《しょうへい》を瑞彩《ずいさい》に覧《み》、位高《くらいたか》く道大《みちだい》なり、宗要《しゅうよう》を萬乘《ばんじょう》に振るう。禮樂《れいがく》雙《なら》べ全《まった》き時、願わくは小參《しょうさん》の家訓《かくん》を聞かん。

師曰く、金輪天子《こんりんてんし》の勅《ちょく》、草店家風《そうてんかふう》別なり。

進めて曰く、寒月《かんげつ》、清影《せいえい》を分かち、天香《てんこう》、晩風《ばんふう》を逐《お》う。

師曰く、還《かえ》って寒毛卓竪《かんもうたくじゅ》することを覺うるや。

進めて曰く、汾陽《ふんよう》の晩參《ばんさん》の如く、規繩《きじょう》惟《こ》れ新たなり。

師曰く、叢林千載《そうりんせんざい》、遺愛《いあい》を憶《おも》う、召伯《しょうはく》の甘棠《かんどう》を留むるが如くなること有り。


〈訳〉

「梅が開きそうだが、まだ雪が残っていて寒い」。［払子を撃って］「その（未開の）消息を、手引きしてでも見届けて欲しいと思うのだが、見る者がない。その消息はといえば、〈風に和して搭在す、玉欄干〉だ。ここに参ぜよ」。

時に一僧が出でていう、「鳳が舞い龍が天翔ける太平の瑞祥を見る今、位は高く道は広大にして、禅の宗要を皇国に振るう。緇衣の礼楽がふたつながらそろった今、どうか教えをお示しください」。

師、「金輪天子の勅、草店家風別なり」。

僧、「寒月が清らかに照り、天から得も言われぬ香が晩風に香っている（というところでしょうか）」。

師、「（その消息を見て）寒毛卓豎するか」。

僧、「汾陽禅師が始められた晩参のように、規縄もまた新たでございます」。

師、「叢林の素晴らしい風紀を思うこと、千年も前の召伯の仁政を愛慕するようなものだ」。

○当晩小参＝入寺した当晩の垂示。
○韲梅軽拆、渓雪稍寒＝時節の語。「拆」は、ほころび開く。
○打鼓看来君不見＝『碧巌録』第五則の頌。
○和風搭在玉欄干＝そこの消息のありさまはと言えば、「一把柳糸収不得、和風搭在玉欄干」だ。一陣の風に吹かれて、一枝の柳が風とともに欄干にひっかかった。（ひょいと脇目に入ったの光景、そこに真面目がある）。この句は、『事文類聚続集』五、徐仲雅の「宮詞」詩、「内人《ないじん》、暁に起きて春寒に怯《おび》ゆ、軽く朱簾《しゅれん》を掲げて牡丹を看る。

一把柳糸収不得、和風搭在玉欄干」とある三四句。詩の意は次のとおり。「朝起きた宮女、まだ寒いので外に出るのはやめ、少しだけをあげて、牡丹は大丈夫かしらと看てみた。ちょうどその時、一つかみほどの柳枝が風に吹かれて乱れ、欄干に懸かり、そのまま元に戻らない。さながら、風ごと懸かったように」。

宮女は牡丹のことが気がかりで、御簾《みす》をあげて確認しようとしたが、その時、脇目に入ったのが「柳枝が風に吹かれて、欄干に懸かったまま」の景。その時、看とどけようとしたそのものではなく、脇目にフッと入った光景、ふと眼を脇を転じたところに現われた真景である。そしてまた、有形の「柳」の姿を借りて無相の「風」があることを指し示す。つまり、柳は無相の法身(風)の存在を示す周辺情報である。

禅録では、一連の語の連続(あるいは応酬)ののちに「良久」「拈拄杖、画一画」「撃払子」「卓拄杖一下」などの間合いをとる行為をして、そこにこの語を置くことが多い。すなわち、局面を転回して、まったく別の真実相の端的を開示することを示す時の著語である。また後出[二―六二]の「百雑砕兮鉄団圝、和風搭在玉欄干」をも参照。

○鳳舞龍翔、覧昇平乎瑞彩＝祝語。「昇平」は太平の世。

○振宗要乎万乗＝「万乗」は(天子がひきいる)一万台の兵車。ここでは「万乗之国」の略。

○礼楽＝『論語』の陽貨第十七に「礼と云い礼と云う、玉帛を云わんや。楽と云い楽と云う、鐘鼓を云わんや」。礼楽は、徳の表現である。

また、「三代礼楽」をいう。中国最古の王朝時代に礼楽がもっともととのった、平和で理想の政治があったとするもの。『仏祖統紀』巻四十六、「司馬光、暇日に洛陽の諸寺に遊ぶ。廊廡寂寂たり。忽ち鐘を声《な》らし鼓を伐《う》つ。斎堂に至るに、沙門の端坐して黙々として方に匕箸《しちょ》(サジと箸)を進むるを見る。光、欣然として左右に謂いて曰く、〈謂《おも》わざりき、三代の礼楽、緇衣の中に在らんとは〉」。『百丈清規』の序には「程明道先生、一日、定寺を過って、たま偶たま斎堂の儀を見て、喟然として嘆じて曰く、〈三代の礼楽、尽く是に在り〉」とある。

○金輪天子勅、草店家風別＝『五灯会元』巻十二、舒州法華院全挙章、「上堂して云く、若し口を開かば又た増語と成る、口を開き去らざれば又た剰語と成る。乃ち云く、金輪天子敕、草店家風別」。「(口を開けば増語になる、口を開かねばまた剰語となる。しからば、その消息を何というか）。四天下を支配する金輪聖王の命令の一語（と同じような）格別なるやり口がそれがし（草店）のところにもある」。「草店」を「草舎」にも作る。後出［二―一七一］にも。

○寒月分清影、天香逐暁風＝『虚堂録』巻七、「羅漢樹偈」に「海月分清影、天香逐暁風」。

○汾陽晩参、規縄惟新＝「汾陽晩参」は、晩間に学人が師家の指導を受けるために参ずる晩参は、汾陽によって盛んになったので、このように言う。

『普灯録』巻三、楊岐方会章に、「一老媼有り、寺に近くして居す。人、之を測ること莫し。所謂ゆる慈明婆《じみょうば》なり。（慈）明、閑に乗じて必ず彼《かしこ》に至る。……一日、参に当たる。粥《しゅく》罷って之を久しうす、鼓を撾《う》つを聞かず。師、行者《あんじゃ》に問う、〈今日、参に当たる、何ぞ鼓を撃たざる〉。云く、〈和尚出でて未だ帰らず〉。師、径《ただ》ちに婆《おばはん》の処に往いて見る。明は爨《さん》を執って、婆《おばはん》は粥を煮る。師曰く、〈和尚、今日、参に当たる。大衆久しく待つ、何を以てか帰らざる〉。明曰く、〈你、一転語を下し得ば、即ち帰らん。下し得ずんば、各自に東西せよ〉。師、笠子を以て頭上を蓋うて行くこと数歩。明、大いに喜ぶ。遂に与《とも》に同じく帰る。是より、明、山行する毎に、師、輒《すなわ》ち其の出づるを瞰《み》て、晩と雖も必ず鼓を撃って衆を集む。明、遽かに還って怒って曰く、〈少叢林《しょうそうりん》（雲衲の数が少ない道場）、暮にして陞座《しんぞ》、何よりか此の規縄《きじょう》を得たる〉。師云く、〈汾陽の晩参なり。何ぞ規縄に非ずと謂わんや〉。今、叢林に三八念誦罷って、猶お参ずる者は、此れ其の原《もと》なり」。

○召伯留甘棠＝前出［一―一二三］「甘棠笏」。

【一―三三―二】

進曰、記得、息耕老師住徑山日、宋理宗皇帝、遣中使請祈雪、呈偈之次、問其期應。老師曰、今夕必下。及帰果六花紛紛。莫是叢林改觀麼。

師曰、十目視十手指。

進曰、吾山今日官旆臨筵請祈雪、尊偈如何提唱。

師曰、百花毬子上、不用繍紅旗。

進曰、只聞風度竹、不覺雪漫空。

師曰、風花雪月任流傳、金剛腦後著生鐵。

進曰、至矣盡矣。


進めて曰く、記得《きとく》す、息耕老師《そっこうろうし》、徑山《きんざん》に住する日、宋《そう》の理宗皇帝《りそうこうてい》、中使《ちゅうし》を遣《つか》わして雪を祈らんことを請う。偈《げ》を呈《てい》する次いで、其の期應《きおう》を問う。老師《ろうし》曰く、今夕《こんせき》必ず下《ふ》らんと。歸るに及んで、果たして六花紛紛《りっかふんぷん》たり。是れ叢林《そうりん》、觀《みもの》を改むること莫しや。

師曰く、十目《じゅうもく》に視《み》、十手指《じっしゅゆびさ》す。

進めて曰く、吾《わ》が山《やま》、今日《こんにち》、官旆《かんはい》、筵《えん》に臨んで雪を祈らんことを請わば、尊偈《そんげ》、如何《いかん》か提唱《ていしょう》せん。

師曰く、百花毬子上《ひゃっかきゅうすじょう》に紅旗《こうき》を繍《ぬいとり》にすることを用いず。

進めて曰く、只だ風の竹《たけ》を度《わた》るを聞いて、覺《おぼ》えず、雪の空に漫《まん》たることを。

師曰く、風花雪月《ふうかせつげつ》、流傳《るでん》に任す、金剛腦後《こんごうのうご》に生鐵《さんてつ》を著《つ》く。

進めて曰く、至《いた》れり盡《つ》くせり。

〈訳〉

僧がさらにいう、「宋の理宗皇帝が虚堂和尚に祈雪の儀を行わせたとき、〈いつ降るか〉とお尋ねになると、虚堂和尚は〈今夜必ず降りましょう〉と言われた、果たしてその夕べ、紛々と雪が舞ったということですが、まことに禅門の風光を一新したというものではありませんか」。

師、「十目に視《み》、十手指《ゆびさ》す、世間の耳目は厳粛にして欺くことはできぬ」。

僧、「今日、わが寺に大臣が来られて祈雪《きせつ》を請われたら、老師はどんな偈を示されますか」。

師、「百花で装飾された毬を、その上さらに飾り立てることは無用」。

僧、「私は、ただ竹に吹く風の音を聞いていただけで、空いっぱいに雪が降っている(法身現前)とは気づきませんでした」。

師、「風花雪月の風流はかまわぬが、肝心要なのは、金剛脳後に生鉄《さんてつ》のマルカセを著けたごとくに堅固なるもの(法身の当体)じゃ」。

僧、「至れり尽くせりのお示し、ありがとうございました」。

○記得、息耕老師住径山日……=『虚堂和尚行状』咸淳元年に「秋遷径山。冬十月、朝廷、香を降して使を遣わされ雪を禱らしむ。師に期応を問う。師曰く、〈今夕〉と。果たして期に至って爽《たが》うこと無し」。

○十目視十手指=『大学』「十目の視る所、十手の指す所、其れ厳なるかな」。多くの者が妥当とするところ。

○百花毬子上、不用繡紅旗＝『五灯会元』巻十二、姜山方章に、「八華毬子上、不用繡紅旗」。
○只聞風度竹、不覚雪漫空＝『虚堂録』巻八、仏涅槃上堂、「僧問う、〈法身無為、諸数に墮せざるに、甚《なん》に因《よ》ってか生有り滅有る〉。師云く、〈誰か便ち知らざらん〉。僧云く、〈若し色を以て我を見ば、太虚に塵点するが如し〉。師云く、〈踍跳《ぼっちょう》するに一任す〉。僧云く、〈釈迦老子、什麼《なん》の過《とが》か有って、略《ほ》ぼ箇《こ》の消息を露わす〉。師云く、〈明月夜光、多くは按剣に逢う〉。僧云く、「只聞風度竹、不覚雪漫山」。師云く、〈過を知れば必ず改む〉」。『犂耕』（電子達磨版一八九〇頁）に、「忠曰く、実に拠って款《かん》を納《い》る。言うこころは、某甲、但だ空しく真法身の有ることを聞いて、豈に覚悟せん、法身の堂堂として世界に顕現することを」。
○風花雪月任流伝、金剛脳後著生鉄＝『句双葛藤鈔』「金剛脳後三斤鉄」に、「方語云、自ラ神通ヲ逞シウス。言ハ、金剛力ヲ逞シウシタ事ゾ」、また「金剛脳後添生鉄」に、「堅固ニシテモ堅固デアラフゾ。金剛力ヲ逞シタナリ」。
○至矣尽矣＝至れり尽くせりのお示し。

【一―三三―三】

師曰、慈明角虎師、乃以拄杖、畫一畫曰、拄杖是浪。横按曰、正法爲船。三世法身船主、受用將來成浮幢刹、則豎扶横該、利濟群迷。五湖歸去孤舟月。歴代明眼篙師、當頭坐斷做活伽藍、則東棒西喝、流通正脈。百草頭邊一味禪。

師曰く、慈明《じみょう》の角虎《かっこ》師、乃ち拄杖《しゅじょう》を以て畫一畫《かくいっかく》して曰く、拄杖《しゅじょう》は是れ浪《なみ》。横に按じて曰く、正法《しょうぼう》を船《ふね》と爲す。三世法身《さんぜほっしん》の船主《はくしゅ》、受用《じゅよう》し將ち來たって浮幢刹《ふどうせつ》と成すときは、則ち豎抹横該《じゅまつおうがい》、群迷《ぐんめい》を利済《りさい》す。五湖《ごこ》歸り去る、孤舟《こしゅう》の月。歴代明眼《れきだいみょうげん》の篙師《こうし》、當頭《とうとう》に坐斷《ざだん》して活伽藍《かつがらん》と做《な》すときは、則ち東棒《とうぼう》西喝《せいかつ》、正脈《しょうみゃく》を流通《るづう》す。百草頭邊《ひゃくそうとうへん》、一味《いちみ》の禪《ぜん》。

〈訳〉

師が言われた、「慈明の角虎和尚は、拄杖で画一画して〈拄杖は浪〉と言い、拄杖を横ざまに握って〈正法は船〉と言われた。三世の法身仏が船主となって、この拄杖という波を用いて華蔵世界となすときは、縦には三世を超え横には十方に通じて、自由自在に衆生を済度される。（そのはたらきは）〈五湖帰り去る、孤舟の月〉というところ（いささかの跡もとどめない）。歴代の明眼の祖師方が篙師《さおし》となって、この正法という船を取り仕切って活伽藍にするときは、自在に棒喝を行じて正脈を流通させる。（そのさまは如何となれば）百草、さまざまに花開いても、その禅は同じ」。

○慈明角虎師＝石霜楚円。『五家正宗賛』黄龍南禅師章に、「角虎は慈明なり。人賛して曰く、石霜角虎が眼光、百歩の威を揺らす」。この話頭、拠未検。

○浮幢刹＝浮幢刹海。華蔵世界のこと。『楞厳経』巻五、月光童子の項に「見水身中、与世界外、浮幢王刹諸香水海、等無差別」。『楞厳義疏』巻五に「浮幢王刹香水海とは、華厳経に準ずるに、華蔵海の中に大蓮華有り、其の蓮華中に諸もろの香水海有り。一々の香水海、諸仏刹世界の種たり。今、身水を観るに、彼の海と同じ、故に差別無し」。

○竪抹横該＝原本「竪扶」に作り「竪に扶け」と訓ずるが、正しくは「竪抹」。縦には三世を窮め、横には十方に通じて自由自在。

○五湖帰去孤舟月＝李郢「江上に王将軍に逢う」詩に「五湖帰去孤舟月、六国平らげ来たって、両鬢の霜」。もともとは、引退して太湖に消えた范蠡《はんれい》の故事をふまえる。

○歴代明眼篙師＝歴代の祖師。

○百草頭辺一味禅＝『貞和集』清拙正澄「帰宗化席」に「百草頭辺一味禅、打成一片話方円」。

【一―三三―四】

是故、息耕師祖、垂三轉語、釣得崑崙奴乎東海。横嶽老人、駕一帆風、劈開蟭螟眼乎大千。自爾以來、諸方籍茲、上載下載。萬衆由之、周旋折旋。以至山河大地草芥人畜、總在裡許立情界成器界。猶如水之隨方圓。

是の故に、息耕師祖《そっこうしそ》、三轉語《さんてんご》を垂れて、崑崙奴《こんろんど》を東海《とうかい》に釣り得、横嶽老人《おうがくろうじん》、一帆風《いっぱんふう》に駕《が》して、蟭螟《しょうめい》の眼を大千《だいせん》に劈開《ひっかい》す。爾《ソレ》より以來《このカタ》、諸方《しょほう》、茲《これ》に籍《よ》って上載《じょうさい》下載《あさい》し、萬衆《ばんしゅう》、之に由って、周旋折旋《しゅうせんせっせん》す。以至《いし》、山河大地《せんがだいち》、草芥人畜《そうかいじんちく》、總《そう》に裡許《りこ》に在って情界《じょうかい》を立し器界《きかい》を成す。猶お水の方圓《ほうえん》に隨うが如し。

〈訳〉

「このために、虚堂和尚は三転語を釣り針にして手の付けようもない黒助《くろすけ》を東海で釣り上げ、大応国師は蟭螟《しょうめい》の眼を三千大千世界に向かって開かれ、一帆風《いっぱんふう》に乗って帰朝された。それ以来、諸方はこの〈正法という船〉に積み下ろしをし、修行者たちはこれによって奔走して来た。すなわち、山河も大地も、草芥も人畜も、すべてここ（正法）に在って、そこから有情界も物質世界も出て来るのであり、それはさながら水が器の方円に随うようなものである」。

○息耕師祖、垂三転語＝『虚堂録』巻八に「師、霊隠の鷲峰塔に在って世諦《せたい》を杜絶す。衲子《のっす》請益《しんえき》すれば遂に三問を立して之れを示し、各おの著語せしむ。一に〈己眼未だ明らめざる底、甚に因ってか虚空を将て布袴《ふこ》と作《な》して著く〉。二に〈地を劃して牢と為す底、甚に因ってか者箇《しゃこ》を透り過ぎざる〉。三に〈海に入って沙を算《かぞ》うる底、甚《なに》に因ってか針鋒頭上に足を翹《あ》ぐ〉」。
○釣得崑崙奴乎東海＝「崑崙」には複義がある。一、崑崙山、二、黒人、三、整箇（まるまるそのまま）。あるいは、二と三とをあわせて、絶対無分割のまるまるソノモノ、ソレソノモノを擬人化していう。ここでは「東海」「崑崙奴」とあるように、ソノモノと化した大応国師を指す。
○横嶽老人＝大応国師。
○一帆風＝大応国師帰朝の際、虚堂から与えられた偈頌集の名。
○劈開蟭螟眼乎大千＝「蟭螟」は蚊の睫に巣くうと云う小虫。『列子』湯問篇、『抱朴子』刺驕などに見える。『抱朴子』外篇巻二十七、刺驕に「蟭螟、蚊眉の中に屯《たむろ》して、弥天《みてん》の大鵬を笑う」。大応国師は虚堂智愚に参じ、古帆未掛の話について、「蟭螟眼裏の五須弥」と答えて印可された。『大応国師塔銘』。
○周旋折旋＝とりまわし、奔走する。
○器界＝「器」は衆生のよるべ。衆生の住所。山河、大地、草木などの世界。器世界とも。
○水之随方円＝もとは『荀子』など。『大慧書』に「水の器に任せて方円短長に随うが如し」。

【一―三三―五】

新龍寶少機權。只隨他脚跟、晝降閻浮、夜升兜率。多被渠移換、暮歸東土、朝到西天。忽然若作得主、則把斷要津不通凡聖也得、分付海山時下圏攣也得。或時攜張三於月夕、看雲亭上賦漁家傲。或時拉李四於花晨、梅橋池頭撫流水絃。更説甚世諦流布、又論甚直指單傳。

新龍寶《しんりゅうほう》、機權《きけん》少なし。只だ他の脚跟《きゃっこん》に隨って、晝《ひる》は閻浮《えんぶ》に降《くだ》り、夜《よる》は兜率《とそつ》に升《のぼ》る。多くは渠《かれ》に移換《いかん》せられて、暮《くれ》に東土《とうど》に歸り、朝《あした》に西天《せいてん》に到る。忽然《こつねん》として、若し主《しゅ》と作《な》り得るときは、則ち要津《ようしん》を把斷《はだん》して凡聖《ぼんしょう》を通《つう》ぜざることも也《ま》た得たり、海山《かいさん》に分付《ぶんぷ》して、時に圏攣《けんれん》を下《くだ》すことも也《ま》た得たり。或る時は張三《ちょうさん》を月夕《げっせき》に攜《たずさ》え、看雲亭上《かんうんていじょう》に漁家傲《ぎょかごう》を賦《ふ》し、或る時は李四《りし》を花晨《かしん》に拉《マネ》いて、梅橋池頭《ばいきょうちとう》に流水《りゅうすい》の絃《げん》を撫《ぶ》す。更に甚《なん》の世諦流布《せたいるふ》とか説かん、又た甚《なん》の直指單傳《じきしたんでん》をか論ぜん。

〈訳〉

「わたくし英朝はそう大したことはござらぬ。ソイツのために移動させられて、暮には中国に帰り、朝にはインドに行く、という次第。しかし、一旦、主人公となってソイツを使うならば、肝心要の関所をおさえて、凡であれ聖であれ通さぬこともできるし、時には釣り糸を垂れることもできる。（そのさまは如何となれば）ある時は熊公《くまこう》を連れて、看雲亭で月見をし漁師の歌を歌い、またある時には八公《はちこう》と一緒に梅橋で花見をし、格調高い高遠な「流水」の調べを奏でる。これは世俗の道理を言うでもなければ、ましてや直指単伝の旨を言うのでもない」。

○新龍宝＝新住持東陽英朝の自称。
○移換＝（東陽の身体にソレが）入れ換わる。
○暮帰東土、朝到西天＝夕べ中国にいたかと思えば、今朝は印度。時空を超えて自在。
○把断要津不通凡聖＝肝心かなめの渡し場を押さえ込んで、仏祖でさえ通さぬ
○圏攣＝釣り針と糸。
○張三、李四＝熊さん、八つあん。
○看雲亭＝大徳寺住持の居室。大灯国師が住まいした。
○漁家傲＝楽府の曲名。
○梅橋池＝大徳十境の一つ。
○流水＝伯牙が演奏した調べ高い調子。『列子』湯問第五に、「伯牙《はくが》、善く琴を鼓し、鍾子期《しょうしき》、善く聴く。伯牙、琴を鼓して、志、高山に登るに在れば、鍾子期曰く、〈善いかな、峨峨として泰山の若し〉と。志、流水に在れば、鍾子期曰く、〈善いかな、洋洋として江河の若し〉と。伯牙の念う所、鍾子期、必ず之れを得たり」。
○世諦流布＝世間一般で行われていること。世俗の道理。

【一―三三―六】

［拈出拄杖云］看看。柱杖子聞得、忍俊不禁出來、擦向四七顆驪珠、於諸人面前、光射虚空、文彩太新鮮。諸人若不委悉、山僧拈作貫花一篇去也。鄂渚龕公猶掣顛、葦間舞棹恣貪縁。紅樓應制那

僧句、具眼沙鷗笑莞然。［卓一下］。

［拄杖《しゅじょう》を拈出《ねんしゅつ》して云く］看《み》よ看《み》よ。拄杖子《しゅじょうす》聞き得て、忍俊不禁《にんしゅんふきん》、出で來たって、四七顆《か》の驪珠《りしゅ》を諸人《しょにん》面前《めんぜん》に擦向《さっこう》し、光《ひかり》、虚空《こくう》を射て、文彩太《もんさいはなは》だ新鮮《しんせん》なることを。諸人《しょにん》、若し委悉《いしつ》せずんば、山僧《さんぞう》、拈《ねん》じて貫花一篇《かんげいっぺん》と作《な》し去らん。鄂渚《がくしょ》の奯公《かっこう》、猶お掣顚《せいてん》、葦間《いかん》に棹《さお》を舞わして、恣《ほしいまま》に夤縁《いんえん》す。紅樓應制《こうろうおうせい》、那《な》僧《そう》の句、具眼《ぐげん》の沙鷗《しゃおう》、笑って莞然《かんぜん》。［卓一下《たくいちげ》］。

〈訳〉

［拄杖を手にとって云く］「看よ看よ。拄杖子がこれを聞いて、がまんできずに飛び出して、驪珠のごとき偈頌を諸人の面前に撒き散らした。虚空を貫く光、その鮮やかな模様を見よ。諸君、これが分からねば、山僧《それがし》が一偈を作って進ぜよう。巌頭全奯和尚《がんとうぜんかつ》は、破仏のときに俗体になり、鄂州《がくしゅう》で渡守《わたしもり》をしながらの風狂三昧。葦の生える江辺で棹を舞わして、草ぼうぼう、絡みつき放題。（しかし、乳飲み子を抱えた女性とのやりとりは）まるで紅楼応制の詩のように艶めかしい。（そこのことを分かるものは誰もおらぬ）具眼のカモメだけが（分かっており）、にっこりと笑っている」。［卓一下］

○忍俊不禁＝がまんしきれずに。

○四七顆驪珠＝七言絶句のこと。声の麗しい歌のことを「一串珠」「一串驪珠」という。白居易「寄明州于駙馬使君」三絶の三に「何郎《かろう》の小妓、歌喉好《かこうよ》し、厳老、呼んで一串の珠と為す」。「驪珠」は、黒龍のあごの下にあるという玉。

○鄂渚巖公猶掣顚、葦間舞棹恣貪縁＝破仏に際して、巖頭全奯《がんとうぜんかつ》が鄂州《がくしゅう》で渡し守り（渡子《とす》）となったこと。『聯灯会要』巻二十一、巖頭全豁章に、「師、沙汰に因って鄂州の湖辺に遂《に》げて渡子《とす》と作る。両岸各おのに一板を掛け、人有り過渡せんとせば打板一声す。師云く、〈阿誰《あた》ぞ〉。或るもの、〈那辺《なへん》に過ぎ去らんと要す〉と云わば、師乃ち棹を舞わして之を迎う。一日、一婆子《ばす》有り、一孩児《がいじ》を抱いて来たり師に問う、〈橈を呈し棹を舞わすことは則ち問わず、且らく道え、婆婆が手中の児、甚《いずれ》の処よりか得来たる〉。師便ち打つ。婆云く、〈婆、七子を生み、六箇は知音に遇わず。只だ這《こ》の一箇も也た消得せず〉と云って遂に水中に抛向《ほうこう》す」。「掣顚」は「掣風掣顚」、風狂、風癲のし放題。「恣貪縁」、「貪縁」は、蔓草はつらなり絡みつくこと。破仏に際して俗体になったことを指す。

○紅楼応制＝妓楼において天子の命で詩を作ること。右の巖頭と一婆子とのやりとりを指す。「婆子」は、老婆（年老いた女性）のことをいうが、それだけではなく、より広く「既婚の女性」のことをもいう。『聯灯会要』巻十、福州南台鄭十三娘子の章に、「年十二にして師姑《しこ》に随って懶安《らんあん》に謁す。纔かに作礼《さらい》するや、安、便ち問う、〈師姑は甚麽《いずれ》の処に在ってか住す〉。云く、〈南台の江辺に住す〉。安便ち喝出す。又た問う、〈背後の老婆は甚麽《いずれ》の処にか住す〉。十三娘《じゅうさんじょう》、手を斂《おさ》めて近前《きんぜん》して立つ。安再び問う。十三娘云く、〈早箇《すで》に和尚に呈似し了れり〉。安云く、「去れ」。……」。つまり、この例では十二歳の女性を「老婆」と呼んでいる。巖頭が応じた「婆子」は近ごろ「孩児」を産んだばかりの女性であるから老婆（年老いた女性）ではあり得ない。「紅楼応制」という艶めかしい語はこのことをふまえてのことである。ちなみに白隠の『荊叢毒蘂』［二五五］「巖頭」賛偈には「中に就いて最も苦なるは、蘆葦《ろい》の裏《うち》、婆が艶言に逢うて暗に魂を断つ」とある。白隠が「艶言」というのも、同じ理解があるからである。

○具眼沙鷗笑莞然＝白鷗は自然無心の象徴。黄山谷の「演雅」詩に「江南野水碧於天、中有白鷗閑似我（江南の野水、天より碧し、中に白鷗有って、閑なること我に似たり）」。室町禅林文芸では、問白鷗、白鷗閑、閑似白鷗、盟白鷗などの用例が多い。

【一―三四】［巻之一の九丁裏］

自叙。

［英朝］群木樗材、褪花杏子。貧而智短、雖乏笑翁百萬之資。鈍且機遅、屢遭元老五斗之誚。慚汗。

自叙《じじょ》。

［英朝《えいちょう》］群木《ぐんぼく》の樗材《ちょざい》、褪花《たいか》の杏子《きょうし》。貧《まず》しうして智短《ちみじか》し、笑翁《しょうおう》百万の資《し》に乏《とぼ》しと雖も、鈍《どん》にして且《か》つ機《き》遅《おそ》し、屢《しば》しば元老五斗《げんろうごと》の誚《そしり》に遭《あ》う。慚汗《ざんかん》。

〈訳〉

「わたくし英朝は、群木の中で樗《おうち》のような無用の材、花のあせた杏子のように生彩がございませぬ。貧僧で智慧もございませぬ。笑翁百万の資に乏しと雖も、口べたで答話するまでに、五斗米を炊きあげるほどの時間がかかったという宝峰の元首座のようだと譏られる者です。慚汗」。

○群木樗材＝樗は大木なれど役に立たぬ。『荘子』逍遥遊。

○褪花杏子＝『笠僊録』に「如彼千歳蟠桃、非是褪花杏子」。『羅湖野録』霊源禅師の条に「蟠桃三千年一熟、莫倣褪花杏子摘却」。
○貧而智短＝『虚堂録』巻一「報恩光孝禅寺語録」に出る俗諺に「人貧智短、馬痩毛長」。『句双葛藤鈔』に「人モ貧ナレバ智モナイヨウナト也、馬モヤスレバ毛モ長フナル也」。
○笑翁百万之資＝笑翁妙堪禅師のことらしいが、具体的なことは未詳。その伝は『増続伝灯録』巻一にある。
○元老五斗之誚＝宝峰の元首座（徹庵道元）口べたで答話するまでに、五斗米を炊きあげるほどの時間がかかったという。『大慧武庫』「宝峰元首座も亦た有道の士なれども、答話の機鋒鈍なり。覚範、号して元五斗と為す。蓋し口を開いて気を取るに五斗米を炊き得て熟して方めて一転語を答え得たり」。

【一―三五―二】［巻之一の九丁裏］

謝語。小參之次、共惟徳禪東堂大和尚。揮金剛王、用黒豆法。前無釋迦、後無彌勒。儼然一會靈山。南有雪峯、北有趙州。屹乎中流砥柱。煒矣煌矣。瞻之仰之。

謝語《じゃご》。小參《しょうさん》の次いで、共《うやうや》しく惟《おもん》みれば、徳禪東堂大和尚《とくぜんとうどうだいおしょう》、金剛王《こんごうおう》を揮《ふる》い、黒豆《こくず》の法《ほう》を用《もち》う。前に釋《しゃ》迦《か》無く、後に彌勒《みろく》無し。儼然《げんぜん》たり、一會《いちえ》の靈山《りょうぜん》。南に雪峯《せっぽう》有り、北に趙州《じょうしゅう》有り。屹乎《きっこ》たり、中流《ちゅうりゅう》の砥柱《しちゅう》。煒《い》たり煌《こう》たり。之を瞻《み》、之を仰《あお》ぐ。

〈訳〉

「恭しく惟みれば、徳禅東堂大和尚は、金剛王宝剣のごとき臨済の喝を行じ、松源一流の黒豆禅を用いられ、まことに今の世における仏のようであり、霊鷲山の一会がおごそかにここに出現したようであります。南方の雪峰、北方の趙州のようであり、黄河の中流に屹立して微塵も動揺せぬ砥柱《しちゅう》のように節操を守っておられます。光り輝くその道徳を仰ぎお慕い申し上げます」。

○揮金剛王＝『臨済録』勘辨に、「師、僧に問う、〈有る時の一喝は、金剛王宝剣の如し。有る時の一喝は、踞地金毛の獅子の如し。有る時の一喝は、探竿影草の如し。有る時の一喝は、一喝の用を作《な》さず。汝は作麼生《そもさん》か会す〉。僧擬議す。師便ち喝す」。
○黒豆法＝虚堂より大応を経て日本に伝わる、言句の妙を用いた微細綿密な松源一流の禅。
○前無釈迦、後無弥勒＝釈尊以降より、弥勒菩薩の出現までの間において、あなたは今仏《こんぶつ》のような存在である、と賛える言葉。『無門関』第三十七則「庭前柏樹」などに出る。
○儼然一会霊山＝盛会を称える語。「一会の霊山、儼然として未だ散ぜず」「一会の霊山、今、儼然たり」などとも。
○南有雪峰、北有趙州＝『偃渓語録』に「南有雪峰、北有趙州」。「雪峰南趙州北」とも。福州に雪峰あり、河北には趙州あり、南北を代表する禅者。
○中流砥柱＝「砥柱」は、黄河の流れの最も速い所（鄞江）にそそり立っている柱のような山。激流の只中に在って微塵も動かない。乱世にあって毅然と節を守る人士に喩える。
○煒矣煌矣＝煒煌は、光り輝くさま。
○瞻之仰之＝仰ぎ慕うことを、瞻仰という。『論語』子罕、「顔淵喟然として歎じて曰く、之を仰げば弥いよ高く、之を鑽れば弥いよ堅し、之を瞻《み》れば前に在り、忽焉《こつえん》として後に在り」。

【一―三五―二】［巻之一の一〇丁表］

又惟山門兩序、東班都寺禪師、簿書叢中、不屑雜華之富。金穀堆裏、無慚大椀之名。所謂南嶽二十年文曆、記之一宵而無遺失者也。

又た惟《おもん》みれば、山門《さんもん》の兩序《りょうじょ》、東班都寺禪師《とうはんつうすぜんじ》、薄書叢中《ぼしょそうちゅう》、雜華《ざっけ》の富《とみ》を屑《ものかず》ともせず。金穀堆裏《きんこくたいり》、大椀《だいわん》の名《な》に慚《は》ずること無し。所謂《いわ》ゆる、南嶽《なんがく》二十年の文曆《ぶんれき》、之を一宵《いっしょう》に記《き》して遺失《いしつ》無き者なり。

〈訳〉

「また惟みるに、東班の都寺禅師は、会計簿に埋もれて、雑華界の富をもののかずとも思わず、金銭米穀の管理にあたっては、おのれのためには倹約し人に多く与えた大林徳用が〈用大椀《ようだいわん》（人には大椀でふるまう用さん）〉と称えられたのに恥じぬはたらきぶり。まるで、南嶽下の院主が、二十年間、帳簿を付けなかったのに、収支をすべて諳んじていて、ひとつも抜け落ちがなかったのと同じであります」。

○都寺禅師＝『勅修百丈清規』四、都監寺の条、「古規は惟だ監院を設くるのみ。後に寺広く衆多きに因って、都寺を添えて以て庶務を総ぶ。早暮《あさばん》勤めて香火を事とし、官員施主に応接し、簿書を会計し、銭穀を出納す」。

○金穀堆裏、無慚大椀之名＝高庵善悟禅師のもとで副寺となって補佐した大林徳用は、おのれのためには倹約し人に多く与えたので、「用大椀（人には大椀でふるまう用さん）」と称えられた。『禅林宝訓』下に「高庵、雲居に住す。普雲円、首座たり、一村僧、書記たり、白楊順、蔵主たり、通烏頭、知客たり、賢真牧、維那たり、華姪、副寺たり、用姪、監寺たり。皆な是れ徳業有る者なり。用姪、尋常、廉約にして常住の油を点ぜず。華姪、因みに之に戯れて曰く、〈異時、長老と做らば、須らく是れ鼻孔端正にして始めて得べし、豈に此を以て得たりと為す可けんや〉。用姪、対えず。用姪、已に処すること倹なりと雖も、人に与うること甚だ豊なり。四来を接納すること略《ほ》ぼ倦む色無し。高庵、一日之を見て曰く、〈監寺、心を用うること固《まこと》に得難し、更に須らく常住を照管して疎失せしむること勿かれ〉。用姪曰く、〈某に在っては、失、小過たり、和尚に在っては、賢を尊び士を待すること、海のごとくに納れ山のごとくに容れて、細微を問わざること、誠に大徳と為す〉と。高庵咲うのみ。故に叢林に用大椀の称有り」。

○南嶽二十年文暦、記之一宵而無遺失者也＝『人天宝鑑』に、「通明集に、南嶽の譲和尚、院主有り。二十年、常住を管執す。文暦を置かず。一日、有司、磨勘《まかん》（＝審査）して、獄に囚禁す。乃ち自ら惟って曰く、〈我が此の和尚は知らず、是れ聖か是れ凡なるかを。二十年、伊《かれ》を佐助するも、今日、此の苦毒の報を得たり〉と。馬祖、寺中に於いて覚知して、侍者をして香を装せしむ。端然として入定す。院主、獄中に於いて忽爾として心開け、二十年、用い過ごせし銭物、一時に記得す。書司をして口づから授けて筆写せしむるに、計算、遺すこと無し」。「文暦」は帳簿のこと。

【一―三五―三】［巻之一の一〇丁表］

監寺禪師。保持廉能、守歳寒於松柏節。訓誨行僕、撐夜雨於蒲萄棚。在古規、則稱云寺主。其任重哉。

監寺《かんす》禪師《ぜんじ》。廉能《れんのう》を保持《ほじ》して、歳寒《さいかん》を松柏《しょうはく》の節《せつ》に守《まも》る。行僕《あんぼく》を訓誨《くんかい》して、夜雨《やう》を蒲萄棚《ぶどうだな》に撐《ささ》う。古規《こき》に在るときは、則ち稱して寺主《じしゅ》と云う。其の任重きかな。

〈訳〉

「監寺禅師は、清廉にして才有り、歳寒になって松柏が節操を守るがごとくであります。（布裩《ふこん》の皓和尚の語にあるように）寺男たちを指導して、夜雨で倒れそうな葡萄棚を支え起こさせるはたらき。中国に仏教が入ったときに監寺の名はなく寺主と称した。寺主たるや、その任は重いかな」。

○保持廉能＝『勅修百丈清規』四、都監寺の条、「……多く西堂首座書記を請じて以て此の職に充つ。……否なるときは必ず臘高く事を歴て、廉能公謹、素《もと》より衆に服せらるる者を之に充つ」。清廉にして才能あること。

○歳寒於松柏節＝『論語』子罕、「子曰く、歳寒、然して後に松柏の彫《しぼ》むに後《おく》るることを知る」。

○行僕＝寺男。左の『羅湖野録』にいう行者《あんじゃ》、人力《じんりき》。

○撑夜雨於蒲萄棚＝玉泉皓禅師の示衆として『羅湖野録』上に出る話。『虚堂録』巻九「興聖萬寿禅寺後録」に引くところは小異あり、左のようにいう。

「無尽張丞相《むじんちょうじょうしょう》、玉泉の布裩皓和尚と夜話す。無尽云く、〈洞山の初老は也た甚だ奇怪なり、五台山頂雲蒸飯、仏殿堦前狗尿天と道って、法身を明らかにせんと要す〉。皓云く、〈也た甚だ奇特有り。它は只だ法身辺の事を頌し得て、法身向上の事を頌し得ず〉と。無尽、蜀音を操って云く、〈如何なるか是れ法身向上の事〉。皓、急に紙と呼ぶも未だ至らず。金漆の卓上に就いて大書して云く、〈一夜雨霶澎たり、葡萄棚を打倒す。知事普請して、行者《あんじゃ》人力《じんりき》、拄《ささ》うる底は拄え、撐《ささ》える底は撐え、撐え撐え、拄え拄えて天明に到り、旧に依って可憐生《かれんせい》〉と。擲筆して大笑す」。

○在古規、則称云寺主＝『百丈清規』「梵語摩摩帝。此云寺主」。『祖庭事苑』の「監寺」に、「僧史に曰く、……梵語には摩摩帝、此には寺主と云う。即ち今の監寺なり。詳らかにするに、其れ寺主は東漢の白馬より起こる。寺は既に爰に処すれば、人必ず之を主《つかさど》る。時に寺主の名無しと雖も知事の者有り。東晋に至ってより以来、此の職方に盛んなり。今、吾が禅門に内外の知事有り、監寺を以て首と為す者は、蓋し相沿襲して然るなり」。

【一―三五―四】［巻之一の一〇丁表］

悦衆禪師。迦陵仙音、成褫佛事。波離軌範、調整宏綱。無人肯議、桃花嫩也。

悦衆禪師《えっしゅぜんじ》。迦陵《かりょう》の仙音《せんいん》、佛事《ぶつじ》を成褫《じょうち》し、波離《はり》の軌範《きはん》、宏綱《こうこう》を調整《ちょうせい》す。人の肯えて桃花《とうか》の嫩《わか》きを議する無し。

〈訳〉

「維那禅師は、迦陵頻伽《かりょうびんが》のような美声で仏事を修し、持律第一と称せられた優波離《うぱり》のように、紀綱を調整された。（弱冠十八歳で維那職となった応庵を、若すぎると批判した者もあったが）この維那禅師を若すぎるという者は誰もありません」。

○悦衆禅師＝維那の別名。

○迦陵仙音＝比類のない美声。「迦陵」は迦陵頻伽《かりょうびんが》。極楽浄土にいる鳥。顔は美女の如く、美しい声で鳴くので、仏の三十二相中の梵音相に比せられる。『智度論』巻二十八、「迦羅頻伽鳥、㲉中に在って未だ出でざるといえども、発声微妙なること余鳥に勝れたり」。訳して妙声鳥という。
○波離軌範＝十大弟子のひとり優波離は、よく戒律に通じ持律第一と称せられた。
○無人肯議、桃花嫩也＝「桃花嫩」は、応庵が十八歳のとき虎丘で維那となった因縁。圜悟が「応庵はまだ若すぎる」と言ったのに対して、一句の偈を吐いた。『応庵曇華録』末の「松源和尚普説」に「……未だ数時を経ず、虎丘に遷り、亦た参随し去る。続《つ》いで請うて維那に充つ。一日、室中に五祖牽牛過窓の話を挙す。祇対《したい》せんと擬する次いで、佗《た》に劈胸《ひっきょう》に一拳せらる。此より命根を打断す。是の時、隆和尚、首衆を命ぜんと欲す。会中に圜悟の耆旧有り、云く、〈華維那嫩《わか》きこと在り〉。師祖、聞き得て、遂に偈を壁間に書す。云く、〈江上の青山、殊に未だ老いず、屋頭の春色、放教《さもあらば》あれ遅きことを。人は言う、洞裏の桃花嫩《わか》しと、未だ必ずしも人間に此の枝有らず〉と。辞せずして便ち行く」。

【一―三五―五】［巻之一の一〇丁表］

副寺禪師、副寺禪師。絶侵漁於財帛、揮直筆於日黄。可謂宛轉酬應才。

副寺禪師《ふうすぜんじ》、副寺禪師《ふうすぜんじ》。侵漁《しんりょう》を財帛《ざいはく》に絶し、直筆《じきひつ》を日黄《にっこう》に揮《ふる》う。謂っつ可し、宛轉酬應《えんてんしゅうおう》の才と。

〈訳〉

「副寺禅師、副寺禅師。常住の財物を侵すことなく、事実をありのままに帳簿に記す。まことに宛転自在に対応される才能の方であります」。

○副寺＝『敕修百丈清規』「副寺」に、「常住の金穀、銭帛、米麦を掌《つかさど》り、出入、時に随って暦に上《の》ぼす。收管支用、庫子《くす》をして毎日、収支若干を具えて飛単を僉定《せんてい》して方丈に呈せしむ。之を日単と謂う。或いは十日に一次結算する、之を旬単と謂う。一月に一結、一年に有無見管を通結する、之を日黄総簿と謂う。外に米麪五味の各簿有れば、皆な考算に当つ。凡そ常住の財物は毫末と雖も、並びに是れ十方衆僧、分有り。如《も》し寺門の外護に非ざれば、官員檀越、賓客の迎送慶弔、合行人事、並びに名を仮って支破侵漁《しはしんりょう》す可からず。其れ上下の庫子、須らく心力有って書算を能くし、己を守って廉謹《れんきん》なる者を擇んで之と為すべし」。

○侵漁＝漁師が他人の漁場で魚をとるように、他人の物を侵し取ること。右に引いた『敕修百丈清規』に出る語。

○日黄＝日黄簿、計簿のこと。

○宛転酬応才＝『校証』に「元作、七上八下才」。

【一―三五―六】［巻之一の一〇丁表］

典座禪師、直歳禪師。天食時法食時、杓頭舀千億化佛。大普請小普請、茅草刈三百祖師。勉哉。

典座禪師《てんぞぜんじ》、直歳禪師《しっすいぜんじ》。天食時《てんじきじ》、法食時《ほうじきじ》、杓頭《しゃくとう》に千億《せんおく》の化佛《けぶつ》を舀《く》む。大普請《だいふしん》、小普請《しょうふしん》、茅草《ぼうそう》、三百の祖師《そし》を刈《か》る。勉《つと》めよや。

〈訳〉

「典座禅師、直歳禅師。朝食に昼食。雪峰は一杓を担いで行脚し〈この柄杓で一千七百人の善知識を汲み出す〉と言われたが、千億の善知識を汲んで仏にされよ。茅を刈る仕事をして来た直歳和尚に雲門が〈何人の僧を刈って来たか〉と問うたら、この直歳和尚は〈三百人〉と答えたが、そのように、大小の普請に勉められよ」。

○典座＝六知事の一つ。衆僧の食事を掌る。
○直歳＝六知事の一つ。寮舎の修理、什物の整備、人夫、工事の監督などを掌る。
○天食時法食時＝四食時のうち、天食時は朝食、法食時は午時の食事。そのほか、畜生食時は日暮、鬼神食時は昏夜。
○杓頭舀千億化仏＝『大光明蔵』下、雪峰章、「一杓を負うて四海に行き、自ら謂う、一千七百の善知識は皆な杓頭上より舀《く》み将《も》ち来たる」。
○芽草刈三百祖師＝『雲門広録』「師、直歳《しっすい》に問う、〈今日、甚《なに》を作《な》し来たる〉。歳云く、〈茆《かや》を刈り来たる〉。師云く、〈幾箇の祖師をか刈り得たる〉。歳云く、〈三百箇〉」。

【一―三五―七】［巻之一の一〇丁裏］

西班堂中座元禪師。佛海奇産、永源的流。優曇瑞世花、既滌名藍之篆。首座僧中月、茲和退位之光。亦猶七佛祖師暫處小男位、而扶豎今佛一會。夫不盛哉。欽仰。

西班堂中座元禪師《せいはんどうちゅうぞげんぜんじ》。佛海《ぶっかい》の奇産《きさん》、永源《えいげん》の的流《てきりゅう》。優曇瑞世《うどんずいせ》の花、既に名藍《めいらん》の篆《てん》を滌《あら》う。首座《しゅそ》、僧中《そうちゅう》の月、茲《ここ》に退位《たいい》の光を和《やわ》らぐ。亦た七佛《しちぶつ》の祖師《そし》、暫らく小男《しょうなん》の位《い》に處して、今佛《コンぶつ》の一會《いちえ》を扶竪《ふじゅ》するが猶《ごと》し。夫れ盛んならずや。欽仰《きんぎょう》。

〈訳〉

「西班の堂中首座たる禅師は、仏教海の奇産であり、永源寺の流れに属する。三千年に一度咲く優曇華《うどんげ》のように稀れなる方で、これまで名刹に視篆《してん》開堂されております。（言葉どおり）堂中の首座で、大衆を照らす月のような存在であり、すでに退位され、その徳光をつつみ隠して、ここに臨まれた。文殊菩薩は七仏の師といわれるが、その文殊が小男となって、この一会を支えていただいたようです。まことに盛儀ならずや。欽《うやま》い仰ぎたてまつる」。

○西班堂中座元禅師＝西序頭首の一位にある首座和尚。
○永源的流＝瑞石山永源寺の派流。具体的に誰かは未詳。
○優曇瑞世花＝三千年に一度咲く優曇華。
○滌名藍之篆＝印を洗って欠けたるをみることを「滌篆」という。視篆に同じ。
○首座僧中月＝「僧中月」は、禅界を照らす存在。義堂周信『空華集』「俊上人が信陽に帰るを送る」偈に「汝師今代僧中月、光彩輝輝映万星」。

○和退位之光＝「和光」は、おのれの徳光をつつみ隠す。
○小男＝童子のことで、文殊のこと。「普賢は長男、文殊は小男（童子）」という。

【一―三五―八】〔巻之一の一〇丁裏〕

後版座元禪師。慈氏宮中三春草、各夢同牀。集雲峯下四藤條、全機獨脫。此豈以鬢毛斑、排班位於第二位者也邪。

後版座元禪師《こうばんぞげんぜんじ》。慈氏宮中《じしきゅうちゅう》の三春草《さんしゅんそう》、各夢同牀《かくむどうしょう》。集雲峯下《しゅううんほうか》の四藤條《しとうじょう》、全機獨脫《ぜんきどくだつ》。此れ豈《あ》に鬢毛斑《びんもうはん》なるを以て、班位《はんい》を第二位《だいにい》に排する者ならんや。

〈訳〉

「後版座元禅師。夢の中で兜率天に登って、春の眠りを眠り、各自が同床で異夢を見ているところへ、集雲峰下（仰山）の鞭の四叩きをされるところは、まさに全機独脱。鬢が薄く（臘が高いので）第二位に並んだとはとても思えません」。

○後版座元禅師＝聖僧龕の左右を出入板といい、その前を前板（前堂）といい、後ろを後板（後堂）という。後堂の首座。
○慈氏宮中三春草＝『伝灯録』巻二十二、慧慈明識章に、「問う、〈当来弥勒下生《とうらいみろくあしょう》の時は如何〉。師曰く、〈慈氏宮中三春草〉」。
○各夢同牀＝同床異夢。
○集雲峰下四藤条、全機独脱＝『五灯会元』巻九、霍山景通章に「初め仰山に参ず。山、目を閉じて坐す。師乃ち右足を翹起《ぎょうき》して曰く、〈如是如是、西天の二十八祖も亦た如是、中華の六祖も亦た如是、和尚も亦た如是、景通も亦た如是〉。仰山、起き来たって打つこと四藤条す。師、此に因って自ら称す、集雲峰下の四藤条、天下の大禅仏と〉」。「藤条」は、『諸録俗語解』［六二七］に「とまき（籐巻）の棒、はなねじ（鼻捻。荒馬を制御する具）の類なり」。
○此豈以鬢毛斑、排班位於第二位者也邪＝「鬢毛斑」は、鬢が薄くなること、杜甫「涪江に舟を泛べ韋班が京に帰るを送る」詩に、「天涯故人少し、更に鬢毛《びんもう》の斑《まだら》なるを益さん」。「排班位」は、それぞれの位置について並ぶこと。「第二位」は、実は第一位の首座のこと。住持の地位に配慮してことさらに「二位」という。『五灯会元』巻十二、瑞州大愚山守芝章、「上堂、大洋海底、排班して立つ、頭より第二鬢毛斑。甚麼《なん》としてか第一鬢毛斑と道わざる」。

【一―三五―九】［巻之一の一〇丁裏］

記室禪師。嬉笑怒罵、皆成文章。之乎者也、可以黼黻宗猷。寔彬彬君子也。

記室禪師《きしつぜんじ》。嬉笑怒罵《きしょうどめ》、皆な文章《ぶんしょう》を成す。之乎者也《しこしゃや》、以て宗猷《しゅうゆう》を黼黻《ほふつ》す可し。寔《まこと》に彬彬《ひんぴん》たる君子《くんし》なり。

〈訳〉

「記室禅師は、嬉び笑い、怒り罵る（のすべてが仏事なので）その一切を、ことごとく記録し文章にされる。文章でもって宗旨を飾り宗猷を賛助され、その文飾は華やかさと素朴さがほどよく、まことに君子というべきであります」。

○記室禅師＝書記。書疏の作成を掌る。
○嬉笑怒罵、皆成文章＝黄山谷の「東坡先生真賛」の一に「東坡之酒、赤壁之笛、嬉笑怒罵、皆成文章」。『雪江録』に「嬉笑怒罵咸作仏事」。
○之乎者也＝文字を抑下していう。「之乎者也已焉哉」ともいう。
○黼黻宗猷＝『敕修百丈清規』四、両序章、「両序の設、衆の為めに事を辨じて、因って以て提綱唱道、宗猷を黼黻す」。「黼黻」は、古代の天子の礼服にあるぬいとり。転じて、文章をもって飾ること。また、助ける、賛助する。
○寔彬彬君子也＝『論語』雍也に「子曰、文質彬彬、然後君子」。「文質彬彬」は、文華（はなやか）と質朴とが適度に相まじっていること。

【一―三五―一〇】［巻之一の一〇丁裏］

知藏禪師、知藏禪師。東撐西撐、廉藺爲覇國兩虎。左轉右轉、胡越遇同舟一風。共是不被般若眼謾却底衲子也。

知藏禪師《ちぞうぜんじ》、知藏禪師《ちぞうぜんじ》。東に撐《ささ》え西に撐《ささ》う、廉藺《れんりん》、覇國《はこく》の兩虎《りょうこ》たり。左轉右轉《さてんうてん》、胡越《こえつ》、同舟《どうしゅう》の一風《いっぷう》に遇う。共に是れ般若《はんにゃ》の眼《まなこ》に謾却《まんきゃく》せられざる底《てい》の衲子《のっす》なり。

〈訳〉

「（東西双方の）知蔵禅師。東堂から支え西堂からささえ、戦国の覇者である趙をささえた廉頗《れんぱ》と藺相如《りんしょうじょ》の両虎のようであります。左からめぐらし右からまわす自由自在のはたらきは、立場が異なる胡と越が同じ舟にあって助け合うようです。お二人ともに、般若の眼に謾却されぬ、真の衲僧であります」。

○知蔵禅師＝一切の経論を管理する役目。蔵主。ここでは東西の蔵主二人をいう。

○東撐西撐＝東堂、西堂をふまえた表現。

○廉藺＝廉頗と藺相如。藺相如は趙の恵文王の家臣で文武知勇の将。廉頗は趙の将軍。藺相如と「刎頸の交わり」を結んだ。

○左転右転＝自由自在。

○胡越遇同舟一風＝「胡越同舟」は呉越同舟というように意味は同じ。敵味方が同じ場所や境遇にいること。本来は、仲の悪い者同士でも同じ災難や利害が一致すれば、協力したり助け合ったりするたとえ。また「同舟遇風」は利害を同じくすること。いま、東西の両蔵主であるので、このようにいう。

○不被般若眼謾却底衲子也＝『古尊宿語録』巻九「石門山慈照禅師鳳岩集」に、「小参示衆に云く、学般若の菩薩は須らく般若の眼を具すべし。般若の眼を具せずんば、即ち般若に你を謾却し去られん」。

【一―三五―一一】［巻之一の一一丁表］

知賓禪師、知浴禪師。有時驗來客、擧玻璃盞於金剛窟前。入水見長人、燒栴檀香於離垢山上。其名當實者乎。

知賓禪師《ちひんぜんじ》、知浴禪師《ちよくぜんじ》。有る時、來客《らいきゃく》を驗《けん》して、玻璃盞《はりさん》を金剛窟前《こんごうくつぜん》に擧《こ》す。水に入って長人《ちょうじん》を見る、梅檀香《せんだんこう》を離垢山上《りくさんじょう》に焼《や》く。其の名、實に當《あ》たる者か。

〈訳〉

「知賓禅師は、来客があれば（かの文殊のように）金剛窟の前で玻璃《ガラス》の茶碗を持ち上げて客を試す。知浴禅師は（かつて武后が嵩山の老安を入浴させて試したように）長人かどうかを試す。離垢山上で梅檀香を焼くように、その名にはまことに実があります」。

○知賓禅師＝知客。客人を接待・応接する役。
○知浴禅師＝入浴の事をつかさどる役。
○挙玻璃盞於金剛窟前＝『碧巌録』第九十一則、頌評唱、「無著、文殊を訪ねて、茶を喫する次いで、文殊、玻璃の盞《さん》子《す》を挙起して云く、〈南方に還って這箇《しゃこ》有りや〉。著云く、〈無し〉。殊云く、〈尋常《よのつね》、什麼《なに》を用いて茶を喫す〉。著無語」。「金剛窟」は、無著が五台山で文殊に会った場所。
○入水見長人＝『祖庭事苑』「入水見長人」に、「案耀禅師録に、唐の武后、嵩山の老安、北宗の神秀を召して禁中に入らしめ供養す。因みに澡浴す。宮姫を以て給侍す。独り安のみ、怡然として它《た》無し。后歎じて曰く、〈水に入って始めて長人の有るを知る〉」。この語はのちに禅語として用いられ、『句双葛藤鈔』「入水見長人」に、「人ノ虚実ヲ試ミタ事ナリ」といった意味があるが、ここでは故事をあげたまで。

○焼梅檀香於離垢山上「梅檀香」「離垢山」は、『六十華厳』巻五十、入法界品に、「復た香有り、牛頭《ごず》梅檀と名づく。離垢山より生ず」。

【一―三五―一二】［巻之一の一一丁表］

侍香禪師。東閣官梅、南禪芍藥。一顆遠山寶、増光彩於吾門。滿爐沈水香、助化儀於此會。矧下虎丘位來班猊座傍。切矣忸怩。

侍香禪師《じこうぜんじ》。東閣《とうかく》の官梅《かんばい》、南禪《なんぜん》の芍藥《しゃくやく》。一顆《いっか》の遠山寶《えんざんほう》、光彩《こうさい》を吾が門に増す。滿爐《まんろ》の沈水香《じんすいこう》、化儀《けぎ》を此の會《え》に助く。矧《いわ》んや虎丘《くきゅう》の位《い》に下って、來たって猊座《げいざ》の傍《かたわら》に班《はん》するをや。切なるかな忸怩《じくじ》。

〈訳〉

「侍香禅師は、東閣の官梅のごとく、南禅寺の芍薬のようであり、また一顆の瑠璃宝のように、我が山門に光彩を添え、炉いっぱいに沈香を焚きしめ、この盛儀を補助して来られた。ましてや（圜悟下で蔵主をつとめて瞎睡虎《かつすいこ》と呼ばれた虎丘のように）蔵主をつとめ猊座の傍に侍された。まことに忸怩たる思いであります」。

○侍香禅師＝住持が焼香する際に、香台を持ってこれを補佐する役。
○東閣官梅＝杜甫の「裴迪《はいてき》が蜀州の東亭に登って客を送り早梅に逢いて、相憶うて寄せらるるに和す」詩に「東閣の官梅、詩興を動ず、還た何遜《かそん》の揚州に在るが如し」。「東閣」は東にある門、これを開いて賢人や文人を招くことを「開東閣」という。杜甫の詩も、梁の何遜が東閣を開いて文人を招いて、梅花を賞したという故事をふまえたもの。「官梅」は、官庁に植えられた梅、あるいは御所の梅をいうが、転じて梅の雅称。

○南禅芍薬＝蘇軾「玉盤盂」詩の引に「東武の旧俗、毎歳四月に南禅、資福の両寺に於いて大会す。芍薬を以て仏に供う。而して今歳最も盛んなり」。

○遠山宝＝吠瑠璃のこと。『祖庭事苑』巻七、「瑠璃」に「応法師云く、或いは吠字を加え、或いは毗字を加う。又た毗頭梨と言う。山に従って名と為す。乃ち遠山宝なり。遠山は即ち須弥山なり」。

○下虎丘位＝虎丘紹隆が圜悟克勤の下で藏主をつとめていたことを指す。『続伝灯録』巻二十七、虎丘紹隆章、「（圜悟）尋《つ》いで蔵教を掌《つかさど》らしむ。有るひと圜悟に問うて曰く、〈隆蔵主、柔易《じゅうい》なること此の如し。何ぞ能く爲《せ》んや〉。圜悟曰く、〈瞌睡虎《かっすいこ》なるのみ〉」。『翰林五鳳集』に「余為之以虎渓称之。蓋他時拠虎丘之位、以提綱祝之者也」という例がある。また『翰林葫蘆集』第十二巻、桃林潘公蔵主秉炬に「維桃林潘公知蔵禪師、処俗且介、持心弥堅、借位明功拠虎丘職、掌大小三蔵」という例がある。

【一―三五―一三】［巻之一の一一丁表］

目子。大衆謝。各各座元禪師、前資辦事、兩員問禪、一會海衆、諸位禪師。獅子窟無異獣、瞻蔔林絶餘香。歴倒雪嶠三僧堂、平呑清涼萬菩薩。識者曰、天下禪沒於相似已來、獨寶山含古道元氣。而巍然五嶽之外、蓋不也尊乎。允矣知言者也。佛果老人曰、相共建法幢、展衲僧巴鼻。吾山亦得其人哉。祝祝。

目子《もくす》。大衆謝《だいしゅしゃ》。各各座元禪師《かくかくぞげんぜんじ》、前資辦事《ぜんしべんじ》、兩員《りょういん》の問禪《もんぜん》、一會《いちえ》の海衆《かいしゅう》、諸位禪師《しょいぜんじ》。獅子窟《ししくつ》に異獣《いじゅう》無し、瞻蔔林《せんぷくりん》に餘香《よこう》を絶す。雪嶠《せっきょう》の三僧堂《さんそうどう》を壓倒《あっとう》し、清涼《せいりょう》の萬菩薩《まんぼさつ》を平呑《へいどん》す。識者《しきしゃ》の曰く、天下《てんか》の禪《ぜん》、相《そう》似《じ》に沒してより已來《このかた》、獨《ひと》り寶山《ほうざん》のみ古道《こどう》の元氣《げんき》を含んで、五嶽《ごがく》の外に巍然《ぎぜん》たり、蓋《けだ》し也《ま》た尊《たっと》からずや、と。允《まこと》なるかな、言を知れる者。佛果老人《ぶっかろうじん》の曰く、相共に法幢《ほうどう》を建て、衲僧《のうそう》の巴鼻《はび》を展《の》ぶ、と。吾が山も亦た其の人を得たるかな。祝祝《しゅくしゅく》。

〈訳〉

「各座元禅師、前資の和尚、お二人の問禅の僧、一会の皆様、諸位禅師は、どなたもまぎれなく獅子のような方々で、梔子《くちなし》の林では他の香りがないように、いずれも香気を放っておられる。雪峰の三僧堂に集まった雲衲や、清涼山に住止した一万人の菩薩衆をも上回るものであります。識者は〈禅宗がすっかり駄目になった今、大徳寺だけが古風を保って五山の外に巍然とそびえていることはありがたいことだ〉と言うが、まことにそのとおり。圜悟禅師は大慧宗杲が首座となったときに〈共に法幢を建て、衲僧の巴鼻を展《の》ぶ〉と称えられたが、吾が山もまた大慧宗杲のような人材を得たというものでありましょう。祝々」。

○目子＝式次第の事柄、人名などを記録した目録。『敕修百丈清規』巻三、入院、当晩小参に「提綱畢って敍謝。行者、燭を秉る。侍者、目子を呈して、庶わくは詳尽することを得んと」。

○前資辨事＝前に事務を資助した者。
○問禅＝大衆の中から進み出て、新住職と問答をする役割の僧。
○獅子窟無異獣、瞻蔔林絶余香＝『句双葛藤鈔』「皆ナ獅子ノ面ダゾ、別ノ物ガナイゾ。言ハ、ヨイ師家ニツキソタツタモノハ、皆ナ霊利ナリ」。瞻蔔は薝蔔とも。梔子。
○雪嶠三僧堂＝『笑翁堪禅師行状』に「雪峰の僧堂は二なり。曰く留香、曰く衆香。師至る。衆集まること海の如し。更に妙香を闢《ひら》いて之を処らしむ」。「三僧堂」という拠は未詳。
○清凉万菩薩＝清凉山裏万菩薩。『華厳経疏鈔』巻四十五、諸菩薩住処品、「東北の方に処有り、清凉山と名づく。昔より已来《このかた》、諸菩薩衆、中に住止す。現に菩薩有り文殊師利と名づく。其の眷属、諸もろの菩薩衆一万人と倶なり。常に其の中に在って法を演説す」。
○相似＝相似禅。似て非なるもの。
○仏果老人曰＝『圜悟語録』巻七「杲首座立僧上堂」の語。
○衲僧巴鼻＝衲僧ならではの本分。

【一―三六】［巻之一の一一丁裏］

復擧。大慧禪師住徑山日、少卿馮公問曰、和尚常言、不作這蟲豸、爲什麼今日敗闕。慧曰、盡大地是箇杲上座、你作麼生見。公擬議。慧便與一掌。
師曰、老大慧等閑束三千界、以作一太阿。馮少卿恰似排百萬軍却鬪箇苕帚。今夜寶山、若有人致恁麼問、如何祗對。［拂一拂云］雪内牡丹花。

復《ま》た擧《こ》す。大慧禪師《だいえぜんじ》、徑山《きんざん》に住する日、少卿馮公《しょうけいふうこう》、問うて曰く、和尚《おしょう》常に言う、這《こ》の蟲豸《ちゅうち》と作《な》らじと、什麼《なん》と爲《し》てか今日敗闕《こんにちはいけつ》す。慧《え》曰く、盡大地《じんだいち》是れ箇《こ》の杲上座《こうじょうざ》、你《なんじ》、作麼生《そもさん》か見る。公擬議《ぎぎ》す。慧、便ち一掌《いっしょう》を與《あた》う。

師曰く、老大慧《ろうだいえ》、等閑《なおざり》に三千界《さんぜんかい》を束ねて、以て一太阿《いちたいあ》と作《な》す。馮少卿《ふうしょうけい》、恰かも百萬《ひゃくまん》の軍を排して却って箇《こ》の苕帚《ちょうそう》を闘わしむるに似たり。今夜《こんや》、寶山《ほうざん》、若し人有って恁麼《いんも》の問いを致さば、如何《いかん》か祗《し》對《たい》せん。［拂一拂《ほついっほつ》して云く］雪内《せつない》の牡丹花《ぼたんか》。

〈訳〉

大慧禅師が径山に晋住したときに済川居士が問うた、「あなたはいつも、〈春になると出て来る虫のように、世間に這い出して一寺の和尚になることなどせぬ〉といっておられるのに、今日はどうしてそれに背いて開堂されるのですか」と。すると大慧がいった、「尽大地すべてが一人の杲上座そのものだ。おまえさん、これをどう見てとるか」と。居士は言葉につまった。大慧はすかさず一掌を与えた。

この話頭について師が言われた、「さすがの大慧和尚、ひょいと三千世界を束ねて一剣とした。済川居士はまるで百万の軍勢を布陣して一本の箒と闘ったようなものだ。今夜、宝山《わたし》に同じ問いをする者があれば、どう答えるか」。［払子を振るって］「雪内の牡丹花」。

○大慧禅師住径山日＝『大慧年譜』、また『五灯会元』巻二十、馮楫済川居士章に、「大慧禅師、明慶に就いて開堂す。

慧、下座す。公、之れを挽いて曰く、〈和尚は毎《つね》に士大夫の前に於いて言いて、此の生、決して這《こ》の虫豸《ちゅうち》と作《な》らじと曰えるに、今日、甚に因ってか却って敗缺を納るるや〉。慧曰く、〈尽大地是れ箇《こ》の杲上座、你、甚の処に向かってか他を見る〉。公、対《こた》えんと擬す。慧、便ち掌す。公曰く、〈是れ我れ招き得たり〉と」。

○虫豸＝出世し住持となることを、春になると虫が出て来ることに比す。瑞溪周鳳『臥雲夢語集』にいう「足有るを虫と曰い、足無きを豸と曰う。予嘗て或天章《わくてんしょう》に、大慧の〈誓不為虫豸〉の語を問えり。天章曰く、禅録に〈今年春気早、虫豸出頭来〉の句有り、蓋し出頭の義を取るのみ、と。予、禅林宝訓を按ずるに、〈万庵、辯首座に曰く、圜悟師、言える有り、你、異時儻《も》し這般《これつら》の虫豸と做《な》ることを免れずんば、常常、縄墨上を行かん〉と。是に由って之れを観れば、凡そ出頭住持は、之れを虫豸と謂う。大慧も亦た此に依るのみ」。

○雪内牡丹花＝『五灯会元』潭州伏龍山章、「問う、〈縁に随って認得する時は如何〉。師曰く、〈雪内の牡丹花〉」。『五灯抜萃』「雪内牡丹花」の注に、「先達云く、無蹤跡の謂なり。恐らくは是れ紅炉上一点雪と一般ならん」。

【一—三七—一】［巻之一の一一丁裏］

冬節上堂。
拈香曰、大日本國云云、龍寶山大徳禪寺住持、傳法沙門［英朝］、書雲令節、謹焚寶香、端爲祝延。
今上皇帝、聖躬萬歲萬歲萬萬歲。陛下恭願、文明齊日月、度越周漢中興。睿澤徧華夷、追還唐虞
盛化。

冬節上堂《とうせつじょうどう》。
香を拈《ねん》じて曰く、大日本國云云《だいにほんこくうんぬん》、龍寶山大徳禪寺住持《りゅうほうざんだいとくぜんじじゅうじ》、傳法沙門《でんぼうしゃもん》［英朝《えいちょう》］、書雲令節《しょうんれいせつ》、謹焚寶香《きんふんほうこう》、端爲《たんに》

祝延《しゅくえん》。今上皇帝《きんじょうこうてい》、聖躬《せいきゅう》萬歳萬歳萬萬歳《ばんざいばんざいばんばんざい》。陛下《へいか》恭しく願わくは、文明《ぶんめい》、日月《じつげつ》に齊《ひと》しく、周漢《しゅうかん》の中興《ちゅうこう》に度《ど》越《おっ》し、睿澤《えいたく》、華夷《かい》に徧《あまね》く、唐虞《とうぐ》の盛化《せいけ》を追還《ついかん》せんことを。

〈訳〉

香を拈じて言われた、「大日本国……龍宝山大徳禅寺住持、伝法の沙門英朝、書雲節にあたって、謹んで香を焚いて、うやうやしく今上皇帝の聖躬万歳を祈りたてまつる。陛下、願わくはその才徳は日月のごとくにして、周と漢を中興した古の皇帝の聡明さをも越えますように。その恵みは全世界にあまねくゆきわたって、尭舜の御代のごとくに盛んならんことを」。

○冬節上堂＝冬至に同じ。旧暦では十一月中ごろ。

○書雲令節＝春分・秋分・夏至・冬至に、雲気を望んで吉凶を占い、これを策に書することを「書雲」という。ここでは、冬至をいう。

○文明斉日月、睿沢偏華夷＝祝聖の常套語。『大慧語録』巻六「再住径山能仁禅院語録」に「恭願、尭仁広被、斉日月之盛明、湯徳弥新、並乾坤之久固」。「文明」は、文采と徳。「睿沢」は、睿徳によるめぐみ。「華夷」は、中華と外夷、全世界。

○周漢中興＝周の宣王と東漢の光武帝はともに中興の主と称えられる。『圜悟語録』巻六に「成宣光興漢室之業」、巻七に「奮宣光之中興」。また杜甫の「北征」詩に「周漢、再興を獲たり、宣光果たして明哲なり」。

○追還＝（元のところに）戻らせる。

○唐虞盛化＝「唐虞」は、上古の伝説上の五帝のうち、仁徳の政を行った唐尭と虞舜。

【一―三七―二】［巻之一の一二丁表］

遂斂衣就座。垂語曰、一句鐵團圝、梅花先漏泄。若辨大呂黄鐘、來聞陽春白雪。有麽。

時有僧出衆曰、繡紋添線、暖入幽谷之梅。雲物紀祥、春侵市橋之柳。應時一句、願祝萬乘。

師曰、瑞草生嘉運、林花結早春。

進曰、陰陽不到處、一片好風光。

師曰、描不就畫不成。


遂《つい》に衣《え》を斂《おさ》めて座に就く。垂語《すいご》して曰く、一句鐵團圝《いっくてつだんらん》、梅花《ばいか》先ず漏泄《ろぜつ》す。若し大呂黄鐘《たいりょおうじき》を辨《べん》ぜんならば、來たって陽春白雪《ようしゅんはくせつ》を聞け。有りや。

時に僧有り、衆を出でて曰く、繡紋《しゅうもん》、線を添えて、暖《だん》、幽谷《ゆうこく》の梅に入る。雲物《うんぶつ》、祥《しょう》を紀《しる》して、春、市橋《しきょう》の柳を侵す。時に應ずる一句《いっく》、願わくは萬乘《ばんじょう》を祝したまえ。

師曰く、瑞草《ずいそう》、嘉運《かうん》を生じ、林花《りんか》、早春《そうしゅん》を結ぶ。

進めて曰く、陰陽《いんよう》到らざる處、一片《いっぺん》の好風光《こうふうこう》。

師曰く、描《えが》けども就《な》らず、畫《か》けども成《な》らず。

〈訳〉

衣を斂めて座に着いて言われた、「(宗旨の肝要は)まるまるの鉄団のごとし、ただ梅花だけが先にその消息を漏らしている。(その宗旨の肝要どころの)音律を聞き分け、我が至難の曲調を聞く者はおるか」。

一僧が大衆の中から出ていった、「冬至を迎えて、これより幽谷の梅にも市橋の柳にも春が訪れます。この時にあたって万乗の聖位を祝する一句をお示しください」。

師、「瑞草、嘉運を生じ、林花、早春を結ぶ」。

僧、「陰陽の二元を超えたところこそ、本分の好風景、というところですね」。

師、「描けども就らず、画けども成らず。(本分のところは)いかようにも描き表わすことはできぬ」。

○一句鉄団圝、梅花先漏泄＝『句双葛藤鈔』「百草総不知、梅花先漏泄」に、「梅ハ百花ノサキガケヂヤホドニ、春意ヲ梅ガモラシタゾ」。

○大呂黄鐘＝いずれも十二音律のひとつ。

○陽春白雪＝前出［序］の部分。

○繍紋添線、雲物紀祥＝ともに冬至の縁語。「雲物」は雲気の色。「書雲物」は、冬至の日に雲気を見、災変を記録すること。

○陰陽不到処、一片好風光＝『大川録』「浄慈報恩光孝禅寺語録」の冬至上堂の語。『句双葛藤鈔』「陰陽不到処、枯樹又生花」に、「禅苑ノ心花ナラバ、陰陽ニハタヨルマイゾ」。

【一—三七—三】［巻之一の一二丁表］

進曰、記得、僧問古徳、如何是冬來事。徳曰、京師出大黄。端的在那裏。

師曰、塡溝塞壑無人會、千古萬古黒漫漫。

進曰、黄金鑄出鐵崑崙、還有意旨也無。

師曰、打破大唐國、笑殺老南泉。

進曰、即今咨問和尚、不渉冬夏遷變底一句作麼生。

師曰、問取露柱。

進曰、只將一點雪、烹出太虚空。

師曰、還覺七十二峯横點頭麼。

進曰、謹謝答話。

師曰、前路逢人莫錯擧。


進めて曰く、記得《きとく》す、僧、古徳《ことく》に問う、如何《いか》なるか是れ冬來《とうらい》の事《じ》。徳曰く、京師《けいし》、大黄《だいおう》を出だす、と。端的《たんてき》、那裏《なり》にか在る。

師曰く、溝《みぞ》に塡《み》ち壑《たに》に塞《ふさ》がるも人の會《え》する無し、千古萬古《せんこばんこ》、黒漫漫《こくまんまん》。

進めて曰く、黄金《おうごん》鑄《い》出《い》だす鐵崑崙《てつこんろん》、還《かえ》って意旨《いし》有りや也《ま》た無《な》しや。

師曰く、大唐國《だいとうこく》を打破《だは》して、老南泉《ろうなんせん》を笑殺《しょうさつ》す。

進めて曰く、即今咨問《そっこんしもん》す、和尚《おしょう》、冬夏《とうか》の遷變《せんへん》に渉《わた》らざる底《てい》の一句《いっく》、作麼生《そもさん》。

師曰く、露柱《ろちゅう》に問取《もんしゅ》せよ。

進めて曰く、只だ一點《いってん》の雪を將《も》って、太虚空《たいこくう》を烹出《ほうしゅつ》す。

師曰く、還《かえ》って七十二峯、横《おう》に點頭《てんとう》することを覺《おぼ》うるや。

進めて曰く、謹んで答話《とうわ》を謝《しゃ》す。

師曰く、前路《ぜんろ》、人に逢わば錯《あやま》って擧《こ》すること莫かれ。


〈訳〉


僧、「僧が冬来の事を問うと、古徳は〈京師、大黄を出だす〉と答えられましたが、これの意味はどこにありますか」。

師、「至るところにソレが満ちておるのに、誰も分かる者がない、千古万古、黒漫漫だ」。

僧、「黄金で鉄崑崙を鋳出す、とはどうですか」。

師、「大唐国中が老南泉を笑う」。

僧、「冬にも夏にも渉らぬ一句はどうですか」。

師、「そこにある丸柱に聞け」。

僧、「ひとつぶの雪から大宇宙を煮出だす、というところですか」。

師、「（そういうことでは）南岳七十二峰も肯うまい」

僧、「お示し、ありがとうございます」。

師、「外で間違って言いふらすでないぞ」。

○僧問古徳、如何是冬来事＝『伝灯録』巻十七の疎山匡仁章。「京師出大黄」は、（冬になると）都に薬草を売り歩く。『犁耕』（電子達磨版一九七頁）に「忠曰く、没巴鼻《もっはび》を直示す」。

○塡溝塞壑無人会、千古万古黒漫漫＝『句双葛藤鈔』「塡溝塞壑無人会、千古万古黒漫漫」に、「ドコニモミチタガ、人ガ会セヌ。夫レモ道理、千古コト弁処ガナイ也」、「塡溝塞壑」に「ドッコモ、本分デサ、エタゾ」。

○黄金鋳出鉄崑崙＝黄金からまるまるの鉄を鋳出す。『句双葛藤鈔』「黄金鋳出鉄崑崙」に、「修行ノ功ヲ点ジテ、無功ニ至ルノ義ナリ」。「崑崙」は前出［一―三二―四］。

○打破大唐国、笑殺老南泉＝『古尊宿語録』巻四十一、「雲峰悦禅師初住翠巌語録」の「示学者三首」の三に、「翠巌不会禅、仰面看青天。打破大唐国、笑殺老南泉」。『五家正宗賛』興化奨禅師章に、「打破大唐国、覓箇不会人難得」、「打破」は「尽」の義。大唐国中が老南泉を笑う。

○只将一点雪、烹出太虚空＝『点鉄集』に「同将一点雪、鍛出大虚空（東山外集）」。

○還覚七十二峰横点頭＝『北磵居簡禅師語録』「送明上人帰洞庭」偈に「截流過了復随流、七十二峰横点頭」。「横点頭」は、頭を横に振る、肯わない。

【一―三八】［巻之一の一二丁裏］

師乃曰、有物先天地、無形本寂寥。能爲萬象主、不逐四時凋。到者裡、黄梅石女舞三臺、豈知陰剝陽復。白鼻崑崙歌一闋、無拘暖律春韶。然雖與麼、一向打淨潔毬子、更較甚泥揑筆描。或時孤峯頂上全身泥水、或時十字街頭目視雲霄。直得、仁義道中、空花結果。荊棘林内、石笋抽條。畢竟爲萬象主底物、如何辨別。［卓拄杖云］花信之風云起、寒食之雨是繇。

師乃ち曰く、物《もの》有り天地《てんち》に先《さき》だつ、形《かたち》無《の》うして本《も》と寂寥《せきりょう》。能《よ》く萬象《ばんしょう》の主《しゅ》と爲って、四時を逐って凋《しぼ》まず。者裏《しゃり》に到って、黄梅《おうばい》の石女《せきじょ》、三臺《さんだい》を舞う、豈《あ》に知らんや、陰剝《いんはく》し陽復《ようふく》することを。白鼻《はくび》の崑崙《こんろん》、歌うこと一闋《いっけい》、暖律春韶《だんりつしゅんしょう》に拘《かか》わること無し。然《しか》も與麼《よも》なりと雖も、一向《いっこう》に淨潔《じょうけつ》の毬子《きゅうす》を打《た》せば、更に甚《なん》の泥捏筆描《でいねつひつびょう》にか較《あた》らん。或る時は孤峯頂上《こほうちょうじょう》、全身泥水《ぜんしんでいすい》、或る時は十字街頭《じゅうじがいとう》、目に雲霄《うんしょう》を視《み》る。直《じき》に得たり、仁義道中《じんぎどうちゅう》、空花《くうげ》、果《か》を結《むす》び、荊棘林内《けいきょくりんない》、石笋《せきじゅん》、條《じょう》を抽《ぬき》んずることを。畢竟《ひっきょう》、萬象《ばんしょう》の主《しゅ》と爲《な》る底《てい》の物、如何《いかん》か辨別《べんべつ》せん。［拄杖《しゅじょう》を卓《たく》して云く］花信《かしん》の風《かぜ》、云《ここ》に起《お》こる、寒食《かんじき》の雨《あめ》、是《ここ》に繇《よ》る。

〈訳〉

師はそこで言われた、「天地が生ずる以前のところ、そこは何らの形というものがない、それが一切万象のもとであるから、春夏秋冬という時間に左右されることもない。そこの消息を敢えていえば〈石像の女が三台の踊りを舞い、白鼻の黒助《くろすけ》が一曲歌う〉というところ。もはや、ここに至っては、一陽来復《いちようらいふく》、春が来るの来ないのという沙汰もない。いかに概念や理屈をこね回しても、描くこともひねり出すこともできぬ。ではどうするか。ある時は、人っ子ひとりも来ない孤峰頂上で、全身泥だらけになって、徹底為人《いにん》をする。またある時は十字街頭のど真ん中で、思い切り世間を見下して超然とする。その結果、どういうことになるか。まげて浮世の仁義に従って、幻の花に果実を実らせてやるのであり、あるいはまた棘《とげ》だらけの林のごとき本分のところに引きずり込んで、石のタケノコが芽を出すのを見せてやるのである。さて、一切万象のもとであるところの（何らの形もない）ものを、どう見極めるか。〔拄杖を立てて云く〕花だよりの風が吹いた、さあ、これから寒食の雨が降るぞ」。

○有物先天地、無形本寂寥。能為万象主、不逐四時凋＝『五灯会元』巻二、善慧大士の偈。『句双葛藤鈔』「有物先天地、無形本寂寥」に「物トハ心也。無形トハ、心ハ無相也」。もとは『老子』巻二に、「物有り混成す、天地に先って生ず。寂たり寥たり、……以て天下の母と為る可し。吾れ其の名を知らず、之を字して道と曰う」。「寂寥」は、声もなく姿もないさま。

○黄梅石女舞三台、豈知陰剝陽復＝「黄梅石女」、このばあい、「黄梅」には特に意味を求めなくともよい。無情物。

○白鼻崑崙歌一闋、無拘暖律春韶＝「白鼻崑崙」は名状すべからざるところを擬人化したもの。「崑崙」は前出〔一―三二―四〕。

○一向打浄潔毬子、更較甚泥揑筆描＝「打浄潔毬子」は、概念、言葉での戯論。

○孤峰頂上全身泥水、或時十字街頭目視雲霄＝「全身泥水」は為人のさま、「目視雲霄」は世間を見下して高ぶるさま。「孤峰頂上」「目視雲霄」は、「全身泥水」「十字街頭」の対立概念。

○仁義道中、空花結果。荊棘林内、石笋抽条＝『古尊宿語録』巻二十二、「五祖演禅師語録」序に、「演公……三たび宗印を提《ひっさ》げ二紀、茲に於いてす。仁義道中、空華結果。荊棘林内、石笋抽条」。「仁義道中」と「荊棘林内」とは対。「仁義道中」は、渡世の仁義。「荊棘林内」は本分のまっただ中。『碧巌秘抄』に「世間ノコトハコウモ云ハズバ成ルマイ。本分ニハ快モ不快モ無シ」。

○花信之風＝二十四番花信風。八気二十四候のそれぞれに配した花だよりで、次のとおり。〔小寒〕一、梅花、二、山茶、三、水仙。〔大寒〕一、瑞香、二、蘭花、三、山礬。〔立春〕一、迎春、二、桜桃、三、望春。〔雨水〕一、菜花、二、杏花、三、

李花。［驚蟄］一、桃花、二、棣棠、三、薔薇。［春分］一、海棠、二、梨花、三、木蘭。［清明］一、桐花、二、麦花、三、柳花。［穀雨］一、牡丹、二、酴醾、三、楝花。

○寒食之雨是繇＝『祖庭事苑』巻六、「寒食」に「荊楚歳時記に云く、冬至節より一百五日、即ち疾風有り、甚だ雨ふる。之を寒食と謂う」。

【一―三九】［巻之一の一三丁表］

自叙。［英朝］薄福住山、宗乗無補。頼借一衆道眼、聊守大雄規縄。各乞鴻恕。

自叙《じじょ》。［英朝《えいちょう》］薄福住山《はくふくじゅうざん》、宗乗《しゅうじょう》、補《ほ》する無し。頼《さいわ》いに一衆《いっしゅう》の道眼《どうげん》を借《か》って、聊《いささ》か大雄《だいゆう》の規縄《きじょう》を守る。各おの乞う鴻恕《こうじょ》。

〈訳〉

「わたくし英朝は、福徳円満ならざるに住職となります、宗旨を全うする力もございませんが、願わくは諸師の道眼をお借りして、いささかでも規縄を守りたいと存じます。ご寛恕ください」。

○薄福住山＝「薄福」は薄福少徳の略。謙遜の語。

○宗乗無補＝無力補宗乗（宗乗を補うに力無し）ということ。

○大雄規縄＝百丈の定めた清規。大雄は百丈山。

【一一四〇】［巻之一の一三丁表］

謝語。陸堂之次、共惟徳禪東堂大和尚。挑大照燈、鍾靈山秀。一莖草上、已現瓊殿玉樓、千尺絲綸、行釣呑舟横海。以瞻以仰［總謝不録］。

謝語《じゃご》。陸堂《しんどう》の次いで、共《うやうや》しく惟《おも》みれば、徳禪東堂大和尚《とくぜんとうどうだいおしょう》、大照《だいしょう》の燈《ともしび》を挑《かか》げ、靈山《りょうぜん》の秀《しゅう》を鍾《あつ》む。一莖《いっきょう》草上《そうじょう》、已《すで》に瓊殿玉樓《けいでんぎょくろう》を現ず、千尺《せんじゃく》の絲綸《しりん》、行《ゆく》ゆく呑舟横海《どんしゅうおうかい》を釣る。以て瞻《み》、以て仰《あお》ぐ［總謝《そうじゃ》、録せず］。

〈訳〉

「陸堂にあたって、恭しく徳禅東堂大和尚を惟みるに、大灯国師の法灯を挑げ、霊山徹翁和尚の秀をあつめ、一本の草で（大徳寺という）素晴らしい伽藍を現じ、千尺の糸を垂れて、舟をも呑もうという大魚のような人物を釣り上げようとなさっておられる。仰ぎお慕い申しあげます」。

○挑大照灯、鍾霊山秀＝「大照灯」は大灯国師。「霊山」は徹翁。

○一茎草上、已現瓊殿玉楼＝大自在の作略。『碧巌録』第四則、本則評唱に「有る時は一茎草《いっきょうそう》を将って丈六の金身《こんじん》と作《な》して用い、有る時は丈六の金身を将って一茎草と作《な》して用う」。

○千尺糸綸、行釣呑舟横海＝「呑舟」は「呑舟之魚」、舟を呑むほどの大魚。「横海」は「横海鱗」、海いっぱいになるほどの大魚。大人物。

○以瞻以仰＝前出［一―三五―一］「瞻之仰之」。『論語』子罕。仰ぎ慕うことを「瞻仰」という。

【一―四一】［巻之一の一三丁表］

復舉。潙山問仰山、仲冬嚴寒、年年事、晷運推移事若何。仰山近前叉手而立。潙曰、誠知子答者話不得。復問香嚴。嚴亦近前叉手而立。潙曰、賴遇寂子不會。師曰、潙山仰嶠、父爲子隱。香嚴有斷和句、不覺巡人犯夜。潙山龍頭蛇尾、到末後敗露了也。寶山輩。一畝之地、三蛇九鼠。雖然與麼、冬不寒臘後看。

復《ま》た擧《こ》す。潙山《いさん》、仰山《きょうざん》に問う、仲冬嚴寒《ちゅうとうげんかん》、年年《ねんねん》の事《じ》、晷運推移《きうんすいい》の事若何《じいかん》。仰山《きょうざん》、近前叉手《きんぜんしゃしゅ》して立つ。潙《い》曰く、誠に知んぬ、子《なんじ》、者《こ》の話《わ》に答《こた》え得《え》ざることを。復《ま》た香嚴《きょうげん》に問う。嚴《げん》亦た近前叉手《きんぜんしゃしゅ》して立つ。潙《い》曰く、頼《さいわ》いに寂子《じゃくし》の不會《ふえ》に遇う。

師曰く、潙山《いさん》、仰嶠《ぎょうきょう》、父は子の爲に隠す。香嚴《きょうげん》、斷和《だんわ》の句有り、覺《おぼ》えず巡人犯夜《じゅんにんぼんや》。潙山《いさん》、龍頭蛇尾《りゅうとうだび》、末《まつ》後《ご》に到って敗露《はいろ》し了《おわ》れり。寶山輩《ほうざんにい》。一畝《いっぽ》の地《ち》、三蛇九鼠《さんだきゅうそ》。然《しか》も與麼《よも》なりと雖も、冬寒《ふゆさむ》からずんば、臘《ろう》後《ご》に看《み》よ。

〈訳〉

潙山が仰山に仲冬厳寒の仏法をたずねた。仰山が近づいて叉手《しゃしゅ》して立つ。潙山がいう「そなたはこの問題に答えられぬと分かった」。同じことを香厳にたずねた。香厳も同じように叉手して立った。潙山がいう「幸いなことに寂子の不会《ふえ》に遇うた」と。

この話頭をとりあげて、師が言われた。「さすがに潙仰《いぎょう》父子の禅風である、〈父は子の為に隠し、子は父の為に隠す。直きこと其の中に在り〉と。一方、香厳はといえば、潙仰父子の行き違いをとりなして和解させたようだが、思わず、夜回り自身が夜間外出の禁を犯したというもの。潙山の仰山への対応は龍頭だったが、香厳への応対は蛇尾。最後はとうとうしくじった。ではわたくしならどうするか。（てだれの）悪党ばかり、誠に畏るべきではあるが、臘月を明けねば本当のところは分からぬぞ」。

○復挙＝『五灯会元』巻九、潙山霊祐章。

○父為子隠＝『論語』子路に、「葉公、孔子に語って曰く、吾が党に直躬という者有り。其の父、羊を攘《ぬす》みて、而して子、之を証せり、と。孔子曰く、吾が党の直き者は是に異なり。父は子の為に隠し、子は父の為に隠す。直きこと其の中に在り」。

○断和句＝『諸録俗語解』〔一四一五〕「断和」に、「古抄に云く〈天竺には国に必ず断数《だんス》の人有り。若し闘諍あれば、此の人之を断じ、両方を和せしむるなり〉。〈理非を断じ、後に和融せしむる〉なり」。

○巡人犯夜＝夜回りの人自身が「夜間外出禁止」を犯す。自己矛盾。

○宝山聻＝私ならば、ん？　どうするか。

○一畆之地、三蛇九鼠＝（てだれの）悪党がぎっしり、誠に畏るべし。『禅林方語』に「悪物少なからず、狼藉少なからず」。

○雖然与麼、冬不寒臘後看＝とはいえ、最後までどうなるか分からぬぞ。寒くないといって安心はできぬ、臘月を明けねば本当のところは分からぬぞ。『大川語録』「浄慈報恩光孝禅寺語録」冬至上堂に、「冬寒からざれば、臘後に看よ。人の此の意を知る無し。我をして南泉を憶わしむ。阿呵呵」。

【一―四二】［巻之一の一三丁裏］

一休和尚入牌祖堂。

正宗滅却瞎驢邊、尺八一聲風戞天。［安牌云］大坐當軒添意氣、狂雲吹起寶山巓。共惟前住當山一休和尚大禪師、名喧宇宙、眼蓋坤乾。或時向盤山猪肉案頭、潑郎潑頼。或時在普化紅塵陌上、掣風掣顛。逆行順行。異類中行。年抛造物陶甄外。佛界魔界、苦衆生界。日短江湖白髮前。將謂藏身北斗、元來竝位南禪。大哉山門修造之功、一莖草上現瓊殿。美矣法社作新之日、半升鐺内煮山川。畢竟大休歇一句、即今作麼生敷宣。［指牌云］花開鐵樹曉來雪、列聖叢中春萬年。

一休和尚入牌祖堂《いっきゅうおしょうにっぱいそどう》。

正宗滅却《しょうじゅうめっきゃく》す、瞎驢邊《かつろへん》、尺八一聲《しゃくはちいっせい》、風《かぜ》、天《てん》に戞《かっ》す。［牌《はい》を安《あん》じて云く］大坐當軒《たいざとうけん》、意氣《いき》を添《そ》う、狂雲《きょううん》吹き起こす、寶山《ほうざん》の巓《いただき》。

共《うやうや》しく惟《おもん》みれば、前住當山一休和尚大禪師《ぜんじゅうとうざんいっきゅうおしょうだいぜんじ》、名《な》、宇宙《うちゅう》に喧《かまびす》しく、眼《まなこ》、坤乾《こんけん》を蓋《おお》う。或る時は盤山《ばんざん》の猪肉案頭《ちょにくあんとう》に向かって、潑郎潑頼《はつろうはつらい》。或る時は普化《ふけ》の紅塵陌上《こうじんはくじょう》に在って、掣風掣顚《せいふうせいてん》。逆行順行《ぎゃっこうじゅんこう》、異類《いるい》中行《ちゅうぎょう》。年《とし》は造物陶甄《ぞうぶつとうけん》の外《そと》に抛《なげう》つ。佛界魔界《ぶっかいまかい》、苦衆生界《くしゅじょうかい》。日《ひ》は短《みじか》し、江湖白髪《ごうこはくはつ》の前。將《まさ》に謂《おも》えり、身《み》を北斗《ほくと》に藏《かく》すと、元來《がんらい》、位《くらい》を南禪《なんぜん》に竝《なら》ぶ。大《おお》いなるかな、山門修造《さんもんしゅうぞう》の功《こう》、一莖草上《いっきょうそうじょう》に瓊殿《けいでん》を現ず。美《び》なるかな、法社作新《ほうしゃさくしん》の日、半升鐺内《はんしょうしょうない》に山川《さんせん》を煮る。畢竟《ひっきょう》、大休歇《だいきゅうけつ》の一句《いっく》、即今《そっこん》、作麼生《そもさん》か敷宣《ふせん》せん。

［牌《はい》を指《ゆびさ》して云く］花、鐵樹《てつじゅ》に開く、曉來《ぎょうらい》の雪、列聖叢中《れっせいそうちゅう》、春萬年《まんねん》。

〈訳〉

「一休和尚は、臨済が末期に示した〈滅却正宗瞎驢辺〉という滅宗興宗の精神を貫徹し、瞎驢と自称した。和尚の奏でる尺八の音は、風にのって天高くあがる」。［牌を置いて云く］「（その法身は今）この正位にお坐りになって、いよいよ意気盛ん。大徳寺龍宝山のてっぺんに、狂雲吹き起こしておられる。

恭しく惟みるに、当山前住の一休和尚大禅師、その名は宇宙に鳴り響き、その眼は全世界を見そなわしておられる。（その生前は）ある時は破戒のし放題、またある時は俗世の巷で風顚のし放題。破戒（逆行）も持戒（順行）も自由自在。（だがその行為はあくまでも）衆生済度のための異類中行の妙用。この人の時間は、造物主が万物をを作り出す大自然の営みの域外にあった。（この乱世の現実にあって）仏界（におられるかと思えば）魔界に入り、そして苦衆生界を出入されたが、現実の時間というものは短く、江湖を渡るうちに、いつしか白髪となってしまわれた。

この大和尚、化《け》を遷して北斗七星にお隠れになったかと思いきや、何と、京都五山の上たる南禅寺と同等に並んでおられるではないか。（思い起こせば）一本の草から立派な殿堂を現ずるように、この大徳寺の伽藍を復興なされた。その功績はいかに大きいことか。

復興がなったのちは（洛南の薪《たきぎ》に退いて）半升鐺内《はんしょうしょうない》に茶を煮る自適の生活。

さて、この一休大和尚の究極の大休歇のところを、いかに唱えたものか」。〔牌を指して云く〕「花、鉄樹に開く、暁来の雪、列聖叢中、春万年」。

○一休和尚入牌祖堂＝一休は文明十二年十一月二十一日に遷化。東陽は文明十三年十一月十九日に大徳に住し、翌年七月十五日に退山。
○正宗滅却瞎驢辺＝一休は瞎驢と自称した。滅宗興宗（宗を滅する者こそが宗を興こすことができる）という趣旨。前出［一―一六］。
○大坐当軒＝デンと正位にお坐りなって。「当」は、「当路」のように場所を表す語。「軒」は手すり、おばしま（ベランダ）のことで、外からよく見えるところにある。『虚堂録』に「猛虎当軒」、また「当軒布鼓」の語あり、これによれば「当陽」とも通ずるゆえ、正位を言う。一休の法身のまします様をいう。
○添意気＝いよいよ意気盛ん。白雲守端の臨済三頓棒の頌に「一拳に拳倒す黄鶴楼、一踢に踢飜す鸚鵡洲。意気有る時、意気を添え、風流ならざる処、也た風流」。
○狂雲吹起宝山巓＝龍宝山頂上に狂雲を吹き起こしてござる。

○或時向盤山猪肉案頭、潑郎潑頼＝ある時は（沙門が近づいてはならぬ）肉屋辺で破戒のし放題。「盤山猪肉案頭」は、盤山宝積和尚が肉屋の一言で悟った話。『五灯会元』巻三、盤山宝積章、「因みに市肆行《ししこう》に於いて、一客人が猪《ぶた》肉《にく》を買うを見る。屠家《とけ》に語って曰く、〈精底《いいとこ》一斤を割き来たれ〉。屠家、刀を放下《おろ》し叉手して曰く、〈長史《だんな》、那箇《なこ》か是れ精底ならざる〉。師、此に於いて省有り」。もともと盤山和尚自身が肉を買ったのではないのだが、もとの話が換骨奪胎され、肉喰をしたかのような「破戒」のニュアンスを付加され、「普化紅塵陌上」などと対で用いられることが多い。別源円旨の『東帰集』に「猪肉案頭、筑着磕着。酒肆婬坊、七零八落」というが如し。

○潑郎潑頼＝無頼、また無頼の徒。『碧巌録』第四十八則、本則下語に「一等に是れ潑郎潑頼、中に就いて奇特なり」。『種電鈔』に「潑郎潑頼は猶お破落戸と謂うがごとし」。『諸録俗語解』［一四三三］「潑郎潑頼」に、「悪者を云う。潑才、潑賊、潑皮など云う。頼は人をねだる（強請《ねだる》、ゆする）なり」。

○或時在普化紅塵陌上＝『臨済録』「師一日、河陽、木塔長老と同じく僧堂の地炉内に坐す。因みに説く、普化、毎日、街市に在って掣風掣顚《せいふうせいてん》す、知んぬ、他は是れ凡か是れ聖か。言猶お未だ了らざるに、普化入り来たる。師便ち問う、〈汝は是れ凡か是れ聖か〉。普化云く、〈汝且らく道え、我れ是れ凡か是れ聖か〉。師便ち喝す。普化、手を以て指して云く、〈河陽は新婦子《しんぷす》、木塔は老婆禅、臨済は小厮児《しょうしじ》なるも、却って一隻眼を具す〉と。師云く、〈這《こ》の賊〉。普化、〈賊、賊〉と云って便ち出で去る」。

○掣風掣顚＝また「徹風徹顚」とも書かれる。『如浄録』に「凱歌高賀徹風顚」。「徹」は「～しつくす（尽・完）」の義。風顚のし放題。

○逆行順行＝順逆自在の行動。単純に破戒（逆行）持戒（順行）と見てもよい。

○異類中行＝異類とは、生類のうちの仏果位以外のもの、すなわち衆生もここに入る。「入驢胎馬腹」などと表現されるが、異類の中に身を投じて利他行をすること。衆生済度のための異類中行の妙用。一休『狂雲集』の「仏誕生」で、「三世一身、異号多し、何人か今日、誵訛《ごうか》を定む。娑婆来往、八千度、馬腹驢腮、又た釈迦」。また「異類中行」に、「異類馬牛の中に行ずる途、洞曹、潙仰の正工夫。愚昧の学者は誤って領解《りょうげ》す、看来たれば、正に是れ畜生の徒なり」とある。

○年抛造物陶甄外＝蘇東坡「寄題刁景純蔵春塢」詩に「年抛造物陶甄外、春は先生の杖屨の中に在り」。「造物陶甄」は、（陶工が瓦器を造るように）造化が万物を化成する喩え。

○仏界魔界、苦衆生界＝「魔界」は現実の世界。『狂雲集』「乱裏」詩に、「国危うければ、家、必ず余殃有り、仏界より身を退いて、魔界の場。時に臨んで殺活するは、衲僧の令、君看よ、忠臣、松栢の霜」。また一休の墨跡に「仏界易入魔界難入」が伝わる。一休は慈明下の清素首座を好んで引くことが多いが、その清素首座に「可能入仏、不能入魔」（『大慧武庫』上）という語がある。この戦乱の時代の日本の禅録には「仏界」「魔界」の語がしばしば登場する。『雪江録』に「仏界易入魔界難入」「顕現法身報身勝応身、薫徹仏界魔界衆生界」「憑此聞薫力、出仏界入魔界。憑此聞薫力、領花園作祖園」などとあり、『景川録』『虎穴録』『見桃録』にも引き継がれる。一休の「仏界退身魔界場」、平野宗浄氏は「仏界も身を退く、魔界の場」と訓じて「このような魔界では、仏界も身を退くものだ」と訳す。一方、柳田聖山氏は、「仏眼みえず、エンマの裁き」とか「仏のくにから身を退いて、悪魔の刑場に臨まねばならぬ」と訳す。

○日短江湖白髪前＝杜甫の「公安送韋二少府匡賛」に出る語、「時危兵革黄塵裏、日短江湖白髪前」。

○将謂蔵身北斗、元来竝位南禅＝「将謂～元来……」は、「てっきり～と思いきに（なんと）……だった」。

○一茎草上現瓊殿＝前出［一―四〇］。

○半升鐺内煮山川＝呂洞賓の語に「一粒の粟中に世界を蔵し、半升の鐺内に山川を煮る」。『五灯会元』巻八、呂巌真人章。

【一―四三―一】［巻之一の一四丁表］

元旦上堂。

〔豎起拂子云〕吾家苕帚椿、天下蔭涼樹。誰其禪状元、試擧第一句。參。

時有僧出衆曰、寶曆更端、岸柳拕金。新歳葉元正啓祚、寒梅香動舊年枝。堯風蕩蕩、舜日熙熙。

祝聖一句、正在此時。

師曰、太平無日不春風。

進曰、與麼則相逢共賀萬年慶。

師曰、如登春臺、似享太牢。


元旦上堂《がんたんじょうどう》。

〔拂子《ほっす》を豎起《じゅき》して云く〕吾が家の苕帚椿《ちょうそうとう》、天下《てんか》の蔭涼樹《いんりょうじゅ》。誰か其れ禪状元《ぜんじょうげん》、試《こころ》みに第一句《いっく》を擧《こ》せ。參《さん》。

時に僧有り、衆を出でて曰く、寶曆《ほうれき》、端《たん》を更《あらた》め、岸柳《がんりゅう》、金《きん》を拕《ひ》く。新歳《しんさい》の葉《は》、元正《がんしょう》、祚《そ》を啓《ひら》く、寒梅《かんばい》の香動く、舊年《きゅうねん》の枝《えだ》。堯風蕩蕩《ぎょうふうとうとう》、舜日熙熙《しゅんじつきき》。祝聖《しゅくしん》の一句《いっく》、正に此の時に在り。

師曰く、太平《たいへい》、日《ひ》として春風《しゅんぷう》ならざるということ無し。

進めて曰く、與麼《よも》ならば則ち、相逢《あいお》うて共に萬年慶《まんねんけい》を賀《が》せん。

師曰く、春《はる》、臺《だい》に登るが如く、太牢《たいろう》を享《う》くるに似たり。


〈訳〉

〔払子を立てていわく〕「我がこのチビた払子、これが天下に蔭涼をもたらす樹である。さて、禅の及第生となるのは誰か。一句を挙して、参じ来たれ」。

時に一僧が出でていう、「暦があらたまり、岸の柳は金芽を吹き。新年の葉が元正を祝い、旧年の枝に寒の香りが発しようとしています。このめでたい太平の御代をことほぐ一句をお示しください」。

師、「太平の御代、一日として春ならざるはない」。

僧、「それならば、あいともに万年の慶びを祝いましょう」。

師、「世間の者は、ご馳走（太牢）にあずかったごとく、高殿に登って春景色を楽しんでおるが（わしひとりはそうではない）」。

○元旦上堂＝文明十四年（一四八二）、師五十五歳。
○苕帚椿＝先がすり減ってチビた棒杭。この場合は、手にした払子のこと。後出［二―一一二］でも払子の意味で用いている。
○蔭涼樹＝『臨済録』行録に「向後穿鑿《こうごせんさく》して一株の大樹と成らば、天下人の与《ため》に蔭涼と作《な》り去ること在らん」。
○禅状元＝「状元」は主席合格者。『叢林盛事』上に、「亀山の光和尚、妙喜に洋嶼《ようしょ》に参ぜし時、凡そ半年、口を啓《ひら》く処なし。一日入室するに、喜問う、〈粥を喫し了るや、鉢盂を洗い了るや、薬忌を去却して一句を道い将ち来たれ〉。光曰く、〈裂破〉。喜、色を壮《さかん》にして曰う、〈又た者裡《しゃり》に来たって禅を説くか〉。師、言下に大悟し、遍体に汗下る。遂に礼拝す。喜、偈を以て印して曰う、〈亀毛拈得して、咲い咍々《いい》、一撃して万重の関鎖開く。平生を慶快するは、是れ今日、孰《たれ》か云う、千里、吾を賺《すか》し来たる〉と。光、投機の頌を作って云う、〈当機の一拶、怒雷吼ゆ、法身を驚起して、北斗に蔵す。洪波浩渺、浪は天に滔す、鼻孔を拈得して、口を失却す〉。喜、之を見て曰く、〈此れ正に是れ禅中の状元なり〉と。因って号して光状元となす」。
○宝暦更端＝「更端」は、端緒、いとぐちをあらためる。
○岸柳拕金＝岸柳施金、岸柳垂金、岸柳搖金、岸柳含金、岸柳綻黄金などとも。柳が芽ぶくこと。
○新歳葉元正啓祚、寒梅香動旧年枝＝『大応録』除夜小参に「寒梅香動旧年枝、岸柳施金新歳葉」とある。
○堯風蕩蕩、舜日熙熙＝『続伝灯録』巻二十三、帰宗杲章に、「堯風蕩蕩、舜日輝輝」。堯風、舜日は太平のしるし。
○如登春台、似享太牢＝『道徳経』異俗に、「衆人、熙熙として太牢を享くるが如く、春、台に登るが如し。我れのみ独り怕として、其れ未だ兆さず、孾児《えいじ》の未だ孩《わら》わざるが如く、乗乗として帰する所無きが若し」。相対の世界におる者は浮かれ楽しんでいるが、私だけは、なすこともなく（喜びも悲しみも）まだ兆しておらず、まだ笑うことを知らぬ赤ん坊のようであり、行くあてもなく、帰るところもない者のようである。

【一—四三—二】［巻之一の一四丁表］

進曰、記得、僧問古德、新年頭還有佛法也無。鏡清道有、明教道無。還有優劣麼。
師曰、江南兩浙、春寒秋熱。
進曰、今日若致此問、和尚如何祇對。
師曰、有願不擦沙。
進曰、直得言言合的。
師曰、謾我即得。
進曰、聞道必書紳。
師曰、鴛鴦繡出從君看、莫把金針度與人。

進めて曰く、記得《きとく》す、僧、古徳《ことく》に問う、新年頭《しんねんとう》、還《かえ》って佛法《ぶっぽう》有りや也《ま》た無《な》しや。鏡清《きょうしょう》は有《う》と道《い》い明教《めいきょう》は無《む》と道《い》う。還《かえ》って優劣《ゆうれつ》有りや。

師曰く、江南兩浙《こうなんりょうせつ》、春寒秋熱《しゅんかんしゅうねつ》。

進めて曰く、今日《こんにち》、若し此の問いを致さば、和尚《おしょう》、如何《いかん》か祗對《したい》せん。

師曰く、願うこと有り、沙《しゃ》を擦《さっ》せず。

進めて曰く、直《じき》に得たり、言言《ごんごん》、的《てき》に合《がっ》することを。

師曰く、我れを謾《まん》ずることは即ち得たり。

進めて曰く、道を聞いては必ず紳《しん》に書《しょ》す。

師曰く、鴛鴦《えんおう》繡出《しゅうしゅつ》して、君が看《み》るに従《まか》す、金針《きんしん》を把《と》って人に度與《どよ》すること莫かれ。


〈訳〉


僧、「新年頭の仏法は有るかという問いに答えて、鏡清は有といい、明教は無といいましたが、優劣がありましょうか」。

師、「（たがいに背くこと）春寒秋熱の如し」。

僧、「今日、同じ問いをしたら、和尚はどう答えられますか」。

師、「願有り、沙をまかず」。

僧、「まことにピタリのお示し（ありがとうございます）」。

師、「わしをたぶらかすがいい」。

僧、「お聞きしたことは、しっかり記して忘れませぬ」。

師、「その見事な出来栄えは、存分に味わうがよい、但しその秘訣までは教えられぬぞ」。

○鏡清道有＝『聯灯会要』巻二十四、鏡清道怤章、「僧問う、〈新年頭、還って仏法有りや〉。師云く、〈有り〉。云く、〈如何なるか是れ新年頭の仏法〉。師云く、〈元正啓祚、万物咸新〉。云く、〈師の答話を謝す〉。師云く、〈鏡清今日失利〉」。

○明教道無＝『聯灯会要』巻二十六、双泉師寛明教章に、「僧問う、〈新年頭、還って仏法有りや〉。師云く、〈無し〉。僧云く、〈日日是好日、年年是好年なるに、甚麼《なん》と為てか却って無き〉。師云く、〈張公酒を喫せば李公酔う〉。云く、〈老老大大として龍頭蛇尾〉。師云く、〈明教今日失利〉」。

○江南両浙、春寒秋熱＝『続伝灯録』巻三十四、密庵咸傑章、「上堂。絃を動かせば曲を別かち、葉落つれば秋を知る。挙一明三、目機銖両。王の剣を秉《と》って、殺活、時に臨むが如し。猶お是れ風無きに匝匝の波。向上の一路、千聖、手を把って共に行く、合《まさ》に泥犁地獄に入るべし。正当与麼《しょうとうよも》の時、合《まさ》に作麼生《そもさん》かすべし。江南両浙、春寒秋熱」。『助桀』（電子達磨版八五六頁）に「忠曰く、江南両浙の地気、春、暖かかる可くして却って寒し、秋、涼しかる可くして却って熱す。此は是れ信《まこと》に言を知る者なり」とあるが、今は採らず。俗語に「蘇杭両浙、春寒秋熱。対面厮啜、背地厮説（蘇杭両浙、春寒秋熱。対面しては厮《あ》い啜り、背地にしては厮《あ》い説く）」。宋の『鶏肋編』にこの語を載せ、「其の反復《そむ》くこと此の如くなるを言う」とする。

○有願不擦沙＝『碧巌録』第四十一則、頌評唱に、「見ずや、僧、長慶に問う、〈如何なるか是れ善知識の眼〉。慶云く、〈有願不撤沙〉」。「眼」と「願」は音通。『碧巌秘抄』で「有願不撤沙」に注して、「一言半句モ、人ノ眼ヲ昧マス羊《よう》ナコトハセヌト云フ心願」。

○謾我即得＝『虚堂録』巻一「瑞巌開善禅寺語録」「当晩小参。僧問う、〈安居禁足、西天は令厳し、和尚、甚としてか明らかに知って故《ことさら》に犯す。師云く、樵子の径《みち》に因らずんば、争でか葛洪《かっこう》の家に到らん。僧云く、文殊三処度夏、未だ衆疑を決せず、和尚、霞峰より来たる、群心鶴望す。還た文殊と相去ること多少ぞ〉。師云く、〈好事は忽忙に在らず〉。僧云く、〈大善知識、豈に方便無からんや〉。師云く、〈老僧が罪過〉。僧礼拝す。師云く、我を謾ずることは即ち得たり」。

○聞道必書紳＝「書紳」、紳は礼服に用いる大帯。この大帯の垂れている部分に書いて忘れぬようにすること。

○鴛鴦繡出従君看、莫把金針度与人＝『碧巌録』第四十則、本則下語。『句双葛藤鈔』に、「アリマチニ（＝ありったけ）、底ヲ打フルフテミセヌコトゾ。一ト手、残シテコソ奥ハアレ」。また「一対鴛鴦画不成」の語あり、「誰家別館池塘裏、一対鴛鴦画不成（誰が家の別館池塘裏か、一対の鴛鴦、画き成らず）」の略。直訳すれば「どこの家の池であろうか。つがいのオシドリが泳いでいる、その美しい景色はとても絵に描いて表すことはできない」との意。禅録での意は、ときには「一対鴛鴦」にあり、ときには「画不成」にあるが、ここでは両方を合したところ。さながら符を合したように見事な一対。その二人の真法身の描き出されぬところが描かれているが、それが分かるかな。

【一―四四】［巻之一の一四丁裏］

師乃曰、
年年是好年、日日是好日。元來河清海晏、彩鳳舞丹霄。遮莫花笑鳥呼、鐵牛眠少室。衲僧家居常、硬剝剝峭巍巍。誰管革故鼎新。［拈拄杖］拄杖子且喜、活鱍鱍坦蕩蕩。不妨隨時應節。大家齊唱太平曲。［卓一下］喫茶。珍重。歇。

師乃ち曰く、年年《ねんねん》是れ好年《こうねん》、日日《にちにち》是れ好日《こうにち》。元來《がんらい》、河清海晏《かせいかいあん》、彩鳳《さいほう》、丹霄《たんしょう》に舞う。遮莫《さもあらば》あれ、花笑《はなわら》い鳥《とり》呼《さけ》ぶことを。鐵牛《てつぎゅう》、少室《しょうしつ》に眠る。衲僧家《のうそうけ》、居常《よのつね》、硬剝剝《こうはくはく》、峭巍巍《しょうぎぎ》。誰か革故鼎新《かくこていしん》を管《かん》せん。［拄杖《しゅじょう》を拈《ねん》じて］拄杖子《しゅじょうす》、且喜《しゃき》すらくは、活鱍鱍《かっぱつぱつ》、坦蕩蕩《たんとうとう》。妨げず、時に随い節に應ずることを。大家《たいけ》、齊《ひと》しく唱《とな》う太平《たいへい》の曲《きょく》。［卓一下《たくいちげ》］喫茶《きっさ》、珍重《ちんちょう》、歇《けつ》。

〈訳〉

つづいて師が言われた、「年年が好年であり、日日が好日であって見れば、本来、海晏河清の太平の御代であり、彩鳳が丹霄に舞っているのだ。この太平の春に花が微笑み開き鳥が啼くのは、それはそれでよろしいが、嵩山少林寺には鉄牛のごとき達磨（心法）が眠ってござる。衲僧たるもの（この心法を求めんがために）、常に硬骨漢となって、ただ独り聳え立たねばならぬ。（正月だとはいえ）どうして（世間並みに）古きを革め新しきをとることにかかずらわろうや」。［拄杖を拈じて］「幸いなことに、拄杖子は（ある時は）ピチピチと活発にはたらき、（またある時は）のんびりと寛いでおる。時に随い節に応じてはたらくがよい。諸君、皆で太平の曲を唱えよ」。［卓一下して］「喫茶、珍重、歇」。

○年年是好年、日日是好日＝『聯灯会要』巻二十六、双泉師寛明教（雲門下）章に、「僧問う、〈新年頭、還って仏法有りや也た無しや〉。師云く、〈無し〉。僧云く、〈日日是好日、年年是好年なるに甚《なん》麼としてか却って無き〉。師云く、〈張公酒を喫せば李公酔う〉。云く、〈老老大大として龍頭蛇尾〉。師云く、〈明教今日失利〉」、と。『虎丘録』に、「年年是好年、月月是好月、日日是好日、時時是好時」。

○河清海晏＝太平の世の瑞祥。黄河の水は澄み海はおだやか。
○彩鳳舞丹霄＝美しい鳳凰が赤く映えた空に舞っている。新年頭の祝語。『五家正宗賛』巻二、圜悟勤章に「師一日、懃（仏鑑慧懃）と遠（仏眼清遠）と同じく東山に侍す。夜坐して帰らんと欲するに月黒し。山、各おのをして一転語を下さしむ。懃曰く、〈彩鳳舞丹霄〉。遠曰く、〈鉄蛇横古路〉。師曰く、〈看脚下〉。山曰く、〈吾が宗を滅する者は克勤のみ〉と」。
○花笑鳥呼＝花笑鳥啼。太平の春をいう語。
○鉄牛眠少室＝後出［一―六四］「元旦示衆」に、「昔者、天衣の烹金炉《ほうきんろ》、元旦免人事の頌有り。其の末に曰う、〈無角の鉄牛、少室に眠る、当初《そのかみ》、豈に是れ新正を賀せんや〉と」。「無角鉄牛」は達磨のことをいうが、なお心牛、心法をも含意する。禅月大師「山居詩」の九に、「龍蔵の琅函、九垓に遍く、霜鐘、金鼓、瓊台を振わす。嗟するに堪えたり一句、人の得る無し、遂に吾が師をして、特地に来たらしむ。無角の鉄牛、少室に眠り、生児の石女、黄梅に老ゆ。人をして転た龐居士を憶わしむ、天上人間、陪す可からず」。
○硬剝剝＝『禅語辞彙』に「剝剝は別に意義なし。円陀陀、赤条条といふが如し。されども大覚録の〈硬剝々地にし去れ〉の法語は、硬くして剝がれぬ上にも、尚ほ剝ぎ去れの意にて、無明業習を脱除するをいふ也」。一方『諸録俗語解』［一四六八］では「剝剝、唐音ポポ。物のかたき声なり」とする。『漢語大詞典』「剝剝」に「象声詞」とし、韓愈の「剝啄行」の「剝剝啄啄、有客至門」を引く。この場合は「コツコツ」という足音、あるいは戸を叩く音。『五灯会元』巻十六、智者法銓章に、「玄関を扣かんと要せば、須らく是れ節操有って、極めて慷慨し、釘を斬得し鉄を截得する硬剝剝地の漢にして始めて得べし」。白隠『碧巌録秘抄』「硬剝々地」に「石仏ノ頭ヲ打タ羊《よう》ジャ」というは妥当な解であろう。
○峭巍巍＝（誰も寄りつき難いほど）ただ独り聳え立って気高きさま。
○革故鼎新＝『易経』鼎に「故を去り新を取る象なり」と。よって「故きを革《あらた》め新しきに鼎《あらた》む」と訓ずるも可なり。
○活鱍鱍＝ピチピチと活発なさま。

○坦蕩蕩＝（心が）寛いで広やかなこと。『論語』述而、「君子は坦蕩蕩。小人は長戚戚」。
○喫茶。珍重。歇＝上堂の終わりの語。『五灯会元』巻十、洪州百丈道恒章、「上堂。衆纔かに集まれば便ち曰く、〈喫茶去〉と。或る時衆集まれば便ち曰く、〈珍重〉と。或る時衆集まれば便ち曰く、〈歇と〉。後に頌有り曰く、〈百丈に三訣有り、喫茶、珍重、歇。直下に便ち承当するも、敢えて保す、君未だ徹せざることを〉」。

【一―四五】［巻之一の一四丁裏］

自叙。［英朝］眞破落戸、箇贋浮圖。伏望衆慈、枉賜恕容。

自叙《じじょ》。［英朝《えいちょう》］眞《しん》の破落戸《はらくこ》、箇《こ》の贋浮圖《がんふと》。伏して望《もう》むらくは、衆慈《しゅうじ》、枉《ま》げて恕容《じょよう》を賜え。

〈訳〉

「わたくし英朝はまことに無頼の者、一介の偽坊主であります。どうか、皆様、お恕しを願います」。

○破落戸＝『五灯会元』巻二十、浄慈彦光章に「一火破落戸」。『五灯抜萃』に、「磊の貌。又、把不住の貌。或云、和訓ノ、アバレモノ也」。『諸録俗語解』［一九九］「破落僧」に、「やくざ坊主、と訳すべし。潑頼と同じ」。無頼の弟子。

【一―四六―二】［巻之一の一四丁裏］

謝語。

陞堂之次、共惟徳禪東堂大和尚。以宗通説、惟徳照隣。所冀、寵遇類大覺三生、尊年逾寶掌千歲。

至祝至壽。


謝語《じゃご》。

陞堂《しんどう》の次いで、共《うやうや》しく惟《おも》みれば、徳禪東堂大和尚《とくぜんとうどうだいおしょう》。宗《しゅう》を以て説《せつ》に通《つう》じ、惟《こ》れ徳《とく》、隣《となり》を照《て》らす。冀《こいねが》う所は、寵遇《ちょうぐう》、大覺《だいかく》の三生《さんしょう》に類《たぐい》し、尊年《そんねん》、寶掌《ほうしょう》の千歲《せんさい》を逾《こ》えんことを。至祝至禱《ししゅくしとう》。


〈訳〉

「陞堂に際し、恭しく惟みるに、徳禅東堂大和尚は、自らは不立文字の宗旨をきわめ、しかも、他のためには言葉をもって法を説いて自由自在で、その徳はみなに及ぼされております。願わくは、釈尊のように三生して我らに寵遇され、千歳宝掌和尚のごとく千歳を超えて住世されますように。至祝至禱」。

○以宗通説＝「宗通説通」は、『楞伽経』巻三に「宗通とは、自得に縁って勝進するの相にして、言説文字の妄想を遠離するを謂う。……以て衆生に随順し応に説法すべきが如くにして度脱を得せしむ、是を説通の相と名づく」。
○惟徳照隣＝『論語』里仁、「徳不孤兮必有隣」。

○宝掌千歳＝宝掌は中印度の人。魏晋の間、来遊して蜀に入った。『五灯会元』巻二、千歳宝掌和尚章、「一日、衆に謂いて曰く、吾れ願有り住世千歳ならん、今年六百二十有六と。故に千歳を以て之を称す」。

【一―四六―二】［巻之一の一五丁表］

又惟山門兩序、　東班監寺禪師。　三脚弄蹄驢子、　得意於春風。

又た惟みれば、山門兩序《さんもんりょうじょ》、東班監寺禪師《とうはんかんすぜんじ》。三脚《さんきゃく》、蹄《てい》を弄《ろう》する驢子《ろす》、意《い》を春風《しゅんぷう》に得たり。

〈訳〉

「また惟みるに、山門両序、東班監寺禅師、いずれも（楊岐和尚の）三本脚の驢馬が春風の中を颯爽と行くよう（にお見事）です」。

○三脚弄蹄驢子、得意於春風＝『西源録』の謝語にも、「又惟金龍東堂大和尚。門庭施設、跨三脚驢児過千仭谷。格外風規、如独角麒麟。出衆獣群孰不瞻仰」とあり、托上の語として用いている。「三脚驢」の本拠は、『五灯会元』巻十九、楊岐方会章に「問う、〈如何なるか是れ仏〉。師曰く、〈三脚の驢子、蹄を弄して行く〉」。『虚堂録』巻六「仏祖賛」楊岐の頂相賛に「三脚驢子、独角麒麟」とあり、『犂耕』（電子達磨版一四七七頁）で無著は前者を抑下、後者を托上と解するが、ともに托上の語であろう。『頌古聯珠通集』巻三十九に「三脚驢子弄蹄行、歩歩、蓮花、足に襯《しん》して生ず」「三脚驢子弄蹄行、直に威音万丈の坑に透る」「三脚驢子弄蹄行、騏驥追風《ききついふう》、趁《お》えども前《すす》まず」などとあり、いずれも貶意はなく「三脚驢子」を托上する語である。

「得意於春風」は、孟郊「登科後」詩の「昔日の齷齪《あくせく》、誇るに足らず、今朝、放蕩《ほうとう》、思い涯無し。春風に意を得て馬蹄《ばてい》疾し、一日に看尽くす、長安の花」をふまえる。これは科挙合格の喜びを詠ったものだが、この語、禅録でしばしば用いられる。『句双葛藤鈔』「春風得意馬蹄疾、看尽長安一日花」に「疾ト云イ看尽スト云ハ、一句ニ極タコト也。一超直入、多功ヲカラヌ也」。中川『禅語辞彙』に「驀直にやれば一日で悟れるぞの意」。

【一―四六―三】［巻之一の一五丁表］

悦衆禪師。一聲出鷇頻伽、成蹊于桃李。以慶以賀。

悦衆禪師《えっしゅぜんじ》。一聲《いっせい》、鷇《かく》を出づる頻伽《びんが》、蹊《みち》を桃李《とうり》に成す。以て慶《けい》し、以て賀《が》す。

〈訳〉

「悦衆禅師。その美声は、卵からかえった迦陵頻伽の第一声のようです。桃李がもの言わずともみなその下に集まって小道ができるように、慕われる所以です。もって慶賀申し上げます」。

○悦衆禅師＝維那。前出［一―三五―四］。

○頻伽＝迦陵頻伽。極楽浄土にいる美しい声で鳴く鳥。前出［一―三五―四］。

○成蹊于桃李＝『史記』李将軍伝賛に「余、李将軍を観《み》るに、悛悛（＝誠があって寡黙）として、鄙人の如く口に道辞する能わず。死せる日に及んで、天下、知ると知らざると、皆な為に哀を尽くせり。彼の其の忠実心、誠に士大夫に(於)信たり。諺に曰く、桃李言《ものい》わざれども、下自ずから蹊を成す、と。此の言、小なりと雖も、以て大を喩う可し」。

【一―四六―四】［巻之一の一五丁表］

西班堂中座元禪師。　黄蘗樹頭生密果、　行道不譲威音已前。

西班堂中《せいはんどうちゅう》座元禪師《ぞげんぜんじ》。黄蘗樹頭《おうばくじゅとう》に密果《みっか》を生ず、行道《ぎょうどう》、威音已前《いおんいぜん》に譲《ゆず》らず。

〈訳〉

「西班堂中座元禅師は、黄檗の樹に密果を生じさせるようなはたらき。その修行ぶりは、威音已前に行道された黄檗和尚にもまさるものです」。

○西班堂中座元禅師＝前出［一―三五―七］。

○黄蘗樹頭生密果＝『仏光録』巻一、「黄檗樹上生木蜜」。苦い黄檗の樹に甘い蜜が出る。苦みを転じて甘さとなす自在のはたらき。

○行道不譲威音已前＝「威音已前行道」は「南泉行道」の話をふまえる。黄檗が南泉下で第一位だった時の話。『四家語録』巻五、「黄檗録」に「師、行脚の時、南泉に到る。一日、斎の時、鉢を捧げて南泉の位の上に向かって坐す。南泉下り来たって見て、便ち問う、〈長老は甚麽《なん》の年中にか行道す〉。師云く、〈威音王已前〉。南泉云く、〈猶お是れ王老師が孫なる在り〉、師便ち下り去る」。

【一―四六―五】［巻之一の一五丁表］

知藏禪師。貝多葉上起香風。摩尼親收如來藏裡。以欽以伏。

知藏禪師《ちぞうぜんじ》。貝多葉上《ばいたようじょう》、香風《こうふう》を起こす。摩尼《まに》、親しく如來藏裡《にょらいぞうり》に収む。以て欽《うやま》い以て伏《ふ》す。

〈訳〉

「知蔵禅師は、一大蔵経に香風を起こし、自ら仏性の摩尼宝珠を如来蔵の中に収められた。尊敬申し上げる」。

○貝多葉上起香風＝『古林和尚語録』に「貝多葉上香風起」。

○摩尼親收如來藏裡＝永嘉玄覚『証道歌』に「摩尼珠人不識、如来蔵里親収得」。

【一―四六―六】［巻之一の一五丁表］

更惟單寮、大勤舊、蒙堂、前資、小寮、辨事、適來禪客、一會海衆、諸位禪師。雲從龍風從虎、草有芝木有椿。各各道體起居萬福。

更に惟みれば、單寮《たんりょう》、大勤舊《だいごんきゅう》、蒙堂《もうどう》、前資《ぜんし》、小寮《しょうりょう》、辨事《べんじ》、適來《せきらい》の禪客《ぜんかく》、一會《いちえ》の海衆《かいしゅう》、諸位禪師《しょいぜんじ》。雲《くも》は龍《りゅう》に從《したが》い、風《かぜ》は虎《とら》に從《したが》う、草《くさ》に芝《し》有り、木《き》に椿《ちん》有り。各各道體《かくかくどうたい》、起居萬福《ききょまんぷく》。

〈訳〉

「更に惟みるに、単寮……諸位禅師、いずれも風雲を巻き起こす龍虎のような方々ばかり、草の中に霊芝があり、木類に大椿があるようなものです。おのおの道体、起居、万福ならんことを」。

○単寮……適来禅客＝前出［一―三一］。

○雲従龍風従虎＝『易経』乾に「雲従龍、風従虎」。『周易正義疏』に「龍は是れ水畜なり、雲は是れ水気なり。故に龍吟ずれば則ち景雲出づ。是れ雲は龍に従うなり。虎は是れ威猛の獣なり、風は是れ震動の気なり。此亦た是れ同類相い感ず、故に虎嘯けば則ち谷風生ず。是れ風は虎に従うなり」。

○草有芝木有椿＝仁宗皇帝「勧学文」に「若し草木に比せば、草に霊芝有り、木に椿有り」。

○各各道体起居万福＝皆々様いずれもお達者で。挨拶の常套語。道体は僧を尊んでいう語。法体、尊体とも。『禅林象器箋』第二十類言語門、「尊候」に、「『敕修清規』告香に云く、参頭云く〈即日時令謹時。共しく惟みれば堂頭和尚、尊候起居万福〉。又た謝掛搭に云く、参頭云く〈移刻、恭しく惟みれば堂頭和尚、尊候起居多福〉」。

【一―四七】［巻之一の一五丁表］

復擧。僧問雲門、如何是佛法大意。門曰、春來草自青。山僧有一偈、擧似大衆去也。淋漓元氣溢長安、花醉十三紅牡丹。露柱歌兮山嶽舞、東風吹入萬年歡。

復《ま》た擧《こ》す。僧、雲門《うんもん》に問う、如何《いか》なるか是れ佛法《ぶっぽう》の大意《たいい》。門曰く、春來《はるき》たれば、草自《くさおの》ずから青《あお》し。

山僧《さんぞう》、一偈《いちげ》有り、大衆《だいしゅ》に擧似《こじ》し去らん。淋漓《りんり》たる元氣《げんき》、長安《ちょうあん》に溢《あふ》る、花《はな》は醉《よ》う、十三紅《じゅうさんこう》の牡丹《ぼたん》。露柱《ろちゅう》歌《うた》い山嶽《さんがく》舞《ま》う、東風《とうふう》吹いて萬年歡《まんねんかん》に入る。

〈訳〉

「僧が雲門に仏法の大意を問うた。雲門いわく、〈春が来れば、草は自然に青くなる〉と。これについて一偈がある、諸君にお示ししよう。淋漓たる元気が都に溢れている。酔うたごとき十三紅の牡丹花。丸柱が歌い、山嶽が舞い、春の風が吹いて万年歓に入る」。

○復挙＝『五灯会元』巻十五、雲門文偃章。

○十三紅牡丹＝十三は余閏、閏月、すなわち十三月をいう。したがって、これは閏七月があった文明十四年の作。閏月の十三に、牡丹の名に多く付けられる紅の字をつけたもので、「十三紅」は牡丹のことをいう。動植物の生成は月数に応じ、平年に十二生じるものが、閏月のある年には十三生じるとの俗説は古くからあった。『続博物志』一に「藕は月に応じて生ず。閏月には一節を益す」。『月令広義』二に「梧桐は毎年、十二葉を生ず。閏月あれば十三葉を生ず。閏月には葉小さし」。牡丹も同じように、閏月のある年は十三瓣を開くとされた。『煩砕録』十六、物理門に「牡丹、花毎に一朶に十二片。閏月には十三片」。『浙江名勝志』五に「禅智寺に紫牡丹一本有り、高さ丈余。開く毎に五百余花。花各おの十二瓣有り。閏年に値《あ》えば、各おの十三瓣なり」。いま、各種辞書を参考するに、いずれも「十三紅」の語を収めない。今のところ中国の禅林偈頌には「十三紅」「牡丹記閏」をいうもの未見だが、室町禅林の偈頌には頻出する。

○万年歓＝万年歓は、唐の教坊（宮中の舞楽教習所）の曲名。

【一―四八】［巻之一の一五丁裏］

佛降誕値雨上堂。

殺投狗口雲門老、　洗到驢年天澤翁。　龍寶不勞些子力。　雨中山色翠螺濃。


佛降誕《ぶつごうたん》、雨《あめ》に値《あ》う上堂《じょうどう》。

殺《ころ》して狗口《くこう》に投ず、雲門老《うんもんろう》、洗《あら》って驢年《ろねん》に到る、天澤翁《てんたくおう》。龍寶《りゅうほう》、些子《しゃし》の力を勞《ろう》せず。雨中《うちゅう》の山色《さんしょく》、翠《すい》螺濃《らこま》やかなり。


〈訳〉

「雲門は〈ぶっ殺して犬に食わしてやる〉といい、虚堂は〈いくら洗ってもきれいにはならぬ〉といった。だが、私はそんな大騒ぎはせぬ。いわく、雨で（仏頭のような）山がひときわ美しい」。

○殺投狗口雲門老＝『雲門録』中に、「挙す。世尊初め生下、一手は天を指し、一手は地を指す、周行七歩し、四方を目顧して云く、天上天下唯我独尊と。師云く、我れ当時《そのかみ》若し見ましかば、一棒に打殺して狗子に与えて喫却せしめ、天下太平なることを貴《ほっ》図したらんに」。
○洗到驢年天沢翁＝『虚堂録』巻八に、「七歩周行するも猶お彷彿たり、指天指地も分明ならず。是非既に傍人の耳に落つ、洗って驢年に到るも也た清からず」。

「驢年」は「来ることのない年」すなわち「未来永劫」の意であることは、諸本にいうところ。『禅語辞典』では「驢馬のように無駄に年をとっていくこと」という。林羅山笥記の『梅村載筆』にも、これと全く同じ説が見える（ただし、これはおそらく「驢年去」の解ならん）。しかし、中国での解釈はこれと異なる。無著道忠が「驢年は其の年無きなり」（『犂耕』）（電子達磨版一九五三頁）というのも、これと同じ。いま、後説をとる。『西源録』弥勒尊仏偈に「本自成仏、不仮也縁。当来出世、猫日驢年」。『紫巌譜略』翠巌宗珉の遺偈に「来来去去、拄杖雖痩、附一朶梅、驢年猫日、一衆珍重」などという用例もある。すなわち到驢年は「窮劫（劫を窮むるも）」「到永劫」に同じ。

○雨中山色翠螺濃＝「翠螺」は仏頭に比する。

【一―四九―一】［巻之一の一五丁裏］

結制上堂。

［撃禪牀左邊云］打東海鯉魚、［指右邊云］驚南山鼈鼻。懸崖擦手看、清風已匝地。有麼。

時有僧出衆曰、時節遷變、百花謝而萬木榮。天道自然、三春去而九夏至。安居修證尋常事。一句臨機請師提唱。

師曰、如片雲點太清。

進曰、誰知遠烟浪、別有好思量。

師曰、切忌外邊走。

結制上堂《けっせいじょうどう》。

［禪牀《ぜんしょう》の左邊《さへん》を撃《う》って云く］東海《とうかい》の鯉魚《りぎょ》を打し、［右邊《うへん》を指して云く］南山《なんざん》の鼈鼻《べつび》を驚かす。懸崖《けんがい》に手《て》を擦《さっ》し

て看《み》よ、清風已《せいふうすで》に匝地《そうち》。有りや。

時に僧有り、衆を出でて曰く、時節遷變《じせつせんぺん》、百花謝《ひゃっかしゃ》して萬木榮《ばんぼくさか》う。天道自然《てんどうじねん》、三春《さんしゅん》去って九夏《きゅうか》至る。安《あん》居修證《ごしゅしょう》は尋常《よのつね》の事《じ》。一句《いっく》、機《き》に臨《のぞ》む、請《こ》う師提唱《ていしょう》。

師曰く、片雲《へんうん》の太清《たいせい》に點《てん》ずるが如し。

進めて曰く、誰か知る、遠き烟浪《えんろう》に別に好思量《こうしりょう》有ることを。

師曰く、切《せつ》に忌《い》む、外邊《がいへん》に走ることを。

〈訳〉

〔禅牀の左を撃って〕「東海の鯉を打って」、〔右を指して〕「南山の大蛇を驚かす。（諸君よ）懸崖にぶらさがっている手をサッと離し、命がけで問うて見よ。清風は大地いっぱいに吹き渡っておる。さあ、誰かおるか」。

一僧が進み出ていう、「時節が移り変わり、花々は散って、樹々は緑。自然の摂理で春が去り夏がやって来ました。安居修証は尋常のことですが、ここで機に臨んだ一句を、どうかお示しください」。

師、「広い大空に一片の雲が浮かんでいるようなものだ」。

僧、「誰か知る、遠き烟浪に別に好思量有ることを――そこによくよく思量すべきものがある、ということですね」。

師、「外に求めてはならぬぞ」。

○打東海鯉魚、驚南山鼈鼻＝東海でもなければ南山でもない。鯉魚でもなし鼈鼻でもなし。

○懸崖撒手看＝『伝灯録』巻二十、永光院真章に、「直に須らく懸崖に手を撒して、自ら肯い承当すべし。絶後に再び蘇らば、君を欺き得じ」。

○清風匝地＝『碧巌録』第四十二則、垂示に「明明杲日麗天、颯颯清風匝地」。『種電鈔』に、「立所皆な本地の風光」。

○片雲点太清＝「片雲点太清」は、晴れわたった大空に一点の雲が浮かぶこと。悟りに達した後に分別妄想が起こってもその跡をとどめないこと（『禅学大辞典』）。『楞厳経』巻九に「当《まさ》に知るべし、虚空の汝が心内に生ずることは、猶お片雲の太清の裏に点ずるが如し。況んや諸もろの世界の虚空に在るをや」。

○誰知遠烟浪、別有好思量＝『碧巌録』第二十四則、本則下語に出る語。「劉鉄磨、潙山に到る。山云く、〈老牸牛《ろうじぎゅう》、汝《なんじ》来也《らいや》〉。磨云く、〈来日台山に大会斎あり、和尚還《は》た去《ゆ》くや〉。潙山、身を放って臥す。磨、便ち出で去る」。「潙山放身臥」に下語して「誰知遠烟浪、別有好思量」と。『種電鈔』の注にいわく「潙山の境界は、大海の広大無辺にして其の涯際を窮め得ざるが如くして、其の烟浪の中に好風流なる者有ることを知ること無けん。此の句は、僧斎己が観水詩の句に〈范蠡東浮闊、霊筠北泛長。誰知遠烟浪、別有好思量。……〉と」。『句双葛藤鈔』に注して「渺々ノ烟浪ニ宗門ノ好思量ハアルゾ。思惟分別ノ思量デハナイゾ」と。ここの文脈では後者の方が合致しよう。

○切忌外辺走＝『大慧語録』巻一「径山能仁禅院語録」などに「癡狂外辺走」。

【一―四九―二】［巻之一の一五丁裏］

進曰、記得、南陽忠國師、因耽源爲侍者。國師三喚侍者。意在那裏。

師曰、憐兒不覺醜。

進曰、侍者三應諾、又作麼生。

師曰、芭蕉聞雷開、葵花隨日轉。

進曰、國師曰、將謂吾辜負你。端的也無。

師曰、人情做得、冤家結得。

進曰、既是三喚三應、爲什麼你辜負吾。

師曰、暗寫愁腸寄與誰。

進曰、與麼則咬破鐵酸餡始知。

師曰、石人點頭、露柱拍手。

進曰、白雲歸峯頭、鐘聲響梵宮。

師曰、晦堂之下有清新。


進めて曰く、記得《きとく》す、南陽《なんよう》の忠國師《ちゅうこくし》、因《ちな》みに耽源侍者《たんげんじしゃ》と爲る。國師《こくし》、三たび侍者《じしゃ》と喚《よ》ぶ。意、那裏《なり》にか在る。

師曰く、兒《じ》を憐《あわ》れんで醜《みにく》きを覺《おぼ》えず。

進めて曰く、侍者《じしゃ》三たび應諾《おうだく》す、又た作麼生《そもさん》。

師曰く、芭蕉《ばしょう》は雷《かみなり》を聞いて開き、葵花《きか》は日に隨《したが》って轉《てん》ず。

進めて曰く、國師《こくし》曰く、將《まさ》に謂《おも》えり、吾れ你《なんじ》に辜負《こぶ》すと。端的《たんてき》なりや也《ま》た無《いな》や。

師曰く、人情《にんじょう》做《な》し得たり、寃家《おんけ》結び得たり。

進めて曰く、既《すで》に是れ三喚三應《さんかんさんおう》、什麼《なん》と爲《し》てか、你《なんじ》、吾れに辜負《こぶ》す。

師曰く、暗《あん》に愁腸《しゅうちょう》を寫して、誰にか寄與《きよ》せん。

進めて曰く、與麼《よも》ならば則ち、鐵酸餡《てつさんあん》を咬破《こうは》して始めて知るべし。

師曰く、石人點頭《せきじんてんとう》すれば、露柱《ろちゅう》手《て》を拍《う》つ。

進めて曰く、白雲《はくうん》、峯頭《ほうとう》に歸《かえ》り、鐘聲《しょうせい》、梵宮《ぼんきゅう》に響く。

師曰く、晦堂《かいどう》の下《もと》に清新《せいしん》有り。


〈訳〉


僧、「南陽の忠国師のところで、耽源が侍者となっていたときに、国師は三たび侍者と喚ばれました。その意味はどこにありますか」。

師、「（三たびも喚ぶとは）児を憐れんで醜きを覚えず——老婆心切」。

僧、「侍者が三たびハイとこたえたところは、いかがですか」。

師、「芭蕉は雷鳴を聞いて開き、ひまわりは太陽に連れて向きを変える」。

僧、「国師は〈てっきりそなたに負けたと思ったわい〉と言われましたが、これは正しいでしょうか」。

師、「人情を示すこともできるし、仇敵になることもできる」。

僧、「国師は三たび喚び、侍者は三たび応じたのに、国師はどうして〈你、吾れに辜負《こぶ》す〉と言われたのでしょうか」。

師、「この愁腸《おもい》を記して誰に示したものか（誰にも分かるまい）」。

僧、「ならば、鉄饅頭を咬みこなして始めて分かる、ということですね」。

師、「石像がうなずけば、丸柱が拍手する」。

僧、「白雲は山の峰に帰り、鐘声が寺内に響きわたっております」。

師、「晦堂和尚の下には、霊源清と死心新という二人の〈清新〉が出た」。

○南陽忠国師……＝『無門関』第十七則「国師、三たび侍者を喚ぶ。侍者三たび応ず。国師云く、将《まさ》に謂《おも》えり、吾れ汝に辜負《こぶ》す、元来却って是れ汝、吾に辜負す」。

○憐児不覚醜＝三べんも喚ぶとは、忠国師は老婆心に過ぎてみっともない。『禅語辞典』の「憐児不覚醜」では「可愛さのあまり我が子の醜さも分からない」とするが、むしろ逆で「我が子可愛さのあまり、己の醜さも分からない」ということ。『禅学大辞典』に「親がその子を愛するがために、自分のなりふりも忘れて保護すること。転じて、仏祖も学人を愛憐するため、第二義門に下って拖泥帯水《だでいたいすい》をいとわないことにたとえる」と、この解にて可なり。

○芭蕉聞雷開、葵花随日転＝『五灯会元』巻十六、天衣義懐章の上堂に「芭蕉は雷を聞いて開き、葵花は日に随って転ず。諸仁者、芭蕉、雷を聞いて開く、還って耳有りや。葵花、日に随って転ず、還って眼有りや。若し也た会得せば、四天即ち是れ此土。若し也た会せざれば、七九六十三」。

○人情倣得、寃家結得＝ほとけにも夜叉にもなれる。『犁耕』（電子達磨版六五六頁）「人情倣得、寃家結得」に「人情は人倫の交義情愛なり。言うこころは、一切、主人に任する、是れ人情に随うなり。また、物初、我が祖の咽喉を掐《つか》定む、是れ寃家を結ぶなり。是の故に、敢えて判断を下さず。外面は是の如し、底理は一手抬一手搦《いっしゅだいいっしゅじゃく》」。

○暗写愁腸寄与誰＝この悲しい思いを書いたとて、誰も分かってはくれまい。『虚堂録』巻九「径山興聖万寿禅寺後録」の頌に「諸人の知る処、良遂知る、良遂の知る処、人知らず。因って思う、積雨に華狼藉ならんことを、空しく愁腸を写して誰にか説向せん」。

○咬破鉄酸餡＝『五祖演禅師録』「後に白雲門下に到って一箇の鉄酸餡を咬破し、直に得たり、百味具足することを」。「鉄酸餡」は鉄饅頭。衲僧家尋常の茶飯。『句双葛藤鈔』「鉄餕餡」に「没可把也、性ヲ指也、衲僧ハ家常ノ茶飯ゾ」。

○石人点頭、露柱拍手＝「露柱」は壁に埋め込まれていない丸柱。石像がうなずけば、丸柱が拍手する。無心と無心とが相応ずる。

○晦堂之下有清新＝『虚堂録』巻六「黄龍南禅師賛」に「泐潭の水を出で、衡山の雲を奮う。三関、多くは網を漏る、誰か是れ恩を負う人なる。晦堂之下有清新」。黄龍南禅師の法嗣である晦堂心の下に、霊源清と死心新が出る。この出格の二人を「清新」という。

【一―五〇】［巻之一の一六丁表］

師乃曰、圓覺伽藍、黒山鬼窟。平等性智、漆桶膠盆。二千餘年、無人能跳出禁網。一夏九旬、直至今繋絆兒孫。咄。明眼漢無窠臼、拄杖子呑乾坤。恁麼也得。擢普賢牀榻、奪文殊繡墩。不恁麼也得。拈泥團土塊、爲蠟氷鵝雪。指婬坊酒肆、作祇樹獨園。恁麼不恁麼、總也不得。檻前日上月下、溪頭雨微烟昏。龍寶今日入夏、也不拘動靜、作麼生言。［良久云］竹密不妨流水、山高豈礙白雲。

師乃ち曰く、圓覺伽藍《えんがくがらん》、黒山《こくさん》の鬼窟《きくつ》。平等性智《びょうどうしょうち》、漆桶膠盆《しっつうこうぼん》。二千餘年、人の能《よ》く禁網《きんもう》を跳出《ちょうしゅつ》する無し。一夏九旬《いちげきゅうじゅん》、直《じき》に今に至るまで兒孫《じそん》を繋絆《けばん》す。咄《とつ》。明眼《みょうげん》の漢《かん》、窠臼《かきゅう》無し、拄杖子《しゅじょうす》、乾坤《けんこん》を呑む。恁麼《いんも》も也《ま》た得たり。普賢《ふげん》の牀榻《しょうとう》を摧《くじ》き、文殊《もんじゅ》の繡墩《しゅうとん》を奪う。不恁麼《ふいんも》も也《ま》た得たり。泥團土塊《でいだんどかい》を拈《ねん》じて、蠟氷鵝雪《ろうひょうがせつ》と爲し、婬坊酒肆《いんぼうしゅし》を指《ゆびさ》して、祇樹獨園《ぎじゅどくおん》と作《な》す。恁麼《いんも》不恁麼《ふいんも》、總《そう》に也《ま》た得ず。檻前《かんぜん》、日上り月下る、溪頭《けいとう》、雨微《あめかす》かに烟昏《けむりくら》し。龍寶《りゅうほう》、今日入夏《こんにちにゅうげ》、也《ま》た動靜《どうじょう》に拘《かか》わらず、作麼生《そもさん》か言わん。「良久《りょうきゅう》して云く」竹《たけ》、密《みつ》にして流水《りゅうすい》を妨《さまた》げず、山、高うして豈《あ》に白雲《はくうん》を礙《さまた》げんや。

〈訳〉

師が言われた、「悟りの住処がそのまま煩悩の窟宅、平等性智がそのまま無明煩悩である。釈迦以来二千余年、誰もこの禁網を出ることはできない。諸君もまた一夏九旬、今に至るまで、このワナに縛られておるのだ。咄。もし明眼の漢ならば、そんな陥し穴にははまらぬ。おのれの拄杖に天地乾坤を収帰せしめてしまうのだ。徹底して肯定し容すときは、普賢の牀榻《いす》もぶち壊し、文殊のカーペットも奪い取る。あるいは徹底して否定し奪うとなると、土塊や泥団子を、戒行の指標《しるし》である蠟氷と鵝雪とし、酒肆婬坊を精舎となすこともできる。徹底して肯定となっても否定となっても、いずれも自由自在。天際には日が上り月が下り、檻前の川には雨がそぼ降り煙っている。龍宝《それがし》、今日入夏にあたって、動静に拘らざるところを、どのように言ったものか」。「良久していわく」「竹、密にして流水を妨げず、山、高うして豈に白雲を礙げんや」。

○円覚伽藍＝『円覚経』円覚章に「大円覚（円満の霊覚）を以て我が伽藍と為し、身心平等性智に安居す」。
○黒山鬼窟＝『栲栳珠』（電子達磨版三四八頁）に「蓋し邪禅のともがら小禅味に著して窟宅と為すに比すなり」と。
○平等性智＝右の『円覚経』円覚章。
○漆桶膠盆＝ウルシ桶（全体真っ黒な無明煩悩）とニカワの容器（執着すれば束縛するもの）。
○明眼漢無窠臼＝「窠臼」は陥りやすい穴。
○拄杖子呑乾坤＝天地乾坤もこの一に収帰する。
○恁麼也得＝徹底して肯定し容すときは。
○繡墩＝刺繡のある敷物。
○不恁麼也得＝あるいは徹底して否定し奪うとなると。
○蠟氷鵝雪＝戒行を守る指標。前出［一―六］「守臘之行似氷」。
○指婬坊酒肆、作祇樹独園＝後出［三―四七］に「酒肆婬坊、総に道場」。
○恁麼不恁麼、総也不得＝徹底して肯定となっても否定となっても、いずれも自由自在。
○檻前日上月下、渓頭雨微烟昏＝『大灯録』進退両班を謝する上堂に「天際、日上り月下る、檻前、山深く水寒し」。
○竹密不妨流水、山高豈礙白雲＝『圜悟語録』巻六に「竹密不妨流水過、山高豈礙白雲飛」。『句双葛藤鈔』に「言心ハ、無心ノ消息、サハリナイヲ云ゾ」。

【一―五二】［巻之一の一六丁裏］

自叙。

［英朝］ 沾泥柳絮、 厄閏黄楊。 住山不具五縁、 薄福無賑四衆。 各各枉賜恕容。

自叙《じじょ》。［英朝《えいちょう》］泥《どろ》に沾《ぬ》れた柳絮《りゅうじょ》、閏《うるう》に厄《やく》する黄楊《こうよう》。住山《じゅうざん》、五縁《ごえん》を具せず、薄福《はくふく》、四衆《ししゅう》を賑《にぎ》わすこと無し。各各《おのおの》枉《ま》げて恕容《じょよう》を賜え。

〈訳〉

「わたくし英朝は、泥まみれになった柳絮、閏年にであった黄楊《つげ》のようなもの。住山するに足る五縁を具えず、福徳も薄く、四来の大衆を賑わす法材もございません。どうか恕容を賜りますよう」。

○粘泥柳絮＝原本「粘」に作るが「沾」に訂した。沾泥絮《せんでいじょ》（泥に沾《ぬ》れた絮）。泥中に落ちた柳絮のように、ふたたび舞い上がらない。沈んで昂揚しない心情をいう。『詩人玉屑』巻二十、僧道潜が東坡の遣わした妓に贈る詩に、「禅心已作沾泥絮、不逐春風上下狂（我が禅心は既に泥に落ちた柳絮の如く不動、もはや春風に躍らされはしない）」と。また、『侯鯖録』巻三、「東坡、徐州に在り。参寥（道潜）銭塘より之を訪う。坡、席上にて一妓をして戯れに詩を求めしむるに、参寥、一絶を口占して云く、多謝す尊前の窈窕たる娘、好し幽夢を将って襄王を悩ますに。禅心、已に沾泥の絮と作《な》る、東風の上下して狂えるを逐わず」。

○厄閏黄楊＝黄楊閏年とも。黄楊は成長しにくく、閏年にはかえって縮む、という俗説。「厄閏」は、閏年には災難にあう、という義。『本草綱目』三丁六、七十一「黄楊木、其の性長じ難し。俗説に歳に長ずること一寸、閏に遇えば則ち退くと。今之を試むるに、但だ閏年には長ぜざるのみ」と。

○五縁＝一有智、二有福、三与衆生有縁、四与土地有縁、五与土主有縁。
○四衆＝二義あり。一は比丘・比丘尼・優婆塞・優婆夷身。二には、四方より来る衆。今は後者。

【一―五二―一】［巻之一の一六丁裏］

謝語。

陞堂之次、共惟徳禪東堂大和尚。一木而支大廈、中流而回頽波。徳爵惟尊、王侯盍仰。


謝語《じゃご》。

陞堂《しんどう》の次いで、共《うやうや》しく惟《おもん》みれば、徳禪東堂大和尚《とくぜんとうどうだいおしょう》。一木にして大廈《たいか》を支う、中流《ちゅうりゅう》にして頽波《たいは》を回《かえ》す。徳爵《とくしゃく》惟《こ》れ尊《たっと》し、王侯盍《おうこうなん》ぞ仰がざらん。


〈訳〉

「恭しく惟みるに、徳禅東堂大和尚は、たった一木にして大徳寺という大廈を支えられ、黄河の流れの最も速い所（鄞江）にそそり立つ柱のような山のように、激流の只中に在って微塵も動かず、毅然として節を守っておられる。徳爵ともに高く、王侯の尊敬せざるはありません」。

○一木而支大廈＝隋、王通「文中子」事君に「大廈の将《まさ》に顚れんとするや、一木の支うる所に非ず」。「一木難支」の反対。たった一人で大屋台を支える。

○中流而回頽波＝前出［一―三五―一］「中流砥柱」。

【一―五二―二】［巻之一の一六丁裏］

又惟山門兩序、東斑監寺禪師、悦衆禪師。或護常住如眼睛、或用音聲成佛事。

又た惟《おも》みれば、山門兩序《さんもんりょうじょ》、東斑監寺禪師《とうはんかんすぜんじ》、悦衆禪師《えっしゅぜんじ》。或いは常住《じょうじゅう》を護ること眼睛《がんぜい》の如し、或いは音聲《おんじょう》を用って佛事《ぶつじ》を成ず。

〈訳〉

「また惟みれば、山門両序、東斑監寺禅師、悦衆禅師は、それぞれに（分担して）あるいは常住物を護ること眼睛の如くにされ、あるいは美しい声でもって仏事を成ぜられました」。

○或護常住如眼睛＝『禅苑清規』に「常に切に小心にして常住の財物家事を護惜すること猶お眼睛の如し」。

○音声成仏事＝維那による仏事をいう。

【一―五二―三】［巻之一の一六丁裏］

西班後版座元禪師、知藏禪師。或入兜率宮、說摩訶衍、或張大教網、漉人天魚。

西班後版座元禪師《せいはんこうばんぞげんぜんじ》、知藏禪師《ちぞうぜんじ》。或いは兜率宮《とそつぐう》に入って摩訶衍《まかえん》を説き、或いは大教網《だいきょうもう》を張って人天《にんでん》の魚《うお》を漉《ろく》す。

〈訳〉

「西班後版座元禅師は、夢で兜率天に入って説法したという仰山のように、よく大乗の仏法を説かれ、知蔵禅師は、仏教という大網で人天を魚のように漉《すく》われた」。

○入兜率宮、説摩訶衍＝仰山の故事ふたつを引いて首座としてのはたらきを讃える。『五灯会元』巻九、仰山慧寂章、「梵僧有り、空より至る。師曰く、〈近離《きんり》甚《いず》れの処ぞ〉。曰く、〈西天〉。師曰く、〈幾時か彼《かしこ》を離る〉。曰く、〈今早《けさ》〉。師曰く、〈何ぞ太遅生《たいちせい》なる〉。曰く、〈遊山翫水せり〉。師曰く、〈神通遊戯は則ち無きにあらず、闍黎の仏法、須らく老僧に還して始めて得べし〉。曰く、〈特に東土に来たって文殊を礼せんとせるに、却って小釈迦に遇いたり〉。遂に梵書貝多葉を出だして、師に与えて作礼し、空に乗じて去る。此れより小釈迦と号す」。また『五灯会元』の同章に「師臥する次いで、夢に弥勒内院に入る。衆堂中諸位階足る、惟だ第二位のみ空いたり。師遂に座に就く。一尊者有り、白槌《びゃくつい》して曰く、〈今当《まさ》に第二座説法す〉。師起って白槌して曰く、〈摩訶衍《まかえん》の法は四句を離れ百非を絶す、諦聴《たいちょう》、諦聴〉。衆皆な散じ去る。覚むるに及んで潙に挙似《こじ》す。潙曰く、〈子《なんじ》已に聖位に入れり〉。師便ち礼拝す」。「摩訶衍」は大乗。

○張大教網、漉人天魚＝『法華文句記』巻一に「華厳に云く、仏教の網を張って法界の海に亘《わた》し、人天の魚を漉《すく》って涅槃の岸に置く」。『句双葛藤鈔』「播大教網漉人天魚」に「仏教ヲ受クル者、教ノ網ヲ出デヌ也」。

【一―五二―四】［巻之一の一七丁表］

單寮、耆宿、蒙堂、前資、小寮、辦事、適來問禪、一會海衆、諸位禪師。或先輩匣中三尺氷、誰觸機鋒。或春風攢上百花毬、已彰文彩。古者曰、三代禮樂盡在緇衣中。夫吾山之謂乎。各各道體起居萬福。

單寮《たんりょう》、耆宿《きしゅく》、蒙堂《もうどう》、前資《ぜんし》、小寮《しょうりょう》、辦事《べんじ》、適來《せきらい》の問禪《もんぜん》、一會《いちえ》の海衆《かいしゅう》、諸位禪師《しょいぜんじ》。或いは先輩匣中《せんぱいこうちゅう》、三尺《さんじゃく》の氷、誰か機鋒《きほう》に觸れん。或いは春風攢《しゅんぷうあつ》めて上《の》ぼす、百花毬《ひゃっかきゅう》、已に文彩《ぶんさい》を彰わす。古者《こしゃ》の曰く、三代《さんだい》の禮樂《れいがく》、盡く緇衣《しえ》の中に在りと。夫れ吾が山《やま》の謂か。各各道體《かくかくどうたい》、起居萬福《ききょまんぷく》。

〈訳〉

「単寮……一会の海衆、諸位禅師。あるいは匣《はこ》に収めた三尺の宝剣のように、誰も触れることはできぬはたらきをされ、あるいは春風を集めて百華毬のように艶やかな詩を織り出す文才を余すことなく発揮された。古人は〈三代の礼楽は尽く緇衣の中に在り〉と言われたが、まさにこの大徳寺のことでありましょう。おのおの道体、起居万福」。

○先輩匣中三尺氷、誰触機鋒＝李賀「春坊正字剣子歌」に「先輩匣中三尺氷、曾て呉潭に入って龍子を斬る」。
○春風攅上百花毬、已彰文彩＝『江湖風月集』千峰琬和尚の「題行巻」に「春風攅上百花毬」。
○三代礼楽尽在緇衣中＝『仏祖統紀』巻四十六、「司馬光、暇日に洛陽の諸寺に遊ぶ。廊廡寂寂たり。忽ち鐘を声《な》らし鼓を伐《う》つ。斎堂に至るに、沙門の端坐して黙々として方に匕箸《しちょ》を進むるを見る。光、欣然として左右に謂いて曰く、〈謂《おも》わざりき、三代の礼楽、緇衣の中に在らんとは〉」。前出［一―三三―一］。

【一―五三】［巻之一の一七丁表］

復曰、趙州柏樹子話、古今所參詳也。寶山頃移兩株。山僧有一偈、雪上加霜去也。［以拂子指云］庭前雙柏樹、黛色共蒼蒼。三門朝佛殿、厨庫對僧堂。

復《ま》た曰く、趙州柏樹子《じょうしゅうはくじゅし》の話《わ》、古今《ここん》、參詳《さんしょう》する所なり。寶山《ほうざん》、頃《このごろ》、兩株《りょうしゅ》を移す。山僧《さんぞう》、一偈《いちげ》有り、雪上《せつじょう》に霜《しも》を加え去らん。［拂子《ほっす》を以て指して云く］庭前《ていぜん》の雙柏樹《そうはくじゅ》、黛色《たいしょく》共に蒼蒼《そうそう》。三門《さんもん》、佛殿《ぶつでん》に朝《ちょう》し、厨庫《ずく》、僧堂《そうどう》に對す。

〈訳〉

またいわく、「趙州柏樹子の話は、古今、参ずる所である。最近、大徳寺に二株の柏樹子が植えられた。そこで一偈を作って、雪上に霜を加え、蛇足を加える次第である」。［払子で柏樹子を指していわく］「庭前の二株の柏樹子、その濃い緑が蒼々と繁茂している。三門が仏殿に朝見し、庫裡が僧堂に向かいあっている」。

○趙州柏樹子話＝『無門関』第三十七則、趙州の庭前柏樹子。「趙州、因みに僧問う、〈如何なるか是れ祖師西来意〉。州云く、〈庭前の柏樹子〉」。

○宝山頃移両株＝今、大徳寺仏殿前にある柏樹子は、この時に植えられたものか。

○黛色共蒼蒼＝「黛色」は濃い翠。柏樹を表現する語。杜甫の「古柏行」に「黛色参天二千尺」。「蒼蒼」は、繁茂するさま。

○三門朝仏殿＝「朝」は、まみえる。

【一―五四】［巻之一の一七丁表］

解夏上堂祝聖。
拈香云云。恭願八千春八千秋、踰暦數乎虞夏、百億日百億月、媲明哲乎宣光。

解夏上堂《かいげじょうどう》の祝聖《しゅくしん》。
香を拈《ねん》じて、云云《うんぬん》。恭《うやうや》しく願わくは、八千《はっせん》の春、八千《はっせん》の秋、暦数《れきすう》を虞夏《ぐか》に踰《こ》え、百億《ひゃくおく》の日、百億《ひゃくおく》の月、明哲《めいてつ》を宣光《せんこう》に媲《なら》べんことを。

〈訳〉

香を拈じて……。「恭しく願わくは、陛下、上古の大椿《だいちん》のように八千年の長寿をもって、尭舜の御代を越え、百億の日月のある三千大千世界を統《す》べて、宣王と光武帝のような明哲を表わされんことを」。

○八千春八千秋＝『荘子』逍遥遊、「上古、大椿《だいちん》なる者有り。八千歳を以て春と為し、八千歳を秋と為す」。
○虞夏＝尭舜。
○百億日百億月＝『大智度論』「百億須弥山、百億日月、名為三千大千世界」。
○媲明哲乎宣光＝「宣光」は、周の宣王と東漢の光武帝のこと。ともに中興の主と称えられる。

【一―五五】［巻之一の一七丁表］

垂語。

［指面前地云］野水無人渡、孤舟終日横。頻呼小玉元無事、只要檀郎認得聲。有麼、有麼。［問答不録］。


垂語《すいご》。

［面前《めんぜん》の地を指して云く］野水《やすい》、人の渡る無し、孤舟《こしゅう》、終日横《ひねもす》たう。頻《しき》りに小玉《しょうぎょく》と呼ぶも元と無事《ぶじ》、只だ檀郎《だんろう》が聲《こえ》を認得《にんとく》せんことを要す。有りや、有りや。［問答《もんどう》、録せず］。

〈訳〉

〔面前の地を指していわく〕「〈野水、人の渡る無し、孤舟、終日横たう〉と。〈小玉や〉と呼ぶ声〈言葉づら〉に用はない、檀郎がこの声〈言葉の底にある意図〉に気づいて欲しいからである。分かる者はあるか、あるか」。〔問答、録せず〕。

○野水無人渡、孤舟終日横＝宋の寇準の詩に「野水無人渡、孤舟尽日横」。宋の徽宗は科挙の中に画科を設けて、その選抜にあたって画題としてこの句を出題したという。

○頻呼小玉元無事、只要檀郎認得声＝圜悟克勤が開悟した契機となった語。〈深窓のお嬢様が邸内で〉しきりに「小玉や、小玉や」と下女の名を呼ぶのは、下女に何か用があるのではない。〈邸外の通りを歩いている〉愛しい人に、自分の声に気づいて欲しいだけである。「無事」は、用がない、目的がない。

『大慧武庫』に、「……圜悟、亟《すみや》かに祖山に帰る。演和尚喜んで曰く、〈汝復《ま》た来たれるか〉。即日参堂して、便ち侍者寮に入る。半月を経て、偶たま陳提刑《ていけい》、印を解いて蜀に還る。山中に過ぎて道を問う。因みに語話する次いで、祖曰く、〈提刑、少年のとき、曾て小艶の詩を読むや、両句有って頗る相い近し。頻りに小玉を呼ぶも、元より無事、祇《た》だ檀郎をして声を認得せしめんと要す、と〉。提刑、喏々と応ず。祖曰く、〈且らく子細にせよ〉。圜悟、適《たま》たま外より帰り、侍立する次いで、問うて曰く、〈聞くならく、和尚、小艶の詩を挙することを、提刑会すや〉。祖曰く、「他は祇《た》だ声を認得するのみ」。圜悟曰く、〈祇だ要す、檀郎が声を認得することを。他既に声を認得す、什麼《なん》と為てか却って不是なる〉。祖曰く、〈如何なるか是れ祖師西来意、庭前の柏樹子、聻《にい》〉。圜悟忽ち省有り。遽かに出で去って、鶏の飛んで欄干に上り、翅を鼓して鳴くを見る。復た自ら謂いて曰く、〈此れ豈に是れ声ならずや〉と。遂に香を袖にして入室して所悟を通ず。祖曰く、〈仏祖の大事、小根劣器の能く造詣する所に非ず、吾は汝が喜びを助くるのみ〉。祖復た遍ねく山中の耆旧に謂いて曰く、〈我が侍者、禅に参得せり〉と」。

『碧巌録秘抄』「以指指月」の注に「是什麼声ゾト云タハ、以指々月也。月サヘ見得スレハ指ニ用ハナイ。頻呼小玉元無事」。「小艶詩」の元の詩は、「一段の風流、画けども成らず、洞房深き処、閑情を悩ます。頻りに小玉と呼ぶも、元と無事、只た檀郎が声を認得せんことを要す」。『大慧普説』巻四、「正禅人請普説」に「人家に不良の人有って外人と私通す、乃ち頻頻に小玉と呼ぶが如し、意は小玉の上に在らず、正に外人の声を認得せんことを要するのみ」。また、『仏海慧遠禅師語録』奏対語録に、「頻りに小玉と呼ぶも元と無事。小玉をして掃地し煎茶せしむるにあらず、只だ檀郎が声を認得せんことを要するのみ」。

○小玉＝侍女、下女の名。

○檀郎＝女性が馴染みの男に対する呼称。

【一―五六】［巻之一の一七丁裏］

師乃曰、法王法令、十方一律。所以、九十日已前、東勝身洲展單、西瞿耶尼禁足。人人鼻孔相撐。九十日已後、大唐國裏打鼓、扶桑那畔上堂。箇箇眉毛厮結。無端月波樓跳入蟭螟眼裏、曳得占波國、共新羅鬪額。直得、三十三天特地驚呼、十八地獄一時破裂。牀角拄杖子、依舊坦蕩蕩、向僻地裏念這一道眞言曰、摘楊花、摘楊花。唵摩呢哆唎吽撥吒。希奇希奇、快活快活。且道、是什麼時節。喚爲神通妙用也不是、喚爲本體如然也不是。喚作無邊刹境自他不隔於毫端、總是不是。畢竟作麼折合去也。豈不見、長沙道、盡十方世界是沙門一隻眼。既是一隻眼、諸人爲甚不知不覺。［曳出杖云］杖兮杖兮。出來甄別。［卓一下云］瞎。

師乃ち曰く、法王《ほうおう》の法令《ほうれい》、十方一律《じっぽういちりつ》。所以《ゆえ》に、九十日已前《いぜん》、東勝身洲《とうしょうしんしゅう》に單《たん》を展《の》べ、西瞿耶尼《さいくやに》に禁足《きんそく》す。

人人《にんにん》、鼻孔《びくう》相撐《あいささ》う。九十日已後《いご》、大唐國裏《だいとうこくり》に鼓《く》を打《た》し、扶桑那畔《ふそうなはん》に上堂《じょうどう》す。箇箇《ここ》、眉毛厮結《びもうあい》ぶ。端無《はしな》くも、月波樓《げっぱろう》、蟭螟眼裏《しょうめいがんり》に跳入《ちょうにゅう》して、占波國《せんばこく》を曳得《えいとく》して、新羅《しんら》と共に額《ひたい》を鬪《たたか》わしむ。直《じき》に得たり、三十三天《さんじゅうさんてん》、特地《どくち》に驚呼《きょうこ》し、十八地獄《じごく》、一時《いちじ》に破裂《はれつ》することを。牀角《しょうかく》の拄杖子《しゅじょうす》、舊《きゅう》に依って坦蕩蕩《たんとうとう》、僻《へき》地裏《ちり》に向かって、這《こ》の一道《いちどう》の眞言《しんごん》を念じて曰く、摘楊花《てきようか》、摘楊花《てきようか》。唵摩呢哆唎吽撥吒《おんまにたりうんはった》。希奇希奇《ききき》、快活快活《かいかつかいかつ》。

且《しば》らく道《い》え、是れ什麼《なん》の時節《じせつ》ぞ。喚《よ》んで神通妙用《じんずうみょうゆう》と爲《な》すも也《ま》た不是《ふぜ》。喚んで本體如然と爲すも也た不是。喚《よ》んで無邊刹境《むへんせっきょう》、自他《じた》、毫端《ごうたん》を隔《へだ》てずと作《な》すも、總《そう》に是れ不是《ふぜ》。畢竟《ひっきょう》、作麼《いかん》か折合《しゃくごう》し去らん。豈《あ》に見ずや、長沙《ちょうさ》道わく、盡十方世界《じんじっぽうせかい》、是れ沙門《しゃもん》の一隻眼《いっせきげん》と。既に是れ一隻眼《いっせきげん》、諸人《しょにん》、甚《なん》と爲《し》てか知らず覺えざる。［杖《つえ》を曳出《えいしゅつ》して云く］杖よ、杖よ、出で來たって甄別《けんべつ》せよ。［卓一下《たくいちげ》して云く］瞎《かつ》。

〈訳〉

師が言われた、「法王の法令は無私にして、いずこにあっても一律である。だから入制《にゅうせい》以前は、須弥山の東では単蒲団を展べて坐禅、西の方では禁足安居しておっても、互いに鼻をつきあわすがごとく同一である。そして、入制となれば、大唐で鼓を打てば日本で上堂するというように、これまた、人人、互いに眉毛を結んだごとく一体である。（だから虚堂和尚は）ゆくりなくも言われた、〈月波楼が蟭螟の眼の玉に跳び込み、占波国を引っ張りだして、新羅と頭突きをやらせたら、三十三天もびっくり仰天、にわかに叫び、十八地獄も一時に破裂した。だが禅牀に寄せかけられた拄杖は、相変わらず、のんびりとしたままで、片蔭でダラニを唱えておる、〈摘楊花、摘楊花、オンマニタリウンハツタ、希奇希奇、快活快活と〉。

さて、これはいったい、いかなる時節ぞ。これを神通妙用としてもいかん、本体如然と見てもいかん。即今この場が無限の国土、無限の宇宙と毛筋ほどの隔たりもない、と見てもいかん。しからば結局、どのようにケリをつけたものか。長沙和尚も言われたではないか、〈尽十方世界、是れ沙門の一隻眼〉と。既に一隻眼のある沙門であるのに、諸君、どうして分からぬか」。［杖を引き出して］「杖よ、杖よ、出で来たって弁別せよ」。［卓一下して］「瞎」。

○法王法令、十方一律＝法王無私の令は、かくのごとし。
○東勝身洲＝須弥山の東にある国。
○西瞿耶尼＝須弥山の西にある国。
○人人鼻孔相撐、箇箇眉毛廝結＝互いに相親しいさま。知音同士。『句双葛藤鈔』「眉毛廝結、鼻孔廝拄」に「知音ノ義ナリ。不二ノ用処ナリ」。
○大唐国裏打鼓、扶桑那畔上堂。箇箇眉毛廝結＝これも右と同じ意味。
○月波楼跳入蟭螟眼裏＝『虚堂録』巻一「興聖寺語録」「只だ月波楼、蟭螟眼裏に跳入して、千聖小王、怒発して鴛鴦湖を将って一脚に踢翻するが如きんば又た作麼生《そもさん》」。「月波楼」「鴛鴦湖」は、虚堂が住した報恩光孝禅寺の境致。
○占波国＝占波は瞻婆、占婆とも。カルカッタの東南部。

◯三十三天＝忉利天。須弥山の頂上にある。

◯特地＝通常は「特別に」「とりわけ、わざわざ」の意味だが、ここでは「突然、忽然」の意。後出［二―九三―四］にも同じ意味での用例がある。『漢語大詞典』に「①突然、忽然。②亦作「特底」。特別、格外。③亦作「特的」。特意、特為」。

◯十八地獄＝『十八泥犁経』に説かれる十八種の地獄。

◯牀角拄杖子＝ここでは擬人化している。

◯坦蕩蕩＝心が平らかでひろいさま。『論語』述而に「君子坦蕩蕩」。

◯僻地裏＝片蔭で。

◯摘楊花、摘楊花＝送別の辞。おさらば、さらば。もと趙州の言った言葉。『祖庭事苑』巻二、摘楊花に「僧有り、趙州を辞す。州、払子を拈じて云く、〈有仏の処、住することを得ざれ、無仏の処、急に走過せよ、三千里外、人に逢うて錯って挙すことを得ざれ〉。僧云く、〈恁麼ならば則ち去らじ〉。州云く、〈摘楊花、摘楊花〉」。中川『禅語辞彙』「別離に際して歌ふ小曲の名。転じて離別をいふ」。また『諸録俗語解』［一八六九］「摘楊花」に「離別の歌曲の名なり。〈おさらば、おさらば〉と訳す」。

これに対して、無著道忠は『犂耕』（電子達磨版一八五頁）で旧説を批判し「〈送行の語〉と作《な》す可からず、直に是れ〈無憑拠〉〈無益事〉なり。言うこころは、〈桃花の香馥を弄することを知らずして、徒に楊花を摘む。甚辺の事をか成し得たる〉。故に知んぬ、摘楊花は〈無憑拠〉〈無益事〉を謂うことを。蓋し俗諺なり」としている。また、無著道忠は『葛藤語箋』（電子達磨版四一六頁）でも「肝要を捨てて無益の事に傚う」とする。『禅学大辞典』下巻（昭和五十三年）、摘楊花に「つまらないこと。無益なこと。数限りなく咲くやなぎの花を摘むことは無益であるとの俗諺から生れた語」とするのは、無著の見解を受けたものであろう。しかし、日本の禅林では送別の語として用いられることが多い。来朝した清拙正澄の『禅居集』に「超首座が西州に遊ぶ」を送る詩あり、「有仏無仏、倶に住すること莫かれ。手摘楊花送君去（手に楊花を摘んで君の去るを送る）」。今ここでも、送別の語と解してよい。

◯唵摩呢哆唎吽撥吒＝『大慧語録』巻十、「趙州有仏処不得住」の頌に、「有仏処不得住、生鉄称鎚被虫蛀。無仏処急走過、撞著嵩山破竈墮。三千里外莫錯舉、両箇石人相耳語。恁麼則不去也、此語已行遍天下。摘楊華摘楊華。唵嚤呢噠哩吽嘭吒」。

○希奇＝希有にして奇特。
○快活快活＝快活自在。
○本体如然＝本来そうあるべき道理。
○無辺刹境自他不隔於毫端＝いまこの場がそのまま、無限の国土、無限の宇宙と毛筋ほどの隔たりもない。『古尊宿語録』巻四十二、「真浄禅師語録」の「因華厳座主到上堂」に「無辺の刹境自他毫端を隔てず、十世古今始終拄杖頭上を離れず」。
○折合＝帳尻を合す。始末する。『諸録俗語解』［一八二］「折合」に「物の過不及なきように、算用して、つばめを合わす（＝帳尻を合す。始末する）」。
○長沙道＝雪峰の語である。『雪峰義存禅師語録（真覚禅師語録）』。『碧巌録』第五則、本則評唱など。
○尽十方世界是沙門一隻眼＝一切無差別平等の立場からするならば、全宇宙がそのまま一隻眼の中にある。

【一―五七】［巻之一の一八丁表］

自叙。

［英朝］鈍榜状元、杜撰長老。不具鳳樓之手、都無麟閣之功。顧夫淞江江上古松樹下彭城氏之子、十三歳去作和尚、費常住多少茶飯之論、豈不的當也乎。慚汗。

自叙《じじょ》。

［英朝《えいちょう》］鈍榜《どんぼう》の状元《じょうげん》、杜撰《ずさん》の長老《ちょうろう》。鳳楼《ほうろう》の手《しゅ》を具《ぐ》せず、都《すべ》て麟閣《りんかく》の功無《こうな》し。顧《おも》うに、夫《か》の淞江江上《しょうこうこうじょう》、古松樹下《こしょうじゅか》、彭城氏《ほうじょうし》の子、十三歳にして去って和尚《おしょう》と作り、常住多少《じょうじゅうたしょう》の茶飯《さはん》を費すの論、豈《あ》に的當《てきとう》ならずや。慚汗《ざんかん》。

〈訳〉

「私英朝はできそこないで杜撰な和尚であり、五鳳楼を作るような文才もなく、麒麟閣に肖像を掲げられるような功績もございません。月江正印和尚はご自分の頂相自賛で、〈勝江のほとり、古榕樹の下で生まれた劉氏の子供が、十三歳で出家したが、寺に入って穀つぶしをして来ただけ〉と謙遜しておられますが、それはまさに私のこと。お恥ずかしい次第です」。

○鈍榜状元＝できそこない。「榜」は官吏登用試験の合格者（状元）の名を記す札。金榜状元は、ずば抜けて優秀な合格者。

○鳳楼之手＝造五鳳楼手。五鳳楼の大建築のごとき大文章を造り出すような文才。

○麟閣之功＝麒麟閣は、前漢の武帝が築いた高殿で、宣帝の時にここに霍光など十一人の功臣の像が描かれた。功臣のことをいう縁語。『古文真宝前集』におさめる杜子美の「投贈哥舒開府」に「今代、麒麟閣、何人か第一功なる」。

○淞江江上、古松樹下、彭城氏之子、十三歳去作和尚、費常住多少茶飯＝「淞江」は「勝江」に、「古松」は「古榕」に訂

すべきであろう。『月江正印語録』の頂相自賛、「俗姪劉頻の請」に、「……你に向かって道う、箇は是れ勝江、江上、古榕樹下、彭城之子、十三歳にして去って和尚と倣り、常住にて多少の飯と茶とを喫し了る」とある。「古榕樹下」は、榕城（福州）のことで、月江の出生地。「淞江」は福州ではなく江蘇省にある河である。「彭城氏」は劉のこと。月江の俗姓。

○的当＝ぴったし。

【一―五八―一】［巻之一の一八丁表］

謝語。

陞堂之次、共惟徳禪東堂大和尚。先宗典刑、後學模範。分餘光於隣壁、負重寄乎一身。瞻之仰之。

謝語《じゃご》。

陞堂《しんどう》の次いで、共《うやうや》しく惟《おもん》みれば、徳禪東堂大和尚《とくぜんとうどうだいおしょう》。先宗《せんそう》の典刑《てんけい》、後學《こうがく》の模範《もはん》。餘光《よこう》を隣壁《りんぺき》に分かち、重寄《じゅうき》を一身《いっしん》に負う。之《これ》を瞻《み》、之《これ》を仰《あお》ぐ。

〈訳〉

「上堂に際して、恭しく惟みるに、徳禅東堂大和尚は、先輩のよき旧規をおさめ、後輩のためのよき手本。その余力を皆に分かち与え、一身に宗門の重責を担っておられる。瞻仰の至りであります」。

○先宗典刑、後学模範＝「前輩典刑、後人標榜」などともいう。先輩のよき旧規をおさめ、後輩のためのよき手本。「典刑」は、古いてほん。「後人標榜」は、『臨済録』序に「巌谷に松を栽う、後人の標榜」。

○分余光於隣壁＝余力を他者に分かち与える喩。『史記』の「樗里子甘茂伝」に、「樗里子《ちょりし》、魏と講じて兵を罷む。甘《かん》茂《も》の秦を亡ぼすや、斉に奔って蘇代に逢う。代、斉のために秦に使いす。甘茂曰く、臣は罪を秦に得、懼れて遯逃《のが》る、跡を容るる所無し。臣聞く、貧人の女、富人の女の与《ため》に会《たま》たま績《つむ》ぐ。貧人の女曰く、我は以て燭を買う無し、而《しか》るに子《なんじ》の燭光、幸いに余り有り、子《なんじ》我に余光を分かつ可し。子が明を損うこと無くして、一えに斯《こ》の便《たより》を得んと。今臣は困す、而《しか》るに君は方に秦に使して路に当たる。茂の妻子在り、願わくは、君、余光を以て之を振《にぎ》わせ。蘇代、許諾して、遂に秦に使することを致す」。

○重寄＝重大な任務。

○瞻之仰之＝前出［一―三五―一］。

【一―五八―二】［巻之一の一八丁裏］

又惟山門東班諸位禪師、西班諸位禪師。掌如意珠、架威音箭。從前汗馬無人見、只要重論蓋代功。可畏矣。

又た惟《おもん》みれば、山門《さんもん》の東班諸位禪師《とうはんしょいぜんじ》、西班諸位禪師《せいはんしょいぜんじ》。如意珠《にょいしゅ》を掌《たなごころ》にし、威音《いおん》の箭《や》を架す。從前《じゅうぜん》の汗馬《かんば》、人の見る無し、只だ重ねて蓋代《がいだい》の功を論ぜんことを要す。畏る可し。

〈訳〉

「また惟んみるに、東班諸位禅師、西班諸位禅師は、如意宝珠を手にして、威音王已前の一箭をつがえておられる。そのお働きを正しく評価する者がなければ、功績を再評価せねばなりますまい。まことに畏るべきはたらきであります」。

○威音箭＝威音王已前の一箭。

○従前汗馬無人見、只要重論蓋代功＝『碧巌録』第七則の垂示に「従前の汗馬、人の識る無し、只だ重ねて蓋代の功を論ぜんことを要す」。

【一―五八―三】［巻之一の一八丁裏］

單寮、耆宿、蒙堂、前資、小寮、辦事、一會海衆、諸位禪師。雖一一可盡褒讚、今日自恣、恐勞久立。各各道體起居萬福。

單寮《たんりょう》、耆宿《きしゅく》、蒙堂《もうどう》、前資《ぜんし》、小寮《しょうりょう》、辦事《べんじ》、一會《いちえ》の海衆《かいしゅう》、諸位禪師《しょいぜんじ》。一一《いちいち》、褒讚《ほうさん》を盡くす可きと雖も、今日《こんにち》自恣《じし》、恐るらくは久立《きゅうりゅう》に勞せん。各各道體《かくかくどうたい》、起居萬福《ききょまんぷく》。

〈訳〉

「単寮、耆宿、蒙堂、前資、小寮辦事、一会の海衆、諸位禅師。それぞれについて褒讃を尽くすべきでしょうが、本日は自恣の日でもあり（所用が多いので）、ながらくお立たせはいたしません。皆さま、道体起居万福」。

○自恣＝自恣の日。雨安居解制の日、七月十五日。この日、制中の自他の非を、遠慮なく申し立てることを自恣という。

【一―五九】〔巻之一の一八丁裏〕

復擧。東山演祖上堂曰、如何是禪。閻浮樹在海南邊。近則不離方寸、遠則十萬八千。畢竟如何。禪、禪。師曰、阿呵呵、這亂葛藤、無些衲僧氣息。龍寶有還丹一粒、試點鐵作金去也。如何是禪。閻浮樹不在海南邊。遠則不離方寸、近則十萬八千。畢竟如何。咄咄。復有偈、留別大衆。獨坐龍峯鎭帝州、終無一句振宗猷。朝來拄杖説歸路、山舍半吹黄葉秋。

復《ま》た擧《こ》す。東山《とうざん》の演祖《えんそ》の上堂《じょうどう》に曰く、如何《いか》なるか是れ禪《ぜん》。閻浮樹《えんぶじゅ》、海南邊《かいなんへん》に在り。近きときは則ち方寸《ほうすん》を離れず、遠きときは則ち十萬八千《じゅうまんはっせん》。畢竟如何《ひっきょういかん》。禪《ぜん》、禪《ぜん》、と。師曰く、阿呵呵《あかか》、這《こ》の亂葛藤《らんかっとう》、些《いささ》かの衲僧《のうそう》の氣息《きそく》も無し。龍寶《りゅうほう》、還丹《げんたん》の一粒《いちりゅう》有り、試みに鐵《てつ》に點《てん》じて金《きん》と作《な》し去らん。如何《いか》なるか是れ禪《ぜん》。閻浮樹《えんぶじゅ》、海南邊《かいなんへん》に在らず。遠きときは則ち方寸《ほうすん》を離れず、近きときは則ち十萬八千《じゅうまんはっせん》。畢竟如何《ひっきょういかん》。咄《とつ》、咄《とつ》。復《ま》た偈《げ》有り、大衆《だいしゅ》に留別《りゅうべつ》す。龍峯《りゅうほう》に獨坐《どくざ》して帝州《ていしゅう》を鎭《ちん》す、終《つい》に一句《いっく》の宗猷《しゅうゆう》を振るう無し。朝來《ちょうらい》、拄杖《しゅじょう》、歸路《きろ》を説く、山舍《さんしゃ》、半ば吹く黄葉《こうよう》の秋。

〈訳〉

また、五祖法演禅師の上堂に「如何なるか是れ禅。閻浮樹、海南辺に在り。近きときは方寸を離れず、遠きときは万八千。畢竟如何。禅、禅」とあるのを挙して、師が言われた、「アッハハ、こんな言葉には禅僧らしき気概が少しもない。龍宝に一粒の還丹がござるので、ちょっと鉄を点じて金となしてみよう。如何なるか是れ禅。閻浮樹、海南辺に在らず。遠きときは方寸を離れず、近きときは十万八千。畢竟如何。咄、咄、と」。

また偈を大衆に示された、「この龍峰山大徳寺に独坐して帝州を鎮めて来たが、ついに一句とて宗旨を振るうものはなかった。朝から拄杖の奴が帰路をせかしておる。山舎、半ば吹く黄葉の秋（これが大徳寺を出て、私の行くべきところ）」。

○東山演祖＝五祖法演。

○上堂曰＝『古尊宿語録』巻二十二、「黄梅東山演和尚語録」。

○有還丹一粒、試点鉄作金去也＝「還丹一粒点鉄成金」。凡鉄を金になす。

○山舎半吹黄葉秋＝『虚堂録』巻七の「恵禅人、万年に之《ゆ》く」偈に「鼠、銭筒に入って、伎已に窮まる、十年の蹤跡、眼頭空ず。而今又た問う、平田の路、山舎、半ば吹く黄葉の風」。

再住米山龍興禪寺語

【一一六〇】［巻之一の二〇丁表］

再住米山龍興禪寺語

米山龍興禪寺《べいざんりゅうこうぜんじ》に再住する語

○米山龍興禅寺＝南丹市八木の八木山龍興寺。義天の開創、檀越は細川勝元。雪江が第二世を董し、景川、悟渓、特芳、東陽が相次いで住した。文明十四年（一四八二）七月十五日、大徳寺を退いて龍興寺に再住。師五十五歳。

【一一六一】［巻之一の二〇丁表］

據室。

［拈箆云］佛界魔宮、一時坐斷。［揮案一下云］若認赫日裏人、我雲霧裏慈悲。西天迢迢十萬。

據室《こしつ》。

［箆《へい》を拈《ねん》じて云く］佛界魔宮《ぶっかいまきゅう》、一時《いちじ》に坐斷《ざだん》す。［案《あん》を揮《ふる》うこと一下《いちげ》して云く］若し赫日裏《かくにちり》の人我《にんが》、雲霧裏《うんむり》の慈悲《じひ》というを認めば、西天迢迢《せいてんちょうちょう》として十萬《じゅうまん》。

〈訳〉

[竹箆を手にして]「仏界も魔宮も一ぺんにとりひしぐ」。[机を打って]「もし（智門禅師の言われた）〈赫日裏の人我、雲霧裏の慈悲〉というところを認めたならば、西天は十万里の彼方（とても届かぬ）」。

○揮案＝前出[一―一六]。
○仏界魔宮＝前出[一―四二]「仏界魔界、苦衆生界」。
○認赫日裏人我、雲霧裏慈悲＝『五灯会元』巻十五、智門光祚章の上堂に、「赫日裏の我人、雲霧裏の慈悲、霜雪裏に褐《かつ》を仮り、雹子裏《はくしり》に身を蔵す。還って身を蔵し得るや。若し蔵し得ざれば、却って雹子に你が髑髏を打破せられん」。『五灯抜萃』の注に、「此四転語、不久長貌」。
○西天迢迢十万＝「去れ去れ西天の路、迢迢として十万里」というたぐい。前出[五―二二―三]の「対面迢迢隔竺乾」というに同じ。

【一―六二】[巻之一の二〇丁表]

因疏溝示衆曰、但道水到渠成、争知渠成水到。非是钁頭邊事、又非钁頭邊機。諸仁者著力處、端的作麼生。自代曰、㘞。

溝《こう》を疏《ほ》るに因《ちな》んで衆に示す。曰く、但だ水到れば渠《きょ》成ると道う、争《いか》でか知らん、渠《きょ》成れば水到ることを。是れ钁頭邊《かくとうへん》の事《じ》に非ず、又た钁頭邊《かくとうへん》の機《き》に非ず。諸仁者《しょにんじゃ》、著力《じゃくりき》の處《ところ》、端的《たんてき》作麼生《そもさん》。自ら代わって曰く、⿴囗力《か》。

〈訳〉

溝掘りの普請に因んでの示衆。

「水到れば渠《ほり》ができるとばかり思って、渠ができれば水が流れて来る、というところがまったく分かっておらぬ。これは钁《くわ》を使っての作務でもないし、また钁を使って機《はたらき》を示すというのでもない。さて諸君、諸君が力を得るところはいかん」。自ら代わっていわく、「⿴囗力《か》」。

○水到渠成＝『碧巌録』第六則、頌評唱に、「風行草偃、水到渠成」。何も特別なことはない、ごく自然の成り行き。

○钁頭辺事＝『禅林類聚』巻十七に「風穴の沼禅師、僧問う、〈如何なるか是れ钁頭辺の事〉。師云く、〈山前一片の閑田地、竹を種え松を栽えて一境寛し〉」。

○钁頭辺機＝钁頭《くわ》でもってはたらきを示すところ。『臨済録』「師、松を栽うる次いで、黄檗問う、深山裏に許多《そこばく》を栽えて什麼《なに》をか作《な》す。師云く、〈一には山門境致の与《ため》にし、二に後人の与に標榜と作《な》す〉。道い了って钁頭を将って地を打つこと三下」。

○⿴囗力＝力を出して物を引く声。後出［一一八九―一二］「咄咄咄力口希」を参照。

【一―六三】［巻之一の二〇丁表］

大徳開山國師忌。

［拈香云］去年親掃寶峯塔、今日安眠米嶠雲。莫怪忌齋無力辦、灞陵憔悴舊將軍。

大徳開山國師忌《だいとくかいさんこくしき》。

［香を拈《ねん》じて云く］去年《きょねん》、親しく寶峯《ほうぼう》の塔《とう》を掃う、今日《こんにち》、米嶠《べいきょう》の雲に安眠《あんみん》す。怪しむこと莫かれ、忌齋《きさい》、辦《べん》ずるに力無きことを、灞陵憔悴《はりょうしょうすい》す、舊將軍《きゅうしょうぐん》。

〈訳〉

［香を拈じて］「去年の大灯国師忌には、大徳寺にあって親しく国師の塔にお参りしたが、今日は、雲深き龍興寺で安眠している。忌斎を営弁することもできぬのかと咎めたもうな。今の私は灞陵《はりょう》で憔悴している、もとの李将軍のようなものなのだから」。

○大徳開山国師忌＝大徳寺開山、大灯国師・宗峰妙超の開山忌。十二月二二日。

○掃宝峰塔＝「掃塔」は掃墓。墓参りして墓塔を掃除する。大灯国師のことを宝峰国師という。宝峰は龍宝山大徳寺。

○米嶠＝丹波八木の八木山龍興寺。八木山を米山という。

○灞陵憔悴旧将軍＝引退した李広将軍が灞陵《はりょう》の関守に侮られたこと。『前漢書』五十四、李広伝、「（李広）藍田の南山中に屛居し射猟す。嘗て夜、一騎（乗馬の兵ひとり）を従えて出で、人の田間に飲《みずの》ます。還るときに亭（宿駅）に至るに、灞陵の尉《じょう》、酔うて呵して、広を止む。広の騎曰く、〈故《もと》の李将軍なり〉。尉曰く、〈今の将軍すら尚お夜行を得ざるに、何故ぞや〉と、広を亭下に宿《とど》めしむ」。『錦繡段』に収める林和靖の「退筆」詩に、右の故事をふまえて「灞陵憔悴旧将軍」という句がある。これは使い古した筆を旧将軍に見立てたもの。

【一―六四】［巻之一の二〇丁表］

元旦示衆曰、昔者、天衣烹金爐、有元旦免人事之頌。其末曰、無角鐵牛眠少室、當初豈是賀新正。米山則不然。陽氣發時無硬地、未免應時納祐。且作一偈以賀新正。伏乞大衆擊節。法舍興時帝道昌、萬年枝上好風光。須彌是筆虛空紙、信手書來大吉祥。

元旦《がんたん》、衆に示して曰く、昔者《そのかみ》、天衣《てんね》の烹金爐《ほうきんろ》、元旦免人事《がんたんめんじんじ》の頌《じゅ》有り。其《そ》の末《まつ》に曰う、無角《むかく》の鐵牛《てつぎゅう》、少室《しょうしつ》に眠る、當初《そのかみ》、豈《あ》に是れ新正《しんしょう》を賀せんや、と。米山《べいざん》は則ち然らず。陽氣《ようき》發する時、硬地《こうち》無し、未だ免れず、時に應じて祐《ゆう》を納《い》るることを。且《しば》らく一偈《いちげ》を作って以て新正《しんしょう》を賀す。伏して乞う、大衆《だいしゅ》擊節《げきせつ》せんことを。法舍《ほうしゃ》興こる時、帝道昌《ていどうさか》んなり、萬年枝上《まんねんしじょう》、好風光《こうふうこう》。須彌《しゅみ》は是れ筆、虛空《こくう》は紙、手に信《まか》せて書し來たる、大吉祥《だいきっしょう》。

〈訳〉

「昔、天衣義懐禅師が元旦免人事の頌を作られた。その最後のところに〈無角の鉄牛、少室に眠る、当初、豈に是れ新正を賀せんや〉とあるが、米山《わたし》ならばこう言おう、〈陽気発する時、硬地無し、未だ免れず、時に応じて祐を納るることを〉と。というわけで、正月を祝う一偈を作ろう。諸君、これに和韻されよ。〈法舎興こる時、帝道昌んなり、万年枝上、好風光。須弥は是れ筆、虚空は紙、手に信せて書し来たる、大吉祥〉」。

○天衣烹金炉＝天衣義懐禅師。
○元旦免人事之頌＝「免人事」は、正月の賀詞を述べるのを省略すること。その趣旨を述べた偈頌。前出［一―四四］。
○無角鉄牛眠少室＝前出［一―四四］「鉄牛眠少室」。「無角鉄牛」は達磨のことをいうが、なお心牛、心法を含意する。
○陽気発時無硬地＝陽気の起こるとき氷結した硬地はなくなる。『虚堂録』巻三「興聖万寿寺語録」冬夜小参に「陰魔潜伏道芽生、陽気発時無硬地」。『犁耕』（電子達磨版八三八頁）に「陽気発する時、氷雪融けて、地に堅硬無きなり」。「硬」は、『漢語大詞典』に「冷」の義をあげる。
○応時納祐＝時節到来すれば、幸いを招き入れる。『諸録俗語解』［四二三］「応時納祐」に「応時は〈其のときどきにあたりて〉なり。祐は〈神助なり〉と注す。『易経』に〈自天祐之〉とあり。納は受なり、神助を受くるなり」と。「納祐」は納福というに同じ。
○撃節＝歌の合いの手。転じて、和韻ないしは次韻をすること。
○法舎興時帝道昌、万年枝上好風光＝祝語。
○須弥是筆虚空紙、信手書来大吉祥＝須弥山を筆にして、大宇宙に「大吉祥」と書く。『雑阿含経』巻三六之三に「以四大海水為墨、以須弥山為樹皮、現閻浮提草木為筆」。『分別功徳論』巻四之一に「以須弥為硯子、以四大海水為書水、以四天下竹木為筆～」など。

【一—六五】［巻之一の二〇丁裏］

臘八定坐次垂語曰、雲門胡餅趙州茶、慧崇蘆鴈趙昌花。這四件事、還有優劣取舍麼、抑又一味平等乎。各下觜看。代曰、文質彬彬、然後爲君子。又曰、只將補袞調羹手、撥轉如來正法輪。翌日有頌曰、雪嶺六年癡兀兀、米山一夜坐堆堆。不曾迷倒有何悟、只觀茶星睡眼開。

臘八定坐《ろうはつじょうざ》の次いで垂語《すいご》して曰く、雲門《うんもん》の胡餅《こびょう》、趙州《じょうしゅう》の茶《ちゃ》、慧崇《えすう》の蘆鴈《ろがん》、趙昌《ちょうしょう》の花《はな》。這《こ》の四件《しけん》の事、還《かえ》って優劣取舎《ゆうれつしゅしゃ》有りや、抑《そも》そも又た一味平等《いちみびょうどう》なりや。各おの觜《くちばし》を下せ看《み》ん。代わって曰く、文質《ぶんしつ》彬彬《ひんぴん》として、然して後に君子爲《くんした》り。又た曰く、只だ補袞調羹《ほこんちょうこう》の手《しゅ》を將って、如來《にょらい》の正法輪《しょうぼうりん》を撥轉《はってん》す。翌日、頌《じゅ》有り曰く、雪嶺《せつれい》の六年、癡兀兀《ちごつごつ》、米山《べいざん》の一夜《いちや》、坐堆堆《ざたいたい》。曾て迷倒《めいとう》せず、何の悟りか有らん、只だ茶星《ちゃせい》を観《み》て、睡眼《すいがん》開く。

〈訳〉

臘八坐禅の折の垂語。

「雲門の胡餅、趙州の茶、慧崇の蘆鴈、趙昌の花。この四つに優劣があるか、それとも同じことか。おのおの言うてみよ」。代わっていわく、「（論語にいわく）文質彬彬として、然して後に君子たり」。またいわく、「只だ補袞調羹の手を将って、如来の正法輪を撥転す」。翌日、頌有りいわく、「釈尊は雪山で六年のあいだ癡兀々、米山《それがし》は今夜、ここで堆々として坐る。曾て迷倒したことはないのだから、何を悟ることがあろう。ただ茶星を見て眠気を覚ますだけだ」。

○雲門胡餅＝『雲門録』に「時に僧有り問う、〈如何なるか是れ超仏越祖の談〉。師云く、〈餬餅〉」。胡餅は、胡麻をつけた焼餅《シャオビン》（麦粉をこねて醗酵させ、平たくして焼いたもの）。『晋書』王長文伝「成都市中に蹲踞《しゃが》んで胡餅を齧《かじ》る」。前蜀、杜光庭の「虬髯客伝」に「客曰く、餓えたり。公、出でて胡餅を市《か》う。客、腰間の匕首《あいくち》を抽《ぬ》いて、肉を切って共に食う」。また『虚堂録』に「胡餅裏覓汁」とあるように、水分の少ないものであり、『大灯国師語録』に「覿面胡餅難下口」、『槐安国語』に「雲門大師曰胡餅。你如何下歯牙得」とあるように、「口を下し難きもの」をいう。

○趙州茶＝『碧巌録』第二十二則、本則評唱に、「趙州凡そ僧を見て便問う、〈曾て此間《すかん》に到るや〉。云く、〈曾て到る〉。或いは云く、〈曾て到らず〉。州総に云く、〈喫茶去〉」。

○慧崇蘆鴈＝『図絵宝鑑』三に、「建陽の僧恵崇は、鵞鴈、鷺鷥を画くに工みにして、尤も小景に工みなり、善く寒汀遠渚を為して、瀟洒虚曠の象は、人の到り難き所なり」。

○趙昌花＝『図絵宝鑑』三に、「趙昌、字は昌之、広漢の人、善く花果を画いて、名は一時に重し。初め滕昌祐を師とし、後に其の芸を過ぐ。折枝を作って生意《さんい》有り、色を傅《ぬ》って尤も其の妙に造《いた》り、兼ねて草虫に工みなり。蓋し其の作る所、特に其の形似を取らず、直に花の与に神を伝うるも、禽石は其の精とする所に非ず」。

○文質彬彬、然後為君子＝『論語』雍也、「子曰、文質彬彬、然後君子」。「文質彬彬」は、文華（はなやか）と質朴とが適度に相まじっていること。

○只将補衮調羹手、撥転如来正法輪＝『大慧語録』巻一に「只将補衮調羹手、撥転如来正法輪」。「補衮」は、天子の過失を補うこと。原義は、天子の服（龍衮）のほころびを補うこと。「調羹」は、羹《スープ》の味を調える。転じて、国政を治め理すること。「調羹鼎」ともいう。

○茶星＝わが室町禅林における造語か。『翰林五鳳集』に「茶星」と題する頌が六首あり、月舟の「茶星」詩にいう、「列宿、光を収む半椀の春、一団の月兎、蒼旻《そうびん》（＝空）を照らす。酒星、識らず、之に拱《たんだく》すや否《いな》や。北焙の風烟、即ち北辰」とある。五山文学に出るが、中国での用例を見ない。「酒星」に対して造ったものか。

【一一六六】［巻之一の二〇丁裏］

元旦示衆曰、斬新日月、特地乾坤。佛祖大機、衲僧巴鼻。恒河福智、無量妙用。悉向者裏、一時發現。未證據者看看。即舉頌曰、六十老翁疎懶加、但將春睡賞年華。公案現成君自看、鶯邊柳色日邊霞。

元旦《がんたん》、衆に示して曰く、斬新《ざんしん》の日月《じつげつ》、特地《どくち》の乾坤《けんこん》。佛祖《ぶっそ》の大機《だいき》、衲僧《のうそう》の巴鼻《はび》。恒河《ごうが》の福智《ふくち》、無量《むりょう》の妙用《みょうゆう》。悉《ことごと》く者裏《しゃり》に向かって一時《いちじ》に發現《はつげん》す。未だ證據《しょうこ》せざる者は、看《み》よ看《み》よ。即ち頌《じゅ》を擧《こ》して曰く、六十老翁《ろうおう》、疎懶《そらん》加わる、但だ春睡《しゅんすい》を將って年華《ねんか》を賞《しょう》す。公案現成《こうあんげんじょう》、君自《みずか》ら看《み》よ、鶯邊《おうへん》の柳色《りゅうしょく》、日邊《にちへん》の霞《かすみ》。

〈訳〉

「新年正月、日月も新たまって、特別なる天地に改まった。仏祖の偉大なはたらきも、禅僧の本領発揮も、恒河のごとき福智、無量の妙用も、すべてはここから一時に発現する。そこがまだ分からぬ者は、看よ看よ」。そこで頌していわく、「老いて六十、いよいよもののぐさくなった、この新春を賞でる方法は、ただ春睡のみ。公案はそこに現成、丸出しになっておるではないか。君自ら看よ。鶯辺の柳色、日辺の霞（この現成底がほかならぬソレだ）」。

○斬新日月、特地乾坤＝『古尊宿語録』巻三十九、智門光祚の歳旦上堂に、「斬新の日月、特地の乾坤。人々尽く一歳を加う。你道え、露柱は歳多少ぞ。還って人の道い得る有りや。……」。

○衲僧巴鼻＝衲僧の本領、本分。

○恒河福智＝無量の福と智。

○六十老翁疎懶加、但将春睡賞年華＝蘇東坡の「春日」詩に「鳴鳩《めいきゅう》、乳燕《にゅうえん》、寂として声無し、日、西窓に射して眼に潑《そそ》いで明なり。午酔《ごすい》醒め来たって一事も無し、只だ春睡を将って春晴を賞す」。三四句、『四河入海』の解にいう「午ノ時分ヨリ酒ヲ飲ムガ、已ニ醒メ来タツテ一事モ無キゾ。サルホドニ、此ノ春ヲ賞センニハ、只ダ春眠ヲ以テ賞ス可キゾ。世間ノ人ハ、或ハ詩ヲ以テ春ヲ賞シ、或ハ酒ヲ以テ春ヲ賞スルゾ」。この二句、『点鉄集』におさめる。「年華」は光陰、また春光。ここでは後者。

○鶯辺柳色日辺霞＝これぞ現成底。

【一―六七】［巻之一の二二丁表］

七月旦示衆、古者道、依經解義、三世佛寃、離經一字、還同魔説。山門今日、出蘭盆看經牓、依經即是、離經即是。自代曰、耕荊棘林、下地獄種。

七月旦《たん》、衆に示す。古者《こしゃ》の道わく、經《きょう》に依って義を解す、三世《さんぜ》、佛の寃《あだ》、經《きょう》を離れて一字、還《かえ》って魔《ま》説《せつ》に同じ、と。山門今日《さんもんこんにち》、蘭盆看經《らんぼんかんきん》の牓《ぼう》を出だす、經に依るが即ち是か、經を離るるが即ち是か。自ら代わって曰く、荊棘林《けいきょくりん》を耕《たがや》し、地獄《じごく》の種《たね》を下《おろ》す。

〈訳〉

「古人いわく、〈経典によって言葉で解釈すれば、三生にわたる仏寃となる、しかし、経典を離れた一字一句は魔説に他ならない〉と。我が寺では今日、盂蘭盆会《うらぼんえ》の看経牓《かんきんぼう》を出すのだが、さて、経典によるのがよいか、それとも経典を離れるのがよいか」。自ら代わっていわく、「荊棘林を耕すことが地獄の種となる」。

○古者道＝『百丈広録』に「問、依経解義、三世仏冤、離経一字、如同魔説時如何。師云、固く動静を守れば三世の仏冤。此の外に別に求むれば魔説に如同《おな》じ」。

○耕荊棘林、下地獄種＝艱苦して修行したが、それがまた妄想の種となる(『禅語字彙』)。『応庵曇華語録』上堂に、「披毛戴角《ひもうたいかく》、拽杷牽犁《えいはけんり》。耕荊棘林、下地獄種。開三毒華、結無明果」。「荊棘林」は、『雲門広録』に、「平地上に死人無数、荊棘林を出得する者は是れ好手」とあるように、イバラの林のごとき悪毒の公案という意味も持つ。

【一―六八】［巻之一の二二丁表］

八月旦示衆。清風挽不來、殘暑推不去、學道勤不成。此三不只在努力。雖然與麼、涼風只在殿西頭。所以道、欲知佛性義、當觀時節因緣。時節既至、其理自彰。喝曰、是甚麼時節。［良久云］只爲分明極、還令所得遲。

八月旦《はちがつたん》、衆に示す。清風《せいふう》挽《ひ》けども來たらず、殘暑《ざんしょ》推《お》せども去らず、學道《がくどう》勤《つと》むれども成らず。此の三《さん》不《ふ》、只だ努力《どりょく》に在り。然《しか》も與麼《よも》なりと雖も、涼風《りょうふう》は只だ殿《でん》の西頭《せいとう》に在り。所以《ゆえ》に道う、佛性《ぶっしょう》の義を知らんと欲せば、當《まさ》に時節因縁《じせついんねん》を觀ずべし、と。時節《じせつ》既に至らば、其の理自ずから彰《あら》わる。喝して曰く、是れ甚麼《なん》の時節《じせつ》ぞ。［良久《りょうきゅう》して云く］只だ分明《ふんみょう》に極むるが爲に、還《かえ》って所得《しょとく》をして遲からしむ。

〈訳〉

「清風を招いても来ない、残暑を押しやろうと思っても去らぬ。そして、修行に勤めても成就しない。この三不を乗り切るには、ただ努力のみ。とはいえ、いつ秋を知らせる涼風が御殿の西に迫るやも知れぬ。だから、仏性の義を知らんと欲せば、まさに時節因縁を観ずべし、と言うのである。時節が来れば因縁が熟して、その理はおのずから現れるのである」。一喝していわく、「さて、これはいかなる時節か」。［しばらくしていわく］「ひたすら分明に極めようとすれば、かえって所得が遅くなる」。

○清風挽不来、残暑推不去、学道勤不成＝黄山谷「和して外舅の孫莘老《そんしん》に答う」詩に「西風挽不来、残暑推不去」。

○涼風只在殿西頭＝李商隠「宮詞」詩に「君恩は水の東に向かって流るるが如し、寵を得ては移ることを憂え、寵を失っては愁う。樽前に向かって花落を奏すること莫かれ、涼風は只だ殿の西頭に在り」。句意は、「君の恩寵は水の東流のようなもので、ふたたび還ることはない。だから寵愛を得た宮女はそれが他に移ることを心配する。だから寵愛を得ても樽前で梅花落などを奏でてはならぬ。今は爛漫たる春かも知れぬが、秋を知らせる涼風は早くも御殿に西側に迫っているのだから」。

○欲知仏性義、当観時節因縁＝『伝灯録』巻九、潙山霊祐章に「百丈云く、経に云う、仏性を見んと欲せば、当に時節因縁を観ずべし。時節既に至りぬれば、迷の忽ち悟るが如く、忘の忽ち憶するが如く、方に己物にして他より得ざることを省す」。南本『涅槃経』巻二六に「欲見仏性、応当観察時節形色」。『句双葛藤鈔』「欲識仏性義、応観時節因縁」、「仏性ハ只自節因縁ヲ待テ知ラデハゾ。ト云テ只居テハ知レヌゾ」。

○只為分明極、還令所得遅＝『続伝灯録』巻十八、仏窟可英章、「問う、〈如何なるか是れ仏法の大意〉。師云く、〈一輪纔かに海を出づれば、万彙《ばんい》尽く恩に霑《うるお》う〉。僧曰く、〈学人不会〉。師云く、〈秖為分明極、翻令所得遅〉」。

【一—六九】［巻之一の二二丁裏］

開爐。

擧則監院丙丁求火因縁曰、敢問、問頭已同、答處不別。爲甚前頭依然錯會、後頭豁然大悟。請試甄別。自代曰、霹靂一聲透頂門、驚起從前自家底。

開爐《かいろ》。

則監院《そくかんいん》の丙丁求火《へいていぐか》の因縁《いんねん》を擧《こ》して曰く、敢えて問う、問頭《もんとう》已に同じく、答處《たっしょ》別ならず。甚《なん》と爲《し》てか、前頭《ぜんとう》は依然《いぜん》として錯《あやま》って會《え》し、後頭《こうとう》は豁然《かつねん》として大悟《たいご》す。請う試みに甄別《けんべつ》せよ。自ら代わって曰く、霹靂一聲《へきれきいっせい》、頂門《ちょうもん》に透る、従前《じゅうぜん》の自家底《じかてい》を驚起《きょうき》す。

〈訳〉

則監院の丙丁同時来求火の公案を取り上げて、師が言われた、「則監院は同じことを問い、法眼は同じ答えをしたのに、どうして一回目は錯りで、二回目で豁然として大悟したのか。これを弁別せよ」。自ら代わっていわく、「（趙清献公は）轟然たる雷鳴が頂門に透るのを聞いて、本来の自己に目覚めた」。

○開炉＝陰暦十月一日に僧堂内の炉を開くこと。

○則監院丙丁求火因縁＝『碧巌録』第七則、本則評唱に「只だ則監院の如きんば、法眼の会中に在って、也た曾て参請入室せず。一日法眼問うて云く、〈則監院、何ぞ来たって入室せざる〉。則云く、〈和尚豈に知らずや、某甲は青林の処に於いて、箇《こ》の入頭《にっとう》有り〉。法眼云く、〈汝試みに我が為に挙せよ看ん〉。則云く、〈某甲問う、如何なるか是れ仏。林云く、丙丁童子来求火〉。法眼云く、〈好語なり、恐らくは你が錯って会せんことを、更に説く可し看ん〉。則云く、〈丙丁は火に属す、火を以て火を求む、某甲の如きは是れ仏、更に去って仏を覓む〉。法眼云く、〈監院、果然として錯って会し了れり〉。則、不憤《ふふん》して便ち起単して江を渡り去る。法眼云く、〈此の人、若し回らば救う可し、若し回らずんば救うことを得じ〉。則、中路に到って、自ら忖《はか》って云く、〈他は是れ五百人の善知識なり、豈に我れを賺《すか》す可けんや〉。遂に回って再び参ず。法眼云く、〈你、但だ我れに問え、我れ你が為に答えん〉。則、便ち問う、〈如何なるか是れ仏〉。法眼云く、〈丙丁童子来求火〉。則、言下に於いて大悟す」。「丙丁童子」は火の神。

○霹靂一声透頂門、驚起従前自家底＝『羅湖野録』上、「趙清献公、雷を聞いて省有り、即ち偈を説いて曰く、……
霹靂一声透頂門、驚起従前自家底、……」。

【一一七〇】〔巻之一の二一丁裏〕

示衆。

擧。嵩山峻極和尚、因僧問、如何是大修行底人。答曰、擔枷帯鎖。問、如何是大作業底人。答曰、修禪入定。師曰、此是父子唱和、爭奈傍觀者醜。諸禪徳、試下一轉語看。自代曰、太平誰整閑戈甲、王庫初無如是刀。


衆に示す。

擧《こ》す、嵩山《すうざん》の峻極和尚《しゅんきょくおしょう》、因《ちな》みに僧問う、如何《いか》なるか是れ大修行底《だいしゅぎょうてい》の人。答えて曰く、擔枷帯鎖《たんかたいさ》。問う、如何《いか》なるか是れ大作業底《だいさごうてい》の人。答えて曰く、修禪入定《しゅぜんにゅうじょう》、と。

師曰く、此は是れ父子唱和《ふししょうわ》、爭奈《いかん》せん、傍觀《ぼうかん》の者醜《みにく》きことを。諸禪徳《しょぜんとく》、試みに一轉語《いってんご》を下せ看《み》ん。

自ら代わって曰く、太平《たいへい》、誰か閑戈甲《かんかこう》を整えん、王庫《おうこ》初めより是《かく》の如《ごと》き刀無し。


〈訳〉

嵩山の峻極和尚に僧が尋ねた、「大修行底の人とは」。答え、「首枷に手鎖」。「では大作業底の人とは」。答え、「修禅入定」。

この話頭を取り上げて師が言われた、「このような父子唱和の問答は、はたから見ても分からぬのだが、そこに一転語を下してみよ」。自ら代わっていわく、「太平の御代に戦道具を準備するのは誰か。大休歇《だいきゅうけつ》のところに閑言語は用がない」。

○嵩山峻極和尚＝『聯灯会要』巻三、嵩山破竈墮章。
○担枷帯鎖＝（囚人のように）首枷に手鎖。
○父子唱和＝「父子唱和、両口無一舌」、父と子とピッタリ呼吸が合って一枚の舌の如し。また「父子唱和、気気相投」。
○傍観者醜＝はたで見る者こそ間抜け面。
○太平誰整閑戈甲、王庫初無如是刀＝『江湖風月集』偃渓聞和尚の「語録を褙《はい》す」の三四句。「太平の御代、大休歇のところに、いらざる戦道具を準備するのは誰か。大休歇の人に閑言語は用がない、本来、不立文字、紙墨にあずかる事ではない。いわんや書物の補修など、何ぞ用いん」。

【一―七一】［巻之一の二二丁裏］

擧。丹霞和尚、於慧林寺遇天寒、取木佛燒火向。院主訶。師曰、燒取舍利。主曰、木佛何有舍利。師曰、既無舍利、更取兩尊燒。曰、正人説邪法、邪法爲正法。邪人説正法、正法爲邪法。又曰、愁人莫向愁人説、説向愁人愁殺人。

擧《こ》す。丹霞和尚《たんかおしょう》、慧林寺《えりんじ》に於いて天寒《てんかん》に遇い、木佛《もくぶつ》を取って火に焼いて向かう。院主訶《いんじゅか》す。師曰く、焼いて舎利《しゃり》を取らん。主曰く、木佛《もくぶつ》、何ぞ舎利《しゃり》有らん。
師曰く、既に舎利《しゃり》無くんば、更に兩尊《りょうそん》を取って焼かん。曰く、正人《しょうにん》、邪法《じゃほう》を説けば、邪法《じゃほう》も正法《しょうぼう》と爲り、邪人《じゃにん》、正法《しょうぼう》を説けば、正法《しょうぼう》も邪法《じゃほう》と爲る。又た曰く、愁人《しゅうじん》、愁人《しゅうじん》に向かって説くこと莫かれ、愁人《しゅうじん》に説向《せっこう》すれば、人を愁殺《しゅうさつ》す。

〈訳〉

丹霞和尚が慧林寺で木仏を焼いて暖をとったところ、院主から叱られた。丹霞、「焼いて舎利を取ろうとしたのだ」。院主、「木仏にどうして舎利があるものか」。丹霞、「ならば、もう一体を焼いてみよう」と。
この公案を取り上げて、師が言われた、「正人が邪法を説けば、邪法も正法となり、邪人が正法を説けば、正法も邪法となる」。またいわく、「愁人、愁人に向かって説くこと莫かれ、愁人に説向すれば、人を愁殺す」。

○丹霞和尚……＝『五灯会元』巻五、丹霞天然章。
○正人説邪法、邪法為正法＝『五灯会元』巻四、趙州従諗章の上堂に「正人、邪法を説けば、邪法悉く皆な正なり。邪人、正法を説けば、正法悉く皆な邪なり。諸方は見難く識り易し、我が這裏《しゃり》は見易く識り難し」。
○愁人莫向愁人説、説向愁人愁殺人＝『碧巌録』第三則、頌下語。その悲しみは悲しみを経たものにはよく分かる。

みなまで言わずとも分かる。

【一―七二】［巻之一の二三丁表］

擧。三祖大師信心銘曰、夢幻空花、那勞把捉、得失是非、一時放却。試道一句子。代曰、赤脚崑崙蹈雪行、轉身打破瑠璃椀。

擧《こ》す。三祖大師《さんそだいし》の信心銘《しんじんめい》に曰く、夢幻《むげん》の空花《くうげ》、那《なん》ぞ把捉《はそく》を勞せん、得失是非《とくしつぜひ》、一時《いちじ》に放却《ほうきゃく》す、と。試みに一句子《いっくす》を道え。代わって曰く、赤脚《せっきゃく》の崑崙《こんろん》、雪を蹈んで行く、轉身《てんしん》して打破《だは》す、瑠璃《るり》の椀《わん》。

〈訳〉

「『信心銘』に〈夢幻の空花、那ぞ把捉を労せん、得失是非、一時に放却す〉とある、これに一句を着けよ」。師が代わっていわく、「裸足の崑崙奴が雪を踏んで行く、くるりと振り返って、瑠璃の椀をぶち壊した」。

○赤脚崑崙踏雪行、転身打破瑠璃椀＝『禅林類聚』巻七、「曹山本寂禅師に僧が五位対賓を問う。師云く、〈汝は今、那箇《なこ》の位をか問う〉。云く、〈某甲、偏位の中より来たれり、請う師、正位の中に接せよ〉。師云く、〈接せず〉。云く、〈甚麽《なん》としてか接せざる〉。師云く、〈恐らくは偏位の中に落ち去らん〉。師復た問僧に問う、〈祇《た》だ不接の如きんば、是れ対賓か対賓にあらざるか〉。云く、〈早《すで》に是れ対賓し了れり〉。師云く、〈如是如是〉」という話頭に対する丹霞淳の拈頌に、「月中玉兎夜懐胎、日裏金烏朝抱卵。黒漆崑崙踏雪行、転身打破瑠璃椀」。「崑崙」は前出［一―三一―四］。絶対無分割のまるまるソノモノ、ソレソノモノを擬人化していう。

【一―七三】［巻之一の二二丁表］

冬節上堂。

［豎起拂子云］拈五須彌、作一枝筆。［收拂云］看麼。伶利底莫待虚空裏書雲物。參。

有僧出曰、向上機關、天欲雪而未雪。衲僧巴鼻、梅欲花而未花。好箇時節、請師一言。

師曰、我宗無語又無法、獼猴各佩古菱花。

進曰、一氣不言、發自九淵之底。初爻無象、肇爲萬化之宗。

師曰、好箇一問。

進曰、記得、慈明圓禪師、昔日牓僧堂前、作三圓九畫之相、題其下曰、若人識得不離四威儀中。端的在那裏。

師曰、胡亂指注。

進曰、與麼則賺殺一船人。

師曰、出頭天外看。

進曰、吾山、節屆書雲、晷運推遷、一句作麼生。

師曰、體露金風。

僧拍掌曰、一二三四五。便禮拜。

師曰、何不道五四三二一。


冬節上堂《とうせつじょうどう》。

［拂子《ほっす》を竪起《じゅき》して云く］五須彌《ごしゅみ》を拈《ねん》じて、一枝《いっし》の筆と作《な》す。［拂《ほっ》を收めて云く］看《み》るや。伶利底《れいりてい》は虚空裏《こくうり》に雲物《うんぶつ》を書するを待つこと莫かれ。參《さん》。

僧有り出でて曰く、向上《こうじょう》の機關《きかん》、天、雪ふらんと欲して未だ雪ふらず。衲僧《のうそう》の巴鼻《はび》、梅、花さかんと欲して未だ花さかず。好箇《こうこ》の時節《じせつ》、請う師一言。

師曰く、我が宗、語無く又た法無し、獮猴《みこう》、各おの古蔆花《こりょうか》を佩《お》ぶ。

進めて曰く、一氣言《いっきものい》わず、九淵《きゅうえん》の底《そこ》より發す。初爻《しょこう》、象《しょう》無し、肇《はじ》めて萬化《ばんか》の宗爲《しゅうた》り。

師曰く、好箇《こうこ》の一問《いちもん》。

進めて曰く、記得《きとく》す、慈明《じみょう》の圓禪師《えんぜんじ》、昔日《そのかみ》、僧堂前《そうどうまえ》に牓《ぼう》して、三圓九畫《さんえんきゅうかく》の相《そう》を作《な》す。其の下に題して曰く、若し人識得《しきとく》せば、四威儀《しいぎ》の中《うち》を離れず、と。端的《たんてき》、那裏《なり》にか在る。

師曰く、胡亂《うろん》に指注《しちゅう》す。

進めて曰く、與麼《よも》ならば則ち一船《いっせん》の人を賺殺《れんさつ》す。

師曰く、天外《てんがい》に出頭《しゅっとう》して看《み》よ。

進めて曰く、吾が山、節《せつ》、書雲《しょううん》に屆《あた》り、晷運《きうん》推《お》し遷《うつ》る、一句作麼生《いっくそもさん》。

師曰く、體露金風《たいろきんぷう》。

僧、掌《て》を拍《う》って曰く、一二三四五、と。便ち禮拜《らいはい》。

師曰く、何ぞ五四三二一と道わざる。


〈訳〉

［払子をたてて］「ここに須弥山五つを一本の筆としたぞ」。［払子を収めて］「看るや。冬至に因んで雲気を見て記録するまでもない。ずばり指し示す伶利な奴はおらぬか、参じてみよ」。

僧が進み出ていう、「雪が降りそうで降らない天の模様はまさに向上の機関。今にも咲きそうで開かない梅は、さながら衲僧の巴鼻。これより機輪が転ぜんとする、この好時節にあたって、どうか一言をお示しください」。

師、「我が宗には説くべき語も無ければ、また法も無い。猿がそれぞれ古鏡をさげている（ようなもの）」。

僧、「天地は無言にして、九淵の底より陽気を発する。初爻（一番下の爻）が陽爻となって一陽が生ずるが、そこに何らの形も見えない。しかもその一陽から万物が発生するのですが」。

師、「よい一問だ」。

僧、「慈明の円禅師は、僧堂の前に三円九画の牓を懸け、そこに〈若し人識得せば、四威儀の中を離れず〉と書かれましたが、その意味は」。

師、「〈人をまどわす〉いいかげんな注だ」。

僧、「ならば、一船の人々を賺すことになりますが」。

師、「〈一船におらずに〉天外に出頭してみよ」。

僧、「わが寺も、冬至となり、これより日の運行が推し遷って参りますが、そこの一句はどうですか」。

師、「体露金風」。

僧、掌を拍って、「一二三四五」といって礼拝。

師、「どうして五四三二一と言わないか」。

○拈五須弥、作一枝筆＝『雑阿含経』巻三十六の三「四大海水を以て墨と為し、須弥山を以て樹皮と為し、閻浮提の草木を現じて筆と為し、復た三千大千刹土の人をして、尽く能く舎利弗が智慧の業を書かしむ」。『五祖法演語録』住太平語録に「上堂云く、四大海水を将って一枚の硯と為し、須弥山を一管の筆と作《な》す。人有り虚空裡に向って、祖師西来意の五字を写さば、太平座を下って大いに坐具を展べて礼拝して師と為さん」。
○莫待虚空裏書雲物＝「書雲物」は前出［一―三七―一二］。冬至の縁語。
○天欲雪而未雪、梅欲花而未花＝『虚堂録』巻二「雲黄山宝林寺語録」上堂に、「僧問う、〈天欲雪而未雪、梅欲華而未華。好箇西来の意、人の共に家を出づる無し〉。師云く、〈耳を掩うて鈴を偸む〉」。『犂耕』（電子達磨版四七六頁）に「機輪未だ転じざるの時節」。
○我宗無語又無法、獼猴各佩古菱花＝『横川行珙語録』「示至侍者」偈の一二句に、「我が宗は語無く亦た法も無し。

獼猴各佩古蔆花」。蔆は菱に同じ。「古蔆花」は鏡のこと。「獼猴佩古鏡」ともいう。『碧巌録』第六十八則、本則の評唱に「(雪)峰、寺荘に往く、路に獼猴に逢い、乃ち云く、〈這《こ》の獼猴各々一面の古鏡を佩ぶ〉。(三)聖云く、〈歴劫名無きに、何を以てか彰わして古鏡と為す〉。峰云く、〈瑕生ぜり〉」。『種電鈔』にいう、「峰の意に云う、只だ是れ古鏡の当体は是れなるのみ、更に穿鑿を容さず。今、歴劫名無しと言うも、早く是れ触犯し了る、好箇の古鏡も忽ち瑕生ぜり」。

○一気不言、発自九淵之底、初爻無象、肇為万化之宗＝『虚堂録』興聖録の冬至小参に出る語。「初爻無象」は、十一月の卦である「復」をいうもの。復卦の初爻(一番下の爻)は陽爻であり、これによって一陽が生ずるが、そこに何らの象も見えることはない。しかもこの一陽から万物が発生する。「万化」は一切の変化の結果、万物、天地そのもの。

○慈明円禅師、昔日牓僧堂前＝慈明和尚(石霜楚円)が冬日に、護符のようなものを掲示したこと。『虚堂録』代別に、「慈明和尚冬日、榜を僧堂前に示して、此の相を作《な》す。。若し人識得すれば、四威儀の中を離れず」。

○三円九画之相＝右に出る不可解な図のこと。国訳禅宗叢書『虚堂和尚語録』の注に、「上の三円は陽の数なり、冬至を云ふ、九卦は東西自由、円は年の義なり、儿は東西自由と云ふ字なり、云ふ意は放参は参を懈怠の心なり、参をゆるすほどに東西用を足し、ねたりおきたり」という解釈があるが、胡乱の指注なるべし。

○賺殺一船人＝『碧巌秘抄』「乗合ノ人ヲ皆バカニシタ」。『禅語字彙』「一座中の人を皆スッカリとだまして仕まった」。

○出頭天外看＝『伝灯録』巻十、五台山智通章、臨終の偈に「手を挙げて南斗を攀じ、身を迴して北辰に倚る。出頭天外看、誰是我般人」。天外に飛び出して見よ、我に匹敵する如き者が誰かあろうか。天上天下、唯我独尊。

○節届書雲、晷運推遷＝冬至の縁語。「晷運」は日の運行。

○体露金風＝『碧巌録』第二十七則、本則、「僧、雲門に問う、〈樹凋み葉落つる時如何〉。雲門云く、〈体露金風〉」。秋風のうちにすべてが丸出し。

【一―七四】［巻之一の二二丁裏］

乃曰、群陰剥盡一陽生。又見東山水上行。冷笑雲門多口老却來日午打三更。吾大應祖恁麼忉怛。既爲點胸尊者。諸方紛然商量。總是杓卜虚聲。窮則變。洞山果卓。今何掇退。變則通。京師大黄本自分明。直得換布裩於玉泉。展臥單於鏡清。

無端槃大兒繡紋添線。不覺刺破金剛眼睛。血濺梵天痛聲雷轟。驚起海邊阿修羅王。走入藕絲竅裏竄伏疲兵［拈出拄杖］傍有黒面翁。出來呵呵大笑曰、月從雪後定奇夜、撥亂乾坤致太平［卓一下］。

乃ち曰く、群陰剥盡《ぐんいんはくじん》して一陽《いちよう》生ず。又た見る東山水上行《とうざんすいじょうこう》。冷笑《れいしょう》す、雲門多口老《うんもんたくろう》、却り來たって日午《にちご》に三更《さんこう》を打《た》することを。吾が大應祖《だいおうそ》、恁麼《いんも》に忉怛《とうたん》す。既に點胸尊者《てんきょうそんじゃ》と爲る。諸方紛然《しょほうふんぜん》として商量《しょうりょう》す。總《そう》に是れ杓卜虚聲《しゃくぼくきょせい》。窮《きゅう》するときんば則ち變《へん》ず。洞山《とうさん》の果卓《かたく》、今何ぞ掇退《てったい》せん。變《へん》ずるときんば則ち通《つう》ず。京師大黄《けいしだいおう》、本と自ずから分明《ふんみょう》なり。直《じき》に得たり、布裩《ふこん》を玉泉《ぎょくせん》に換え、臥單《がたん》を鏡清《きょうしょう》に展《の》ぶることを。

端無《はしな》くも、槃大兒《バンドジ》、繡紋《しゅうもん》、線を添う。覺えず、金剛《こんごう》の眼睛《がんぜい》を刺破《しは》す。血、梵天《ぼんてん》に濺《そそ》いで痛聲《つうせい》雷のごとく轟《とどろ》く。海邊《かいへん》の阿修羅王《あしゅらおう》を驚起《きょうき》して、走って藕絲竅裏《ぐうしきょうり》に入って、疲兵《ひへい》を竄伏《ざんふく》す。［拄杖《しゅじょう》を拈出《ねんしゅつ》して］傍らに黒面翁《こくめんおう》有り。出で來って呵呵《かか》大笑《たいしょう》して曰く、月は雪後《せつご》從り定めて奇夜《きや》、乾坤《けんこん》を撥亂《はつらん》して太平《たいへい》

を致す［卓一下《たくいちげ》］

〈訳〉

「十月に陰気が極まり、十一月の冬至になって一陽が初めて生ずる。さて、雲門は東山水上行と言われたが、このおしゃべり老人が、真っ昼間に夜中の時を報せるようにぼけておるとはお笑いだ。わが大応老祖も多言しておられる。みな自信満々で、あれこれ言っているのだが、すべて無意味な占いのようなもの。窮すれば必ず変化が生ずるのである。洞山のように冬節にあたって、果卓を掇退《てったい》して見せることもない。変化すれば必ず通ずる道が生ずるのである。冬来の事を問われて、〈京師、大黄を出だす〉と答えるのも、もとより分明のこと。であるから、冬至に因んで〈褌《ふんどし》の替えがない〉と答えた玉泉の褌を取り替えてやることもできようし、〈臥単《ふとん》を開く暇もない〉と答えた鏡清に代わって臥単を開いてやることもできよう。

（私英朝は）ゆくりなくも、ありもせぬ無駄言を述べて、冬至に因んで、糸でもって刺繡仕事をしてしまった。そして、はからずも金剛の眼睛を突き刺し、その血が梵天にそそぎ、その悲鳴が雷のごとくに轟き、さらに、梵天のその叫び声は海辺の阿修羅王を驚かせ、疲弊した兵たちを率いて藕糸の穴の中に逃げ隠れさせた」。

［拄杖をにぎって］「傍らから黒面の翁が出で来て、呵呵大笑して言う、〈月は雪後より定め

て奇夜、乾坤を撥乱して太平を致す〉と」。〔卓一下〕。

○群陰剝尽一陽生＝十月に陰気が極まり、十一月の冬至になって一陽が初めて生ずる。その卦を復という。この箇所、『虚堂録』巻八「冬夜小参」の語を引く。

○東山水上行＝『雲門広録』「問う、〈如何なるか是れ諸仏出身の処〉。師云く、〈東山水上行〉」。（山は不動で水が動くのではない）東山が水上を行く。

○日午打三更＝『句双葛藤鈔』「日午打三更」に、「時節ニヲチヌゾ。又自由自在ヂヤ。又タ老倒シテホレタ上ニモ見ルゾ」。ここでは三番目の「ホレタ（惚れた）＝ぼけた」の意。後出にもいくつかあるが、そこでの意味はまた異なる。

○吾大応祖恁麼忉怛＝『大応録』「挙す。僧雲門に問う、〈如何なるか是れ諸仏出身の処〉。門云く、〈東山水上行〉と。是なることは即ち是なるも、山僧は然らず。梵刹已に立って、今日開堂」。

○忉怛＝『諸録俗語解』〔二一一〇〕「忉怛」に「『纂要』十一、四五「嘮叨」の注に「言語太だ多きなり」」、「絮絮叨叨」の注に「語太《はなは》だ多きを言うなり」。今、字に拘わらず〈多言の貌《さま》〉と見るべし。〈絮叨〉を俗語にくどいと訳す」。

○点胸尊者＝『諸録俗語解』〔一三四八〕「雲居羅漢」に、「『方語』に点胸尊者。又た自点胸と。古抄に、雲居寺に羅漢有り。自ら胸を指して肌を示す貌なり。雲居寺、飯食に乏し、故に後人以て故事と為すなり」。

○杓卜虚声＝『祖庭事苑』「杓卜」に「風俗に杓を抛って以て吉凶を卜う者、之を杓卜と謂う」。

○窮則変、変則通＝『易』繋辞下。

○洞山果卓。今何掇退＝『洞山録』「冬節、泰首座と果子を喫する次いで、問う、〈一物有り、上、天を拄え、下、地を拄う。黒きこと漆の如し。常に動用《どうゆう》の中に在って、動用《どうゆう》の中に収め得ず。且らく道え、過、什麼《いずれ》の処にか在る〉。首座云く、〈過、動用《どうゆう》の中に在り〉。師、果卓を掇退せしむ」。

○京師大黄＝前出［一―二七―二］「京師出大黄」。

○換布裩於玉泉＝雲門下五世の玉泉承皓は歴代の祖師の名前を書いた布裩《ふんどし》を身に着けていたので、浩布裩と渾名された。『五灯会元』巻十五、玉泉章の冬至示衆に、「晷運は推移しても、布裩は赫赤。洗わざるを怪しむこと莫かれ、来たって換替する無きのみ」。

○展臥単於鏡清＝『伝灯録』巻十七、白水本仁章に、「鏡清、行脚して到る。師これに謂いて曰く、〈時寒し、道者〉。清曰く、〈不敢《ふかん》〉。師云く、〈還って臥単有って蓋い得るや〉。曰く、〈設《たと》い有るとも亦た展ぶる底の功夫無し〉。師云く、〈直饒《たと》い道者滴水滴凍なりとも、亦た他事には干せず〉」。「臥単」は布臥単で、坐臥両用の敷布。

○槃大児繍紋添線＝後出［二一―二四］に「繍紋添線絆倒槃大児」とある。「槃大児」は石女児。『葛藤語箋』「盤大児」に「楞伽経二の偈に曰く、如虚空兎角及与《およ》槃大子（虚空、兎角、及与び槃大子の如し）。流支、実叉は並びに石女児に作る」。つまり、菩提流支訳の『入楞伽経』で「槃大子」と訳されているものが、実叉難陀訳の『大乗入楞伽経』では「石女児」と訳されている、すなわち同義であるということ。『翻訳名義集』巻二には「槃大子、此は楞伽に出づ。大乗入楞伽の若きは則ち石女児と云う」とある。

『禅学大辞典』「般大子、槃大児、盤大児」に、「常識では測れないはたらきをなすすぐれた人物。世智俗情にあてはまらない偉大な人。また釈尊のこと」とするが、これは謬解である。そこでは左の『笠僊録』の左を用例としてあげているが、左の傍線部分は略されている。

『笠僊録』「進云、記得、薬山小参不点灯、乃曰、我有一句子、待特牛生児即向你道。此意如何。答云、牙歯不関風。進云、時有僧曰、特牛生児也何以不道。山曰、把灯来把灯来、又作麼生。答云、如般大子」。

つまり、『笠僊録』にいうところは、「〈薬山は小参のときに点灯せず、我れにとっておきの一句がある。牡牛が子を生んだら教えてやる、と言われたが、これはどういうことでしょうか〉と僧が尋ねると、笠僊いわく、〈牙歯不関風（歯から風がもれる）〉。〈時にある僧が、牡牛が子を生みました、どうして言いませんか、というと、薬山は、灯を持って来いと言われたが、これは如何ですか〉、と僧が尋ねると、笠僊は、〈般大子の如し〉と答えた」という文脈。ここに『禅学大辞典』の解はあてはまらない。傍線部分を省略したのでは全体の意味がとれない。「特牛生児」も「般大子」もともに無可有をいう。

◯繡紋添線＝冬至の縁語。『虚堂録』の冬至小参に「繡紋添線」。紅線で冬至の日影を計ったとも、針仕事を冬至の日より一線ごと増したともいう。

『荊楚歳時記』に「晋魏の間、宮中、紅線を以て日影を量る。冬至の後、日影、長を添うること一線」。『五雑組』二に「漢の時、宮中の女工、冬至の後毎に、一日に一線を多《ま》す。計るに夏至に至って一百八十線を多《ま》す当《べ》し。……」。

◯梵天、阿修羅王、走入藕糸竅裏＝『華厳経』巻四十二、十定品に「三十三天、阿修羅と共に闘戦する時、諸天、勝つことを得て、修羅退衂《たいじく》（＝敗退）し、阿修羅王、其の身長大にして七百由旬、四兵圍繞すること無数千万、幻術力を以て諸軍衆を将いて同時に走って藕糸孔中に入る」。

◯黒面翁＝拄杖を擬人化した呼称。

◯月従雪後定奇夜＝『円機活法』二十、梅花「月従雪後皆奇夜、天到梅辺有別春」。范成大「親戚小集」（七言律詩）に「湿を避け寒を違《さ》けて門を出でず、一冬、未だ冠巾を正すを省みず。月は雪後より皆な奇夜なり、天は梅辺に向《お》いて別春有り。……」。

◯撥乱乾坤致太平＝『虚堂録』巻三「径山興聖万寿寺語録」当晩小参、「王常侍、臨済を訪うて僧堂に遊ぶ次いで曰く、〈這《こ》の一堂の僧、還って看経するや否や〉。済曰く、〈看経せず〉。……常侍曰く、〈還って習禅するや否や〉。済曰く、〈習禅せず〉と、又た作麽生《そもさん》。答えて曰く、撥乱乾坤致太平。……」。「撥乱」は、乱をおさめる。

【一―七五】〔巻之一の二三丁表〕

擧。古者道、冬至在月頭賣被買牛、冬至在月尾賣牛買被。今年冬至在月尾、大家不堪嚴寒。山僧一頭露地白牛、要賣以買被。非貴非賤、作麽生買得。若有人論價直、且看取頭角。〔一拂云〕休休。

騎得歸家斜照外、好横鐵笛逆風吹。

擧《こ》す。古者《こしゃ》の道わく、冬至《とうじ》、月頭《げっとう》に在れば、被《ひ》を賣《う》って牛《うし》を買《か》う、冬至《とうじ》、月尾《げつび》に在れば、牛《うし》を賣《う》って被《ひ》を買《か》う、と。今年《こんねん》、冬至《とうじ》、月尾《げつび》に在り、大家《たいけ》、嚴寒《げんかん》に堪《た》えず。山僧《さんぞう》、一頭《いっとう》の露地《ろじ》の白牛《びゃくご》、賣《う》って以て被《ひ》を買《か》わんと要《よう》す。貴《き》に非《あら》ず賤《せん》に非《あら》ず、作麼生《そもさん》か買《か》い得《え》ん。若し人有って價直《げじき》を論ぜば、且らく頭《ず》角《かく》を看取《かんしゅ》せよ。[一拂《いちほつ》して云く]休《や》みね、休《や》みね。騎《の》り得て家《いえ》に歸る、斜照《しゃしょう》の外、好《よ》し鐵笛《てってき》を横たえて逆風《ぎゃくふう》に吹くに。

〈訳〉

「古人は言われた、〈冬至が月始めにあるときは、被《ふとん》を売って牛を買う、冬至が月末にあるときは、牛を売って被を買う〉と。さて今年は冬至が月末にあり、皆々、厳寒に堪えられないでいる。そこで山僧は、一頭の露地の白牛を売って被を買わんと思う。高くても安くてもいかん、いくらで買うか。その買い値を定めるには、白牛の頭角《つの》をよく看取せよ」。[一払していわく]「いやいや、やめておこう。この白牛に騎って、斜照の向こうの家に帰ろう、鉄笛を横にして逆風に向かって吹きながら」。

○冬至在月頭売被買牛、冬至在月尾売牛買被＝『大川録』冬至上堂に「世法を談ぜず、冬至月頭にあるときは被《ふとん》を売って牛を買い、冬至月尾にあるときは牛を売って被を買う。喚んで仏法と作《な》すこと、得てんや。異端を攻《おさ》むるは斯れ害あるのみ」。中川『禅語辞彙』に「冬至が月初めなれば、年豊かなりというから牛を買い、月尾なれば凶年だと云うから牛を売れという也。月頭は悟前、月尾は悟後、被は自己、牛は本分」。

【一―七六】［巻之一の二三丁裏］

示衆。擧。雲門大師道、直得盡乾坤大地無纖毫過患、猶是轉句。不見一色、始是半提。更須知有全提時節。師曰、如何是全提時節。時樹首座出衆曰、一拳拳倒黄鶴樓、一踢踢翻鸚鵡洲。師曰、是誰作略。樹便喝。師亦喝。師仍代曰、百丈三日耳聾。

衆に示す。擧《こ》す。雲門大師《うんもんだいし》道わく、直《じき》に盡乾坤大地《じんけんこんだいち》、纖毫《せんごう》の過患《かげん》無きことを得るも、猶お是れ轉句《てんく》。一色《いっしき》を見ざる、始めて是れ半提《はんてい》。更に須《すべか》らく全提《ぜんてい》の時節《じせつ》有ることを知るべし、と。師曰く、如何《いか》なるか是れ全提《ぜんてい》の時節《じせつ》。時に樹首座《じゅしゅそ》、衆を出でて曰く、一拳《いっけん》に拳倒《けんとう》す、黄鶴樓《こうかくろう》、一踢《いってき》に踢翻《てきほん》す、鸚鵡洲《おうむしゅう》。師曰く、是れ誰《た》が作略《さりゃく》ぞ。樹《じゅ》、便ち喝《かっ》す。師亦た喝《かっ》す。師、仍《よ》って代わって曰く、百丈三日耳聾《ひゃくじょうさんじつみみろう》す。

〈訳〉

雲門いわく、「尽乾坤大地を一点の影曇りもなく見透することができてもまだ転句である。一切の分別を離れたところで、始めて半分である。だから全提（まる出し）の時節があることを知らねばならない」と。

この話を取り上げて師いわく、「全提（まる出し）の時節とは何か」。時に樹首座が衆を出でて言った、「一拳《いっけん》に拳倒《けんとう》す、黄鶴楼《こうかくろう》、一踢《いってき》に踢翻《てきほん》す、鸚鵡洲《おうむしゅう》。（これが全提のところです）」。師、「これは誰の作略か」。樹首座がすかさず喝す。師もまた喝す。師がそこで代わっていわく、「百丈三日耳聾す」。

○雲門大師道＝『雲門広録』。また『碧巌録』第四十二則、頌評唱。
○無纖毫過患＝『碧巌秘抄』「見透シ切ツテ、一点ノカゲクモリナシ」。
○猶是転句＝本分の正句ではない。
○不見一色、始是半提＝『碧巌録臆断』に「不渉分別也。無分別ノ義。ソレデモ十分ニハナイ」。「半提」、全分の提起ではない。
○一拳拳倒黄鶴楼、一踢踢翻鸚鵡洲＝白雲守端の臨済三頓棒の拈頌。
○樹便喝。師亦喝＝「これぞ臨済の喝でござる」という応酬。
○百丈三日耳聾＝『伝灯録』巻六、百丈懐海章に、「一日、師衆に謂いて曰く、仏法は是れ小事ならず。老僧、昔、馬祖に再参し、大師に一喝せられて直に得たり、三日耳聾し眼暗きことを」。

【一―七七】［巻之一の二三丁裏］

八月旦上堂。

擧。疎山示衆曰、老僧咸通年已前、會得法身邊事。咸通年已後、會得法身向上事。米山不然。長亭年前不會禪不會道、長亭年後亦不會禪不會道。且道、疎山與山僧、還有優劣也無。這裏若有箇漢出來道、會與不會都來是錯、不知幾州鐵、鑄這一大錯。［良久云］八月初吉、無供可當。唯以這一大錯、供養大衆去也。三條椽下七尺單前、子細咬嚼看。

八月旦上堂《はちがつたんじょうどう》。

擧《こ》す。疎山《そざん》、衆に示して曰く、老僧《ろうそう》、咸通年已前《かんつうねんいぜん》、法身邊《ほっしんへん》の事《じ》を會得《えとく》す。咸通年已後《かんつうねんいご》、法身向上《ほっしんこうじょう》の事《じ》を會得《えとく》す、と。

米山《べいざん》は然《しか》らず。長亭年前《ちょうきょうねんぜん》、禪《ぜん》を會《え》せず道《どう》を會《え》せず、長亭年後《ちょうきょうねんご》、亦《また》禪《ぜん》を會《え》せず道《どう》を會《え》せず。且《しば》らく道《い》え、疎山《そざん》と山僧《さんぞう》と、還《かえ》って優劣《ゆうれつ》有りや也《ま》た無しや。這裏《しゃり》、若《も》し箇《こ》の漢《かん》有って出で來たって、會《え》と不會《ふえ》と都來《とらい》是れ錯《しゃく》と道《い》わば、知《し》らず、幾州《いくしゅう》の鐵《てつ》か、這《こ》の一大錯《いちだいしゃく》を鑄《い》ん。［良久《りょうきゅう》して云く］八月初吉《はちがつしょきつ》、供《く》の當《あ》つ可《べ》き無《な》し。唯《た》だ這《こ》の一大錯《いちだいしゃく》を以て大衆《だいしゅ》に供養《くよう》し去らん。三條椽下七尺單前《さんじょうてんかしちしゃくたんぜん》、子細《しさい》に咬嚼《こうしゃく》し看《み》よ。

〈訳〉

疎山いわく「老僧、咸通年已前、法身辺の事を会得す。咸通年已後、法身向上の事を会得す」と。

（この示衆を取り上げて）師が言われた、「米山《わたし》はそうではない。長亭年以前は、禅を会せず道を会せず、長亭年以後もまた禅を会せず道を会せず、と。さて、疎山と山僧と優劣があるかどうか。ここで一人の鉄漢が出て来て、〈会も不会も、どちらも錯まり〉と言えば、いくつの州の鉄を集めて一箇の巨大な錯字を鋳ることになろうか」。〔良久していわく〕「八月初吉に当って、何の供えるものもない、この巨大な錯字を諸君に供養しよう。禅堂でしっかり坐って、この鉄の一大錯を子細に咬嚼してみよ」。

○疎山示衆曰＝『聯灯会要』巻二十二、疎山光仁章。
○法身向上事＝仏向上事。仏をも超えるたゆみなき修行。
○長亭年＝長亭元年は一四八七年。師六十歳。
○不知幾州鉄、鋳這一大錯＝とてつもない大間違い。蘇東坡「贈銭道人」に、「不知幾州鉄、鋳此一大錯」。『四河入海』の注に「羅紹威、魏博節度と為って、尽く牙兵（直属の兵）を殺し、遂に朱温の為に制せらる。悔いて曰く、六州四十三県の鉄を聚めて、一箇の錯字を鋳るも成らず」。
○三条椽下七尺単前＝『犂耕』（電子達磨版二七〇頁）に「忠曰く、僧堂の床、毎人の座位、横に占めること可《およ》そ三尺許り。乃ち各々の頭上の椽《たるき》三条有り、故に三条椽下と言う」。「又た僧堂の床前の板を単と曰う、いわゆる七尺単前は、謂《おも》うに、床後より前に至るまで六尺、更に単板一尺を加う」。

【一―七八】〔巻之一の二四丁表〕
中秋示衆曰、人間月半、天上月圓。天地未分已前、箇月在何處。速道。自代曰、無人知此意、令我憶南泉。

中秋《ちゅうしゅう》、衆に示して曰く、人間月半《じんかんつきなか》ばに、天上月圓《てんじょうつきまど》かなり。天地《てんち》未だ分かれざる已前《いぜん》、箇《こ》の月、何《いづ》れの處にか在る。速《すみや》かに道《い》え。自ら代わって曰く、人《ひと》の此《こ》の意《い》を知《し》る無《な》し、我をして南泉《なんせん》を憶《おも》わしむ。

〈訳〉

「世間では月半ばであり、天上では月は円か。天地が未だ分かれざる以前、この月はどこにあったか。速かに道え」。自ら代わっていわく、「誰もここのところが分かる者はおらん、払袖《ほっしゅう》して去った南泉を思うのみ」。

○人間月半、天上月円＝『犁耕』（電子達磨版四五一頁）に「忠曰く、人間月半とは、十五夜は一月の半なり、此の時、天月は円なり」。あるいはまた『犁耕』（電子達磨版五八五頁）に「月半とは、秋三月の半なり。故に月半と云う」とも。

○無人知此意、令我憶南泉＝『伝灯録』巻六、百丈懐海章、「一夕、三士、馬祖に随侍して翫月《おつきみ》する次いで、祖曰く、〈正恁麼《しょういんも》の時如何〉。西堂云く、〈正に好し供養するに〉。師云く、〈正に好し修行するに〉。南泉、払袖《ほっしゅう》して便ち去る。祖云く、〈経は蔵《ぞう》に入り、禅は海《かい》に帰す、唯だ普願《ふがん》のみ有って独り物外に超ゆ〉」。

【一―七九】［巻之一の二四丁表］

九月旦上堂。九九元來八十一。雖然恁麼、不可渾崙呑棗。所以道、研究至理以悟爲則。也須子細研究、忽然逢豆爆時節始得。衆中却有也未。［良久云］九九元來八十一。

九月旦上堂《たんじょうどう》。九九元來《くくがんらい》八十一。然《しか》も恁麼《いんも》なりと雖も、渾崙《こんろん》に棗《なつめ》を呑む可《べ》からず。所以《ゆえ》に道う、至理《しいり》を研究《けんきゅう》して、悟りを以て則《そく》とせよ、と。也《ま》た須《すべか》らく子細《しさい》に研究《けんきゅう》して、忽然《こつねん》として、豆爆《ずばく》の時節《じせつ》に逢《お》うて始めて得べし。衆中《しゅうちゅう》、却って有りや也《ま》た未《な》しや。［良久《りょうきゅう》して云く］九九元來《くくがんらい》八十一。

〈訳〉

「九九元来八十一。しかし丸呑みにしてはいかんぞ。だから潙山《いさん》も言われた、〈至理を研究して、悟りを以て則とせよ〉と。子細に研究して、やがて忽然と豆が爆《はじ》ける時節に逢わねばならぬ。そのような体験をした者はおるか、どうか」。［良久して］「九九元来八十一」。

○九九元来八十一＝『趙州録』に、「僧有り（雲居に）問う、〈羚羊《れいよう》、角《つの》を挂くる時如何〉。雲居云く、〈六六三十六〉。師云く、〈雲居師兄《すひん》猶お在り〉。僧却って問う、〈未審《いぶかし》、和尚尊意如何〉。師云く、〈九九八十一〉」。

○不可渾崙呑棗＝「渾崙」は「まるまる」の意。「棗をまる呑みにする」の意。鶻呑みにしていかんぞ。

○研究至理以悟為則＝『潙山警策』に「研究法理、以悟為則」。

○豆爆時節＝大悟の端的。『五灯会元』巻十三、杭州仏日和尚章に「冷灰裏に一粒の豆子有って爆せり」。

【一―八〇】〔巻之一の二四丁表〕

冬至上堂。慈明出榜僧堂前、草寫盧同月蝕詩。欲會冬來意、〔拈出拄杖云〕看取鐵樹抽枝。

冬至上堂《とうじじょうどう》。慈明《じみょう》、榜《ぼう》を僧堂《そうどう》前に出だして、盧同《ろどう》が月蝕《げっしょく》の詩を草寫《そうしゃ》す。冬來《とうらい》の意《い》を會《え》せんと欲《ほっ》せば、〔拄杖《しゅじょう》を拈出《ねんしゅつ》して云く〕看取《かんしゅ》せよ、鐵樹《てつじゅ》の枝《えだ》を抽《ぬ》んずることを。

〈訳〉

「慈明和尚は冬至上堂の日に、僧堂前に護符のようなものを貼り出し、盧同《ろどう》の月蝕《げっしょく》の詩をなぐり書きするようなことをされた。冬来の意を会せんと欲せば」、〔拄杖を手にして〕「よいか、鉄樹に枝が生えるところを看とどけよ」。

○慈明出榜僧堂前＝前出〔一―七三〕。

○草写盧同月蝕詩＝「酔い来たって黒漆屏風の上に、盧仝の月蝕の詩を草写す」という句あり。酔って真っ黒の屏風の上に盧仝の月蝕詩を草書するようなもの。そのココロは、何も見えぬ。盧仝の月蝕詩は、月蝕をうたった長編詩。『事文類聚』前集巻二に見える。酔っ払ってこれを書くのはなお困難。ましてや真っ黒の屏風につづけ字で書いたのでは、何も分からぬ。

○鉄樹抽枝＝『禅林集句』「枯木生花、鉄樹抽枝」。

【一八一】〔巻之一の二四丁裏〕

擧。楊岐和尚因僧問、如何是學人親切處。岐曰、五九盡處又逢春。僧曰、畢竟事如何。曰、冬至寒食一百五。諸仁、楊岐答處如何領會。若未委悉、山僧下一轉語去也。〔竪起拂子云〕定盤星上轉風車。

擧《こ》す。楊岐和尚《ようぎおしょう》、因《ちな》みに僧問う、如何《いか》なるか是れ學人親切《がくにんしんせつ》の處《ところ》。岐《ぎ》曰く、五九《ごく》盡くる處、又た春に逢う。僧曰く、畢竟《ひっきょう》、事如何《じいかん》。曰く、冬至寒食《とうじかんじき》、一百五《いっぴゃくご》。諸仁《しょにん》、楊岐《ようぎ》の答處《たっしょ》、如何《いかん》か領會《りょうえ》す。若し未だ委悉《いしつ》せずんば、山僧《さんぞう》、一轉語《いってんご》を下し去らん。〔拂子《ほっす》を竪起《じゅき》して云く〕定盤星上《じょうばんせいじょう》、風車《ふうしゃ》を轉ず。

〈訳〉

楊岐和尚に僧が問うた、「如何なるか是れ学人親切の処」。楊岐いわく、「五九尽くる処、又た春に逢う」。僧いわく、「畢竟、事如何」。楊岐いわく、「冬至寒食、一百五」。この公案を取り上げて、師が言われた、「諸君、楊岐和尚の答えをどのように領会するか。もしまだ分からねば、山僧が一転語を下そう」。〔払子を立てて〕「定盤星上《じょうばんせいじょう》に風車を転ず」。

○楊岐和尚因僧問＝『五燈会元』巻十一、首山省念章。

○定盤星上転風車＝「定盤星」は天秤秤の上にある起点の星印（むだ目）。左の用例を見るに、年窮歳尽の時節の縁語らしい。

『圜悟語録』巻八、「上堂。一二三四五六七、七六五四三二一。風車を旋《めぐ》らして定盤星に上《のぼ》し（旋風車上定盤星）、百尺竿頭に篳篥《ひつりつ》を吹く」。『圜悟録』巻十八「挙す。……僧復た開先の暹《せん》和尚に問う、〈年窮まり歳尽くる時如何〉。暹云く、〈旧に依って孟春猶お寒し〉。師、拈じて云く、〈妨げず田地穏密なることを。忽《も》し道林に年窮まり歳尽くる時如何と問うもの有らば、只だ他に対して道わん、定盤星上、風車を転ず〉と」。この問答、『海印昭如禅師語録』では、「又た僧、圜悟和尚に問う、〈年窮まり歳尽くる時如何〉。圜悟云く、〈定盤星上に風車を転ず、妨げず機用活鱍鱍なることを〉」となっている。この例によれば、「定盤星上転風車」のココロは「機用活鱍鱍」。

【一―八二】［巻之一の二四丁裏］

三月旦上堂。

公案現成、別無奇特。桃花杏花紅、李花梨花白。或聞恁麼擧、便理會道、各各本自天然。若作者般邪解、那異自然外道。佛界但是佛界、無衆生可度。衆生界但是衆生界、無佛可歸依。然則無一人成佛作祖、無一佛和光同塵。悟底自悟、迷底長迷、徧界乾坤、都成一箇無孔鐵鎚去。也大難也大難。將奈之何。者裡、若有具正知見底漢、直下呈露看。


三月旦上堂《さんがつたんじょうどう》。

公案現成《こうあんげんじょう》、別に奇特《きどく》無し。桃花杏花《とうかきょうか》は紅《くれない》に、李花梨花《りかりか》は白《しろ》し。或いは恁麼《いんも》に擧《こ》することを聞いて、便ち理會《りえ》して道わん、各各《おのおの》本と自ずから天然《てんねん》と。若し者般《しゃはん》の邪解《じゃげ》を作《な》さば、那《なん》ぞ自然外道《じねんげどう》に異ならん。佛界《ぶっかい》、但だ是れ佛界《ぶっかい》ならば、衆生《しゅじょう》の度す可き無く、衆生界《しゅじょうかい》、但だ是れ衆生界《しゅじょうかい》ならば、佛の歸依《きえ》す可き無けん。然らば則ち、一人《いちにん》の成佛作祖《じょうぶつさそ》する無く、一佛《いちぶつ》の和光同塵《わこうどうじん》する無けん。悟底《ごてい》は自ずから悟《さと》り、迷底《めいてい》は長く迷《まよ》って、偏界乾坤《へんかいけんこん》、都《すべ》て一箇《いっこ》の無孔《むく》の鉄鎚《てっつい》と成り去らん。也《ま》た大難《だいなん》、也《ま》た大難《だいなん》。將《は》た之を奈何《いかん》せん。者裡《しゃり》、若し正知見《しょうちけん》を具する底《てい》の漢有らば、直下《じきげ》に呈露《ていろ》せよ看《み》ん。

〈訳〉

「公案はありのまま現成だ、別に奇特なことはない。桃や杏の花は紅、李や梨の花は白い。このように言えば、すぐにおのおの本来天然なのだと理解するであろうが、そんな邪解をするならば、自然外道に他ならぬ。仏界がそのまま仏界ならば、度すべき衆生もない、衆生界はそのまま衆生界だというならば、帰依すべき仏もないことになる。そうなれば、一人として成仏させることもできないし、一仏として俗塵に交わって衆生済度するものもないだろう。悟る者は悟り、迷う者は永遠に迷うことになって、この世界はまるまるの孔のない鉄鎚となり果てるであろう。也た大難、也た大難。さて、これをどうしたものか。ここに正知見を具する男がおるならば、ずばり呈露してみよ」。

○自然外道＝天然外道、自然見外道とも。因果の理を信ぜず、何のはからいをせずとも、自然のまま無因で成就していると見る考え。

○和光同塵＝もとは『老子』第四、「其の光を和げ、其の塵に同ず」。『圜悟語録』巻十六・拈古上に「光を和げ物に順い、世と塵に同ず。鋒鋩を犯さず、収放自在」。仏菩薩が、しばらく己の智光を和らげ隠し、俗塵に交わって衆生済度をすること。

【一―八三】［巻之一の二五丁表］

結夏示衆曰。尋常衲僧家、人人如龍得水、似虎靠山。因甚麼一夏九旬無縄自縛。自代曰。禮非玉帛而不露、樂非鐘鼓而不傳。

結夏《けつげ》に衆に示して曰く、
尋常《よのつね》、衲僧家《のうそうけ》、人人《にんにん》、龍の水を得るが如く、虎の山に靠《よ》るに似たり。甚麼《なん》に因ってか、一夏九旬《いちげきゅうじゅん》、無縄自縛《むじょうじばく》なる。自ら代わって曰く、禮《れい》は玉帛《ぎょくはく》に非ざれば露《あら》われず、樂《がく》は鐘鼓《しょうこ》に非ざれば傳わらず。

〈訳〉

「諸君は常日ごろ、水を得た龍のごとく、山に靠《よ》る虎のように獰猛をほしいままにしておるのに、結制ともなれば、九十日ものあいだ、どうして縄も無いのに自らを縛っておるのか」。自ら代わっていわく、「礼は玉帛に非ざれば露われず、楽は鐘鼓に非ざれば伝わらず」。

○如龍得水、似虎靠山＝獰猛をほしいままにするさま。『碧巌録』第三十九則、垂示「会則途中受用、如龍得水似虎靠山。不会則世諦流布、羝羊触藩守株待兎」。「如龍得水」は、『管子』形勢第二、「蛟龍、水を得て而《すなわ》ち神《しん》立つ可きなり。虎豹、幽に託して而《すなわ》ち威、載く可きなり」。
○無縄自縛＝安居の禁網にかけて言う。
○礼非玉帛而不露＝粛宗帝が戒徳の無い僧尼が多いのを嘆いたのに対して慧忠国師が答えた語、「礼非玉帛不表、楽非鐘鼓不伝」。『論語』陽貨に、「礼と云い礼と云う、玉帛をしも云わんや。楽と云い楽と云う、鐘鼓をしも云わんや」とあり、これは本を忘れて末を事とするのを戒めるものだが、忠国師の意味するところは「敬和の本を露わさんと欲すれば必ず玉帛鐘鼓の末を仮るべき」こと（『犂耕』）、形式もまた大事だというところにある。

【一―八四】［巻之一の二五丁表］

半夏上堂。

［豎一指云］一段清氷自萬壑出。諸人還覺寒毛卓豎麼。其如未然、來日更有大會齋、且待銀椀裡盛雪。


半夏上堂《はんげじょうどう》。

［一指《いっし》を豎《た》てて云く］一段《いちだん》の清氷《せいひょう》、萬壑《ばんがく》より出づ。諸人《しょにん》、還《かえ》って寒毛卓豎《かんもうたくじゅ》することを覺ゆるや。其れ如《も》し未《いま》だ然らずんば、來日《らいじつ》、更に大會齋《だいえさい》有り、且らく銀椀裡《ぎんわんり》に雪を盛るを待て。


〈訳〉

［一指を立てて］「万壑から出た一層の清らかな氷がここにある。諸君、寒毛卓豎する者はおるか。もしそうでなければ、今度の大会斎で、銀椀に雪を盛って進ぜるから、それまで

待て」。

○一段清氷自万壑出＝杜甫「入奏行、西山検察使竇侍御に贈る」詩の序に「炯《けい》として一段の清氷、万壑より出でて、置かれて迎風露寒の玉壷に在るが如し」。

○銀椀裡盛雪＝銀椀に雪を盛って進ぜよう。『碧巌録』第十三則、「僧、巴陵に問う、〈如何なるか是れ提婆宗〉。巴陵云く、〈銀椀裏盛雪〉」。

【一―八五】［巻之一の二五丁表］

十一月望。

擧。童子善財、歴一百十城、參五十三人善知識。中間有這勝熱婆羅門、常在刀山火聚中而説法。善財去參、卒難近傍。於疑懼中、忽發勇猛心、進歩刀山、投身火聚。便得菩薩善住三昧。又得菩薩寂靜樂神通三昧。也大難、也大難。雖然與麼、到吾祖師門下、劒刃上求人、火焔裏垂手、猶是家常茶飯而已。米山今日更打一重關。若不惜性命底大丈夫漢、速近前來、施你無畏、有麼。

自代曰、要聽少林無孔笛、從前多是逆風吹。

十一月望《もう》。

擧《こ》す。童子《どうじ》善財《ぜんざい》、一百十城《いっぴゃくじゅうじょう》を歴《へ》て、五十三人の善知識《ぜんちしき》に參《さん》ず。中間《ちゅうかん》、這《こ》の勝熱婆羅門《しょうねつばらもん》有り、常に刀山火聚《とうざんかじゅ》の中に在って説法《せっぽう》す。善財《ぜんざい》去って參《さん》ぜんとするに、卒《そっ》に近傍《きんぼう》し難し。疑懼《ぎく》の中に於いて、忽《たちま》ち勇猛心《ゆみょうしん》を發し、歩を刀山《とうざん》に進め、身を火聚《かじゅ》に投ず。便ち菩薩《ぼさつ》の善住三昧《ぜんじゅうざんまい》を得たり。又た菩薩《ぼさつ》の寂靜樂神通三昧《じゃくじょうらくじんずうざんまい》を得たり。

也《ま》た大難《だいなん》、也《ま》た大難《だいなん》。然《しか》も與麼《よも》なりと雖も、吾が祖師門下《そしもんか》に到っては、劍刃上《けんにんじょう》に人を求め、火焔裏《かえんり》に手を垂る、猶お是れ家常《かじょう》の茶飯《さはん》なるのみ。米山今日《べいざんこんにち》、更に一重《いちじゅう》の關《かん》を打《た》す。若し性命《しょうみょう》を惜まざる底《てい》の大丈夫《だいじょうぶ》の漢は、速《すみや》かに近前《きんぜん》し來たれ、你《なんじ》に無畏《むい》を施さん、有りや。

自ら代わって曰く、少林《しょうりん》の無孔笛《むくてき》を聽かんと要せば、從前《じゅうぜん》、多くは是れ逆風《ぎゃくふう》に吹く。

〈訳〉

十一月十五日。

善財童子は百十の城《まち》を歴て、五十三人の善知識に参じた。その間に勝熱婆羅門に参じた。この婆羅門はいつも刀山火聚の中で説法していた。善財童子は刀山に登って参じようとしたが、火聚のために近づけない。恐ろしく思ったが、勇猛心をおこして、歩を刀山に進め、身を火聚に投じた。その時に善住三昧を得た。そして、火聚に触れた時に寂静楽神通三昧を得た。

「こういう話があるが、甚だ困難なことである。しかし、わが禅宗では剣刃上に人を求め、火焔裏に手を垂れることなど、尋常《あたりまえ》の茶飯《やりくち》である。米山《それがし》、今日は更に一重の関を示してやろう。命を惜まぬ大丈夫の漢がおれば、速かに前に出よ、無畏を施してやろう、おるか」。自ら代わっていわく、「少林無孔笛の調べを聴きたくば、逆風のうちに聴きとどけよ」。

○童子善財……＝善財童子が発心して、文殊の教えにしたがって南方に発足、五十三人の善知識を歴訪したこと。『華厳経』入法界品。
○勝熱婆羅門＝五十三人善知識のうちの第十番。
○剣刃上求人＝『犂耕』（電子達磨版八五九頁）に「忠いわく、擬議を容れざる処」。また『助桀』（電子達磨版八一一頁）に「佇思停機すれば、則ち両段となる」。『臨済録』上堂、「僧問う、〈如何なるか是れ剣刃上の事〉。師云く、〈禍事、禍事〉。僧擬議す。師便ち打す」。
○家常茶飯＝『諸録俗語解』［一五七〇］に「家常茶飯ハ、イツモアル茶飯」。
○無畏＝真理を正しく知り確信し、何ものをも畏れぬこと。
○要聴少林無孔笛、従前多是逆風吹＝『密庵録』「送拙庵住洪福」偈に「更に少林の無孔笛を把って、人に逢わば応に是れ逆風に吹くべし」。

【一―八六】［巻之一の二五丁裏］

解夏示衆曰、
西天蠟人氷、東土鐵彈子。米山白夏則不然。兩頭倶截斷、一劍倚天寒。諸仁者、解開布袋、各自東西。以這話別處擧去。咄。

解夏《かいげ》、衆に示して曰く、
西天《せいてん》は蠟人《ろうじん》の氷《ひょう》、東土《とうど》は鐵彈子《てつだんし》。米山《べいざん》の白夏《びゃくげ》は則ち然らず。兩頭倶《りょうとうとも》に截斷《せつだん》して、一劍《いっけん》、天《てん》に倚《よ》って寒《すさま》し。諸仁者《しょにんじゃ》、布袋《ほてい》を解開《かいかい》して、各自《かくじ》に東西《とうざい》す。這《こ》の話《わ》を以て別處《べっしょ》に擧《こ》し去れ。咄《とつ》。

〈訳〉

「一夏の間、戒を持《たも》ったかどうかを験すのに、インドでは蠟人の氷を以てするが、東土では鉄弾子を用いる。しかし、龍興寺の安居ではそうではない。両頭倶に截断して、一剣、天に倚って寒し。諸君、今、禁足の制は解けた、各自、東西に行くがよい。そしてこの話を諸方に挙すがよい。咄」。

○西天蠟人氷。東土鉄彈子＝『古尊宿語録』巻四十、「雲峰悦禅師語録」「翠巌語録」の解夏上堂に、「僧問う、〈西天は蠟人を以て験と為す。和尚、此間《すかん》は何を以て験と為すや〉。師云く、〈鉄弾子〉」。「蠟人氷」は前出［一―六］「守臘之行似氷」。

○白夏＝安居の別称。

○両頭倶截断、一剣倚天寒＝『平石如砥禅師語録』「天童禅寺語録」に「上堂。密庵和尚示衆に、十五日已前、開池不待月、十五日已後、池成月自来。正当十五日、吹無孔笛……といえるを挙して、師云く、山僧今日、行《こう》に因って臂《ひじ》を掉《ふ》ることを妨げず。十五日已前、長く途中に在って家舎を離れず。十五日已後、長く家舎に在って途中を離れず。正当十五日、両頭倶に坐断し、一剣天に倚って寒し」。

○解開布袋＝『犁耕』（電子達磨版一七八頁）「禁足の制を解くこと、袋を開いて物出づるが如くなり」。

【一―八七】［巻之一の二六丁表］

施主請示衆。

擧。古人曰、學道須如喪考妣。端的在那裡。會中有箇漢、今晨爲先考設白粥一堂之次、特袖香來室中曰、請和尚、爲亡父垂示。天祐居士、往昔於青龍山中、會面粗知其爲人。從大濟禪師已來、參見門中諸老宿、了脱生死底火中之蓮也。何必要山僧亂葛藤邪。只爲孝子擧從上諭子而已。知藏、但須見平生學道心、與葬考妣時、打成一片也無。然則報恩足矣。大衆、東家人死、西家人助哀、各下一轉語看。自代曰、不是一番寒徹骨、爭得梅花撲鼻香。

施主《せしゅ》請じて示衆《じしゅ》。

擧《こ》す。古人《こじん》曰く、學道《がくどう》は須《すべか》らく考妣《こうひ》を喪《そう》するが如くすべし、と。端的《たんてき》、那裡《なり》にか在る。會中《えちゅう》に箇《こ》の漢有り、今晨《こんしん》、先考《せんこう》の爲に白粥《はくしゅく》を一堂《いちどう》に設くる次いで、特に香を袖にして室中《しっちゅう》に來たって曰く、請う和尚《おしょう》、亡父《ぼうふ》の爲に垂示《すいじ》せよと。天祐居士《てんゆうこじ》、往昔《そのかみ》、青龍山中《せいりょうざんちゅう》に於いて、會《たま》たま面《めん》して、粗《ほ》ぼ其の爲人《いにん》を知る。大濟禪師《だいさいぜんじ》より已來《このかた》、門中《もんちゅう》の諸老宿《しょろうしゅく》に參見《さんけん》し、生死《しょうじ》を了脱《りょうだつ》する底《てい》の火中《かちゅう》の蓮《れん》なり。何ぞ必ずしも山僧《さんぞう》が亂葛藤《らんかっとう》を要せんや。只だ孝子《こうし》の爲に、從上《じゅうじょう》の諭子《ゆし》を擧《こ》するのみ。知藏《ちぞう》、但た須《すべか》らく平生學道《へいぜいがくどう》の心、考妣《こうひ》を葬《そう》する時と、打成一片《だじょういっぺん》なりや也《ま》た無《いな》やと見るべし。然らば則ち報恩《ほうおん》足んぬ。大衆《だいしゅ》、東家《とうけ》の人死すれば、西家《せいけ》の人、哀《あい》を助く。各おの一轉語《いってんご》を下せ看《み》ん。自ら代わって曰く、是れ一番《いちばん》、寒《かん》、骨《ほね》に徹《てっ》せずんば、爭《いか》でか梅花《ばいか》の鼻を撲《う》って香ることを得ん。

〈訳〉

「古人いわく〈学道は父母の喪《も》に服するが如くすべし〉と。この端的はどこにあるか。この会中、天祐居士が亡父の供養のために一堂の僧に白粥を設けた。そして、香を用意して室中に来て、亡父のために垂示して欲しいという。天祐居士とは、かつて尾張の青龍山瑞泉寺でたまたま会ったことがあり、その人柄もあらまし知っている。日峰禅師より以来、門中の諸老宿に参見し、生死を了脱した、火中の蓮花のように稀有な方である。何も山僧《それがし》が無駄言を連ねることもあるまいが、ただ孝子のために従上の次第を述べるまでである。平生学道の心がけと、父母を弔う時の心がけとが打成一片であるかどうか、それを見れば、報恩は足るであろう。諸君、〈東家の人が死ねば西家の人がお悔やみに行く〉という言葉があるだろう、おのおの一転語を下してみよ」。自ら代わっていわく、「是れ一番、寒、骨に徹せずんば、争でか梅花の鼻を撲って香ることを得ん」。

○学道須如喪考妣＝『禅関策進』の「諸祖苦功節略」の「誓不展被」にいう「仏灯の珣禅師、仏鑑に依り、衆に随って咨請す。邈《ばく》として所入無し。嘆じて曰く、〈此の生に若し徹証せずんば、誓って被《ふとん》を展《ひろ》げじ〉と。是に於て四十九日、只《ひた》すら露柱に靠《もた》れて地に立ち、考妣《ちちはは》に喪するが如くす。乃ち大悟を得たり」。

○天祐居士＝後出［四―三五］に「天祐宗梵庵主下火」がある。

○青龍山中＝尾張の青龍山瑞泉寺。日峰宗舜の開基。

○大済禅師＝日峰宗舜の禅師号。

○火中之蓮＝稀有なこと。『維摩経』仏道品に「火中に蓮華を生ずるは是れ希有と謂っつ可し、欲に在って禅を行ず、希有なること亦た是の如し」。
○東家人死、西家人助哀＝『碧巌録』第一則、本則下語。「助哀」は、悲しみを共にしてお悔やみをする。
○不是一番寒徹骨、争得梅花撲鼻香＝骨身にこたえる寒さを経験しなくては、馥郁たる梅の香を聞くことはできぬ。黄檗『宛陵録』の頌に見える。

【一―八八】［巻之一の二十六丁表］

上堂。

舉。古徳曰、千説萬説、不如親面一見。如何是親面底事。自代曰、昨夜雲晴山有月。


上堂《じょうどう》。

舉《こ》す。古徳《ことく》曰く、千説萬説《せんせつばんせつ》も親面一見《しんめんいっけん》には如《し》かず、と。如何《いか》なるか是れ親面底《しんめんてい》の事《じ》。自ら代わって曰く、昨夜《さくや》、雲晴れて山に月有り。


〈訳〉

「古徳は〈千説万説も親面一見には如かず〉と言われたが、親面底とは如何」。自ら代わっていわく、「昨夜、雲晴れて山に月有り」。

○古徳曰＝『聯灯会要』巻十六、舒州龍門清遠（仏眼）章、「衆に示して云く、千説万説、不如親面一見」。千万の説明を聞くよりは、一回直に会うにしかず。
○昨夜雲晴山有月＝『聯珠詩格』鄭月山「早梅」に「杖藜《じょうり》行き尽くす幾崔嵬《いくさいかい》ぞ、処処梅を尋ねて未だ梅を見ず。昨夜、雪晴れて山に月有り、中に就いて一枝を描き得来たる」。

【一―八九―一】［巻之一の二六丁裏］

冬節上堂。

垂鉤獰龍、不問蝦蜆。若有聱頭禪、一任跳出金圏。參。［問答不録］

冬節上堂《とうせつじょうどう》。

鉤《つりばり》を獰龍《どうりゅう》に垂《た》る、蝦蜆《かけん》を問わず。若し聱頭《ごうとう》の禪《ぜん》有らば、金圏《きんけん》を跳出《ちょうしゅつ》するに一任《いちにん》す。參《さん》。［問答《もんどう》、録せず］

〈訳〉。

「釣り針を垂れる目当ては獰龍だ、蝦蜆《こもの》はいらぬ。聱頭《つわもの》の禅者がおれば、この金剛圏を跳出するがよい。参」。［問答、録せず］

○垂鉤獰龍、不問蝦蜆＝『碧巌録』第十二則、頌評唱に「鉤を四海に垂れて只だ獰龍を釣るのみ」。蝦蜆はエビザコ。

◯聱頭禅＝『羅湖野録』台州護国元禅師条に、「圜悟、蜀語を操って目《な》づけて聱頭元侍者と為す。遂に自ら肖像に題して之を付して曰く、〈生平、只だ聱頭禅を説く、聱頭に撞著すること鉄壁の如し。……〉」。「聱」は、他人の意見を聞かぬこと。ここでは、頑固者、強者といった義。
◯金圏＝金剛圏。堅固不壊のかこい。難透の公案をいう。

【一―八九―二】［巻之一の二六丁裏］

乃曰、陰陽變爻時、赤肉團上、壁立千仞。繡紋添線處、紅粉佳人、發最上機。到者裏、新豐阜上果餼、遮莫羅七珍列八寶。慈明堂前牓子、不妨離四句絶百非。市橋之柳搖動春意、江路之梅馥郁氷肌。與麼時節、有一人孜孜矻矻、牀擁落葉以坐、有一人委委隨隨、爐燒榾柮以圍。阿那箇合受人天供養、阿那箇堪稱王臣歸依。［拈出拄杖云］同行木上座、解驅耕奪飢、驀地出來曰、咄咄咄力口希。桀無由助、顏弗足睎。長老長老、何不施師子全威。［卓一下靠杖叉手云］老倒疎慵無事日、茅檐晒背負朝暉。

乃ち曰く、陰陽《いんよう》、爻《こう》を變《へん》ずる時、赤肉團上《しゃくにくだんじょう》、壁立千仞《へきりゅうせんじん》。繡紋《しゅうもん》、線を添うる處、紅粉《こうふん》の佳人《かじん》、最上《さいじょう》の機を發す。者裏《しゃり》に到って、新豐阜上《しんほうたくじょう》の果餼《かじ》、遮莫《さもあらば》あれ、七珍《しっちん》を羅《つら》ね八寶《はっぽう》を列《つら》ぬることを。慈明堂前《じみょうどうぜん》の牓《ぼう》子、妨《す》げず、四句《しく》を離れ百非《ひゃっぴ》を絶することを。市橋《しきょう》の柳《やなぎ》、春意《しゅんい》を搖動《ようどう》し、江路《こうろ》の梅《うめ》、氷肌《ひょうき》に馥郁《ふくいく》す。與麼《よも》の時節《じせつ》、一人《いちにん》有り、孜孜矻矻《ししこつこつ》として、牀《しょう》に落葉《らくよう》を擁《よう》して以て坐す、一人《いちにん》有り、委委隨隨《いいずいずい》にして、爐《ろ》に榾柮《こっとつ》を燒《や》いて以て圍《かこ》む。阿那箇《あなこ》か合《まさ》に人天《にんでん》の供養《くよう》を受くべき、阿那箇《あなこ》か王臣《おうしん》の歸依《きえ》と稱するに堪えたる。［拄杖《しゅじょう》を拈出《ねんしゅつ》して云く］同行《どうあん》の木上座《ぼくじょうざ》、耕《こう》を驅《か》り飢《き》を奪《うば》うことを解して、驀地《まくち》に出で來たって曰く、咄咄咄《とつとつとつ》、力口希《りきいき》。桀《けつ》、助《たす》くるに由《よし》無く、顔《がん》、睎《した》うに足らず。長老長老《ちょうろうちょうろう》、何ぞ師子《しし》の全威《ぜんい》を施さざる。［卓一下《たくいちげ》、杖《じょう》を靠《よせか》けて、叉手《しゃしゅ》して云く］老倒疎慵《ろうとうそよう》、無事《ぶじ》の日、茅簷《ぼうえん》、背《せ》を晒《さら》して朝暉《ちょうき》を負う。

〈訳〉

「陰陽の爻が変る冬夜の時、赤肉団上、壁立千仭。繡紋に線を添えるこの場所で、紅粉の佳人（釈尊）が（諸人のために）上々の機を発して正法眼を開かしめんとしている。かかる冬夜に臨んでは、洞山の果卓どころか、七珍八宝を列ねるもよかろう。慈明のように僧堂前に不可解な護符を掛けて、四句を離れ百非を絶するもよかろう。市橋の柳は春意を揺がせ、江路の梅は馥郁たる香を含んでいる。この時節にあたって、一人はうまずたゆまず、落葉にくるまって坐禅をしている。一人は気ままに炉に薪をくべて暖をとっておる。どちらが人天の供養を受けることができるか、どちらが王臣の帰依を受けるに堪える者か」。

［拄杖を手にとって］「同行《あいぼう》の木上座が一切合切を奪い取る勢いで出て来て言う、〈咄咄咄《とつとつとつ》、力口希《りきいき》。桀にくみすることもなく、顔回を慕うこともなかれ。和尚、和尚、どうしてここで獅子吼の全威を示さないか〉と」。［拄杖を卓一下し、杖を（床に）靠《よせか》けて、叉手して云く］「老い来たって何をなすのも面倒、何をなすこともない、縁側で朝日に背を向けてひなたぼっこ

するのみ」。

○陰陽変爻時＝冬節の縁語。

○赤肉団上、壁立千仞＝『五灯会元』巻十一、南院慧顒禅師章、「上堂。赤肉団上、壁立千仞。僧問う、〈赤肉団上、壁立千仞と、豈に是れ和尚道わずや〉。師曰く、〈是〉。僧便ち禅牀を掀倒す。師曰く、〈這《こ》の瞎驢《かつろ》、乱作《らんさ》す〉。僧擬議す。師便ち打つ」。

○繡紋添線処＝前出［一―三七―二］［一―七四］。冬節の縁語。

○紅粉佳人、発最上機＝『五灯会元』巻十九、五祖法演章、「上堂。千峰列翠、岸柳垂金。樵父謳歌し、漁人鼓舞す。笙簧《しょうこう》は聒地《かっち》（かまびすしい）、鳥語は呢喃《になん》。紅粉佳人、風流公子、一々汝諸人の為に上々の機を発し正法眼を開かしむ。若し這裏《しゃり》に向かって薦得せば、金色の頭陀も身を容るるに処無けん。若し也た会せずんば、喫粥喫飯、你に許す七穿八穴することを」。

○新豊卓上果餤＝「果餤」は果卓なるべし。洞山と泰首座との冬至における問答。『洞山録』「冬節、泰首座と果子を喫する次で、乃ち問う、〈一物有り、上、天を拄え、下、地を拄う。黒きこと漆に似たり。常に動用の中に在って、動用の中に収め得ず。且らく道え、過《とが》、甚麼《いずれ》の処にか在る〉。泰云く、〈過、動用の中に在り〉。師、侍者を喚んで、果卓を掇退《てったい》せしむ」。

○慈明堂前牓子＝前出［一―七三］。

○離四句絶百非＝『碧巌録』第七十三則、「僧、馬大師に問う、〈四句を離れ百非を絶して、請う師、某甲に西来意を直指せよ〉。馬師云く、〈我れ今日労倦す、汝が為に説くこと能わず、智蔵に問取し去れ〉……」。『碧巌録秘抄』に「語言ヲ離レ、アウモコウモ打チヤツテ」。

○市橋之柳揺動春意、江路之梅馥郁氷肌＝即今現成底。杜甫「西郊」詩に、「時に碧鶏坊を出でて、西郊より草堂に向かう。市橋、官柳細やかに、江路、野梅香し。……」。

○孜孜矻矻＝修行が綿密なこと。『虚堂録』「上堂。始めて安居を見、又た中夏に逢う。孜孜矻矻底は鬼神も其の由を測ること莫し。……」。

○牀擁落葉以坐＝南陽忠国師が落葉を擁して暖を取った話。無著道忠によれば、この話の本拠は未詳という。『犂耕』（電子達磨版一八一三頁）に「日本人の著わす所の江湖集の注［下巻、擁葉の頌の注］に曰く、相伝う、南陽の忠国師初め青銼山《せいざざん》和尚と同《とも》に欓子谷《とうしこく》に在って岩栖洞飲す。旦夕宴坐、寒暁霜夜毎に、共に葉を擁して自ら暖を取る。青銼は略《ほ》ぼ趺足を覆うのみ。南陽は意、堆聚に在り。青銼、罵って曰く、〈汝、向後必ず王者の師と為って人家の男女を魔魅《まみ》し去ること在らん〉と。後、果たして其の言の如し」。

○委委随随＝のんびり気ままに。

○炉焼榾柮以團＝榾柮は、ほた木、薪。『大灯録』「趙州無賓主の話、暖を愛しては榾柮柴を頻りに添う」。

○駆耕奪飢＝『句双葛藤鈔』「駆耕夫牛、奪飢人食」に、「息ヲツガセズセシテ、カケ咬付処ヲ追放タ事ゾ」。

○咄咄咄力囗希＝自性の真面目が言語思慮を絶したものであることをいう。この句の原拠は、『雲門広録』巻上の末尾にある「綱宗偈」（『禅林僧宝伝』での称）といわれる一群の偈のひとつ。「力囗希」は、後代では「力囲希」「力囨唏」「力韋希」などと表記することもある。

従来の解を三つ。『禅語字彙』「咄咄咄力囨希《キ》」に「馬鹿揃ひだ、真に悟る者は極めて稀じゃの意（雲門録）」。『国訳禅宗叢書』第二輯所収、『国訳虚堂和尚語録』巻二の註（一一三頁）に、「力囨唏は、えいやらさあえいやらさあと（いふ）声と力をいふ。えいやらさあ、力を出して物を引く声なり。咄咄咄は、うぬめうぬめうぬめなり。大機大用、大自在なり。卓主丈の機用なり。咄々は物を払いのけるようなことに用ふ」。『禅学大辞典』「咄咄咄、力囨唏」に、「咄咄咄は、うぬめ、うぬめ、うぬめと覚えず発する声。力囨唏は、えい、えい、えいと力を出して物を引く声。忽然として大事を悟ったとき、覚えず発する声」。右のいずれの解も、ここにはあてはまらない。『義堂和尚語録』巻一、南禅寺語録の「謝易首座上堂」には、「咄咄咄、力□希。禅子訝、中眉垂。雲門の此の偈、叢林に流落して、古今、人の註解する無し。山僧、今日汝諸人の為に注脚を下し去れり。［払を以て書く勢いを作《な》して云く］咄咄咄、力□希。禅子訝、中眉垂。注解し了れり。諸人還って会すや。其れ或いは未だ会せずんば、東土の小釈迦に問取せよ」とある。ここで「古今、人の註解する無し」というのは、「註解することができなかった」のではなく、「註解を超えた言葉だ」ということである。義堂が「今日汝諸人の為に注脚を下し去れり」と言いながら、注釈をせずに、この言葉を繰り返しているのはそのためである。「咄咄咄」は、意路不到、不可言及の消息を前にしたときの、言語以前の「咄咄咄《duoduoduo》」という発声。「力□希」、「力□」は囫の拆字。「希」（唏）は語気をあらわす助字。力口希《liyixi》。合理的、有意味的言語でもっては言い止めることのできない、法身、無相実相などのありさまを、言語のもつ有意味性を破壊して表現したもの。『漢語大詞典』「囫」の項の二に「咄の猶《ごと》し」ともある。

『義堂和尚語録』巻一、「虎丘祖師像賛」に、「……這《こ》の老和尚を識らんと要すや。若し隆蔵主に非ずんば、即ち是れ瞌睡虎《かっすいこ》。一斑未だ窺わざるに、半身先に露わる。咄咄咄兮力□希。 ……」とある。これは、虎丘禅師の真面目、不滅の法身、そのいかんとも言及し得ざるところを「咄咄咄兮力□希」と言ったもの。

『禅学研究』四十一号、柴山全慶の「利休居士の遺偈に就て」では、この問題について詳論し、諸説の整理と批判がなされている。その内容はおおむね妥当なものに思える。柴山説によれば、「力口」は「囫字の拆字で、希は助字での余声をあらわす。「囫」は、優曇大師『盧山蓮宗宝鑑』十に「心花発現し、此の事を会得すれば、覚えず囫地一声す、失物の見わることを得たるが如くにして、平生を慶快す。是れ其の字義なり」という。しかしながら、雲門の用例においては、そのような具体的な義は含まれず、「唐宋時代の禅語としては、端的に〈言亡慮絶〉の活現、乃至は機鋒を示す掛け声として感歎詞的に用ひられしものの如くに考へられる」とし、さらに「絶言絶慮底の一叫に外ならず、優曇大師の説く如き〈心華発得〉の意味に用ひられてはいない」とする。

「囫」字、音は「カ」。『犁耕』（電子達磨版三六三頁）にいわく、「囫の音をイに訛るは来由有り。雲門の語に、咄咄咄力口希と云えり。此の口、音はイ。而して謬写して囫に作り、亦た音をイと為す。遂に囫字を以て音イと為す」。

○桀無由助＝桀のような暴君にくみすることもない。「助桀為虐（桀を助けて虐を為す）」は、桀のような暴君を助けて人民を虐待すること。

◯顔弗足睎＝顔は顔回。顔回のような偉人の芳蹤を慕うこともない。『法言』学行に「睎驥之馬、亦驥之乗也、睎顔之人、亦顔之徒也（驥を睎う馬は、亦た驥の乗なり、顔を睎う人は、亦た顔の徒なり）」。「希顔者顔之徒也」ともいう。

◯老倒疎慵無事日＝『碧巌録』第二十四則、頌評唱に出る風穴の語、「穴云く、老倒疎慵、無事の日、閑眠高臥、青山に対す」。

◯茅檐晒背負朝暉＝朝日に背を向けてひなたぼっこ。

【一一九〇―一】〔巻之一の二七丁表〕

謝語。

陞堂之次、共惟雲堂清淨海衆、一會諸位禪師。秋淡見黄花晩節、歳寒知松柏後凋。各各道體起居萬福。


謝語《じゃご》。

陞堂《しんどう》の次いで、共《うやうや》しく惟《おもん》みれば、雲堂清淨《うんどうしょうじょう》の海衆《かいしゅう》、一會《いちえ》の諸位禪師《しょいぜんじ》。秋淡《あわ》くして黄花《こうか》の晩節《ばんせつ》を見る、歳寒《としさむ》うして松柏《しょうはく》の後凋《ごちょう》を知る。各各道體《かくかくどうたい》、起居萬福《ききょまんぷく》。

〈訳〉

「陸堂の次いで、恭しく一堂の清浄の海衆、一会の諸位禅師を惟みるに、〈秋淡うして黄花の晩節を見る、歳寒うして松柏の後凋を知る〉と。各各道体、起居万福」。

○秋淡見黄花晩節＝韓琦「九月水閣」詩に「莫嫌老圃秋容淡、猶有黄花晩節香（老圃の秋容淡きを嫌うこと莫かれ、猶お黄花の晩節香る有り）」。「黄花」は菊。

○歳寒知松柏後凋＝『論語』子罕「歳寒くして、然る後に松柏の凋《しぼ》むに後《おく》るるを知る」。右の訓は原本にしたがった。

【一―九〇―二】［巻之一の二七丁表］

又惟監寺禪師、縝栗堅剛、挾紙衾就楊岐舊職。廉能公正、分燈盞攀石窓高風。道義惟敦。謝忱未盡。慚汗。

又た惟みれば、監寺禪師《かんすぜんじ》、縝栗堅剛《しんりつけんごう》、紙衾《しきん》を挾《さしばさ》んで楊岐《ようぎ》の舊職《きゅうしょく》に就く。廉能公正《れんのうこうせい》、燈盞《とうさん》を分かって石窓《せきそう》の高風《こうふう》を攀《よ》づ。道義《どうぎ》惟れ敦《あつ》し。謝忱《しゃしん》未だ盡くさず。慚汗《ざんかん》。

〈訳〉

「また監寺禅師を惟みるに、綿密にして堅固、三十年、紙衾《しきん》を挟んで庫司に出入し慈明を輔けた楊岐のようであります。心が清く才があり公正で、灯盞の油の扱いも石窓の高風を慕うごとくです。その道義の敦きこと、謝を述べ尽くせません。慚汗」。

○縝栗堅剛＝「縝栗」は、綿密にして堅固。また、心を用いること細やかで注意深いことを「縝密」という。

○挟紙衾就楊岐旧職＝楊岐が紙衾を挟んで庫司に出入し、三十年、力めて慈明を輔けたこと。『僧宝伝』巻二十八、楊岐会禅師伝にいう、「慈明禅師、南原に住す。会《え》、之を輔佐して、勤苦を安楽とす。慈明、道吾石霜に遷るに及んで、会《え》も倶《とも》なう。自ら請うて監院の事を領す。慈明の意に非ず。而して衆論雑然として善と称す。楮衾《ちょきん》を挟んで入って金穀を典《おぎの》る。時時に憃語《とうご》して慈明を摩払《まほつ》す。諸方伝えて以て当たれりと為す」。

○廉能公正＝心が清く才能があり公明正大。

○分灯盞攀石窓高風＝宏智正覚の法嗣、石窓法恭の故事。『人天宝鑑』に、「石窓恭禅師は道行孤峻にして才力余り有り。久しく天童の宏智禅師に依る。細大の職務、歴試せずということ靡《な》し。一日帰って母を省す。母曰く、〈汝が行脚、本と生死を了じて父母を度せんが為なり。而して長く人の主事と為る。苟も因果を明めずんば、将に我を地下に累わさん〉。恭曰く、〈某、常住に於て毫髪も欺かず。一炬の灯と雖も亦た彼此の用を分かつ。我を慮るに足ること無し〉。母曰く、〈然れば水を過ぎて脚の湿さざることを得たり〉」。

【一―九一】［巻之一の二七丁表］

學。僧問巴陵鑒禪師、祖意教意、是同是別。鑒曰、雞寒上樹、鴨寒下水。師曰、大小大鑒多口、道則太殺道、只道得八成。即今如問米山、但對他道、塞北安南一道收。［便下座］。

擧《こ》す。僧、巴陵《はりょう》の鑒禪師《かんぜんじ》に問う、祖意教意《そいきょうい》、是れ同か是れ別か。鑒《かん》曰く、雞《にわとり》は寒うして樹に上り、鴨《かも》は寒うして水に下る。

師曰く、大小大《だいしょうだい》の鑒多口《かんたく》、道《い》うことは則ち太殺《はなは》だ道う、只だ八成《はちじょう》を道い得たり。即今《そっこん》、如《も》し米山《べいざん》に問わば、但だ他に對して道わん、塞北安南《さいほくあんなん》、一道《いちどう》に収むると。［便ち下座《げざ》］。

〈訳〉

僧が巴陵《はりょう》の顥鑑《こうかん》禅師に問うた、「祖意と教意と、同じか別か」。顥鑑いわく、「鶏は寒ければ樹に上り、鴨は寒ければ水に入る」。

この話を取り上げて師が言われた、「さすがの鑑多口《かんたく》、言うことははなはだ言うが、まだ八成底《はちじょうてい》だ。即今、米山《それがし》に同じことを問わば、〈塞北安南、一道に収む〉と答えよう」。［便ち下座］。

○僧問巴陵鑑禅師、祖意教意、是同是別＝『五灯会元』巻四、巴陵新開院顥鑑禅師章。

○雞寒上樹、鴨寒下水＝『句双葛藤鈔』「鶏寒上樹、鴨寒下水」に「自性自性也。自性即本性ナリ。我モ知ラス本分ノ理デ居タゾ。天真具足也」。鶏は鶏、鴨は鴨、それぞれの習性。祖意も教意も、それぞれに特性がある。

○大小大＝さすがの。

○鑑多口＝おしゃべり鑑さん。

○道則太殺道、只道得八成＝まだまだ八十点のでき。

○塞北安南一道收＝蝦夷も琉球も。『虚堂録』巻五「雪峰自著塔銘」に「明年再決龍蛇陣、塞北安南一道收」。

【一九二―一】［巻之一の二七丁裏］

歳旦上堂。

金雞報旦、早落二三。要聽第一句、威音已前參。［問答不録］

歳旦上堂《さいたんじょうどう》。

金雞《きんけい》、旦《たん》を報ず、早く二三《にさん》に落つ。第一句《だいいっく》を聴かんと要《よう》せば、威音已前《いおんいぜん》に參《さん》ぜよ。［問答《もんどう》、録せず］

〈訳〉

「金雞が元旦の朝を報《しら》せたところで、すでに二番手三番手。第一句を聴こうとするならば、威音已前に參ぜよ」。［問答、録せず］

【一九二―二】［巻之一の二七丁裏］

乃曰、一元坱圠、萬彙敷榮。物惟賞新、人則尊舊。舊也者所以年齡加也、新也者所以氣候變也。長安一日之花、鞏洛九十韶光。是爲長年氣候、夫不亦悦乎。看看。燕吟鶯語、總是古佛家風。冶葉倡條、無非衲僧巴鼻。開眼也著、合眼也著。擧足下足、築著磕著。夫不亦快乎。若能於此坐得斷把得定、則折旋俯仰、追回大雄元氣也得、動用施爲、振起少室芳猷也得。唐突雲門臨濟、稱僧中王也得。鞭撻文殊普賢、做法身主也得。以至思衣羅綺千重、想食百味具足也得。攪長河作酥酪也得、變大地成黃金也得。恁麼也得、不恁麼也得。且道、畢竟得誰恩力。［卓拄杖云］珍重。春風齊著力、一時吹入我門來。

乃ち曰く、一元坱圠《いちげんおうあつ》、萬彙敷榮《ばんいふえい》。物は惟《こ》れ新《あたらしき》を賞し、人は則ち舊《ふるき》を尊ぶ。舊《ふるき》は年齡《ねんれい》加わる所以《ゆえん》なり、新《あたらしき》は氣候《きこう》變わる所以《ゆえん》なり。長安一日《ちょうあんいちじつ》の花、鞏洛《きょうらく》九十の韶光《しょうこう》。是れを長年《ちょうねん》の氣候《きこう》と爲す。夫れ亦た悦《たの》しからずや。看《み》よ、看《み》よ。燕吟鶯語《えんぎんおうご》、總《そう》に是れ古佛《こぶつ》の家風《かふう》。冶葉倡條《やようしょうじょう》、衲僧《のうそう》の巴鼻《はび》に非ずということ無し。開眼《かいげん》も也《ま》た著《え》たり、合眼《ごうげん》も也《ま》た著《え》たり。擧足下足《こそくあそく》、築著磕著《ちくじゃくかつじゃく》。夫れ亦た快ならずや。若し能く此に於いて、坐得斷《ざとくだん》し把得定《はとくじょう》するときは、則ち折旋俯仰《せっせんふぎょう》、大雄《だいゆう》の元氣《げんき》を追回《ついかい》することも也《ま》た得たり、動用施爲《どうゆうせい》、少室《しょうしつ》の芳猷《ほうゆう》を振起《しんき》することも也《ま》た得たり。雲門臨濟《うんもんりんざい》を唐突《とうとつ》して、僧中《そうちゅう》の王《おう》と稱することも也《ま》た得たり。文殊普賢《もんじゅふげん》を鞭撻《べんたつ》して、法身《ほっしん》の主《しゅ》と做《な》ることも也《ま》た得たり。以至《いし》、衣《え》を思えば羅綺千重《らきせんじゅう》、食《じき》を想えば百味具足《ひゃくみぐそく》することも也《ま》た得たり。長河《ちょうが》を攪《かく》して酥酪《そらく》と作《な》すことも也《ま》た得たり、大地《だいち》を變じて黃金《おうごん》と成すことも也《ま》た得たり。恁麼《いんも》も也《ま》た得たり、不恁麼《ふいんも》も也《ま》た得たり。且らく道え、畢竟《ひっきょう》、誰《た》が恩力《おんりき》をか得たる。［拄杖《しゅじょう》を卓《たく》して云く］珍重《ちんちょう》。春風《しゅんぷう》齊《ひと》しく力を著て、一時《いちじ》に我が門に吹き入り來たれ。

〈訳〉

「一元気が生じ、これが際限なく繁り栄えて万物を生ずる。万物は新たなるを賞し、人は旧を尊ぶ。旧とは年齢が加わり、新とは気候が変わる所以である。長安一日の花、鞏洛九十の韶光。これが長年の気候、また悦ばしいことではないか。看よ看よ。燕や鶯の囀りがすべて古仏の家風であり、美しい葉や枝がそのまま衲僧の巴鼻に他ならない。眼を開いても眼を閉じても、足をあげても足を下ろしても、どこでもソレにつきあたる。また痛快ではないか。ここのところを取り抑えるならば、一切時中、何をしていても常に、釈尊の気概を我がものにし、達磨の精神を振い起こすことができる。雲門や臨済をコケにして、僧中の王と称することもよし、文殊や普賢を鞭撻して、法身の主となることもできる。そうなれば、（臨済録にいうように）衣《え》を思えば羅綺千重、食《じき》を想えば百味具足することもできる。長河をかき回して酥酪《そらく》にすることも、大地を黄金に変えることもできる。徹底肯定するも徹底否定するも自由自在である。さて、いったい誰の恩力を得てこのようになるのか」。〔拄杖をたてて〕「珍重。春風斉しく力を著て、一時に我が門に吹き入り来たれ」。

○一元坱圠、万彙敷栄＝「坱圠」は、際限のないさま。「一元」は、一元気。「一陽生じて万彙発生す」というに同じ。「万彙」は万物。「敷栄」は、草木は繁り栄える。

○長安一日之花、鞏洛九十韶光＝「鞏洛」は、古の河南洛陽辺の二つの地名。今ここでは長安の都に対して田舎をいうのみ。「九十韶光」は、春九十日ののどかな景色。

○気候＝五日を一候、三候（十五日）を一気とし、一年を二十四気、七十二候に分ける。

○冶葉倡条＝なまめかしい葉と、歌うような枝。

○開眼也著、合眼也著＝『碧巌録』第一〇則、頌評唱。『句双葛藤鈔』「開眼也著、合眼也着」に「合シテモ開タモ頭々相見ダゾ、ト云ハ、他ノナヒコトゾ」。無著道忠は『栲栳珠』（電子達磨版五一〇頁）でこの句を「開眼も也た著《じゃく》、合眼も也た着《じゃく》」と訓じて、「著は築著磕著の著なり。開眼合眼、一切時に此の事と築著磕著して、纖毫の透漏無し」と解している。

○築著磕著＝『句双葛藤鈔』「一切処築著磕著」に「言ハ一片ノ本分ヂヤホドニ、ドコデモツキアテ、スリアテタ。築ハツキアツル也」。「磕」は、旧来「石が相うつ音」と解するが、『漢語大詞典』に「敲撃」とし、杜牧の「大雨行」詩の「雲纏風束乱敲磕」の例を挙げる。

○坐得断、把得定＝坐断、把定はともに同じ意味。とりおさえる。我がものにする。

○折旋俯仰＝折れる、曲がる、うつむく、あおぐ。日常のさまざまな行為。「行住坐臥、折旋俯仰」「起居動静。折旋俯仰。阿屎送尿。著衣喫飯」などという。

○大雄元気＝釈尊の気概。

○動用施為＝「一切時中の動用施為」ということ。

○唐突＝ここでは「コケにする」「冒瀆する」の義。前出[一―三二]にも。

○思衣羅綺千重、想食百味具足＝『臨済録』上堂の語。

○攪長河作酥酪、変大地成黄金＝『宗鏡録』巻六十二、「阿毘達磨経に曰く、……彼の十地の菩薩、所、大地を変じて黄金と為し、長河を攪して酥酪《そらく》と為し、肉山魚米等を化する事を観ず。此の小菩薩、観に入り観じ已って即ち云く、是の如く変ずる所の実の金銀等は皆な十地の菩薩の能変の心を離れず」。

○恁麼也得、不恁麼也得＝前出[一―五〇]。また後出[二―一〇]。

○春風斉著力、一時吹入我門来＝『圜悟語録』巻十一、小参に「但願春風斉著力、一時吹入此中来」。

【一一九三】［巻之一の二八丁表］

擧。僧問古徳、新年頭還有佛法也無。或答有、或答無。米山有一偈、不可作有無會。便請大衆撃節。松帶歡聲瑞雪多、應時納祐看如何。千紅萬紫太平象、四海五湖安樂窩。

擧《こ》す。僧、古徳《ことく》に問う、新年頭《しんねんとう》、還《かえ》って佛法《ぶっぽう》有りや也《ま》た無や。或い有りと答え、或いは無しと答う。米山《べいざん》、一偈《いちげ》有り、有無《うむ》の會《え》を作《な》す可からず。便ち請う、大衆撃節《だいしゅげきせつ》せんことを。松、歡聲《かんせい》を帯びて、瑞雪《ずいせつ》多し、時に應じて祐《ゆう》を納《い》る、看《み》よ如何《いかん》。千紅萬紫《せんこうばんし》、太平《たいへい》の象《きざし》、四海五湖《しかいごこ》、安樂窩《あんらくか》。

〈訳〉

「僧が新年頭の仏法が有るか、と尋ねたら、ある古徳は有ると答え、またある古徳は無いと答えている。これについて、米山《それがし》に一偈がある、有無の会をなさずして、これに和韻せよ。松、歓声を帯びて、瑞雪多し、時に応じて祐を納る、看よ如何。千紅万紫、太平の象、四海五湖、安楽窩」。

○僧問古徳、新年頭還有仏法也無＝『聯灯会要』巻二十四、鏡清道怤章に、「僧問う、〈新年頭還って仏法有りや也た無しや〉。師云く、〈有り〉。云く、〈如何是れ新年頭の仏法〉。師云く、〈元正啓祚、万物咸新〉。云く、〈師の答話を謝す〉。師云く、〈鏡清今日失利〉」。また『五灯会元』巻十五、巴陵新開院顥鑑章に、「僧問う、〈新年頭還って仏法有りや也た無しや〉。師曰く、〈無し〉。曰く、〈日日是れ好日、年年是れ好年なるに、甚としてか却って無し〉。師曰く、〈張公酒を喫して李公酔う〉。僧曰く、〈老老大大、龍頭蛇尾〉。師曰く、〈明教今日失利〉」。

○撃節＝前出［一―六四］。

○松帯歓声瑞雪多＝瑞雪を帯びた松に新年を歓ぶ声が響く。

○応時納祐＝前出［一―六四］。ここが時節到来して幸いを招き入れたところ。

○四海五湖安楽窩＝至るところが、我が大安楽の場。

「安楽窩」は、宋の思想家、邵雍《しょうよう》（堯夫）の居室の名。『宋史』四二七、邵雍伝にいう、「（邵）雍、歳時に耕稼し、僅かに衣食を給す。其の居を安楽窩と曰い、因って自ら安楽先生と号す。旦《あさ》には則ち香を焚いて燕坐し、晡時（夕暮れ）には酒を酌むこと三四甌、微醺《びくん》にして即ち止め、常に酔うに及ばず。興至れば、詩を哦し自ら詠ず。春秋、時に出でて城中に游ぶ、風雨なれば常に出でず。出づる則んば小車に乗り、一人が之れを挽く。惟だ意のままに所適《ゆ》く。士大夫の家、其の車の音を聞いて識り、争うて相い迎候す。童孺廝隷《どうじゅしれい》（子どもも熊さん八公も）も皆な驩《よろこ》び相い謂いて曰く、〈吾が家の先生来たれり〉と。復た其の姓を称せず。或もの留むれば信宿（＝連泊）し、乃ち去る。好事の者、別に屋を作って、雍が居る所の如くし、以て其の至るを候《ま》つ。名づけて行窩《あんか》と曰う」。行窩は、「出かけ先の安楽窩」の謂。

『邵氏聞見前録』巻十八に、司馬温公と康節の交友を記す。王安石の新法に合わぬ二人は、ともに官を去り、知己の交わりをなした。温公の詩に「林間の高閣に望むこと已に久しけれど、花外の小車、猶お未だ来たらず」という。この「林間高閣望已久、花外小車猶未来」の句は『点鉄集』にも引かれ、室町禅林でよく引用される。この詩には、単なる知己交友だけではなく、五山に特有の「男道」の空気があること、左の例で知れる。

『翰林五鳳集』巻六一、梅陽の『温公訪邵尭夫図』に、「十二の行窩《あんか》、小小の車、主人は安楽、流霞に酔う。知音は天地に只だ君実なるのみ、戸外の履声、春は花を度る」。「十二」は、邵尭夫がよく立ち寄り世話になった十二家。

「行窩」は、外出用の車つき小屋。「君実」は司馬光。

瑞渓の「温公、康節を候《ま》つ」に、「尭夫約有り、思い悠なる哉、高閣に登臨するも、晩《おそ》うして未だ回らず。安楽窩中、此の楽無し、小車、花外に春を問い来たる」。

横川景三『補庵京華後集』に、「南昌鄧林翁、忝《かたじけな》くも弊廬に駕《が》せらる。幸い莫大なり。話次、紙を出だして手迹を求めらる。卒に小詩を賦し、書して以て命を塞ぐ。且つ又た来意を謝し奉ると云う。天暁、鳥声更に予を起たしむ、俄かに驚く、花外に君が車を見るを。袖中に紙を携え来たって字を求む、春蚓秋蛇、筆に信せて書す」。

「花外小車」は、『全宋詞典故考釈辞典』に「花外に、人が挽く小車」という。『諸橋大漢和辞典』の「如意小車」の項に、人力車に似た車とし、「如意小車に上り、華清宮に回り去る」というを引く。五山の詩の場合、「小車」は実際の車を言うのではなく、佳人の来駕を詩的に言うのみ。

【一―九四】［巻之一の二八丁表］

上堂。

擧。天澤師祖上堂曰、空山無人、水流花香。鶖子滿慈泯其智辯、離婁師曠黜其聰明。何也。識法者懼。師曰、與麼提唱、便有殺人刀、無活人劍。即今活人劍、在誰手裡。［良久云］休休。拈出則不辭。只恐諸人傷鋒犯手。團蒲日靜鳥吟時、爐熏一炷試觀之。


上堂《じょうどう》。

擧《こ》す。天澤師祖《てんたくしそ》、上堂《じょうどう》に曰く、空山《くうざん》人無し、水流れて花香《かぐわ》し。鶖子滿慈《しゅうしまんじ》も其の智辯《ちべん》を泯《みん》し、離婁師《りろうし》曠《こう》も其の聰明《そうめい》を黜《シリゾ》く。何ぞや。法を識《し》る者は懼《おそ》る。師曰く、與麼《よも》の提唱《ていしょう》、便ち殺人刀《せつにんとう》有って活人劍《かつにんけん》無し。即今《そっこん》、活人剣《かつにんけん》、誰《た》が手裡《しゅり》にか在る。［良久《りょうきゅう》して云く］休《や》みね、休《や》みね。拈出《ねんしゅつ》することは則ち辞《じ》せず。只だ恐らくは、諸人《しょにん》、鋒《ほこさき》を傷《やぶ》り手《て》を犯《おか》さん。團蒲《だんほ》、日静かなり鳥の吟ずる時、爐熏一炷《ろくんいっしゅ》、試《こころ》みに之を観よ。

〈訳〉

虚堂和尚の上堂にいわく、「空山人無し、水流れて花香し。（この境涯に至っては）舎利弗の智も富楼那の辯も入れることはできない。離婁や師曠の聰明も入りようがない。なぜか。法を識る者は懼る」。この上堂を取り上げて、師が言われた、「この提唱には殺人刀があるが活人剣がない。では即今、活人剣は誰の手の内にあるか（我が手裡にあるのだが）。［良久して］「やめだ、やめだ。取り出して見せてもよいが、恐らくは、諸君がこれを弄べば、刃先ばかりか自分の手も傷つけるだろう。団蒲、日静かなり鳥の吟ずる時、炉熏一炷、試みに之を観よ」。

○天沢師祖上堂＝『虚堂録』巻三の上堂。
○空山無人、水流花香＝『蘇軾文集』「十八大阿羅漢頌」の第九尊者に、「童子は茗供《めいきょう》し、籥《ふえ》を吹いて火を発《お》こす。我が仏事を作《な》し、淵乎《えんこ》として妙なる哉。空山人無うして、水流れ華開く」。
○鶖子満慈泯其智辯＝鶖子は舎利弗。満慈は富楼那。『大智度論』巻五十三「舎利仏の如きは智慧第一、……富楼那は説法人の中に第一なり」。

○離婁師曠黜其聰明＝『孟子』四、離婁上に「孟子曰く、離婁の明、公輸子が巧も、規矩を以てせざれば方員を成すこと能わず。師曠の聰も、六律を以てせざれば五音を正しうすること能わず。註に、離婁は古の明目の者。又た曰く、師曠は晋の楽師、音を知る者なり」。
○識法者懼＝『犂耕』（電子達磨版六九四頁）に「忠曰く、法は法令なり。言うこころは、法令有ることを知る者は懼れ敬して敢えて乱りに事を做さざるなり」。
○傷鋒犯手＝『犂耕』（電子達磨版五三三頁）に「忠曰く、善く剣を用いざる者は剣の鋒を傷損し、復た自ら己が手を犯創す」。
○団蒲日静鳥吟時、炉熏一炷試観之＝黄山谷の「贈送張叔和」詩。「団蒲」は、蒲草で織って作った円座。坐禅に用いる。

【一―九五】［巻之一の二八丁裏］

示衆。

擧。古徳有偈曰、釋迦牟尼佛、下賤客作兒。庭前柏樹子、一二三四五。師曰、如此一篇、會則破竹迎刃解、不會則蚊子咬鐵牛。諸禪徳作麽生。自代曰、不信但看五六月、黄河曲曲是寒氷。


示衆《じしゅ》。

擧《こ》す。古徳《ことく》に偈《げ》有り曰く、釋迦牟尼佛《しゃかむにぶつ》は下賤《げせん》の客作兒《かくさじ》。庭前《ていぜん》の柏樹子《はくじゅし》は一二三四五、と。師曰く、此《かく》の如き一篇《いっぺん》、會《え》するときは則ち破竹《はちく》、刃を迎えて解く、會《え》せざるときは則ち蚊子《ぶんす》、鐵牛《てつぎゅう》を咬む。諸《しょ》禪徳《ぜんとく》、作麽生《そもさん》。自ら代わって曰く、信ぜずんば、但だ看《み》よ五六月、黄河曲曲《こうがきょくきょく》、是れ寒氷《かんひょう》。

〈訳〉

五祖法演の偈、「釈迦は下賎の客作児。庭前の柏樹子、一二三四五」というを取り上げ、師が言われた、「かかる偈は、分かれば実に簡単、竹を割るのに刃をあてただけで自然に切れるようなものだ。しかし分からねば、蚊が鉄牛を咬むようなもので歯がたたぬ。諸君、どうじゃ」。自ら代わっていわく、「信ぜずんば、但だ看よ五六月、黄河曲曲、是れ寒氷」。

○古徳有偈曰＝五祖法演の偈頌。『碧巌録』第四十七則、頌評唱に出る。
○下賤客作児＝『碧巌録秘抄』に「ムサムサシイ日傭取リ」。人に使われるもの。釈迦は日雇い人夫。
○庭前柏樹子＝『無門関』第三十七則、趙州の庭前柏樹子。
○破竹迎刃解＝破竹の勢い。
○蚊子咬鉄牛＝『碧巌録』第五十八則、本則下語。とても歯が立たぬ。
○不信但看五六月、黄河曲曲是寒氷＝『雪峰録』難提塔銘に「但看五六月、氷片満長街」。

【一－九六】［巻之一の二八丁裏］

八月旦上堂。

［顧視左右云］覿面人人八字眉。因甚一狐疑了一狐疑。會則星河秋一雁、不會則砧杵夜千家。雖然與麼。會與不會、都來是錯。錯錯。是誰錯。打鼓普請看［下座］。

八月旦上堂《はちがつたんじょうどう》。

[左右《さゆう》を顧視《こし》して云く]覿面《てきめん》、人人《にんにん》、八字《はちじ》の眉。甚《なん》に因ってか、一狐疑《いちこぎ》し了《おわ》って一狐疑《いちこぎ》す。會《え》するときは、則ち星河《せいが》、秋、一雁《いちがん》、會《え》せざるときは、則ち砧杵《ちんしょ》、夜、千家《せんけ》。然《しか》も與麼《よも》なりと雖も、會《え》と不會《ふえ》と、都來《とらい》是れ錯《しゃく》。錯《しゃく》、錯《しゃく》。是れ誰《た》が錯《しゃく》ぞ。鼓《く》を打って普請《ふしん》して看《み》よ[下座《げざ》]。

〈訳〉

[左右を顧みていわく]「誰もみな目の当たりに八字の眉があるのに、どうして、疑い深い狐のように疑ぐりつづけるのか。会《え》すれば〈星河、秋一雁〉、会《え》せざるときは〈砧杵、夜千家〉だ。とはいうものの、会《え》するも会《え》せざるも、すべて錯。錯、錯。これはいったい誰が錯ぞ。鼓を打って普請してみよ」。[下座]。

○八字眉＝『広灯録』巻十六、葉県省章に、「〈維摩の丈室、日月を以て明と為さず。和尚の丈室、何を以て明と為すや〉。師云く、〈眉、八字に分かる〉。学云く、〈不会、意旨如何〉。師云、〈耳垂双肩〉」。「眉分八字」も「耳垂双肩」も直示。ありのままで明々白々。

○一狐疑了一狐疑＝『碧巌録』第二十一則、頌。『句双葛藤鈔』「一度休処ナイ故ニ、問テハ又問イ、休ミハガ無イゾ」。疑い深い狐のように。

○会則星河秋一雁。不会則砧杵夜千家＝韓翃の「程延が秋夜即事を贈らるるに酬う」に「星河秋一雁、砧杵夜千家」。『希叟紹曇禅師語録』「雪竇資聖禅寺語録」上堂に、「一径直、一周遮。眉毛眼睫、地角天涯。雲門の胡餅、趙州の茶、

恵崇が蘆鴈、趙昌が花。会則星河秋一鴈、不会砧杵夜千家」。

○打鼓普請看＝『雪峰録』下、「尽大地撮し来たるに粟粒の如し。面前に拋向するに、漆桶不会、打鼓普請看」。

【一―九七】［巻之一の二九丁表］＋

冬夜小參。

否極泰來、陰剝陽復。小人道消、君子道長。爰觀易中陰陽之變化、足知天下佛法之興衰。方今宗門之運、危如累卵、微似懸絲。諸方稱明眼者、或抱妻罵釋迦、醉酒訶彌勒。撥無因果、自謂活衲僧。似則似、是則未是。或侵奪常住、恣自己利欲、貴鬻豪奪、諂權諛世。住著寺院如蚖蛇戀窟。不循規繩。魔魅男女。學者亦拋却抖擻屎腸之雪竇、承嗣富貴德山。盜法辜恩、乃稱某和尚的子親孫、妄坐斷師位。如褪花杏子相似。五家七宗、殆乎掃地而泯絶。烏虖法道元氣、至此五陰剝盡。悲矣。雖然與麼、一陽來復、唯在諸仁者一機撥轉。三條椽下七尺單前、忽然豆爆一聲、則別求甚麼德山臨濟。人人鼻孔遼天去也。咄。

冬夜小參《とうやしょうさん》。

否極《ひきわ》まり泰《たい》來たり、陰剝《いんはく》し陽復《ようふく》す。小人《しょうじん》、道消《どうしょう》し、君子《くんし》、道長《どうちょう》ず。爰《ここ》に易中《えきちゅう》の陰陽《いんよう》の變化《へんげ》を觀て、天《てん》下佛法《かぶっぽう》の興衰《こうすい》を知るに足れり。方《まさ》に今、宗門《しゅうもん》の運危《うんあや》うきこと累卵《るいらん》の如く、微《かすか》なること懸絲《けんし》に似たり。諸方《しょほう》、明眼《みょうげん》と稱する者、或いは妻を抱いて釋迦《しゃか》を罵《ののし》り、酒に醉うて彌勒《みろく》を訶《か》す。因果《いんが》を撥無《はつむ》して、自ら活衲僧《かつのうそう》と謂《おも》えり。似たることは則ち似たるも、是なることは則ち未だ是ならず。或いは常住《じょうじゅう》を侵奪《しんだつ》して自己《じこ》の利欲《りよく》を恣《ほしいまま》にし、貴鬻豪奪《きいくごうだつ》、權《けん》に諂《へつら》い世《よ》に諛《へつら》う。寺院《じいん》に住著《じゅうじゃく》すること、蚖《げん》蛇《だ》の窟《くつ》を戀《こ》うが如し。規繩《きじょう》に循《したが》わず、男女《なんにょ》を魔魅《まみ》す。學者《がくしゃ》も亦た屎腸《しちょう》を抖擻《とそう》する雪竇《せっちょう》を抛却《ほうきゃく》して、富貴《ふうき》の徳山《とくさん》に承嗣《じょうし》し、法《ほう》を盗《ぬす》み恩《おん》に辜《そむ》いて、乃ち某和尚《ぼうおしょう》の的子《てきし》親孫《しんそん》と稱して、妄《みだ》りに師位《しい》を坐斷《ざだん》す。褪花《たいか》の杏子《きょうし》の如くに相似《あいに》たり。五家《ごけ》七宗《しちしゅう》、殆乎《ほとん》ど地《ち》を掃《はら》って泯絶《みんぜつ》せんとす。烏虖《ああ》、法道《ほうどう》の元氣《げんき》、此に至って五陰剝盡《ごいんはくじん》す。悲しいかな。然《しか》も與麼《よも》なりと雖も、一陽來復《いちようらいふく》は唯だ諸仁者《しょにんじゃ》の一機撥轉《いっきはってん》するに在り。三條椽下《さんじょうてんか》七尺單前《しちしゃくたんぜん》、忽然《こつねん》として豆爆一聲《ずばくいっせい》するときは、則ち別に甚麼《なん》の徳山臨濟《とくさんりんざい》をか求めん。人人鼻孔遼天《にんにんびくうりょうてん》にし去れ。咄《とつ》。

〈訳〉

「陰が極まり一陽がふたたび生ずる時を迎えた。これは、小人は道《どう》を消し、君子は道を長ずる卦である。このように、易の中の陰陽の変化を観ることによって、天下の仏法の興衰を知ることができる。まさに今、宗門の運命は累卵の危うきにあり、消え入らんとして糸一本でつながっているようなものである。諸方では明眼と自称する者が、あるいは女房を養いながら釈迦を罵り、酒に酔うて弥勒を訶し、因果を撥無しながら自らは立派な禅僧だと思っておるが、みな似而非者《にせもの》である。またある者は寺の公共物を侵し奪って自己の利欲を恣にし、さらには、住持の職を高額で人に売ったり、官人の威勢を借りて他人の寺を奪い取る者もおる。権力にへつらい世におもねって寺院に執着するさまは、蛇が穴蔵を恋い慕うようである。こうして規則にしたがわず、善男善女をたぶらかしているのだ。

一方、修行者たちも、己のすべてを注いで指導する雪竇禅師のような師を捨てて、たやすく証明してくれる富貴に恵まれた徳山の遠和尚のような師につきたがるのだ。法を盗み恩にそむき、そして某和尚の法嗣《はっす》だと称して、妄りに師位を我がものにしておるのだ。花のあせた杏子のようなものではないか。五家七宗はもはや地を掃って滅びようとしている。ああ、法道の元気は今や陰極まった、悲しいかな。

とはいえ、一陽来復は、ただただ諸君が一機撥転するに在る。禅堂でしっかりと坐禅工夫して、忽然として豆爆一声することがあれば、もはや徳山だ臨済だと外に求めることはない。個々人が鼻孔遼天にし去れ。咄」。

○否極泰来＝否と泰は卦の名。否は陽去り陰来たるなり、泰は陰去り陽来たるなり。『易』五、「泰は小往き大来たる、吉にして亨《とお》る。伝に、小は陰を謂う、大は陽を謂う」。

○小人道消、君子道長＝『易』五、「彖《たん》に曰う、内、陽にして、外、陰なり。内、健にして、外、順なり。内、君子にして、外、小人なり。君子の道は長じ、小人の道は消す」。

○抱妻罵釈迦、酔酒訶弥勒＝この句の意味するところは次につづく「撥無因果、自謂活衲僧」にある。『禅林句集』の冠注に、「旧本に抱妻罵釈迦、酔酒打弥勒とあるも、句面甚だしきを以て之に替う」とし、本文には「一葉一釈迦、一鬚一弥勒」の語を代わって採用している。この『禅林句集』は東陽英朝の撰述と伝わるが、右の冠注は東陽のものではなかろう。なぜなら、東陽自身が今ここに「抱妻罵釈迦」の語を用いているからである。

「句面甚だしき」というのは、和訓すれば「妻を抱く」となるからであろう。しかし「抱妻弄孫」「抱妻養児」の句があるように、漢語の「抱」には抱養（やしなう）、撫育するの義がある。『中峰広録』十一之下、信心銘闢義解の究竟窮極、不存軌則の条に、「義解者謂わく、尽十方世界、所有《あら》る虚空色象、大小纖洪、皆な是れ自己、歩に信《まか》せて行いて、祖翁の田地を離れず、口に信《まか》せて道いて、総に是れ古仏の真詮、以至《ないし》は、妻を抱《やしな》って釈迦を罵り、酒に酔うて弥勒を打つ、倶に一行三昧と成る、甚麼《なん》の開遮持犯《かいしゃじぼん》等とか説く。故に永嘉も亦た云う、大悟は小節に拘わらずと」。「開遮持犯」、開はゆるす、遮はさえぎりとめる。持は（戒を）たもつ、犯は（戒を）やぶる。大乗戒においては、戒の根本精神を活かすためには、戒をおかすことを容認することもあり、また、持戒をとめることもある、ということを表す言葉。

○侵奪常住＝寺の公用物（常住）を私する。

○貴鬻豪奪＝『勅修百丈清規』住持章第五、「貴鬻豪奪、視ること奇貨の若く然り」。『百丈清規左觿』（電子達磨版六九三頁）に「貴鬻は、高価を以て住持の職を人に売与す。豪奪は、官人の豪勢を仮って之を斥け、他人の寺を奪い取るなり」。

○住著寺院如蚖蛇恋窟＝『五灯会元』巻二十、応庵曇華章に、「甞《つね》に徒を誡めて曰く、衲僧家は草鞋を著けて住院、何ぞ啻《た》だに蚖蛇の窟を恋うるが如くならんや」。

○魔魅男女＝男女は「好人家の男女」の略。善男善女。

○拋却抖擻屎腸之雪竇、承嗣富貴徳山＝『大慧武庫』「暹《せん》道者、久しく雪竇に参ず。……後、開先に出世して徳山の遠和尚に承嗣す。続《つ》いで雪竇に書を通ず。山前の婆子《ばす》、専使を見て欣然として問うて曰く、〈暹首座出世す、誰が為にか香を焼きし〉。専使曰く、〈徳山の遠和尚なり〉。婆子詬罵《くめ》して曰く、〈雪竇、屎腸を抖擻して禅を説いて你《かれ》が為にせるに、你《かれ》、恁麼に恩に辜《そむ》き徳に負くことを得たり〉と」。なお、ここにある「你」は二人称ではなく三人称をあらわす珍しい例である。

○褪花杏子＝前出［一―二四］。

○一陽来復＝陰が極まってまた陽にかえる。
○三条椽下七尺単前＝前出［一―四］。
○豆爆一声＝大悟。前出［一―七九］。
○人人鼻孔遼天＝『句双葛藤鈔』「人々具足个々円成底ノ本分也」。鼻高々、自信満々。

【一―九八】［巻之一の二九丁裏］

冬節。

擧。古徳道、冬至在月頭賣被買牛、冬至在月尾賣牛買被。今年冬至正當十五、被也不賣、牛也不買。諸仁衲衣下事、作麼生支遣。自代曰、怯寒懶剃鬅鬆髮、愛暖頻添榾柮柴。


冬節《とうせつ》。

擧《こ》す。古徳《ことく》の道わく、冬至《とうじ》、月頭《げっとう》に在れば、被《ひ》を賣って牛を買う、冬至《とうじ》、月尾《げつび》に在れば、牛を賣って被《ひ》を買う、と。今年《こんねん》、冬至正當《とうじしょうとう》十五、被《ひ》も也《ま》た賣らず、牛も也《ま》た買わず。諸仁《しょにん》、衲衣下《のうえか》の事《じ》、作麼生《そもさん》か支遣《しけん》せん。自ら代わって曰く、寒《かん》を怯《おそ》れて剃《そ》るに懶《ものう》し、鬅鬆《ほうそう》たる髮、暖《だん》を愛《あい》して頻《しき》りに榾柮《こっとつ》の柴を添う。


〈訳〉

「〈冬至が月始めにあるときは、被《ふとん》を売って牛を買う、冬至が月末にあるときは、牛を売って被《ふとん》を買う〉と古徳は言われたが、今年の冬至はちょうど十五日に当たる。よって、被《ふとん》もまた売らず、牛も買わぬ。諸君、衲衣下の事を、いかが取りさばいたものか」。自ら代わっていわく、「寒を怯れて剃るに懶し、鬅鬆たる髪、暖を愛して頻りに榾柮柴を添う」。

○冬至在月頭売被買牛＝前出［一―一七五］。
○作麼生支遣＝『碧巌録秘抄』「支ハワタス也、ドウ払ヒヲシテヤラフト、ドウトリサバイタモノ也」。
○怯寒懶剃鬅鬆髪、愛暖頻添榾柮柴＝『大慧武庫』、宝峰景淳蔵主、山居詩十首の一に、「怕寒懶剃鬅鬆髪、愛暖頻添榾柮柴。栗色の伽梨を撩乱として搭《か》く、誰《なん》ぞ能く力を労して強いて安排《あんばい》せんや（キチンと着るのも面倒くさい）」。寒さで剃るのも面倒なので髪はボサボサ、温まろうと、頻りに薪をくべる。

【一―一九九】［巻之一の二九丁裏］

臘月八日定坐。

夜将半、師忽下牀曰、大丈夫悟道待甚麼明星。喝一喝。大衆一時散。


臘月《ろうげつ》八日《ようか》定坐《じょうざ》。

夜将《よるまさ》に半ばならんとす。師、忽《たちま》ち牀《しょう》を下って曰く、大丈夫《だいじょうぶ》、悟道《ごどう》、甚麼《なん》の明星《みょうじょう》をか待たん。喝一喝《かついっかつ》。

大衆《だいしゅ》、一時《いちじ》に散ず。

〈訳〉

臘八定坐。

夜まさに半ばならんとする時、師は忽然として牀をおりて、「大丈夫たるもの、悟道するに、どうして明星をか待たんや」と言われ、喝一喝された。大衆は一時に散じた。

【一―一〇〇】［巻之一の二九丁裏］

除夜小參。

古人分歳、或烹龍肝鳳髓、或殺露地白牛。米山、但爐邊聚頭、雪水煮茶而已。謂之隨方毘尼、又爲隨家豐儉。莫怪空疎、勿嫌枯淡。大凡年頭大方叢林、猶或出免人事榜。天衣懷禪師、代榜有一頌曰、休用僧儀混俗情、江頭野草幾回青。無角鐵牛眠少室、當時豈是賀元正。者裡、若隨風俗、恐取笑於天衣。莫敢來丈室、講拜年禮。山僧老病、威儀懶具。元來年年是好年、日日是好日。伏惟、山門列職、一會清衆、諸位禪師、各各道體珍重萬福。

除夜小參《じょやしょうさん》。

古人《こじん》の分歳《ぶんすい》、或いは龍肝鳳髓《りゅうかんほうずい》を烹《に》、或いは露地《ろじ》の白牛《びゃくご》を殺す。米山《べいざん》は、但だ爐邊《ろへん》に頭《こうべ》を聚《あつ》め、雪水《せっすい》もて茶《ちゃ》を煮るのみ。之を隨方毘尼《ずいほうびに》と謂う、又た家の豐儉《ほうけん》に隨うと爲す。空疎《くうそ》を怪しむこと莫かれ、枯淡《こたん》を嫌うこと勿かれ。大凡《おおよそ》、年頭《ねんとう》、大方《たいほう》の叢林《そうりん》、猶お或いは免人事《めんじんズ》の榜《ぼう》を出だす。天衣《てんね》の懷禪師《かいぜんじ》、榜《ぼう》に代わって一頌《いちじゅ》有り曰く、僧儀《そうぎ》を用って俗情《ぞくじょう》に混ずることを休《や》めよ、江頭《こうとう》の野草《やそう》、幾回《いくかい》か青き。無角《むかく》の鐵牛《てつぎゅう》、少室《しょうしつ》に眠る、當時《そのかみ》、豈《あ》に是れ元正《がんしょう》を賀せんや、と。者裏《しゃり》、若し風俗《ふうぞく》に隨わば、恐るらくは笑いを天衣《てんね》に取らん。敢えて丈室《じょうしつ》に來たって、拜年《はいねん》の禮《れい》を講ずること莫かれ。山僧老病《さんぞうろうびょう》、威儀《いぎ》具するに懶《ものう》し。元來《がんらい》、年年《ねんねん》是れ好年《こうねん》、日日《にちにち》是れ好日《こうにち》。伏して惟みれば、山門《さんもん》の列職《れっしょく》、一會《いちえ》の清衆《せいしゅ》、諸位《しょい》禪師《ぜんじ》、各各道體《かくかくどうたい》、珍重萬福《ちんちょうまんぷく》。

〈訳〉

「古人は除夜のときに、あるいは〈龍肝鳳髓を烹《に》る〉と言われ、あるいは〈露地の白牛を殺して供養する〉と言われたが、米山《それがし》はただ炉辺に頭を聚めて、雪水で茶を煮るだけだ。これを随方毘尼といい、あるいはまた家の豊倹に随ったものとする。空疎にして枯淡だと言うことなかれ。

およそ、年頭には大方の寺では免人事の榜を出す。天衣の義懐禅師は榜の代わりに、つぎのような頌を示された、〈僧儀を用って俗情に混ずることを休めよ、江頭の野草、幾回か青き。無角の鉄牛、少室に眠る、当時、豈に是れ元正を賀せんや〉と。わが山も一般風俗に随うならば、恐らくは天衣和尚に笑われるであろう。だから、方丈に年賀に来ることは無用。山僧も老病ゆえ威儀を具するのも面倒だ。（そういう儀式はせずとも）元来、年年是れ好年、日日是れ好日ではないか。伏して惟みれば、山門の列職、一

会の清衆、諸位禅師、各各道体、珍重万福」。

○分歳＝除夜のこと。

○或烹龍肝鳳髄＝『虚堂録』巻一「興聖寺語録」除夜小参に「諸方は龍肝鳳髄を烹るも、我が此間《すかん》、荒涼として供養すべきなし」。「龍肝鳳髄」は（龍肝や鳳髄にもまさる）珍奇な佳肴のこと。蘇東坡の「江瑶柱伝」に「席上の珍、風味藹然たり。龍肝鳳髄と雖も、及ばざる者有り」。

○或殺露地白牛＝北禅智賢禅師が除夜に、貧窮で何もないので、法華経にある露地の白牛を煮て大衆に供養したこと。『続伝灯録』巻三、北禅智賢章、「上堂して云く、年窮まり臘尽く。大衆と分歳《ぶんすい》す可き無し。老僧、一頭の露地の白牛を烹《に》て、土田の米飯を炊き野菜羹《やさいこう》を煮、榾柮《こつとつ》の火を焼き、大衆と炉を囲んで村田楽《そんでんがく》を唱えん」。

○随方毘尼＝戒律中でまだ禁止されていない新しい事例については、その場合にしたがって禁止するか許すかを決めること。

○随家豊倹＝分に応じて。『伝灯録』巻十五、清平山令遵禅師章「上堂。……若し仏意を会せんならば、僧俗男女貴賤に在らず。但だ家の豊倹に随って安楽にして便ち得」。

○免人事榜＝（正月などの）賀詞をのべる儀式を省略するという告知。前出［一―四四］「鉄牛眠少室」の注。

○無角鉄牛眠少室＝前出［一―四四］。

○年年是好年、日日是好日＝『虎丘録』に、「年年是好年、月月是好月、日日是好日、時時是好時」。

【一―一〇一】［巻之一の三〇丁表］

元旦示衆。

三世諸佛胡亂説、歴代祖師胡亂説。天下老和尚胡亂説、微笑老漢胡亂説。山僧尋常亦胡亂説。今日元旦令辰、山僧不可謾諸禪徳、諸禪徳亦不可謾山僧。要須一一據實供通。敢問、實頭一句、作麼生擧著。〔大衆下語畢〕乃曰、昨夜須彌呼萬歳、今朝露柱賀三元。米山拍手法山笑、拄杖打開歡喜園。

元旦《がんたん》、衆に示す。
三世《さんぜ》の諸佛《しょぶつ》、胡亂《うろん》に説き、歴代《れきだい》の祖師《そし》、胡亂《うろん》に説き、天下《てんか》の老和尚《ろうおしょう》、胡亂《うろん》に説き、微笑老漢《みしょうろうかん》、胡亂《うろん》に説く。山僧《さんぞう》も尋常《よのつね》亦た胡亂《うろん》に説く。今日元旦令辰《こんにちがんたんれいしん》、山僧《さんぞう》、諸禪徳《しょぜんとく》を謾《まん》ずる可からず、諸禪徳《しょぜんとく》も亦た山僧《さんぞう》を謾ずる可からず。要須《すべか》らく一一《いちいち》、實《じつ》に據《よ》って供通《ぐつう》すべし。敢えて問う、實頭《じっとう》の一句《いっく》、作麼生《そもさん》か擧著《こじゃく》せん。〔大衆下語《だいしゅあぎょ》し畢って〕乃ち曰く、昨夜《さくや》、須彌《しゅみ》、萬歳《ばんざい》と呼ぶ、今朝露柱《こんちょうろちゅう》、三元《さんげん》を賀す。米山《べいざん》手を拍《はく》すれば、法山《ほうざん》笑う、拄杖《しゅじょう》打開《たかい》す、歡喜園《かんぎえん》。

〈訳〉
「三世の諸仏も胡乱に説く、歴代の祖師も胡乱に説く。天下の老和尚も胡乱に説く、雪江老漢も胡乱に説く。山僧もまた常に胡乱に説く。今日は元旦令辰ゆえ、山僧は諸禅徳を謾ずることはできぬ、諸禅徳もまた山僧を謾ずることはできぬから、一一、実に拠って話そう。では問う、実頭の一句をどのように示したものか」。〔大衆が下語しおわって〕すなわちいわく、「昨夜須弥、万歳と呼ぶ、今朝露柱、三元を賀す。米山に手を拍けば、法山で笑う、拄杖打開す、歓喜園」。

○微笑老漢＝雪江宗深。
○昨夜須弥呼万歳、今朝露柱賀三元＝昨夜は須弥山が万歳とさけび、今朝は法堂の柱がおめでとうさんと言う。
○米山拍手法山笑＝『禅林句集』「五台拍手峨眉笑」。丹波の龍興寺で拍手すれば、妙心寺で笑う。
○歓喜園＝帝釈宮の四園の一つ。諸天ここに入ると歓喜の情を生ずる。

【一一〇二】［巻之一の三〇丁裏］

上元上堂。
［顧視大衆云］幸是無事好、収取口喫粥。

上元上堂《じょうげんじょうどう》。
［大衆《だいしゅ》を顧視《こし》して云く］幸いに是れ無事《ぶじ》にして好《よ》し、口を収取《しゅうしゅ》して粥《しゅく》を喫せよ。

〈訳〉
［大衆を顧みて］「幸いなことに世は事も無し。口をふさいで粥をくえ」。

○幸是無事好＝（事無きに事を生ずるより）事無きがよろしい。「好事不如無」、好事も無きには如かず。

○收取口喫粥＝『聯灯会要』巻二十三、雍山道閑章に、「後に僧有り長慶に問う、〈同生亦た同死の時如何〉。慶云く、〈彼此、狗口を合取せよ〉。僧云く、〈大師、口を収取して飯を喫せよ〉」。

【一一〇三】［巻之一の三〇丁裏］

七日旦示衆曰、
古人曰、破一微塵出大經卷。未審一塵未起前、斯經在甚處。自代曰、三世諸佛不知有、狸奴白牯却知有。

七月旦《たん》、衆に示して曰く、
古人《こじん》曰く、一微塵《いちみじん》を破《は》して大經卷《だいきょうかん》を出《い》だす、と。未審《いぶかし》、一塵《いちじん》未だ起こらざる前、斯《こ》の經、甚《いず》れの處にか在る。自ら代わって曰く、三世《さんぜ》の諸佛《しょぶつ》、有ることを知らず、狸奴《りぬ》白牯《びゃっこ》、却って有ることを知る。

〈訳〉
「古人は〈一微塵を破して大経巻を出だす〉と言われたが、一塵がまだ起こらぬ前は、この経はどこにあったのか」。自ら代わっていわく、「三世の諸仏、有ることを知らず、狸奴白牯、却って有ることを知る」。

○破一微塵出大経巻＝『金師子章』「破小塵兮出大経巻、約大虚兮置一毛中」。『句双葛藤鈔』「破一微塵出大経巻」に

「心ヨリ経巻ハ出タゾ。色々ニ砕テ出テタゾ」。

○三世諸仏不知有、狸奴白牯却知有＝南泉の語。『句双葛藤鈔』「三世諸仏不知有、狸奴白牯却知有」に、「悟ヲ悟トスルハ悟ニアラズ。悟ヌ悟リガ実悟也。大事ノ折角（＝肝心要のところ）ゾ。一向ノ不知ニミテハサテ（＝だめ、よくない）ゾ」。

住尾張州青龍山瑞泉禪師語

【一一〇四】〔巻之一の三一丁表〕

住尾張州青龍山瑞泉禪寺語。

師文明十六年甲辰〔時五十七歳〕某月日、在米山龍興寺丈室受請、夏六月初五日入寺。

尾張州《おわりしゅう》青龍山瑞泉禪寺《せいりょうざんずいせんぜんじ》に住《じゅう》する語。

師、文明十六年甲辰《きのえたつ》〔時五十七歳〕某月日、米山龍興寺《べいざんりゅうこうじ》の丈室《じょうしつ》に在って請《しょう》を受け、夏六月初五日《しょごにち》入寺す。

○青龍山瑞泉禅寺＝応永二十一年（一四一四）、日峰宗舜が内田左エ門次郎の懇請によって創建、先師無因大和尚を開祖とする。東陽入寺までの世代は、創建日峰宗舜、二世義天玄承、三世雲谷祥、四世桃隠玄朔、五世雪江宗深、六世景川宗隆、七世悟渓宗頓、八世特芳禅傑、九世東陽英朝。龍泉、臥龍、輝東、臨渓の四本庵があった。

○文明十六年＝一四八四年。師、五十七歳。

【一一〇五】〔巻之一の三一丁表〕

指山門曰、海東法窟、天下禪源。入作看。〔進前云〕一句定乾坤。喝。

山門《さんもん》を指して曰く、海東《かいとう》の法窟《ほっくつ》、天下《てんか》の禪源《ぜんげん》。入作《にっさ》せよ看《み》ん。〔進前《しんぜん》して云く〕一句《いっく》、乾坤《けんこん》を定《さだ》む。喝。

〈訳〉

山門を指していわく、「(この瑞泉禅寺は)日の本の法窟であり、天下の禅源である。さあ、(今この山門を)入って見せよう」。〔進前して〕「一句、乾坤を定む。喝」。

○入作＝『諸録俗語解』〔一三六五〕「入作」に「入進作用なり」。『禅学大辞典』「入作分」に「入作は入得作用。会得証悟すること」。『禅語辞彙』「入作分」に「入得作仏の分上の略なり。悟って仏になる資格の意」。『禅語辞典』「入作」に「取り込んで活力にする」などとあるが、左の用例を見れば、いずれも「門」に関わる語である。ここでは『諸録俗語解』の解があてはまる。

『仏国録』浄妙禅寺語録の山門に「大解脱門、誰か能く入作す」。『大覚録』結夏に「選仏場を開く、鉄額銅頭も応に入作すること難かるべし」。『一山録』「円覚禅寺語録」の山門に「你既に入作するに門無し、今日、為に線路を通ぜん」。

○一句定乾坤＝干戈を動かさずに太平をもたらす一句。

【一一〇六】〔巻之一の三二丁表〕

土地堂。

倉卒主人、未辨麁糲。〔以手加額云〕斫額看焚香祭獺。

土地堂《つちどう》。

倉卒《そうそつ》の主人《しゅじん》、未だ麁糲《そらい》を辨ぜず。「手《て》を以《も》って額《ひたい》に加《くわ》えて云《い》く」斫額《しゃくがく》して看《み》る、香《こう》を焚《た》いて獺《だつ》を祭《まつ》るを。

〈訳〉

「倉卒の主人、未だ麁糲を弁ぜず」。「手を以て額にかざしていわく」「斫額して看る、香を焚いて獺を祭るを」。

○倉卒主人、未辨麁糲＝「倉卒主人」は、不意の来客に、あわててもてなしの用意をする主人。『西京雑記』四、「有倉卒客、無倉卒主人（倉卒の客有って、倉卒の主人無し）」。予測もしない客人がいきなりやって來て、あわてて準備をしようとするが、十分な接待もできず主人としての礼が尽くせないこと。「麁糲」は粗糲。つきしらげぬあらい玄米、悪米転じて粗末な食事。

○以手加額云＝遥か彼方に向かって敬意を示すさま。

○看焚香祭獺＝難解。『古尊宿語録』巻三十八、「洞山初禅師語録」の真賛に「一巧一拙、誰か甄別《けんべつ》を許さん。青山白雲、児孫皆な説く。窈窕たる邪身、頭尖り鼻缺く。斫額看魚、焚香祭獺」。この用例に比すれば、今ここでは「魚」字を脱するか。原本の「斫額して看る、香を焚いて獺を祭るを」という訓点は疑問。恐らくは「斫額看魚、焚香祭獺（斫額して魚を看る、香を焚いて獺《かわうそ》を祭る）」ということであろう。「祭獺」は「獺祭魚」にもとづく。獺がとらえた魚を陳列するさまが、人の物を供えて祭るのに似ていることをいう。しかし、ここでは、あまりの倉卒ゆえに「手を額にかざして魚に敬意を表し、香をたむけて（魚ではなく）獺を祭る」ということか。

【一一〇七】［巻之一の三一丁表］

祖師堂。

朝鳴鳳臺鼓、夕蹈龍慶蘆。［提起坐具云］中間有箇幡子、被風吹著道胡盧胡盧。

祖師堂《そしどう》。

朝《あした》に鳳臺《ほうだい》の鼓《く》を鳴らし、夕《ゆうべ》に龍慶《りゅうけい》の蘆《あし》を蹈む。［坐具《ざぐ》を提起《ていき》して云く］中間《ちゅうかん》に箇《こ》の幡子《ばんす》有り、風に吹著《すいじゃく》せられて、胡盧胡盧《ころころ》と道う。

〈訳〉

「朝には梁の武帝に相見し、夕べに揚子江を蘆に乗って渡った」。［坐具を提起していわく］「その中間、一枚の幡《はた》子が風に吹かれてフルフルと鳴っていた」。

○朝鳴鳳台鼓、夕踏龍慶蘆＝「鳳台」は禁裏、都。梁の武帝に相見したこと。「龍慶」は龍慶江。『古尊宿語録』巻二十六、「法華挙和尚録」に「師、因みに県に入って官に看ゆ。寄員外問う、……。外云く、〈達磨は蘆に乗って、龍慶江を渡る、和尚、轎を打すも又た且つ何ぞ妨げん〉」。達磨が揚子江を渡った地点は、長蘆とも、龍慶江ともいう。

○中間有箇幡子、被風吹著道胡盧胡盧＝『碧巌録』第十八則、「忠国師無縫塔」、本則評唱に「五祖先師拈じて云く、前面は是れ珍珠瑪瑙、後面は是れ瑪瑙珍珠。左辺は是れ観音勢至、右辺は是れ文殊普賢。中間有箇旛子、被風吹著道胡盧胡盧」。

【一一〇八】［巻之一の三二丁表］

據室。

徳山棒臨濟喝、姑蘇臺畔春秋。［竹篦揮案云］欲窮千里目、更上一層樓。


據室《こしつ》。

徳山《とくさん》の棒《ぼう》、臨濟《りんざい》の喝《かつ》、姑蘇《こそ》臺畔《だいはん》の春秋《しゅんじゅう》。［竹篦《しっぺい》もて案《あん》を揮《ふる》って云《いわ》く］千里《せんり》の目《まなこ》を窮《きわ》めんと欲《ほっ》せば、更に一層樓《いっそうろう》に上《のぼ》れ。


〈訳〉

「徳山の棒、臨済の喝。姑蘇台畔の春秋」。［竹篦で案を打っていわく］「千里の目を窮めんと欲せば、更に一層上に登れ」。

○姑蘇台畔春秋＝『禅林句集』に「姑蘇台畔不語春秋、衲僧面前豈論玄妙」の語あり。呉王が西施を寵愛した姑蘇台の衰亡の歴史（春秋）は（あまりにも判然としている故）語るまじ。
○揮案＝前出［一一一六］。
○欲窮千里目、更上一層楼＝王之渙の「登鸛鵲楼」詩の句。「千里の目を窮めんと欲して、更に上ぼる一層の楼」。

【一一〇九】〔巻之一の三二丁裏〕

拈衣。

赤水之珠、罔象無眼而獲。黄梅之衣、盧能不會而傳。〔擧衣云〕者箇聻。〔搭起云〕今日見來果然。

拈《ねん》衣《え》。

赤《せき》水《すい》の珠《しゅ》、罔《もう》象《しょう》は眼《まなこ》無《の》うして獲《え》る。黄《おう》梅《ばい》の衣《え》、盧《ろ》能《のう》は不《ふ》會《え》にして傳う。〔衣《ころも》を擧《こ》して云く〕者《しゃ》箇《こ》聻《にい》。〔搭《たっ》起《き》して云く〕今《こん》日《にち》見《み》來《き》たれば、果《か》然《ぜん》。

〈訳〉

「赤水の珠は、眼の無い罔象が（無心にして）探し出した。黄梅山に伝わる付法の伝衣は、一文不知の行《あん》者《じゃ》慧能に伝えられた」。〔衣を持ちあげていわく〕「ではこの衣は、どうじゃ」。〔搭起していわく〕「今日見来たれば、果然」。

○赤水之珠、罔象無眼而獲＝『荘子』天地に出る話、黄帝が南の果ての赤水で玄珠を失い、最初に知に探させ、次に離朱に、また雄弁家の喫《かい》詬《こう》に探させても見つからなかった。最後に形象なき無心の象罔《しょうもう》に命じて初めて得ることができた。離朱は離婁とも。百歩にして秋毫の末を見ることが出来たという。罔象は象罔とも、無心を擬人化したもの。

○黄梅之衣、盧能不会而伝＝『伝灯録』巻三、弘忍章に「……大師後に此の偈を見て云く、〈此は是れ誰の作ぞ、亦た未だ見性せず〉。衆、師の語を聞いて遂に之を顧ず。夜におよんで乃ち潜かに人をして碓坊より能行者《あんじゃ》を召して入室せしむ。告げて曰く、〈諸仏の出世は一大事の為なるが故に、機の小大に随って之を引導す。……今、法宝及び所伝の袈裟を以て用って汝に付す。善《よ》自く保護して断絶せしむること無かれ〉。……。能、礼足し已って衣を捧げて出づ。是の夜、南邁《なんまい》す。大衆知る莫し」。

○者箇聻＝（衣を持ち上げて）「これはどうじゃ、ん？」。

○今日見来果然＝果たして、やはり山僧が。

【一一一〇】［巻之一の三一丁裏］

兩開山塔拈香曰、這香在赤縣神州、則稱大乘之根。未出生前、西天東土全機齊顯。於黄檗山頭、則爲蔭涼之樹。纔撞著處、五家七宗鼻孔盡穿。不拘時節、豈干變遷。炎天梅蘂沒交渉、馥郁小千與大千。

大日本國尾張州、青龍山瑞泉禪寺新住持、小比丘［英朝］入寺之次、拜謁開山始祖兩塔下、謹焚乾柴於初會、用酬慈蔭。雖然恁麼、此箇些子、如何敷宣。［擧香云］證羊蜂桶是家傳、兩塔巍然昭穆全。夙世寃讐猶未了、［插爐云］又添心字一爐梅。

兩開山塔拈香《りょうかいさんとうねんこう》に曰く、這《こ》の香《こう》、赤縣神州《せきけんしんしゅう》に在るときは、則ち大乘《だいじょう》の根《こん》と稱す。未だ出生《しゅっしょう》せざる前、西天東土《せいてんとうど》、全機《ぜんき》齊《ひと》しく顯《あら》わる。黄檗山頭《おうばくさんとう》に於いては、則ち蔭涼《いんりょう》の樹と爲《な》る。纔《わず》かに撞著《どうじゃく》する處、五家七宗《ごけしちしゅう》、鼻孔《びくう》盡《ことごと》く穿《うが》たる。時節《じせつ》に拘《かか》わらず、豈《あ》に變遷《へんせん》に干《かか》わらんや。炎天《えんてん》の梅蘂《ばいずい》、沒交渉《もっきょうしょう》、馥郁《ふくいく》たり、小千《しょうせん》と大千《だいせん》と。
大日本國尾張州《だいにほんこくおわりしゅう》、青龍山瑞泉禪寺《せいりょうざんずいせんぜんじ》新住持《しんじゅうじ》、小比丘《しょうびく》［英朝《えいちょう》］入寺《にゅうじ》の次いで、開山《かいさん》、始祖《しそ》の兩塔下《りょうとうか》に拜謁《はいえつ》し、謹んで乾柴《かんし》を初會《しょえ》に焚《た》いて、用って慈蔭《じいん》に酬《むく》う。然《しか》も恁麼《いんも》なりと雖も、此箇《しこ》の些子《しゃし》、如何《いかん》か敷宣《ふせん》せん。［香を擧《こ》して云く］羊《ひつじ》を證《あら》わす蜂桶《ほうつう》、是れ家傳《かでん》、兩塔《りょうとう》、巍然《ぎぜん》として昭穆《しょうぼく》全し。夙世《しゅくせ》の寃讐《おんしゅう》、猶お未だ了《りょう》ぜず、［爐《ろ》に插《さしばさ》んで云く］又た添《そ》う心字《しんじ》、一爐《いちろ》の栴《せん》。

〈訳〉

「（法を象徴する）この一片の香《こう》は、中国にあっては大乗の根と称す。父母出生以前、印度中国にあまねくひとしく顕われていたものである。それが黄檗山頭の臨済においては蔭涼樹となり、それにわずかに撞著するや、五家七宗となって、衲僧の肝要どころに穴をあける。この香は時節に拘わらぬので変遷することがない。それは〈炎天の梅蘂〉のように格外のものであって、常識世界とは没交渉。小千世界と三千大千世界に馥郁と香っている。

大日本国尾張の国、青龍山瑞泉寺新住持の英朝、入寺に際して、開山および始祖の塔下に拝し、まず初会においてこの香を焚いて法恩に酬う。とはいえ、両師との法縁について、いささかなりとも延べねばならぬのだが」。［香を挙して］「父の盗みをうったえるのは、我が宗の家伝。両師の墓塔は位次ただしく巍然として立っている。夙世の寃讐《あだ》は、なお未だ果たせてはおらぬ（まだ報恩できていない）」。〔炉に插んで〕「ここに栴檀の心字香《しんじこう》をお供えする」。

○両開山塔拈香曰＝無因宗因禅師と日峰宗舜禅師。

○這香＝法の象徴たる香の由来を以下にのべる。

○赤県神州＝中国。赤県九州とも。

○於黄檗山頭、則為蔭涼之樹＝『臨済録』行録に「向後穿鑿《こうごせんさく》して一株の大樹と成らば、天下人の与に陰涼と作《な》り去ること在らん」。

○炎天梅蘂＝『簡斎詩集』十二、「趙少隠が青白堂に題す」に、「雪裡の芭蕉、摩詰の画、炎天の梅蕊、簡斎の詩」。詩は心中の風光を詠ずるので、肉眼にかかわらぬことをいう。藤原惺窩述、林羅山箚記の『梅村載筆』人巻に「惺斎（藤原惺窩）云、簡斎が詩に、雪裏芭蕉摩詰画、炎天梅蕊簡斎詩と云は、常に詩人の如くいがたにはまつて作るに非ず。格外に作出すと云たとへを、雪裏芭蕉と炎天梅蕊とのめづらしきに比するなり」。

○入寺之次＝『校証』に「入寺、元本は開堂に作る。然れども今、祝聖拈香無ければ、則ち開堂と言う可からず。忠、改めて入寺と為す」。

○乾柴＝ここでは香木のこと。

○初会＝最初の説法の座。

○証羊蜂桶＝父が羊盗んだのを、子が訴え出ること。「証羊」は、『論語』子路、「其の父、羊を攘《ぬす》んで、子、之を証《あら》わす」。「証《あら》わす」の読みは原本の訓点による。「証」は「（官に）つげる」こと。罪を官に申し出ることを「あらわしもうす（顕申）」という。本来は当人が罪を自首するのだが、ここでは子が代わって申し出て、親にあやまちを悔い改めさせることである。

「蜂桶」は、『貞和集』巻一、松坡宗憩「仏鑑塔」に、「落頼《らくらい》にして、家私《かし》都《すべ》て掃尽《そうじん》す、蜜蜂桶裏に腔羊有り」。腔羊は「羔羊」とも。「羔羊」は子羊の皮ごろも。『詩経』召南、羔羊。

『宗門方語』（『辞書類聚』一所収）「蜜蜂桶裏有羔羊」に「意は蜜に在るか、賊心已に露わるか」とあるが、未穏在。

『助桀』（電子達磨版五一五頁）の「落頼」の条で、無著道忠は松坡の偈を引いて「利の家に入る無きの義」としている。松坡の偈の全体は「浮図、三遶して斜陽に立つ、涙、空山に洒いで痛腸より出づ。落頼にして、家私都《すべ》て掃尽す、蜜蜂桶裏に腔羊有り」。三四句の意味は「無頼にして家産をすっかり潰してしまったが、蜜蜂桶の中に腔羊がある」で、三句は師に対する懺悔を、四句は、師に対する孝心を述べたもの。「蜜蜂桶裏有腔羊」は『論語』で羊とするのを、羊のかわごろもに代えたもの。

『仏国録』の仏光禅師像賛に「破家子《はかし》有り、蜂桶に羊を証《あらわ》す」。『夢窓録』頂相自賛に「我れ今、蹉口《さく》して家私を揚ぐ、恐らくは是れ人、蜂桶裏を窺わん」。『絶海録』に「丕《おお》いに三会の家業を承け、蜂桶を指して羊腔を証す」の例を見るに、「証羊」と同じく、父まさりの孝子のことを言うのであろう。

○両塔巍然昭穆全＝「昭穆」は廟の順位のこと。廟が一定の順序にしたがっていることを「昭穆倫序」という。

○夙世冤讐＝前世からの仇敵のごとき、よくよくのご縁。師弟の因縁を結ぶことを「結冤家」という。「不是怨家不聚頭（よくよくの縁の間柄でなければ、際会し逢うことはない）」、仏祖の教えに取り組むには、あたかもかたきに対するごとくせよという。『聯灯会要』巻二十二、龍牙居遁章、「夫れ参学の人は、須らく仏祖を透過して始めて得べし。新豊和尚云えり、仏教祖教は生冤家《さんおんけ》の如くして始めて参学の分有り」。

○又添心字一炉梅＝香に係けて「心字」をいうことは、「心字香」という名の香があったことによる。「心香」ともいう。『中華若木詩抄』趙彦髭の「春日作」に「古鼎、焼き残す心字香」。

【一一一】［巻之一の三二丁表］

退院。

千鈞大法愧權衡、薄福住山山亦輕。獨著簑衣入烟雨、慇懃送我只江聲。

退院《ついいん》。

千鈞《せんきん》の大法《だいほう》、權衡《けんこう》を愧《は》ず、薄福《はくふく》の住山《じゅうざん》、山も亦た輕《かろ》し。獨《ひと》り簑衣《さえ》を著《つ》けて、烟雨《えんう》に入る、慇懃《いんぎん》に我を送る、只だ江聲《こうせい》。

〈訳〉

「千鈞の大法を掌る重任にあったのを愧じる。徳福薄い私が住山することによって、この寺の価値もまた軽くなったのではないか。ひとり簑を著けて烟雨に入る、慇懃に我を送るのはただ江声のみ」。

○千鈞大法愧権衡＝「権衡」、権はオモリ、衡はハカリサオ。軽重を正しく掌ること。

住堆雲菴語

【一―一一二】［巻之一の三三丁表］

住堆雲菴語［文明十七年乙巳］

堆雲菴《たいうんあん》に住する語［文明《ぶんめい》十七年乙巳《きのとみ》］

○堆雲庵＝妙心寺内に堆雲院があったが、それとは別。『大仙寺史』六〇頁、『聖沢八祖傳』に「丹州の堆雲庵なり」とあるのを引き、「おそらく龍興寺からさほど遠くない所であろう」とする横山住雄氏の論証がある。更に横山氏の見解を補強する安藤嘉則氏より論稿がある（『中世禅宗における公案禅の研究』国書刊行会、二〇一一。四七六～四八三）。

後出［三―三］「徳蔭道順禅定門三十三年忌拈香」に、「維れ時文明十三年辛丑秋八月十八日、丹州八木村利生院主宗源、本院に就いて、先考徳蔭道順禅定門三十三白の忌斎を厳設す。仍って来たって小祇夜を求む。余、輒ち香を龍興の堆雲室に焚いて、遥かに此の一篇を唱う」とあるので、文明十三年（一四八一）段階ではまだ堆雲庵はできていなかったか。［三―四六］には「堆雲庵本尊釈迦文仏安座」の語がある。また［五―七一］には「長享戊申の秋、龍興の印を解いて堆雲に閑居す」とある。つまり、長享戊申（一四八八）には寺容を整えていたことになる。

○文明十七年乙巳＝一四八五年。師、五十八歳。

【一一一三】〔巻之一の三三丁表〕

半夏示衆曰、

臨濟半夏上黄蘗底境界、諸人見也無。乃拈出拄杖曰、大家齊著力。

半夏示衆《はんげじしゅ》に曰く、

臨濟《りんざい》、半夏《はんげ》に黄蘗《おうばく》に上《のぼ》る底《てい》の境界《きょうがい》、諸人《しょにん》、見るや也《ま》た無《いな》や。乃ち拄杖《しゅじょう》を拈出《ねんしゅつ》して曰く、大家《たいけ》齊《ひと》しく力を著けよ。

〈訳〉

「臨済が半夏に黄檗に行ったところの境界を、諸君は分かるか」。〔拄杖をとっていわく〕「諸君、皆そろって力を著けよ」。

○臨済半夏上黄檗底境界＝前出〔一—六〕。

【一一一四】〔巻之一の三三丁表〕

雪江先師忌。

〔拈香云〕一生惡辣逞威雄、殃害叢林滅祖風。珍重梅陽三尺土、活埋洋嶼罵天翁。

雪江先師《せっこうせんし》忌《き》。
[香を拈《ねん》じて云く]一生悪辣《いっしょうあくらつ》、威雄《いゆう》を逞《たくま》しうす、叢林《そうりん》を殃害《おうがい》して、祖風《そふう》を滅《めつ》す。珍重《ちんちょう》す、梅陽三尺《ばいようさんじゃく》の土《つち》、活埋《かつまい》す、洋嶼《ようしょ》の罵天翁《ばてんおう》。

〈訳〉

[香を手にして]「一生、悪辣の手段をもって威雄を奮い、叢林に災いを及ぼし、滅宗興宗なされた。罵天翁こと大慧禅師のごとき雪江先師が、今なお活きながら埋葬されている塔墓を謹しんで拝す」。

○殃害叢林滅祖風＝前出[一―一六]、「瞎驢辺滅」の注を参照。「殃害叢林」は、宗門に災いを及ぼす、という抑下の表現。『了堂語録』に「殃害叢林話転長」、『呆庵語録』に「癡呆呆、殃害叢林箇瞎禿」、『平石語録』に「殃害叢林座未休」など。
○珍重梅陽三尺土、活埋洋嶼罵天翁＝「土三尺」は墓地、「三尺土」とも。俗諺に「未だ三尺の土に帰らず、百年の身を保ち難し」。「洋嶼罵天翁」は大慧宗杲のこと。雪江禅師を大慧になぞらえる。墓塔のある衡梅院の名は、大慧が十七年にわたって貶竄《なが》された衡州と梅州からつけたもの。「活埋」は『臨済録』の語を引き用いるのみ。

【一―一一五】[巻之一の三三丁表]

示衆。

寰中天子勅、一句定乾坤。塞外將軍令、一劍平天下。將謂江山入戰圖、元來日月低秦樹。於我衲僧門下、又且作麼生。徳山棒臨濟喝、猶是第二頭。曹洞君臣、潙仰境致、更較甚麼第三首。雪峯雲門、趙睦二州、總是亂世英雄、太平姦賊。豈不見道、大人具大智、大機顯大用。諸人、還識不動干戈坐見成敗底一著子麼。〔良久云〕一點梅花蘂、三千刹界香。〔于時右大將義尚公卒。大軍討佐佐木六角於江州。六角出奔〕

示衆《じしゅ》。

寰中《かんちゅう》は天子《てんし》の勅《ちょく》、一句《いっく》、乾坤《けんこん》を定む。塞外《さいがい》は将軍《しょうぐん》の令《れい》、一剣《いっけん》、天下《てんか》を平らぐ。將《まさ》に謂《おも》えり、江山《こうざん》、戰圖《せんと》に入ると、元來《がんらい》、日月《じつげつ》、秦樹《しんじゅ》に低《た》る。我が衲僧門下《のうそうもんか》に於いては、又た且《しば》らく作麼生《そもさん》。徳山《とくさん》の棒《ぼう》、臨濟《りんざい》の喝《かつ》、猶お是れ第二頭《だいにとう》。曹洞《そうとう》の君臣《くんしん》、潙仰《いぎょう》の境致《きょうち》、更に甚麼《なん》の第三首《だいさんしゅ》にか較《あた》らん。雪峯雲門《せっぽううんもん》、趙睦《じょうぼく》の二州《にしゅう》、總《そう》に是《こ》れ亂世《らんせ》の英雄《えいゆう》、太平《たいへい》の姦賊《かんぞく》。豈《あ》に道《い》うことを見《み》ずや、大人《だいにん》、大智《だいち》を具し大機大用《だいきだいゆう》を顯《あら》わすことを。諸人《しょにん》、還《かえ》って干戈《かんか》を動《どう》ぜずして坐《いなが》らに成敗《せいばい》を見《み》る底《てい》の一著子《いちじゃくす》を識《し》るや。〔良久《りょうきゅう》して云く〕一點梅花《いってんばいか》の蘂《ずい》、三千刹界《さんぜんせっかい》香《かんば》し。〔時に右大将義尚公《うだいしょうよしひさこう》卒《そっ》す。大軍《たいぐん》、佐佐木六角《ささきろっかく》を江州《ごうしゅう》に討って、六角出奔《ろっかくしゅっぽん》す〕

〈訳〉

「寰中が天子の勅によって治まるように、一句でもって天下に和平をもたらす。塞外が将軍の号令によって平げられるように、一剣をもって天下を平らぐ。

このほどは（ふたたび）諸国は戦図に入ったかと思われたが、（幕府軍の健闘により）、古の秦地の樹木を日月が照らすようになった。（世情はこのようであったが）、さて我が衲僧門下に於いてはどうか。徳山の棒も臨済の喝もなお二番手。曹洞の君臣、潙仰の境致も、三番手にもなるまい。雪峰も雲門も、趙州も睦州も、みな乱世の英雄にして太平の姦賊である。古人も言われているではないか〈大人は大智を具し、大機は大用を顕わす〉と。諸君、軍勢を動かさずして、いながらに太平をもたらすような一手、これを識っておるか」。

［良久していわく］「一点梅花の蘂、三千刹界香し」。［この時に右大将義尚公が卒した。幕府の大軍が佐佐木六角を江州で討って、六角は出奔した］

○示衆＝長享三年（一四八九）。師六十歳。

○寰中天子勅、塞外将軍令＝『碧巌録』第四十四則、頌下語。『句双葛藤鈔』「城都塞外マデ行令ノ至ヌ処ハナイ、ト云ハ、ドツコモ本分デサヽヘタ」。

○江山入戦図＝曹松の「己亥歳」に「沢国江山入戦図」。「戦図」、『三体詩由的抄』に「一説に、戦闘の謀計を云う、一説に、図は画図の図なり。戦争すべき所の地形を図するを云う」。応仁の乱が収束したのちの長享の乱（鈎《まがり》の陣とも）の勃発をいう。長享元年（一四八七）、幕府が行った近江守護六角行高の征伐。

○日月低秦樹＝杜甫「哥舒開府翰に投贈する二十韻」に「日月低秦樹、乾坤繞漢宮」。『古文真宝前集』に引く。この詩は安禄山の乱の前に哥舒《かじょ》将軍に贈られたもの。この句の前後は「智謀は睿想を垂れ、出入は諸公に冠たり。日月、秦樹に低れ、乾坤、漢宮を繞る。胡人は逐うを愁いて北《に》げ、宛馬は又た東に従う。命を受けて辺沙遠く、帰来、御席同じうす」とある。句意は「君の智謀には君王も御心を垂れたまい、朝廷に出入するときは、勲功により諸侯の中で第一番。かくして、（わが君王の威武の及ぶところ）日月も古の秦地の樹木を照らすようであり、天地も古の漢宮を中心にめぐるようだ。そして胡《えびす》は追われて北に逃げ、大宛国も服して、その地の名馬がまた東へやって来るようになった。君は君王の命をうけ、今はるか辺境にいるが、都に帰って来れば、また君王と席を同じうする光栄にあずかるであろう」。このような詩の内容からすれば、東陽は哥舒《かじょ》将軍に細川政元の姿を重ねていたのであろう。

○乱世英雄、太平姦賊＝後漢の人物鑑定家の許劭が曹操を評した語に、「清平之奸賊、乱世之英雄」。『後漢書』列伝巻五十八、「許劭伝」。『普灯録』巻三、黄龍慧南章に、「上堂。妙と説き玄と談ずるは、乃ち太平の姦賊。棒を行じ喝を行ずるを乱世の英雄と為す。英雄と姦賊と、棒喝と玄妙と、皆な剩物と為す、黄檗門下には、総に用不著、且らく道え、黄檗門下、尋常に箇《こ》の甚麼をか用う、喝一喝」。

○大人具大智、大機顕大用＝『圜悟語録』巻一に「大人具大見、大智得大用」。

○一点梅花蘂、三千刹界香＝『句双葛藤鈔』「一点梅花蘂、三千刹界香」に、「一点トハ、此一心ヲサスゾ。ドツコモ此ノ心法デサヽヘタホドニ、三千刹界香ト云也」。

○義尚公卒＝将軍義尚は、長享元年（一四八七）九月日、近江守護の六角高頼を討伐するため、約二万の兵を率いて近江へ出陣し（六角征伐）、一年五ヶ月の間、近江鈎《まがり》に長期在陣した（鈎の陣）。長享三年（一四八九）三月二十六日、鈎の陣中で病死した。

少林無孔笛巻之一 〔終〕

東陽和尚少林無孔笛　巻之二

侍者某等編集

遠孫元貞校定

住平安城正法山妙心禪寺語

【二―一】［巻之二の一丁表］

住平安城正法山妙心禪寺語

平安城正法山妙心禪寺に住する語

○正法山妙心禅寺＝延徳元年（一四八九）。師、六十二歳。

【二―二】［巻之二の一丁表］

據室。

［拈起竹篦云］微笑一枝花、這回莫賺擧。［揮案一下云］紅粉佳人、發最上機。金色頭陀、無容身處。

據室《こしつ》。

［竹篦《しっぺい》を拈起《ねんき》して云く］微笑一枝《みしょういっし》の花《はな》、這回《しゃかい》、賺《たぶらか》して擧《こ》すること莫かれ。［案を揮《ふる》うこと一下《いちげ》して云く］紅粉《こうふん》の佳人《かじん》、最上《さいじょう》の機《き》を發す。金色《こんじき》の頭陀《ずだ》、身《み》を容《い》るる處無し。

〈訳〉

［竹篦をとって］「（世尊が拈じて）迦葉が微笑した一枝の花、このたびは誤って取り出しては

なるまい」。［案を打つこと一下して］「今このとき、紅粉の佳人（釈尊）が（諸人のために）上々の機を発して正法眼を開かしめんとしている。（破顔微笑された）摩訶迦葉《まかかしょう》も寄り付けたものではない」。

○微笑一枝花＝世尊拈華、迦葉破顔微笑。花園妙心寺にちなんで。
○揮案＝前出［一―一六］。
○紅粉佳人、発最上機＝前出［一―八九―二］。
○金色頭陀、無容身処＝「金色頭陀」は迦葉のこと。迦葉は出家前に鍛金師であったとき、全身が金色になったという。

【二―三】［巻之二の一丁表］

拈勅黄。
怡悦之雲、難爲攀龍顔。揖譲之水、復恐汚牛腹。綸命既臨、維那宣讀。

勅黄《ちょくこう》を拈《ねん》じて、
怡悦《いえつ》の雲《くも》、龍顔《りゅうがん》を攀《よ》づるに難爲《なんい》なり。揖譲《いじょう》の水《みず》、復《ま》た恐るらくは牛腹《ぎゅうふく》を汚さんことを。綸命《りんめい》既《すで》に臨《のぞ》む、維那《いのう》、宣讀《せんどく》せよ。

〈訳〉
勅黄を拈じて、「（陶弘景《とうこうけい》は天子に答えて）〈嶺上の白雲をただ一人で楽しむのみ。陛下にお贈りするようなものではありません〉と言われたが、私も龍顔を拝するのは恐れ多いばかりであります。また、（天子から召されたことを聞いた）許由《きょゆ》は（話を聞いただけで耳が汚れると言って）谷川で耳を洗い、巣父《そうほ》はその谷川の水を子牛に飲ませると牛の腹が汚れると言ったが、私もこの二人のような気持ちであります。とはいえ、綸命がすでにこの場に臨んだからには、維那よ、宣読されよ」。

○怡悦之雲＝『事文類聚』前集三十三、「賦白雲詩」に、陶弘景が梁の高祖の所問に答えた詩に「山中何の有る所ぞと（問われましたら）、嶺上白雲多し。唯だ自ら怡悦す可し、持して君に贈るに堪えず」。

○揖譲之水、復恐汚牛腹＝天下を事とせず、遂に清節を万世に垂れた高士、巣父《そうほ》と許由《きょゆ》の故事。『高士伝』、「許由、潁水《えいすい》の陽《みなみ》に耕す。尭、召して九州の長に為さんとす。由、之れを聞くを欲せず、耳を潁水の浜に洗う。時に巣父、犢《こうし》を牽いて之れを飲ましめんと欲す。由の耳を洗うを見て、我が犢の口を汚さんと曰って、犢を上流に牽いて之れに飲ましむ」。『蘇軾文集』「巣由不可廃」に、「揖遜之水、尚汚牛腹」。

【二―四】［巻之二の一丁表］

拈衣。

不貴世尊金襴、無慚迦葉坌掃。［搭起云］且看、東陽以身爲衣架、晒箇眼皮草。

拈衣《ねんえ》。

世尊《せそん》の金襴《きんらん》を貴《たっと》ばず、迦葉《かしょう》の坌掃《ふんぞう》に慚《は》ずること無し。［搭起《たっき》して云く］且《しば》らく看《み》よ、東陽《とうよう》、身を以て衣《え》絮《じょ》と爲して、箇《こ》の眼皮草《がんびそう》を晒《さら》すことを。


〈訳〉

「世尊の金襴の衣も有り難くは思わぬ、迦葉の糞掃衣《ふんぞうえ》を恥じるでもない」。［衣を懸けて］「看よ、東陽の体が衣でござる、蓑《みの》のごときを晒《さら》して見せようぞ」。

○坌掃＝糞掃（捨てられたぼろ布）を集めて作った袈裟。
○晒箇眼皮草＝「眼皮」は、まぶたのこと。これでは意不通。『虚堂録』巻二「雲黄山宝林寺語録」に「僧云、久雨忽晴時如何。師云、処処可以晒䀶皮草」とある。「晒䀶皮草」とあるべきところを「晒眼皮草」に誤ったものではないか。おそらくは「晒䀶箇皮草（箇《こ》の皮草を晒䀶す）」であろう。「晒䀶《さいろう》」は乾かす、干す、「皮草」は蓑のこと。原本のままでは意を解しにくいので、改めて右のように訳した。

【二―五】［巻之二の一丁裏］
開爐。
擧。東山演祖示衆曰、若有人以四大海爲硯、五須彌爲筆、向太虚空裏、書祖師西來意五字、老僧展坐具禮三拜。師曰、山僧不然。正法山今日開爐。若有人以螢火燒五須彌、以香水海爲茶鼎、煎三百箇月、一口吸盡、山僧打退鼓譲院去也。有麼有麼。自代曰、一毛頭上定乾坤。

開爐《かいろ》。

擧《こ》す。東山《とうざん》の演祖《えんそ》、衆《しゅ》に示して曰く、若し人有って、四大海《しだいかい》を以て硯《すずり》と爲し、五須彌《ごしゅみ》を筆《ふで》と爲《な》し、太《たい》虚空裏《こくうり》に向かって、祖師西來意《そしせいらいい》の五字《ごじ》を書せば、老僧《ろうそう》、坐具《ざぐ》を展《の》べて禮三拜《らいさんぱい》せん、と。師曰く、山僧《さんぞう》は然《しか》らず。正法山《しょうぼうざん》、今日開爐《こんにちかいろ》。若し人有って、螢火《けいか》を以て五須彌《ごしゅみ》を焼《や》き、香水海《こうすいかい》を以て茶鼎《さてい》と爲し、三百箇《さんびゃっこ》の月を煎《せん》じて、一口《いっく》に吸盡《きゅうじん》せば、山僧《さんぞう》、退鼓《ついく》を打って院を譲《ゆず》り去らん。有りや、有りや。自ら代わって曰く、一毛頭上《いちもうとうじょう》に乾坤《けんこん》を定む。

〈訳〉

「五祖法演禅師は〈四大海を硯にし、五須弥を筆にして、太虚空に祖師西来意の五字を書く者がおれば、老僧は坐具を展べて三拝してやろう〉と言われたが、山僧《わし》はそうではない、こう言おう。妙心寺は今日開炉だ。もし蛍の明かりで五須弥を焼き、香水海を茶釜にして、三百の月を煎じて一口に飲み尽くす者がおったならば、山僧《わし》は退山の鼓を打ってこの寺を譲ってやろう。さあおるか、おるか」。自ら代わっていわく、「一毛頭上に乾坤を定む」。

○向太虚空裏、書祖師西来意五字＝前出［一―六四］「須弥是筆虚空紙」。
○一毛頭上定乾坤＝兎の毛の先に天下を置き定める。

【二―六】［巻之二の一丁裏］

冬至。

擧。僧問古徳、如何是冬來事。徳曰、京師出大黄。後來松源頌曰、京師出大黄、見賊便見贓。竹杖化龍去、癡人戽夜塘。諸禪徳、京師大黄、劍去久矣。松源爲甚道、見賊便見贓。又道、竹杖化龍去。各下一轉語看。代曰、塡溝塞壑無人會、千古萬古黒漫漫。


冬至《とうじ》。

擧《こ》す。僧、古徳《ことく》に問う、如何《いか》なるか是れ冬來《とうらい》の事《じ》。徳曰く、京師《けいし》、大黄《だいおう》を出だす。後來《こうらい》、松源頌《しょうげんじゅ》して曰く、京師《けいし》、大黄《だいおう》を出だす、賊《ぞく》を見れば便ち贓《ぞう》を見る。竹杖《ちくじょう》、龍《りゅう》と化《け》し去る、癡人《ちじん》、夜塘《やとう》を戽《く》む。諸禪徳《しょぜんとく》、京師大黄《けいしだいおう》、劍《けん》去って久し。松源《しょうげん》、甚《なん》と爲《し》てか道《い》う、賊《ぞく》を見れば便ち贓《ぞう》を見ると。又た道わく、竹杖《ちくじょう》、龍《りゅう》と化《け》し去ると。各おの一轉語《いってんご》を下せ看《み》ん。代わって曰く、溝《こう》に塡《み》ち壑《がく》に塞《ふさ》がるも人の會《え》する無し、千古萬古《せんこばんこ》、黒漫漫《こくまんまん》。

〈訳〉

「僧が冬来の事を尋ねたら、古徳は〈京師に大黄を出だす〉と答えた。のちに松源禅師はこの公案を頌して、〈京師出大黄の一句で古徳の賊心がありあり。（それなのに、この一句に泥むならば）竹杖が龍に化して、とっくに天に昇ったのに、魚はまだ淵におると思って、水を汲み出しておる馬鹿者よ〉と。諸君、京師出大黄の一句に泥《なず》んでいたら、剣去って久し、だ。それなのに、松源禅師はなぜ〈京師出大黄の一句で古徳の賊心がありあり〉と言われたのか。また〈竹杖、龍と化し去る〉というところに一転語を下してみよ」。代わっていわく、「溝にも壑にも、至るところに（ソレは）充ち満ちておるのに、分かる者がおらぬ。千古万古、大地いっぱいに（ソレは）黒漫漫として在るのに」。

○如何是冬来事。徳曰、京師出大黄＝前出［一―三七―三］。

○松源頌曰＝『禅林類聚』巻十、松源崇嶽の拈頌。

○見賊便見贓＝「贓」は盗品。その盗品によって悪事が明々に証明される。俗諺に「賊を捉えんならば、須らく贓を捉うべし、奸《かん》を捉えんならば、須らく双《ふたり》を捉うべし（姦通を取り抑えるには、二人一緒の現場でなくてはならぬ）」。

○竹杖化龍去、癡人戽夜塘＝『碧巌録』第七則、頌評唱に「三級の波高く魚は龍と化す、癡人、猶お夜塘の水を戽む」。

○剣去久矣＝進み行く舟から剣を落とし、落とした場所の目印に船べりを刻んだ愚か者の話。「刻舟求剣」ともいう。『呂氏春秋』巻十五、察今篇に「楚人、江を渉る者有り。其の剣舟中より水に墜つ。遽かに其の舟を契《きざ》んで曰く、是れ吾が剣の従って墜つる所なりと。舟止まって其の契《きざ》む所の者に従って水に入って之を求む。舟已に行く。

而して剣は行かず。剣を求むること此《かく》の若《ごと》し、亦た惑わざるか」。

○塡溝塞壑無人会、千古万古黒漫漫＝『句双葛藤鈔』に「ドコニモミチタガ、人ガ会セヌ。夫レモ道理、千古万古黒漫漫、弁処ガナイ」。また同書の「塡溝塞壑」に「ドツコモ本分デサ、エタゾ」。また同書の「大地黒漫漫」に「ドツコモ本分デササエタゾ」。

【二―七】［巻之二の二丁表］

十一月望示衆。

去年寒徹骨、今年寒徹髄。衆中還無有寒殺底麼。試下一轉語。代曰、説甚麼徹不徹、更參三十年。

十一月望《もう》、衆《しゅ》に示す。

去年《きょねん》の寒《かん》は骨《ほね》に徹《てっ》し、今年《こんねん》の寒《かん》は髄《ずい》に徹《てっ》す。衆中《しゅうちゅう》、還《かえ》って寒殺《かんさつ》する底《てい》有ること無きや。試みに一《いっ》轉語《てんご》を下せ。代わって曰く、甚麼《なん》の徹不徹《てつふてつ》とか説かん、更に參《さん》ぜよ三十年《さんじゅうねん》。

〈訳〉

十一月十五日の示衆。

「去年は骨に徹するまで寒かったが、今年は髄まで寒い。さて、寒に徹した一句を言うてみよ」。代わっていわく、「徹するも徹せざるもあるものか、更に参ぜよ三十年」。

○去年寒徹骨、今年寒徹髓＝香厳智閑の頌に「去年の貧は未だ是れ貧ならず、今年の貧は始めて是れ貧。去年の貧は卓錐の地無し、今年の貧は錐も也た無し」。

【二―八】［巻之二の二丁表］

臘旦。

擧。巌頭雪峯、鼇山店阻雪。雪峯謂巌頭曰、我當時在徳山棒下、如桶底脱相似。巌頭喝曰、你不見道、從門入者不是家珍。須是自己胸中流出、蓋天蓋地、方有少分相應。雪峯忽然大悟。禮拜曰、師兄、今日始是鼇山成道。即今諸禪徳、轉自己胸襟來看。代曰、如今冷地思量著、暗把繡腸寄與誰。

臘旦《ろうたん》。

擧《こ》す。巌頭《がんとう》、雪峯《せっぽう》、鼇山店《ごうざんてん》に雪に阻《はば》まる。雪峯《せっぽう》、巌頭《がんとう》に謂《い》いて曰く、我れ當時《そのかみ》、徳山《とくさん》の棒下《ぼうか》に在って桶底《つうてい》の脱するが如くに相似《あいに》たり。巌頭《がんとう》、喝して曰く、你《なんじ》、道うことを見ずや、門より入る者は是れ家珍《かちん》にあらずと。須《すべか》らく是れ自己《じこ》の胸中《きょうちゅう》より流出《るしゅつ》して、蓋天蓋地《がいてんがいち》にして、方《まさ》に少分《しょうぶん》の相應《そうおう》有るべし。雪峯《せっぽう》、忽然《こつねん》として大悟《たいご》。禮拜《らいはい》して曰く、師兄《すひん》、今日《こんにち》始めて是れ鼇山成道《ごうざんじょうどう》、と。即今諸禪徳《そっこんしょぜんとく》、自己《じこ》の胸襟《きょうきん》を轉じ來たれ看《み》ん。代わって曰く、如今《にょこん》、冷地《れいち》に思量著《しりょうじゃく》、暗《あん》に繡腸《しゅうちょう》を把《と》って誰にか寄與《きよ》せん。

〈訳〉

「巌頭と雪峰が行脚中、鼇山店で雪に降り籠められたとき、雪峰が巌頭に言った、〈衲《わし》はかつて徳山和尚のところで桶底がぬけるような境地を味わった〉と。すると巌頭が叱って、〈門より入る者は是れ家珍にあらず、というではないか。自己の胸中より流出したものが天地いっぱいになって初めて少しは届いたというものだ〉と。巌頭のこの一句によって雪峰は忽然として大悟した。そして言った、〈師兄《すひん》、衲《わし》は今日初めてこの鼇山で成道できた〉と。こういう話があるが、諸君、即今ただいま、自己の胸中にあるものを示してみよ」。代わっていわく、「如今、冷地に思量著、暗に繡腸を把って誰にか寄与せん」。

○巌頭雪峰、鼇山店阻雪＝『碧巌録』第五則、本則評唱。
○従門入者不是家珍＝『句双葛藤鈔』「従門入者不是家珍」に、「門ヨリ入ルトハ、外ヲ見ルコトゾ。自己ヲ見レバ、別ニ外ハナイゾ。境界ヲ尽シテミルハ、門ヨリ入ルモノゾ。自巳ノ外ニ境界ナシ、境界ノ外ニ自己ナシ」。
○如今冷地思量著、暗把繡腸寄与誰＝「冷地」は「冷地裏」。『諸録俗語解』[一〇八]に「冷地裡は〈かたかげ〉〈わきの方〉」。「繡腸」は錦心繡腸。詩人文士の思想感情。今、片陰でよくよく考えているのだが、この得も言われぬ思いを誰に伝えたものか。

【三—九】［巻之二の二丁裏］
五月一日。

擧。妙喜老人頌、臨濟打三僧因縁曰、五月五日午時書、赤口白舌盡消除。縱是急急如律令、不用門上畫蜘蛛。且道、端的在那裏。試下一轉語。代曰、頂門豎亞摩醯眼、肘後斜懸奪命符。

擧《こ》す。妙喜老人《みょうぎろうじん》、臨濟《りんざい》、三僧《さんそう》を打する因縁《いんねん》を頌《じゅ》して曰く、五月五日、午時《ごじ》の書、赤口白舌《しゃっくはくぜつ》、盡《ことごと》く消除《しょうじょ》す。縱《たと》い是《これ》れ急急如律令《きゅうきゅうにょりつりょう》なるも、門上《もんじょう》に蜘蛛《くも》を畫《えが》くことを用いず。且らく道え、端的《たんてき》、那裏《なり》にか在る。試みに一轉語《いってんご》を下せ。代わって曰く、頂門《ちょうもん》、豎亞《じゅあ》す、摩醯《まけい》の眼、肘後《ちゅうご》、斜《なな》めに懸《か》く、奪命《だつみょう》の符。

〈訳〉

「大慧禅師は、臨済が三人の僧を打った因縁を頌して〈五月五日、午時の書、赤口白舌、尽く消除す。縦い是れ急急如律令なるも、門上に蜘蛛を画くことを用いず〉と言われたが、この頌の意味はどこにあるか、試みに一転語を下せ」。代わっていわく、「頂門、豎亜す、摩醯の眼、肘後、斜めに懸く、奪命の符」。

○妙喜老人頌＝『大慧語録』巻一〇「五月五日午時書、赤口毒舌尽消除。更饒急急如律令、不須門上画蜘蛛」。

○臨済打三僧因縁＝『臨済録』「師、僧に問う、〈什麽《いずれ》の処よりか来たる〉。僧便ち喝す。師便ち坐を揖す。僧擬議す。師便ち打す。師、僧の来たるを見て、便ち払子を竪起す。僧礼拝す。師便ち打す。又た僧の来たるを見て、亦た払子を竪起す。僧顧みず。師亦た打す」。

○五月五日午時書、赤口白舌尽消除＝まじないの文句。『夢粱録』三、五月端午の条に、「士宦等の家は、生朱を以て午時に〈五月五日天中節、赤口白舌尽消滅〉と書く」。「赤口白舌」は古代の俗信で「口舌争訟の悪神」のこと。

○急急如律令＝「急々に律令のごとくに行え」の意。もとは漢代の公文書用語。道教の護符の結語に用い、鬼神に符令の執行を促す呪文の最後に添える語。

○不用門上画蜘蛛＝門に蜘蛛の巣のようなまじないを書くな。

○頂門竪亜摩醯眼、肘後斜懸奪命符＝（私はそんなことは書かない。なぜならば）額にはたて眼が開け、肘後には「奪命符」という禅ならではのお守り札があるのだから。「竪亜」は『五家正宗賛』巻四、巌頭章に「吾が教意は、摩《ま》醯首羅《けしゅら》が面門を擘開《ひっかい》して一隻眼を竪亜するが如し」。『助桀』（電子達磨版二九九頁）に「頂門の眼、竪《たて》に開くなり。亜は下に低《た》れ向くなり」。

【二一〇】［巻之二の二丁裏］

示衆。

記得、般若曰、一切智智清浄、無二無二分、無別無斷故。雲門指露柱曰、且道、與般若相去多少。

師曰、雲門恁麼道、端的作麼生。代曰、狗子尾巴書梵字、野孤窟宅梵王宮。

衆《しゅ》に示す。

記得《きとく》す、般若《はんにゃ》に曰う、一切智智清浄《いっさいちちしょうじょう》、無二無二分《むにむにぶん》、無別無斷故《むべつむだんこ》と。雲門《うんもん》、露柱《ろちゅう》を指《さ》して曰く、且らく道え、般若《はんにゃ》と相去ること多少《たしょう》ぞ。師曰く、雲門恁麼《うんもんいんも》に道う、端的作麼生《たんてきそもさん》。代わって曰く、狗子《くす》の尾巴《びは》、梵字《ぼんじ》を書す、野孤《やこ》の窟宅《くったく》、梵王宮《ぼんおうきゅう》。

〈訳〉

「大般若経には〈一切智智清浄、無二無二分、無別無断故〉といい、雲門は露柱を指して〈そこの丸柱と般若と違いがあるかどうか〉と言われたが、雲門の意図はどこにあるか」。

代わっていわく、「犬の尻尾にダラニを書き、野狐の窟宅を梵王宮となす」。

○般若曰＝『大般若経』の初分難信解品に、「一切智智清浄、無二無二分、無別無断故」。「一切智智」は智の中の智、仏智を云う。仏智は清浄なり、不二不断なるが故に。

○雲門指露柱曰＝『禅林類聚』巻八。

○狗子尾巴書梵字、野狐窟宅梵王宮。＝狗の尻尾もダラニを書けば貝葉になり、野狐の穴蔵も大伽藍となる。『句双葛藤鈔』に「狗子尾巴書卍字、野狐窟宅梵王宮」とあり、註して「一念不起ト云ウ処ニシタゾ。起セバ、野狐窟宅ニナルゾ、狗子鼻巴（尾巴か）ニナルゾ」とあるが、その趣旨はよく分からない。

『了庵和尚語録』巻二、「住嘉興路本覚寺語録」に「上堂。一句の你に到る有らば、針頭削鉄。一句の你に到る無くんば、錦上舖花。狗子の尾巴に卍字を書し、野狐窟宅、梵王の家」。

『虎穴録』に「恁麼也得不恁麼也得、狗子尾巴書梵字。恁麼也不得不恁麼也不得、野狐窟宅梵王宮」と出る。これを「徹底して肯定し容すときは、狗の尻尾をダラニを書く貝葉がわりにすることもできる。あるいは徹底して否定し奪うとなると、野狐の穴蔵を大伽藍とすることもできる。徹底して肯定となっても否定となっても、いずれも自由自在」と解した。『虎穴録』にはまた「恁麼也得、不恁麼也得。面南見北斗。恁麼也不得、不恁麼也不得、日午打三更」ともある。「狗子尾巴書梵字、野狐窟宅梵王宮」も「面南見北斗、日午打三更」というに同じで、自由自在という趣旨であろうと判断した。

【二一一】［巻之二の二丁裏］

七月旦。

出榜看經示衆曰、對一説、一二三四五六七。倒一説、七六五四三二一。［作擧經卷勢云］且道、此經對一説耶、倒一説耶。代曰、金屑雖貴、落眼成翳。

七月旦《たん》。

榜《ぼう》を出だして看經《かんきん》、衆《しゅ》に示して曰く、對一説《たいいっせつ》、一二三四五六七。倒一説《とういっせつ》、七六五四三二一。［經巻《きょうかん》を擧《こ》する勢いを作《な》して云く］且《しば》らく道え、此の經、對一説《たいいっせつ》か、倒一説《とういっせつ》か。代わって曰く、金屑《きんせつ》貴《たっと》しと雖も、眼に落ちて翳《えい》と成る。

〈訳〉

看経榜《かんきんぼう》を出しての示衆にいわく、「対一説、一二三四五六七。倒一説、七六五四三二一」。［経巻を持ち上げる格好をして］「さてこの経は対一説か倒一説か」。代わっていわく、「黄金の屑も眼に入ればゴミとなる」。

○出榜看経＝『禅林象器箋』の「看経榜」にいう、「七月十五日盂蘭盆会、維那預め朔日に於いて看経の榜を発す。榜語の左方に経咒の名題を列写して、之を僧堂に張る。衆僧、随意に某経咒幾巻かを読誦し訖って、己れが名を某経咒の目の下に書く。維那、誦する所に依って、之を疏中に列写し、十五日に至って会に臨んで宣読す」。

○対一説、倒一説＝『碧巌録』第十四則、「僧、雲門に問う、〈如何なるか是れ一代時教〉。雲門云く、〈対一説〉」。『碧巌録』第十五則、「僧、雲門に問う、〈是れ目前の機にあらず、亦た目前の事に非ざる時は如何〉。門云く、〈倒一説〉」。「対一説」は説明の限りではない。『碧巌録』の下語に「無孔の鉄鎚（穴のない鉄槌。つかみようがない。）」「老鼠、生薑を咬む（鼠が生姜を噛んだようなもの。辛いけれども、吐き出すわけにも飲み込むわけにもいかん）」と。

○金屑雖貴、落眼成翳＝『句双葛藤鈔』「金屑雖貴、落眼成翳」に「悟ヲ貴シト思フテ認著スルガ、眼ノ翳ダゾ」。

【二―一二】［巻之二の三丁表］

八月朔。

擧。古徳曰、會則星河秋一雁、不會則砧杵夜千家。山僧曰、會與不會、都來是錯。古徳與山僧、爲甚麽天地懸隔。諸衲試甄別看。代曰、可憐逐句滯言者、論是論非空白頭。

八月朔《はちがつさく》。

擧《こ》す。古徳《ことく》曰く、會《え》するときは、則ち星河《せいが》、秋《あき》、一雁《いちがん》、會《え》せざるときは、則ち砧杵《ちんしょ》、夜《よる》、千家《せんけ》。山僧《さんぞう》曰く、會《え》と不會《ふえ》と、都來《とらい》是れ錯《しゃく》。古徳《ことく》と山僧《さんぞう》と、甚麽《なん》と爲《し》てか天地《てんち》懸《はる》かに隔《へだ》たる。諸衲《しょのう》、試みに甄別《けんべつ》して看《み》よ。代わって曰く、憐《あわ》れむ可《べ》し、句を逐《お》って言《げん》に滯《とどこお》る者、是《ぜ》を論《ろん》じ非《ひ》を論《ろん》じ、空《むな》しく白頭《はくとう》。

〈訳〉

「希叟和尚は〈会するときは、秋の星河に一羽の雁。会せざるときは、秋夜に千家に砧を音を聞くようなもの〉と言われたが、山僧《わたし》ならば〈会も不会もすべて錯り〉と言おう。古徳と山僧と、どうしてかくもかけ離れているのか、諸君、弁別してみよ」。代わっていわく、「憐れむ可し、句を逐って言に滞る者、是を論じ非を論じ、空しく白頭」。

○古徳曰＝『希叟紹曇語録』「慶元府雪竇資聖寺語録」の上堂に、「一径直、二周遮。眉毛眼睫、地角天涯。雲門の胡餅、趙州の茶。恵崇が蘆鴈、趙昌が花。会するときは則ち星河秋一鴈。会せざるときは則ち砧杵夜千家」。

○会則星河秋一雁、不会則砧杵夜千家＝韓翃の「程延が秋夜即事を贈らるるに酬う」に「星河秋一雁、砧杵夜千家」。

○可憐逐句滞言者、論是論非空白頭＝言葉に拘る者は、いいの悪いのと理屈を言って一生を終えるばかり。可哀想に。

【三一三一一】［巻之二の三丁表］

一日有僧相看問、如何是奪人不奪境。

師曰、山河不見漢君臣。

如何是奪境不奪人。

師曰、蹈翻大海踢倒須彌。

如何是人境兩倶奪。

師曰、打破蔡州城、殺却呉元濟。

如何是人境倶不奪。

師曰、秦樓歌夜月、魏闕醉春風。

一日、僧有り、相看《しょうかん》して問う、如何《いか》なるか是れ奪人不奪境《だつにんふだっきょう》。
師曰く、山河《せんが》には漢の君臣《くんしん》を見ず。
如何《いか》なるか是れ奪境不奪人《だっきょうふだつにん》。
師曰く、大海《たいかい》を蹈翻《とうほん》し、須彌《しゅみ》を踢倒《てきとう》す。
如何《いか》なるか是れ人境兩俱奪《にんきょうりょうぐだつ》。
師曰く、蔡州城《さいしゅうじょう》を打破《だは》して、呉元濟《ごげんさい》を殺却《さっきゃく》す。
如何《いか》なるか是れ人境俱不奪《にんきょうぐふだつ》。
師曰く、秦樓《しんろう》、夜月《やげつ》に歌い、魏闕《ぎけつ》、春風《しゅんぷう》に酔う。

〈訳〉
一日、僧が相見して問うた、「奪人不奪境とは」。
師、「山河には漢の君臣を見ず」。
僧、「奪境不奪人とは」。
師、「大海も須弥山も蹴倒す」。
僧、「人境両俱奪とは」。
師く、「蔡州城を打ち破り呉元済をとらえる」。
僧、「人境俱不奪とは」。

師、「花街の妓館では夜月に歌い、朝廷では春風に酔うている」。

○奪人不奪境、奪境不奪人、人境両倶奪、人境倶不奪＝臨済四料簡。「人」は主観、自己。「境」は客観、万法。
○山河不見漢君臣＝『続伝灯録』巻四、金山穎達観章に、「曰く、如何なるか是れ人境両倶奪。師曰く、天地尚お空しうす、秦の日月、山河には見ず、漢の君臣」。
○踏翻大海踢倒須弥＝『碧巌録』第二十則、垂示に「掀翻大海、踢倒須弥」。
○打破蔡州城、殺却呉元済＝河南で蔡州の町にたてこもり、官軍を手こずらせた呉元済を正攻法で打ち破った李愬将軍の話。呉元済は、長安で首をはねられる。『大恵年譜』の紹興十年の条に、張九成に答えて、人境両倶奪の句とする。『虚堂録』に「幾乎打破蔡州」の語あり、『犂耕』（電子達磨版一四八頁）に「逸堂曰く、『方語』に、命如懸糸と」。『碧巌録秘抄』「洎合打破蔡州」の注に「スッテノコトニ、臼ノ頭ヲ打砕ク処デアッタ。打破蔡州城殺却呉元済」。
○秦楼歌夜月、魏闕酔春風＝『人天眼目』百丈端の三堕頌の類堕に、「秦楼歌夜月、魏関酔春風。家国傾亡後、郷関信不通」。「秦楼」は妓館。「魏闕」は、ここでは朝廷のこと。

【三一一三一二】［巻之二の三丁表］

又有僧問、如何是先照後用。
師曰、近前来向汝道。
僧近前。師便打。
問、如何是先用後照。

師打曰、道甚麼。
問、如何是照用同時。
師曰、收。
問、如何是照用不同時。
師曰、放。

又た僧有り問う、如何《いか》なるか是れ先照後用《せんしょうこうゆう》。
師曰く、近前來《きんぜんらい》、汝に向かって道わん。
僧、近前《きんぜん》す。師、便ち打つ。
問う、如何《いか》なるか是れ先用後照《せんゆうこうしょう》。
師、打って曰く、甚麼《なん》と道うぞ。
問う、如何《いか》なるか是れ照用同時《しょうゆうどうじ》。
師曰く、收《しゅう》。
問う、如何《いか》なるか是れ照用不同時《しょうゆうふどうじ》。
師曰く、放《ほう》。

〈訳〉

僧が問う、「先照後用とは」。師、「近づいて来い、言ってやろう」。僧が近づくと、師はすかさず打った。

僧、「先用後照とは」。師、打って、「何を言うか」。

僧、「照用同時」とは。師、「収」。

僧、「照用不同時とは」。師、「放」。

○先照後用、先用後照、照用同時、照用不同時＝臨済四照用。『臨済録』には載らない。『人天眼目』に、「師一日、衆に示して云く、〈我れ有る時は先照後用、有る時は先用後照、有る時は照用同時、有る時は照用不同時〉」。『臨済録鈔(カナ鈔)』に「照は学者を鑑に見る義なり。用は棒を行じ喝を下して学者をしたたむる義なり。本と前後無く、順行逆行、天も測る莫し」。「照」は機をうつしみること。「用」はその機に応ずる働きで、一棒一喝など。

○収、放＝「収」は把住、「放」は放行。

【三―一三―三】［巻之二の三丁裏］

又有僧問、如何是賓中賓。

師曰、慚愧闍梨飯後鐘。

問、如何是賓中主。

師曰、高祖入關。

問、如何是主中賓。
師曰、明皇幸蜀。
問、如何是主中主。
師曰、玉璽未彰文、萬邦咸稽首。

又た僧有り問う、如何《いか》なるか是れ賓中賓《ひんちゅうひん》。
師曰く、慚愧《ざんき》す、闍梨飯後《じゃりはんご》の鐘《かね》。
問う、如何《いか》なるか是れ賓中主《ひんちゅうしゅ》。
師曰く、高祖《こうそ》、關《かん》に入る。
問う、如何《いか》なるか是れ主中賓《しゅちゅうひん》。
師曰く、明皇《めいこう》、蜀《しょく》に幸《みゆき》す。
問う、如何《いか》なるか是れ主中主《しゅちゅうしゅ》。
師曰く、玉璽《ぎょくじ》、未だ文を彰《あら》わさざるに、萬邦《ばんぽう》、咸《ことごと》く稽首《けいしゅ》す。

〈訳〉

僧が問う、「賓中賓とは」。師、「慚愧す、闍梨飯後の鐘」。
僧、「賓中主とは」。師、「高祖、関に入る」。

僧、「主中賓とは」。師、「明皇、蜀に幸す」。
僧、「主中主とは」。師、「玉璽の模様も見せぬのに、万邦がことごとく稽首する」。

○賓中賓、賓中主、主中賓、主中主＝臨済四賓主。
○慚愧闍梨飯後鐘＝唐、王播の事による。『摭言』に出る（『太平広記』巻一九九に引く）ところを、他本によって補えば次のとおり。「唐の王播、少《わか》くして孤貧なり。嘗て揚州恵照寺の木蘭院に客たり。僧に随って斎食す。後に（衆僧はこれを）厭怠し、乃ち（故意に）斎罷って後に鍾を撃つ。（播、至るも、已に飯せり）。後二紀、播、自ら重位し、出でて是の邦を鎮す。因って旧游を訪い、之に向かって題名するに、皆な其の詩を罩《おお》うに碧紗を以てす。播、継ぐに二絶句を以てす。曰く、三十年前、此の院に游ぶ、木蘭の花は発《ひら》き、院は新修たり。如今再び到る、経行《きんひん》の処、樹は老い花は無く、僧は白頭。上堂未だ了らざるに各おの西東す、慚愧す闍黎、飯後の鍾。三十年来の塵、面を撲《う》つ。如今始めて得たり碧紗籠」。『北夢瑣言』巻三では段之昌の事ともいう。
「飯後鐘」「闍黎飯後鐘」は、右の故事にもとづき「貧窮落魄して冷遇を受ける」ことに喩え用いられる。『貞和集』巻一、頌古、別山智の「未嘗説一字」偈に「老漢平生、太《はなは》だ脱空、無を将て有と作し。盲聾を誑《たぶらか》す。期に臨んでの一語、方に真実なるも、也た是れ闍梨飯後鐘」。また『見桃録』仏生日「韶老の棒頭、天下疼し。等閒に敲出す、紫金容。若し恥を雪《そそ》ぐ薔薇の雨無くんば、也た是れ闍梨が飯後の鐘」とある。ともに抑下の語として用いている。
○高祖入関＝漢の高祖劉邦が関中に入った。
○明皇幸蜀＝『犂耕』（電子達磨版一三八五頁）に「方語に、一場の郎当。忠曰く、弁に、おちぶるる」。
○玉璽未彰文、万邦咸稽首＝『汾陽録』「玉璽不彰文、万邦皆稽首」。

【二―一三―四】［巻之二の三丁裏］

又有僧問、如何是第一句。
師曰、疑殺天下人。
問、如何是第二句。
師曰、黄金鑄出鐵崑崙。
問、如何是第三句。
師曰、百雜碎。

又た僧有り問う、如何《いか》なるか是れ第一句《だいいっく》。
師曰く、天下《てんか》の人を疑殺《ぎさつ》す。
問う、如何《いか》なるか是れ第二句《だいにく》。
師曰く、黄金鑄出《おうごんいい》だす鐵崑崙《てつこんろん》。
問う、如何《いか》なるか是れ第三句《だいさんく》。
師曰く、百雜碎《ひゃくざっさい》。

〈訳〉

僧が問う、「（臨済の）第一句とは」。師、「天下の人を疑殺す」。

僧、「（臨済の）第二句とは」。師、「黄金鋳出だす鉄崑崙」。

僧、「（臨済の）第三句とは」。師、「百雑砕」。

○如何是第一句＝『臨済録』上堂に「僧問う、〈如何なるか是れ第一句〉。師云く、〈三要印開して朱点側《そばだ》つ、未だ擬議を容れざるに主賓分かつ〉。問う、〈如何なるか是れ第二句〉。師云く、〈妙解《みょうげ》、豈に無著の問を容れんや、漚和《おうわ》、争でか截流《せつる》の機に負かんや〉。問う、〈如何なるか是れ第三句〉。師云く、〈棚頭《ほうとう》に傀儡《かいらい》を弄するを看取《かんしゅ》せよ、抽牽《ちゅうけん》、都来《すべて》、裏《うち》に人有り〉」。

○疑殺天下人＝『句双葛藤鈔』「向上ノ手段、人至リ難イヲ云フ」。

○黄金鋳出鉄崑崙＝『句双葛藤鈔』「修行ノ功ヲ点ジテ無功ニ至ルノ義ナリ」。

○百雑砕＝『句双葛藤鈔』「諸相ノ根本ヲ破ルナリ、色相ヲ破テ見ルアヒダゾ」。

【二―一四】［巻之二の三丁裏］

示衆。

擧、趙州和尚、到一菴主處問、有麼有麼因縁。後來、無明性禪師頌曰、南枝向暖北枝寒、一種春風有兩般。寄語高樓莫吹笛、大家留取倚欄看。

師曰、往往道、趙州肯一不肯一。如無明頌、也似春色無高下。諸仁作麼生甄別。自代曰、湖光瀲灩晴偏好、山色空濛雨亦奇。若把西湖比西子、淡粧濃抹兩相宜。

示衆《じしゅ》。

趙州和尚《じょうしゅうおしょう》、一菴主《いちあんじゅ》の處に到って、有りや有りや、と問う因縁《いんねん》を擧《こ》して、後來《こうらい》、無明《むみょう》の性禪師《しょうぜんじ》、頌《じゅ》して曰く、南枝《なんし》は暖《だん》に向かい、北枝《ほくし》は寒《かん》、一種《いっしゅ》の春風《しゅんぷう》、兩般《りょうはん》有り。語を寄す、高樓《こうろう》に笛を吹くこと莫かれ、大家留取《たいけりゅうしゅ》して、欄《らん》に倚って看《み》よ。

師曰く、往往《おうおう》に道う、趙州《じょうしゅう》、一を肯《うけが》って一を肯《うけが》わずと。無明《むみょう》の頌《じゅ》の如きは、也《ま》た春色《しゅんしょく》の高下《こうげ》無きに似たり。諸仁《しょにん》、作麽生《そもさん》か甄別《けんべつ》せん。自ら代わって曰く、湖光《ここう》、瀲灩《れんえん》として、晴れて偏《ひと》えに好《よ》し、山色《さんしょく》、涳濛《こうもう》として、雨も亦た奇なり。若し西湖《せいこ》を把《と》って西子《せいし》に比せば、淡粧濃抹《たんしょうのうまつ》、兩《ふたつ》ながら相宜《あいよろ》し。

〈訳〉

趙州和尚がある庵主のところに行って「有りや有りや」とたずねると、庵主は拳を突き立てた。趙州は、「ここは水が浅くて大船を泊めるところではない」と言って去った。趙州はまた別の庵主のところへ行って、「有りや有りや」とたずねた。その庵主もまた拳を突き立てた。趙州は、「能縦能奪、能殺能活」と言って礼をした。後に無明慧性禅師がこの話を頌して、「南枝は暖に向かい、北枝は寒、一種の春風、両般有り。語を寄す、高楼に笛を吹くこと莫かれ、大家留取して、欄に倚って看よ」と。

この因縁を取り上げて、師が言われた、「往々に、趙州は一人を認めて一人を認めなかった、と言われるが、無明の頌を見れば〈春色、高下無し〉だ、どちらも違いはあるまい。諸君、どう弁別するか」。自ら代わっていわく、「晴れれば西湖の水が光り輝いて、実にすばらしい。雨が降れば山の景色は朦朧とけむって、これまたすばらしい。この西湖を美人の西施になぞらえるならば、淡化粧でも濃い化粧でも、両方ともにすばらしい」。

○趙州和尚……因縁＝『無門関』第十一則、「州勘庵主」に「趙州、一庵主の処に到って問う、〈有りや有りや〉。主、拳頭を竪起す。州云く、〈水浅うして是れ舡を泊める処にあらず〉といって便ち行く。又た一庵主の処に到って云く、〈有りや有りや〉。主、亦た拳頭を竪起す。州云く、〈能縦能奪、能殺能活〉といって便ち作礼す」。

○無明性禅師頌曰＝松源下の無明慧性の語録の頌古の部に出る。ただし、「欄看」を「欄干」に作る。

○南枝向暖北枝寒……一種春風有両般。寄語高楼莫吹笛、大家留取倚欄看＝『全唐詩』巻八〇一に収める（また『詩人玉屑』巻二十「三英詩」の中にも）劉元載の妻がつくった「早梅」詩に「南枝は暖に向かい、北枝は寒、一種の春風、両般有り。高楼に憑《よ》って笛を吹くこと莫かれ、大家留取して欄干に倚らん」。『無明慧性語録』にあるように、「欄看」は欄干とすべきか。この三四句、『頌古聯珠通集』に二例あるが、一つは「欄看」に一つは「欄干」に作る。ここでの著語の意図は一二句にある。同じ春風なのに、梅の開きようには南北で相反する二つがある、と。『句雙葛藤鈔』「一種春風有両般、南枝向暖比枝寒」の注に「キコエタテイ也（＝なるほど、と納得できるありさま）」。

○春色無高下＝『圜悟語録』巻八、小参に「僧問う、〈玄沙、嶺を過ぎず、保寿、河を渡らずと、未審《いぶかし》、意旨如何〉。師云く、〈直に物外に超ゆ〉。進めて云く、〈雪峰は三度、投子に到り、九度、洞山に上る、是れ同か是れ別か〉。師云く、〈別に是れ一家の春〉。進めて云く、〈恁麼ならば則ち、春色無高下、華枝自短長〉。師云く、〈卜度するに一任す〉」。『句双葛藤鈔』「春色無高下、花枝自短長」に「春色無高下、一等ヂヤ。サレ共、花枝自短長トハ、ソレゾレノ枝ブリゾ」。

○湖光瀲灩晴偏好……＝蘇東坡「飲湖上、初晴後雨二首」の二に「水光瀲灩晴方好、山色空濛雨亦奇。欲把西湖比西子、淡粧濃抹総相宜」。『四河入海』に「一云、水光瀲灩、言ハ、西湖ニ遊トキ初メハ晴テ西湖ノ水光ガ瀲灩シタガ、ナニトモ面白ガ、又アソコニハ雨ガフルガヤラウ、山色ガ空濛トシタナカヲ面白ゾ。雨ガフライデハ、サテ（＝よくない）ゾ。サル程ニ、此西湖ヲバ西子ニ比ス可キゾ。ナゼニト云ヘバ、西子ハ天然美人ナレバ、淡粧モ濃抹モ西湖ト似タ程ニゾ。西子、天然ノ美人ナレバ、淡粧ノウスケハイノ時モ、ウツクシク、又、濃抹ノコイ粧ノ時モウツクシイゾ。サル程ニ西湖ノ面ノ雨ノフルモ、晴モヨイガ如クナゾ」。

【二―一五】［巻之二の四丁表］

示衆。

記得、五祖師翁、一夕亭上夜話。及歸月黑。各令下一轉語。佛鑒曰、彩鳳舞丹霄。佛眼曰、鐵蛇横古路。佛果曰、看脚下。祖曰、滅吾宗者克勤爾。

師曰、既是東山下有三佛之稱、爲什麼佛果一人受滅宗之記。試辨端的。代曰、烏龜三眼赤、祥麟一角尖。


示衆《じしゅ》。

記得《きとく》す、五祖師翁《ごそしおう》、一夕《いっせき》、亭上《ていじょう》に夜話《やわ》す。歸るに及んで月黒し。各おの一轉語《いってんご》を下さしむ。佛鑒《ぶっかん》曰く、彩鳳《さいほう》、丹霄《たんしょう》に舞う。佛眼《ぶつげん》曰く、鐵蛇《てつだ》、古路《ころ》に横たう。佛果《ぶっか》曰く、脚下《きゃっか》を看《み》よ。祖曰く、吾が宗を滅する者は克勤《こくごん》のみ。

師曰く、既に是れ東山下《とうざんか》の三佛《さんぶつ》の稱《しょう》有り、什麼《なん》と爲《し》てか、佛果一人《ぶっかいちにん》のみ、滅宗《めっしゅう》の記を受く。試みに端的《たんてき》を辨ぜよ。代わって曰く、烏龜《うき》、三眼《さんげん》赤く、祥麟《しょうりん》、一角尖《いっかくせん》なり。

〈訳〉

五祖法演禅師がある夜、（弟子たちと）亭で夜話をしていた。帰るとき、月がかくれて暗くなった。そこで弟子たちに一句を述べさせた。仏鑑慧懃がいう、「彩鳳、丹霄に舞う」。仏眼清遠がいう、「鉄蛇、古路に横たう」。そして仏果こと圜悟が「脚下を看よ」といった。五祖老師は「我が宗を滅することによって宗旨を興こす力量のある者は克勤だけだ」と言われた。

この話を取り上げて、師は言われた、「五祖下に三仏ありと称えられた三人であるのに、どうして圜悟克勤だけが滅宗の記を受けたのか。弁じてみよ」。代わっていわく、「烏亀、三眼赤く、祥麟、一角尖なり」。

○記得、五祖師翁＝この話は『大慧武庫』に出る。
○仏鑑＝仏鑑慧懃。
○仏眼＝仏眼清遠。
○仏果＝圜悟克勤。
○滅吾宗者克勤爾＝五祖は「滅」字を用いて大いに圜悟克勤を肯った。いわゆる「滅宗之記」。能く滅する者こそが能く興こすということである。前出［一―一六］参照。
○烏亀三眼赤、祥麟一角尖＝難解。『普灯録』巻二十七、法昌遇禅師の盧陵米価《ろりょうべいか》の頌に、「烏亀は三眼赤く、祥麟は一角尖なり、騰雲は雨を生じ、渓月は夜明の簾」。『禅語辞彙』の「烏亀三眼赤、祥鱗一角尖」に「機語なり、智解すべからず」。『虚堂録』に「赤眼撞著火柴頭」とあり。

『犂耕』（電子達磨版一九七四頁）に「忠曰く、赤眼は亀を謂う。陶潜が『捜神後記』三に曰く、昔、一人有り、奴と同時に腹瘕《ふくか》（消化不良）の病を得たり。治すれども愈《い》ゆること能わず。奴、既に死す。乃ち腹を剖《さ》いて之を視るに、一つの白鱉《はくべつ》（スッポン）を得たり。赤眼甚だ鮮明なり、と。鱉は鼈の俗字なり」とし、用例として、右の法昌遇の頌を引いている。

『虎穴録』に「圜悟禅師が上堂で「僧、雲門に問う、〈如何なるか是れ諸仏出身の処〉。門曰く、〈東山水上行〉」という話を取り上げて、「自分ならば〈東山水上行〉とは言わぬ。〈薫風自南来、殿閣生微涼〉と言う」、と言われたの聞いて大慧禅師は大悟したという。大慧が悟ったことはともかくとして、〈東山水上行〉と〈薫風自南来、殿閣生微涼〉とは同じか、それとも別か。それを弁別してみよ。代わっていわく、〈烏亀三眼赤く、祥麟一角尖なり〉」とある。この場合は、「東山水上行」と「薫風自南来、殿閣生微涼」に対する評語。一方は赤い三つ目の亀、一方は独角の麒麟。いずれ劣らぬぶり。

『義堂和尚語録』巻三、「宝山珍居士下火」の語に「……毘耶床上に疾を示し、身を翻して一笑、無生に入る。大地山河、蹤跡無し、蹤跡無し、覓むるに処無し。火裡烏亀三眼赤」とある。この場合は、火の縁語として用いているらしい。

また『句双葛藤鈔』「火裏烏亀嚼生鉄」に「機語ヂヤ。理ガ付ヌ。又火ニ焼ズ、ソケヌ（削《そ》げぬ）物ヨ。生鉄モトロケタ、形アルモノハカマルヽゾ」と。また『句双葛藤鈔』「麒麟一角尖」に「百獣ニ類セヌ、イラリ（キラリか）トシタ一角ガ、ドコニモサヽエタ。ハ、此ノ性ハ一性ニシテ一切性ヂヤト也」。「独角麒麟」の語あり、傑出した存在をいう。

三仏はいずれも一隻眼（赤眼）を持っているが、圜悟は、すぐれた麒麟が一角のみが秀でているようなもの、ということか。

【二—一六】［巻之二の四丁表］

因搬土爲山示衆。

歸宗、一日普請拽石次問維那、作什麼耶。曰、拽石。宗曰、莫動著中心樹子。又木平和尚、凡有新到、先令搬三轉泥。有一僧不肯便問、三轉内即不問、三轉外事作麼生。平曰、鐵輪天子寰中勅。僧無語。平便打。後來、雪竇明覺大師、頌禾山四打鼓曰、一拽石二般土、發機須是千鈞弩。山僧、近日乘閑、爲一簣之山於窓前。叢石植木。頗有幽致。唯無知音。若有撥轉一機底、也須是千鈞弩。有麼有麼。自代曰、石頭大底大小底小。又曰、第一幽藏處、廬山小洞天。

土《つち》を搬《はこ》んで山《やま》を爲《つく》るに因《ちな》んで衆《しゅ》に示す。

歸宗《きす》、一日《いちじつ》、普請《ふしん》して石《いし》を拽《ひ》く次《つ》いで、維那《いのう》に問う、什麼《なに》をか作《な》す。曰く、石《いし》を拽《ひ》く。宗《す》曰く、中心《ちゅうしん》の樹子《じゅし》を動著《どうじゃく》すること莫かれ、と。又た木平和尚《もくへいおしょう》、凡《およ》そ新到《しんとう》有れば、先ず三轉《さんてん》の泥を搬《はこ》ばしむ。一僧《いっそう》有り肯《がえん》ぜず、便ち問う、三轉《さんてん》の内《うち》は即ち問わず、三轉《さんてん》の外《ほか》の事《じ》、作麼生《そもさん》。平曰く、鐵輪天子《てつりんてんし》、寰中《かんちゅう》の勅《ちょく》。僧無語《むご》。平便ち打つ。後來《こうらい》、雪竇《せっちょう》の明覺大師《みんかくだいし》、禾山《かさん》の四打鼓《したく》を頌《じゅ》して曰く、一拽石《えいせき》、二般土《はんど》、機を發するは、須《すべか》らく是れ千鈞《せんきん》の弩《ど》なるべし、と。

山僧《さんぞう》、近日《きんじつ》、閑《かん》に乘じて、一簣《いっき》の山を窓前《そうぜん》に爲《つく》る。石《いし》を叢《あつ》め木《き》を植《う》う。頗《すこぶ》る幽致《ゆうち》有り。唯だ知音《ちいん》無し。若し一機《いっき》を撥轉《はってん》する底《てい》有らば、也《ま》た須《すべか》らく是れ千鈞《せんきん》の弩《ど》なるべし。有りや、有りや。自ら代わって曰く、石頭大底《せきとうだいてい》は大、小底《だいしょうてい》は小《しょう》。又た曰く、第一幽藏《だいいちゆうぞう》の處、廬山《ろざん》の小洞天《しょうどうてん》。

〈訳〉

「大衆が石磨《いしうす》運びの作業をしているときに、帰宗《きす》禅師が維那《いのう》に問うた、〈何をしておるか〉。〈石磨を引っ張っております〉。帰宗いわく、〈中心の軸を動かしてはならぬぞ〉と。

また、木平和尚は新到の僧がやって来れば、まずは一輪車で三杯の土を運ばせた。一人の僧が、言われたとおりにせず、〈三転の内は問わず、三転のほかは如何でござるか〉と問うと、木平は〈鉄輪天子、寰中の勅（鉄輪聖王の勅命なるぞ）〉と言った。僧が黙っていると、木平は打った。のちに雪竇禅師は、禾山がどんな質問にも〈解打鼓《かいたく》〉と答えたことを頌して、〈一拽石、二般土、機を発するは、須らく是れ千鈞の弩《おおゆみ》なるべし〉と言われた。帰宗は〈石を運べ〉、木平は〈「土を運べ」〉（そして禾山は〈解打鼓《かいたく》〉）の一点張りだが、いずれも千鈞の弩から発せられたようなはたらきである、と。

さて、近ごろ山僧《わたし》は暇をみて、窓前に築山を作り、石を運び樹を植えた。なかなか幽趣があるのだが、これを本当に分かってくれる者がおらぬ。（雪竇禅師の言われるように）千鈞の弩から一機を撥転する者はおるか、おるか」。自ら代わっていわく、「大きい石は大きい、小さい石は小さい」。またいわく、「第一幽蔵の処、廬山小洞天（これぞ幽棲のところ、廬山の仙境にもまさる）」。

○因搬土為山示衆＝築山の普請。

○帰宗一日普請拽石＝『碧巌録』第四十四則、頌評唱。
○木平和尚＝『碧巌録』第四十四則、頌評唱。
○鉄輪天子寰中勅＝『碧巌秘抄』に「鉄輪天子ノ勅ニ順ハヌ者ハナイ。金輪王領東州、銀輪王領北州、銅輪王領南西州、鉄輪王領南州、是ヲ金銀銅鉄ノ四輪王ト云フ、南州ハ南閻浮提」。
○雪竇明覚大師頌＝『碧巌録』第四十四則、頌。
○禾山四打鼓＝禾山は何を聞かれても「解打鼓《かいたく》」と答えた。『碧巌録』第四十四則、本則評唱。
○石頭大底大小底小＝帰宗道詮が、山中の仏法を問われて答えた語。『五灯会元』巻八、廬山帰宗道詮禅師章。
○第一幽蔵処、廬山小洞天＝『貞和集』真浄克文の「寂軒」詩に「……万杉、青靄の裏、五老の碧峰の辺、第一幽蔵の処、廬山の小洞天」。「小洞天」は仙人の居所。

【二一一七】［巻之二の四丁裏］

佛涅槃示衆。

擧。世尊曰、若言我滅度、非我弟子、若言不滅度、又非我弟子。即今作麼生道。［衆下語］師代曰、道得白雲萬里、道不得白雲萬里。又曰、苦瓠連根苦。

佛涅槃《ぶつねはん》、衆《しゅ》に示す。

擧《こ》す。世尊《せそん》曰く、若し我れ滅度《めつど》すと言わば、我が弟子に非ず、若し滅度《めつど》せずと言わば、又た我が弟子に非ず、と。即今《そっこん》、作麼生《そもさん》か道わん。［衆下語《あぎょ》す］。師代わって曰く、道《い》い得《う》るも白雲萬里《はくうんばんり》、道《い》い得《え》ざるも白雲萬里《はくうんばんり》。又た曰く、苦瓠《くこ》、根《ね》に連《つら》なって苦《にが》し。

〈訳〉

「世尊は言われた、〈もし我れ滅度すと言わば、我が弟子に非ず、もし滅度せずと言わば、また我が弟子に非ず〉と。即今、これに一句を著けよ」。［衆下語す］。師代わっていわく、「言えてもだめ、言えなくてもだめ」。またいわく、「苦瓜は根まで苦い」。

○若言我滅度＝『涅槃経』に、「若し我が所有の声聞弟子説いて如来は入涅槃と言う者、当《まさ》に知るべし是の人、我が弟子に非ず。……若し如来は不入涅槃と言わば、当《まさ》に知るべし是の人、真の我が弟子なり」。
○道得白雲万里、道不得白雲万里＝『句双葛藤鈔』「瞬目揚眉、白雲万里」に「チットモ（少しでも）計較《けきょう》ニワタレバ、此ノ事、本分ニハ遠シテ遠イ、ヨツテモ付ヌゾ（似ても似つかない）」。
○苦瓠連根苦＝『碧巌録』第八十七則、本則下語に「苦瓠連根苦、甜瓜徹蔕甜」。苦いとなったら、徹底して根っこまで苦い。

【二－一八】［巻之二の五丁表］

示衆。

擧。古人曰、會則桐花落地春將半、不會則杜宇催歸月過三。師顧視曰、作麼作麼。自代曰、會也三十棒。不會也三十棒。


示衆《じしゅ》。

擧《こ》す。古人《こじん》曰く、會《え》するときは、則ち桐花《どうか》地に落ちて、春將《はるまさ》に半《なか》ばならんとす、會《え》せざるときは、則ち杜宇《とう》、歸《き》を催《もよお》して、月、三を過ぐ。師、顧視《こし》して曰く、作麼《そも》、作麼《そも》。自ら代わって曰く、會《え》するも也《ま》た三十棒《さんじゅうぼう》、會《え》せざるも也《ま》た三十棒《さんじゅうぼう》。

〈訳〉

「虚堂和尚が言われた、〈会するならば、桐花が地に散る、素晴らしい春の景色。会せざれば、夜半三更を過ぎて、ホトトギスが不如帰《ふにょき》（早う帰りなされ）と啼くぞ〉と」。師は顧みて、「どうじゃ、どうじゃ」。自ら代わって、「会するも三十棒、会せざるも三十棒」。

○古人曰＝『虚堂録』巻二「雲黄山宝林寺語録」に、「会得せば、桐花落地春将半、然らずんば、杜宇催帰月過三」。『犂耕』（電子達磨版四九四頁）「桐花落地春将半」に「逸堂曰く、会するときは、則ち春日の風物有り、限り無き興致、此は是れ言語上に在らず」。『犂耕』（電子達磨版四九四頁）「杜宇催帰月過三」に「忠曰く、月過三、三は三更、夜半なり。月、夜半を過ぐる時、鵑啼くなり。催帰とは、鵑、不如帰と啼いて、人の帰郷を催すなり。言うこころは、不会ならば、即ち汝、本分の家郷に帰らんことを勧む、杜宇、不如帰と啼くなり」。
○会也三十棒、不会也三十棒＝『臨済録』第二代徳山の垂示、「道得也三十棒、道不得也三十棒」。

【三一一九】［巻之二の五丁表］

結制示衆。

衲僧家居常呵佛罵祖、爲甚一夏九旬、却墮如來禁網。速道。自代曰、叔孫禮樂蕭何律。

結制《けっせい》、衆《しゅ》に示す。

衲僧家《のうそうけ》、居常《よのつね》、佛《ぶつ》を呵《か》し祖《そ》を罵《ののし》る、甚《なん》と爲《し》てか、一夏九旬《いちげきゅうじゅん》、却って如來《にょらい》の禁網《きんもう》に墮《だ》す。速《すみや》かに道え。

自ら代わって曰く、叔孫《しゅくそん》が禮樂《れいがく》、蕭何《しょうか》が律《りつ》。

〈訳〉

「諸君は、日頃は仏祖をも呑もうという勢いなのに、どうして一夏九十日もの間、規則にがんじがらめにされておるのか。さあ言うてみよ」。自ら代わっていわく、「叔孫が礼楽、蕭何が律」。

○叔孫礼楽蕭何律＝叔孫通は劉邦が廃した秦法を復して礼楽を興こし、蕭何は秦法の煩を除き、律九章を定めた。『禅林方語』「蕭何制律」に「成敗は汝に在り」。遵うも遵わぬも制定者次第。

【二―二〇】［巻之二の五丁表］

示衆。

古人曰、干戈裏立太平基。又曰、太平本是將軍致、不許將軍見太平。畢竟太平無象、作麼生得見。

自代曰、兩頭共截斷、一劍倚天寒。［時京師大亂、廢立將軍］

示衆《じしゅ》。

古人《こじん》曰く、干戈裏《かんかり》に太平《たいへい》の基《もとい》を立《りっ》す、と。又た曰く、太平《たいへい》は本と是れ将軍致《しょうぐんいた》す、将軍《しょうぐん》の太平《たいへい》を見ることを許さず、と。畢竟《ひっきょう》、太平《たいへい》は象《しょう》無し、作麼生《そもさん》か見ることを得ん。自ら代わって曰く、兩頭《りょうとう》共に截斷《せつだん》して、一剣《いっけん》、天《てん》に倚《よ》って寒《すさま》し。［時に京師《けいし》大いに亂る。將軍《しょうぐん》を廢立《はいりゅう》す］

〈訳〉

「古人は〈軍事力によって太平の基を立てる〉とも言った。一方では〈平和な御代は将軍の功績によってもたらされるが、将軍は平和を見ることを許されぬ〉とも言った。結局のところ、太平とはどのようなものか、その兆しには決まった型はないのだが、そこをどう予見するか」。自ら代わって曰く、「両頭共に截断して、一剣、天に倚って寒し」。［このころ、京都は大いに乱れ、足利義澄が将軍に擁立されていた］

○干戈裏立太平基＝『普灯録』巻二十七、白雲端禅師十二首のうち、「勘婆」の頌に「干戈中立太平基、塊雨条風勝古時。婆子為君勘破子、趙州脚跡少人知」。「撥動干戈立太平」「雪刃横身立太平」などともいう。
○太平本是将軍致、不許将軍見太平＝将軍の功績によってもたらされた平和な御代なのに、将軍は見ることを許されぬ。元曲や『水滸伝』にも出る諺で、「功績のあった人も善く終わることができない」「戦争が終わったら、武将は軽視される」といった意味。本分のところが手に入れば、その手段などは用済み。
○太平無象＝どうなれば太平であるかという標準の形があるわけではない。『唐書』牛僧孺伝。

○両頭共截断、一剣倚天寒＝二元、相対の見を破断する。『圜悟語録』巻十八、「外道問仏」の頌に、「両辺倶坐断、一剣倚天寒」。

○時京師大乱、廃立将軍＝明応二年（一四九三）二月、将軍足利義材が京都を留守にしている間に、細川政元・日野富子らは同年四月、清晃（足利義澄）を十一代将軍に擁立して、義材を廃した。

【二―二二】［巻之二の五丁表］

十一月旦示衆。

擧。法華以普佛世界六種震動、爲四瑞之一也。連日大地震動、是甚麼奇瑞。自代曰、試搖枝上雪、定有夜來花。

十一月旦《たん》、衆に示す。

擧《こ》す。法華《ほっけ》に普佛世界《ふぶつせかい》、六種震動《ろくしゅしんどう》を以て、四瑞《しずい》の一と爲す。連日《れんじつ》、大地震動《だいちしんどう》す、是れ甚麼《なん》の奇瑞《きずい》ぞ。自ら代わって曰く、試みに枝上《しじょう》の雪を搖らせ、定めて夜來《やらい》の花有らん。

〈訳〉

「『法華経』では、釈迦瑞世説法のときに六種の震動という瑞兆があるとしている。このところ連日、大地震が起こっているが、これはいったい何の奇瑞か」。自ら代わっていわく、「枝の雪を搖らして落としてみよ、きっと夕べから花が開いておろう」。

○法華以普仏世界六種震動＝『法華経』序品等に見える如来説法の瑞兆。
○連日大地震動＝明応地震は明応七年だが、それより前のことか。
○試搖枝上雪、定有夜来花＝宋、左緯の「梅花」に「幾度か春信を尋ねて、空しく帰り暮鴉に及ぶ。試搖枝上雪、恐有夜来花」。『蔭凉軒日録』文明十八年三月廿四日条に「古人詩曰、試搖枝上雪、恐有夜来花。梅ヲ云也」。

【二―二三】［巻之二の五丁裏］

解夏上堂。

翠巖一夏與兄弟説話、便道、看翠巖眉毛在麼。山僧一夏不爲兄弟説話、亦道、看山僧眉毛在麼。

［卓拄杖一下云］一聲羌笛離亭晩、君向瀟湘我向秦。［又卓一下云］勸君更盡一盃酒、西出陽關無故人。


解夏上堂《かいげじょうどう》。

翠巖《すいがん》、一夏《いちげ》、兄弟《ひんでい》の與《ため》に説話《せった》す、便ち道う、看《み》よ、翠巖《すいがん》が眉毛《びもう》在りや、と。山僧《さんぞう》、一夏《いちげ》、兄弟《ひんでい》の爲に説話《せった》せざるも亦《ま》た道《い》わん、看《み》よ、山僧《さんぞう》が眉毛《びもう》在りや。［卓拄杖一下《たくしゅじょういちげ》して云く］一聲《いっせい》の羌笛《きょうてき》、離亭《りてい》の晩《ばん》、君《きみ》は瀟湘《しょうしょう》に向かい、我れは秦《しん》に向かう。［又た卓一下《たくいちげ》して云く］君に勸む、更に一盃《いっぱい》の酒を盡くせ、西のかた、陽關《ようかん》を出でては故人《こじん》無からん。


〈訳〉

「翠巌は夏末の示衆で〈この一夏、諸君のために説話して来たが、（説明し過ぎた罪で）眉毛が落ちてはおらぬか、眉毛があるか〉と言われた。山僧《それがし》は一夏、諸君のために説明はしなかったのだが、やはり言おう、〈わしの眉毛はあるか〉と」。［拄杖を一突きして云く］「一声の羌笛、離亭の晩、君は瀟湘に向かい、我れは秦に向かう」。［また一突きして云く］「君に勧む、更に一盃の酒を尽くせ、西のかた、陽関を出でては故人無からん」。

○翠巌一夏与兄弟説話＝『碧巌録』第八則、本則。
○一声羌笛離亭晩、君向瀟湘我向秦＝鄭谷「䜩別」詩に「揚子江頭、楊柳の春、楊華、愁殺す、渡江の人。一声羌笛離亭晩、君向瀟湘我向秦」。『句双葛藤鈔』「一声羌笛離亭晩、君向瀟湘我向秦」に「両方ニ行ワカレタガ、ドレモ一ツ笛声ヲ聞、ト云ハ、趣ハ別々ナレ共、落居ハ一ヂヤト也」。同じことを示すにも、彼は彼、俺は俺のやり方がある。『碧巌録』第二十四則、鉄磨到潙山、頌下語。
○勧君更尽一盃酒、西出陽関無故人＝王維の「元二の安西に使いするを送る」詩。『句双葛藤鈔』「勧君更尽一盃酒、西出陽関無故人」に、「爰デ尽サズンバ、二タビ渇ハヤムマジイゾ」。一気に飲み干す勢いでやらんかい。

【二―二三】［巻之二の五丁裏］

白露節上堂。

會則星河秋一雁、不會砧杵夜千家。會不會總沒交渉。看看、露從今夜白、鬢已老年花。囗力。


白露節上堂《はくろせつじょうどう》。

會《え》するときは、則ち星河《せいが》、秋、一雁《いちがん》、會せざるときは、砧杵《ちんしょ》、夜、千家《せんけ》。會《え》と不會《ふえ》と、總《そう》に沒交渉《もっきょうしょう》。看《み》よ、看《み》よ、露は今夜《こんや》より白く、鬢《びん》は已に老年《ろうねん》の花。⿴囗力《か》。

〈訳〉

白露節上堂。

「希叟和尚は〈会するときは、秋の星河に一羽の雁。会せざるときは、秋夜に千家に砧を音を聞くようなもの〉と言われたが、山僧《わたし》にすれば、会も不会も一切関わりはない。（なぜならば）看よ看よ、露は今夜より白く、鬢は已に老年の花。⿴囗力《か》」。

○白露節＝二十四気のひとつ。陽暦の九月八日、九日ころ。『翰林五鳳集』巻六十二、亡名の恋詩の序に「夫れ白露節は二十四気の一なり。歳月延促して其の日は定まらざれども、風俗相習いて、毎歳、八月旦を以て之が節と為す」。

○会則星河秋一雁、不会砧杵夜千家＝前出［一―九六］。

○露従今夜白＝杜甫「月夜、舎弟を憶う」詩に「戍鼓《じゅこ》、人行断ゆ、辺秋、一雁の声。露は今夜より白し、月は是れ故郷のごとく明らかなり」。今宵から白露の時節になるが、月の光は故郷にあるのと同じく明るく輝いている。互いに異なる地にあっても、月は同じひとつ。

○鬢已老年花＝『五家正宗賛』清涼法眼章に「髪従今日白、華是去年紅」とある。「老年花」は白髪。『翰林五鳳集』に「両鬢花」「数茎鬢白鏡中花」「八十年光鬢上花」「白尽秋風双鬢花」などとある。

○⿴囗力＝『玉篇』力部「⿴囗力、船を牽く声」。「エイッ」、あるいは「アッ」という声。禅門では、大悟の時、思わず発する声にもいう。前出［一―八九―一二］「咄咄咄力口希」を参照。

【二―二四―一】［巻之二の五丁裏］

冬至上堂。

天下佛法、九鼎一絲。眼中龍象、長庚殘月。休休休。火爐頭無賓主、榾柮炙背交脚眠。兀兀兀。袈裟下太顢頇、芋魁誑腸和涕喫。

冬至上堂《とうじじょうどう》。

天下《てんか》の佛法《ぶっぽう》、九鼎一絲《きゅうていいっし》。眼中《がんちゅう》の龍象《りゅうぞう》、長庚殘月《ちょうこうざんげつ》。休休休《きゅうきゅうきゅう》。火爐頭《かろとう》に賓主《ひんじゅ》無し、榾柮《こっとつ》、背を炙《あぶ》って脚を交《まじ》えて眠る。兀兀兀《ごつごつごつ》。袈裟下《けさか》、太《はなは》だ顢頇《まんかん》、芋魁《うかい》、腸《ちょう》を誑《だま》して、涕《てい》に和《わ》して喫《きっ》す。

〈訳〉

「天下の仏法は一髪千鈞の危うきにあるのに、眼に入る龍象のごとき人物は、暁の明星と残月のように数少なく、やがてなくなってしまおう。いや、やめやめ、やめておこう。趙州は〈火炉頭に無賓主の話有り〉と言われたが、その話頭もどうでもいい、火炉に薪をくべ、背中を温めながら、脚を組んで居眠りするのみ、兀然と。尊大傲慢な大面をして袈裟を着け、懶瓚《らんざん》和尚のように、芋を焼いて、鼻水をすすりながら食べ、飢腸をなだめる」。

○九鼎一糸＝「九鼎」は、禹のとき、九州の金を集めて鋳た鼎で、天子の重宝。このお宝が一本の糸にぶら下がったようなもの、一髪千鈞、危うい危うい。

○眼中龍象、長庚残月＝難解。「長庚」は、宵の明星、金星のこと。蘇東坡「下高安、宜興諸子姪、并令過同作」に「長庚と残月と、耿耿として相依るが如し」。宵の明星と残月がともにあることを「長庚伴月」「残月配長庚」という、まもなく、ともに消えるのみ。

○火炉頭無賓主＝『趙州録』の示衆に、「三十年前、南方に在って、火炉頭に箇《こ》の無賓主の話有り、直に如今に至るも人の挙著する無し」を逆にしたもの。

○榾柮炙背交脚眠＝火炉に薪をくべ、背中を温めながら、脚を組んで居眠り。

○袈裟下太顢頇＝「顢頇」は大面。尊大傲慢なさま。

○芋魁誑腸和涕喫＝『碧巌録』第三十四則、頌評唱、「唐の粛宗、其の名を聞いて、使を遣わして之を召す。使者、其の室に至って宣し言う、〈天子詔有り、尊者当《まさ》に起って恩を謝すべし〉。瓚、方《まさ》に牛糞の火を撥して、煨芋を尋ねて食う。寒涕、頤を垂れて、未だ嘗て答えず。使者笑って曰く、〈且らく尊者に勧む、涕《はなみず》を拭うことを〉。瓚曰く、〈我れ豈に俗人の為に涕を拭う工夫《ひま》有らんや〉と、竟に起たず。使回り奏す、粛宗甚だ之を欽嘆す」。

【三―二四―二】［巻之二の六丁表］

無端、堂前露柱叫書雲、繡紋添線絆倒槃大兒。牀角烏藤打筋斗、葭管吹灰飛過新羅國。街頭巷尾、東巣西葛。奏蹈陽春、呵扣氷佛。驀地歸來和盲勃搼瞎。忽抗聲曰、長老長老、何不順時應節。咄。

端無《はしな》くも、堂前《どうぜん》の露柱《ろちゅう》、書雲《しょううん》と叫ぶ、繡紋《しゅうもん》、線を添えて、槃大兒《バンドジ》を絆倒《ばんとう》す。牀角《しょうかく》の烏藤《うとう》、筋斗《きんと》を打《た》す、葭管《かかん》、灰を吹いて新羅國《しんらこく》に飛過《ひか》す。街頭巷尾《がいとうこうび》、東巣西葛《とうるいせいかつ》。蹈陽春《とうようしゅん》を奏し、扣氷佛《こうひょうぶつ》を呵《か》す。驀地《まくち》に歸り來たって、和盲勃搼《かもうぼっそ》の瞎《かつ》、忽ち聲を抗《あら》げて曰く、長老《ちょうろう》、長老《ちょうろう》、何ぞ時に順い節に應ぜざる。咄《とつ》。

〈訳〉

「（と、そこで）ゆくりなくも、法堂前の露柱が〈書雲の令節だぞ〉と叫び、紅線で冬至の日影を計らせるため、石女に針仕事をさせた。すると、禅牀角に寄せかけてあった拄杖がトンボ返りをし、気候を占うために葭管の灰を吹いたら、それが新羅国にまで飛んで行った。（こうして、露柱、石女、烏藤の三人組は）街中をしゃべくりまわり、歌い踊って、扣氷仏を叱り倒し、いきなり帰って来たかと思うと、目も見えず手探りしながら、声をあらげて、〈東陽長老、どうして時に順い節に応じて、冬至の上堂をなされぬか。咄《コラ》！〉と叫んだ」。

○堂前露柱……＝以下の一段、露柱と烏藤がデモンストレーションをして東陽長老へのアッピールする。
○繡紋添線＝前出［一―三七―二］。
○槃大児＝石女のこと。前出［一―七四］。
○牀角烏藤打筋斗＝禅牀に寄せかけた杖がとんぼ返りをする。
○葭管吹灰＝冬至の縁語。葭灰（蘆の幹の中の薄い膜を焼いて作った灰）を十二本の楽器の律管の中に置いて気候を占う。一番長い管の黄鐘の灰が飛動すれば冬至とする。
○街頭巷尾、東欒西葛＝街中あちこちでやたらと葛藤を打す（しゃべり歩く）。「欒」も「葛」も蔓科の植物。葛藤に同じで、言説をなすこと。「東葛西葛」とも。
○奏踏陽春＝「踏陽春」は曲名か、未詳。
○呵扣氷仏＝『五灯会元』巻二、応化聖賢の部、扣冰澡先古仏章に「嘗《つね》に衆に謂いて曰く、古聖の修行は須らく苦節に憑るべし。吾は今、夏には則ち楮を衣《き》、冬には則ち冰を扣いて浴せん、と。故に世人号して扣冰古仏と為す」。しかし、ここの扣冰仏は、あるいは雪達磨のことか。

◯和盲勃揉瞎＝『祖庭事苑』「和盲悖訴」に「和盲、当《まさ》に如盲に作るべし。悖訴、当《まさ》に悖揉に作るべし。悖乱（惑乱、昏乱）也。揉は、暗に物を取る也。悖揉は、亦た方言に摸揉を謂う」。「和盲勃訴」「和盲勃塑」「和盲勃窣」とも。『助桀』では「和《クワ》盲《もう》勃《モ》揉《ソ》ノ瞎」と訓み、右の『祖庭事苑』を引き、数例をあげた上でつぎのようにいう、「和盲（盲に和す）とは、己れが盲を転じて明と作《な》さず、直に盲眼で物を摸揉する底の瞎人なり」。『助桀』の説にしたがって、原本の訓点をあらため右のように訓読した。

【二—二四—三】［巻之二の六丁表］

這掣風顚、大似福州人吟雪相似。豈不見、山僧者裏、元無千五百布衲子杓頭舀來、又無一十八泥塑像階下環列。雖然與麼、事不得已、且要做獨弄參軍去。你等努力。［卓杖一下云］道吾舞笏徳山歌、白鼻崑崙吹觱篥。

這《こ》の掣風顚《せいふうてん》、大いに福州《ふくしゅう》の人の雪を吟《ぎん》ずるに似て相似《あいに》たり。豈《あ》に見ずや、山僧《さんぞう》が者裏《しゃり》、元と千五百の布衲子《ふのっす》の杓頭《しゃくとう》に舀《く》み來たる無く、又た一十八の泥塑像《でいそぞう》の階下《かいか》に環列《かんれつ》する無し。然《しか》も與麼《よも》なりと雖も、事《じ》已むことを得ず、且《しばら》く獨弄參軍《どくろうさんぐん》を做《な》し去《さ》らんことを要す。你等《なんじら》、努力《どりょく》せよ。［杖を卓すること一下《いちげ》して云く］道吾《どうご》、笏《しゃく》を舞わせば、徳山《とくさん》歌う、白鼻《はくび》の崑崙《こんろん》、觱篥《ひつりつ》を吹く。

〈訳〉

「こやつら、風顚のしほうだいをしくさって。（雪を見たこともない）南方の福州人が雪の詩を吟ずるようなものじゃ。我が寺には、雪峰和尚が柄杓をかついて各地で典座をしながら打出した千五百人の衲子《のっす》もおらぬ。そうかといって、法昌禅師のように、雲水が一人もおらず十八羅漢を相手に説法するのでもない。とはいえ、致し方なく、一人で法戦に臨もうと思う。諸君、努めよ」。［杖を立てて云く］「道吾が笏を舞わせば、徳山が歌い、白鼻の崑崙が笛を吹く」。

○這掣風顚＝露柱、石女、烏藤の三人組に対する語。風顚のしほうだい。前出［一―四二］「掣風掣顚」。

○福州人吟雪相似＝『応庵語録』「福州人吟雪詩」。

○千五百布衲子杓頭舀来＝雪峰のこと。前出［一―三五―六］。

○一十八泥塑像階下環列＝法昌禅師の会下は、規矩が厳しくて誰も雲衲衆が寄りつかず、開炉の日に十八羅漢像に向かって説法したこと。『五灯会元』巻十六、法昌倚遇章、「上堂、法昌今日開炉、行脚の僧、一箇も無し。唯だ十八高人のみ有って、口を緘《とざ》し炉を圍んで打坐す。是れ規矩の厳難にあらず、諸人話墮するを見るを免る」。

○独弄参軍＝『碧巌録』第四十二則、垂示に「単提独弄」。「単提」も「独弄」も、何らの手段方法によらず、ソレソノモノをずばり提示すること。

○道吾舞笏徳山歌＝「道吾舞笏」は、道吾が西来意を示すのに笏を以てしたこと。『碧巌録』十三則、本則評唱に「道吾笏を舞わせば、同人会し、石鞏弓を彎《ひ》けば、作者諳んず」。「徳山歌」は、「打動関南鼓、唱起徳山歌」「徳山歌雲門曲」「徳山歌禾山鼓」など。

○白鼻崑崙吹觱篥＝白鼻の黒ん坊が笛を吹く。前出［一―三八］「白鼻崑崙歌一闋」。

【二―二五】〔巻之二の六丁表〕

師因患欬不下帽而祝聖上堂。

擧。唐肅宗皇帝、因忠國師指頭帽問曰、會麼。帝曰、不會。國師曰、天寒、莫怪不下帽子。

師曰、敢問大衆、國師昔在白崖山、跏趺擁葉時之寒、與昇紫宸殿對御唱宗乘時之寒、還有兩般也無。自代曰、曾經霜雪苦、楊花落也驚。

師、欬《せき》を患《わずら》うに因って帽《もう》を下《おろ》さずして祝聖上堂《しゅくしんじょうどう》。

擧《こ》す。唐《とう》の肅宗皇帝《しゅくそうこうてい》、因《ちな》みに忠國師《ちゅうこくし》、頭帽《ずもう》を指して問うて曰く、會《え》すや。帝曰く、不會《ふえ》。國師《こくし》曰く、天寒《てんかん》、帽子《もうす》を下《おろ》さざることを怪しむこと莫かれ。師曰く、敢えて大衆《だいしゅ》に問う、國師《こくし》、昔、白崖山《はくがいさん》に在って、跏趺《かふ》して葉《は》を擁《よう》する時の寒《かん》と、紫宸殿《ししんでん》に昇って御《ぎょ》に對し宗乘《しゅうじょう》を唱うる時の寒《かん》と、還《かえ》って兩般《りょうはん》有りや也《ま》た無や。自ら代わって曰く、曾て霜雪《そうせつ》の苦を經て、楊花《ようか》の落つるだにも也《ま》た驚く。

〈訳〉

咳を患っていたので帽子《もうす》を着けたままでの祝聖上堂。

「慧忠国師は、かぶった帽子を指して、肅宗皇帝に問うた〈会すや〉。帝、〈不会〉。国師、〈寒いので帽子をとらぬのを、おとがめなさるな〉と。さて、諸君に問う、慧忠国師はかつて白崖山で木の葉にくるまって坐禅したことがあったが、その時の寒さと、紫宸殿で帽子

をかぶって対御説法したときの寒さと、これは二つのものか」。自ら代わっていわく、
「曾て霜雪の苦を経て、楊花の落つるにも也た驚く」。

○唐粛宗皇帝、因忠国師指頭帽問＝『禅林類聚』巻一、「唐粛宗帝、因みに忠国師、手を以て頭の帽子を指して云く、〈会すや〉。帝云く、〈不会〉、師云く、〈天寒し、帽子を下さざるを怪しむ莫かれ〉」。

○国師昔在白崖山、跏趺擁葉＝『犁耕』（電子達磨版一八一三頁）で次のようにいう、「日本人の著わす所の江湖集の注（『略註』のこと）に曰く、〈相伝う、南陽の忠国師初め青銼山《せいざざん》和尚と同《とも》に欓子谷《とうすこく》に在って岩栖洞飲す。旦夕宴坐、寒暁霜夜ごとに、共に葉を擁して自ら暖を取る。青銼は略《ほ》ぼ趺足を覆うのみ。南陽は意、堆聚に在り。青銼罵って曰く、汝、向後必ず王者の師と為って人家の男女を魔魅し去ること在らんと。後、果たして其の言の如し〉と」、そして無著道忠は「（南陽の擁葉の事は）然れども、諸祖の詩文に髣髴として其の事を露わすと雖も、未だ委曲を見ず」としている。前出[一―八九―二]「牀擁落葉以坐」参照。

○曾経霜雪苦、楊花落也驚＝『諸録俗語解』[一六一六]「黒犬に齧まれた者、灰汁《アク》の垂滓《タレカス》に怖じる」。一度黒犬に食いつかれると、以後は灰汁がこぼれていても、犬かと思ってこわがる。ひどい目にあうと、似たものはすべてこわく思うようになる。

【二―二六】[巻之二の六丁裏]

立秋示衆。

一葉落而天下知秋、未審一葉未落先、秋在那處、速道。自代曰、自従金革銷聲後、但聴堯民撃壌歌。

立秋示衆《りっしゅうじしゅ》。

一葉《いちよう》落ちて、天下《てんか》、秋を知る、未審《いぶかし》、一葉《いちよう》未だ落ちざる先、秋、那処《なしょ》にか在る、速《すみや》かに道え。自ら代わって曰く、金革《きんかく》、聲《こえ》を銷《しょう》してより後、但だ聴く、堯民撃壌《ぎょうみんげきじょう》の歌。

〈訳〉

「〈一葉落ちて、天下の秋を知る〉というが、一葉も落ちぬ先、秋はどこにあるか。速かに言え」。自ら代わっていわく、「金革、声を銷してより後、但だ聴く、尭民撃壌の歌」。

○一葉落而天下知秋＝『古尊宿語録』巻四十五、「真浄録」「送葉道人」偈に「一葉落天下秋、夕陽西去水東流」。『淮南子』説山訓に「一葉の落つるを見て歳の将に暮れなんとするを知る」。

○自従金革銷声後、但聴尭民撃壌歌＝『虚堂録』巻一「瑞巌開善寺語録」、拋方丈の語に「直饒《たと》い臨済徳山、棒喝交馳するも、且らく請う、之を束《つか》ねて高く閣《さしお》け。何が故ぞ。払子を撃って、金革声を銷してより後、惟だ尭民撃壌の歌を聴くのみ」。

『犁耕』(電子達磨版二六七頁)に「忠曰く、言うこころは、我が者裏《しゃり》、金革已に銷して、仏法の論量無し。幸いに無事太平、只だ撃壌の歌を聴くのみ」。「金革」は銅鑼と鼓。「尭民撃壌歌」は、尭のときに男が大地を撃って太平の御代を謳歌した故事。『帝王世紀』「帝尭の世、天下太和にして百姓は事も無し。八九十の老人有り、壌を撃って歌う。歌に曰く、〈日出でて作《はたら》き、日入って息《いこ》う、井を鑿って飲み、田を耕して食らう、帝の力、我に何か有らんや〉」。

【二―二七】［巻之二の六丁裏］

九月望示衆。

荷盡已無擎雨蓋、過去心不可得。菊殘猶有傲霜枝、現在心不可得。天欲雪而未雪、梅欲花而未花、未來心不可得。昔年周金剛、被賣油糍老婆一拶、喫點心不得。直至今、充饑腸無術。諸仁者、作麼生答得、喫却點心去也。速代一轉語。師於婆子一拶下、喚婆婆、婆子纔擡眸、劈面與一掌、便奪油糍喫却去。

九月望示衆《もうじしゅ》。

荷《か》盡《つ》きて已《すで》に雨《あめ》を擎《ささ》ぐる蓋《がい》無し、過去心不可得《かこしんふかとく》。菊殘《きくのこ》って猶《な》お霜《しも》に傲《おご》る枝《えだ》有り、現在心不可得《げんざいしんふかとく》。天、雪ふらんと欲して未だ雪ふらず、梅、花さかんと欲して未だ花さかず、未來心不可得《みらいしんふかとく》。昔年《そのかみ》、周《しゅう》金剛《こんごう》、油糍《ゆじ》を賣る老婆《ろうば》に一拶《いっさつ》せられて、點心《てんじん》を喫すること得ず。直《じき》に今に至るまで、饑腸《きちょう》に充《あ》つるに術《すべ》無し。諸仁者《しょにんじゃ》、作麼生《そもさん》か答え得て、點心《てんじん》を喫却《きっきゃく》し去らん。速やかに一轉語《いってんご》を代われ。師、婆子《ばす》一拶《いっさつ》の下に於いて、婆婆《ばば》と喚《よ》んで、婆子《ばす》纔《わず》かに眸《まなじり》を擡《もた》ぐれば、劈面《ひつめん》に一掌《いっしょう》を與えて、便ち油糍《ゆじ》を奪って喫却《きっきゃく》し去らん。

〈訳〉

九月十五日の示衆。

「〈荷尽きて已に雨を擎ぐる蓋無し〉、ここが過去心不可得。〈菊残って猶お霜に傲る枝有り〉、ここが現在心不可得。〈天、雪ふらんと欲して未だ雪ふらず、梅、花さかんと欲して未だ花さかず〉、ここが未来心不可得だ。昔、徳山は揚げ餅売りの老婆《おばはん》に一拶されて、ついに点心を食うことができず、今に至るも、空きっ腹を充足できておらぬ。諸君、ではどう答えたならば、点心を食うことができるか。速かに一転語を代われ」。師いわく、「〈わしならば〉〈婆子一拶〉のところで〈婆あ、婆あ〉と呼んで、婆子《おばはん》がちょっとでもこっちを向いたら、横っ面を張り倒し、揚げ餅を奪って食ってやっただろう」。

○荷尽已無擎雨蓋、菊残猶有傲霜枝＝蘇東坡「贈劉景文」詩、「荷尽已無擎雨蓋、菊残猶有傲霜枝。一年の好景、君須らく記すべし、最なるは是れ橙黄橘緑の時」。「傲」は伝統的に「おごる」と訓ずるが「〈霜〉をものともせぬ」の意。荷の葉は枯れ落ちて、もはや雨を受ける蓋はないが、菊はまだ残っていて、霜をものともせぬ一枝がある。

○天欲雪而未雪、梅欲花而未花＝『虚堂録』の語。前出［一―七三］。

○昔年周金剛、被売油糍老婆一拶＝「周金剛」は徳山のこと。『碧巌録』第四則「徳山到潙山」、本則評唱に、「徳山は本と是れ講僧なり。西蜀に在って金剛経を講ず。教中に道うに因らば、金剛喩定《こんごうゆじょう》、後得智《ごとくち》の中に、千劫に仏の威儀を学し、万劫に仏の細行を学して、然る後に成仏す。他の南方の魔子《ます》、便ち即心是仏と説く。遂に発憤して疏鈔《しょしょう》を担って行脚し、直に南方に往いて、這《こ》の魔子《ます》の輩《ともがら》を破せんとす。看よ、他の恁麼の発憤、也た是れ箇《こ》の猛利底の漢なることを。初め澧州《れいしゅう》に到り、路上に一婆子の油糍《ゆじ》を売るを見て、遂に疏鈔を放下して、且らく点心《てんじん》を買って喫せんとす。婆云く、〈載する所の者は是れ什麼《なん》ぞ〉。徳山云く、〈金剛経の疏鈔なり〉。婆云く、〈我れに一問有り、你、若し答え得ば、油糍を布施して点心と作《な》さん。若し答え得ずんば、別処に買い去れ〉。徳山云く、〈但だ問え〉。婆云く、〈金剛経に云く、過去心不可得、現在心不可得、未来心不可得と。上座は那箇《なこ》の心をか点ぜんと欲す〉。山、無語。婆、遂に指して、去って龍潭に参ぜしむ」。

【二―二八】〔巻之二の七丁表〕

因葺僧堂示衆。

擧。南院顒禪師、因僧問、古殿重興時如何。院曰、明堂瓦插簷。僧曰、恁麼則莊嚴事備去也。院曰、斬草蛇頭落。

敢問諸仁、南院後語、鐵橛鐵蒺藜。試下嘴看。自代曰、一句定乾坤、一劍平天下。


僧堂《そうどう》を葺《ふ》くに因んで衆《しゅ》に示す。

擧《こ》す。南院《なんいん》の顒禪師《ぎょうぜんじ》、因《ちな》みに僧問う、古殿《こでん》重ねて興《お》こる時如何《いかん》。院曰く、明堂《めいどう》の瓦《かわら》、簷《のき》に插《さしばさ》む。僧曰く、恁麼《いんも》ならば則ち莊嚴《しょうごん》の事《じ》備《そな》わり去らん。院曰く、草を斬れば蛇頭《じゃとう》落つ。

敢えて諸仁《しょにん》に問う、南院《なんいん》の後語《こうご》、鐵橛《てっけつ》、鐵蒺藜《てっしつれい》。試みに嘴《くちばし》を下《くだ》せ看《み》ん。自ら代わって曰く、一句《いっく》、乾坤《けんこん》を定む、一劍《いっけん》、天下《てんか》を平らぐ。


〈訳〉

僧堂の屋根葺きに因んでの示衆。

南院の顒禅師に僧が問うた、「古殿が改修された時は如何」。南院、「明堂の簷に瓦が並べられた」。僧、「ならば、荘厳が備わった（ということですね）」。南院、「草を斬れば蛇頭落つ」と。

この話頭について、師が言われた、「さて、諸君に問う、鉄棒か鉄菱のごとき南院の後の語を、噛んでみよ」。自ら代わっていわく、「一句、乾坤を定む、一剣、天下を平らぐ」。

○因葺僧堂示衆＝妙心寺内の僧堂に屋根を葺き替えたことに因んだ示衆。
○南院顒禅師、因僧問＝『古尊宿語録』巻七、「南院禅師語要」。
○鉄橛鉄蒺藜＝前出［一―八］。
○一句定乾坤、一剣平天下＝名将の一剣が天下を平げるように、作家の一句が天地を平定する。『竺僊録』など。

【二―二九】［巻之二の七丁表］

五月旦示衆。

學。歸宗常禪師、一日有僧辭。宗問、甚處去。僧曰、往諸方、學五味禪去。曰、我這裏只有一味禪。僧便問、如何是和尚一味禪。宗便打。僧於此大悟。乃曰、嘎、我會也。宗急索曰、道道。僧擬開口。宗又打、即時趁出。僧乃高安灘頭大愚和尚也。黃蘗聞之謂衆曰、馬祖下八十餘員善知識、唯有歸宗較些子。

師曰、敢問諸禪德、五味一味便不要、棒頭正眼作麼生。自代曰、嫩緑枝頭紅一點、驚人春色不須多。

五月旦《ごがったん》、衆《しゅ》に示す。

擧《こ》す。歸宗《きす》の常禪師《じょうぜんじ》、一日、僧有り辭す。宗問う、甚《いず》れの處にか去る。僧曰く、諸方《しょほう》に往《ゆ》いて五味禪《ごみぜん》を學び去らん。曰く、我が這裏《しゃり》、只だ一味禪《いちみぜん》有り。僧便ち問う、如何《いか》なるか是れ和尚《おしょう》の一味禪《いちみぜん》。宗《す》、便ち打つ。僧、此に於いて大悟《たいご》。乃ち曰く、嗄《ああ》、我れ會せり。宗《す》、急に索《もと》めて曰く、道え、道え。僧、口を開かんと擬《ぎ》す。宗《す》、又た打って、即時《そくじ》に趁《お》い出だす。僧は乃ち高安灘頭《こうあんだんとう》の大愚和尚《たいぐおしょう》なり。黄檗《おうばく》、之を聞いて、衆に謂いて曰く、馬祖下《ばそか》八十餘員の善知識《ぜんちしき》、唯だ歸宗《きす》のみ有って些子《しゃし》に較《あた》れり。師曰く、敢えて諸禪徳《しょぜんとく》に問う、五味一味《ごみいちみ》は便ち要せず、棒頭《ぼうとう》の正眼《しょうげん》、作麼生《そもさん》。自ら代わって曰く、嫩緑枝頭《どんりょくしとう》、紅一點《こういってん》、人を驚かす春色《しゅんしょく》、多きことを須いず。

〈訳〉

帰宗の常禅師の会下の僧が辞し去ることになった。帰宗が問う、「どこへ行く」。僧、「諸方に五味禅を学びに参ります」。帰宗、「（諸方には五味禅があるか知らんが）わしとこには一味禅だけがあるぞ」。僧、「和尚の一味禅とは、如何」。帰宗、便ち打つ。僧、そこで大悟していわく、「ああ、我れ会せり」。帰宗、急に責めて、「言え、言え」。僧が口を開こうとするや、帰宗はまた打って、即時に追い出した。この僧は高安灘頭の大愚和尚である。黄檗はこの話を聞いて、大衆に言った、「馬祖下には八十余人の善知識がいたが、中でも帰宗だけが、ちょっとした者だった」と。

この話頭を取り上げて、師が言われた、「諸君に問う、五味禅か一味禅かはどうでもいい。棒頭の正眼は作麼生」。自ら代わっていわく、「嫩緑枝頭、紅一点、人を驚かす春色、多きことを須いず」。

○帰宗常禅師、一日有僧辞＝『広灯録』巻八、黄檗断際章。
○嫩緑枝頭紅一点、驚人春色不須多＝見渡すかぎりの新緑の中にただ一点の紅い花。人を感動させるのは、多いばかりが能ではない。王安石の作の「石榴」詩とする説（『侯鯖録』）もあるが、作者不詳の詩とされる（『遯斎閑覧』）。宋の徽宗帝の頃、画院の選抜試験の画題になったという句。

【二一三〇】［巻之二の七丁裏］

九月望示衆。

十五日已前蹉過了、十五日已後鈍遅生。正當十五日、速道將一句來。自代曰、一身寒在五更多。


九月望《もう》、衆《しゅ》に示す。

十五日已前《いぜん》、蹉過了《しゃかりょう》、十五日已後《いご》、鈍遅生《どんちせい》。正當《しょうとう》十五日、速かに一句《いっく》を道《い》い將《も》ち來たれ。自ら代わって曰く、一身《いっしん》の寒《かん》は五更《ごこう》に在って多し。

〈訳〉

「十五日以前を言うたところで、すでに違う。十五日以後のところを言ったのでは鈍いというもの。即今十五日のところを、速かに一句で言え」。自ら代わっていわく、「一身の寒は五更に在って多し」。

○蹉過了＝『句双葛藤鈔』「蹉過了也」に「モノノスリタガフタ事ゾ。有為ヲ見ル鈍眼子ヲ以テハ、無為ノ理ニタガフゾ」。

○鈍遅生＝にぶい、鈍感。遅い。

○一身寒在五更多＝『江湖風月集』天台清叟一和尚の「擁葉」に「好句不随流水去、一身寒在五更多（好句は流水に随って去らず、一身の寒は五更に在って多し）」。（積み聚めた葉を擁して）五更の寒さを禦ぎ、衲僧の本分を守り、帰家穏坐するのみ。

【二―三一】［巻之二の七丁裏］

開爐示衆。

擧。横嶽祖師開爐示衆曰、大地爲爐須彌爲炭、崇福家風未是寂寥。且去火邊坐。切忌更商量。喝一喝。

師曰、阿呵呵。祖師只知脱空、不覺虚空口霹靂、舌一時凍噤噤地了也。諸仁者、試向火爐頭商量看。

開爐《かいろ》、衆《しゅ》に示す。

擧《こ》す。横嶽祖師《おうがくそし》、開爐示衆《かいろじしゅ》に曰く、大地《だいち》を爐《ろ》と爲し、須彌《しゅみ》を炭《すみ》と爲す、崇福《そうふく》の家風《かふう》、未だ是れ寂寥《せきりょう》ならず。且らく火邊《かへん》に去って坐せよ。切に忌む、更に商量《しょうりょう》することを、といって、喝一喝《かついっかつ》。

師曰く、阿呵呵《あかか》。祖師《そし》、只だ脱空《だっくう》を知って、覺えず、虚空《こくう》の口、霹靂《へきれき》、舌、一時《いちじ》に凍噤噤地《とうきんきんち》にし了れることを。諸仁者《しょにんじゃ》、試み火爐頭《かろとう》に向かって商量《しょうりょう》し看《み》よ。


〈訳〉

大応国師は開炉の示衆で、「大地を炉にして須弥を炭となす。我が家風は未だ寂寥ならず。且らく火炉辺に行って坐れ。決して商量してはならぬぞ」と言って喝一喝された。この話を取り上げて師が言われた、「アハハ。大応祖師は大法螺を吹いたが、虚空の口に霹靂が走って、舌が凍えてしまったことをご存知ない。諸君、試みに火炉頭で商量してみよ」。

○横嶽祖師開炉示衆＝『大応録』「崇福寺語録」。
○且去火辺坐。切忌更商量＝『趙州録』の示衆に、「三十年前、南方に在って、火炉頭に箇《こ》の無賓主の話有り、直に如今に至るも人の挙著する無し」を逆にしたもの。
○脱空＝『江湖風月集添足』「脱空」に「無実の語なり。摶換《ハリヌキ》の寓像を脱空と曰う。外相有って実無きが故に譩語に比す。和名にハリヌキ。脱空は和語にウソツクなり」。

○舌一時凍噤噤地了也＝凍えて口がきけなくなる。

【二―三二】［巻之二の八丁表］

示衆。

擧。趙州一日、於雪中倒、叫相救相救。有一僧便去身邊臥。州便起去。師曰、這僧救得趙州耶、抑又趙州救得這僧耶。試甄別看。自代曰、龍象蹴蹋、非驢所堪。

衆《しゅ》に示す。

擧《こ》す。趙州《じょうしゅう》一日、雪中《せっちゅう》に於いて倒れ、相救え、相救えと叫ぶ。一僧《いっそう》有り、便ち去って身邊《しんぺん》に臥す。州、便ち起って去る。

師曰く、這《こ》の僧、趙州《じょうしゅう》を救い得るか、抑《そも》そも又た趙州《じょうしゅう》、這《こ》の僧を救い得るか。試みに甄別《けんべつ》し看《み》よ。

自ら代わって曰く、龍象《りゅうぞう》の蹴蹋《しゅうとう》は驢《ろ》の堪うる所に非ず。

〈訳〉

ある日、趙州和尚が雪の中に倒れ、「助けて、助けて」と叫んだ。一僧が近寄って、趙州のわきに寝転んだ。すると趙州は起きて行ってしまった。

この話を取り上げて師が言われた、「この僧は趙州を救ったのか。それとも、そもそも趙州がこの僧を救ったのか。弁別してみよ」。自ら代わっていわく、「龍象の一蹴りは驢馬の堪えられるところではない」。

○趙州一日＝『聯灯会要』巻六、趙州観音院従諗章。
○龍象蹴踏、非驢所堪＝「龍象」は優れた象、越格の作家をいう。『維摩経』不思議品。

【二―三三】［巻之二の八丁表］

擧。雪竇示衆、譬如二龍爭珠、有爪牙者不得。

師曰、罔象到時光燦爛、離婁行處浪滔天。


擧《こ》す。雪竇《せっちょう》、衆《しゅ》に示す、譬えば二龍《にりゅう》の珠《たま》を争《あらそ》うが如し、爪牙《そうげ》有る者は得ず、と。

師曰く、罔象《もうしょう》到る時、光、燦爛《さんらん》、離婁《りろう》行く處、浪、滔天《とうてん》。


〈訳〉

雪竇は示衆で、「二龍が珠を争うようなもので、爪牙のあるものは得ることができない」と言われた。

これを取り上げて師が言われた、「（無心の）罔象が来れば光燦爛、（目利きの）離婁が行くところは浪滔天」。

◯雪竇示衆＝『大灯録』に「雪竇、衆に示して云く、譬えば二龍の珠を争うが如し、爪牙有るものは得ず。或いは衲僧有って、既に是れ爪牙有るもの、什麽《なん》としてか得ざると問わば、謂う大衆、雪竇が為に一転語を下せ。師云く、其れ貧なれば学ばずして倹、富なれば学ばずして奢。此れは是れ俗漢の陋韻、却って言を知れりと謂っつ可し。且らく諸人に問う、二龍の爪牙、雪竇の爪牙と孰《いず》れか与ぞ。他既に珠を争うて之を得ず、這《こ》の老、箇《こ》の什麽《なに》を争うてか得ざる。謂う、各おの一転語を下せ」。

◯罔象到時光燦爛、離婁行処浪滔天＝『句双葛藤鈔』「罔象到時光粲爛、離婁行処浪滔天」に「カシコイ機ガ浪タツ、無心ガ光リサンラン也」。「罔象」「離婁」は前出［一―一〇九］。離婁は百歩にして秋毫の末を見ることが出来たという。罔象は無心を擬人化したもの。

【二―三四】［巻之二の八丁裏］

師不安。
擧。僧問玄沙、如何是清淨法身。沙曰、膿滴滴地。
師別曰、三月懶遊花下路、一家愁閉雨中門。

師、不安《ふあん》。
擧《こ》す。僧、玄沙《げんしゃ》に問う、如何《いか》なるか是れ清淨法身《しょうじょうほっしん》。沙曰く、膿滴滴地《のうてきてきち》。
師別して曰く、三月《さんがつ》、遊ぶに懶《ものう》し、花下《かか》の路、一家《いっか》愁えて閉ず、雨中《うちゅう》の門。

〈訳〉

師、病のとき。

玄沙和尚は（病で全身ただれていたとき）清浄法身を問われて「膿《うみ》タラタラ」と答えた。

この話頭に、師が別語して、「三月、遊ぶに懶し、花下の路、一家愁えて閉ず、雨中の門」と。

○僧問玄沙＝『聯灯会要』巻二十四、玄沙師備章に、「師誤って服薬するに因って、徧身紅爛。僧問う、〈如何是れ堅固法身〉。師云く、〈膿滴滴地〉」。『碧巌録』第三十九則、本則評唱では「堅固法身」を「清浄法身」とする。

○三月懶遊花下路、一家愁閉雨中門＝三月というのに、繁花風流の地に遊びに出るのも億劫、雨中に門を閉めて引きこもっている。どこにも行きようがない。『五灯会元』巻十一、風穴延沼章に、「問う、〈有無倶に去処《きょしょ》無き時は如何〉。師曰く、〈三月懶遊花下路、一家愁閉雨中門〉」。『句双葛藤鈔』「三月懶遊花下路、一家愁閉雨中門」に「花下ハ繁花風流ノ地ナリ。一家愁閉雨中門、爰ハ無功也」。

【二―三五】［巻之二の八丁裏］

半夏。

擧。雲門大師曰、直得山河大地無纖毫過患、猶是轉句、不見一色始是半提。更須知有全提時節。

作麼生是全提時節。代曰、六月黄河連底凍。

半夏《はんげ》。

擧《こ》す。雲門大師《うんもんだいし》曰く、直《じき》に山河大地《せんがだいち》、纖毫《せんごう》の過患《かげん》無きことを得るも、猶お是れ轉句《てんく》、一色《いっしき》を見ざる、始めて是れ半提《はんてい》。更に須《すべか》らく全提《ぜんてい》の時節《じせつ》有ることを知るべし、と。作麼生《そもさん》か是れ全提《ぜんてい》の時節《じせつ》。代わって曰く、六月黄河《こうが》、連底《れんてい》の凍《とう》。

〈訳〉

雲門いわく、「尽乾坤大地を一点の影曇りもなく見透すことができてもまだ転句である。一切の分別を離れたところで、始めて半分である。だから全提の時節があることを知らねばならない」と。

この話を取り上げて師いわく、「全提の時節とはどのようなものか」。代わっていわく、「真夏六月、黄河が底まで凍りついている」。

○雲門大師曰＝この話頭、前出［一―七六］。

○六月黄河連底凍＝『希叟広録』上堂に「大機を顕わし、大用を明かす。六月黄河連底凍」。

【二―三六】［巻之二の八丁裏］

擧。趙州和尚問新到、曾到此間麼。曰曾到。州曰、喫茶去。又問僧曰、不曾到。州曰、喫茶去。師曰、四來有疎親、因甚趙州一味安排。若能甄別、請各下一轉語。代曰、一毛頭上定乾坤。

擧《こ》す。趙州和尚《じょうしゅうおしょう》、新到《しんとう》に問う、曾《かつ》て此間《すかん》に到るや。曰く、曾《かつ》て到る。州曰く、喫茶去《きっさこ》。又た僧に問うに、曾《かつ》て到らずと曰う。州曰く、喫茶去《きっさこ》。

師曰く、四來《しらい》、疎親《そしん》有り、甚《なに》に因ってか、趙州一味《じょうしゅういちみ》に安排《あんばい》す。若し能く甄別《けんべつ》せば、請う各おの一轉《いってん》語《ご》を下せ。代わって曰く、一毛頭上《いちもうとうじょう》、乾坤《けんこん》を定む。

〈訳〉

趙州和尚が新到の僧に問う、「ここに来たことがあるか」。僧、「あります」。趙州、「喫茶去」。また同じことを別の新到に問う。僧、「来たことがありません」という。趙州、「喫茶去」。

この話を取り上げて師が言われた、「雲水にはそれぞれその素質に疎親の違いがあろうに、どうして趙州は同じように扱ったのか。弁別して一転語を下せ」。代わっていわく、「一毛頭上に乾坤を定む」。

○趙州和尚問新到＝『五灯会元』巻四、趙州従諗章。

○一毛頭上定乾坤＝この毛筋の先一本で、大宇宙を取り捌く。

【二―三七】［巻之二の八丁裏］

解夏。

擧。維摩經曰、其施汝者不名福田、供養汝者墮三惡道。

居士恁麼道、端的在那裏。代曰、翡翠蹈翻荷葉雨、鷺鷥銜破竹林烟。又曰、眼高看不到黄金。

解夏《かいげ》。

擧《こ》す。維摩經《ゆいまきょう》に曰く、其れ汝に施す者を福田《ふくでん》と名づけず、汝を供養《くよう》する者は三悪道《さんあくどう》に墮《だ》す、と。

居士恁麼《こじいんも》に道う、端的《たんてき》、那裏《なり》にか在る。代わって曰く、翡翠蹈翻《ひすいとうほん》す、荷葉《かよう》の雨、鷺鷥《ろじ》銜破《しょうは》す、竹林《ちくりん》の烟《けむり》。又た曰く、眼《まなこ》高うして、看《み》て黄金《おうごん》に到らず。

〈訳〉

「『維摩経』に〈其れ汝に施す者を福田と名づけず、汝を供養する者は三悪道に堕す〉とある。維摩居士がこのように言う真の意図はどこにあるか」。

代わっていわく、「翡翠《かわせみ》は（飛び立ったとも思わず）雨に濡れた荷葉から飛び立ち、鷺鷥《さぎ》は（突き抜けたとも思わずに）靄に煙る竹林を突き抜けてゆく」。またいわく、「眼高うして、黄金など目ではない」。

○維摩経曰＝『維摩経』弟子品、須菩提章。

○其施汝者不名福田、供養汝者堕三悪道＝『犂耕』（電子達磨版一〇八七頁）の無著の解にいわく、「此の両語は須らく深く方等経の大意を得て、方に之を解すべし。必ずしも生肇等の解迹に拘わる可からず。況んや禅祖、教を拈ずるに、動《やや》もすれば義学の度外に出づるをや。彼の経に云く、五逆の相を以て、而も解脱を得て、亦た解ならず縛ならず。又た云く、煩悩に同じうして清浄の法を離る、と。今、此の両語も亦た一轍に出づ。今、解して曰く、汝とは是れ甚人ぞ。之に施すは是れ何の相ぞ。汝に施す者は忽ち福田の相を失す。福田の相を失する時、正に是れ真の福田現前す。復た次に、汝とは是れ甚人ぞ。供養とは是れ何の時節ぞ。何れの処をか喚んで三悪道と作《な》す。汝に供養する者は驀直に三悪道に堕す。三悪道に堕する時、解脱の相滅尽す。解脱の相滅尽する時、真の解脱、自然に現前す」。

○悲翠踏翻荷葉雨、鷺鶿衝破竹林烟＝『宏智録』「江州能仁寺語録」の上堂に、「好諸禅徳、念尽きて智明らかに、玉壺は歩を引き、神虚して鑑遠うして、宝鏡は輝きを含む。万化に応じて当たる無く、諸数に堕せず、一真を湛えて独り照らし、余塵を外にせず。且らく作麼生か行履して、恁麼に相応し去るを得ん。良久して云く、翡翠踏翻荷葉雨、鷺鶿衝破竹林煙」。カワセミが雨の降る荷葉からサッと飛びたち、白いサギが靄に煙る竹林の中を飛んで行く。『句双葛藤鈔』に「踏翻シタト知ラズ、衝破シタト知ラズ。タクマヌ也、迦葉の三昧、迦葉知ラズト云ウ心也」。

○眼高看不到黄金＝福田も供養も三悪道すらも眼中にはない。『江湖風月集』四明古帆遠和尚の「達磨」に、「今に至るまで、声価、叢林に重し、道うこと莫かれ、神洲に賞音無しと。自ずから是れ鳳凰台上の客、眼高くして看て黄金に到らず」。三四句、「達磨大師は元来向上にあるゆえ、武帝が黄金のように思う第一義諦すらも眼中にない」。

【二―三八】［巻之二の九丁表］

冬至。

擧。古者道、冬至在月頭賣被買犢。今年月頭冬至、諸仁有一張被、山僧有一頭水牯牛。非貴非賤、作麼生買。速道。

時有僧曰、自是鳳凰臺上客、眼高看不到黃金。

師曰、更高有天在。

僧曰、天上天下唯我獨尊。

師曰、三十棒。

僧曰、謝供養。

師曰、莫亂道。［僧顯藏主也］

師代衆曰、好把一枝無孔笛、夜深吹過汨羅灣。


冬至《とうじ》。

擧《こ》す。古者《こしゃ》の道わく、冬至《とうじ》、月頭《げっとう》に在るときは、被《ひ》を賣《う》って犢《こうし》を買《か》う、と。今年《こんねん》、月頭冬至《げっとうとうじ》、諸仁《しょにん》、一張《いっちょう》の被《ひ》有り、山僧《さんぞう》、一頭《いっとう》の水牯牛《すいこぎゅう》有り。貴《き》に非ず賤《せん》に非ず、作麼生《そもさん》か買わん。速かに道え。

時に僧有り曰く、自ずから是れ鳳凰臺上《ほうおうだいじょう》の客、眼高うして、看《み》て黄金《おうごん》に到らず。

師曰く、更に高きも天の在る有り。

僧曰く、天上天下《てんじょうてんが》、唯我獨尊《ゆいがどくそん》。

師曰く、三十棒《さんじゅうぼう》。
僧曰く、供養《くよう》を謝《しゃ》す。
師曰く、亂道《らんどう》すること莫かれ。［僧は顒藏主《ぎょうぞうす》なり］
師、衆に代わって曰く、好《よ》し、一枝《いっし》の無孔笛《むくてき》を把《と》って、夜深けて、吹いて過ぐ、汨羅《べきら》の灣《わん》。

〈訳〉

「昔から〈冬至が月始めにあるときは、布団売って牛を買う〉と言い伝えられている。今年の冬至は月始めだった。諸君には一張の布団があり、山僧《それがし》には一頭の牛がある。高くもなく安くもなく、なんぼで買うか。速かに言え」。

ある僧が言う、「もとより鳳凰台上の客ゆえ、眼が高くて黄金など眼中にありません」。

師、「とはいえ、天は更に高いぞ」。

僧、「天上天下、唯我独尊」。

師、「三十棒」。

僧、「供養を謝したてまつります」。

師く、「いい加減なことを言うでない」。［僧は顒蔵主なり］

師、衆に代わっていわく、「好し、一枝の無孔笛を把って、夜深けて吹いて過ぐ、汨羅《べきら》の湾」。

○冬至在月頭賣被買犢＝前出［一―七五］。
○自是鳳凰台上客、眼高看不到黄金＝前出［二―三七］「眼高看不到黄金」。貴賤など眼中にない。
○好把一枝無孔笛、夜深吹過汨羅湾＝『白雲守端広録』「時把一声帰去笛、夜深吹過汨羅湾」。『大慧録』に「謾把少林無孔笛。等閑吹過汨羅湾」。汨羅は屈原投水の地。『楚辞』七、漁父に「世を挙げて皆濁るも、我れ独り清《す》めり。衆人皆な酔うも、我れ独り醒めり、と。遂に汨羅の水に身を投ず」。

【二―三九】［巻之二の九丁表］

二月旦。

擧。佛鑑懃禪師上堂曰、至道無難、唯嫌揀擇。桃花紅李花白、誰謂融融唯一色。紫燕語黄鶯鳴、誰道闗闗唯一聲。不透祖師闗棙子、錯認山河作眼睛。

師曰、佛鑑與麽垂示、爲把髻投衙、抑打草驚蛇歟。諸仁、如何委悉。代曰、黄金打就玉鸚鵡、一聲聲作鷓鴣鳴。


二月旦《たん》。

擧《こ》す。佛鑑《ぶっかん》の懃禪師《ごんぜんじ》上堂《じょうどう》に曰く、至道無難《しいどうぶなん》、唯嫌揀擇《ゆいけんけんじゃく》。桃花《とうか》は紅《くれない》に李花《りか》は白《しろ》、誰か謂《い》う、融融《ゆうゆう》唯だ一色《いっしき》と。紫燕《しえん》語《かた》り黄鶯《こうおう》鳴《な》く、誰か道う、闗闗《かんかん》唯だ一聲《いっせい》と。祖師《そし》の闗棙子《かんれいす》を透《とお》らずんば、錯《あやま》って山河《せんが》を認めて眼睛《がんぜい》と作《な》す。

師曰く、佛鑑與麽《ぶっかんよも》の垂示《すいじ》、髻《もとどり》を把《と》って衙《が》に投《とう》ずとや爲《せ》んか、抑《そも》そも草を打って蛇《じゃ》を驚かすか。

諸仁《しょにん》、如何《いかん》か委悉《いしつ》せん。代わって曰く、黄金打就《おうごんたしゅう》す、玉鸚鵡《ぎょくおうむ》、一聲《いっせい》、聲は作《な》す鷓鴣《しゃこ》の鳴《めい》。

〈訳〉

仏鑑慧懃禅師の上堂にいわく、「至道無難、唯嫌揀擇。桃花は紅、李花は白と違いがあるのに、どうしてのどかな春一色と言うのか。燕が語り鶯が鳴いているのに、どうして、一様に和らぎ鳴く同じ鳥声と言うのか。祖関も透らずして、錯って山河を衲僧の眼睛だと思っておる」と。

この話頭について師が言われた、「仏鑑慧懃禅師のこの垂示は、自らの罪を自首して出たというものか、それとも、草を打って蛇を驚かしたというものか。諸君、どう判断するか」。代わっていわく、「黄金で玉《ぎょく》の鸚鵡《おうむ》を造った。一声鳴いたら鷓鴣《しゃこ》の啼き声」。

○仏鑑懃禅師上堂曰＝『聯灯会要』巻十六、仏鑑慧懃章。
○融融＝のどかなさま。
○関関＝鳥が和ぎ鳴くさま。
○不透祖師関棙子、錯認山河作眼睛＝『助桀』(電子達磨版七一五頁)に「忠曰く、若し祖関を透得せば、則ち山河は即ち眼目なり。若し未だ透得せざれば、則ち山河は是れ眼睛にあらず。世人多く誤って平実の見に堕して、大地山河、総に是れ衲僧の眼睛というを以て、三祖が揀擇せざるの旨と為す。所謂る仏性を顢頇《まんかん》し、真如を儱侗《ろうとう》す」。
○把髻投衙＝『諸録俗語解』［一五〇三］「把髻投衙」に、「唐土にて斬罪の時、一人、罪人の髪をかきあげ、もとどりを握っている、太刀とり（＝首切り人）後に在って、首を斬るなり。衙は公義の役所なり。把髻投衙とは、罪人が自身に首をさし出し、名のって出るなり」。

○打草驚蛇＝前出［一―一六］。ここでは、Aを懲らしめてBを戒める。

○黄金打就玉鸚鵡、一声声作鶻鵃鳴＝『五家正宗賛』に「夜半烏鶏抱鵲卵、天明起来生老鸛（夜半、烏鶏、鵲卵を抱く、天明起き来たれば、老鸛を生ず）」とあり、『助桀』（電子達磨版九五三頁）に「忠曰く、鶏は本と当に鶏卵を抱くべきに鵲卵を抱く。已下展転して、異上に異を出だす。所謂る、黄金打就玉鸚鵡、一声声作鶻鵃鳴という者なり」。

【二―四〇】［巻之二の九丁裏］

擧。雲峯悅禪師、首到大愚。愚上堂曰、大家相聚喫莖齏。若喚作一莖齏、入地獄如箭射。悅聞而奇之、求參堂。乃至愚移翠巖。悅見桶箍散、忽然開悟。翠巖曰、維那大事了畢。敢問大衆、了畢底是甚事。代曰、不是一番寒徹骨、爭得梅花撲鼻香。

擧《こ》す。雲峯《うんぽう》の悅禪師《えつぜんじ》、首《はじ》め大愚《たいぐ》に到る。愚《ぐ》、上堂《じょうどう》して曰く、大家相聚《たいけあいあつ》まって莖齏《きょうさい》を喫《きっ》す。若し喚んで一莖齏《いっきょうさい》と作《な》さば、地獄《じごく》に入ること箭《や》の射るが如し。悅《えつ》、聞いて之《これ》を奇《き》として、參堂《さんどう》を求む。乃至《ないし》、愚《ぐ》、翠巖《すいがん》に移る。悅、桶箍《つうこ》の散《さん》ずるを見《み》て、忽然《こつねん》として開悟《かいご》す。翠巖《すいがん》曰く、維那《いのう》、大事了畢《だいじりょうひつ》、と。敢えて大衆《だいしゅ》に問う、了畢底《りょうひってい》、是《これ》甚《なん》の事《じ》ぞ。代わって曰く、是れ一番《いちばん》、寒《かん》、骨《ほね》に徹《てっ》せずんば、爭《いか》でか得《え》ん、梅花《ばいか》の鼻《はな》を撲《う》って香《かんば》しきことを。

〈訳〉

雲峰の文悦禅師は始め大愚のところにいた。大愚和尚が上堂で、「みな集まって野菜を食っておるが、それを一本の野菜としたならば、空に向かって射た箭がまた落ちて来るように、地獄に入ること必定であるぞ」と言われた。文悦は素晴らしい言葉だと思って指導を求めた（が、大愚は少しも教えてはくれず、大衆のために托鉢をせよ、と言った）。のちに大愚は翠巌に移った（ので、文悦もこれに随った。文悦は翠巌に教えてもらおうとしたが、翠巌は、何も教えずに、炭を托鉢させ、あるいは下働きばかりをさせていた。文悦はこれを恨みに思っていたが）、ある時、東司に座っているときに、棚から桶が落ちてきてタガがはずれた。その瞬間に文悦は忽然として開悟し、翠巌に、心境を述べたところ、翠巌は「維那、大事了畢せり」と認めた。

この話を取り上げて師が言われた、「諸君に問う、文悦はいったい何を了畢したのか」。代わっていわく、「是れ一番、寒、骨に徹せずんば、争でか得ん、梅花の鼻を撲って香しきことを」。

○雲峰悦禅師＝『五灯会元』巻十二、雲峰文悦章に出る。

○茎虀＝この話頭を引いて、諸本、多く「虀」に作る。「虀」は野菜を細かく切って、塩などで和した、なます、あえもの。また「茎」は「一茎草」「一茎菜」「眉毛一茎」などというように、細長いものを数える量詞である、よって細切れにした「虀」にはそぐわない言葉である。

『従容録』第六十七則、頌評唱に、「南泉道わく、大家、一茎菜を喫し、更に一茎を覓む。地獄に入ること箭の射るが如し」とある。また『伝灯録』巻六、杉山智堅章に、「一日、普請して蕨菜を擇ぶ。南泉、一茎を拈起して云く、〈這《しゃ》箇《こ》、大いに好し、供養するに〉」とある。「蕨菜」はワラビ。以上からして、「茎齏」ではなく「茎菜」ではないか。〈何らかの〉野菜のことを言うのであろう。

○入地獄如箭射＝『禅学大辞典』に「箭を射るようにすみやかに地獄に堕ちること」。『禅語辞典』に「犯した罪の深重なことを言う」、また、岩波文庫本『碧巌録』第八則、本則下語の注に「あっという間に地獄に堕ちる」とあるが、『証道歌』には「住相の布施は生天の福。猶お仰いで箭を虚空に射るが如し、勢力尽きぬれば箭還って墜つ。来生の不如意を招得す」とあるように、勢いが亡くなれば必ず大地に落ちるように、必然的に地獄に堕ちる、ということ。『菩薩処胎経』巻七に「如人射虚空、勢窮還到地」、『四分律』巻五十七に「堕地獄猶如射箭」などとある。

○悦聞而奇之、求参堂＝『五灯会元』に記すところ、詳しくは以下のとおり。「師大い駭き、夜、方丈に造《いた》る。愚問う、〈来たって何の求むる所ぞ〉。師曰く、〈心法を求む〉。愚曰く、〈法輪未だ転じざるに、食輪《じきりん》先に転ず。後生、色力健やかなるを趁うて（趁色力健＝体が元気にうちに）、何ぞ衆の為に食を乞わざる。我れ飢えを忍ぶに暇あらず、何の暇あってか、汝の為に禅を説かんや〉と。師、敢えて違せず」。

○悦見桶箍散＝『五灯会元』に記すところ、詳しくは以下のとおり。「未だ幾くもあらずして、愚、翠巌に移る。師、疏を納め罷って、復た翠巌に過《よぎ》って指示を求む。巌曰く、仏法未だ爛却に到らず、雪寒し、宜しく衆の為に炭を乞うべし。師亦た命を奉ず。能事罷って、復た方丈に造《いた》る。巌曰く、〈堂司、人を闕く、今以て汝を煩す〉。師、之を受けて楽しまず、巌の心地を去らざるを恨む。後架（トイレ）に坐す。桶箍《おけのたが》忽ち散じて、架《たな》より堕落す。師、忽然として開悟し、頓に巌の用処を見る。走って伽《か》黎を搭け寝堂に上る。巌、迎えて笑って曰く、〈維那、且喜すらくは大事了畢せることを〉」。

○不是一番寒徹骨、争得梅花撲鼻香＝前出［一―四］。

【二─四一】［巻之二の九丁裏］

示衆。

擧。乾峯和尚曰、擧一不得擧二。放過一著落在第二。雲門出衆曰、昨日有人從天台來、却往徑山去。峯曰、典座來日不得普請。吾祖大應國師曰、無孔笛氈拍版、狹路相逢、音徹青霄。

二尊宿提唱、吾祖拈語、畢竟作麼生。代曰、鷓鴣啼處百花香。

衆《しゅ》に示す。

擧《こ》す。乾峯和尚《けんぽうおしょう》曰く、一を擧《こ》して二を擧《こ》することを得ざれ。一著《いちじゃく》を放過《ほうか》すれば、第二《だいに》に落在《らくざい》す。雲門《うんもん》、衆を出でて曰く、昨日《さくじつ》、人有り天台《てんだい》より來たり、却って徑山《きんざん》に往き去る、と。峯《ほう》曰く、典座《てんぞ》、來日《らいじつ》、普請《ふしん》することを得ざれ、と。吾が祖大應國師《だいおうこくし》曰く、無孔笛《むくてき》、氈拍版《せんぱくはん》、狹路《きょうろ》に相逢《あいお》うて、音《おと》、青霄《せいしょう》に徹す、と。

二尊宿《にそんしゅく》の提唱《ていしょう》、吾が祖の拈語《ねんご》、畢竟作麼生《ひっきょうそもさん》。代わって曰く、鷓鴣《しゃこ》啼《な》く處《ところ》、百花香《ひゃっかかんば》し。

〈訳〉

乾峰和尚いわく、「一を挙してさらに二を挙してはいかん。そこで二を挙するようならば、もう第二義門に落ちてしまうであろう」と。するとと、雲門が進み出て言った、「昨日、天台山から雲水がひとり来て、今度は径山に行った」。すると乾峰和尚は、「典座、明日の普請はやめだ」と言った。大応国師はこの話頭を評して、「乾峰と雲門とが袋小路で出くわし、無孔笛と氈拍版を鳴らしたが、その音は天空に響きわたった」と言われた。

（師が言われた）「乾峰と雲門のやりとり、そして大応国師の拈語を、どう受け止めるか」。

代わっていわく、「鷓鴣啼く処、百花香し」。

○乾峰和尚曰＝『雲門録』下に出る。『圜悟語録』巻三にも取り上げられている。圜悟の対応は、「師云く、閃電光中《せんでんこうちゅう》に眼を著け、撃石火裏《げきせっかり》に身を横たう。乾峰、既に鉄樹に華を生ぜば、雲門も亦た紅炉《こうろ》に浪を鼓《う》つ。拳踢《けんてき》相応じ、唱拍《しょうはく》相随う。所謂《いわゆ》る、恁麼の事を明かさんと要せば、須らく是れ恁麼の人なるべし、若し是れ恁麼の人ならば、須らく恁麼の事を解すべし。……」と、乾峰と雲門の両者を、達者同士のやり合いと評価している。また『碧巌録』第二十四則、「劉鉄磨到潙山」、本則評唱にも引かれる。

○挙一不得挙二＝『種電鈔』に「若し二を挙すれば、早く縁慮の境に落つ」。『碧巌録秘抄』「乾峰ナニヲ死ニタハ言ウツト云ツタラ、モウヅツト及バヌ、此句を会せんと欲せば、雲門の下語に参ぜよ」。

○放過一著落在第二＝一手でも許せば、はや第二義門に堕する。『碧巌録』第十則、本則下語にも。『句双葛藤鈔』「放過一著、落在第二」に「第一頭ヲ行ジツメテ、卒度《そっと》モ（＝少しも）ユルサヌゾ」。

○昨日有人従天台来、却往径山去＝天台から来た奴が径山に行ってしまった。『碧巌録』では「径山」を「南嶽」に作る。『碧巌録秘抄』「験主カ呈解カ、乾峰ノドテツバラヲ見ヌイテ云ツタ」。

○来日不得普請＝『雲門録』では「来日不得普請、下座」となっている。『碧巌録秘抄』「褒美ニ普請ヲ休メ」。

○無孔笛氈拍版＝孔のない笛と、毛氈を貼り付けた鳴らぬササラ。ここでは、乾峰と雲門をこの二つになぞらえて、その無心の応対を賞美する。

『碧巌録』第四十一則、本則評唱に「無孔笛撞著氈拍板」。『諸録俗語解』［一四三七］「氈拍板」に「拍板は楽器なり。

びんざさらと云う、小さき板を四五枚つないで鳴らす物なり。氈拍板は、毛氈のきれにてしたるなり」。『虚堂録』に「氈拍板無孔笛」、『犂耕』（電子達磨版一九八二頁）に「忠曰く、拍板は本と木もて造れば鳴る可し。若し毛氈もて板を包まば、鳴る可からず。笛は孔有って鳴る可し。今、孔無し、鳴る可からず」。また『犂耕』（電子達磨版二三三八頁）に「方語に、無用処と為す」。
○狭路相逢＝袋小路で出くわし、引くに引けないところ。
○鷓鴣啼処百花香＝『無門関』第二十四則、風穴の「語黙渉離微」に「長く憶う江南、三月の裏、鷓鴣啼く処、百花香ばし」。百花が芳しく咲いている中で鷓鴣が鳴いている。声はすれども姿は見えず。鷓鴣はウズラの大きいような鳥。『本草綱目』鷓鴣に「鷓鴣は性、霜露を畏れ、早晩、出づること稀なり。夜棲、木葉を以て身を遮《さえぎ》る」。

【二—四二】［巻之二の一〇丁表］

臘月望。

擧。南泉和尚示衆曰、昨夜文殊普賢起佛見法見、毎人與三十棒、貶向二鐵圍山去也。趙州出曰、和尚棒教誰喫。泉曰、王老師有什麽過。州禮拜。泉下座歸方丈。

二大老作略、諸仁如何領會。試下一轉語。代曰、太平元是將軍致、不許將軍見太平。


臘月望《ろうげつもう》。

擧《こ》す。南泉和尚《なんせんおしょう》、衆《しゅ》に示して曰く、昨夜《さくや》、文殊普賢《もんじゅふげん》、佛見法見《ぶっけんほっけん》を起こす。人毎に三十棒《さんじゅうぼう》を與《あた》え、二《に》鐵圍山《てっちせん》に貶向《へんこう》し去る。趙州《じょうしゅう》、出でて曰く、和尚《おしょう》の棒《ぼう》、誰をしてか喫せしめん。泉曰く、王老師《おうろうし》、什麽《なん》の過《とが》か有る。州、禮拜《らいはい》す。泉、下座歸方丈《げざきほうじょう》。

二大老《だいろう》の作略《さりやく》、諸仁《しょにん》、如何《いかん》か領會《りょうえ》せん。試みに一轉語《いってんご》を下《くだ》せ。代わって曰く、太平《たいへい》は元と是れ将軍《しょうぐん》致す、将軍《しょうぐん》の太平《たいへい》を見ることを許さず。

〈訳〉

十二月十五日。

南泉和尚が衆に示して言った、「昨夜、文殊普賢、仏見法見を起こしたので、それぞれ三十棒を与えて二鉄圍山に追いやった」。趙州が出て言う、「和尚の棒は誰にくらわせるのですか」。南泉、「王老師《わし》にどんな過ちがあったか」。趙州が礼拝する。すると南泉は下座して方丈に帰った。

師が言われた、「さて、この二大老のやりとりを、諸君はどう受け止めるか。一転語を下せ」。代わっていわく、「太平元と是れ将軍致す、許さず、将軍の太平を見ることを」。

○南泉和尚示衆曰＝『伝灯録』巻八、南泉普願章。『碧巖録』第二十六則、本則評唱。
○二鉄圍山＝大鉄圍山と小鉄囲山。この二つの間に黒山鬼窟がある。
○太平元是将軍致、不許将軍見太平＝前出［二—二〇］。本分のところが手に入れば、その手段などは用済み。

【二—四三】［巻之二の一〇丁表］

示衆。

擧。無業禪師曰、若一毫頭凡聖情念未盡、不免入驢胎馬腹裏去。白雲端和尚曰、設使一毫頭凡聖情念淨盡、亦未免入驢胎馬腹裏去。二尊宿示誨、如何究取。

時有僧曰、兩頭倶截斷、一劍倚天寒。

師曰、一劍且措、奈何入驢胎馬腹裏去也。

僧便喝。

師亦喝曰、再犯不容。[僧鄧林棟公也]。

師又別曰、始信人間行不盡、天涯更復有天涯。

衆《しゅ》に示す。

擧《こ》す。無業禪師《むごうぜんじ》曰く、若し一毫頭《いちごうとう》も凡聖《ぼんしょう》の情念《じょうねん》、未《いま》だ盡《つ》きずんば、免《まぬが》れず、驢胎馬腹裏《ろたいばふくり》に入《い》り去《さ》ることを。白雲《はくうん》の端和尚《たんおしょう》曰く、設使《たと》い一毫頭《いちごうとう》、凡聖《ぼんしょう》の情念淨盡《じょうねんじょうじん》すとも、亦た未《いま》だ免《まぬが》れず、驢胎馬腹裏《ろたいばふくり》に入り去ることを。二尊宿《にそんしゅく》の示誨《じかい》、如何《いかん》か究取《きゅうしゅ》せん。

時に僧有り曰く、兩頭倶《りょうとうとも》に截斷《せつだん》して、一劍《いっけん》、天《てん》に倚《よ》って寒《すさま》し。

師曰く、一劍《いっけん》は且《しば》らく措《お》く、奈何《いかん》か驢胎馬腹裏《ろたいばふくり》に入り去る。

僧、便ち喝す。

師も亦た喝して曰く、再犯容《さいぼんゆる》さず。[僧は鄧林《とうりん》の棟公《とうこう》なり]。

師又た別して曰く、始《はじ》めて信《しん》ず、人間《じんかん》、行《ゆ》いて盡《つ》きざることを、天涯《てんがい》、更に復《ま》た天涯《てんがい》有り。

〈訳〉

「無業禅師は〈少しばかりも凡聖の情念が尽きないならば、驢馬や馬に生まれ変わる〉と言われた。白雲守端和尚は〈たとい少しばかりも凡聖の情念が尽きたとしても、驢馬や馬に生まれ変わることを免れることはできない〉と言われた。この二尊宿の示誨をどう受け止めたものか」。

時に一僧が言った、「両方ともにばっさりと、この剣で斬り捨てました」。

師、「そんな剣はどうでもよい、驢馬や馬に生まれ変わるのをどうするか」。

僧、すなわち喝す。

師もまた喝していわく、「再犯容さず」。［この僧は鄧林の棟公である］。

師はまた別語をつけて言われた、「始めて信ず、人間、行いて尽きざることを、天涯、更に復た天涯有り」。

○無業禅師曰……白雲端和尚曰＝『禅林類聚』巻二十。
○入驢胎馬腹裏去＝『犂耕』（電子達磨版一〇一六頁）「忠曰く、驢胎馬腹は宗門の常語にして、今は但だ輪廻の義を取るのみ」。
○両頭倶截断、一剣倚天寒＝前出［一―八六］。
○奈何入驢胎馬腹裏去也＝原本の訓点によれば右のような訓読となるが、「奈何せん、驢胎馬腹裏に入り去ることを」ともよめる。

○再犯不容＝後出［五―一五〇］。
○鄧林棟公＝後出［五―一五〇］に出る「龍興の鄧林令弟」か。
○別曰＝鄧林が何らかの語を着けたのに対して、師が別語を置くもの。
○始信人間行不尽、天涯更復有天涯＝さてさて、世界は尽きぬとはまことよ、ここが世の果てかと思いきに、天涯はまだ先にあるぞ。『錦繡段』におさめる范徳機の「沓磊《とうらい》駅楼に登って、此より海を度る」詩に、「半生、長く客《かく》を以て家と為す、直《とのい》より罷《まか》りて、初めて瀚海《かんかい》の査《いせき》に来たる。始めて信ず、人間行いて尽きざることを、天涯、更に復た天涯有り」。

【二―四四】［巻之二の一〇丁裏］

開爐。

擧。古徳云。昨夜三更失却牛、天明起來失却火。

箇中端的旨、諸人作麼生。代曰、腰纏十萬貫、騎鶴下揚州。


開爐《かいろ》。

擧す。古徳《ことく》云く。昨夜三更《さくやさんこう》、牛を失却《しっきゃく》す、天明《てんめい》、起き來たって火を失却《しっきゃく》す。

箇《こ》の中《うち》の端的《たんてき》の旨《し》、諸人作麼生《しょにんそもさん》。代わって曰く、腰《こし》に十萬貫《じゅうまんかん》を纏《まと》って、鶴《つる》に騎《の》って揚州《ようしゅう》に下《くだ》る。

〈訳〉

「古徳は〈昨夜三更、牛を失却す、天明、起き来たって火を失却す〉と言われたが、この趣旨をどう受け止めるか」。師、代わっていわく、「腰に十万貫を纏って、鶴に騎って揚州に下る」。

○古徳云＝『伝灯録』巻八、南泉普願章に「僧問う、〈師、丈室に帰して何を将てか指南す〉。師云く、〈昨夜三更失却牛、天明失却火〉」。

○昨夜三更失却牛、天明起来失却火＝『句双葛藤鈔』「昨夜三更失却牛、天明起来失却火」に「三更正当ハ一片牛ヂヤ。天明ニハ一片火ヂヤホホドニ、別ニ牛ガナク火ガナイホドニ、失却ト云也」。暗中に暗になりきり、明中に明になりきる。

○腰纏十万貫、騎鶴下揚州＝『説郛』百二十巻、巻四六、商芸小説にいう、「客有り、相従って各おの志す所を言う。或るものは揚州の刺史《しし》と為《な》らんと願う、或るものは貲財《しざい》多からんと願う、或るものは鶴に騎って上昇せんと願う。其の一人の曰く、〈腰に十万貫を纏って、鶴に騎って揚州に上らん〉と。三つの者を兼ねんと欲す」。出世と富と不老不死を三つながら手に入れる「百事如意」の意。ときにはまた、正反対の「実現するはずのない妄想」を意味する「揚州夢」ともいうこともあるが、今はその意ではない。後出[二―一四二]も参照。

【二―四五】[巻之二の一〇丁裏]

擧。南陽忠國師、一日喚侍者。侍者應諾。如是三喚三應。國師曰、將謂吾辜負你、元來你辜負我。已是三喚三應、因甚麼做辜負去也。試呈管見看。

一僧曰、平生肝膽向人傾、相識猶如不相識。

一僧曰、不識廬山眞面目、只縁身在此山中。

一僧曰、愁人莫向愁人説、説向愁人愁殺人。

一僧曰、駕與青龍不解騎。

師曰、試著一鞭。

僧便咄。師便喝。

師又別曰、可惜年年明月夜、漁家只作等閑看。


擧《こ》す。南陽《なんよう》の忠國師《ちゅうこくし》、一日、侍者《じしゃ》と喚《よ》ぶ。侍者應諾《じしゃおうだく》す。是《かく》の如《ごと》く三《み》たび喚《よ》び三《み》たび應《おう》ず。國師《こくし》曰く、將《まさ》に謂《おも》えり、吾れ你《なんじ》に辜負《こぶ》すと、元來《がんらい》、你《なんじ》、我れに辜負《こぶ》す、と。已《すで》に是れ三喚三應《さんかんさんおう》、甚麼《なん》に因ってか辜負《こぶ》と做《な》り去《さ》る。試《こころ》みに管見《かんけん》を呈《てい》せよ看《み》ん。

一僧《いっそう》曰く、平生《へいぜい》の肝膽《かんたん》、人《ひと》に向《む》かって傾《かたむ》く、相識《そうしき》は猶お不相識《ふそうしき》の如し。

一僧《いっそう》曰く、廬山《ろざん》の眞面目《しんめんもく》を識《し》らざるは、只《た》だ身《み》の此《こ》の山中《さんちゅう》に在《あ》るに縁《よ》る。

一僧《いっそう》曰く、愁人《しゅうじん》、愁人《しゅうじん》に向かって説くこと莫かれ、愁人《しゅうじん》に説向《せっこう》すれば、人を愁殺《しゅうさつ》す。

一僧《いっそう》曰く、青龍《せいりょう》を駕與《がよ》すれども騎《の》ることを解《かい》せず。

師曰く、試みに一鞭《いちべん》を著《つ》けよ。

僧、便ち咄《とつ》す。師、便ち喝《かつ》す。

師又た別して曰く、惜《おし》む可《べ》し、年年明月《ねんねんめいげつ》の夜《よ》、漁家《ぎょか》、只だ等閑《なおざり》の看《かん》を作《な》す。

〈訳〉

「南陽の忠国師が、一日に三度〈侍者〉と喚び、侍者は三度〈ハイ〉と応えた。そして国師が言われた、〈てっきり、老衲《わし》がおまえさんの意に背いたと思ったに、何とおまえさんが老衲《わし》の意に背いたではないか〉と。さて、三度も喚び、三度も応えたのに、どうして意に背くことになったのか、見解を述べてみよ」。

一僧、「平生の肝胆、人に向かって傾く、相識は猶お不相識の如し」。

一僧、「廬山の真面目を識らざるは、只だ身の此の山中に在るに縁る」。

一僧、「愁人、愁人に向かって説くこと莫かれ、愁人に説向すれば、人を愁殺す」。

一僧、「青龍を駕与すれども騎ることを解せず」。

師、「（その青龍とやらに）一鞭あててみよ」。

僧、すなわち咄す。師、すなわち喝す。

師また別していわく、「惜む可し、年年明月の夜、漁家、只だ等閑の看を作《な》す」。

○南陽忠国師＝『無門関』第十七則、慧忠国師三喚。

○平生肝胆向人傾、相識猶如不相識＝『聯珠通集』黄龍南の国師三喚の拈頌の三四句。『犂耕』（電子達磨版一九〇八頁）に「忠曰く、相識と不相識とを別かたず皆な肝胆を傾けて隠蔵する所無きが故に、不相識は相識の如く、相識も不相識の如し」。洗いざらいぶちまけて見せてやった。相識も不相識もない。「肝胆」は、こころ、まごころ。
○不識廬山真面目、只縁身在此山中＝『句双葛藤鈔』に「山中ニアル真ノ面目ヂヤ、別ニシルニ及ヌ也」とあるが、ここでは採らず。蘇東坡の「西林の壁に題す」詩に、「横に看れば嶺と成り、側《かたわら》には峰と成る、遠近高低、総に同じからず。不識廬山真面目、只縁身在此山中」。真只中にあるがために、かえって気づかない。
○愁人莫向愁人説、説向愁人愁殺人＝前出［一―七一］。知音同士なればこそ分かる。
○駕与青龍不解騎＝いくら名馬をあてがってやっても、よう乗りこなさぬ。『碧巌録』第二十則、本則下語。『碧巌録秘抄』に「青龍ニノセテヤルケレドモ、ナンボ引立テ、モ、引立テタカヒガナイ」。『諸録俗語解』［一三七一］「駕与」に「のせてやる、と訳す。駕は、車に馬をつけることなり。今、青龍をつけてやっても、其の車に得乗らぬ、なり」。「青龍」は名馬。
○可惜年年明月夜、漁家只作等閑看＝『聯珠詩格』におさめる、張遂初の「水南」詩に「荻華、風起こって釣舟寒し、楓樹、江辺、葉半ば丹なり。可惜年年明月夜、漁家只作等閑看」。せっかくの明月なのに、漁師は関心がなく、漫然とながめておるだけ。

【二―四六】［巻之二の一一丁表］

擧。三聖道、我逢人則出、出則不爲人。興化道、我逢人則不出、出則爲人。
二老用處、諸仁如何領會。
一僧曰、雞寒上木、鴨寒下水。
代曰、一聲羌笛離亭晩、君向瀟湘我向秦。又曰、若把西湖比西子、淡粧濃抹兩相宜。

擧《こ》す。三聖道《さんしょうい》わく、我《わ》れ人《ひと》に逢《あ》うときは則《すなわ》ち出《い》づ、出《い》づるときは則《すなわ》ち人《ひと》の爲《ため》にせず。興化道《こうけい》わく、我《わ》れ人《ひと》に逢《あ》うときは則《すなわ》ち出《い》でず、出《い》づるときは則《すなわ》ち人《ひと》の爲《ため》にす。二老《にろう》の用處《ゆうじょ》、諸仁《しょにん》、如何《いかん》か領會《りょうえ》せん。一僧《いっそう》曰く、雞《にわとり》は寒《さむ》うして木《き》に上《のぼ》り、鴨《かも》は寒《さむ》うして水《みず》に下《くだ》る。代わって曰く、一聲《いっせい》の羗笛《きょうてき》、離亭《りてい》の晩《ばん》、君《きみ》は瀟湘《しょうしょう》に向《む》かい、我《わ》れは秦《しん》に向《む》かう。又た曰く、若し西湖《せいこ》を把《と》って西子《せいし》に比せば、淡粧濃抹《たんしょうのうまつ》、兩《ふたつ》ながら相宜《あいよろ》し。

〈訳〉

「三聖は〈我れ人に逢うときは則ち出づ、出づるときは則ち人の為にせず〉と言い、興化は〈我れ人に逢うときは則ち出でず、出づるときは則ち人の為にす〉と言われたが、この二人のはたらきをどう受け止めるか」。

一僧いわく、「鶏は寒ければ樹に上り、鴨は寒ければ水に入る」。

代わっていわく、「一声の羗笛、離亭の晩、君は瀟湘に向かい、我れは秦に向かう」。またいわく、「若し西湖を把って西子に比せば、淡粧濃抹、両ながら相宜し」。

○三聖道、……興化道＝『虚堂録』巻二「興聖寺語録」。虚堂は「二大老、一人は占波《せんば》国裏に向かって鼓を打ち、一人は大食《たいし》国裏に向かって舞を作《な》す」と著語している。一方はカルカッタあたりで太鼓をうち、もう一方はメソポタミアあたりで踊っている。

○鶏寒上木、鴨寒下水＝前出［一―九一］。鶏は鶏、鴨は鴨、それぞれの習性。三聖は三聖なりに、興化は興化なりに。

○一声羌笛離亭晩、君向瀟湘我向秦＝前出［二―二二］。三聖は三聖、興化は興化、それぞれの境涯。

○若把西湖比西子、淡粧濃抹両相宜＝前出［二―一四］。三聖と興化は（正反対の対応だが）どちらも素晴らしい。

【二―四七】［巻之二の一一丁裏］

擧。大應國師元宵示衆次、因僧問、昔日瞿曇以無所得受燃燈之記、還的當也無。國師曰、承虛接響。敢問諸人、祖翁答處爲疎爲親。代曰、莫謂劫空消息斷、春來花鳥尚依然。

擧《こ》す。大應國師《だいおうこくし》、元宵《がんしょう》、衆《しゅ》に示す次いで、因《ちな》みに僧問う、昔日《そのかみ》、瞿曇《くどん》、無所得《むしょとく》を以て燃燈《ねんとう》の記《き》を受《う》く、還《かえ》って的當《てきとう》なりや也《ま》た無《いな》や。國師《こくし》曰く、虛《きょ》を承《う》け響《きょう》を接《つ》ぐ。敢えて諸人《しょにん》に問う、祖翁《そおう》の答處《たっしょ》、疎《そ》とや爲《せ》ん親《しん》とや爲《せ》ん。代わって曰く、劫空消息斷《ごっくうしょうそくた》つと謂《い》うこと莫《な》かれ、春來《しゅんらい》、花鳥《かちょう》尚お依然《いぜん》。

〈訳〉

大応国師、元宵示衆の折に、ある僧が問うた、「昔、瞿曇は無所得の故に燃灯仏から記別を受けましたが、それは正しいでしょうか」。国師いわく、「虚を承け響を接ぐ」と。国師が言われた、「さて、諸君に問う、国師の答えは、外れているか、それとも近いか」。代わっていわく、「劫空、消息断つと謂うこと莫かれ、春来、花鳥尚お依然」。

○大応国師元宵示衆＝『大応国師語録』巻上「崇福禅寺語録」。
○受燃灯之記＝燃灯仏は過去仏の一人。釈尊は菩薩として最初に成仏の記別を燃灯仏から受けた。
○承虚接響＝『虚堂録』元宵上堂に、「僧問う、〈香林因みに僧問う、如何なるか是れ室内一椀の灯。林云く、三人亀を証して鼈と成すと、意旨如何〉。師云く、〈奴《ぬ》は婢《ひ》を見て殷勤〉。僧云く、〈学人礼謝し去るとは〉。師云く、〈承虚接響〉」。『犂耕』（電子達磨版五四七頁）で「奴見婢殷勤」を解して「忠曰く、答話の恰好なるを称美す」。また「承虚接響」を解して「忠曰く、虚なる処を設けて音響を接入す。響は必ず虚処に依って成ずるが故に。学人の心虚にして能く答話を領ずるを賞す。旧解に曰く、不実の義と」。ここでも「承虚接響」は、肯定称美の義で用いられている。『禅語字彙』「承虚接響」に「谷間の反響をいふ。何等の蹤跡無しの意」とあるが、瞿曇の受記に何らの蹤跡もとどめぬ、ということ。『禅語辞典』の「ホラを押し頂き、こだまをほんものと聞く」の解はあてはまらない。
○莫謂劫空消息断、春来花鳥尚依然＝大応国師「古山」偈の三四句。「巍巍峭峻にして頂を窮め難く、雨洗い風磨して年を記せず。謂うこと莫かれ、劫空に消息断つと、春来、花鳥尚お依然たり」。どれぐらい年古りているか分からないけれども、毎年、春になれば花が咲き、鳥がさえずる。

【二―四八】［巻之二の一一丁裏］

示衆。
擧。雪竇老人有偈曰、春山疊亂青、春水漾虚碧。寥寥天地間、獨立望何極。
師曰、諸仁者聱訛在何處、請下語看。
一僧曰、雪竇老人眉毛在也無。
師曰、莫謗如來正法輪。
僧喝。師亦喝。

一僧曰、不覺全身陷泥犁。

師曰、相救看。

僧曰、蒼天蒼天。

師曰、誰知砧杵裏有此斷腸人。

師別衆曰、誰知遠烟浪、別有好思量。


衆《しゅ》に示す。

擧《こ》す。雪竇老人《せっちょうろうじん》、偈《げ》有り曰く、春山《しゅんざん》、亂青《らんせい》を疊《たた》み、春水《しゅんすい》、虚碧《きょへき》を漾《ただよ》わす。寥寥《りょうりょう》たる天地《てんち》の間《かん》、獨立《どくりつ》して、望《のぞ》み何《なん》ぞ極《きわ》まらん。

師曰く、諸仁者《しょにんじゃ》、聱訛《ごうか》、何《いず》れの處《ところ》にか在る、請《こ》う下語《あぎょ》せよ看《み》ん。

一僧《いっそう》曰く、雪竇老人《せっちょうろうじん》、眉毛《びもう》在りや也《ま》た無《いな》や。

師曰く、如來《にょらい》の正法輪《しょうぼうりん》を謗《ぼう》ずること莫かれ。

僧喝す。師亦た喝す。

一僧《いっそう》曰く、覺えず全身《ぜんしん》、泥犁《ないり》に陷《おちい》る。

師曰く、相救《あいすく》え看《み》ん。

僧曰く、蒼天《そうてん》、蒼天《そうてん》。

師曰く、誰か知る、砧杵裏《ちんしょり》に此の斷腸《だんちょう》の人有ることを。

師、衆に別して曰く、誰か知る遠き烟浪《えんろう》に、別に好思量《こうしりょう》有ることを。


〈訳〉

雪竇の偈にいう、「春山、乱青を畳み、春水、虚碧を漾わす。寥寥たる天地の間、独立して、望み何ぞ極まらん」と。

師いわく、「諸君、この偈の入り組み所はどこにあるか。下語せよ」。

一僧、「雪竇、（言葉が過ぎたから）眉毛が堕ちてはおりますまいか」。

師、「如来の正法輪を謗ってはならぬ」。

僧喝す。師もまた喝す。

一僧いわく、「覚えず全身、地獄に陥ちました」。

師、「それを救ってみよ」。

僧、「蒼天、蒼天」。

師、「誰か知る、砧杵裏に此の断腸の人有ることを」。

師、衆に別していわく、「誰か知る遠き烟浪に、別に好思量有ることを」。

○雪竇老人有偈曰＝『雪竇禅師語録』後録。
○眉毛在也無＝前出［二－二二］「看翠巌眉毛在麼」。
○莫謗如来正法輪＝『碧巌録』第四十六則、本則評唱、「一日、鏡清、僧に問う、〈門外是れ什麼《なん》の声ぞ〉。僧云く、〈鵓《ぼっ》鳩《きゅう》の声〉。清云く、〈無間業を招かざらんことを得んと欲せば、如来の正法輪を謗ずること莫かれ〉」。
○蒼天蒼天＝やれ悲しや、悲しや。『犂耕』（電子達磨版一五一頁）「蒼天は、天に訴えて痛哭するなり」。『句双葛藤鈔』「蒼天蒼天」に「終ニハレマノナイ用処ナリ」。
○誰知砧杵裏、有此断腸人＝その悲しみ、誰も分かる者がない。『虚堂録』巻八、「初住嘉興府興聖寺語録」の解夏上堂に、「主丈を拈じて云く、所修の行願、所証の法門、一一具足。甚に因ってか入夏以来、米裡に虫有ることを知らざる。若し一転語を下し得ば、你に許す、和合僧を破り、仏身血を出だすことを。然らずんば、主丈を卓てて、唯知砧杵裏、有此断腸人」。『犂耕』（電子達磨版一八六二頁）に「此れ蓋し古句なるも未だ考せず。閨婦、秋に到って砧杵もて衣を製して征夫に寄す。砧杵声の裡に閨婦、腸を断つ。而して誰か能く之を知らんや。今、虚堂、其の人無きが為に、上来の語中に暗に腸を断つ。法道の衰微を悲しむなり。或るもの断腸の人を那一人と為す。此の義、是に非ず」。
○誰知遠烟浪、別有好思量＝前出［一―四九―一］。よくよく思いを致すべき宗門の好思量が、そこにあるぞ。

【二―四九】［巻之二の一二丁表］

示衆。

擧。風穴因僧問、有無倶無去處時如何。對曰、三月懶遊花下路、一家愁閉雨中門。端的在那裏。

代曰、道得三十棒、道不得三十棒。又曰、咬人師子、不露爪牙。


衆《しゅ》に示す。

擧《こ》す。風穴《ふけつ》、因《ちな》みに僧問う、有無《うむ》倶《とも》に去處《きょしょ》無《な》き時如何《いかん》。對《こた》えて曰く、三月《さんがつ》、遊《あそ》ぶに懶《ものう》し、花下《かか》の路《みち》、一《いっ》家《か》愁《うれ》えて閉《と》ず、雨中《うちゅう》の門《もん》。端的《たんてき》、那裏《なり》にか在る。代わって曰く、道《い》い得《う》るも三十棒《さんじゅうぼう》、道《い》い得《え》ざるも三十棒《さんじゅうぼう》。又た曰く、人《ひと》を咬《か》む師子《しし》は爪牙《そうげ》を露《あら》わさず。

〈訳〉

「風穴和尚に僧が問うた、〈有無ともに去処無き時は如何〉。答えていわく、〈三月、遊ぶに懶し、花下の路、一家愁えて閉ず、雨中の門〉と。この問答の勘所はどこか」。代わっていわく、「道い得るも三十棒、道い得ざるも三十棒」。またいわく、「人を咬む師子は爪牙を露わさぬ」。

○風穴因僧問＝『五灯会元』巻十一、風穴延沼章。
○有無倶無去処時如何＝「去処」、原本訓点では「去る処」となるが「去処《きょしょ》」と改めた。有といっても無といっても落着《らくちゃく》するところがない時は、どうか。
○三月懶遊花下路、一家愁閉雨中門＝前出［二—三四］。どこへも行きどころなし。
○道得三十棒、道不得三十棒＝どう出ても棒。『臨済録』「師、第二代徳山の垂示に、〈道得也三十棒、道不得也三十棒〉と云うを聞いて、師、楽普をして去って、〈道い得るに什麼《なん》と為てか也た三十棒なる〉と問わしめ、伊が汝を打つを待って、棒を接住し送一送し、他作麼生《そもさん》かと看せしむ。普、彼《かしこ》に到って教えの如くに問う。徳山便ち打つ。普、接住して送一送す。徳山、便ち方丈に帰る。普、回って師に挙似す。師云く、〈我れ従来、這《こ》の漢を疑著せり。然も是の如しと雖も、汝還って徳山を見るや〉。普、擬議す。師、便ち打つ」。
○咬人師子、不露爪牙＝『句双葛藤鈔』「咬人獅子不露爪牙」に「無為無事ノ処ニ手ダテノエズイ（恐ろしい）事ガアルト也」。言えてもダメ、言えなくてもダメならば、やたらと牙をむかぬがまし。次の[二―五〇]にも。

【二―五〇】［巻之二の一二丁表］

三月望。

擧。古人頌魯祖面壁曰、曉來枝上囀黄鸝、睡起佳人刺繡遲。要知無限傷春意、盡在停針不語時。

諸仁作麽生理會。代曰、咬人師子、不露爪牙。


三月望《さんがつもう》。

擧《こ》す。古人《こじん》、魯祖面壁《ろそめんぺき》を頌《じゅ》して曰く、曉來《ぎょうらい》、枝上《しじょう》に黄鸝《こうり》囀《さえず》る、睡起《すいき》の佳人《かじん》、繡《しゅう》を刺《さ》すこと遲《おそ》し。限《かぎ》り無《な》き春《はる》を傷《いたま》しむ意《い》を知《し》らんと要《よう》せば、盡《ことごと》く針《はり》を停《と》めて語《かた》らざる時《とき》に在《あ》り。諸仁《しょにん》、作麽生《そもさん》か理會《りえ》す。

代わって曰く、人《ひと》を咬《か》む師子《しし》は爪牙《そうげ》を露《あらわ》さず。


〈訳〉

三月十五日。

「古人は魯祖面壁を頌して、〈暁来、枝上黄鸝囀る、睡起の佳人、繡を刺すこと遲し。限り無き春を傷しむ意を知らんと要せば、尽く針を停めた語らざる時に在り〉と言われたが、諸君、これをどう理会するか」。師、代わっていわく、「人を咬む師子は爪牙を露わさぬ」。

○古人頌魯祖面壁曰＝『貞和集』南叟□茂の「魯祖面壁」に「日暖佳人刺繡遅、紫荊枝上囀黄鸝、欲知無限傷春意、尽在停針不語時」。

○魯祖面壁＝『伝灯録』巻七、馬祖道一の法嗣、池州魯祖山宝雲禅師章に、「師、尋常《よのつね》、僧の来たるを見れば便ち面壁す」。

○暁来枝上囀黄鸝、睡起佳人刺繡遅。要知無限傷春意、尽在停針不語時＝『錦繡段』におさめる朱絳の「春女怨」詩に、「独り紗窓に在って刺繡すること遅し、紫荊枝上、黄鸝囀る。限り無き春を傷む意を知らんと欲せば、尽く針を停めて語らざる時に在り」。「ひとり籠もって刺繡をするが、その手は遅い。外ではウグイスが囀っているが、耳には入らない。この女の限りない悲しみは、針を停めてものも言わないところにぞある」。面壁無語のところをこそ知るべし。

○咬人師子、不露爪牙＝真に力量のある者は、みだりに力をひけらかすようなことはせぬ。その隠れた実力を知らいでは。前出［二―四九］にも。

【二―五二】［巻之二の一二丁表］

四月旦。
擧。潙山與仰山摘茶因縁。師曰、欲把枯腸盡底傾、出門不覺又丁寧。

四月旦《たん》。
潙山《いさん》、仰山《きょうざん》と茶《ちゃ》を摘《つ》む因縁《いんねん》を擧《こ》して、師曰く、枯腸《こちょう》を把《と》って底《そこ》を盡《つ》くして傾《かたむ》けんと欲《ほっ》す、門《もん》を出《い》でて、覺《おぼ》えず又《また》丁寧《ていねい》。

〈訳〉

潙山が仰山と茶を摘む因縁を挙して、師が言われた、「枯腸を把って底を盡くして傾けんと欲す、門を出でて、覺えず又た丁寧」。

○潙山与仰山摘茶因縁＝『伝灯録』巻九、潙山霊祐章、「普請して茶を摘む。師、仰山に謂いて曰く、〈終日、茶を摘むも、只だ子《なんじ》が声のみを聞いて、子が形《すがた》を見ず。請う本形を現わして相見せよ〉。仰山、茶樹を撼《うご》かす。師云く、〈子、只だ其の用を得て其の体を得ず〉。仰山云く、〈未審《いぶかし》、和尚は如何〉。師良久す。仰山云く、〈和尚は只だ其の体を得て、其の用を得ず〉。師云く、〈子に二十棒を放《ゆる》す〉」。

○欲把枯腸尽底傾、出門不覚又丁寧＝潙山と仰山の父子は、丁寧な上にさらに丁寧に心情を吐露し尽くした。『虚堂録』巻五、「忠国師問紫璘供奉」頌古に、「枯腸を把って底を尽くすまで傾けんと欲す、門を出でて、覚えず又た叮嚀。君に勧む、早に及んで、頭を回らし去れ、春風柳眼の青むを待つこと莫かれ」。『犂耕』（電子達磨版一一四八頁）に「忠曰く、一二句、別かれを送る語に託す。枯腸は已に語り尽くすが故に腸枯るるなり。然も已に語り尽くして腸枯るると雖も、猶お復た心底に有る所の事を傾け尽くして遺余無からんと欲するが故に、送って門を出でて又た復た丁寧に相嘱するなり。其の嘱する事は三四句に在り。（勧君及早回頭去、莫待春風柳眼青）、忠曰く。此れ即ち門を出でて丁寧に告ぐる所の事なり。謂わく、無常迅速なり、須らく急切に首を回らし脳を転じて、見性悟道すべし。因循として口に文字を談じて年光の過ぐるを待つこと莫かれ。……」。

【二―五二】［巻之二の一二丁裏］

因翻蓋方丈示衆。［五月旦］

擧。南院顒禪師因僧問、古殿重興因縁。師曰、如南院道斬草蛇頭落。諸仁者作麼生甄別。代曰、抛出輪王三寸鐵、方知徧界是刀鎗

方丈《ほうじょう》を翻蓋《ほんがい》するに因《ちな》んで衆《しゅ》に示《しめ》す。［五月旦《たん》］

南院《なんいん》の顒禪師《ぎょうぜんじ》、因《ちな》みに僧、古殿重興《こでんじゅうこう》を問う因縁《いんねん》を擧《こ》して、師曰く、南院《なんいん》の草を斬れば蛇頭落《じゃとうお》つと道《い》うが如《ごと》きんば、諸仁者《しょにんじゃ》、作麼生《そもさん》か甄別《けんべつ》せん。代わって曰く、輪王三寸《りんおうさんずん》の鐵《てつ》を抛出《ほうしゅつ》して、方《まさ》に知る、徧界是《へんかいこ》れ刀鎗《とうそう》なることを。

〈訳〉

方丈の屋根葺きに因んでの示衆。［五月一日］

南院の顒禅師に、僧が古殿重興を問う因縁を挙して、師が言われた、「南院は〈草を斬れば蛇頭が落ちる〉と言われたが、諸君、これをどう弁別するか」。代わっていわく、「輪王三寸の鉄を抛出して、方に知る、偏界是れ刀鎗なることを」。

○南院顒禅師因僧問＝『聯灯会要』巻十一、南院顒章、「僧問う、〈古殿重興の時如何〉。師云く、〈明堂、瓦、簷に插す〉。云く、〈恁麼ならば則ち荘厳畢備し去る〉。師云く、〈草を斬れば蛇頭落つ〉」。「古殿が改修されるとは如何」。師、「僧堂の軒に瓦がのった」。「ならば、荘厳し終わったではありませんか」。「草を刈るつもりが、蛇の頭を落としてしまった」。

○斬草蛇頭落＝『助桀』（電子達磨版三九四頁）に「忠曰く、我れ草を斬るに意有り、豈に蛇頭の落つることを図らんや」。『禅林類聚』巻三で、南院のこの話頭を古徳が頌していう、「縦奪の機、安《なん》ぞ測る可けんや、言に随って解を生ず、実に悲しむに堪えたり。暁来、一陣の春風起こり、吹き落とす、庭前の三四枝」と。この三四句は、南院の「斬草蛇頭落」を頌したもの。

○拋出輪王三寸鉄、方知徧界是刀鎗＝釈尊（転輪聖王）の説法（三寸鉄）によって、この世は至るところ刀鎗となった。これは、南院の「斬草蛇頭落」というさりげない一句を、釈尊の三寸鉄のようだと称賛したもの。「輪王三寸鉄」は『句双葛藤鈔』に「万里一条ノ鉄ニ同ジ」とある。（釈尊の一句は）どこまでも一条の鉄、純一無雑。この句、後出［二―一七七］にも。併せ按ずるべし。

【二―五三】［巻之二の一二丁裏］

擧。黄龍機禪師、因黒水和尚問、雪覆蘆花時如何。龍曰、猛烈。水曰、不猛烈。龍又曰、猛烈。水又曰、不猛烈。龍便打。水乃悟。師曰、黒水如韓獹逐塊、黄龍似師子咬人。雖然與麼、黒水省處作麼生。代曰、風花雪月任流傳、金剛腦後著生鐵。有時又擧此則拈曰、犀因玩月紋生角、象被雷驚花入牙。

擧《こ》す。黄龍《おうりょう》の機禪師《きぜんじ》、因《ちな》みに黒水和尚《こくすいおしょう》問う、雪《ゆき》、蘆花《ろか》を覆《おお》う時如何《ときいかん》。龍曰く、猛烈《もうれつ》。水《すい》曰く、猛烈《もうれつ》ならず。龍又た曰く、猛烈《もうれつ》。水《すい》又た曰く、猛烈《もうれつ》ならず。龍、便ち打つ。水《すい》、乃ち悟る。

師曰く、黒水《こくすい》は韓獹《かんろ》の塊《かたまり》を逐《お》うが如《ごと》く、黄龍《おうりょう》は師子《しし》の人《ひと》を咬《か》むに似《に》たり。然《しか》も與麼《よも》なりと雖も、黒水《こくすい》の省處《せいしょ》、作麼生《そもさん》。代わって曰く、風花雪月《ふうかせつげつ》、流傳《るでん》に任す、金剛腦後《こんごうのうご》に生鐵《さんてつ》を著《つ》く。有る時、又た此の則を擧《こ》して、拈《ねん》じて曰く、犀《さい》は月《つき》を玩《もてあそ》ぶに因《よ》って、紋《もん》、角《つの》に生《しょう》じ、象《ぞう》は雷《かみなり》に驚《おどろ》かされて、花《はな》、牙《きば》に入《い》る。

〈訳〉

黄龍の機禅師に黒水和尚が問うた、「雪が蘆花を覆った時はどうですか」。黄龍、「猛烈」。黒水、「猛烈ならず」。黄龍また、「猛烈」。黒水また、「猛烈ならず」。黄龍が便ち打つ。黒水、すなわち悟る。

この話頭を取り上げて、師が言われた、「黒水は犬が石ころを追っかけるようだが、黄龍は獅子が（石ころを追うのではなく、それを投げる）人に咬みつくようだ。とはいえ、黒水の省処はどのようなものか」。

代わっていわく、「風花雪月、流伝に任す、金剛脳後、生鉄を著く（雪月花の風流はかまわぬが、肝心要なのは、金剛脳後の生鉄のマルカセ＝法身の当体じゃ）」。ある時、またこの公案を取り上げて言われた、「犀は月を見れば、角に紋様が生じ、象は雷を聞けば、牙に模様ができる」。

○黄龍機禅師、因黒水和尚問＝『伝灯録』巻二十四、嘉州黒水和尚章。

○雪覆蘆花時＝『句雙葛藤鈔』「雪覆蘆花不染塵」の注に「雪覆蘆花トハ、白一色ナリ。サッハトシテ（＝さっぱりとして）、イサギヨイホドニ、塵に染マズト也」。白い蘆花を真っ白い雪が覆った、一塵ないような時は如何ですか。

○韓獹逐塊、師子咬人＝「韓獹」は脚の早い犬。『戦国策』四上、「淳于髡《じゅんうこん》、斉王に謂いて曰く、韓子の盧は天下の疾犬なり」。『博物志』六に「韓国に黒犬有り、盧と名づく」。『大般若経』五六九、第六分法性品に「譬えば人有って塊《つちくれ》を師子に擲つに、師子、人を逐えば、塊自ずから息《や》むが如し。菩薩も亦た爾《しか》り……犬は唯だ塊を逐って人を逐うことを知らず。塊終《つい》に息《や》まず。外道も亦た爾り」。『句双葛藤鈔』「師子咬人、韓獹逐塊」に「師子咬人トハ、物ニ認著セヌ衲僧ヲ云。韓獹逐塊トハ、言句ニ泥ンデ心ヲ知ラヌヲ云」。

○風花雪月任流伝＝『古尊宿語録』巻二十、「海会演和尚（五祖法演）初住四面山語録」に「上堂して云く、僧、雲門に問う、〈如何なるか是れ一代時教〉。門云く、〈対一説〉。師云く、〈対一説、巻き尽くす五千四十八。風花雪月任流伝、金剛脳後添生鉄〉」。

○金剛脳後著生鉄＝『句双葛藤鈔』「金剛脳後三斤鉄」に「方語ニ云ク、自ラ神通ヲ逞シウス。言ハ金剛力ヲ逞シタ事ゾ」、また「金剛脳後添生鉄」に「堅固ニシテモ堅固デアラフゾ（堅固な上にさらに堅固）。金剛力ヲ逞シタナリ」。

○犀因玩月紋生角、象被雷驚花入牙＝浮山法遠の語（『僧宝伝』巻十七）。『句双葛藤鈔』に「我ニアル三昧、我モ知ヌゾ。何モ此ノ如キ心ヲ具足シタゾ」。後句、本拠は『涅槃経』巻八、如来性品に「譬えば虚空に震雷して雲を起こすに、一切の象牙の上に皆な花を生じ、若し雷震無ければ花は則ち生ぜず、亦た名字も無きが如し。衆生の仏性も亦た復た是の如し。常に一切の煩悩の為に覆われて見ることを得可からず」。犀は月を見れば角に模様ができ、象は雷に驚いたら象牙に模様ができるというが、人々具の仏性も契機がなければ顕れぬ。

【二―五四】［巻之二の一三丁表］

六月望。

擧。僧問大慧禪師、心法倶忘時如何。慧曰、賣扇老婆手遮日。

師曰、諸仁試下一轉語看。代曰、大野兮凉飈颯颯、長天兮疎雨濛濛。


六月望《もう》。

擧《こ》す。僧、大慧禪師《だいえぜんじ》に問う、心法倶《しんぽうとも》に忘《ぼう》ずる時如何《ときいかん》。慧曰く、賣扇《ばいせん》の老婆《ろうば》、手《て》もて日《ひ》を遮《さえぎ》る。

師曰く、諸仁《しょにん》、試みに一轉語《いってんご》を下せ看《み》ん。代わって曰く、大野《たいや》、涼飈颯颯《りょうひょうさつさつ》、長天《ちょうてん》、疎雨濛濛《そうもうもう》。


〈訳〉

六月十五日。

僧が大慧禅師に問うた、「心法倶に忘ずる時は如何」。大慧、「扇子売りの老婆が手で陽光を遮る」と。

師いわく、「諸君、試みに一転語を下せ」。代わっていわく、「大野、涼飈颯颯、長天、疎雨濛濛」。

○僧問大慧禅師、心法倶忘時如何＝『五灯会元』巻十九、大慧普覚章。主観も客観存在もない時は如何ですか。心もなければ、存在もないときは如何。
○売扇老婆手遮日＝『五灯会元』巻二十、正堂明辯章、「曰く、〈如何なるか是れ僧〉。師曰く、〈売扇老婆手遮日〉」。『五灯抜萃』に「扇を将って面《おもて》を遮《さえぎ》らず、手を以て面を遮る。大意、有れども用いざるなり」。『句双葛藤鈔』に「何トモ理ノ付カヌ事ナリ。去リ乍ラ忘却ノ義ナリ、老婆ノ肌エヲモヌケタ」。『禅語辞彙』「扇を使ふことを忘れて、手で日を除ける。自己の手にあるものを忘れる」。

○大野兮涼飈颯颯、長天兮疎雨濛濛＝『碧巌録』第二十七則、頌。『碧巌録秘抄』「此モ賓ノ余才、絶妙ノ好辞。秋ノ野ノサビシキニ涼風、、、此コンタンタマラヌ」。ありのままの現成。

【二—五五】［巻之二の一三丁表］

擧、龍潭吹滅紙燭徳山大悟因縁。代曰、稇載而往、垂橐而歸。

龍潭紙燭《りょうたんししょく》を吹滅《すいめつ》し徳山大悟《とくさんたいご》する因縁《いんねん》を擧《こ》して、代わって曰く、稇載《こんさい》して往《ゆ》き、橐《たく》を垂《た》れて歸《かえ》る。

〈訳〉

龍潭が紙燭を吹滅したら、徳山が大悟した因縁を挙して、代わっていわく、「稇載して往き、橐《ふくろ》を垂れて帰る」。

○龍潭吹滅紙燭、徳山大悟因縁＝『無門関』第二十八則「久響龍潭」に「龍潭、因みに徳山請益《しんえき》して夜に抵《いた》る。潭云く、〈夜深《ふ》けぬ、子何《なんじ》ぞ下り去らざる〉。山、遂に珍重して簾を掲げて出づ。外面《げめん》の黒《くら》きを見て、却回《きゃうい》して云く、〈外面黒し〉。潭、乃ち紙燭《ししょく》を点じて度与《どよ》す。山、接せんと擬す。潭、便ち吹滅す。山、此に於いて忽然として省有り。便ち作礼す。潭云く、〈子、箇《こ》の甚麼《なん》の道理をか見る〉。山云く、〈某甲、今日より去って天下の老和尚の舌頭を疑わじ〉」。

○稇載而往、垂橐而帰＝『虚堂録』巻一「瑞巌開善寺語録」上堂に「挙す。五洩、初め石頭に参ず。洩云く、〈一言にして相契わば即ち住まらん、契せずんば即ち去らん〉と。頭、拠坐す。洩便ち行く。頭云く、〈闍梨〉。洩、首を回らす。頭云く、〈生より老ゆるに至るまで、只だ是れ者箇《しゃこ》なるのみ、回頭転脳して甚麼をか作《な》す〉。洩、言下に大悟す。師云く、〈稛載而往、垂橐而帰〉」。

『犂耕』（電子達磨版二九〇頁）に「忠曰く、知見解会にして往き、廓然蕩豁にして帰るなり。忠曰く、『韓昌黎集』十五の「答竇秀才書」に「銭財、以て左右の匱急に賄するに足らず、文章、以て足下の事業を発するに足らず、稛載して往き、橐《ふくろ》を垂れて帰る。忠曰く、此の語、管子に本づいて語倒す。管子八、小匡篇に曰く、諸侯の使は橐《ふくろ》を垂れて入り、攟載《きんさい》して帰る」。『禅語辞彙』に「山の如く積んでいた妄想を、悉皆奪われて、から袋を下げて帰家穏坐じゃ」。

【二—五六】［巻之二の一三丁表］

擧。地藏和尚示衆曰、南方佛法浩浩地。爭如我這裏種田博飯喫。代曰、堪對暮雲歸未合、遠山無限碧層層。

擧《こ》す。地藏和尚《じぞうおしょう》、衆《しゅ》に示して曰く、南方《なんぽう》の佛法《ぶっぽう》、浩浩地《こうこうち》なるも、爭《いか》でか如《し》かん、我が這裏《しゃり》、田《た》を種《う》えて飯《はん》に博《はく》して喫《きっ》するには。代わって曰く、對《たい》するに堪《た》えたり、暮雲《ぼうん》の歸《かえ》って未《いま》だ合《がっ》せざるに、遠山《えんざん》限り無き、碧層層《へきそうそう》。

〈訳〉

地蔵和尚は、「南方の仏法は浩浩地か知らぬが、わしのところでは、稲を作って、飯を丸めて喰らう。これには及ぶまい」と言った。代わっていわく、「対するに堪えたり、暮雲の帰って未だ合せざるに、遠山限り無き、碧層層」。

○地蔵和尚示衆曰＝『五灯会元』巻八、羅漢院桂琛章、「因みに挿田《そうでん》の次いで僧を見る。乃ち問う、〈甚れの処よりか来たる〉。曰く、〈南州〉。師曰く、〈彼中《かしこ》の仏法は如何〉。曰く、〈商量すること浩浩地なり〉。師曰く、〈争でか如かん、我這裏栽田博飯喫〉」。

○種田博飯喫＝「博飯」は、愽飯、摶飯とも表記される。『礼記』曲礼上第一に「飯を摶《まろ》むること毋《な》かれ。放飯すること毋《な》かれ」。『諸録俗語解』［一二一〇］「摶取大千」の条に「摶、当《まさ》に摶に作るべし。手を以て物を円めるを摶と曰う、と註す。きびだんごを摶黍と云う。『曲礼』の「摶飯」は、箸にて飯をまるめて、大口にくうなり」。

○堪対暮雲帰未合、遠山無限碧層層＝陽は西の山に落ち、日暮れの雲がまさに沈もうとして、まだ沈みきっていない。その雲の下にはるかに彼方まで山並みが連なっている。『碧巌録』第二〇則、頌。『犂耕』（電子達磨版九六〇頁）に「忠曰く、碧巌録に曰く、他、箇《こ》の転身の処有り、末後に自ら箇《こ》の消息を露わす。些子《しゃし》の好処有り。道わく、対するに堪えたり、暮雲の帰って未だ合せざるに。且らく道え、雪竇の意、什麽《いずれ》の処にか在る。暮雲の帰って合せんと欲して、未だ合せざるの時、你道え、作麽生。遠山限り無き、碧層層、旧に依って鬼窟裡に打入し去る。這《しゃ》裡《り》に到って、得失是非、一時に坐断して、灑灑落落として、始めて些子《しゃし》に較《あた》れり」。

【二―五七】［巻之二の一三丁表］

擧。玉泉皓布裩頌法身曰、一夜雨滂烹、打倒蒲萄棚。知事普請行者人力、拄底拄、撐底撐。撐撐拄拄到天明、依舊可憐生。

師曰、去却一拈得七、佛祖玄關元不識。

擧《こ》す。玉泉《ぎょくせん》の皓布裩《こうふこん》、法身《ほっしん》を頌《じゅ》して曰く、一夜《いちや》、雨《あめ》、滂烹《ぼうほう》、蒲萄棚《ぶどうだな》を打倒《だとう》す。知事《ちじ》、行者人力《あんじゃじんりき》を普請《ふしん》して、拄《ささ》うる底《てい》は拄《ささ》え、撐《ささ》うる底《てい》は撐《ささ》う。撐《ささ》え撐《ささ》え、拄《ささ》え拄《ささ》えて天明《てんめい》に到る。舊《きゅう》に依《よ》って可憐生《かれんせい》。

師曰く、一《いち》を去却《こきゃく》し、七《しち》を拈得《ねんとく》す、佛祖《ぶっそ》の玄關《げんかん》、元《も》と識《し》らず。

〈訳〉

玉泉の皓布裩の法身の頌に、「一夜、大雨が降って蒲萄棚が倒れた。知客寮が行者《あんじゃ》や寺男を呼び集め、（手で）支える者は支え、柱をあてがう者は柱をあてがった。支え、あてがい夜明けになった。（蒲萄棚は）元通りの素晴らしさ」と。

師いわく、「一を去却し、七を拈得す、仏祖の玄関、元と識らず」。

○玉泉皓布裩頌法身曰＝『続伝灯録』巻五、玉泉承皓章。

○一夜雨滂烹＝「滂烹」は滂澎。

○拄底拄、撐底撐＝「拄」は、持ち上げささえる。「撐」は、柱でささえる。

○去却一拈得七、仏祖玄関元不識＝「去却一拈得七」は『碧巌録』第六則「雲門日々好日」の頌。『種電鈔』に「根元を截断して一法もまた立せず。是の如く一塵一法を立せず、一時に前後際断し了れり」。また、『碧巌録』頌評唱にいう、「一を去却し、七を拈得すと。人、多く算数《さんず》の会《え》を作《な》して道う、一を去却するとは是れ十五日已前の事と。雪竇、驀頭《まくとう》に両句の言語を下して印破し了われり。却って露出して人をして見せしむ。一を去却し、七を拈得すと。切に忌む、言句の中に向かって活計を作《な》すことを」。また、『松源崇嶽語録』の上堂に「去却一拈却七。仏祖玄関元不識。百尺竿頭、臂を掉《ふる》って行く、笑って西方に日頭の出づるを指さす。金圏《きんけん》を透り、栗棘《りっきょく》を呑む、明眼の衲僧、気息没《な》し」。

【二―五八】［巻之二の一三丁裏］

中秋。

擧。盤山寶積禪師示衆曰、心月孤圓、光呑萬象。光非照境、境亦非存。光境倶亡、復是何物。

諸仁者是何物、請點檢看。代曰、斫却月中桂、清光應更多。又曰、百鍊黄金鑄鐵牛、十分高價與人酬。有時又擧此曰、是何物、不知更問天邊月。又曰、萬里無雲時、青天須喫棒。

中秋《ちゅうしゅう》。

擧《こ》す。盤山《ばんざん》の寶積禪師《ほうしゃくぜんじ》、衆《しゅ》に示して曰く、心月孤圓《しんげつこえん》、光《ひかり》、萬象《ばんしょう》を呑む。光《ひかり》、境《きょう》を照《て》らすに非《あら》ず、境《きょう》も亦《ま》た存《そん》するに非《あら》ず。光境倶《こうきょうとも》に亡《ぼう》ず、復《ま》た是《こ》れ何物《なにもの》ぞ、と。

諸仁者《しょにんじゃ》、是れ何物《なにもの》ぞ、請う點檢《てんけん》し看《み》よ。代わって曰く、月中《げっちゅう》の桂《かつら》を斫却《しゃっきゃく》すれば、清光應《せいこうまさ》に更《さら》に多《おお》かるべし。又た曰く、百鍊《ひゃくれん》の黄金《おうごん》、鐵牛《てつぎゅう》を鑄《い》る、十分《じゅうぶん》の高價《こうげ》、人《ひと》に與《あた》えて酬《むく》わしむ。有る時、又た此を擧《こ》して曰く、是れ何物《なにもの》ぞ、知らずんば更に天邊《てんぺん》の月に問え。又た曰く、萬里雲無《ばんりくもな》き時《とき》、青天《せいてん》も須《すべか》らく棒《ぼう》を喫《きっ》すべし。

〈訳〉

盤山宝積禅師いわく、「心月孤円、光、万象を呑む。光、境を照らすに非ず、境も亦た存するに非ず。光境倶に亡ず、復た是れ何物ぞ」と。

師が言われた、「諸君、是れ何物ぞ、と点検せよ」。代わっていわく、「月中の桂を斫却すれば、清光応に更に多かるべし」。またいわく、「百錬の黄金、鉄牛を鋳る、十分の高価、人に与えて酬わしむ」。ある時また、この話を挙して言われた、「是れ何物ぞ、知らずんば更に天辺の月に問え」。またいわく、「万里雲無き時、青天も須らく棒を喫すべし」。

○盤山宝積禅師示衆曰＝『伝灯録』巻七、盤山宝積章。

○心月孤円、光呑万象＝心月は他に比するものがないから孤であり、万徳を具足するので円という。そして一切万象はその光中にある。『句双葛藤鈔』「孤円トハ大ニシテ外ナイゾ。故ニ万像《ママ》ヲ含ムナリ」。

○光非照境、境亦非存＝この光の外に境があるのではない、心境ともに一片の霊光である。

○光境倶亡、復是何物＝この光境ともに忘じて一体になったところ、仏祖も名状することはできぬ。

○斫却月中桂、清光応更多＝月にあるという桂樹を伐り倒したなら、清光はもっと増すことだろう。杜甫「一百五日の夜、月に対す」に「家無くして寒食に対す、涙の金波の如くなる有り。月中の桂を斫却すれば、清光応に更に多かるべし。……」。

○百錬黄金鋳鉄牛、十分高価与人酬＝百錬の黄金で鋳た鉄牛だ、安値では渡せぬ。『東山外集』「石門庵偶作」。『禅語字彙』に「百煉千磨ののちようやく得た悟りじゃ、出来るだけ有効に使用して、人を済度したいの意」。

○不知更問天辺月＝知らずんば、お月さんに尋ねるがよい。教えてやるわけにはいかぬ。『碧巌録』第十三則、頌。『句双葛藤鈔』「問取天辺月」に「云ハヌ言《こころ》ゾ。言ハヌ處ヲキカデハ」。

○万里無雲時、青天須喫棒＝『禅語辞彙』「向上一色辺に止まるを叱する也」。我が心中、雲ひとつない青天といっても、一物もないという思いがあるぞ。

【二―五九】［巻之二の一三丁裏］

擧。古徳曰、欲知佛性義、當觀時節因縁。時節既至、其理自彰。作麼生是彰底理。代曰、燕知社日辭巣去、菊爲重陽冒雨開。

擧《こ》す。古徳《ことく》曰く、佛性《ぶっしょう》の義《ぎ》を知《し》らんと欲せば、當《まさ》に時節因縁《じせついんねん》を觀《かん》ずべし。時節既《じせつすで》に至《いた》れば、其《そ》の理《り》自《おの》ずから彰《あら》わる、と。作麼生《そもさん》か是《こ》れ彰《あらわ》るる底《てい》の理《り》。代わって曰く、燕《つばめ》は社日《しゃじつ》を知《し》って巣《す》を辭《じ》し去《さ》り、菊《きく》は重陽《ちょうよう》の爲《ため》に雨《あめ》を冒《おか》して開《ひら》く。

〈訳〉

「古徳は〈仏性の義を知らんと欲せば、まさに時節因縁を観ずべし。時節既に至れば、其の理自ずから彰わる〉と言われたが、自ずから彰わるるところの理とは何か」。代わっていわく、「燕は社日を知って巣を辞し去り、菊は重陽の為に雨を冒して開く」。

○欲知仏性義……＝前出［一―六八］。
○燕知社日辞巣去、菊為重陽冒雨開＝燕は時節因縁を知って去り、菊は時節因縁を知って開く。『三体詩』におさめる皇甫冉《こうほぜん》の「秋日東郊作」に「閑に秋水を看て、心無事、臥して寒松の手ずから自ら栽うるに対す。廬嶽の高僧、偈を留めて別かる、茅山の道士、書を寄せ来たる。燕知社日辞巣去、菊為重陽冒雨開。浅薄、何を将てか献納と称さん、岐に臨んで終日、自ら徘徊す」。『素隠鈔』に「燕ハ有情、菊ハ非情ナリ。言ハ、燕ハ有情ナルモノニテ、時節ヲ知テ巣ヲ辞退シテ帰去。ソレヲ見テ鳥類サヘカクアルニ、我ハサモナキハ癖《クセ》事（僻事《ひがごと》なるべし。道理に合わぬこと。まちがい）ナリ。サラバ禄位ヲ辞シテ帰隠セント思ヒシガ、又菊ヲ見タレバ、ヤガテ重陽が来ンホドニ、人ニ見セシメントテヤラン、ワザト雨ヲ帯テ開タルヤウナリ。是ヲ見テ、アノ非情ノ草木サヘカクアルニ、況ヤ我ハ人倫ニテ、イカデカ君臣ノ節ヲ忘レンヤト思ヒテ、帰隠セヌトナリ」。

【二―六〇】［巻之二の一四丁表］

臘八定坐罷示衆曰、一夜兀坐工夫熟也無。古徳曰、昨夜三更失却牛、今朝起來失却火。且道、是誰屋裏事。各下一轉語看。代曰、針頭削鐵、鷺股割肉。

臘八《ろうはつ》、定坐《じょうざ》罷《おわ》って衆《しゅ》に示して曰く、一夜兀坐《いちやごつざ》、工夫熟《くふうじゅく》すや也《ま》た無《いな》や。古徳《ことく》曰く、昨夜三更《さくやさんこう》、牛を失却《しっきゃく》す、今朝《こんちょう》起き來たって、火を失却《しっきゃく》す、と。且《しば》らく道《い》え、是《こ》れ誰《た》が屋裏《おくり》の事《じ》ぞ。各おの一轉語《いってんご》を下せ看《み》ん。代わって曰く、針頭《しんとう》に鐵《てつ》を削《けず》り、鷺股《ろこう》に肉《にく》を割《さ》く。

〈訳〉

「諸君は、一夜兀坐して来たが、さて、工夫は純熟したかどうか。古徳いわく、〈昨夜三更、牛を失却す、今朝起き来たって、火を失却す〉と。さて、これはいったい誰のことか、おのおの一転語を下せ」。代わっていわく、「針頭に鉄を削り、鷺股に肉を割く」。

○昨夜三更失却牛、今朝起来失却火＝前出［二—四四］。暗中に暗になりきり、明中に明になりきる。

○針頭削鉄、鷺股割肉＝一筋もないところから、さらに削れ。『句双葛藤鈔』「針頭削鉄、鷺股割肉」に「ケヅリハナリ。悟ヲ是トスルコトナカレゾ。又空無ノ見ヲケヅリハニシテミベシ」。しかし『犁耕』（電子達磨版一二四頁）では「針頭削鉄」に「方語に、無用処」とするも、また、「鷺股割肉」（電子達磨版一五一四頁）に「忠曰く、鷺股、元と肉無きに、更に復た肉を割く。過ぎて甚だしきを言う。針頭削鉄と一般なり。必ずしも辛辣、無用処の方語に泥む可からず。……『陳后山詩集』十一、答黄生詩に曰う、〈白鷺の股を割く、何ぞ難しとするに足らん、鶻鵃の肉を食らう、未だ失と為ず〉」とする。ここでの意は前者に合致しよう。

【二—六一】［巻之二の一四丁表］

元宵。

擧。藥山光禪師因僧問、藥嶠燈連、師當第幾。答曰、相逢盡道休官去、林下何曾見一人。師曰、愁人莫向愁人説、説向愁人愁殺人。

元宵《がんしょう》。

擧《こ》す。藥山《やくさん》の光禪師《こうぜんじ》、因《ちな》みに僧問う、藥嶠《やっきょう》、燈連《とうつら》なる、師、第幾《だいいくつ》にか當《あ》たる。答えて曰く、相逢《あいあ》えば盡《ことごと》く道《い》う、官《かん》を休《や》め去《さ》らんと、林下《りんか》何《なん》ぞ曾《かつ》て一人《いちにん》を見ん。師曰く、愁人《しゅうじん》、愁人《しゅうじん》に向かって説くこと莫かれ、愁人《しゅうじん》に説向《せっこう》すれば、人を愁殺《しゅうさつ》す。

〈訳〉。

薬山の円光禅師に、僧が問うた、「薬山の法灯で、師は第何番に当たりますか」。答えていわく、「相逢えば尽く道う、官を休め去らんと、林下何ぞ曾て一人を見ん」と。この話頭に対して、師が言われた、「愁人、愁人に向かって説くこと莫かれ、愁人に説向すれば、人を愁殺す」。

○薬山光禅師因僧問＝『五灯会元』巻十五、薬山円光章。

○相逢尽道休官去、林下何曾見一人＝誰もが退官して隠居したい、と口ではいうが、さて、それを実行した者はおらぬ。僧霊徹の「韋丹に答うる」詩に「年老い心閑にして、外事無し、麻衣草坐《まいそうざ》、亦た身を容る。相逢尽道休官去、林下何曾見一人」。『三体詩由的抄』に三四句を解して、「諸人、相逢フタビ毎ニ、口ニテハ、官ヲヤメテ隠居センナドトイヘドモ、カク云フ者ノ世ヲ遁レタル事ナケレバ、林下ニテ一人モ見ズトナリ」。『句双葛藤鈔』「口デハ皆、休処ノ旨ヲ得タヤフニ云ヘドモ、林下何曾見一人トハ、一人デモ休処ノ旨ヲ得タ人ヲ見ヌト也」。

○愁人莫向愁人説、説向愁人愁殺人＝前出［一―七一］。

【三—六二】［巻之二の一四丁表］

擧。楊岐和尚示衆曰、栗棘蓬你作麼生呑、金剛圏你作麼生跳。
師曰、百雜碎兮鐵團圝、和風搭在玉欄干。

擧《こ》す。楊岐和尚《ようぎおしょう》、衆《しゅ》に示して曰く、栗棘蓬《りっきょくほう》、你作麼生《なんじそもさん》か呑《の》む、金剛圏《こんごうけん》、你作麼生《なんじそもさん》か跳《と》ぶ。
師曰く、百雑砕《ひゃくざっさい》、鐵團圝《てつだんらん》、風《かぜ》に和《わ》して搭在《とうざい》す、玉欄干《ぎょくらんかん》。

〈訳〉
楊岐和尚いわく、「栗棘蓬をどう呑むか、金剛圏をどう跳び超えるか」と。
師いわく、「百雑砕、鉄団圝、風に和して搭在す、玉欄干」。

○楊岐和尚示衆曰＝『普灯録』巻三、楊岐方会章。
○栗棘蓬、金剛圏＝何としても呑めぬイガ栗。超えることのできぬ金属の圏《わな》。難透の一関。
○百雑砕兮鉄団圝、和風搭在玉欄干＝『虚堂録』巻一「報恩光孝寺語録」の上堂に、「渓林、葉墮ち、塞鴈声寒し。見成《げんじょう》公案、大難、大難。百雑砕、鉄団圝。風に和して搭在す、玉闌干」。「谷川沿いの木々の葉はすっかり落ち、北地からやって来た鴈の鳴き声が寒々と響いている。この目前にあらわれている光景、それがそのまま諸法実相の真理である。がしかし、それが正位であると、安易に認めて、そこに安住するならば、大難大難、大きな誤りである。なぜならば、〈百雑砕、鉄団圝、和風搭在玉闌干〉」という文脈となる。
『句双葛藤鈔』「百雑砕」に「諸相ノ根本ヲ破ルナリ、色相ヲ破テ見ルアヒダ（＝終点までの途中地点）ゾ、マダシブカワ(＝渋皮)ナリ、故ニ最初ニ用ルゾ」。また、「百雑砕鉄団圝」に「打チ砕ク下ニ、ソ、、ケヌ、理ハアル」。ここにある「ソ、ケヌ理」という表現はこの書にしばしば見えるもので「いささかも乱れ、破綻のない完全円満な」といった意味で、「鉄団圝」を解説する語である。さらにまた、『句双葛藤鈔』「百雑砕鉄団圝、一把柳糸收不得」には「打砕テ堅固ナ心ヲ見タ。爰ハ只一把柳糸收不得マデヂヤ。事ハナイゾ」とある。

また、無著道忠は『犂耕』(電子達磨版一二四頁)で、この最後の句について、「忠曰く、箇《こ》の百雑砕を言わんと欲すれば、却って亦た鉄団圝。風に和して搭在す、玉闌干。且らく道え、是れ什麼物《なにもの》ぞ」という。

以上を総合した上で、虚堂録の語を解するならば、つぎのようなことになろう。「谷川沿い木々の葉はすっかり落ち、北地からやって来た鴈の鳴き声が寒々と響いている。この目前にあらわれている光景、それがそのまま諸法実相の真理である。しかし、そのように安易に認めて、正位に安住するならば、大難大難、大きな誤りである。なぜか。諸相の根本の皮をぶち破って(百雑砕)、諸法実相の真理を見届けたと思っても、その真理は依然として、手もつけられぬまるまるの鉄のかたまりのようなもの(鉄団圝)だ。諸法実相の真理、法身そのもののありさまは、では何か。(そこをあえて言葉にあらわすならば)一つかみほどの柳枝が風に吹かれて、欄干に引っかかり、そのまま元に戻らず、さながら、風ごとかかったようなもの。「和風搭在玉欄干」は前出[一—三三—二]。一陣の風に吹かれて、一枝の柳が風とともに欄干にひっかかった。(ひょいと脇目に入ったの光景、そこに真面目がある)。

【二—六三】 [巻之二の一四丁表]

示衆。

丹霞燒木佛。院主因甚眉鬚墮落。代曰、犀因玩月紋生角、象被雷驚花入牙。

衆《しゅ》に示す。

丹霞《たんか》、木佛《もくぶつ》を焼く。院主《いんじゅ》、甚《なに》に因ってか眉鬚堕落《びしゅだらく》す。代わって曰く、犀《さい》は月《つき》を玩《もてあそ》ぶに因《よ》って、紋《もん》、角《つの》に生《しょう》じ、象《ぞう》は雷《かみなり》に驚《おどろ》かされて、花《はな》、牙《きば》に入《い》る。

〈訳〉

「木仏を焼いたは丹霞なのに、それを咎めた院主が罰に当たって眉鬚が抜け落ちたのはなぜか」。代わって曰く、「犀は月を玩ぶに因って、紋、角に生じ、象は雷に驚かされて、花、牙に入る」。

○丹霞焼木仏＝『聯灯会要』巻十九、丹霞天然章、「師、一寺を経過す。天寒に値《あ》う。師、殿中の木仏を取り、火に焼いて向かう。院主、忽ち見て呵して云く、〈何ぞ我が木仏を焼き得たる〉。師、拄杖を以て灰を撥って云く、〈吾れ焼いて舎利を取る〉。院主云く、〈木仏、何ぞ舎利有らん〉。師云く、〈既に舎利無くんば、更に両尊を請うて、再び取って之を焼かん〉。院主自後。眉鬚堕落す」。

○犀因玩月紋生角、象被雷驚花入牙＝犀は月を見れば角に模様ができ、象は雷に驚いたら象牙に模様ができる。前出［二一―五三］。『句双葛藤鈔』に「我ニアル三昧、我モ知ヌゾ。何モ此ノ如キ心ヲ具足シタゾ」。

【二一―六四】［巻之二の一四丁裏］

擧。南泉和尚云、心不是佛、智不是道。

師曰、太平誰整閑戈甲、王庫初無如是刀。

擧《こ》す。南泉和尚《なんせんおしょう》云く、心《しん》は是《こ》れ佛《ぶつ》にあらず、智《ち》は是《こ》れ道《どう》にあらず、と。

師曰く、太平《たいへい》、誰か閑戈甲《かんかこう》を整《ととの》えん、王庫初《おうこはじ》めより是《かく》の如《ごと》き刀《かたな》無《な》し。

〈訳〉

南泉和尚いわく、「心は是れ仏にあらず、智は是れ道にあらず」と。

師いわく、「太平、誰か閑戈甲を整えん、王庫初めより是の如き刀無し」。

○南泉和尚云＝『南泉語要』に「兄弟《ひんでい》、今時の人、仏を担って肩上に著けて行く。老僧が、心は是れ仏にあらず、智は是れ道にあらずと言うを聞いて、便ち頭《こうべ》を聚めて老僧を推せんと擬すれども、你が推する処無し。你若し虚空を束得して棒と作《な》して、老僧を打得著せば、推するに一任す」。

○太平誰整閑戈甲、王庫初無如是刀＝前出［一―七〇］。平安の地に至った者に閑言語は用がない。

【二―六五】［巻之二の一四丁裏］

擧。雪峯空和尚云、自從打破秦時鏡、總是花開臘月蓮。

師曰、針頭削鐵、鷺股割肉。又曰、自從金革消聲後、祇聽堯民擊壤歌。

擧《こ》す。雪峯《せっぽう》の空和尚《くうおしょう》云く、秦時《しんじ》の鏡《かがみ》を打破《だは》してより、總《そう》に是《こ》れ花開《はなひら》く、臘月《ろうげつ》の蓮《れん》。師曰く、針頭《しんとう》に鐵《てつ》を削《けず》り、鷺股《ろこう》に肉《にく》を割《さ》く。又た曰く、金革《きんかく》、聲《こえ》を消《しょう》して後《のち》、祇《た》だ聽《き》く、堯民撃壌《ぎょうみんげきじょう》の歌《うた》。

〈訳〉

雪峰の空和尚いわく、「秦時の鏡を打破してより、総に是れ花開く、臘月の蓮」と。師いわく、「針頭に鉄を削り、鷺股に肉を割く」。またいわく、「金革、声を消して後、祇だ聴く、尭民撃壌の歌」。

○雪峰空和尚云＝『東山外集』「温首座の至るを喜ぶ」に「自従打破秦時鏡、総是花開臘月蓮」。
○自従打破秦時鏡、総是花開臘月蓮＝秦鏡をぶち破ってから、（無何有の）臘月の蓮が一斉に花開いた。「秦時鏡」は秦鏡とも。秦の始皇帝が作った鏡。巾四尺、高さ五尺九寸の四角の鏡。人の善悪邪正、病の有無を照らし出したという。『西京雑記』二。「臘月蓮」は、『禅林方語』に「難得」「何曾見」とある。
○針頭削鉄、鷺股割肉＝削りようのないところを、さらに削った。すり上げた。前出［二―六〇］。
○自従金革消声後、祇聴尭民撃壌歌＝陣太鼓や法螺貝は鳴り止み、いくさは終わったのだ、ただ太平の歌を聞くのみ。前出［二―二六］。

【二―六六】［巻之二の一四丁裏］

擧。廣徳周和尚因僧問、教中道、阿逸多不斷煩惱、不修禪定。佛記此人、成佛無疑。此理如何。徳曰、鹽又盡炭也無。僧曰、鹽盡炭無時如何。徳曰、愁人莫向愁人説、説向愁人愁殺人。

師曰、太平誰整閑戈甲、王庫初無如是刀。

擧《こ》す。廣徳《こうとく》の周和尚《しゅうおしょう》、因《ちな》みに僧問う、教中《きょうちゅう》に道《い》わく、阿逸多《あいった》、煩惱《ぼんのう》を斷《だん》ぜず、禪定《ぜんじょう》を修《しゅ》せず。佛《ぶっ》、此《こ》の人《ひと》を記《き》す、成佛《じょうぶつ》疑い無しと。此の理、如何《いかん》。徳曰く、鹽《しお》も又た盡き、炭《すみ》も也《ま》た無し。僧曰く、鹽盡《しおつ》き炭無《すみな》き時如何《いかん》。徳曰、愁人《しゅうじん》、愁人《しゅうじん》に向かって説くこと莫かれ、愁人《しゅうじん》に説向《せっこう》すれば、人を愁殺《しゅうさつ》す、と。

師曰く、太平《たいへい》、誰か閑戈甲《かんかこう》を整えん、王庫《おうこ》初《はじ》めより是《かく》の如《ごと》き刀《かたな》無し。

〈訳〉

広徳の周和尚に僧が問うた、「経典に、阿逸多は煩悩を断たず禅定も修めなかったのに、仏はこの男は成仏すること疑いない、と言ったとありますが、これはどういうことですか」。広徳いわく、「塩も尽き、炭もまた無し」。僧、「塩が尽き炭が無い時とは如何」。広徳、「愁人、愁人に向かって説くこと莫かれ、愁人に説向すれば、人を愁殺す」と。

師いわく、「太平、誰か閑戈甲を整えん、王庫初めより是の如き刀無し」。

○広徳周和尚因僧問＝『伝灯録』巻二十四、襄州広徳周章。『虚堂録』巻五にも引く。
○教中道＝『仏説観弥勒菩薩上生兜率陀天経』。
○塩又尽炭也無＝『犁耕』（電子達磨版一二七三頁）に「忠曰く、徹骨貧窮の処、天に熏ずる富貴」。塩と炭は、最低必需品。
○塩尽炭無時如何＝『犁耕』（電子達磨版一二七三頁）に「忠曰く、有般《あるつら》は道う、此の僧、言句を逐って葛藤上に向かって会せんと欲す、と。然らず、此の僧は塩尽き炭無き時の境界を問うなり、言句を逐うに非ず」。
○愁人莫向愁人説、説向愁人愁殺人＝もはや言句の沙汰ではない、分かる者には分かる。前出［一―七一］。『犁耕』（電子達磨版一二七四頁）に「忠曰く、塩尽き炭無き後の境界、甚だ説破するに堪えず、愁人、愁人に対して愁いの事を説く可からざるが如し」。
○太平誰整閑戈甲、王庫初無如是刀＝前出［一―七〇］。もはや閑言語は用がない。

【二―六七】［巻之二の一五丁表］

七月旦。

擧。僧問雲門、古人面壁意旨如何。門曰、念七。

師曰、鐵橛子鐵蒺藜、諸仁試下觜看。代曰、誰知砧杵裏、有此斷腸人。


七月旦《たん》。

擧《こ》す。僧、雲門《うんもん》に問う、古人面壁《こじんめんぺき》の意旨《いし》如何《いかん》。門曰、念七《ねんしち》。

師曰く、鐵橛子《てっけつす》、鐵蒺藜《てつしつり》、諸仁《しょにん》、試《こころ》みに觜《くちばし》を下《くだ》せ看《み》ん。代わって曰く、誰か知る、砧杵《ちんしょ》裏に此の斷腸《だんちょう》の人有ることを。

〈訳〉

僧が雲門に「古人面壁の意旨如何」と尋ねると、雲門は「念七」と答えた。師いわく、「この鉄菱のような語をよく噛んで、一句言うて見よ」。代わっていわく、「誰か知る、砧杵の裏、此の断腸の人有ることを」。

○僧問雲門……門曰念七＝『雲門広録』。『雪江録』でこの話頭を取り上げ、「雲門の答処、如何か領会す。代わって云く、唵《おん》蘇《そ》嚕《ろ》蘇《そ》嚕《ろ》」とする。『竺僊録』には次のようにある、「復た挙す。僧、雲門に問う、古人面壁の意旨如何。此は是れ一巻の経。門云く、念七。即ち是れ此は経陀羅尼。山僧今日、一時に古人の与《ため》に註を夾み了れり。更に重説偈言するを聴け。若し人解く受持せば、能く一切の苦を除く。我れ是の如き説を作《な》す、真実にして亦た虚ならず。其れ或《も》し未だ然らずんば、向下文長、来日に付在せん。下座」。これを訳せば、以下のとおり、「僧が古人面壁意旨を問うたところは、一巻の経典のようなもの。それに対して、雲門が〈念七〉と答えたところはダラニのようなもの。これで解説はおわりだが、さらに繰り返そう。この経ダラニを受持せば、一切の苦を除くことができよう、我が説くところは真実にして虚ならず。これでも分からなかったならば、以下、経文が長く続くから明日にしよう、といって下座」。雪江が「オンソロソロ」と代語したのも同じこと。

○鉄橛子鉄蒺藜＝前出［一―八］。

○誰知砧杵裏、有此断腸人＝（その究極のところ）誰も分かる者はない。前出［二―四八］。

【二―六八】〔巻之二の一五丁表〕

盂蘭盆會。

擧。臨濟大師曰、造五無間業、方得解脱。

師曰、已是造五無間業、爲甚却得解脱。自代曰、譬如月波樓跳入蟭螟眼裏、千聖小王怒發、將鴛鴦湖一脚踢翻。又曰、瑠璃階上布赤沙、碼瑙盤中撒眞珠。

盂蘭盆會《うらぼんえ》。

擧《こ》す。臨濟大師《りんざいだいし》曰く、五無間業《ごむげんごう》を造《つく》って、方《まさ》に解脱《げだつ》を得《う》、と。

師曰く、已《すで》に是《これ》五無間業《ごむげんごう》を造《つく》る、甚《なん》と爲《し》てか却《かえ》って解脱《げだつ》を得《う》。自ら代わって曰く、譬《たと》えば月波樓《げっぱろう》、跳《おど》って蟭螟眼裏《しょうめいがんり》に入り、千聖小王《せんしょうしょうおう》、怒發《どはつ》して、鴛鴦湖《えんおうこ》を將《も》って一脚《いっきゃく》に踢翻《てきほん》するが如し。又た曰く、瑠璃階上《るりかいじょう》に赤沙《せきしゃ》を布《し》き、碼瑙盤中《めのうばんちゅう》に眞珠《しんじゅ》を撒《さつ》す。

〈訳〉

「臨済大師は〈五無間の業を造って、初めて解脱を得ることができる〉と言われたが、五無間の業を造った以上、どうしたら解脱を得ることができるか」。自ら代わっていわく、「譬えば月波楼、跳って蟭螟眼裏に入り、千聖小王、怒発して、鴛鴦湖を将って一脚に踢翻するが如し」。またいわく、「瑠璃階上に赤沙を布き、碼瑙盤中に真珠を撒す」。

○盂蘭盆会＝七月十五日。

○臨済大師曰、造五無間業、方得解脱＝「五無間業」は五逆罪。すなわち、一、殺父。二、殺母。三、殺阿羅漢。四、破和合僧。五、出仏身血。『臨済録』示衆にいうところ、次のごとし、「大徳、五無間の業を造って、方に解脱を得べし。問う、〈如何なるか是れ五無間の業〉。師云く、〈父を殺し母を害し、仏身血を出し、和合僧を破り、経像を焚焼する等、此は是れ五無間の業なり〉。云く、〈如何なるか是れ父〉。師云く、〈無明、是れ父。你が一念心、起滅の処を求むるに得ず、響の空に応ずるが如くにして、処に随って無事なるを、名づけて父を殺すと為す〉。云く、〈如何なるか是れ母〉。師云く、〈貪愛を母と為す。你が一念心、欲界の中に入って、其の貪愛を求むるに、唯だ諸法の空相を見て、処処著すること無きを、名づけて母を害すと為す〉。云く、〈如何なるか是れ出仏身血〉。師云く、〈你、清浄法界中に向かって、一念の心に解を生ずる無く、便ち処処黒暗なる、是れ出仏身血なり〉。云く、〈如何なるか是れ破和合僧〉。師云く、〈你が一念心、正に煩悩結使、空の所依無きが如くに達する、是れ破和合僧なり〉。云く、〈如何なるか是れ焚焼経像〉。師云く、〈因縁空、心空、法空を見て、一念決定断して、迥然として無事なる、便ち是れ焚焼経像なり。大徳、若し是の如く達得せば、他の凡聖の名に礙えらるることを免れん〉」。

○譬如月波楼跳入蟭螟眼裏、千聖小王怒発、将鴛鴦湖一脚踢翻＝『虚堂録』巻一「興聖寺語録」の語。「月波楼」「鴛鴦湖」はいずれも虚堂がいた嘉興府にあったもの。「蟭螟」は前出[一―三三一―四]。「千聖小王」は、『犁耕』(電子達磨版八五頁)に「渓曰く、蓋し興聖寺の土地神の名なり」。月波楼が蟭螟の目玉に飛び込んだら、土地神が怒って、鴛鴦湖を一蹴りに蹴飛ばした。

○瑠璃階上布赤沙、碼瑙盤中撒真珠＝美しい物の上に更に美を添え贅を尽くす。転じて、心を尽くして吐露する、すっかり語り尽くすの意。左の用例から見て、「紫羅帳裏撒真珠」(『禅林方語』に「尽情吐露」)というに同じ。『高峰原妙禅師語録』の「玄沙云く、〈諦当《たいとう》なることは甚だ諦当なるも、敢保《かんぽ》す、老兄未徹在《ろうひんみてつざい》なることを〉」の拈頌に「落花台上、重ねて錦を鋪き、瑪瑙盤前、赤沙を布く。情義は尽く貧処より断じ、世人は偏えに銭有る家に向かう」。

【二―六九】［巻之二の一五丁表］

擧。息耕祖翁上堂曰、渓林葉墮、塞雁聲寒。見成公案、大難大難。

師曰、已是見成公案、爲甚麼道大難。自代曰、道得三十棒、道不得三十棒。


擧《こ》す。息耕《そっこう》祖翁《そおう》上堂《じょうどう》して曰く、渓林《けいりん》葉《は》墮《お》ちて、塞雁聲寒《さいがんこえさむ》し。見成公案《げんじょうこうあん》、大難大難《だいなんだいなん》。

師曰く、已に是れ見成公案《げんじょうこうあん》、甚麼《なん》と爲《し》てか大難《だいなん》と道《い》う。自ら代わって曰く、道《い》い得《う》るも三十棒《さんじゅうぼう》、道《い》い得《え》ざるも三十棒《さんじゅうぼう》。


〈訳〉

「虚堂和尚の上堂に〈渓林葉墮ちて、塞雁声寒し。見成公案、大難大難〉とあるが、既に公案見成しているのに、なぜ大難と言うのか」。自ら代わっていわく、「道い得るも三十棒、道い得ざるも三十棒」。

○息耕祖翁上堂＝『虚堂録』巻一、「報恩光孝寺語録」。
○渓林葉墮、塞雁声寒＝見成公案。諸法実相。［二―六二］の注を参照。
○見成公案、大難大難＝『犂耕』（電子達磨版一一三頁）に、「忠曰く、渓林葉落等、悟り了って正に受用することを得たり。故に重ねて大難大難と言う。若し復た凡眼の現境ならば何の大難かこれ有らん」。この虚堂の語については前出［二―六二］の「百雑砕兮鉄団圝、和風搭在玉欄干」の注を参照。

○道得三十棒、道不得三十棒＝言えてもだめ、言えなくてもだめ。前出［二―一八］［二―四九］。

【二―七〇】［巻之二の一五丁裏］

擧。息耕祖翁上堂曰、天地不仁、以萬物爲芻狗。衲僧不仁、以自己爲臘月扇子。諸仁如何甄別。代曰、赤脚波斯入大唐、八臂那吒行正令。

擧《こ》す。息耕《そっこう》祖翁《そおう》上堂《じょうどう》して曰く、天地不仁《てんちふじん》、萬物《ばんぶつ》を以て芻狗《すうく》と爲《な》す。衲僧不仁《のうそうふじん》、自己《じこ》を以て臘月《ろうげつ》の扇《せん》子《す》と爲《な》す。諸仁《しょにん》、如何《いかん》か甄別《けんべつ》せん。代わって曰く、赤脚《せっきゃく》の波斯《はし》、大唐《だいとう》に入る、八臂《はっぴ》の那吒《なた》、正令《しょうれい》を行ず。

〈訳〉

「虚堂和尚の上堂に〈天地不仁、万物を以て芻狗と為す。衲僧不仁、自己を以て臘月の扇子と為す〉とある。諸君、これをどう受け止めるか」。代わっていわく、「赤脚の波斯、大唐に入る、八臂の那吒、正令を行ず」。

○息耕祖翁上堂＝『虚堂録』巻二、「興聖寺語録」。

○天地不仁、以万物為芻狗＝『老子』天地不仁章。天地には仁慈の心がない、万物をその成り行きに任せておくからである。これは逆説であって、その実は、「天地が万物を成り行きに任せていることは不仁に見えるが、実はそれこそが真の仁である」ということ。「芻狗」は草で作った犬で、祭儀に用いるもの。祭儀が済めば野に捨てられる。「為芻狗」は、自然に任す、という意味。

○衲僧不仁、以自己為臘月扇子＝「臘月扇子」、『犂耕』（電子達磨版八七頁）に「忠曰く、『方語』に無用処。言うところは、己霊を重んぜざるなり」。衲僧は己霊を重んぜざることが肝要である、それは一見して不仁のように見えるが、そうではない、それが衲僧の仁である。

○赤脚波斯入大唐、八臂那吒行正令＝『五灯会元』巻二十、義烏稠巌了贇章に「上堂。趙州狗子無仏性の話を挙して乃ち曰く、趙州狗子無仏性、万畳たる青山、古鏡を蔵す。赤脚の波斯大唐に入り、八臂の那吒正令を行ず。咄」。『虎穴録』「徳庵貞全大姉下火」に、「……転轆轆、活鱍鱍、八臂那吒行正令。峭巍巍、孤迥迥、赤脚波斯入大唐」とある。これは「本地の風光」のはたらきを言ったところであり、「コロコロと宛転自在に生き生きとはたらいて出てくるさまは、八臂の那吒が奮迅のはたらきを見せるようである。また、すべてからはるかに超絶し、高くそびえた、そのありさまは、異邦人（のペルシャ人）が赤脚で大唐に入って来た、というところ」。「赤脚波斯入大唐」は、『禅林方語』に「売弄（誇示する、みせびらかす）」「放憨（馬鹿をつくす）」といった義があるが、いずれもここでは合致しない。ここは「峭巍巍、孤迥迥」の名状すべからざるさま、一切の消息を超えたところを、このように言ったもの。

『景川録』「宗猷蔵主為慈父求百年後秉炬語」に「一百年前、不生の生、八臂那吒正令を行ず。一百年後、不死の死、赤脚波斯入大唐」。これも、一切の消息を超えたところを言ったもので、いま、東陽の場合も同じ意味。

【二―七二】［巻之二の一五丁裏］

擧。雲門半夏示衆曰、如今半夏也、敲磕處道將一句來。復曰、蜜怛哩孤蜜怛哩智。又曰、蜜怛哩孤密怛哩智、作麼生。自代曰、喞𠼝。又曰、磕。

代曰、道得底、脣上碧斑賓豹剝。道不得底、舌頭當的帝都丁。又曰、雪裏芭蕉摩詰畫、炎天梅蕊簡齋詩。

擧《こ》す。雲門《うんもん》、半夏《はんげ》、衆《しゅ》に示して曰く、如今半夏《にょこんはんげ》なり、敲磕《こうかつ》の處《ところ》、一句《いっく》を道い將《も》ち來たれ。復《ま》た曰く、蜜怛哩孤《みたりこ》、蜜怛哩智《みたりち》。又た曰く、蜜怛哩孤《みたりこ》、密怛哩智《みたりち》、作麼生《そもさん》。自ら代わって曰く、嘟啉《ボロン》。又た曰く、磕《かつ》、と。

代わって曰く、道《い》い得《う》る底《てい》は、脣上《しんじょう》、碧斑賓豹博《ピパンピンピヤウポ》。道《い》い得《え》ざる底《てい》は、舌頭《ぜっとう》、當的帝都丁《タンテテイトヲテイン》。又た曰く、雪裏《せつり》の芭蕉《ばしょう》、摩詰《まきつ》の畫《が》、炎天《えんてん》の梅蕊《ばいずい》、簡齋《かんさい》の詩《し》。

〈訳〉

雲門の半夏示衆にいわく、「今日は半夏なり、これまで突き詰めて来たところを一句で言うてみよ」。またいわく、「蜜怛哩孤、蜜怛哩智」。またいわく、「蜜怛哩孤、密怛哩智、作麼生」。自ら代わっていわく、「嘟啉」。またいわく、「磕」と。

代わっていわく、「答えられたらパピプペポ、答えられなかったらタチツテト」。またいわく、「雪裏の芭蕉、摩詰の画、炎天の梅蕊、簡斎の詩」。

○雲門半夏示衆＝『雲門広録』に出る。『景川語録』でもこの則をとりあげ、景川は「勧君更尽一抔酒、西出陽関無故人」と着語している。

○敲磕処＝『虚堂録』「送日本南浦知客」に「門庭を敲磕《こうかつ》して細《こま》かに揣磨《しま》し、路頭尽くる処、再び経過す。明明に説与す虚堂叟、東海の児孫、日に転た多し」。『諸録俗語解』〔三九〕「触著磕著」に、「ケッチリカッチリと訳す。物にいきあたる貌なり。磕は、克盍の切、石の声と註す」。突き詰めるさま。

○唇上碧斑賓豹博、舌頭当的帝都丁＝唇を使って発音すれば、パピプペポ。舌を使えば、タチツテト。いずれも思慮分別を超えたところの消息。『諸録俗語解』〔一〇二六〕「碧斑賓豹博」に、「唐音ピ、パン、ピン、ピヤウ、ポ」、「当的帝都丁」に「唐音タン、テ、ティ、トヲ、ティン」。『虚堂録』「永嘉真覚大師在何処。卓主丈。唇上畢斑賓狗剝、舌頭当的帝都丁」。

○雪裏芭蕉摩詰画、炎天梅蕊簡斎詩＝前出〔一―一一〇〕「炎天梅蘂」。

【三―七二】〔巻之三の一五丁裏〕

擧。無著文喜禪師、屢見文殊。曾在仰山爲典座。一日文殊現粥鍋上。著以攪粥篦打曰、文殊自文殊、文喜自文喜。文殊遭打作偈曰、苦瓠連根苦、甜瓜徹蔕甜。修行三大劫、却遭老僧嫌。師曰、大衆文殊是七佛師、爲什麼遭無著打。代曰、一聲羌笛離亭晩、君向瀟湘我向秦。

擧《こ》す。無著《むじゃく》の文喜禪師《ぶんきぜんじ》、屢《しば》しば文殊《もんじゅ》を見る。曾《かつ》て仰山《きょうざん》に在って典座《てんぞ》と爲《な》る。一日、文殊《もんじゅ》、粥鍋《しゅくか》の上《うえ》に現《げん》ず。著《じゃく》、攪粥篦《かくしゅくへい》を以て打って曰く、文殊《もんじゅ》は自ずから文殊《もんじゅ》、文喜《ぶんき》は自ずから文喜《ぶんき》。文殊《もんじゅ》、打たれて偈《げ》を作って曰く、苦瓠《くこ》は根《ね》に連《つら》なって苦《にが》く、甜瓜《てんか》は蔕《てい》に徹《てつ》して甜《あま》し。修行三大劫《しゅぎょうさんだいごう》、却《かえ》って老僧《ろうそう》に嫌《きら》わる、と。

師曰く、大衆《だいしゅ》、文殊《もんじゅ》は是れ七佛《しちぶつ》の師、什麼《なん》と爲てか無著《むじゃく》に打たる。代わって曰く、一聲《いっせい》の羌笛《きょうてき》、離亭《りてい》の晩《ばん》、君《きみ》は瀟湘《しょうしょう》に向《む》かい、我《われ》れは秦《しん》に向《む》かう。

〈訳〉

無著文喜禅師はしばしば文殊菩薩と出会ったという。かつて仰山で典座をしていたある日、文殊が粥鍋の上に現われた。無著は粥をまぜる篦《へら》でこれを打って言った、「文殊は文殊、文喜は文喜だ」と。無著に打たれた文殊が偈を作っていわく、「苦瓠は根に連なって苦く、甜瓜は蔕に徹して甜し。修行三大劫、却って老僧に嫌わる」と。

師いわく、「諸君、文殊は七仏の師といわれるのに、どうして無著に打たれたのか」。代わっていわく、「一声の羌笛、離亭の晩、君は瀟湘に向かい、我れは秦に向かう」。

○無著文喜禅師＝『五灯会元』巻九、杭州無著文喜章。

○屢見文殊＝五台山華厳寺の金剛窟で牛を牽いた老翁に出会い、「前三三後三三」など、数番の問答をしたが、その老翁が実は文殊だった。

○曾在仰山為典座。一日文殊現粥鍋上＝のちに仰山のところで典座をしていた時のこと。同じく『五灯会元』に出る。

○苦瓠連根苦、甜瓜徹蔕甜＝前出[二―一七]。無著の奴、徹底しておる。

○修行三大劫、却遭老僧嫌＝三大阿僧祇劫も修行をして来たのに、この老僧に嫌われるとは。
○一声羌笛離亭晩、君向瀟湘我向秦＝前出［二―一二二］。文殊が文殊なら、無著も無著。それぞれに道がある。

【二―七三】［巻之二の一六丁表］

舉。法眼益禪師、因僧齋前來參次、眼以手指簾。時有三僧齊去捲。眼曰、一得一失。師曰、既是齊捲、爲甚有得失。代曰、莫向樽前奏花落、凉風只在殿西頭。

舉す。法眼益《ほうげんえき》禪師、因みに僧、齋前《さいぜん》に來たって參ずる次いで、眼、手を以て簾《すだれ》を指す。時に三僧有り、齊《ひと》しく去って捲《ま》く。眼曰く、一得一失《いっとくいっしつ》。師曰く、既に是れ齊《ひと》しく捲《ま》く、甚《なん》と爲《し》てか得失《とくしつ》有る。代わって曰く、樽前《そんぜん》に向かって花落《からく》を奏《そう》すること莫《な》かれ、涼風は只だ殿の西頭に在り。

〈訳〉

法眼文益禅師、斎前の参禅で僧が来たとき、法眼は手で簾を指した。その時に三人僧がおり、一斉に行って簾を捲いた。そこで法眼いわく、「一得一失」と。師いわく、「三人は同じように簾を捲いたのに、どうして得失があるのか」。代わっていわく、「樽前で梅花落を奏すること莫かれ、涼風は只だ殿の西頭に在り」。

○法眼益禅師、因僧斎前来参次＝『聯灯会要』巻二十六、法眼文益章。
○莫向樽前奏花落、涼風只在殿西頭＝李商隠の「宮詞」詩。寵愛を得ても樽前で梅花落などを奏ではならぬ。今は爛漫たる春かも知れぬが、秋を知らせる涼風は早くも御殿に西側に迫っているのだから。前出［一―六八］「涼風只在殿西頭」の注。

【二―七四】［巻之二の一六丁表］

舉。吾虚堂祖翁上堂、涼颷乍起、玉露初垂、蟬噪高梧、蛩吟古砌。發揮臨濟在黄檗處喫棒底意旨、誰肯承當。

師曰、噫見成公案、大難大難。衆中還莫有承當得底麼。代曰、曾經雪霜苦、楊花落也驚。


舉《こ》す。吾が虚堂祖翁《きどうそおう》上堂《じょうどう》、涼颷《りょうひょう》乍《たちま》ち起《お》こり、玉露《ぎょくろ》初《はじ》めて垂《た》る、蟬《せみ》、高梧《こうご》に噪《さわ》ぎ、蛩《きょう》、古砌《こせい》に吟《ぎん》ず。臨濟《りんざい》、黄檗《おうばく》の處《ところ》に在《あ》って棒《ぼう》を喫《きっ》する底《てい》の意旨《いし》を發揮《はっき》す、誰《だれ》か肯《あ》えて承當《じょうとう》せん。

師曰く、噫《ああ》、見成公案《げんじょうこうあん》、大難大難《だいなんだいなん》。衆中《しゅうちゅう》、還《かえ》って承當得《じょうとうとく》する底《てい》、有ること莫《な》きや。代わって曰く、曾て雪霜《せっそう》の苦《く》を經《へ》て、楊花《ようか》の落《お》つるにも也《ま》た驚《おどろ》く。


〈訳〉

虚堂和尚の上堂にいわく、「涼颷乍ち起こり、玉露初めて垂る、蟬、高梧に噪ぎ、蛩、古砌に吟ず。臨済、黄檗の処に在って棒を喫する底の意旨を発揮す、誰か肯えて承当せん」と。

師いわく、「ああ、見成公案（とはいえ、まことに）大難大難。諸君、分かる者はおるか」。代わっていわく、「曾て雪霜の苦を経て、楊花の落つるにも也た驚く」。

○吾虚堂祖翁上堂＝『虚堂録』巻一「報恩光孝寺語録」。
○涼飇乍起、玉露初垂、蟬噪高梧、蛩吟古砌＝初秋の現成底。涼風が吹き、秋の冷たい露が垂れ、蟬は梧桐の樹で、コオロギは階下で鳴いている。
○臨済在黄檗処喫棒底＝『臨済録』行録、「師、初め黄檗の会下《えか》に在って行業純一なり。首座、乃ち歎じて曰く、〈是れ後生《こうせい》なりと雖も、衆と異なること有り〉。遂に問う、〈上座、此に在ること多少時ぞ〉。師云く、〈三年〉。首座云く、〈曾て参問するや也た無や〉。師云く、〈曾て参問せず、知らず、箇の什麼《なに》を問うかを〉。首座云く、〈汝何ぞ去って堂頭《どうちょう》和尚に如何なるか是れ仏法的的の大意と問わざる〉。師便ち去って問う。声未だ絶えざるに、黄檗便ち打つ。師、下り来たる。首座云く、〈問話、作麼生《そもさん》〉。師云く、〈某甲問声未だ絶えざるに、和尚便ち打つ、某甲不会〉。首座云く、〈但だ更に去って問え〉。師又た去って問う。黄檗又た打つ。是の如く三度問を発して三度打たる」。
○見成公案、大難大難＝前出［二—一六九］。
○曾経雪霜苦、楊花落也驚＝余りにも辛い目にばかり会って来たから、柳の花が散るのを見ても心が痛む。『虚堂録』巻二、「雲黄山宝林寺語録」。もとは『頌古連珠通集』巻三、天衣義懐の「傅大士夜夜抱仏眠」頌。『諸録俗語解』［一六一六］に、「黒犬に齧まれた者、灰汁《アク》の垂滓《タレカス》に怖じるの意なり」。

【二—七五】［巻之二の一六丁裏］

三月旦。

擧、長沙遊山話。代曰、依俙似曲纔堪聽、也被風吹別調中。

三月旦《さんがつたん》。

長沙遊山《ちょうさゆさん》の話《わ》を擧《こ》して、代わって曰く、依俙《いき》として曲《きょく》に似《に》て、纔《わず》かに聴《き》くに堪《た》えたり、也《ま》た風《かぜ》に別調《べっちょう》の中《なか》に吹《ふ》かる。


〈訳〉

長沙遊山の話を挙して、代わって曰く、「依俙として曲に似て、纔かに聴くに堪えたり、也た風に別調の中に吹かる」。

○長沙遊山話＝『碧巖録』第三十六則、「長沙、一日遊山して門首に帰る。首座問うて云く、〈和尚、什麽《いずれ》の処にか去来す〉。沙云く、〈游山し来たる〉。首座云く、〈什麽《いずれ》の処にか到り来たる〉。沙云く、〈始めは芳草に随って去り、又た落華を逐うて回る〉。首座云く、〈大いに春意に似たり〉。沙云く、〈也た秋露の芙蕖に滴るに勝れり〉」。
○依俙似曲纔堪聴、也被風吹別調中＝楽の調べのようでもあると聴いていたが、そこにまた格別の調べが聞こえてきた。唐・高駢の「風箏」詩に「夜静かにして、弦声、碧空に響き、宮商は信に往来の風に任す。依稀として曲に似て纔かに聴くに堪えたり、又た風に別調の中に吹かる」。『聯珠詩格』収。『碧巖録』第七則、頌下語。

【二—七六】［巻之二の一六丁裏］
擧。趙州因僧問、至道無難、唯嫌揀擇、如何是不揀擇。答曰、天上天下唯我獨尊。
師別曰、寒時普天普地寒。

擧《こ》す。趙州《じょうしゅう》因《ちな》みに僧問う、至道無難《しいどうぶなん》、唯嫌揀擇《ゆいけんけんじゃく》、如何《いか》なるか是れ不揀擇《ふけんじゃく》。答えて曰く、天上天下《てんじょうてんが》、唯《ゆい》我獨尊《がどくそん》。

師、別して曰く、寒《かん》の時《とき》は普天普地寒《ふてんふちかん》す。

〈訳〉

趙州和尚に僧が問うた、「至道無難、唯嫌揀擇といいますが、どうしたら不揀擇になりますか」。答えていわく、「天上天下、唯我独尊」と。

師、別していわく、「寒の時は普天普地寒す」。

○趙州因僧問＝『古尊宿語録』巻十四、「趙州禅師語録之余」に、「問う、〈至道無難、唯嫌揀擇、如何かして揀擇ならざるを得ん〉。師云く、〈天上天下唯我独尊〉。云く、〈此れ猶お是れ揀擇〉。師云く、〈田厙奴、什麼《いずれ》の処か是れ揀擇〉」。

○寒時普天普地寒＝『碧巌録』第十九則、本則下語。もとは『五灯会元』巻十五、徳山縁密円明章に、「上堂、倶胝和尚、凡有扣問、祇竪一指。寒則普天寒、熱則普天熱」。

【二―七七】［巻之二の一六丁裏］

擧。古有老宿菴居。門上書心字、窓上書心字、壁上書心字。法眼曰、門上但書門字、窓上但書窓字、壁上但書壁字。玄覺曰、不要書門字窓字壁字。何故。字義炳然。

代曰、抛出輪王三寸鐵、分明徧界是刀鎗。

擧《こ》す。古《いにしえ》、老宿《ろうしゅく》有り菴居《あんご》す。門上《もんじょう》に心《しん》の字《じ》を書《しょ》し、窓上《そうじょう》に心《しん》の字《じ》を書《しょ》し、壁上《へきじょう》に心《しん》の字《じ》を書《しょ》す。法眼《ほうげん》曰く、門上《もんじょう》に但だ門の字を書し、窓上《そうじょう》に但だ窓の字を書し、壁上《へきじょう》に但だ壁の字を書せん。玄覺《げんかく》曰く、門の字、窓の字、壁の字を書することを要せず。何が故ぞ。字義炳然《じぎへいぜん》。代わって曰く、輪王三寸《りんおうさんずん》の鐵《てつ》を抛出《ほうしゅつ》して、分明《ふんみょう》に偏界《へんかい》是れ刀鎗《とうそう》。

〈訳〉

昔、ある老宿が、門上に心字を、窓上に心字を、壁上に心字をそれぞれ書いた。これに法眼がコメントして、「門上にはただ門字を、窓上にはただ窓字を、壁上にはただ壁字を書こう」と。これに玄覚がコメントして、「門字も、窓字も、壁字も書くことはない。なぜか。字義は明らかだから」と。

代わっていわく「輪王三寸の鉄を抛出して、分明に偏界是れ刀鎗」。

○古有老宿庵居＝『五灯会元』巻六、亡名古宿章。

○抛出輪王三寸鉄、分明偏界是刀鎗＝前出［二―五二］。玄覚の「字義炳然」の答えは釈尊の三寸の鉄から出た一句のようである、と称賛したコメント。「一切唯心造」なのだから、門・窓・壁などと言うことは無用と、まことにそのとおり。

【二─七八】［巻之二の一七丁表］

擧。應庵師祖上堂曰、盡力道不得底句、不在天台、定在南嶽。

師曰、作麼生盡力道不得底句。代曰、者裏是甚麼所在。


擧《こ》す。應庵師祖《おうあんしそ》、上堂《じょうどう》して曰く、力《ちから》を盡《つ》くして道《い》い得《え》ざる底《てい》の句《く》、天台《てんだい》に在《あ》らずんば、定《さだ》めて南嶽《なんがく》に在らん。

師曰く、作麼生《そもさん》か力《ちから》を盡《つ》くして道《い》い得《え》ざる底《てい》の句。代わって曰く、者裏《しゃり》是れ甚麼《なん》の所在《しょざい》ぞ。


〈訳〉

応庵師祖上堂にいわく、「力を尽くして道い得ざる底の句、天台に在らずんば、定めて南嶽に在らん」。

師いわく、「力を尽くして道い得ざる底の句とは何か」。代わっていわく、「者裏《しゃり》是れ甚麼《なん》の所在ぞ」。

○応庵師祖上堂曰＝『応庵語録』「蔣山太平興国寺語録」、「道い得ざる底の句、天台に在らずんば、定めて南嶽に在り。驀に拄杖を拈じて云く、〈是れ汝諸人、還って蔣山が拄杖を見るや〉。卓一卓して云く、〈人貧しければ智短なり、馬瘦すれば毛長ず〉」。
○不在天台、定在南嶽＝『虚堂録』巻五に応庵の語を引く。『犂耕』（電子達磨版一三〇六頁）に「忠曰く、応庵の所謂ゆる天台南嶽は地理の書に収むる所に非ず。却って知るや。渓曰く、空しく南嶽天台の白雲深き処に在って収巻す、と。又た曰く、天台に在らざれば定めて南嶽に在らんとは、深く今時の者の道不得底の句を識らざるを嘆ず、と。忠曰く、龍渓、宗旨を瞎して後生を絆倒す、罪過滔天なり。性天、「堂中第一座有長処」を評して云く、那《なん》ぞ啻《た》だに第一座のみならんや、尽大地の人、孰《たれ》か長処無からん、と。此に到って又た云う、那《なん》ぞ啻《ただ》に台衡のみならんや、溝に塡ち壑に塞ぎ、太虚に充溢す、と。忠曰く、他、元来見解、此に止まる。所謂ゆる仏性を顢頇《まんかん》し真如を儱侗《ろうとう》する者なり」。また『犂耕』「南天台北五台」（電子達磨版一九九四頁）に「天台五台、自在に行履す」。また『五家正宗賛』白雲守端章に「葛藤窠裏、斥三箇漢説南嶽天台」。『助桀』（電子達磨版一三九九頁）に「忠曰く、実は天台を言う可きのみ。然して天台の学は南嶽に出づ」。つまり南嶽天台は学問の本拠地。道不得底句は、京大になければ、きっと東大にあろう（その実、どっこにもあろうはずはない）。

○者裏是甚麼所在＝これは（そもそも）どういう子細であるのか。後出［四―一八］「南宗源公知賓掩土」に「知賓知賓、這裡是甚所在」。［四―六九］「大智宗勝禅定門下火」に「畢竟遮裏是甚麼所在」とある。『臨済録』「師、一日、普化と同に施主家の斎に赴く次いで、師問う、〈毛、巨海を呑み芥に須弥を納むと、為た是れ神通妙用か本体如然か〉。普化、飯牀を踏倒す。師云く、〈太麁生〉。普化云く、〈這裏是れ什麼の所在ぞ、麁と説き細と説く〉」、また同じく『臨済録』に「座主、這裏是れ什麼の所在ぞ、同と説き別と説く」（岩波文庫『臨済録』では「ここをどこだと思って」と訳している）。また『碧巌録』第二則の頌下語に「這裏是れ什麼の所在ぞ、難と説き易と説く」、十一則、頌の評唱で、「蘗、便ち掌す。大中云く、〈太麁生〉。蘗云く、〈這裏什麼の所在ぞ、麁と説き細と説く〉」。右の四例はいずれも「これはどういう子細《わけ》で」と訳して意が通ずる。

【二―七九】［巻之二の一七丁表］

學。長慶稜道者、二十年坐破七箇蒲團。一日因捲簾、豁然大悟。作偈曰、也大差也大差、捲起簾來見天下。
師曰、捲簾且措、作麼生見天下底眼。各請呈露。代曰、日出乾坤耀、雨收山嶽青。

擧《こ》す。長慶《ちょうけい》の稜道者《りょうどうじゃ》、二十年、七箇《しちこ》の蒲團《ふとん》を坐破《ざは》す。一日因《ちな》みに簾《すだれ》を捲《ま》いて、豁然《かつねん》として大悟《たいご》す。偈《げ》を作って曰く、也大差《やたいさ》、也大差《やたいさ》、簾《すだれ》を捲起《けんき》し來たって、天下《てんか》を見る。
師曰く、簾《すだれ》を捲《ま》くことは且《しば》らく措《お》く、作麼生《そもさん》か天下《てんか》を見る底《てい》の眼《まなこ》。各おの請う呈露《ていろ》せよ。代わって曰く、日出《ひい》でて、乾坤《けんこん》耀《かがや》き、雨收《あめおさ》まって、山嶽《さんがく》青し。

〈訳〉

長慶の稜道者は二十年間に七箇の蒲団を坐破した（けれども悟ることができないでいた）。ある日、簾を捲いたとたん、豁然として大悟し、偈を作っていわく、「也大差、也大差、簾を捲起し来たって、天下を見る」と。
師いわく、「簾を捲いたことはさておき、この時に天下を見た眼はどのようなものか。各おの呈示せよ」。代わっていわく、「日出でて、乾坤耀き、雨収まって、山嶽青し」。

○長慶稜道者＝『五灯会元』巻七、長慶慧稜禅師章、「師、是の如く雪峰、玄沙を往来すること二十年の間、七箇の蒲団を坐破すれども此の事を明らめず。一日、簾を捲いて、忽然として大悟す。乃ち頌有り曰く、也大差、也大差、……」。

○也大差也大差＝素晴らしい、素晴らしい。「也太差也太奇」とも。『雪江録』『景川録』『虎穴録』にも「也太奇也太差、捲起簾来看天下」と見えるが、その場合、僧との一連の問答応酬の中で、問僧が「まことに素晴らしい師のお言葉、御簾《みす》を巻き上げた途端に悟った長慶慧稜禅師のような気持ちです（お示しありがとうございます）」といった意味合いで用いられたようである。（『少林無孔笛』にはそのような用例はないが）。『禅学大辞典』「也太差」の項に「ずいぶんと劣っている」とするのは大錯。その意味で解するならば、長慶の偈は投機の偈にはならない。「差」には「異、奇異」の義があり、「也大奇」も「也太差」も同じ意味で、「はなはだすばらしい」という義。雪江や悟渓もそのことを分かった上で長慶の頌に「也大差也大差」とあるのを「也大奇也太差」としているのである。

○日出乾坤耀，雨収山嶽青＝『句双葛藤鈔』に「一点ノ迷雲ガナイ、キラリトシタ」。まったく新しい世界が現れた。

【二―八〇】［巻之二の一七丁表］

擧。黄檗遊天台。路逢一僧。値澗水瀑漲。回顧曰、渡來渡來。檗咄曰、這自了漢。吾早知揑怪、當斫汝脛。其僧歎曰、眞大乘法器、匪我所及。師曰、蒼龍因水起雲雷。又曰、臥龍不鑒死水。

擧《こ》す。黄檗《おうばく》、天台《てんだい》に遊ぶ。路《みち》に一僧《いっそう》に逢う。澗水《かんすい》の瀑漲《ぼうちょう》するに値《あ》う。回顧《かいこ》して曰く、渡來《とらい》、渡來《とらい》。檗、咄《とつ》して曰く、這《こ》の自了《じりょう》の漢《かん》。吾れ早く揑怪《ねっかい》なることを知らば、當《まさ》に汝《なんじ》が脛《すね》を斫《き》りたるべし。其《そ》の僧《そう》、歎《たん》じて曰《いわ》く、眞《しん》の大乘《だいじょう》の法器《ほっき》なり、我《わ》が及《およ》ぶ所《ところ》に匪《あら》ず。

師曰く、蒼龍《そうりゅう》、水《みず》に因《よ》って雲雷《うんらい》を起こす。又た曰く、臥龍《がりょう》、死水《しすい》を鑒《かんが》みず。

〈訳〉

黄檗が天台山に行くとき、一僧に出会い、ともに行った。谷川の水が漲り流れているのに出会うと、(その僧はまるで平地でも歩くように、いとも簡単に先に渡ると)振り返って、「早く渡って来い」と言う。そこで黄檗が、「自分のことだけを考える奴め。こんな怪しげなことをすると分かっておったら、そなたの脛を斬っただろうに」と。その僧は歎じて、「そなたこそ本物の大乗の法器、私の及ぶところではない」(と言って見えなくなった)と。師いわく、「蒼龍は水に因って雲雷を起こす」。またいわく、「臥龍は死水を鑑みず」。

○黄檗遊天台＝『五灯会元』巻四、黄檗希運章、「後に天台に遊ぶ。一僧に逢い、之と言笑して旧相識の如し。熟つら之を視るに、目光人を射る。乃ち偕《とも》に行く。澗水の暴漲するに属《あ》い、笠を捐《す》てて杖を植《た》てて止まる。其の僧、師を率いて同《とも》に渡らんとす。師曰く、〈兄、渡らんと要せば自ら渡れ〉。彼即ち衣を褰《かか》げて波を躡《ふ》んで平地を履《ふ》むが若し。回顧して曰く、〈渡来、渡来〉。師曰く、〈咄、這《こ》の自了《じりょう》の漢。吾れ早く知りたらば、当《まさ》に汝が脛を斫りたるべし〉。其の僧歎じて曰く、〈真の大乗の法器なり、我れの及ばざる所なり〉と。言い訖って見えず」。

○自了漢＝『助桀』(電子達磨版二二五頁)「忠曰く、小乗の羅漢を謂う。小乗は但だ自ら己れが度脱の事を了じて、利他に意無し。故に自了の漢と言う。黄檗、他が神通を現わすを見て、是れ天台の阿羅漢と知る。故に詈ること此の如し」。

○捏怪＝奇怪を捏造する。怪しげなことをする。

○斫汝脛＝殷の紂王が、冬の朝、よく寒気に耐えて水流を渡る者を見て、その脛を斬って調べて視たという故事がある。『書経』泰誓下、「斮朝渉之脛」。

○蒼龍因水起雲雷＝これぞ作家の作略。
○臥龍不鑑死水＝『碧巌録』第九十五則、頌。『句双葛藤鈔』「臥龍不鑑止水」に「ソツトシタ（＝ちょっとした）水ニハスマヌゾ」。

【二―八一】［巻之二の一七丁裏］

擧。乾峯和尚僧問、十方薄伽梵、一路涅槃門、未審路頭在甚麼處。峯以拄杖畫一畫曰、在這裏。僧後請益雲門。門拈起扇子曰、扇子𨁝跳上三十三天、築著帝釋鼻孔、東海鯉魚打一棒雨似傾盆。會麼。
師曰、二老答處、諸仁如何理會。代曰、巨靈擡手無多子、分破華山千萬重。

擧《こ》す。乾峯和尚《けんぽうおしょう》、僧問う、十方薄伽梵《じっぽうぼぎゃぼん》、一路涅槃門《いちろねはんもん》と、未審《いぶかし》、路頭《ろとう》、甚麼《いずれ》の處にか在る。峯、拄杖《しゅじょう》を以て畫一畫《かくいっかく》して曰く、這裏《しゃり》に在り。僧、後に雲門《うんもん》に請益《しんえき》す。門、扇子《せんす》を拈起《ねんき》して曰く、扇子《せんす》𨁝跳《ぼっちょう》して三十三天《さんじゅうさんてん》に上り、帝釋《たいしゃく》の鼻孔《びくう》を築著《ちくじゃく》す、東海《とうかい》の鯉魚《りぎょ》、打つこと一棒《いちぼう》、雨、傾盆《けいぼん》に似たり。會《え》すや。
師曰く、二老《にろう》の答處《たっしょ》、諸仁《しょにん》、如何《いかん》か理會《りえ》す。代わって曰く、巨靈《きょれい》、手《て》を擡《もた》ぐるに多子《たす》無し、分破《ぶんぱ》す、華《か》山《ざん》の千萬重《せんまんじゅう》。

〈訳〉

乾峰和尚に僧が問うた、「十方薄伽梵、一路涅槃門と言いますが、そこに至る路すじはどこにござるか」。乾峰、杖で画一画していわく、「ここにある」。僧が後に雲門に問うた。雲門は扇子を手にとって言った、「扇子が飛び跳ねて三十三天に登り、帝釈天の鼻にぶち当たった。東海の鯉魚が一棒すると、盆をひっくり返したように雨が降り出した。分かるか、と」。

師いわく、「乾峰と雲門の二人の言うところを、諸君はどう理解するか」。代わっていわく、「巨霊、手を擡ぐるに多子無し、分破す、華山の千万重」。

○乾峰和尚僧問＝『無門関』第四十八則「乾峰一路」。
○十方薄伽梵、一路涅槃門＝十方世界の諸仏は等しく一路涅槃の道に入る。薄伽梵は梵語で仏世尊の義。『楞厳経』巻五の世尊偈。『無門関』第四十八則。
○扇子跨跳上三十三天、築著帝釈鼻孔＝『句双葛藤鈔』「扇子ハ心也。跨跳トハ心ノハタラキ也」。
○巨霊擡手無多子、分破華山千万重＝昔、陝西省の華山と山西省の首陽山とは一つの山であったが、巨霊神（河川の神）が手をあげて太華山を二分し、黄河の流れを変えたという古代神話。『碧巌録』第三十二則、頌。巨霊神がさりげなく華山を二つにするような力量。「無多子」は、さしたることもなく。

【二一八二】［巻之二の一七丁裏］

擧。雪峯和尚示衆曰、望州亭與諸人相見了也、烏石嶺與諸人相見也、僧堂前與諸人相見了也。

師曰、畢竟端的作麼生。代曰、看看、古岸何人把釣竿。又曰、百尺竿頭坐底人、十方刹土現全身。

擧《こ》す。雪峯和尚《せっぽうおしょう》、衆《しゅ》に示して曰く、望州亭《ぼうしゅうてい》に諸人《しょにん》と相見《しょうけん》し了《おわ》れり、烏石嶺《うせきれい》に諸人《しょにん》と相見《しょうけん》し了《おわ》れり、僧堂前《そうどうぜん》に諸人《しょにん》と相見《しょうけん》し了《おわ》れり。

師曰く、畢竟《ひっきょう》、端的《たんてき》作麼生《そもさん》。代わって曰く、看《み》よ、看《み》よ、古岸《こがん》、何人《なんぴと》か釣竿《ちょうかん》を把《と》る。又た曰く、百尺《ひゃくしゃく》竿頭《かんとう》に坐《ざ》する底《てい》の人《ひと》、十方刹土《じっぽうせつど》、全身《ぜんしん》を現ず。

〈訳〉

雪峰和尚の示衆にいわく、「望州亭に諸人と相見し了れり、烏石嶺に諸人と相見し了れり、僧堂前に諸人と相見し了れり」と。

師いわく、「結局のところ、端的は何か」。代わっていわく、「看よ看よ、古岸、何人か釣竿を把る」。またいわく、「百尺竿頭に坐する底の人、十方刹土、全身を現ず」。

○雪峰和尚示衆曰＝『聯灯会要』巻二十一、雪峰義存章。

○看看、古岸何人把釣竿＝見よ、あのものさびた岸で、（王侯や栄枯などは微塵も心にかけず）誰ぞ釣り針を垂れておるぞ。『碧巌録』第六十二則、頌。『碧巌録秘抄』「如此向上ノ旨ヲ以テ金鱗ヲ釣ルコトハ、雲門ナラデハ行クマイ、ナカナカ、カケラ蛤ノ輩ガ手モツケルコトハナラヌ」。

○百尺竿頭坐底人、十方刹土現全身＝百尺竿頭から更に一歩を進めて、十方刹土に全身を現わせ。『大覚禅師語録』に「百尺竿頭如進歩、十方世界現全身」。長沙景岑の偈に「百尺竿頭に坐する底の人、然も得入すと雖も未だ真ならず。百尺竿頭、須らく歩を進めて、十方世界に全身を現ずべし」。

【二―八三】［巻之二の一八丁表］

九月望。

擧。趙州問南泉、知有底人向甚麼處去。泉曰、向山前檀越家、作一頭水牯牛去。州曰、謝師指示。泉曰、昨夜三更月到窓。

師曰、如南泉後語、爲一理齊平得麼、抑亦兩重公案耶。諸人試下一轉語。代曰、誰知砧杵裏有此斷腸人。

九月望《もう》。

擧《こ》す。趙州《じょうしゅう》、南泉《なんせん》に問う、有ることを知る底《てい》の人、甚麼《いずれ》の処に向かってか去る。泉曰く、山前《さんぜん》の檀《だん》越家《おつけ》に向かって、一頭《いっとう》の水牯牛《すいこぎゅう》と作《な》り去る。州曰く、師の指示《しじ》を謝《しゃ》す。泉曰く、昨夜《さくや》三更《さんこう》、月、窓に到る。

師曰く、南泉《なんせん》の後語《こうご》の如きんば、一理齊平《いちりせいへい》と爲《な》し得《え》てんや、抑《そも》そも亦た兩重《りょうじゅう》の公案《こうあん》か。諸人《しょにん》、試みに一轉語《いってんご》を下せ。代わって曰く、誰か知る、砧杵裏《ちんしょり》に此の斷腸《だんちょう》の人有ることを。

〈訳〉

九月十五日。

趙州が南泉に問うた、「有ることを知る底の人は（死後）どこに行くか」。南泉、「山前の檀家の家の牛に生まれる」。趙州いわく、「師の指示を謝す」。南泉いわく、「昨夜三更、月、窓に到る」と。

師いわく、「南泉の後の答えは、前の答えと同じ理か、それとも異なった二つの問題提起とすべきか。諸君、転語を下せ」。代わっていわく、「誰か知る、砧杵裏に此の断腸の人有ることを」。

○趙州問南泉＝『五灯会元』巻四、趙州従諗章。
○知有底人＝向上の事有ることを知る人。『碧巌秘録抄』「祖師門下ノ些子《しゃし》ヲ知ル人」。
○向山前檀越家、作一頭水牯牛去＝檀越の家の牛に生まれる。潙山にも同じ語がある。前出[一—一〇]「入水牯牛群隊去」。
○昨夜三更月到窓＝登りつめた向上一色のところ。『句双葛藤鈔』「正当傾ヌ用ナリ。爰ヲ大功一色ノ地トモ云ゾ」。
○一理斉平＝同じ一つの道理。
○両重公案＝異なる二つの問題。
○誰知砧杵裏有此断腸人＝(その究極のところ)誰も分かる者はない。前出[二—四八]。

【二—八四】[巻之二の一八丁表]

十月望。

擧。雲門大師曰、若説菩提涅槃眞如解脱、是焼楓香供養你。若説佛説祖、是焼黄熟香供養你。若説超佛越祖之談、是焼餅香供養你、歸依佛法僧、下去。

師曰、供養即不無、雲門大師、爲甚麼分作三段。却有異同麼。諸人試下一轉語。代曰、燈籠上作舞、露柱裏藏身、未是希有。喝一喝。又世間豈有揚州鶴。

十月望《もう》。

擧《こ》す。雲門大師《うんもんだいし》曰く、若し菩提涅槃《ぼだいねはん》、眞如解脱《しんにょげだつ》と説かば、是れ楓香《ふうこう》を焼《た》いて你《なんじ》を供養《くよう》せん。若し佛《ぶつ》と説き祖《そ》と説かば、是れ黄熟香《おうじゅくこう》を焼《た》いて你《なんじ》を供養《くよう》せん。若し超佛越祖《ちょうぶつおっそ》の談と説かば、是れ餅香《へいこう》を焼《た》いて你《なんじ》を供養《くよう》せん、歸依佛法僧《きえぶっぽうそう》、といって下り去る。

師曰く、供養《くよう》は即ち無きにあらず、雲門大師《うんもんだいし》、甚麼《なん》と爲《し》てか分かって三段《さんだん》と作《な》す。却《かえ》って異同《いどう》有りや。諸人《しょにん》、試みに一轉語《いってんご》を下せ。代わって曰く、燈籠上《とうろうじょう》に舞《まい》を作《な》し、露柱裏《ろちゅうり》に身《み》を藏《かく》すも、未《いま》だ是《こ》れ希有《けう》ならず。喝一喝《かついっかつ》。又た、世間《せけん》、豈《あ》に揚州《ようしゅう》の鶴《つる》有らんや。

〈訳〉

十月十五日。

ある時、雲門大師いわく、「もし菩提涅槃、真如解脱と説かば、楓香を焼いて你を供養せん。もし仏と説き祖と説かば、黄熟香を焼いて你を供養せん。もし超仏越祖の談と説かば、餅香を焼いて你を供養せん、帰依仏法僧、といって下座」。

師が言われた、「供養はいいが、雲門はどうして三段に分けたのか。三段には異同があるのかどうか。諸君、一転語を下せ」。代わっていわく、「灯籠上に舞を作し、露柱裏に身を蔵すも、未だ是れ希有ならず」と。喝一喝。またいわく、「世間、豈に揚州の鶴有らんや」。

○雲門大師曰＝『雲門広録』。『禅林類聚』巻十九、応庵華の拈頌にいう、「三百六十の骨節、八万四千の毛竅、雲門の一棒に打開せられ了んぬ。還って衆の為に力を底くす底有りや。出で来たって雲門の与《ため》に主と作《な》らば帰宗（応庵のこと）と相見せん」。『竺僊和尚語録』ではこれを受けてさらにいう、「……応庵和尚云く、……と。浄妙（竺僊のこと）は者裡《しゃり》に到って却って然らず。面を仰ぐも天を見ず、頭《こうべ》を低《た》るるも地を見ず」と。
○楓香＝「楓香」は、楓樹脂からとる香。返魂香はこの香に似るという。
○黄熟香＝伽羅の類。
○餅香＝香の名。
○灯籠上作舞、露柱裏蔵身＝『句双葛藤鈔』「何レモ衲僧ノ自由ゾ」。無作の妙用。
○世間豈有揚州鶴＝揚州（出世）と鶴（不老不死の仙人になる）、そして金儲け（十万貫）の三つを得ることなどできない。前出［二—一四四］「腰纏十万貫、騎鶴下揚州」を参照。
また、蘇子瞻の「緑筠軒」詩に「食をして肉無からしむ可きも、居に竹無かる可からず。肉無ければ人をして痩せしめ、竹無ければ人をして俗ならしむ。人の痩せたるは尚お肥ゆ可きも、俗士は医《いや》す可からず。傍人、此の言を笑って、高きに似たれども還って癡に似たりと。若し此の君（竹）に対して仍《な》お大嚼せば、世間に那《なん》ぞ揚州の鶴有らんや」。

【二—八五】［巻之二の一八丁裏］

十一月旦。

擧。潙山示衆曰、仲冬嚴寒年年事、晷運推移事如何。仰山香嚴、一模脱出。即今諸禪徳、不墮三老途轍、道將一句來。晷運推遷事如何。代曰、怯寒懶剃髼鬆髮。愛暖頻添榾柮柴。

十一月旦《たん》。

擧《こ》す。潙山《いさん》、衆《しゅ》に示して曰く、仲冬厳寒《ちゅうとうげんかん》、年年《ねんねん》の事《じ》、晷運推移《きうんすいい》の事如何《じいかん》。仰山《きょうざん》、香嚴《きょうげん》、一模《いちも》に脱出《だっしゅつ》す。即今《そっこん》、諸禪徳《しょぜんとく》、三老《さんろう》の途轍《とてつ》に墮《だ》せず、一句《いっく》を道《い》い將《も》ち來《き》たれ。晷運推遷《きうんすいせん》の事如何《じいかん》。代わって曰く、寒《かん》を怯《おそ》れて剃《そ》るに懶《ものう》し、髼鬆《ほうしょう》たる髪《かみ》、暖《だん》を愛《あい》して頻《しき》りに添《そ》う、榾柮《こっとつ》の柴《し》。

〈訳〉

潙山が示衆して、「仲冬厳寒、年年の事、晷運推移の事如何」と尋ねたら、仰山も香厳も同じように、近前叉手《きんぜんしゃしゅ》して立った。

師いわく、「諸君、潙山、仰山、香厳の三人のまねをせずに、一句を言え。晷運推遷の事如何」。代わっていわく、「寒を怯れて剃るに懶し、髼鬆たる髪、暖を愛して頻りに添う、榾柮の柴」。

○潙山示衆曰＝『五灯会元』巻九、潙山霊祐章、「示衆に云く、〈仲冬厳寒年年の事、晷運推移の事若何〉。仰山、近前

叉手して立つ。師云く、〈我れ也た知んぬ、汝が這《こ》の話に答え得ざることを〉。却って香厳を顧みる。厳云く、〈某甲、偏えに這《こ》の話に答え得ん〉。師、前問を躡《つ》ぐ。厳亦た近前叉手して立つ。師云く、〈頼《さいわ》いに寂子が不会なるに遇う〉」。この話、前出［一―四二］にも。

〇一模脱出＝同じ鋳型から出たように、同じ対応。

〇怯寒懶剃鬔鬆髪。愛暖頻添榾柮柴＝寒さで剃るのも面倒なので髪はボサボサ、温まろうと、頻りに薪をくべる。前出［一―九八］。

【二―八六―一】［巻之二の一八丁裏］

臘月初七夜示衆。

山僧曉來、夢聞鐘聲披七條。從僧堂後門入而顧上肩、衡梅先師擁被靠板頭而坐。山僧低頭問訊而退。遂轉巡聖僧龕一匝。到下間、將登牀而覺矣。

臘月初七夜《ろうげつしょしちや》、衆《しゅ》に示す。

山僧曉來《さんぞうぎょうらい》、夢《ゆめ》に鐘聲《しょうせい》を聞いて、七條《しちじょう》を披《ひ》す。僧堂《そうどう》の後門《ごもん》より入って上肩《じょうけん》を顧《かえり》みるに、衡梅先師《こうばいせんし》、被《ひ》を擁《よう》して板頭《はんとう》に靠《よりかか》って坐す。山僧《さんぞう》、低頭問訊《ていとうもんじん》して退《しりぞ》く。遂《つい》に轉《てん》じて聖僧《しょうそう》の龕《がん》を巡《めぐ》ること一匝《いっそう》。下《げ》間《かん》に到って、將《まさ》に牀《しょう》に登《のぼ》らんとして覺《さ》む。

〈訳〉

「山僧《わたし》は明け方、夢の中で鐘声を聞き、袈裟をかけて、僧堂の後門《ごもん》から入って上肩を見た。するとそこに、衡梅先師が蒲団を擁して板頭に寄りかかって坐っていた。そこで山僧は低頭問訊して退き、聖僧龕を一巡りし、下間に行って牀に登ろうとした、その時に夢から覚めた」。

○衡梅先師＝雪江宗深。
○擁被靠板頭而坐＝「板頭」は、僧堂の長連の最初の場所。
○聖僧龕＝聖僧を安置した厨子。
○下間＝僧堂の南側。

【二―八六―二】［巻之二の一八丁裏］

凡諸方寺院、臘八長坐、酬黄面老漢、自覺覺他慈蔭也。山僧住正法山已來、三値臘八。初則臥病牀。次年老羸不能同衆而止。今茲亦爾。爰原曉來夢、蓋夫先師之意在補闕典耶。法山無産、清衆不忍枯淡、太半分散。猶以夙寃聚首底、纔二十餘輩、四節三佛、諸般行事、要使大雄叢規不墜于地。所謂凝塵一榻、儼如臨千衆。寔是獨弄參軍一場笑具也。

凡《およ》そ諸方《しょほう》の寺院《じいん》、臘八長坐《ろうはつちょうざ》、黄面老漢《おうめんろうかん》、自覺覺他《じかくかくた》の慈蔭《じいん》に酬《むく》う。山僧《さんぞう》、正法山《しょうぼうざん》に住してより已來《このかた》、三《み》たび臘八《ろうはつ》に値《あ》う。初めは則ち病牀《びょうしょう》に臥《ふ》す。次の年は老羸《ろうえい》、衆《しゅ》に同《どう》ずること能《あた》わずして止《や》む。今茲《ことし》も亦《ま》た爾《しか》り。爰《ここ》に曉來《ぎょうらい》の夢《ゆめ》を原《ゆめあわせ》するに、蓋《けだ》し夫《そ》れ先師《せんし》の意、闕典《けってん》を補《おぎな》うに在《あ》るか。法山《ほうざん》、産無《さんな》し、清衆《せいしゅ》、枯淡《こたん》に忍《しの》びず、太半分散《たいはんぶんさん》す。猶《な》お夙寃《しゅくおん》を以て首《こうべ》を聚《あつ》むる底《てい》、纔《わず》かに二十餘輩《よはい》、四節三佛《しせつさんぶつ》、諸般《しょはん》の行事《ぎょうじ》、大雄《だいゆう》の叢規《そうき》をして地《ち》に墜《お》ちざらしめんことを要《よう》す。所謂《いわ》ゆる凝塵一榻《ぎょうじんいっとう》、儼《げん》たること千衆《せんしゅう》に臨《のぞ》むが如《ごと》し。寔《まこと》に是れ獨弄參軍《どくろうさんぐん》、一場《いちじょう》の笑具《しょうぐ》なり。

〈訳〉

「諸方の禅寺では臘八の大接心を行って、釈尊の自利利他の教えの慈蔭に酬いるのである。山僧《わたし》は妙心寺に住して、三度の臘八に逢ったが、最初の年は病牀に臥し、二年目は老羸で大衆とともに坐ることができなかった、今年もまた同様だ。今ここで、明け方に見た夢を考え合わせるに、先師が夢に現れ（板頭に寄りかかって坐っておられ）た意味は、（妙心寺の）叢規の欠けたるを補わんとするにあったのではないかと思う。妙心寺は寺産もなく、雲衲衆は枯淡に堪えられず大半の者は分散した。それでも、よくよくの縁があって聚まった者、わずかに二十余名が、四節三仏忌をはじめとする行事を執り行って、百丈清規を地に墜としめぬようしているのである。いわゆる凝塵一榻、居処に意をはらわず、（僧衆が少なくとも）儼として千衆に臨むようにして来たのだが、まことに独弄参軍というもの、お笑い種《ぐさ》である」。

○黄面老漢＝釈尊。
○自覚覚他＝自利利他。上求菩提、下化衆生。
○原暁来夢＝「原」は、見た夢を考え合わせて吉凶をうらなう。
○補闕典＝規定の足らざるところを補う。
○法山無産＝再建途上の妙心寺。
○夙寃聚首底＝「不是寃家不聚頭」（よくよくの縁あればこそ一堂に集まる）の語をふまえた表現。
○四節三仏＝四節は、結夏、解夏、冬至、年朝。三仏は、涅槃会、降誕会、成道会。
○大雄叢規＝百丈清規。
○凝塵一榻＝凝塵満榻とも。居処に意を払わず机に塵が積もるのにも意を介さない。
○儼如臨千衆＝（僧衆が若干名であっても）千衆に対するごとく。
○独弄参軍一場笑具＝「独弄参軍」は前出［二―二四―三］。ただし、ここでは「たった一人で軍陣にのぞむ」というニュアンス。

【三―八六―三】［巻之二の一九丁表］

因憶、十餘年前、住丹州佐佐江清隠菴之日、先師賜書曰、憶夫敗簷雪月不愧法昌古風、惟爲大法自愛保重。法昌遇禪師、爲雲門的孫。眼高四海、名重叢林。不減徳山臨濟底大宗師、而少衆縁。一日以十八泥像爲聽徒、令一力打鼓而説法。雖然如此、當時雲門一宗、未嘗致寂寥、以有法昌也。烏虖識子莫如父。然而以余諭法昌、則豈不過當耶。

因《よ》って憶《おも》う、十餘年前《じゅうよねんまえ》、丹州佐佐江《たんしゅうささえ》の清隠菴《せいいんあん》に住《じゅう》するの日《ひ》、先師《せんし》、書《しょ》を賜《たま》わって曰く、憶《おも》うに夫《そ》れ、敗簷《はいえん》の雪月《せつげつ》、法昌《ほっしょう》の古風《こふう》に愧《は》じず。惟《こ》れ大法《だいほう》の爲《ため》に自愛保重《じあいほちょう》せよ、と。法昌《ほっしょう》の遇禪師《ぐうぜんじ》は雲門《うんもん》の的孫《てきそん》たり。眼《まなこ》、四海《しかい》に高く、名《な》、叢林《そうりん》に重し。徳山臨濟《とくさんりんざい》に減《げん》ぜざる底《てい》の大宗師《だいしゅうし》にして、衆縁《しゅうえん》を少《か》く。一日《いちじつ》、十八泥像《じゅうはちでいぞう》を以て聽徒《ちょうと》と爲《な》し、一力《いちりき》をして鼓《く》を打たしめて説法《せっぽう》す。然《しか》も此《かく》の如《ごと》くなりと雖《いえど》も、當時《そのかみ》、雲門《うんもん》の一宗《いっしゅう》、未だ嘗《かつ》て寂寥《せきりょう》を致《いた》さざることは、法昌《ほっしょう》有るを以てなり。烏虖《ああ》、子《こ》を識《し》るは父《ちち》に如《し》くは莫《な》し。然《しか》して余《よ》を以て法昌《ほっしょう》に諭《たと》うるときは、則ち豈《あ》に過當《かとう》ならずや。

〈訳〉

「そこで思い起こすのである。十余年前、丹波佐佐江の清隠庵に住していた時、先師から書簡を頂戴した。それには〈憶うに（そなたは、今）破れ屋から雪月を愛でる日常であろうが、これは法昌遇禅師の古風にまさるとも劣らないものだ。どうか、大法のために自愛されよ〉とあった。法昌倚遇禅師は雲門の的孫で、その眼の高いことは四海に知れ、その名も禅界に響いた、徳山や臨済にも劣らざる大宗師であったが、そこに集まる雲衲衆は少なかったという。ある日、十八羅漢の泥像を聴衆にして、行者《あんじゃ》に開講の合図の法鼓を打たせて説法したという。こういうことであったが、その当時、雲門宗が寂れなかったのは、この法昌禅師がおられたからである。ああ、〈子を知るは父に如くはなし〉というが、先師ならではのお言葉であった。だが、私を法昌禅師になぞらえるのは、行き過ぎというものだろう」。

○丹州佐佐江清隠庵＝京都府南丹市日吉町佐々江。
○敗簷雪月＝破れた簷から雪月を愛でる。
○雲門的孫＝雲門下四世。
○以十八泥像為聴徒、令一力打鼓而説法＝法昌倚遇禅師は規矩厳しくて、誰も雲衲衆が寄りつかず、開炉の日に十八羅漢の泥像を炉の周りに安置して説法した。『普灯録』巻二、法昌倚遇章、「上堂。法昌今日開炉、行脚の僧、一箇も無し、唯だ十八高人のみ有って、口を緘《とざ》し炉を囲んで打坐す」。また、『僧宝伝』巻二十八、法昌倚遇章の賛に「一力を以て鼓を撾《う》たせ、十八泥像の為に禅を説く」。
○識子莫如父＝父ほどその子の性格を知っている者はない。『管子』大匡に「知子莫如父」。

【二―八六―四】［巻之二の一九丁裏］

臨濟大師曰、長坐不臥六時行道、皆是造業底人。當寺開山祖翁、因有僧自寂室會裏來。祖問曰、聞飯高督衆長坐、是否。僧曰是。祖曰、你試坐看。僧便面壁跏趺。祖翁大罵、連棒打趁出。

臨濟大師《りんざいだいし》曰く、長坐不臥《ちょうざふが》、六時行道《ろくじぎょうどう》、皆な是れ造業底《ぞうごうてい》の人と。當寺開山祖翁《とうじかいさんそおう》、因《ちな》みに僧有り寂室《じゃくしつ》の會裏《えり》より來たる。祖問うて曰く、聞く、飯高《はんこう》、衆《しゅ》を督《とく》して長坐《ちょうざ》すと、是《ぜ》なりや否《いな》やと。僧曰く、是《ぜ》。祖曰く、你《なんじ》試《こころ》みに坐《ざ》せよ看《み》ん。僧、便ち面壁跏趺《めんぺきかふ》す。祖翁《そおう》、大《おお》いに罵《ののし》って、連棒《れんぽう》に打《う》って趁《お》い出《い》だす。

〈訳〉

「臨済大師は〈長坐不臥し、六時行道する者は皆な造業底の人だ〉と言われた。その昔、妙心寺開山の関山禅師のところへ、永源寺の寂室会下の僧がやって来た。開山祖師が問うた、〈永源寺では長いこと坐禅させるそうだが、本当か〉。僧、〈そのとおり〉。開山祖師、〈では、おまえさん、坐ってみろ〉。僧はそこで面壁し結跏して坐禅した。開山祖師は大いに罵って、続けさまに打って追い出した」。

○臨済大師曰＝『臨済録』示衆。

○当寺開山祖翁、因有僧自寂室会裏来＝関山国師のこの逸話は珍しい。関山慧玄（一二七七～一三六〇）、寂室元光（一二九〇～一三六七）は同時代である。

○飯高＝飯高山永源寺。

【二―八六―五】［巻之二の一九丁裏］

居常衲僧家訶佛罵祖、因甚麼、臘月今夜忍寒兀坐、墮尚闍梨舊途轍。直饒道明星時時出現諸佛日日成道、猶是蝦跳不出斗。衆中還有悟得底麼。若快薦取、何拘坐臥。花須連夜發、莫待曉風吹。若也會不得、假令豎起鐵脊梁到彌勒下生、總是黒山鬼窟裏活計。堪濟甚事。寔造業底人也。

居常《よのつね》、衲僧家《のうそうけ》、佛《ぶつ》を訶《か》し祖《そ》を罵《ののし》る、甚麼《なん》に因ってか、臘月《ろうげつ》の今夜《こんや》、寒《かん》を忍《しの》んで兀坐《ごつざ》し、尚闍梨《しょうじゃり》の舊《きゅう》途轍《とてつ》に墮《だ》す。直饒《たと》い明星時時《みょうじょうじじ》出現《しゅつげん》し、諸佛日日成道《しょぶつにちにちじょうどう》すと道《い》うも、猶お是れ蝦跳《かはね》れども斗《と》を出《い》でず。衆中《しゅうちゅう》、還《かえ》って悟得《ごとく》する底《てい》有りや。若《も》し快《かい》に薦取《せんしゅ》せば、何ぞ坐臥《ざが》に拘《かか》わらん。花は須《すべか》らく連夜《れんや》に發《ひら》くべし、暁風《ぎょうふう》の吹《ふ》くを待《ま》つこと莫《な》かれ。若し也《ま》た會《え》不《ふ》得《とく》ならば、假令《たと》い鐵脊梁《てつせきりょう》を豎起《じゅき》して彌勒《みろく》下生《あしょう》に到るとも、總《そう》に是れ黒山鬼窟裏《こくさんきくつり》の活計《かっけい》。甚《なん》の事《じ》を濟《な》すにか堪えん。寔《まこと》に造業底《ぞうごうてい》の人なり。

〈訳〉

「衲僧たる者、常に仏を叱り達磨を罵る気概であるが、臘月の今夜、寒さをこらえて兀坐し樹になりきったという、古の尚闍梨《しょうじゃり》仙人の真似事を、なぜしておるのか。たとい時時に明星が現われて、日日に諸仏が成道したところで、〈エビジャコが跳ねても斗を出ることはできない〉というものだ。諸君の中に悟得した者はおるか。もし快適に分かるならば、坐ろうが寝ようが関係はない。〈花は須らく連夜に発くべし、暁風の吹くを待つこと莫かれ〉だ。もし会得できないならば、いくら鉄脊梁を豎起して五十六億七千万年のちの弥勒下生《あしょう》まで坐禅したところで、すべて空見に堕して無駄な工夫をするだけだ。何の役にも立たぬ、まことに悪業を重ねるというものだ」。

○尚闍梨＝『大智度論』四、釈迦の前生、尚闍梨仙人。螺髻仙人とも。一樹下に坐して兀然不動。鳥はこれを樹と思って髻の中に卵をうみつけた。『観音玄義』下。

○蝦跳不出斗＝『句双葛藤鈔』に「圏圚ヲ出デザルノ義ゾ」。超脱することはできぬ。

○花須連夜発、莫待暁風吹＝『犂耕』（電子達磨版一八五五頁）「言うこころは、若し復た会得せずんば、早く須らく悟発すべし、因循として明朝後日を待つこと莫かれ」。ここの「連夜」は徹夜の義、「その夜のうちに」。通宵徹夜のことを「連明連夜」という。
○到弥勒下生＝五十六億七千万年のち。とうてい無理。
○黒山鬼窟裏活計＝「鬼窟裏作活計」とも。空見に堕して（徒労に）あれこれ工夫すること。『葛藤語箋』「黒山下鬼窟裏」に「忠曰く、黒山は緊那羅《きんなら》の住処、今鬼窟と称すると多く違わず。又た、鉄囲両山の間、黒闇の処に鬼住す、亦た黒山鬼窟と称す可し。蓋し、邪禅の小禅味に著して窟宅と為すに比す」。『禅学大辞典』「鬼窟裏活計」に「活計は生活。空の一辺に堕し動きがとれず、自由のきかない生活」。『禅語辞典』「向鬼窟裏作活計」に「幽鬼の棲みかで暮らす」とする。岩波文庫本『碧巌録』でも「幽鬼の住家で暮しを立てている」とする。そもそも「活計」には多義がある。『漢語大詞典』にいう。①生計。職業。②生活費用。生活資料。②維持生計。生活。④工夫。用例に『朱子語類』巻二、「不可只於文字上作活計也」。⑤宗教徒修行的功課。用例に『冷斎夜話』巻六、「予時方十六七、心不然之、然聞清修自守、是道人活計、喜之耳」。⑥以下略。禅録での「作活計」は大部分が「作工夫」の意味で通る。「暮らす」の義であれば、「眉毛上作活計」などをいかんか釈せん。

【二―八六―六】［巻之二の二〇丁表］

雪竇和尚頌跋陀婆羅水因三昧曰、了事衲僧消一箇、長連牀上展脚臥。夢中曾説悟圓通、香水洗來驀面唾。豈不快哉。咄。噇眠去。［大衆一時散。師復召云］且坐喫茶。

雪竇和尚《せっちょうおしょう》、跋陀婆羅《ばっだばら》の水因三昧《すいいんざんまい》を頌《じゅ》して曰く、了事《りょうじ》の衲僧《のうそう》、一箇《いっこ》を消《しょう》す、長連牀上《ちょうれんしょうじょう》に脚《あし》を展《の》べて臥《ふ》す。夢中《むちゅう》曾《かつ》て説《と》く、圓通《えんづう》を悟《さと》ると、香水《こうすい》洗《あら》い來《き》たるも、驀面《まくめん》に唾《だ》せん、と。豈《あ》に快《かい》ならずや。咄《とつ》。噇《どう》眠《みん》し去れ［大衆《だいしゅ》、一時《いちじ》に散ず。師復《ま》た召して云く］且坐喫茶《しゃざきっさ》。

〈訳〉

「雪竇和尚は跋陀婆羅の水因三昧を頌して、〈了事の衲僧、一箇を消す、長連牀上に脚を展べて臥す。夢中曾て説く、円通を悟ると、香水洗い来たるも、驀面に唾せん〉と言われた。実に痛快ではないか。咄！、行って眠るがいい。［ここで大衆、一斉に散じた。すると、師はまた召して云く］「且坐喫茶《しゃざきっさ》！」。

○雪竇和尚頌跋陀婆羅水因三昧曰＝『碧巌録』第七十八則「十六開士入浴」の頌。

○了事衲僧消一箇、長連牀上展脚臥＝（十六開士はみな一緒に悟ったそうだが）本物の埒の開いた衲僧ならば、たった一人でよい。そういう本物ならば、もはや長連牀上で思い切り脚を伸ばして寝てもかまわぬ。

○夢中曾説悟円通、香水洗来驀面唾＝円通を悟ったなどと夢のようなことを言う寝ぼけた奴は、香水で洗って来たように思っておるが、いやいや、むさむさしい、その顔に唾をかけてやろう。

○且坐喫茶＝「帰堂喫茶」ということ。禅堂に帰って、如法に喫茶を儀を終え、しかるのちに坐禅工夫せよ。

【二―八七】［巻之二の二〇丁表］

退院辭衆上堂。

［拈拄杖云］正法山頭老紫藤、拈來鐵面瘦如僧。歸歟屋裏揚州好、未必辭雲入碧層。

退院《ついいん》、衆を辭する上堂《じょうどう》。

[拄杖《しゅじょう》を拈《ねん》じて云く]正法山頭《しょうぼうざんとう》の老紫藤《ろうしとう》、拈《ねん》じ來《き》たれば、鐵面《てつめん》、僧《そう》よりも瘦《や》す。歸《かえ》らめや、屋裏《おくり》の揚州《ようしゅう》好《よ》し、未《いま》だ必《かなら》ずしも雲《くも》を辭《じ》して碧層《へきそう》に入らず。

〈訳〉

[拄杖を拈じて云く]「正法山頭でこの老紫藤を取ってみれば、その鉄面は僧よりも痩せている。いざ帰らめや、わが屋裏の揚州の素晴らしい所へ。必ずしも雲を辞して碧層の乱峰には入るまい」。

○正法山頭老紫藤、拈来鉄面痩如僧＝雲水行脚のさまを「痩藤挑月、破笠包雲」という。短い藤の杖を痩藤という。「紫藤」は杖のことらしいが、この語、他に見えない。

○屋裏揚州好＝後出[二―一四二]に「屋裏揚州」とある。『葛藤語箋』「屋裏鬻揚州(屋裏に揚州を鬻ぐ)」に、「遠く求めずして、坐ながらに致すの謂なり」と。揚州は貨物の集散地で、商業の中心地。居ながらに揚州におけるような商取引をする、自在の妙用を「屋裏鬻揚州」という。『密庵録』下、頌賛に「屋裏に揚州を販《ひさ》ぐ。水深く山更に幽なり、終年客の到る無く、明月自ずから相投ず」。ここでは、(外にあるのではなく、内なる)自己本分の家郷を「屋裏揚州」という。

○辞雲入碧層＝「辞雲入乱峰」の語あり。『五灯会元』巻十九、楊岐方会章、「一日、明(慈明)上堂、師出でて問う、〈幽鳥語喃喃、雲を辞して乱峰に入る時如何〉。明曰く、〈我れは荒草裏に行き、汝は又た深村に入る〉」。『句双葛藤鈔』「幽鳥語喃喃、辞雲入乱峰」に「雲ハ向上也、乱峰向下也。向上ヨリ向下ニ下ルノイヽ也」。

住濃州賀茂郡不二菴語

【二―八八】［巻之二の二二丁表］

住濃州賀茂郡不二菴語

師明應元年壬子［師時六十五歳］十月某日、在妙心養源院受請、以十一月二十八日入菴。

濃州《じょうしゅう》賀茂郡《かもぐん》の不二菴《ふにあん》に住する語

師、明應元年壬子《めいおうがんねんみずのえね》［師、時に六十五歳］十月某日、妙心養源院《みょうしんようげんいん》に在って請《しょう》を受け、十一月二十八日を以て入菴《にゅうあん》。

〈訳〉

濃州賀茂郡の不二庵に住する語

師は明応元年（一四九二）［時に六十五歳］十月某日、妙心養源院で拝請を受け、十一月二十八日に不二庵に入られた。

○不二菴＝濃州賀茂郡細目（現在の八百津）黒瀬の不二菴。開基は如幻尼。『大仙寺史』二二頁では「古田彦衛門信正の娘」であるとし、寛正二年（一四六一）古田彦衛門尉信正の寄進状に不二菴の名が初めて見えるとする。また、元禄七年（一六九四）に書かれた由緒書控えには「古田彦衛門尉信正、本檀那と為りて大仙寺を立置候」、また「如幻和尚入定の地、黒瀬町裏にこれあり、如幻和尚は比丘尼の由申し伝え候」とある。福島金治氏に「中世後期美濃国細目郷の領主古田氏と不二庵」(『愛知学院大学人間文化研究所紀要　人間文化』二六)という論考がある。

【二―八九】［巻之二の二二丁表］

祝聖畢斂座曰、
一衣一鉢垂垂老、萬水千山得得來。若有聻頭漢、扶起我雷堆。參。

時有僧出衆曰、萬壑松聲新、長千歳之碧、一庭梅樹、早漏太平之春。端的家風、請師指示。

師曰、九皐鶴舞威音外、三島花開大塊初。

僧曰、南山起雲、北山下雨。

師曰、天之用莫如龍。

僧曰、記得、維摩詰問文殊師利、何等是菩薩入不二法門。文殊曰、如我意者、於一切法、無言無説、無示無識、離諸問答、是爲入不二法門。的當也無。

師曰、碧玉盤中珠、瑠璃殿上月。

僧曰、與麼則話盡山雲海月情。

師曰、淵默雷轟。

僧曰、祝聖一句又作麼生。

師曰、萬年松在祝融峯。

僧曰、福慧兩足尊。便禮拜。

師曰、文字門前大蟲。

祝聖畢《しゅくしんおわ》って座《ざ》を斂《おさ》めて曰《いわ》く、

一衣一鉢《いちえいっぱつ》、垂垂《すいすい》として老い、萬水千山《ばんすいせんざん》、得得《とくとく》として來たる。若し聱頭《ごうとう》の漢《かん》有らば、我が雷堆《らいつい》を扶起《ふき》せよ。參《さん》。

時に僧有り、衆を出でて曰く、萬壑《ばんがく》、松聲《しょうせい》新たに、千歳《せんざい》の碧《みどり》を長《ちょう》じ、一庭《いってい》の梅樹《ばいじゅ》、早く太平《たいへい》の春を漏らす。端的《たんてき》、家風《かふう》、請う師指示《しじ》したまえ。

師曰く、九皋《きゅうこう》、鶴《つる》舞《ま》う、威音《いおん》の外《そと》、三島《さんとう》、花開く、大塊《だいかい》の初《はじ》め。

僧曰く、南山《なんざん》に雲を起こし、北山《ほくさん》に雨を下《ふ》らす。

師曰く、天の用は龍に如《し》くは莫《な》し。

僧曰く、記得《きとく》す、維摩詰《ゆいまきつ》、文殊師利《もんじゅしり》に問う、何等《なんら》か是れ菩薩入不二《ぼさつにっぷに》の法門《ほうもん》。文殊《もんじゅ》曰く、我が意の如きんば、一切《いっさい》の法に於いて、無言無説《むごんむせつ》、無示無識《むじむしき》、諸《もろ》もろの問答《もんどう》を離る、是れを入不二《にっぷに》の法門《ほうもん》と爲す。的當《てきとう》なりや也《ま》た無《いな》や。

師曰く、碧玉《へきぎょく》、盤中《ばんちゅう》の珠《たま》、瑠璃殿上《るりでんじょう》の月《つき》。

僧曰く、與麼《よも》ならば則ち、話《かた》り盡《つ》くす山雲海月《さんうんかいげつ》の情《じょう》。

師曰く、淵默《えんもく》、雷轟《らいとどろ》く。

僧曰く、祝聖《しゅくしん》の一句《いっく》、又た作麼生《そもさん》。

師曰く、萬年《まんねん》の松《まつ》は祝融峯《しゅくゆうほう》に在り。

僧曰く、福慧兩足尊《ふくえりょうそくそん》、といって便ち禮拜《らいはい》す。

師曰く、文字門前《もじもんぜん》の大蟲《だいちゅう》。


〈訳〉


祝聖畢って座を斂めていわく、「一衣一鉢、垂垂として老い、万水千山、得得として来たる。我こそはという強者がおあらば、この老いぼれを扶け起こせ、さあ、参じてみよ」。

時に一人の僧が出て来ていう、「谷には新たな松声が響き千歳の緑を伸ばし、庭の梅樹はすでに太平の春を兆しております。この時にあたって、ずばり、和尚の家風をお示しください」。

師いわく、「九皐、鶴は舞う威音の外、三島、花は開く大塊の初め」。

僧、「南山に雲が起これば、北山に雨が降る（ように了解いたしました）」。

師、「天が用うるは龍に如くはなし」。

僧いわく、「維摩が文殊に、菩薩入不二の法門を尋ねると、文殊は、一切の法において無言無説、無示無識、一切の問答を離れること、これが入不二の法門だ、と答えられましたが、正しいでしょうか」。

師、「碧玉の盤にならべられた宝珠、瑠璃殿の上に照らす月」。
僧、「山雲海月の情を語り尽くす（ようにお示しいただきました）」。
師、「淵默、雷轟く」。
僧、「祝聖の一句は如何」。
師、「祝融峰頂に万年の松が在る」。
僧、「福慧両足尊」といって礼拝。
師、「文字門前の大虫」。

○一衣一鉢垂垂老、万水千山得得来＝貫休の「情を陳べて蜀の皇帝に献ぐ」詩に「一缾一鉢垂垂老、千水千山得得来」。「垂垂」は、漸漸、次第次第に。「得得」は、『栲栳珠』（電子達磨版一〇二四頁）に「唐人の方言、特地なり」。わざわざ。『禅語辞典』では貫休詩の「得得」を「てくてく」と解しているが、採らない。
○瞥頭漢＝前出［一―八九―一］「瞥頭禅」。
○雷堆＝擂搥に同じ。禅僧を罵る語。又たほめる意もある。『東山外集』上、「樞兄の梅州に之《ゆ》くを送る偈」に「住庵の人、老雷椎、行脚の士、心孔開く」。『葛藤語箋』に「忠曰く、椎は訛って堆と作《な》す。余謂うに、擂椎は擂盆、物を研ぐ椎。言うこころは僧頭の円くして、雷槌に似たるなり」。また『盌雲霊雨』巻十七、訂訛の上に詳しい。
○万壑松声新、長千歳之碧、一庭梅樹、早漏太平之春＝祝語。
○九皐鶴舞威音外、三島花開大塊初＝『虚堂録』巻一「万松山延福寺語録」。『犁耕』（電子達磨版三〇一頁）に「旧解に曰く、威音の外、大塊の初め、混沌未分なり、二句祝語と。忠曰く、千年の鶴舞う仙境に華開く、以て天子の聖寿、国家の安康を祝するなり」。「九皐」は、沢の深遠なところ、鶴のおる場所。『詩経』に「鶴は九皐に鳴く」。「三島」は、蓬萊、方丈、瀛洲の三神山。「大塊」は、大地、自然そのもの。

○南山起雲、北山下雨＝『犂耕』（電子達磨版一八四九頁）に「忠曰く、知音底なり」。

○天之用莫如龍＝天が用いる乗り物は龍しかない。杜甫「遣興」二首の一に「天の用うるところは龍に如《し》くは莫し」。『史記』平準書に、「天の用うるところは龍に如《し》くは莫し、地の用うるところは馬に如くは莫し、人の用うるところは亀に如くは莫し」。

○維摩詰問文殊師利＝『維摩経』巻八。

○碧玉盤中珠、瑠璃殿上月＝見事な上に、さらに見事。

○話尽山雲海月情＝『碧巌録』第五十三則の頌。『碧巌秘抄』に「心肝五臓ヲ吐出シタ」。知音同士が情をつくしてすっかり語り尽くした。

○淵黙雷轟＝維摩の一黙、雷のごとし。『句双葛藤鈔』「ロウロウト、アオミカエッテ居タ処ロハ、エズイ（＝恐ろしい）ゾ、雷轟デハナイカ、極則ノ機鋒ナリ」。

○万年松在祝融峰＝「祝融峰」は南嶽衡山七十二峰中の最高峰。『犂耕』（電子達磨版一六一〇頁）に「忠曰く、衡岳志一に曰く、祝融峰、県の西北三十里に在り。高さ九千七百三十丈、諸峰に在って此れ最高なり。諸峰を擁して直上す。位《くらい》離宮に直《あ》たる、以て火徳に配す。乃ち祝融君の游息の所なり云々」。祝融峰上に松があったことは、『圜悟語録』などに「祝融峰頂万年松」などとあり、祝語に用いられる。

○福慧両足尊＝福徳と智慧を二つながらそなえた最上の者である仏。

○文字門前大虫＝難解。「大虫」は虎。「義虎」の語もあるように、僧の文学を褒めたとしたものか。『蘇軾文集』「評杜默詩」に「学海波中老龍、聖人門前大虫」とある。

【二―九〇】［巻之二の二二丁裏］

師乃曰、如適來問禪擧、不二門無言説。元來眞正擧揚、那用東葛西葛。到者裏、直饒文殊普賢出來、纔問如何若何、舀熱屎驀頭潑。叵耐、徳山臨濟行雨點棒下雷奔喝。雖然恁麽、今日祝聖開堂、不免納一場敗闕。［撃拂子云］風花雪月任流傳、金剛腦後添生鐵。［叙謝不録］

師乃ち曰く、適來《せきらい》の問禪《もんぜん》の擧《こ》するが如きんば、不二門《ふにもん》、言説《ごんせつ》無し。元來《がんらい》、眞正《しんしょう》の擧揚《こよう》、那《なん》ぞ東葛西葛《とうかつせいかつ》を用いん。者裏《しゃり》に到って、直饒《たと》い文殊普賢《もんじゅふげん》出で來たるも、纔《わず》かに如何若何《いかんいかん》と問わば、熱屎《ねっし》を舀《く》んで驀頭《まくとう》に潑《そそ》がん。叵耐《ほない》なり、徳山臨濟《とくさんりんざい》、雨點《うてん》の棒《ぼう》を行《ぎょう》じ、雷奔《らいほん》の喝《かつ》を下《くだ》すことを。然《しか》も恁麽《いんも》なりと雖《いえど》も、今日祝聖開堂《こんにちしゅくしんかいどう》、免《まぬが》れず、一場《いちじょう》の敗闕《はいけつ》を納《い》るることを。［拂子《ほっす》を撃《う》って云く］風花雪月《ふうかせつげつ》、流傳《るでん》に任す、金剛腦後《こんごうのうご》に生鐵《さんてつ》を添う。［叙謝《じょしゃ》、録せず］。

〈訳〉

師がそこで言われた、「さきほど問禅をした僧は〈不二の法門には言説が無い〉ということを取り上げたが、元来、真の挙揚においては、あれこれ言句を用いることは無用である。もし文殊や普賢が出で来たって、少しでもつべこべ抜かすならば、頭に糞をぶっかけてやろう。徳山が雨のように棒を下し、臨済が雷のように喝を下すとしても、これも我慢ならぬ。とはいえ、今日は祝聖開堂だから、山僧《それがし》も一場のしくじりを演ぜねばなるまい」。［払子を撃って］「雪月花の風流はかまわぬが、肝心要は金剛脳後の生鉄《さんてつ》のマルカセ、法身の当体じゃ」。［叙謝は録せず］。

○那用東葛西葛＝葛藤は無用。「東葛西葛」は前出［二―二四―二］「東喿西葛」を参照。
○問如何若何＝これはどうだ、あれはどうだなどと、つべこべ抜かして尋ねるならば。
○舀熱屎驀頭潑＝『五家正宗賛』大慧宗杲章、「趙巨済、参ずる次いで、謂いて曰く、〈老僧去って後、若し別人有って、伱に禅を教えて、者箇の公案は如何か参ぜん、那箇《なこ》の因縁は如何か会せんと教えば、便ち熱屎《ねっし》を舀《く》んで潑ぎ将ち去らん、記取せよ〉」。
「熱屎」、『助桀』（電子達磨版七六六頁）に「（忠曰く）旧解に曰う、夏日熱時の屎、臭い殊に甚だしと。或もの曰う、熱は但だ臭いの極めて酷だしきを言わんと欲するのみ」。「熱鬧」（やかましい）「熱荒」（あわてふためく）「熱瞞」（たばかる）の例があるように、「熱」は意を強めるのみ、「あつい」ということではない。
○叵耐＝我慢ならぬ。不可耐。
○納一場敗闕＝一幕のしくじり。
○風花雪月任流伝、金剛脳後添生鉄＝前出［一―三三―二］。

【二―九一】［巻之二の二二丁表］

復曰、記得、臨濟大師、臨滹沱河側小院住持。所以道、院臨古渡、運濟往來、把定要津、壁立萬仭。山僧今日、此來住菴。似則似是則不是。作麼生是不是底。［拂一拂云］檻前蒼翠瀑千尺、雪裏牡丹春一枝。

復《ま》た曰く、記得《きとく》す、臨済大師《りんざいだいし》、滹沱河《こだか》の側《かたわら》に臨んで、小院《しょういん》に住持《じゅうじ》す。所以《ゆえ》に道う、院、古渡《こと》に臨んで、往來《おうらい》を運濟《うんさい》す、要津《ようしん》を把定《はじょう》して壁立萬仞《へきりゅうばんじん》、と。山僧今日《さんぞうこんにち》、此に來たって住菴《じゅうあん》。似《に》たることは則《すなわ》ち似《に》たるも、是《ぜ》なることは則《すなわ》ち是《ぜ》ならず。作麼生《そもさん》か是れ不是底《ふぜてい》。〔拂一拂《ほついっほつ》して云く〕檻前《かんぜん》の蒼翠《そうすい》、瀑千尺《ばくせんじゃく》、雪《せつ》裏《り》の牡丹《ぼたん》、春一枝《はるいっし》。

〈訳〉

また言われた、「臨済大師は滹沱河の側の小院に住持された。だから『臨済録』の序にも〈院、古渡に臨んで、往来を運済す、要津を把定して、壁立万仞〉とある。山僧《それがし》も今日（この木曾川のほとりにある不二庵に）住庵した。（川のほとりにあることは）似たようではあるが、是なることは則ち是ならず。如何なるか不是底」。〔払一払していわく〕「檻前の蒼翠、瀑千尺、雪裏の牡丹、春一枝」。

○滹沱河＝原本、「滹」の傍らに「ウ」とあるが、訂した。
○院臨古渡＝『臨済録』馬防の序。
○檻前蒼翠瀑千尺、雪裏牡丹春一枝＝檻前には深い緑と千尺の滝、雪裏に開いた一枝の牡丹が春を兆している。
不二庵の境致。八百津村には「五宝の滝」という名瀑がある。

【二―九二】[巻之二の二三丁表]

當晩小參。

野水無人渡、孤舟終日横。喝一喝、只要檀郎認得聲。有麽。[答不録]。

當晩小參《とうばんしょうさん》。

野水《やすい》、人の渡る無し、孤舟《こしゅう》、終日《ひねもす》横たう。喝一喝《かついっかつ》して、只だ檀郎《だんろう》が聲《こえ》を認得《にんとく》せんことを要す。有りや。

[問答《もんどう》、録せず]。

○この一段は、前出[一―五五]に同じ。

【二―九三―一】[巻之二の二三丁表]

師乃曰、衲子家風、任縁放曠。有時遊九重城闕、入對萬乘至尊。有時立不二法門、端居維摩方丈。一模坦蕩蕩、全體赤條條。雖然與麽、昨來所歴觀、正好重提唱。非循叢林規繩、莫認正法眼藏。

師乃ち曰く、衲子《のっす》の家風《かふう》、縁《えん》に任せて放曠《ほうこう》。有る時は九重《きゅうちょう》の城闕《じょうけつ》に遊び、萬乘《ばんじょう》の至尊《しそん》に入對《にったい》し、有る時は不二《ふに》の法門《ほうもん》を立し、維摩《ゆいま》の方丈《ほうじょう》に端居《たんご》す。一模《いちも》坦蕩蕩《たんとうとう》、全體赤條條《ぜんたいしゃくじょうじょう》。然も與麽《よも》なりと雖も、昨來《さくらい》、歴觀《れきかん》する所、正《まさ》に好《よ》し重《かさ》ねて提唱《ていしょう》するに。叢林《そうりん》の規繩《きじょう》に循《したが》うに非《あら》ず、正法眼藏《しょうぼうげんぞう》と認《みと》むること莫《な》かれ。

〈訳〉

師いわく、「禅僧たるもの、縁に応じ自在に身を一切処に転ずるのが家風である。時には九重《ここのえ》の御所で万乗の至尊に対御し、時には不二の法門を立てて、維摩の丈室に端居する。平らかでひろやかな心を模範とし、赤条条の無一物を丸出しにするのである。そういうわけであるが、ここで山僧が近頃、各地を経て見たことを、あらためて提唱するのもよかろう。叢林の規矩に遵うものではない、これを正法眼蔵と思うてはならない」。

○師乃曰＝以下、東陽禅師が美濃に至る旅程を語るもの。[二―八八]にあったように、明応元年(一四九二)十月某日、妙心寺で拝請を受け、十一月二十八日に美濃の不二庵に入庵しているので、以下の行程は十一月の寒中でのこととなる。

○任縁放曠＝因縁に応じ自在に身を転じて無碍自在。「放曠」は、ものにこだわらぬさま。『五灯会元』巻七、龍潭崇信章に「師(天皇道悟)云く、性に任せて逍遥、縁に随って放曠、但だ凡心を尽くせ、別に聖解無し」。

○一模坦蕩蕩、全体赤条条＝「一模」「全体」は難解。「一模脱出」の語があるように、「同一模範」ということか。また「全体」は「全体露現」か。「坦蕩蕩」は、心が平らかでひろい。『論語』述而に「君子坦蕩蕩」。「赤条条」、一物もない絶無。赤は「赤手」の例のように「空無」の義。

○昨来所歴観＝東陽が京都から美濃へやって来た旅路での、興味深いできごとを以下に述べる。

【二―九三―二】［巻之二の二三丁裏］

攀艮嶽千層之紫翠、則我水濱兮僕木末。備嘗崎嶇嶮岨。蹈太湖萬頃之玻瓈、則船天上兮花霧中。空凝杳渺眺望。社翁七重樹、皆是江左風流。沙觜一株松、莫非林際標榜。

艮嶽千層《こんがくせんそう》の紫翠《しすい》に攀《よ》づるときは、則《すなわ》ち我《われ》は水濱《すいひん》、僕《ぼく》は木末《ぼくまつ》。備《つぶ》さに崎嶇嶮岨《きくけんそ》を嘗《な》む。太湖萬頃《たいこばんけい》の玻瓈《はり》を蹈《ふ》むときは、則《すなわ》ち船《ふね》は天上《てんじょう》、花《はな》は霧中《むちゅう》。空しく杳渺《ようびょう》の眺望《ちょうぼう》を凝《こ》らす。社翁七重《しゃおうしちじゅう》の樹《じゅ》、皆な是れ江左《ごうさ》の風流《ふうりゅう》。沙觜《しゃし》一株《いっしゅ》の松《まつ》、林際《りんざい》の標榜《ひょうぼう》に非《あら》ざること莫《な》し。

〈訳〉

「（まずは）千層に重なる緑の比叡山を登った。〈杜甫は北征の路の困難さを〉〈私が谷川を歩いているというのに、従僕はまだ崖の木の上の方にいる〉と詠じたが、まさにそのような嶮しい路程であった。そして広々とした太湖のような琵琶湖を渡るときは、〈杜甫の詩にあるように〉〈舟に乗っていると、あたかも天上に坐っているようであり、老眼で花を見れば、霧の中に看ている心地で〉、果てしなく広がる渺々たる湖面を眺望しようと、むなしく眼を凝らすのだった。社殿にある七重の樹は、まさに江左の風流。洲崎《すざき》に立つ一本松は、まさに臨済禅師が後人のために標榜《しるし》として植えた松のようであった」。

○攀艮嶽千層之紫翠＝「艮嶽」、河南開封県の東北隅にある山。日本では都の艮《うしとら》にある比叡山をいう。『校証』に「今、比叡山を称す」。比叡山の道を通って琵琶湖に出た。

○則我水浜兮僕木末＝杜甫の「北征」詩に、「我行已水浜、我僕猶木末」。行路の険難を言うもの。「私は（すでに）谷川の水辺を歩いているというのに、従僕は（まだ）崖の木の上の方にいる、という風である」。

○踏太湖万頃之玻瓈＝琵琶湖を太湖に比するもの。

○船天上兮花霧中＝杜甫「小寒食舟中作」に「春水船如天上坐、老年花似霧中看（春水、船は天上に坐するが如く、老年、花は霧中に看るに似たり）」。

○社翁七重樹＝「社翁」は、社の神。ここでは神社のこと。

○江左風流＝「江左」は、もとは長江下流の南岸の地をいうが、ここでは琵琶湖辺のこと。「江左風流」は、晋の政治家、謝安（三二〇～三八五）の故事。文靖は諡。陽夏の名家である謝氏に生まれたが、若い頃は出仕せずに王羲之と交わり、清談に耽った。四十一歳で初めて仕官し、桓温の司馬となった。桓温の死後、尚書僕射《しょうしょぼくや》となり、東晋の政権を握る。その高潔な逸事、その風流は、室町禅林文芸でしばしば引かれるところである。

○沙觜一株松＝「沙觜」は洲崎《すざき》。膳所から琵琶湖に流れる部分に洲崎があり、それを膳の崎と言った。

○林際標榜＝『臨済録』行録に、「師、松を栽うる次いで、黄檗問う、〈深山裏に許多《そこばく》を栽えて什麼《なに》をか作《な》さん〉。師云く、〈一つには山門の与に境致と作し、二つには後人の与に標榜《ひょうぼう》と作《な》さん〉と。道い了って钁頭《かくとう》を将って地を打つこと三下す」。

【三―九三―三】［巻之二の二三丁裏］

蝸角徒爭觸蠻疆、麟閣未畫風雲將。悲矣戰圖峭奔、勉哉王事鞅掌。比良漲雪、屈鳥鼠僧乎阿耨之齋。片田闢葑、漉人天魚乎台教之網。家緺岸冉冉離離、浪連空溶溶洋洋。分鷗席宿葦間、借鷺簑眠沙上。

蝸角《かかく》、徒《いたず》らに觸蠻《しょくばん》の疆《きょう》を争《あらそ》い、麟閣《りんかく》、未だ風雲《ふううん》の将《しょう》を畫《えが》かず。悲《かな》しいかな、戰圖《せんと》峭奔《しょうほん》、勉《つと》めよや、王《おう》事鞅掌《じおうしょう》。比良《ひら》、雪《ゆき》を漲《みなぎ》らして、鳥鼠僧《ちょうそそう》を阿耨《あのく》の齋《さい》に屈《くつ》し、片《カタ》田《た》、葑《ふう》を闢《ひら》いて、人天《にんでん》の魚《うお》を台教《だいきょう》の網《あみ》に漉《ろく》す。家《いえ》、岸《きし》に縋《すが》って冉冉《ぜんぜん》離離《りり》、浪《なみ》、空《そら》に連《つら》なって溶溶洋洋《ゆうゆうようよう》。鷗《おう》、席《せき》を分《わ》かって葦間《いかん》に宿《しゅく》し、鷺《ろ》、簑《みの》を借《か》って沙上《さじょう》に眠《ねむ》る。

〈訳〉

「（いま世間では）狭い領土を互いに争い、徒らに戦っておるが、いまだに誰が勝者となるか、その決着はついてはいない。悲しいかな、戦闘地域は嶮しい山が崩れるがごときである、勉めよ、征役に労苦（して勝利）せよ。雪を漲らせた比良山は、鳥鼠僧を斎に招いた阿耨達池のようであり、堅田の浜（での漁）は、台教の網でもって人天を魚のように掬いとるようである。岸づたいに民家が散らばり、とぎれとぎれに続いている。湖水の波は空と一体になって、緩やかにたゆとうている。鷗のように葦の間に宿し、鷺のように簑を着て沙上に眠る」。

○蝸角徒争触蛮疆＝蝸角の上にある触と蛮という国が互いに争ったこと。『荘子』則陽に、「蝸の左角に国する者有り、触氏と曰う。蝸の右角に国する者有り、蛮氏と曰う。時に相与《とも》に地を争って戦う、伏尸《ふくし》数万」。

○麟閣未画風雲将＝戦争の決着がまだついていないことをいう。「麒麟閣」は、前漢の武帝が築いた高殿で、宣帝の時に、ここに霍光など十一人の功臣の像が描かれた。功臣のことをいう縁語。『古文真宝前集』におさめる杜子美の「投贈哥舒開府」に「今代麒麟閣、何人第一功」。

○戦図峭奔＝「戦図」は前出［一―一一五］。「峭奔」は「奔峭」に同じか。杜甫の「入宅」三首の一に「奔峭、赤甲を背にし、断崖、白塩に当たる」。「奔峭」の鈴木虎雄注に、「謝霊運詩の〈入彭蠡湖口〉詩の〈圻岸屢崩奔〉、〈七里瀬〉詩の〈徒旅苦奔峭〉の句に於いて、李善は、奔峭の奔は崩と同じく、又奔峭の奔は落なりと注せり。之によれば奔峭とは土石の崩落するけはしき山の義なり」。

○勉哉王事鞅掌＝『詩経』小雅、北山に「或棲遅偃仰、或王事鞅掌」。「北山」のこの部分は、安楽な人物と王事（公務＝征役）に苦労する人物とを述べたところ。よって「鞅掌」は「暇がなく容儀を整えないこと」であるが、転じて、煩労、忙しいことをいう。「鞅掌国事」ともいう。ここでは征役に（容儀を整える暇もなく）労苦せよ、という意味。「勉哉」があるのはそのため。

○比良張雪＝頃は十一月、比良山には多くの雪があったに違いない。

○屈鳥鼠僧乎阿耨之斎＝難解。「鳥鼠僧」は蝙蝠のこと。鳥でもなく鼠でもないところから、僧でもなく俗でもないものをいう。烏鼠僧とも。『禅家亀鑑』「末法の比丘、多般の名字有り、或いは烏鼠僧、或いは啞羊僧、或いは禿居士、或いは地獄滓、或いは被袈裟賊」。末法の僧侶の堕落したさまをいう言葉。「阿耨之斎」は「阿耨達池龍王請仏斎」。鶴勒那の因地に龍宮に往いて供を受く。『伝法正宗記』巻四に見える故事。

○片田闢葑＝難解。片田は堅田。「闢葑」は難解。「葑」は、まこもの根。『宋史』蘇軾伝に「又た葑田を取って湖中に積む。南北径三十里、長堤と為し、以て行者を通す」。「葑田」は、水上の葑菱（まこも）が集まって、長い間に泥土となったもの。蘇軾が西湖に蘇公隄を作ったこと。

○漉人天魚乎台教之網＝前出［一―五二―三］「張大教網、漉人天魚」。『法華文句記』巻一に「華厳に云く、仏教の網

を張って法界の海に亘《わた》し、人天の魚を漉《すく》って涅槃の岸に置く」。堅田の地域は比叡山と緊密な関係にあり、その支配下にあった。そのことをいったものか。

○家緒岸冉冉離離＝「冉冉」は、『漢語大詞典』に「①漸進貌。②柔弱下垂貌。③迷離貌。④纏綿貌。⑤怱忙貌。⑥光亮閃動貌」とある。ここでは「離貌＝ちらばっている」の意。また「離離」は、『漢語大詞典』に「①盛多貌。②濃密貌。③井然有序貌。④曠遠貌。⑤明亮貌、光鮮貌。⑥清晰貌、分明貌。⑦隠約貌。⑧若断若続貌、相続貌。以下略」とある。ここでは「隠約＝ぼんやりとしてはっきりしない」か、もしくは「若断若続貌、相続貌＝とぎれとぎれに続いている」の意か。後者を採った。

○浪連空溶溶洋洋＝「溶溶」は、（ゆったりと）流れるさま。「洋洋」は、水の盛んなさま。

【二―九三―四】［巻之二の二二丁裏］

清晨喚起華亭老師、特地做得杯渡和尚。瞑色乍陰霾、水程多虜掠。遂捨棹高島水灣、俄卸帆小松風響。漁簑火寒劫歴三祇、砲車雲起時驚五兩。

清晨《せいしん》に華亭老師《かていろうし》を喚起《かんき》し、特地《どくち》に杯渡和尚《はいとおしょう》と做《な》り得《え》たり。瞑色《めいしょく》乍《たちま》ち陰霾《いんまい》、水程《すいてい》多くは虜掠《りょりゃく》。遂《つい》に棹《さお》を高島《たかしま》の水灣《すいわん》に捨てて、俄《にわ》かに帆《ほ》を小松《こまつ》の風響《ふうきょう》に卸《お》ろす。漁簑《ぎょさい》、火寒《ひさむ》うして、劫《ごう》、三祇《さんぎ》を歴《へ》、砲車《ほうしゃ》、雲《くも》起《お》こって、時《とき》に五兩《ごりょう》を驚《おどろ》かす。

〈訳〉

「夜が明けると、彼の華亭の船子《せんす》和尚ならぬ、琵琶湖の船頭を喚んで、その舟に乗り、（私らは）〈にわか杯渡《はいと》和尚〉となって湖水を渡った。どんよりとした空はたちまちかき曇った。湖水では至るところに湖賊が出没して略奪を行っている。（我が一行は、この湖賊を逃れて北上し）とうとう高島《たかしま》の入江で櫂《かい》を捨てて、急遽、小松浜《こまつがはま》で帆を下ろした。簑を着て火を焚いて暖を取るが、寒さは耐え難く、時のたつのが三祇劫もあろうかと思えた。さらには雷雲が起こって、船尾に着けた風見《かざみ》を揺るがす」。

○喚起華亭老師＝秀州の華亭で小舟を泛べて往来の人を渡していた船子和尚。『五灯会元』巻五。今は琵琶湖の船頭を言うのみ。

○特地倣得＝ここの「特地」は「突然、にわかに」という意味。前出［一―五六］にも同じ意味での用例がある。

○杯渡和尚＝『高僧伝』巻十、神異下、杯度和尚。杯を河水に浮かべ、それに乗って渡河した。

○瞑色乍陰霾＝「陰霾」は、空が真っ暗になること。

○水程多虜掠＝湖賊の出現。これより二十五年先のこと、応仁の乱を逃れて近江の永源寺に向かった横川景三《おうせんけいさん》は琵琶湖で湖賊に遭っており、そのさまを『小補東遊集』の「湖上で故人に逢う詩の叙」で詳しく述べている。その概略はつぎのとおり。

応仁元年（一四六七）八月二十三日、横川は、勃発した応仁の乱を避けて近江の永源寺に逃避した。友人の桃源、春坡、そして桃源の弟の勤公の僧四人、これに荷物を運ぶ人夫二三人を従えた一行であった。陸路ではなく、琵琶湖を舟で渡るほうが近いというので、まずは近江坂本に向かった。坂本宿の主から、足利義視が伊勢に逃れるという噂があり、堅田四十九浦の水族が、機に乗じて隙を伺い、武装して湖上を通る舟を襲い掠奪しているので気をつけて行くようにと忠告された。一行は堅田から来ていた船頭の舟をやとって荷を積み乗りこんだ。夜半、葦の茂みから声がかかり、「水族が出ているから、戻ったほうがいい」という者がいる。船頭は舟から下りて磯に繋留したので、仕方なく岸辺で野営することになった。

二十五日、舟が堅田に着くと、船頭の親が出迎え、湖上には賊が横行しているので危ない、といって引き止め、舟を出すような気配がない。横川たちは、最初の約束と違うではないか、いったいいつになったら出発するのか、と強く出た。船頭はふたたび舟を出したが、ほどなく湖上で賊にあい、また堅田に引き返した。

二十六日、今度は違う舟主を雇い、賄賂を渡して水賊に護衛させて出発、ようやく兵主《ひょうず》(野洲市五条)まで到着し、この地の安楽寺に月末まで滞在した。横川の一行は安楽寺でここの住職の月翁らとともに聯句をした。

八月晦日、安楽寺を辞して去る。寺が馬を四頭用意してくれたので、四人の僧はこれに乗って前河《まえかわ》まで進んだ。行程はわずか二里あまりだったが、「其の間、五歩にして黄巾《こうきん》(賊軍)を迎え、十歩にして赤眉《せきび》(賊軍)を送る。害を免るる者は命なり」とある。道中には匪賊がいたのに襲われなかったのは、安楽寺からの命令があったのだろうという。前河に着くと、そこの茶店に一人の僧が十人の武装した男たちを従えて待っていた。桃源の出身である慈雲庵からの迎えであった。

以上は横川景三の体験であるが、東陽もこれに似たような体験をしたのであろう。

○遂捨棹高島水湾俄卸帆小松風響＝ついに高島の入江で棹を捨てて、にわかに小松浜で帆をおろした。高島は小松浜のおよそ二〇キロ北方にある。朝、堅田を出たのだが、美濃に向かうには対岸の草津に渡るのが順路である。高島は越前に近いのであって、行程としては逆になる。おそらくは、堅田を出てまもなく湖賊に遭遇し、北を指して逃げ、高島の入江に隠れ、その後、南下して小松浜に着いたのであろう。

○漁簑火寒劫歴三祇＝小松浜で野宿して避難した。

○砲車雲起時驚五両＝「砲車」は『校証』に「機を以て石を発して城を攻める具と為す」とあるが、不審である。「砲車」は「礮車」に同じで、暴風の兆しがあるときに出る雲のこと。『羅湖野録』下、蔣山仏慧泉禅師の条に、「今日江頭天色悪、砲車雲起風欲作(今日、江頭、天色悪しし、砲車の雲起こって、風、作《おこ》らんと欲す)」とある。『諸録俗語解』[九三五]「砲車」では「雷なり」とする。「五両」は、船尾の檣に繋いで風向きを見るもの、鶏の羽で作る。風見《かざみ》。

【二一九三―五】［巻之二の二三丁表］

山哀浦思、留幻住於船居。露宿風飡、困慈明於厮養。默禱白髪神、無遑詰蒼華好文章。痛罵碧眼胡、不要蹈莖蘆閑伎倆。與夫經信宿而營營、孰若駕長風以颺颺。

山哀浦思《さんあいほし》、幻住《げんじゅう》を船居《せんきょ》に留《とど》む。露宿風飡《ろしゅくふうさん》、慈明《じみょう》を厮養《しよう》に困《こん》ぜしむ。默《もく》して白髪《はくはつ》の神《かみ》に禱《いの》る、蒼華《そうか》に好文章《こうぶんしょう》を詰《せ》めるに遑《いとま》無し。痛《いた》く碧眼胡《へきがんこ》を罵《ののし》る、莖蘆《きょうろ》を閑伎倆《かんぎりょう》に蹈《ふ》むことを要《よう》せざれと。夫《そ》の信宿《しんしゅく》を經《へ》て營營《えいえい》たらんよりは、長風《ちょうふう》に駕《が》して以て颺颺《ようよう》たるに孰若《いずれ》ぞ。

〈訳〉

「中峰明本和尚の〈船居述懐〉にあるように、山を見、浦を見ては、わびしく哀しい思いを味わい、かの慈明和尚が従僕に身をやつして野宿したように、露に宿し風を飡《くら》ったのだった。默して白髪明神《しらひげみょうじん》に祈るのだが、この毛髪の神に好文章を頼むのではない。あの一本の蘆に乗って渡江した達磨の閑伎倆《いらざるげいとう》を痛罵したのだった。（こんなところで）二日も続けて泊まるよりは、風に吹き上げられて遠くに飛ばされるほうがまだましだ」。

○山哀浦思、留幻住於船居＝「山哀浦思」は、韓昌黎の「河南の張員外を祭る文」に「山哀浦思、鳥獣叫音」とある。「幻住」は中峰明本のこと。『中峰広録』に「船居述懐」「船居十首」がある。特定の詩をふまえるわけではない。

○露宿風飡、困慈明於厮養＝『禅林僧宝伝』巻二十一、慈明禅師章、「汾陽昭禅師の道望、天下第一たることを聞いて、志を決して親しく依らんとす。時に朝廷方に罪を河東に問う。潞沢《ろたく》皆な重兵屯《たむろ》ろす。多くのもの其れ行無からんことを勧むるも、公は顧みず、大河を渡り太行に登り、衣を易えて廝養《しよう》に類いし、名を火隊の中に竄し、露眠草宿して龍州に至り、遂に汾陽に造る。昭公、之れを壮なりとす」。「廝養」は従僕のこと。

◯默禱白髪神＝滋賀県高島市鵜川にある白鬚神社。小松浜と高島のほぼ中間にある。

◯無遑詰蒼華好文章＝「蒼華」は、毛髪の神の名。

◯痛罵碧眼胡、不要踏茎蘆閑伎倆＝一葦渡江のこと。

◯信宿而営営＝「信宿」は連泊。「営営」は、苦労してやまぬこと。

◯孰若＝A孰若B。AよりBのほうがまし。

◯駕長風以颺颺＝「長風」は遠くまで吹く風。「颺颺」は、風に吹き上げられるさま。

【二―九三―六】［巻之二の二三丁表］

載扣舷歌、盍解纜往。旋嵐偃嶽、任發掣電機、白浪洪波、將乗化龍杖。眼界空諸方、心月呑萬象。群衲不凡、滿船無恙。

載《すなわ》ち舷《ふなべり》を扣《たた》いて歌《うた》う、盍《なん》ぞ纜《らん》を解《と》いて往《ゆ》かざる。旋嵐偃嶽《せんらんえんがく》、掣電《せいでん》の機《き》を發《はっ》するに任《まか》せ、白浪洪波《はくろうこうは》、將《まさ》に化龍《けりゅう》の杖《つえ》に乗《の》らんとす。眼界《がんかい》、諸方《しょほう》を空《くう》じ、心月《しんげつ》、萬象《ばんしょう》を呑《の》む。群衲凡《ぐんのうぼん》ならず、滿船恙無《まんせんつつがな》し。

〈訳〉

「そこで舷《ふなべり》を叩いて歌った、〈さあ綱を解いて出発しようではないか。猛風が山を倒そうとも、稲妻の奔るような機《はたらき》を発揮しよう。白浪洪波に乗った（我らの）杖は、今にも龍と化して空に騰らんばかり。衲僧の眼は一切を空じ、その心月は一切万象を呑まんばかり〉。（このように）一行は凡ならざる気概を持っていたので、一同みな恙なく対岸に着いた」。

○載扣舷歌、盍解纜往＝この一段、再び舟を出して湖上を進むさまをいう。「扣舷」は、蘇東坡「前赤壁賦」に「扣舷而歌之」。
○旋嵐偃嶽、任発掣電機＝『句双葛藤鈔』に「旋嵐偃嶽而静、江河競注而不流」とあり、「旋嵐、嶽を偃せども静かに、江河、競い注げども流れず」と訓ませている（もとは『肇論』に出る語）。「旋嵐」は猛風。
○眼界空諸方、心月呑万象＝一行の衲僧たちの気概をいう。

【二―九三―七】［巻之二の二三丁表］

縣吏負弩前驅、山神迎輿近傍。津路惟要、竹浦之晨光熹微。陣雲所屯、柏原之瑞露精爽。烏虖諸禪重繭相隨來、不免打諢以寛廣了也。

縣吏《けんり》、弩《ど》を負《お》うて前驅《ぜんく》し、山神《さんしん》、輿《こし》を迎《むか》えて近傍《きんぼう》す。津路《しんろ》惟《た》だ要《よう》す、竹浦《ちくほ》の晨光《しんこう》の熹微《きび》なることを。陣雲《じんうん》の屯《たむろ》する所《ところ》、柏原《かしわばら》の瑞露精爽《ずいろせいそう》なり。烏虖《ああ》、諸禪《しょぜん》、繭《まゆ》を重《かさ》ねて相隨《あいしたが》い來《き》たる、免《まぬが》れず諢《こん》を打《た》して以《も》って寛廣《かんこう》し了《おわ》ることを。

〈訳〉

「（岸を見れば）県吏が弓を担いで先駆し、迎えの駕籠が近づいて来る。夕暮れのかすかな陽光の中、水路で竹浦に向かう。陣雲のたなびいている所が柏原の宿だ。ああ、諸禅は足にいくつものタコを作り、付いて来てくれたのだ。（宿に着いて）互いに冗談を言って、くつろいだのだった」。

○県吏負弩前駆＝『漢書』司馬相如伝に「県令、弩矢を負うて先駆す」。『見桃録』臨済禅寺山門疏に「邦君、弩を負うて前駆し、府主、疏を作って以て敦請す」とある。

○山神迎輿近傍＝迎えの駕籠が来たらしいが、「山神」が何を言うか未詳。

○津路＝水路。この前に「県吏負弩前駆、山神迎輿近傍」とあるところからすれば、まだ舟を下りずに、いずれかの水路を舟で上り、迎えの者たちは、しばらく川沿いに並行して進んだか。

○竹浦＝未詳。彦根の沖合いおよそ六キロにある竹島（多景島）とすれば、地理的関係がおかしくなる。

○晨光熹微＝「晨光」は陽光。「熹微」はかすかな陽光、夕暮れの色。

○陣雲所屯＝陣雲には「重なりあった雲」と「戦場の空にあらわれる雲」の意はある。ここは後者。

○柏原瑞露精爽＝中山道、柏原宿。「瑞露精爽」は何を言うか未詳。

○重繭＝足が傷ついてタコができ繭のようになること。

○打諢＝ふざけたことを言う。

【二―九三―八】［巻之二の二三丁表］

更有山偈一章、漫述菴居情状。曰、太平不改舊山河、亦兆威風萬方仰。一菴高臥白雲中、多日旅懐都通暢。

更に山偈《さんげ》一章《いっしょう》有り、漫《みだ》りに菴居《あんご》の情状《じょうじょう》を述《じゅつ》す。曰く、太平《たいへい》改めず、舊山河《きゅうせんが》、京兆《けいちょう》の威風《いふう》、萬方《ばんぽう》仰《あお》ぐ。一菴高臥《いちあんこうが》す、白雲《はくうん》の中《うち》、多日《たじつ》の旅懐《りょかい》、都《すべ》て通暢《つうちょう》。

〈訳〉

「さらに一偈をもって、即今、庵居の情を述べよう。〈太平改めず、旧山河、京兆の威風、万方仰ぐ。一庵高臥す、白雲の中、多日旅懐、都て通暢〉」。

○太平不改旧山河＝趙嘏の「汾陽の旧宅を経る」に「門前不改旧山河」。目の前の山河は旧日のごとく、何ら変わるところはない。

○京兆威風万方仰＝この「京兆」は土岐美濃守。土岐の威風をみなが仰いでいる。

○多日旅懐都通暢＝幾日もの困難な旅も（今となってみれば）何らの心の妨げではない。

【二―九四―一】［巻之二の二三丁裏］

施主請示衆。

教中曰、那吒太子、折骨還父、折肉還母。然後現本身、運大神力、爲父母説法。佛眼遠禪師拈曰、骨既還父、肉既還母、用甚麼爲身。若見得去、廓清五蘊、呑盡十方。乃爲偈曰、骨還父肉還母、何者是身分明聽取。山河國土現全軀、十方世界在裏許。大慧禪師亦有頌曰、骨肉都還父母了、不知那箇是那吒。一毛頭上翻身轉、一一毛頭渾不差。師曰、二大老、可謂盡善盡美矣。色身外別無本身。不見道、山花開似錦、澗水湛如藍。

施主《せしゅ》請じて衆《しゅ》に示す。

教中《きょうちゅう》に曰く、那吒太子《なたたいし》、骨《ほね》を折《さ》いて父《ちち》に還《かえ》し、肉《にく》を折《さ》いて母《はは》に還《かえ》し、然《しか》して後《のち》、本身《ほんしん》を現《げん》じ、大神力《だいじんりき》を運《めぐ》らして父母《ふぼ》の爲《ため》に説法《せっぽう》す、と。佛眼《ぶつげん》の遠禪師《おんぜんじ》、拈《ねん》じて曰く、骨既《ほねすで》に父《ちち》に還《かえ》し、肉既《にくすで》に母《はは》に還《かえ》す、甚麼《なに》を用《も》ってか身《しん》と爲《な》さん。若《も》し見得《けんとく》し去《さ》らば、五蘊《ごうん》を廓清《かくせい》し、十方《じっぽう》を呑盡《どんじん》せん。乃ち偈《げ》を爲《つく》って曰く、骨《ほね》、父《ちち》に還《かえ》し、肉《にく》、母《はは》に還《かえ》す、何者《なにもの》か是《こ》れ身《しん》、分明《ふんみょう》に聽取《ちょうしゅ》せよ。山河國土《せんがこくど》、全軀《ぜんく》を現《げん》ず、十方世界《じっぽうせかい》、裏許《りこ》に在り。大慧禪師《だいえぜんじ》、亦た頌《じゅ》有り曰く、骨肉都《こつにくすべ》て父母《ふぼ》に還《かえ》し了《おわ》る、知らず、那箇《なこ》か是《こ》れ那吒《なた》。一毛頭上《いちもうとうじょう》に身《み》を翻轉《ほんてん》す、一一毛頭《いちいちもうとう》、渾《すべ》て差《たが》わず。

師曰く、二大老《にだいろう》、謂《い》っつ可《べ》し、善《ぜん》を盡《つ》くし、美《び》を盡《つ》くすと。色身《しきしん》の外《ほか》、別《べつ》に本身《ほんしん》無し。道《い》うことを見《み》ずや、山花開《さんかひら》いて錦《にしき》に似《に》たり、澗水湛《かんすいたた》えて藍《あい》の如《ごと》し、と。

〈訳〉

経に、那吒太子は骨を折って父に還し、肉を折いて母に還し、そののちに本身を現わし、大神力をめぐらして父母のために説法したとある。この話をとりあげ、仏眼の遠禅師は言われた、「骨も肉もともに還したのであれば、何をもって身体とするのか。若し見得し去らば、色受想形識の五蘊をきれいさっぱりとはらい清め、十方を呑尽することができよう」と。そして偈を作っていわく、「骨を父に還し、肉は母に還す。何が身体か、分明に聴け。山河国土に全軀が現われている。十方世界はその中にある」と。同じ話頭について大慧禅師の頌がある、いわく、「骨も肉もすべて父母に還したならば、何が那吒であろうか。一毛頭上に身を翻せば、(百億毛頭の)一一の毛頭に、違うことなく現ずる」と。この二禅師の拈語について、師が言われた、「二禅師は善を尽くし美を尽くしたと言うべきである。色身の外に別に本身があるのではない。山花開いて錦に似たり、澗水湛えて藍の如し、と言うではないか」。

○那吒太子、折骨還父＝『祖庭事苑』「那吒」に「叢林に析骨還父析肉還母の説有り。然して乗教に文無し」。禅門で仮託されたもの。
○仏眼遠禅師拈曰＝『古尊宿語録』巻二十八、「龍門仏眼和尚語録」の上堂。
○廓清＝きれいさっぱりはらい清める。
○大慧禅師亦有頌曰＝『大慧語録』巻十。

○一毛頭上翻身転、一一毛頭渾不差＝「一毛頭上獅子、百億毛頭示現」の語あり、もと『大方広仏華厳経金獅子章』第七、勒十玄七門に「獅子の眼耳支節、一一の毛処に各おの金獅子有り。一一の毛処の獅子、同時に頓にの中に入れば、各々顕露して、皆な無辺の獅子有り。一一の毛頭に此の無辺の獅子を帯びて、還た一茎毛の中に入る。是の如く重々無尽なり、帝網の天珠の若し、因陀羅網境界門と名づく」と。

○山花開似錦、澗水湛如藍＝『碧巌録』第八十二則に「僧、大龍に問う、〈色身敗壊す、如何なるか是れ堅固法身〉。龍云く、〈山花開似錦、澗水湛如藍〉」。『句双葛藤鈔』「山花ガ錦、澗水ガ藍、二ツナイゾ」。

【二―九四―二】［巻之二の二三丁裏］

今日是貞巖徳公大禪定門三七日之辰也。爰齋藤駿州太守基廣、特運轉淨財、就不二禪菴、嚴設供佛齋僧會、以伸追薦之儀。仍命菴主、對衆垂示。便隨喜感嘆、謾擧這話。看看、禪儀即今儼臨斯法筵、爲雙親諸軍、演説寃親平等法門。諸仁者、未審委悉麼。各請下一轉語。師代曰、易水悲風輕按指、鸞膠難續斷腸人。又曰、石女舞成長壽曲、木人唱起太平歌。

今日《こんにち》は是《こ》れ貞巖徳公大禪定門三七日《ていがんとくこうだいぜんじょうもんさんしちにち》の辰《しん》なり。爰《ここ》に齋藤駿州《さいとうすんしゅう》の太守基廣《たいしゅもとひろ》、特《とく》に淨財《じょうざい》を運轉《うんてん》し、不二禪菴《ふにぜんあん》に就《つ》いて、供佛齋僧《くぶつさいそう》の會《え》を嚴設《ごんせつ》して、以《も》って追薦《ついせん》の儀《ぎ》を伸《の》ぶ。仍《よ》って菴主《あんじゅ》に命《めい》じて、衆《しゅ》に對《たい》して垂示《すいじ》せしむ。便《すなわ》ち隨喜感嘆《ずいきかんたん》して、謾《みだ》りに這《こ》の話《わ》を擧《こ》す。看《み》よ看《み》よ、禪儀《ぜんぎ》、即今《そっこん》、斯《こ》の法筵《ほうえん》に儼臨《ごんりん》して、雙親諸軍《そうしんしょぐん》の爲《ため》に寃親平等《おんしんびょうどう》の法門《ほうもん》を演説《えんぜつ》することを。諸仁者《しょにんじゃ》、未審《いぶかし》、委悉《いしつ》すや。各《おの》おの請《こ》う、一轉語《いってんご》を下せ。師代わって曰く、易水悲風《えきすいひふう》、輕《かる》く指《ゆび》を按《あん》ず、鸞膠《らんこう》、續《つ》ぎ難《がた》し斷腸《だんちょう》の人《ひと》。又た曰く、石女《せきじょ》舞《ま》い成《な》す長壽《ちょうじゅ》の曲《きょく》、木人《ぼくじん》唱《とな》え起《お》こす太平《たいへい》の歌《うた》。

〈訳〉

「本日、貞巌徳公大禅定門の三七日の日にあたり、駿河守斎藤基広公が浄財をもたらし、不二庵で法要の会を設けて、追薦の儀を行うことになり、庵主に命じて垂示せしむることになった。そこで随喜感嘆し、みだりにここで話すのである。見よ見よ、即今、貞巌大禅定門がこの法要の席に臨んで、両親および諸軍のために、寃親平等の法を述べていることを。諸君、それが分かるであろうか。それぞれ一転語を下せ」。師が代わっていわく、「易水および悲風の曲を弾こうと軽く指が触れるだけで、(聞く者は)鸞膠でも続ぎがたいほどに腸を断つ」。またいわく、「石女は長寿の曲を舞い、木人は太平の歌を唱える」。

○貞巌徳公大禅定門＝未詳。斎藤家の一門。
○斎藤駿州太守基広＝その伝に関しては、横山住雄氏の『美濃の土岐氏・斎藤氏』(二〇三〜二〇七頁)に詳細な論が載せられている。基広は、東陽禅師を自宅に拝請して、父である禅悦院殿の為にしばしば年忌法要を行った。その拈香が、後出の[三—五][三—一〇][三—二六]。また、[六—一四]には、父の肖像に着けられた、東陽禅師の賛文がある。
○禅儀＝貞巌徳公大禅定門のこと。

○寃親平等法門＝『大集経』巻二十六に「寃親の中に於いて平等無二」。一切の衆生において、寃無く親無く、慈悲を起こして彼我の区別なく平等に救度すること。

○易水悲風軽按指、鸞膠難続断腸人＝易水や悲風の曲は、ちょっと指を琴にあてるだけで癒しがたいまでに人の腸を断つ。『虚堂録』巻五、「罽賓国王仗剣問獅子尊者」の頌に、「夜闌《たけなわ》にして、天際、金盆堕す、膝上の焦桐、調べ転《うた》た新たなり。易水悲風軽按指、鸞膠難続断腸人」。『犂耕』（電子達磨版一〇七二頁）に「易水の悲風」と訓ずるは誤りとする。「易水」「悲風」はともに曲の名。原本の訓点では「易水の悲風」と訓むことになるが、この『犂耕』の注によってあらためた。「易水」はもとは所の名。秦王暗殺に向かう刺客の荊軻が、易水で送別され、「風蕭蕭として易水寒し、壮士一たび去って復た還らず」とうたった。

○石女舞成長寿曲、木人唱起太平歌＝『普灯録』巻五、招提惟湛章に「石女舞成長寿曲、木人唱起太平歌」。洞山の『宝鏡三昧歌』に「木人方歌、石女起舞」。ここでは、大禅定門の法身のさまを言う。

【二―九五】［巻之二の二四丁表］

十月望示衆。

雲峯悦禪師、因僧問、佛不化本國、和尚因甚還郷住持。峯曰、放過一著。僧擬議。峯便打。

師曰、山僧歸郷住菴五年、未曾有人置這問。若有則作麼生祇對。諸禪徳、試代老僧看。自代曰、天鑒無私。


十月望《もう》、衆《しゅ》に示す。

雲峯《うんぽう》の悦禪師《えつぜんじ》、因《ちな》みに僧問う、佛、本國《ほんごく》を化《け》せず、和尚《おしょう》、甚《なに》に因《よ》ってか郷《きょう》に還《かえ》って住持《じゅうじ》す。峯曰く、一著《いちじゃく》を放過《ほうか》す。僧擬議《ぎぎ》す。峯便ち打つ。
師曰く、山僧《さんぞう》、郷《きょう》に歸《かえ》って住菴《じゅうあん》五年、未《いま》だ曾《かつ》て人《ひと》の這《こ》の問《と》いを置《お》くもの有《あ》らず。若し有らば、則ち作麼生《そもさん》か祗對《したい》せん。諸禪徳《しょぜんとく》、試みに老僧《ろうそう》に代われ看《み》ん。自ら代わって曰く、天鑒《てんかん》、私《わたくし》無《な》し。

〈訳〉

十月十五日の示衆。

雲峰の悦禅師に僧が尋ねた、「仏は本国では教化されなかったのに、和尚はなぜ郷里に帰って住持されたのか」。雲峰、「一手ゆるめたからだ」。僧が擬議すると、雲峰はたちまち打った。

この話について師が言われた、「山僧《わたし》が郷里に帰って住庵してから五年になるが、誰もこういう質問をする者はなかった。もしおったならば、どう答えたか。諸君、老僧に代わって、一句を言うてみよ」。自ら代わって、「天鑑、私無し」。

○雲峰悦禅師、因僧問＝『古尊宿語録』巻四十、「雲峰悦禅師初住翠巌語録」。
○放過一著＝一手ゆるめる。『虚堂録』巻二「雲黄山宝林寺語録」に「放過一著、曲為今時（曲げて今時の為にす）」とあり、そこでは「曲為今時」が句意を表している。つまり、「第一機を用いずに、第二義門に降って曲げて為人をする」。「（わたくし雲峰が）郷里で住持したのは、一手ゆるめたからだ」。
○天鑑無私＝天道は私情を差し挟まぬ。真理は公平。「天鑑」は、天の照覧。己の郷里であるかどうか、そういう私情には関わりがない。

【二―九六】［巻之二の二四丁裏］

歳旦示衆。

山僧今年六十六、未倦人事、應時納祐。昔僧問古徳、新年頭還有佛法也無。古徳、或對道無、或對道有。

有一偈、清衆撃節。莫於有無間而認。年頭佛法無多子、鏡裏鬢花添一莖。忽被山神呼萬歲、把須彌筆頌河清。


歳旦《さいたん》、衆《しゅ》に示す。

山僧《さんぞう》、今年《こんねん》六十六、未だ人事《じんじ》に倦《う》まず、時《とき》に應《おう》じて祐《ゆう》を納《い》る。昔、僧、古徳《ことく》に問う、新年頭《しんねんとう》、還《かえ》って佛法《ぶっぽう》有りや也《ま》た無《いな》や。古徳《ことく》、或《ある》いは對《こた》えて無《む》と道《い》い、或《ある》いは對《こた》えて有《う》と道《い》う。

一偈《いちげ》有り、清衆撃節《せいしゅげきせつ》せよ。有無《うむ》の間《かん》に於《お》いて認《みと》むること莫《な》かれ。年頭《ねんとう》の佛法《ぶっぽう》、多子《たす》無し、鏡裏《きょうり》の鬢《びん》花《か》、一莖《いっきょう》を添《そ》う。忽ち山神《さんしん》に萬歲《ばんざい》と呼ばれて、須彌《しゅみ》の筆を把《と》って河清《かせい》を頌《じゅ》す。


〈訳〉

「山僧《わたし》は今年六十六歳だが、未だ人事に倦まぬ、時に応じて祐を納れることにしよう。僧が〈新年頭の仏法が有る〉かと尋ねたら、ある古徳は有と答え、またある古徳は無と答えている。これについて、老僧に一偈がある。諸君、これに和韻せよ。有無の会をなしてはならぬぞ」。

（師が代わって）いわく、「年頭の仏法といって、さしたることもない。鏡を見れば、また一本白髪が増えた。ゆくりなくも山神に万歳を叫ばれ、須弥を筆にして、太平を祝う河清の歌を書こう」。

○人事＝ここでは、年頭の諸行事のこと。
○応時納祐＝時到れば、幸いを招き入れる。
○昔僧問古徳＝この話頭、前出［一―九三］。
○撃節＝前出［一―六四］。
○無多子＝さしたることもない。大したこともない。
○忽被山神呼万歳＝ついうっかり、山の神に正体を見られてしまった。後出［二―一〇八］「夜来王老師、未下一分飯」を参照。
○把須弥筆頌河清＝前出［一―六四］。「須弥是筆虚空紙」。「河清」は、河清歌、また河清頌。黄河の水が澄むのを太平の瑞祥とするもの。

住濃州法雲山定慧禪寺語

【二―九七】［巻之二の二五丁表］

住濃州法雲山定慧禪寺語。

濃州《じょうしゅう》法雲山《ほううんさん》定慧禪《じょうえぜん》寺《じ》に住する語。

○法雲山定慧禅寺＝明応二年（一四九三）、もと夢窓疎石開創の承隆寺を再興し、寺号を改めた。『寺籍調査表』「開創由緒」にいう、「昔、土岐美濃守源政房、濃国を治するの際、明応二年癸丑、其の采邑山県郡岩村に祖先頼政の旧地、且つ夢窓国師の遺跡承隆寺あるを聞き、之を造営せんと欲し、其の臣大野親秀なる者に命ず。親秀、命を受け日夜を督して之を営み、遂に翌年寅の八月に至りて落成す」と。これによれば、明応三年ということになるが、無著道忠は『校証』の年譜で明応四年に入れている。後出［二―一一一］の歳旦上堂は定慧寺での最初の歳旦上堂で、そこに「添閏多」とあり、注に「明応五年丙辰、二月閏有り」とある。よって入寺したのは明応四年のこととなる。

【二―九八】［巻之二の二五丁表］

三門。

定慧圓明、法雲靉靆。［作托開勢云］合浦珠還龍世界。

三門。

定慧圓明《じょうええんみょう》、法雲靉靆《ほううんあいたい》。[托開《たっかい》する勢《いきお》いを作《な》して云《いわ》く]合浦《がっぽ》、珠還《たまかえ》る、龍《りゅう》の世界《せかい》。

〈訳〉

「定慧は円かで明らかなり、(法雲山の上に)法雲が靉靆としてたなびいている」。[(三門を)開く格好をして]「合浦の珠が還ったように、面目を新たにした龍世界が現出した」。

○定慧円明、法雲靉靆＝寺号の定慧と、山号の法雲。『証道歌』に「定慧円明終不失」。

○合浦珠還龍世界＝「合浦珠」は『蒙求』に「孟嘗還珠」の標題で収められる話。伯周が太守をしていた合浦は海浜にあり穀物を産しないが、海から真珠がとれたので、真珠をもって交易していた。伯周の前任者は貪欲で、人民から真珠をとりたてた。そのために真珠も次第に隣国のほうに流れ、合浦には商客も訪れなくなってしまい、人民も疲弊してしまった。しかし、伯周が赴任してからは旧に復したため、一年たらずのうちに、真珠も合浦に戻り、再び繁栄するようになった。『虚堂録』巻一「顕孝寺語録」に「合浦珠還雲山改観」とあるのと同じように、ここでは、新装なった定慧寺が、珠が合浦に戻ったように観《みもの》を改めたことをいう。

【二一九九】[巻之二の二五丁表]

佛殿。

古佛今佛、一無兩般。拔你廣長舌、作我尼師壇。

佛殿《ぶつでん》。
古佛今佛《こぶつこんぶつ》、二に兩般《りょうはん》無し。你《なんじ》が廣長舌《こうちょうぜつ》を抜いて、我が尼師壇《にしだん》と作《な》さん。

〈訳〉
「過去仏と釈迦牟尼仏と二つはない。（仏よ）そなたの広長舌を引っこ抜いて、わが座具にしてやろう」。

○二無両般＝『碧巌録』第二則、頌に「一有多種、二無両般」。
○尼師壇＝礼拝の時用いる敷物。常は折り畳んで左肘に掛ける。

【二―一〇〇】［巻之二の二五丁表］
土地。
感鬼神莫近詩。鑑。前度劉郎復染髭。

土地《つち》。
鬼神《きじん》を感《かん》ぜしむること、詩《し》より近《ちか》きは莫《な》し。鑑《かん》。前度《ぜんど》の劉郎《りゅうろう》、復《ま》た髭《ひげ》を染《そ》む。

〈訳〉

「天地鬼神を感動させるものは、詩にまさるものはない。よく見よ（鑑）。前度の劉郎、復た髭を染む」。

○感鬼神莫近詩＝『詩経』ト子夏の序に「亡国の音は哀にして以て思う、其の民、困《くる》しめばなり。故に得失を正し、天地を動かし、鬼神を感ぜしむるは、詩より近きは莫し」。亡国の詩は哀切で思いが多い。それはその民が苦しむためだ。故に政治の得失を正し、天地鬼神を感動させるものは、詩にまさるものはない。

○前度劉郎復染髭＝「前度劉郎」は「前回の劉郎」ということで、「（ひとたび、その地を去った者が）再びそこを訪問すること」をいう。典拠はつぎの故事による。

唐の詩人劉禹錫は、元和十一年、朗州から召還され長安に戻って、花見をしている時に詩を作った。「紫陌の紅塵、面《おもて》を払い来たり、人の花を看て回《かえ》ると道わざるは無し。玄都観裏、桃千樹、尽く是れ劉郎去って後に栽ゆ（紫陌紅塵払面来、無人不道看花回。玄都観裏桃千樹、尽是劉郎去後栽）」と。この詩が朝政を嘲弄するものと讒言され、劉禹錫はふたたび播州そのほかに左遷させられた。それから十四年後にまた京城に呼び戻され、「再游玄都観」詩を作った。いわく、「百畝庭中、半ばは是れ苦、桃花浄尽して菜花開く。桃を種《う》えし道士、何れの処にか帰る、前度の劉郎、今又た来たる（百畝庭中半是苦、桃花浄尽菜花開。種桃道士帰何処、前度劉郎今又来）」と。

この詩の序にいわく「余、貞元二十一年、屯田員外郎たりし時、此の観に未だ花有らず。是の歳、出でて連州に牧《ぼく》たり。尋《つ》いで朗州司馬に貶《へん》せらる。居ること十年、召されて京師に至る。人々皆な言う、道士有って手ずから仙桃を植ゆ、満観、紅霞の如しと。遂に前篇有り、以て一時の事を志す。旋《たちま》ち又た牧に出だされて、今に十有四年、復た主客郎中と為って、重ねて玄都観に遊ぶ。蕩然として復た一樹無し。唯だ兔葵燕麦（イエニレとカラスムギ）、春風に動揺するのみ。因って再び二十八字を題して、以て後遊を俟《ま》つ。時に大和二年三月。百畝庭中、半ばは是れ苔、桃花浄尽して菜花開く。桃を種えし道士、何れの処にか帰る、前度の劉郎、今又た来たる」。ただし、この劉郎とは、劉禹錫ではなく、東漢の劉晨のことであるとの説もある。『神仙記』に「劉晨と阮肇、天台に入って薬を採る。遠く行いて返ることを得ず。十三日を経て饑ゆ。遥かに山上を望むに桃樹子の熟せる有り。遂に険を躋《ふ》み葛に援《すが》り其の下に至る。噉《くら》うこと数枚。饑えは止み体は充ち、下山せんと欲す。杯を以て水を取らんとするに、蕪菁《かぶら》の葉の流れ下るを見る。甚だ鮮妍なり。復た一杯の流れ下る有り。胡麻飯有り。乃ち相い謂いて曰く、〈此れ人に近からん〉と。遂に山を渡るに、一大渓に出づ。渓辺に二女子有り、色《すがた》、甚だ美なり。二人を見て盃を持し、便ち笑って曰く、〈劉阮の二郎、杯を捉向し来たれ〉。劉阮、驚く。二女、遂に忻然として旧相識の如し。曰く、〈来たること何ぞ晩《おそ》きや〉。因って邀《むか》え家に還る。南東の二壁に各おの絳《あか》い羅帳《カーテン》有り、帳角に鈴を懸け、上に金銀の交錯せる有り。各おの数侍婢有って使令す。其の饌に胡麻飯、山羊脯（ヤギのほじし）、牛肉有り、甚だ美《うま》し。食し畢って酒を行《つ》ぐ。俄かに群女有って桃子を持たらす。笑って曰く、〈汝壻《なんじら》の来たるを賀す〉、酒 酣《たけなわ》 にして楽を作《な》さん〉。夜後、各おの一帳宿に就く。婉態、殊絶なり。十日に至って還らんことを求むるも、苦《ねんご》ろに留めらるること半年。気候草木、常に是れ春時にして、百鳥啼鳴す。更に郷を懐い、帰思甚《はなはだ》苦し。女、遂に相送って、還路を指示す。郷邑、零落し、已に十世なり」。また『幽明録』の「天台二女」にも出るが、ほぼ同じ話（『芸文類聚』巻七、天台山に引く）。この後、二人は再び天台山を訪ねたが、何の跡形もなかったという。

天隠龍沢の『黙雲藁』の「重ねて洛東の旧居に遊ぶ」二首の一に、「曾て洛陽より播州に移る、十年、今又た重ねて遊ぶことを喜ぶ。旧夢を尋ねんと欲するも花無語、前度の劉郎、猶お白頭（前度劉郎猶白頭）」。これも同じ用例。

【二―一〇二】［巻之二の二五丁表］

祖師。

直指曲指、春風桃李。大哉臨済中興、今屬四海妙喜。喝。

祖師《そし》。
直指曲指《じきしきょくし》、春風桃李《しゅんぷうとうり》。大いなるかな臨濟《りんざい》の中興《ちゅうこう》、今、四海《しかい》の妙喜《みょうぎ》に屬す。喝《かつ》。

〈訳〉

「人心を直指して文字を立せざる（達磨の宗旨）と、指を曲げて文字を立する（『碧巌録』のごとき文字禅）とは、春風に咲く桃と李のようなもの。その花は紅と白と異なるけれども、一理をもって貫くところは同じである。（仏鑑慧懃禅師は、圜悟の『碧巌録』を〈曲げて人心を指さす〉と批判し、これに触発された大慧禅師は『碧巌録』を焼いたが、その）大慧禅師こそは偉大なる臨済の中興、今や四海の禅はみな大慧に属すのだ。喝」。

○直指曲指＝後出［五―二二―四］の達磨賛に「曲指人心立文字、通途変格也風流（人心《にんしん》を曲指《きょくし》して文字《もじ》を立す、通途変格、也風流）」とある。

「曲指人心立文字」は「直指人心、不立文字」の逆。『大慧語録』巻上、「仏鑑（慧懃）和尚云く、祖師西来、直指人心、見性成仏。如今諸方、多くは是れ曲指人心、説性成仏」。また、『大慧武庫』に、「仏鑑（慧懃）、平時、平実禅に参じ、自負して五祖を肯わず、乃ち謂《おも》えり、祇《た》だ是れ硬く人を移換すと。円悟云く、〈是れ這《こ》の道理にあらず、実処有り。你看よ、我れ従前より、豈に恁麼の説話有り来たらんや〉と。徐徐として稍《や》や信ず。後来因みに〈森羅及び万象は一法の印する所〉というを挙して、驀然として便ち道わく、〈祖師西来、直指人心、見性成仏。于今《いま》諸方、多くは是れ曲指人心、説性成仏〉」。

ここの偈では「不立文字」と「立文字」がテーマになっているが、これを解する上では、夢窓国師『西山夜話』のつぎの一段が参考になる。

「僧又た問うて云く、〈文字言句、若し学者に害と為らば、何故に古来より尊宿は、各おの代語、別語、拈古、頌古有って世に行わるるや〉。師曰く、明眼の宗師は東語西話して以て学者を接す。示す所は異なると雖も、皆な是れ小玉を呼ぶ手段なり。若し吾が家の種草有って、言外に旨を領ずるときは、則ち宗師の言句何ぞ之を害すること有らんや。然れども事久しくして弊と成り、株《くいぜ》を守り、舟を刻む者多し。茲に因って、宗匠間出して其の弊を救う。之を通途変格《つうとへんかく》と謂い、亦た破家散宅《はけさんたく》と為す。昔、圜悟老師、夾山《かっさん》に住せる時、学者の為に雪竇頌古を評唱す。名づけて碧巌集と曰う。仏鑑（慧懃）禅師、書を以て之を責む。其の略《あらまし》に云く、〈某《それがし》、昔、祖峰老師の左右に奉ず。嘗て其の語を聞けり。你が輩《ともがら》、他後、忽《も》し人天の師範と為らば、切に宜しく此の事を以って自ら勉むべし、と。某《それがし》、遂に心に銘じて敢えて茲《これ》を忘ぜず。聞く、老兄《ろうひん》は邇来《ちかごろ》、兄弟《ひんでい》の為に雪竇頌古を請益《しんえき》して許多《きょた》の撃節《げきせつ》有りと。某《それがし》、之を聞いて覚えず渧《なみだ》を洒ぐ。自ら謂《おも》えり、高踏の士、何ぞ此に至ると。老兄《ろうひん》、何ぞ達磨未だ来たらざる時の因縁を激揚して学者を誘接せざるか。云云〉と。大慧普説中に云う、〈先師（圜悟）、仏鑑の書を見て遂に已む〉と。然れども、好事の者有って、梓に鋟《きざ》んで世に行わる。後来、大慧、其の版を炬《や》く。此れ乃ち破家散宅の手段なり。一炬の後、二百余年、大元大徳年中に迨《およ》んで、嵎中《ぐうちゅう》の張明遠《ちょうめいおん》というもの有り、復た版を重刊して以って世に行わる。三教老人と号する者有り、之が序を為《つく》る。其の始めに云う、〈或るもの問う、碧巌集の成ると毀《こぼ》てると、孰《いず》れか是《ぜ》なる。曰く、皆な是《ぜ》なり、云云〉と。其の序の中に只だ〈円悟之を成し、大慧之を毀つ〉とのみ陳《の》ぶるは、皆な其の以《ゆえん》有るのみ。此の官人も亦た未だ宗師の手段は成毀の處に在らざることを知らず。馬祖百丈以前は多くは理致を示し少しく機関を示す。馬祖百丈以後は、機関多く理致少なし。風穴興化に至って唱えることみ弥《いよ》いよ高く和すること弥《いよ》いよ峻《けわ》し。亦た是れ通途変格の体裁なり。当《まさ》に知るべし、祖師の宗旨は畢竟、理致機関の中に在らず、都《すべ》て是れ小玉を呼ぶ手段なるのみと」。仏鑑慧懃の書翰は、『緇門警訓』所収の「仏鑑勲和尚与仏果勤和尚書」。

また、『応庵語録』巻七、「示徽禅人」法語にいう、「……近来、一等の魔出づ、教中に之を悪友と謂う。各おの異解を説いて以て人を利すると為す。或る者は指示して人をして、休し去り歇し去らしめ、都《すべ》て思量莫《な》く、纔かに念を起動すれば速かに除去せしむ。或る者は人をして、一向に無事ならしめ、香も焼かず拝礼もせざらしむ。或る者は一向に人をして古今を理会し去らしむ。恰も箇の杜撰の座主の如し。……還《は》た直指の心に契得するや。灼然として是れ星子《いささか》も交渉無けん。所以に仏鑑和尚道わく、今の善知識、多くは是れ曲指人心説性成仏なりと、此れ之れ是れなり」。これは「曲指人心」を批判するもの。

そしてまた、彦龍周興の『半陶文集』「与人絶交書」にいう、「昔、円悟、碧巌録を著わす。仏鑑（慧懃）、之を責めて曰く、〈老兄、幸いに直指底有り、云々〉と。杲罵天（大慧）、憤りに勝えず、直に其の書を火《や》く。話頭評唱、枝辞蔓説、果たして学者を益すること有りや否や。然りと雖も、仏祖は法門を建立す、小玉檀郎、之無しとは道わず。某《それがし》、力《つと》めて其の弊を捄《すく》うのみ。拈花微笑、立雪安心、臨済が肋下の拳、徳山が末後の句、是れ等、骨に徹し髄に徹し、一簸着々、刃を迎えて解し去り、手に信せて拈じ来たって、茶裡飯裡、挙足下足、大自在を得、大快活を得。其の余を推して以て為人するときは、則ち詩に入り文に入り、花と成り柳と成る。或る時は経史子集、或る時は仏経祖録、説き得るも也た好し、説き得ざるも也た好し。一旦、世に出でて、宗乗を挙するときは則ち上堂、家教を示すときは則ち小参、西庵と称し東堂と称して拈香法語有り、陞座普説有り。是れ吾が謂う所の道なり。其の道有るときは則ち其の人有り、其の人有るときは則ち叢林振わざることを得ず。天下の公言にして、一人の私言に非ず。某、似ざるとは雖も、造次《ぞうじ》も茲《ここ》に於いてし、顚沛《てんぱい》も茲《ここ》に於いてす」。これは「曲指人心」もまた方便（小玉檀郎）にほかならぬことをいうもの。

○春風桃李＝「春風桃李、一以貫之」の省略。そのココロは「一以貫之」。『江湖風月集』東陽英朝の跋に「……雪竇真浄より已下は、稍《や》や風韻を帯び雅音を含んで、千態万状、花を攅《あつ》め錦を簇《むらが》らす。是なるときは則ち春風桃李、一以て之を貫せり。否なるときは則ちの画の如し、真に逼ると雖も真に非ず。……」。『江湖風月集添足』の注に「此の如く千態万状なれども、猶お、桃紅李白、種々の色を顕わせども、而も一様の春を帯びたるが如し。語は替われども意は同じきなり」。「一以貫之」は『論語』衛霊公。

「春風桃李、一以貫之」は、もとは『虚堂録』巻九「径山興聖万寿寺語録」の仏涅槃上堂に、「……歳月已に往く、波旬時を得たり。榔示双趺、飲光喜びを増す。悲と喜と、春風桃李、一以て之を貫く。曾子曰く唯」とある。この場合、「(仏涅槃に際し、迦葉は悲しみ波旬は喜ぶのだが)迦葉も波旬も、一理をもって之を貫いている。ここに至ってはもはや言思は路絶している」ということ。

○大哉臨済中興、今属四海妙喜＝「妙喜」は大慧のこと、「臨済中興」と称えられた。『禅門宝訓』、「侍郎尤公、拙庵に謂いて曰く、昔、妙喜、臨済の道を凋零の秋に中興す」。

【二―一〇二】［巻之二の二五丁表］

室間。

一毛定乾坤、三眼成國土。［箆揮案云］這裏莫有排闥底舞陽侯麼。［叉手云］大坐巍巍主中主。

室間《しっかん》。

一毛《いちもう》もて乾坤《けんこん》を定む、三眼《さんげん》もて國土《こくど》と成す。［箆《へい》もて案《あん》を揮《ふる》って云《いわ》く］這裏《しゃり》、闥《たつ》を排《はい》する底《てい》の舞陽侯《ぶようこう》有ること莫しや。［叉手《しゃしゅ》して云く］大坐巍巍《たいざぎぎ》たり、主中《しゅちゅう》の主《しゅ》。

〈訳〉

「毛筋の先で大宇宙を取りさばき、三眼をもって国土と成す」。［竹箆で机を打って云く］「ここに、かの樊噲《はんかい》のように、扉を押し開いて強いて入り、君主を諫めるような奴はおるか」。

〔叉手して云く〕「大坐巍巍たり、主中の主」。

○一毛定乾坤＝前出〔二―五〕。

○三眼成国土＝「三眼」は、法報応の三身。「三眼国土」は、『臨済録』示衆に「問う、〈如何なるか是れ三眼国土〉。師云く、〈我れ你と共に浄妙国土の中に入って、清浄衣を著けて法身仏を説く、又た無差別国土の中に入って、無差別衣を著けて報身仏を説く。又た解脱国土の中に入って、光明衣を著けて化身仏を説く。此の三眼国土は皆な是れ依変《えへん》なり〉」。『句双葛藤鈔』「頂門三眼輝乾坤」に「頂門ノ心眼ヂヤホドニ、天地天外ニ輝タゾ。言ハ、ドツコモ心眼ヂヤ。三眼ハ心眼」。

○排闥底舞陽侯＝「舞陽侯」は漢の樊噲のこと。『蒙求』「樊噲排闥」の故事。漢の高祖が病んで、人をしりぞけた時に、樊噲が扉を押し開いて（排闥）入って諫めたこと。

○大坐巍巍主中主＝これは東陽が自己のことを言うか。巍巍堂堂と主中の主がデンと大坐しておるぞ。

【二―一〇三】〔巻之二の二五丁表〕

祝聖。

大日本國濃州路山縣郡、法雲山定慧禪寺、中興新住持、傳法沙門〔英朝〕開堂令辰、虔爇寶香、端爲祝延。今上皇帝聖躬萬歳萬歳萬萬歳。陛下欽願、徳媲華勳之明、政復延天之古。

祝聖《しゅくしん》。

大日本國《だいにほんこく》濃州《じょうしゅう》路《じ》山縣《やまがた》郡《ぐん》、法雲山《ほううんさん》定慧禪寺《じょうえぜんじ》、中興新住持《ちゅうこうしんじゅうじ》、傳法沙門《でんぽうしゃもん》［英朝《えいちょう》］開堂令辰《かいどうれいしん》、虔爇寶香《けんぜつほうこう》、端《たん》爲《に》祝延《しゅくえん》、今上皇帝《きんじょうこうてい》聖躬《せいきゅう》萬歳萬歳萬萬歳《ばんざいばんざいばんばんざい》。陛下《へいか》、欽《つつし》んで願《ねが》わくは、徳《とく》、華勳《かくん》の明《めい》に媲《なら》び、政《せい》、延天《えんてん》の古《こ》に復《ふく》せんことを。

〈訳〉

「大日本国濃州路山県郡、法雲山定慧禅寺の中興新住持たる、伝法の沙門英朝が開堂にあたって、恭しく香を焼いて、今上皇帝の聖躬万歳を祝延し奉る。陛下、願わくは舜尭のような明徳をもって、醍醐天皇と村上天皇の御代のような政《まつりごと》をなされますように」。

○華勲＝華勛とも舜（重華）と尭（放勲）。

○延天＝延喜天暦の御代。醍醐天皇と村上天皇の御代。『大鏡』上に「世の中のかしこき帝の御ためしには、もろこしには尭舜の帝と申し、この国には延喜天暦とこそは申すめれ。延喜とは醍醐の先帝、天暦とは村上の先帝の御事なり」。

【二－一〇四】［巻之二の二五丁裏］

次拈香曰、此香、奉爲本州太守源君殿下。當像季爲法社之金湯、則正韜略道。遇歉旱恵兆民於塗炭、則活僵仆骸。信及豚魚、恩徧鰥寡。只願齊彭聃壽于坤維、施桓文威于海内。至祝至禱。

次に香を拈《ねん》じて曰く、此の香、本州《ほんしゅう》の太守源君殿下《たいしゅげんくんでんか》の奉爲《ヲヲンタメ》にす。像季《ぞうき》に當《あ》たって法社《ほうしゃ》の金湯《きんとう》と爲《な》るときは、則ち韜略《とうりゃく》の道《みち》を正《ただ》しうし、歉旱《けんかん》に遇《お》うて兆民《ちょうみん》を塗炭《とたん》に恵むときは、則ち僵仆《きょうぼく》の骸《むくろ》を活《かっ》す。信《しん》、豚魚《とんぎょ》に及び、恩《おん》、鰥寡《けんか》に徧《あまね》し。只《た》だ願《ねが》わくは、彭聃《ほうたん》の壽《じゅ》を坤維《こんい》に齊《ひと》しうし、桓文《かんぶん》の威《い》を海内《かいだい》に施《ほどこ》さんことを。至祝至禱《ししゅくしとう》。

〈訳〉

次に香を手にしていわく、「この香をうやうやしく本州太守殿下のために焼く。いよいよ末法という時にあたって、宗門の外護者となって、軍略の道を正しく修め、旱《ひでり》や飢饉に際しては、塗炭に苦しむ人民に恵んで、行き倒れた屍《しかばね》をも生き返らす。その信義は豚魚にも及び、その恩愛は身寄りのない者たちにあまねく施される。どうか願わくは、彭祖や老子のように何百歳、何千歳までも長生きなされ、桓公や文公のような威を世界に施されますことを。至祝至禱」。

○本州太守源君殿下＝土岐美濃守源政房。
○像季＝像法の末季、いよいよ末法になる時。仏滅後五百年は正法の世。正法の後一千年が像法（正法に似ている）。その後一万年が末法。
○金湯＝金城湯池。堅固な城（金城）と、沸き立つ熱湯の堀（湯池）。堅固に仏法を外護する者のこと。
○韜略＝兵書の『六韜』と『三略』。軍略をいう。

○歎旱＝飢饉とひでり。
○僵仆骸＝倒れた屍。
○信及豚魚＝『易経』中孚の彖に「信《まこと》、豚魚に及ぶ」。豚はさわがしく、魚は頑昏であるが、信義が深ければ、豚魚にも信《まこと》が及ぶ。
○鰥寡＝老いて妻のない者を鰥、老いて夫のない者を寡という。
○彭聃寿＝八百余歳生きた彭祖と、老聃（老子）。老子は十三度生まれ代わり、最後の生では千年近く生きたという。
○坤維＝大地。
○桓文＝斉の桓公と晋の文公。

【二―一〇五】［巻之二の二五丁裏］

垂語。

開海棠窠、據華王座。若有伶俐衲僧、莫費二千瓶瀉。參。

垂語《すいご》。

海棠窠《かいどうか》を開《ひら》いて、華王座《けおうざ》に據《よ》る。若し伶俐《れいり》の衲僧《のうそう》有らば、二千の瓶瀉《へいしゃ》を費すこと莫かれ。參《さん》。

〈訳〉

「海棠窠を開いて、須弥座に拠る。伶俐の衲僧がおらば、普賢菩薩のように二千もの答えをなさずに対応せよ。参」。

○海棠窠＝海棠の花咲くところにある室。後出［四―六五］［四―一一四］にも出るが、黄山谷の「灊峰閣《せんほうかく》に題す」に「徐老海棠巣上（徐老が海棠巣の上）」とあるのにもとづく語。『黄山谷詩集』の注に「徐佺《じょせん》、道を楽しみ薬肆《やくし》中に隠る。家に海棠数株有り。巣を其の上に結び、時に宕巣《こうそう》とともに其の間に飲む」。両足院本『山谷抄』に「仙道ヲ学ブ者、海棠ノ木上ニ家ヲ造ツテイテ、客人ナンドヲ、ソコヘ喚ンデ酒ヲ飲ミツナンドスルゾ」。

○華王座＝宝華王座。説法の高座、すなわち須弥座。

○二千瓶瀉＝『華厳経』五十三、離世間品に、普慧菩薩が二百の疑問を問うたところ、普賢菩薩がこれに対して二千酬したことを説く。このことを「問似普慧雲興、答如普賢瓶瀉」（『大慧語録』）という。「瓶瀉」は、瓶の水を別の瓶に注ぐように、まったく遺漏なく法を説くこと。『涅槃経』四十、「阿難、我に事《つか》うること二十余年…… 一たび耳を経れば、曾て再び問わず。瓶水を瀉いで之を一瓶に置くが如し」。

【三―一〇六―一】［巻之二の二五丁裏］

師乃曰、千峯盤屈、一郷巖居。河流一帯、野橋半斷。雖然恁麼、蓮華峯東聳、逞將門威雄、松樹洞西遮、當天下壯觀。元來不凡郷、爭屬尋常人。已爲七朝國師遺迹、宜立諸佛頂上正宗。方今、刺史源君、降嚴令擯斥俗侶、先師雪老、應勸請中興叢規。［英朝］薄福住山、有愧鈯斧。叨借英檀威力、建法幢立宗旨。大類風穴單丁、又似楊岐乍住。

師乃ち曰く、千峯盤屈《せんぽうばんくつ》、一郷巖居《いっきょうがんきょ》。河流一帯《かりゅういったい》、野橋半《やきょうなか》ば斷《た》う。然《しか》も恁麼《いんも》なりと雖《いえど》も、蓮華峯《れんげほう》、東《ひがし》に聳《そび》えて、將門《しょうもん》の威雄《いゆう》を逞《たくま》しうし、松樹《しょうじゅ》、洞西《とうさい》に遮《さえぎ》って、天下《てんか》の壯觀《そうかん》に當たる。元來《がんらい》、不凡《ふぼん》の郷《きょう》、爭《いかで》でか尋常《よのつね》の人に屬《しょく》せん。已《すで》に七朝國師《しちちょうこくし》の遺迹《いせき》たり、宜《よろ》しく諸佛頂上《しょぶつちょうじょう》の正宗《しょうじゅう》を立《りっ》すべし。方《まさ》に今《いま》、刺史《しし》源君《げんくん》、嚴令《ごんれい》を降《くだ》して俗侶《ぞくりょ》を擯斥《ひんせき》し、先師雪老《せんしせつろう》、勸請《かんじょう》に應じて叢規《そうき》を中興《ちゅうこう》す。［英朝《えいちょう》］薄福住山《はくふくじゅうざん》、鉏斧《とっぷ》に愧《は》ずること有り。叨《みだ》りに英檀《えいだん》の威力《いりょく》を借《か》って、法幢《ほうどう》を建《た》て宗旨《しゅうし》を立《りっ》す。大《おお》いに風穴《ふけつ》の單丁《たんてい》に類《たぐい》し、又た楊岐《ようぎ》の乍住《さじゅう》に似たり。

〈訳〉

師すなちいわく、「千峰がわだかまる山間に、巌居するようにして村がある。河の流れる一帯に架かった橋は半ば断えている。けれども東には蓮華峰が聳えて、将門の威雄を示し、松樹が洞穴の西を遮っていて、天下の壮観である。もとより凡ならざる郷里であるから、世の常の人のためのものではない。すでにして夢窓疎石が開創された承隆寺の遺迹でもあるから、ここに諸仏頂上の禅宗を興こさねばなるまい。そして、今まさに美濃守が厳命を下して俗人を擯斥し、先師雪江老漢を勧請開山として寺を中興することになり、福徳の薄いわたくし英朝が住山することになったが、その任に恥じるものである。みだりに檀越の威力を借って、法幢を建て宗旨を立するのであるが、まことに風穴の単丁住院や楊岐の乍住《かりずまい》に似たというものであろう」。

○蓮華峰東聳、逞将門威雄＝未詳。土岐氏に関わるか。
○七朝国師遺迹＝夢窓疎石開創の承隆寺。
○刺史源君＝土岐美濃守源政房。
○先師雪老＝雪江宗深。
○勧請＝勧請開山。
○鈯斧＝鈍斧。住山を象徴するもの。『伝灯録』巻五、青原行思章に「師（青原）、（石頭）希遷をして書を持って南嶽の譲和尚に与えしめて曰く、〈汝、書を達し了らば速かに回れ。吾に箇《こ》の鈯斧子《とっぷす》あり、汝に与えて住山せしめん〉。遷、彼《かしこ》に至り、未だ書を呈せざるに便ち問う、〈諸聖を慕わず、己霊を重んぜざる時如何〉。譲曰く、〈子《なんじ》の問い太高生《たいこうせい》、何ぞ向下に問わざる〉。遷曰く、〈寧ろ永劫に沈淪すべくとも、諸聖の解脱を慕わず〉。譲便ち休す。遷回って静居に至る。師問うて曰く、〈子《なんじ》去って未だ久しからず。書を送達するや〉。遷曰く、〈信も亦た通ぜず、書も亦た達せず〉。師曰く、〈作麽生《そもさん》〉。遷、前話を挙し了って、却って云う、〈発する時、和尚が箇《こ》の鈯斧子《とっぷす》を許すことを蒙る、便ち請う取らん〉。師、一足を垂る。遷、礼拝す」。『助桀』（電子達磨版一三二頁）に「忠曰く、青原の意は、石頭を勘検せんと要す。故に之をして書を南岳に馳せしむ。鈍刃の斧は、山に住む者木を斫るに之を用う」。
○風穴単丁＝風穴が廃寺に七年間、たった一人で住院したこと。『禅林僧宝伝』巻三、風穴章に、「後、唐の長興二年、汝水に至る。草屋数椽、山に依るを見る。逃亡する人家の如し。田父に問う、〈此は何の所ぞ〉。田父曰く、〈古の風穴寺なり、世世以て律居なるも、僧は物故し、又た歳飢えて、衆之を棄てて去る。仏像皷鍾を余すのみ〉。風穴曰く、〈我れ之に居らん、可ならんや〉。田父曰く、〈可なり〉。風穴入って留止し、日《ひる》は村落に乞い、夜は松脂を燃やし、単丁なる者七年。檀信、為めに之を新たにして、叢林と成す」。
○楊岐乍住＝楊岐が雪の降り込む廃寺に住したこと。乍住は、仮りずまい。『禅苑蒙求』巻下に「楊岐の方会禅師、初め楊岐に住す。老屋敗椽、僅かに風雨を蔽《ふせ》ぐ。適《たま》たま冬暮に臨んで雪霰《せっせん》、床に満つ。居、処《お》るに遑《いとま》あらず。衲子《のっす》、誠を投じて修造を充さんと願う。師、之を却けて曰く、〈我が仏言える有り、時、減劫に当たって、高峰深谷、遷変常ならず。安《いず》んぞ円満如意にして自ら足れりと称するを求むることを得んや。汝等出家学道、手脚未だ穏やかならざることを做す。已に是れ四五十歳、詎《なん》ぞ閑工夫有って、豊屋を事とせんや〉と。竟に従わず。翌日上堂して曰く、〈楊岐乍住して屋壁疎なり、満床尽く撒《さつ》す雪珍珠。項《うなじ》を縮却して暗に嗟嘘《さきょ》す、翻《かえ》って憶う、古人、樹下の居を〉と」。

【二―一〇六―二】［巻之二の二六丁表］

傍有同行木上座、忍俊不禁、出來曰、新長老休誓速。山雜古今樹、岸疏開闢水。何不舞道吾笏、奏徳山歌。咄。拄杖子、且諦聽。今日法會闥札鴻休事無缺少。專讚帝闕千秋祥、永植檀門萬代福。你太無厭足。更爲呈祝聖一句去也。［卓一下云］無限雲山描不就、一株松茂祝融峯。

傍らに同行《どうあん》の木上座《ぼくじょうざ》有り、忍俊不禁《にんしゅんふきん》、出で來たって曰く、新長老《しんちょうろう》、誓速《せいそく》することを休《や》めよ。山《やま》は古《こ》今《こん》の樹《き》を雜《まじ》え、岸《きし》は開闢《かいびゃく》の水《みず》を疏《とお》す。何ぞ道吾《どうご》の笏《しゃく》を舞《ま》わし、徳山《とくさん》の歌《うた》を奏《そう》せざる。咄《とつ》。拄杖子《しゅじょうす》、且《しば》らく諦聽《たいちょう》せよ。今日《こんにち》の法會《ほうえ》、闥札鴻休《たっさつこうきゅう》、事《じ》、缺少《かんしょう》すること無し。專《もっぱ》ら帝闕千秋《ていけつせんしゅう》の祥《しょう》を讚《さん》し、永《なが》く檀門《だんもん》萬代《まんだい》の福《ふく》を植《う》う。你《なんじ》、太《はなは》だ厭足《えんそく》すること無し。更《さら》に爲《ため》に祝聖《しゅくしん》の一句《いっく》を呈《てい》し去《さ》らん。［卓一下《たくいちげ》して云く］限《かぎ》り無《な》き雲山《うんざん》、描《えが》けども就《な》らず、一株《いっしゅ》の松茂《まつしげ》る、祝融峯《しゅくゆうほう》。

〈訳〉

傍らにいた相棒の木上座が我慢できずに出て来ていわく、「新長老よ、そうあせって声を震わせなさるな。山には古今の樹が生え、岸には開闢以来の水が流れておるのだ。どうして、道吾が笏を舞わせ、あるいはまた徳山が歌って西来の意を示したように、説法なさらぬか」。

師、「これッ、拄杖子よ、よく聴け。今日の法会はまことに盛大で、門に〈闔札鴻休〉と貼りたいほど、欠けたところはなく、専ら皇室千秋の祥を讃え、檀越万代の福を植《う》えるものである。それなのに、おまえは厭き足ることを知らぬようだ。ならば、更に祝聖の一句を示してやろう」。〔拄杖を一突きしていわく〕「限り無き雲山、描けども就らず、一株の松茂る、祝融峰」。

○同行木上座＝拄杖を擬人化したもの。

○忍俊不禁＝我慢しきれずに。前出〔一―三三―六〕。

○休誓速＝そうあせって嘆き震えなさるな。「誓」は、声がふるえる、うめく。『祖庭事苑』「誓速」に「一に曰く、呻歎の謂と。何ぞ呻歎の頻りに速やかなる也」。

○何不舞道吾笏、奏徳山歌＝前出〔二―二四―三〕「道吾舞笏徳山歌」。

○闔札鴻休＝闔札洪休、札闔洪休とも。門に「鴻休」と書いて貼り付ける。『禅林疏語考証』「鴻休」に「鴻洪相い通ず、大なり。休は美なり」。『漢語大詞典』に「①鴻業、大統。②鴻福。③大善、美徳」。「札闔洪休」は以下の故事による。欧陽修《おうようしゅう》は努めて平易な文章を書いたが、ともに唐書の編集をしていた宋祁《そうき》は何かと凝った難しい表現を好んだ。その癖を治してやろうと考え、ある日、欧陽修は宋祁の家の門に「宵寐匪禎、札闔洪休」と書いた。宋祁はこれを見て笑って言った、「これは〈夜夢不祥、題門大吉〉ということを言いたいのだろうが、何もこんなに凝ることはない」と。これを聞いた欧陽修は大笑して言った、「君はかつて〈震雷無暇掩聰〉とするところを〈迅雷不及掩耳〉と替えたことがあったが、それと同じようなものだ」。宋祁はこれを聞いて、すっかり慚じた。『宋稗類鈔』文苑に、「宋景文（宋祁）、唐史を修す。好んで艱深の句を以てす。歐公（欧陽修）所以に之を諷さんと思う。一日、其の壁に大書して曰く、〈宵寐非禎、札闥洪休〉と。宋、之を見て曰く、〈夜夢不祥、門に大吉と題す〉に非ざるか、何ぞ必ずしも異なること此の如くなるを求めん、と。後、用いて以て人の作文して語を用うるに、故《ことさら》に艱深古奥に作るを嘲る」。つまり、「題門大吉」ということを難しく「札闥洪休」と晦渋な表現をしたこと。しかし、ここでは右のような意味ではなく、「門に〈鴻休＝大吉〉と書いて貼り付ける」ということで、「今日の法会が盛大で素晴らしい」ということ。この語また後出［二―一三二］。

○無厭足＝厭き足ることがない。

○無限雲山描不就、一株松茂祝融峰＝祝語。限りなく続く雲山は描きようもない、その中でも祝融峰の頂に一株の松が茂っている、祝融峰頂万年の松が。

【二―一〇七―二】［巻之二の二六丁裏］

謝語。

開堂之次、共惟、諸位東堂大和尚、或披慈雲荊棘、激禪河波瀾。或出圓通又入圓通、歩歩青山緑水。有意氣時添意氣、篇篇明月清風、或大智洞明瑠璃瓶含寶月。清標温雅薝蔔林蔑餘香。或提三句體調於鐵佛、烹四碧眼胡於金爐。或輝大珠于越上、湛慧海于江西。

謝語《じゃご》。

開堂《かいどう》の次いで、共《うやうや》しく惟《おもん》みれば、諸位《しょい》東堂大和尚《とうどうだいおしょう》、或いは慈雲《じうん》の荊棘《けいきょく》を披《ひら》き、禪河《ぜんが》の波瀾《はらん》を激《げき》す。或いは圓通《えんづう》を出でて又た圓通《えんづう》に入る。歩歩《ほほ》、青山緑水《せいざんりょくすい》、意氣《いき》有る時、意氣《いき》を添う。篇篇《へんぺん》、明月清風《めいげつせいふう》。或いは大智洞明《だいちとうみょう》、瑠璃瓶《るりへい》、寶月《ほうげつ》を含む。清標温雅《せいひょうおんが》、薝蔔林《せんぷくりん》、餘香《よこう》を蔑《な》みす。或《ある》いは三句《さんく》の體調《たいちょう》を鐵佛《てつぶつ》に提《ひっさ》げ、四碧眼胡《しへきがんこ》を金爐《きんろ》に烹《に》る。或いは大珠《だいしゅ》を越上《えつじょう》に輝《かがや》かし、慧海《えかい》を江西《こうぜい》に湛《たた》う。

〈訳〉

「開堂に際し、恭しく惟みるに、諸位東堂大和尚は、あるいは慈雲寺を開創され、禅界に波瀾を起こし、世間と出世間と出没自在、その至るところが青山緑水。意気あるところに、さらに意気を添え、その作になる詩篇はいずれも明月清風。その洞明なる大智は瑠璃瓶の中に映える宝月のようであり、その風標は穏やかで奥ゆかしく、薝蔔林中に香りが充ち満ちているようです。時には雲門三句の体調を鉄仏に提げ、天衣の懐禅師が四大弟子を烹金炉で烹るようです。そしてまた、越州に大珠寺を輝かし、慧海を江西に湛えられております」。

○披慈雲荊棘＝「慈雲」は東堂和尚の寺のことか。「披荊棘」は、籔を切り開く。開榛に同じく寺基を開くこと。

○出円通又入円通＝世間と出世間と出入自在の円通三昧、出入自在。『句双葛藤鈔』「出円通又入円通」に、「円通トハ心空ナリ、出入ナリ。タ、一円ヲ離レヌゾ」。

○歩歩青山緑水＝「青山緑水」は、ズバリこれが真理の端的。『句双葛藤鈔』「遊人不入普門境、只作青山緑水看」に、

「遊人ハ只ダ目前ノ緑水青山バカリヲ見ルゾ。自己ノ光明、蓋天蓋地ノ円通ノ境ヲバ知ラヌゾ」と、これの反対。いたる所の青山緑水が自己の光明に他ならぬ。
○有意気時添意気＝白雲守端、臨済三頓棒の頌に「有意気時添意気、不風流処也風流」。
○篇篇＝和尚が作る詩篇のどれもが。
○明月清風＝これまた自己の光明。右の「青山緑水」と合わせて『句双葛藤鈔』に「青山緑水元依旧、明月清風共一家」に「依旧トハ、イツモノ如ク也。コレモ明月モ一家也。別物デナシ」。
○瑠璃瓶含宝月＝瑠璃の瓶に入った宝珠のような月。『句双葛藤鈔』「瑠璃含宝月」に「キラリトシタ功処ニ位アルノ義ナリ。ト云ハ、悟ノ上ニ悟ラヌ無功ノ理ガアルゾ」。
○薝蔔林蔑余香＝『維摩経』観衆生品に「舎利弗、人の瞻蔔林に入れば、唯だ瞻蔔のみを嗅いで余香を嗅がざるが如し」。
○或提三句体調於鉄仏＝「三句体調」は、雲門下の三句。雲門三句は「函蓋乾坤、截断衆流、随波逐浪」。「鉄仏」は無為鉄仏懐禅師か。この機縁の根拠、未詳。
○烹四碧眼胡於金炉＝「金炉」は天衣義懐のことを烹金炉という。烹金炉は、蘇州洞庭湖薦福の明因寺方丈の額。嘉祐中、天衣懐禅師がこの寺に住してこの額を掛けた。
『五家正宗賛』巻四、天衣義懐章に「楊無為、賛して曰く、「冲本秀夫、四碧眼胡、中間坐する者、烹金の炉」」。『助桀』（電子達磨版一二一九頁）に「忠曰く、碧眼胡は元と達磨を称す。楊無為、取って四師の雅号と為す。此より天衣の四哲を又た四碧眼胡と曰う」。「冲本秀夫」、「冲」は、『続灯録』巻九に「東京大相国寺恵林禅院覚海禅師、諱は若冲」。「本」は、『続灯録』巻九に「東京大相国寺慧林禅院円照禅院円照禅師、諱は宗本」。「秀」は、『続灯録』巻十に「東京法雲寺円通禅師、諱は法秀」。「夫」は、『続灯録』巻九に「真州長蘆崇福禅院広照禅師、諱は応夫」。
○輝大珠于越上＝「大珠」は寺名ならんも未詳。「越上」は越前、越中、越後。
○湛慧海于江西＝未詳。

【三―一〇七―二】［巻之二の二六丁裏］

又以、諸位西堂和尚。或弄少林笛、放開炎天梅蘂。發新定機、區別韶石楓香。句句函蓋、乾坤珊珊、曼陀寶雨。或連如是牀、傾薔薇水。示向上機、輥栗棘蓬。

又た以《おも》みれば、諸位西堂和尚《しょいせいどうおしょう》、或いは少林《しょうりん》の笛《ふえ》を弄《ろう》して、炎天《えんてん》の梅蘂《ばいずい》を放開《ほうかい》す。新定《しんじょう》の機《き》を發《はっ》して、韶石《しょうせき》の楓香《ふうこう》を區別《くべつ》す。句句函蓋《くくかんがい》、乾坤珊珊《けんこんさつさつ》、曼陀《まんだ》の寶雨《ほうう》。或いは如是《にょぜ》の牀《しょう》を連《つら》ねて、薔薇《しょうび》の水《みず》を傾《かたむ》く。向上《こうじょう》の機《き》を示《しめ》して、栗棘蓬《りつきょくほう》を輥《こん》ず。

〈訳〉

「また思うに、諸位西堂和尚は、あるいは達磨の宗旨である少林の無孔笛を奏でて炎天の夏に梅花を開かせる。雲門新定の機を発揮して、楓香を黄熟香や餅香と区別することができ、その一句一句が雲門の「函蓋乾坤」の句にかなって、天地が一枚となって、天地に珊珊として曼陀華の雨を降らせるようである。時には如是の牀を連ねて、薔薇の水を傾け、時には向上の機を示して、栗棘蓬の如き悪毒の語を転がし出す」。

○炎天梅蘂＝前出［一―一一〇］。
○発新定機、区別韶石楓香＝「韶石」は韶陽、雲門山のあった地。雲門禅師の斬新の機鋒を「韶陽新定機」という。
「楓香」は、『雲門広録』、「師有る時曰く、〈若し菩提涅槃、真如解脱と説かば、是れ楓香を焼いて你を供養せん。若し仏と説き祖と説かば、是れ黄熟香を焼いて你を供養せん。若し超仏越祖の談と説かば、是れ餅香を焼いて你を供養せん、帰依仏法僧〉といって下去」。

○句句函蓋＝雲門の三句、函蓋乾坤、截断衆流、随波逐浪の一つ。『句双葛藤鈔』「函蓋乾坤」に「天地ガ一函蓋ナリ、総ニ外ナキナリ」。

○乾坤珊珊、曼陀宝雨＝「珊珊」は佩玉のふれあう音。ここでは雨の音。「曼陀宝雨」は、諸天が感じて花を雨ふらすこと。『法華経』序品「仏説此経已……是時天雨曼陀羅華、摩訶曼陀羅華、曼殊沙華、摩訶曼殊沙華，而散仏上及諸大衆」。

○連如是牀、傾薔薇水＝拠未詳。

○栗棘蓬＝前出［一—三〇］。

【二—一〇七—三】［巻之二の二六丁裏］

更惟、兩員座元禪師。或瘦盡黄檗七尺身、宏開金粟方丈室。或毋必眞正見解、自然藴藉風流。僉言、岐山九苞。有待禹門一躍。

更に惟《おも》みれば、兩員《りょういん》の座元禪師《ぞげんぜんじ》。或いは黄檗七尺《おうばくしちしゃく》の身を瘦盡《そうじん》し、金粟方丈《こんぞくほうじょう》の室《しつ》を宏開《こうかい》す。或いは眞正《しんしょう》の見解《けんげ》を必《ひつ》とすること毋《の》うして、自然《じねん》に藴藉風流《うんしゃふうりゅう》。僉《み》な言《い》う、岐山《きざん》の九苞《きゅうほう》と。禹門《うもん》の一躍《いちやく》を待つこと有り。

〈訳〉

「さらに惟みるに、お二人の座元禅師は、あるいは黄檗のごとき七尺の痩身でもって、維摩の方丈を広く開かれ、あるいは真正の見解を求めなくとも、自然にそなえた風流は含蓄して余り有り、皆が岐山の鳳凰と尊称しております。いずれ禹門の瀧を一躍して龍となられる方でありましょう」。

○黄檗七尺身＝黄檗は身長が七尺であった。『碧巌録』第十一則、本則評唱、裴休が黄檗を讃した頌に「額に円珠有り、七尺の身」。
○金粟方丈室＝維摩の方丈。維摩居士の前身は金粟如来だった。
○蘊藉風流＝「蘊藉」は、性格や態度などが穏やかで包容力のあること。含蓄して余りあること。『天宝遺事』上、「天宝初め、寧王、日びに侍して声楽を好んで、風流蘊藉なること、諸王も如かず」。
○岐山九苞。有待禹門一躍＝「岐山」は周国発祥の地。「九苞」は九苞禽、鳳凰のこと。岐山は鳳凰山とも呼ばれる。また今ここでは「岐山」は美濃岐阜のことをいう。岐阜の命名については、沢彦宗恩（?～一五八七）が「岐阜」「岐山」「岐陽」の三候補をあげ、織田信長が「岐阜」に決定したという説が巷間に伝わるが、それより前、万里集九（一四二八～?）の『梅花無尽蔵』に「岐阜陽」という用例がある。東陽英朝（一四二八～一五〇四）にも、「岐下」を美濃の意味で用いる例が多く、本語録の巻五に頻出し、「岐阜」の用例も後出にいくつかある。また、悟渓宗頓の再住大徳寺にあたって横川景三（一四二九～一四九三）が作った山門疏に「起岐山者八百歳」とある。

【二─一〇七─四】［巻之二の二七丁表］

又惟、山門要職、江湖飽參、四來雲衲、一會海衆、諸位禪師。迫今日浩繁、無遑褒讃。伏望昭亮。

又た惟《おもんみ》みれば、山門《さんもん》の要職《ようしょく》、江湖《ごうこ》の飽參《ほうさん》、四來《しらい》の雲衲《うんのう》、一會《いちえ》の海衆《かいしゅう》、諸位禪師《しょいぜんじ》。今日《こんにち》の浩繁《こうはん》に迫《せ》まられて、褒讃《ほうさん》するに遑《いとま》無《な》し。伏《ふ》して望《のぞ》むらくは昭亮《しょうりょう》。

〈訳〉

「また惟みるに、この他、山門の要職、江湖の飽参、四来の雲衲、一会の海衆、もろもろの禅師方がおられますが、本日の盛儀に追われ、いちいち褒讃するに遑がありませぬ。伏して望むらくは昭亮」。

○迫今日浩繁＝「浩繁」は盛大で繁多。

【二─一〇八】［巻之二の二七丁表］

拈提。

昭化道簡禪師、歸雲居山日、山神連聲歡呼曰、和尚來也、和尚來也。

山僧今日再來、爲甚麼不聽一聲神語。［拂一拂云］夜來王老師、未下一分飯。

拈提《ねんてい》。

昭化《しょうけ》の道簡禪師《どうかんぜんじ》、雲居山《うんごさん》に歸る日、山神《さんしん》、連聲《れんせい》に歡呼《かんこ》して曰く、和尚來也《おしょうらいや》、和尚來也《おしょうらいや》と。

山僧《さんぞう》、今日再來《こんにちさいらい》、甚麼《なん》と爲《し》てか一聲《いっせい》の神語《しんご》を聽かざる。［拂一拂《ほついっほつ》して云く］夜來《やらい》、王老師《おうろうし》、未だ一分《いちぶん》の飯《はん》を下《くだ》さず。


〈訳〉


昭化の道簡禅師は、師のなき後、雲居山の後継を嘱されていたが、主事の僧たちは他の人物を考えていた。それを忖度《そんたく》した道簡禅師はひそかに寺を出た。その時に雲居山の山神は号泣した。そこで、主事たちはやはり道簡こそが後継者だと思い直して、翌朝、追いかけて道簡禅師に雲居山に戻っていただいた。その時に山神が「和尚来也《おしょうのおでまし》、和尚来也《おしょうのおでまし》」と繰り返し唱えたという。

この話を取り上げて師が言われた、「山僧《それがし》は今日再びこの寺に戻ったのに、土地神が（和尚来也《おしょうのおでまし》と）一声も発しないのなぜか」。［払子を一振りして］「夕べ南泉和尚は土地神に飯を供えなかったと見える」。

○昭化道簡禅師＝『伝灯録』巻二十、雲居山昭化禅師道簡章、「師久しく雲居（道膺）の室に入る。密に真印を受く。臘高きを以て堂中に居して、第一座たり。膺和尚の将《まさ》に順寂に臨まんとするに属《あ》い、主事の僧問う、〈誰か当《まさ》に継嗣とすべき〉。曰く、〈堂中の箇なり〉。主事の僧、言を承くと雖も、未だ其の旨を暁《さと》らず。之を揀選せよと謂《おも》って、乃ち衆僧と僉議《せんぎ》すらく、〈第二座を挙して化主《けしゅ》と為さん、然れども且らく礼を備えて先ずは第一座を請《しょう》ぜん。必《も》若し謙譲せば、即ち第二座を堅請せん〉と。時に箇師、既に密に師の記を承く。略《ほ》ぼ辞免せず。即ち自ら道具を持って方丈に入って、衆をして法を演《の》ぶ。主事の僧等、素志に愜《かな》わず、規式に循うこと罔《な》し。師、其の情を察して、乃ち院を棄てて潜かに下山す。其の夜、山神号泣す。詰旦《あくるあさ》、主事大衆、奔って麦荘に至って、悔過して哀請して院に帰す。衆聞く、山神連声に唱えて〈和尚来也〉と云うことを」。

○夜来王老師、未下一分飯＝『五家正宗賛』南泉章に「師、一日、荘に到る。荘主預め油糍を備え迎奉す。師曰く、〈老僧居常《つねひごろ》出入すること、人の与《ため》に知られず。何ぞ排弁すること此の如きを得たるや〉。主曰く、〈昨夜、土地報じて道う、和尚今日来たる〉と。師曰く、〈王老師、修行無力、鬼神に覷《み》見らる〉。時に僧有って問う、〈既に是れ大善知識なるに、什麼《なん》としてか却って鬼神に覷《み》見らる〉。師曰く、〈土地前に更に一分の飯を下せ〉」。『諸録俗語解』［四六七］「一分飯」に「一人まえの飯なり。一人扶持《ひとりぶち》を一分の請受と云う」。

【二一〇九】［巻之二の二七丁表］

元旦上堂。

氷雪鶯難到。暁來有這長觜鳥、飛上我拄杖頭上、演説一道護國陀羅尼。諸仁分明聽取麼。若或未然、山僧重説偈言去。［叉手云］玉積臘前雪、花含天下春。岐山鳳凰瑞、先應太平辰。

元旦上堂《がんたんじょうどう》。

氷雪《ひょうせつ》、鶯到《おういた》り難《がた》し。暁來《ぎょうらい》、這《こ》の長觜鳥《ちょうしちょう》有り、飛んで我が拄杖頭上《しゅじょうとうじょう》に上って、一道《いちどう》の護國陀羅尼《ごこくだらに》を演説《えんぜつ》す。諸仁《しょにん》、分明《ふんみょう》に聴取《ちょうしゅ》すや。若し或いは未だ然らずんば、山僧《さんぞう》、重説偈言《じゅうせつげごん》し去らん。「叉手《しゃしゅ》して云く」玉《ぎょく》は積《つ》む、臘前《ろうぜん》の雪《ゆき》、花は含む、天下《てんか》の春《はる》。岐山《きざん》、鳳凰《ほうおう》の瑞《ずい》、先《ま》ず太平《たいへい》の辰《しん》に應《おう》ず。

〈訳〉

「氷雪に閉ざされて鶯はまだやって来ない、（その代わりに）明け方に長觜鳥が飛んで来て、我が拄杖にとまって護国陀羅尼を唱えた。諸君、これをはっきりと聴いたであろうか。もし聴かなかったならば、山僧《それがし》があらためてそれを説いて聴かせよう」。「叉手していわく」「玉《ぎょく》のように積もった昨年来の雪、（まだ開かぬ）花は天下の春を含んでいる。岐山に棲むという鳳凰が、先んじて太平の瑞兆を現している」。

○長觜鳥＝前出「一—一二九」。
○護国陀羅尼＝仁王護国般若波羅蜜経。
○重説偈言＝経の長行文のあとに、同じ趣旨を短い偈で述べたもの。転じて、繰り返し言うこと。
○岐山鳳凰瑞＝前出「一—一〇七—三」。

【二—一一〇】［巻之二の二七丁裏］

冬節示衆。

今年冬至在月尾、須賣牛買被。山僧有一頭水牯牛、欲就諸仁賣。非貴非賤、作麼生買。衆下語、皆不契。師曰、山僧今日失利。

冬節示衆《とうせつじしゅ》。

今年《こんねん》、冬至《とうじ》、月尾《げつび》に在り、須《すべか》らく牛を賣って被《ひ》を買うべし。山僧《さんぞう》、一頭《いっとう》の水牯牛《すいこぎゅう》有り、諸仁《しょにん》に就いて賣らんと欲す。貴《き》に非ず賤《せん》に非ず、作麽生《そもさん》か買わん。衆下語《しゅうあぎょ》するも、皆な契わず。師曰く、山僧《さんぞう》、今日失利《こんにちしつり》。

〈訳〉

師が言われた、「今年の冬至は月末にあるから、牛を売って被《ふとん》を買わねばならぬ。山僧《それがし》に一頭の水牯牛がある、これを諸君に売ろうと思う。高くても安くてもならぬ、いくらで買うか」と。大衆が下語したが、すべて契わなかった。そこで、師いわく、「山僧、今日失利」。

○冬至在月尾、須売牛買被＝前出［一―七五］。

○山僧今日失利＝「失利」は「利益を失う」「戦いに敗れる」「しくじる」。『諸録俗語解』［七六五］「失利」に「しくじったと訳す」。『句双葛藤鈔』「失利」に、「落シ語ナリ、又失利ガ見事ヂヤ、取リ道チニモ見ル」。

【二―一一二】［巻之二の二七丁裏］

歳旦上堂。

新年頭無佛法。唯有一頌、供養大衆去。古公岐下舊山河、一樹棠陰添閏多。佛法新年無別事、金衣緩奏太平歌。「明應五年丙辰二月有閏」。

歳旦上堂《さいたんじょうどう》。

新年頭《しんねんとう》、佛法《ぶっぽう》無し。唯だ一頌《じゅ》有り、大衆《だいしゅ》に供養《くよう》し去らん。古公岐下《ここうぎか》の舊山河《きゅうせんが》、一樹《いちじゅ》の棠陰《とういん》、閏《うるう》を添えて多し。佛法新年《ぶっぽうしんねん》、別事《べつじ》無し、金衣《きんえ》、緩《ゆる》く奏《そう》す、太平《たいへい》の歌《うた》。「明應五年丙辰《めいおうごねんひのえたつ》、二月閏《うるう》有り」。

〈訳〉

「新年とてことさらに示す仏法はないが、一つだけ頌を諸君に供養しよう。古公岐下の旧山河、一樹の棠陰、閏を添えて多し。仏法新年、別事無し、金衣、緩く奏す、太平の歌」。「明応五年丙辰、閏二月があった」。

○歳旦上堂＝『校証』の「年譜」に「定慧歳旦上堂」。

○古公岐下旧山河＝「古公」は、周の太王、古公亶父《たんぽ》。初め邠《ひん》に居たが、狄人《えびす》に侵され岐山の下に遷った。邠人が慕ってついて来たので、そこに国を建て周と号した。「岐下」はまた美濃岐阜のこともあわせて言う。前出「二一一〇七―三」「岐山」。

○棠陰＝からなしの木陰。また（訴訟を裁く）官署のことをいう。むかし召伯（周の召公）が南に巡行してときに甘棠の木陰で訴獄を聴いたことによる。『詩経』召南、甘棠。

○添閏多＝動植物の生成は月数に応じ、平年に十二生じるものが、閏月のある年には十三生じるとの俗説が古くからあった。『続博物志』一に「藕の生ずるは月に応ず。閏月には一節を益す」。『月令広義』二、「遁甲注に、梧桐は毎年、十二葉を生ず。閏月有れば十三葉を生ず。閏月には葉小さし」。
○金衣緩奏太平歌＝鶯がゆるやかに太平の歌を奏でている。
○明応五年丙辰二月有閏＝一四九六年。

【二―一一二―一】［巻之二の二七丁裏］

重陽示衆。

擧。横嶽祖師九日上堂曰、天地同根、萬物一體。抛大千於方外、納須彌於芥子。巻舒在我、縱横得妙。左之右之、無是不是。以何爲驗。撃拂子曰、重陽九日菊花新。

師曰、這一絡索、還委悉也無。試下一轉語。［衆下語］。師曰、山僧有一偈、不敢酬祖德、且要不辜負佳節。


重陽《ちょうよう》、衆《しゅ》に示す。

擧《こ》す。横嶽祖師《おうがくそし》、九日上堂《じょうどう》に曰く、天地同根《てんちどうこん》、萬物一體《ばんぶついったい》。大千《だいせん》を方外《ほうがい》に抛《なげう》ち、須彌《しゅみ》を芥子《けし》に納《い》る。巻舒《けんじょ》、我《わ》れに在《あ》り、縱横《じゅうおう》、妙《みょう》を得《え》たり。左之右之《さしうし》、是不是《ぜふぜ》無し。何を以てか驗《けん》と爲《せ》ん。拂子《ほっす》を撃《う》って曰く、重陽《ちょうよう》九日、菊花《きくか》新《あら》たなり、と。

師曰く、這《こ》の一絡索《いちらくさく》、還《かえ》って委悉《いしつ》すや也《ま》た無《いな》や。試みに一轉語《いってんご》を下せ。［衆下語《あぎょ》］。師曰く、山僧《さんぞう》、一偈《いちげ》有り、敢えて祖徳《そとく》に酬《むく》いず、且《しば》らく佳節《かせつ》に辜負《こぶ》せざらんことを要す。

〈訳〉

大応国師は九日上堂で言われた、「肇法師は、天地は我と同根、万物は我と一体と言われた。その立場からすれば、大千世界を方外を放り投げ、須弥山を芥子粒に納めることもできる。巻く（把住）も舒べる（放行）も我れ次第、縦横自在に妙を得ることができる。左を見ても右を見てもいずこも、是もなければ不是もない。何を験とかせん」。払子を撃っていわく、「重陽九日、菊花新たなり」と。

この話頭を取り上げて師が言われた、「この一段の話頭が分かるか。試みに一転語を下せ」と。［衆下語］。師いわく、「山僧《それがし》に一偈がある。祖師の徳に酬いずとも、菊佳節には背くまいと思う」。

◯横嶽祖師九日上堂曰＝『大応国師語録』万寿禅寺録。

◯天地同根、万物一体＝肇法師の語。『肇論』下、涅槃無名論、妙存第七に、「玄道は妙悟に在り、妙悟は即真に在り。即真なるときは則ち有無斉しく観ず。斉しく観ずるときは則ち彼己に二莫し。所以に天地と我と同根、万物と我と一体なり。我と同じときは則ち復た有無に非ず」。『句双葛藤鈔』「ナニガ別ノ物ハナイゾ。天ガ地、地ガ天。松ガ竹、竹ガ松。二体ナイコトゾ」。

◯巻舒＝把住と放行。

○左之右之＝左にしても右にしても、一切が。
○重陽九日菊花新＝もとは汾陽善昭の三玄三要の頌、「三玄三要、事分ち難けれど、意を得て言を忘ぜば、道親し み易し。一句明明として万象を該《か》ぬ、重陽九日、菊花新たなり」。『続伝灯録』巻一、汾陽善昭章。大応国師はこの句を多く引用している。
○一絡索＝『犂耕』（電子達磨版四六四頁）に「忠曰く、猶お一段と言うがごとし。縄索の一絡結《ヒトカラゲ》の如し」。

【二―一一二―二】［巻之二の二八丁表］

六十九年重九節、黄花鬱鬱意如何。幽叢冒雨露香淨、老圃約秋霜蘂多。寒蝶夢驚劉禮樂、晩蛩吟破晋山河。西風吹帽鬢皆鶴、笑典虚空作醉和。

六十九年、重九《ちょうきゅう》の節《せつ》、黄花鬱鬱《こうかうつうつ》、意如何《いいかん》。幽叢《ゆうそう》、雨《あめ》を冒《おか》して、露香淨《ろこうきよ》し、老圃《ろうほ》、秋《あき》に約《やく》して、霜蘂《そうずい》多し。寒蝶《かんちょう》、夢驚《ゆめおどろ》く、劉《りゅう》の禮樂《れいがく》、晩蛩《ばんきょう》、吟破《ぎんは》す、晋《しん》の山河《せんが》。西風《せいふう》、帽《ぼう》を吹《ふ》いて、鬢《びん》皆な鶴《つる》、笑って虚空《こくう》を典《オギノ》って、醉《すい》を作《な》して和《わ》す。

〈訳〉

偈にいわく、「六十九歳の重陽の節句、今を盛りと咲く菊花は何を表しているか。茂った草むらで（重陽の節句のために）雨を冒して咲く、その葉に置かれた露までが芳しい。古畑では秋の到来と契ったかのように多くの菊が開いている。蝶は劉氏の礼楽の夢から覚め、蛩《こおろぎ》は晋の山河を歌っている。（その昔）菊花節に孟嘉の帽子を落とした西風が（今また吹いて）私の鬢を鶴のように白くした。（私は）笑って虚空を質《かた》草にして一杯やり、酔うて（孟嘉に）和する」。

○黄花欝欝＝「欝欝」は、盛んなさま。

○幽叢冒雨露香浄＝皇甫冉の「秋日東郊作」（『三体詩』収）に「菊は重陽の為に雨を冒して開く」。

○老圃約秋霜蘂多＝「老圃」には「畑づくりに老練な人」（『論語』子路）の意がある。しかしここでは右の「幽叢」と対するので、その意ではなく「昔からある古畑」のこと。「霜蘂」は菊花。蘇東坡の「顔復を送り、兼ねて王鞏に寄す」詩に「我に約す、重陽に霜蘂を嗅がんと」。

○寒蝶夢驚劉礼楽＝「劉」は南宋の高祖劉裕のこと。その幼名を寄奴という。菊科の薬草、おとぎり草のことを劉寄奴という。はじめ劉裕が、この草を採って病を治したことによって、この名がある。事は『南史、宋武帝記』に出る。劉寄奴は、江西の「寄奴草」詩に「寄奴成草数茎長、欲奪淵明籬菊香」とあるように、菊に比しつつ詠われる。『錦繍段』に収める僧一初の「墨菊」詩に、「陶家の旧本、林丘に偏し、埜草、端無くも亦た劉を姓とす。典午の山河、寸土無し、籬辺、分かち得たり一枝の秋」。『錦繍段抄』に、「二ノ句。陶家ハ陶淵明ガ家ナリ。旧本ハ菊ヲサス。姓劉トハ、劉裕ガ下ニナルヲ云ウゾ。……淵明ハ晋ノ司馬氏ノ臣ナリシニ、宋ノ劉裕、晋ノ世ヲ奪ツテ劉氏ニ成ツタヲ愁イテ、二姓ニ仕エズト云テ隠遁シタゾ。姓劉トハ、草マデモ劉氏ノ天下ニナツテ劉氏ヲウケタト云ウ心ナリ。草ノ名ニ劉寄奴ト云ウモノアレバ、借リテ云エリ。言ウココロハ、陶淵明ガ家ノ菊、山林ニアマネクアルナリ。シカルニ野草ハ皆アジキナク（＝どうしようもなく）劉氏ニ従ウゾ。三四ノ句。典午ハ、晋ノ氏、司馬氏ナレバ、午《ムマ》ヲ典《ツカサど》ルト云ウ心ニテ、典午ト云ウゾ。言ウココロハ、司馬氏ノ山河ハ一寸ノ土地モナク、皆劉宋ノ物ニナリタリ。只ダ籬辺一枝ノ菊バカリ劉宋ニ付カズ、晋ノ地ヲトドメテ宋トワカチタゾ。淵明ガ愛シタル菊ナレバ此ノ如ク云エリ」。

「劉礼楽」は、黄山谷「旧彭沢に宿し陶令を懐う」詩に「司馬寒如灰、礼楽卯金刀」。両足院本『山谷詩抄』に「司馬ハ亡ビテ、薪ノ尽キテ灰バカリニナリタ様ナゾ。天下ノ礼楽、劉氏ニ帰ルゾ。劉字ハ、卯金刀《ぼうきんとう》ゾ」。

○晩蛩吟破晋山河＝「晋山河」は、『江湖風月集』偃渓聞の「羲之故居」に「亭前改めず、晋山の河」とある。これは王羲之だが、今は「採菊東籬下」と歌った陶淵明のことをいう。江西の「瓶菊」詩に「世間に菊微《な》かりせば陶を奈何《いかん》せん、埜野、端無くも劉氏多し。一朶、宜しく半瓶の水に開くべし、東籬も亦た晋の山河にあらず」。ここの「劉氏」は右注の劉寄奴のこと。また、横川の「淵明図」に「酒中、自ずから晋の山河有り」、茂彦の「重九に先んじて桃花菊を賦す」に「秦晋の山河、一様の花」とあるように、「晋山河」は菊の縁語ともなる。

○西風吹帽鬢皆鶴＝「孟嘉落帽」の故事をふまえる。東晋の桓温が九月九日に龍山で菊花宴を催した時、桓温の参軍の孟嘉は風で帽子を吹き飛ばされたのに気づかなかった。人からそのことを詩でもって風刺されたが狼狽せず、かえって洒脱の文で即答したという風流談。『晋書』孟嘉伝、「九月九日、温（桓温）、龍山に燕す。僚佐、畢《ことごと》く集まる。時に佐吏並びに戎服を著く。風の至る有り、嘉の帽を吹いて堕落《おと》す。嘉、之を覚えず。温、左右をして言うこと勿からしめ、其の挙止を観んと欲す。嘉、良久して厠《かわや》に如《ゆ》く。温、取って之を還さしめ、孫盛に命じ、文を作って嘉を嘲って、嘉の坐に著けしむ。嘉、還って見て、即ち之に答う。其の文甚だ美なり。四坐嗟歎す」。また『蒙求』「孟嘉落帽」。「鬢皆鶴」は、白髪になること。白髪を鶴鬢という。

○笑典虚空作酔和＝「典」は和訓オギノル、「かたにする」。虚空をかたにして飲む。ここのところふまえる典拠がありそうだが、未検。孟嘉は酒好きであった。『蒙求』「孟嘉落帽」のつづきに、「嘉、酣飲を好む。愈いよ多くして乱れず。温（桓温）問う、〈酒に何の好《よ》きことか有って、卿は之を嗜むや〉。嘉曰く、〈公は未だ酒中の趣を得ざるのみ〉」。本語録の編集者である慧照院の大春和尚は、語録中の酒にかかわる語をことごとく嫌って、無著和尚に図って改作せしめているが（後出、巻五、偈頌篇）、本篇はその厳しい捜索から免れたものであろう。

【二―一三】［巻之二の二八丁表］

元旦上堂。

天得一以清、地得一以寧。臨濟得一以喝、德山得一以棒。山僧亦得一、不敢自立門庭、只要與諸仁同受用。且道是甚麼一。［良久云］吉。更有賀正一偈、大衆擊節好。誰言七十古來稀、喜色上眉心欲飛。河伯山神共歡舞、太平無日不春暉。［明應六年］。


元旦上堂《がんたんじょうどう》。

天《てん》は一《いっ》を得《え》て以《も》って清《きよ》く、地《ち》は一《いっ》を得《え》て以《も》って寧《やす》し。臨済《りんざい》は一を得て以て喝《かっ》し、徳山《とくさん》は一を得て以て棒《ぼう》す。山僧《さんぞう》も亦た一を得たり、敢《あ》えて自《みずか》ら門庭《もんてい》を立《りっ》せず、只だ諸仁《しょにん》と同じく受用《じゅよう》せんことを要す。且らく道え、是れ甚麼《なん》の一ぞ。［良久《りょうきゅう》して云く］吉《きっ》。更に賀正《がしょう》の一偈《いちげ》有り、大衆《だいしゅ》、撃節《げきせつ》せば好《よ》し。誰か言う、七十古來稀《しちじゅうこらいまれ》なりと、喜色《きしょく》、眉《まゆ》に上って、心飛ばんと欲す。河伯山神《かはくさんしん》、共に歡舞《かんぶ》す、太平《たいへい》、日として春暉《しゅんき》ならずということ無し。［明應《めいおう》六年］。


〈訳〉

『老子』に〈天は一を得ているから清く、地は一を得ているから寧《やす》らかである〉とあるが、臨済もこの〈一〉を得ているから喝し、徳山もこの〈一〉を得ているから棒するのである。山僧もまたこの〈一〉を得ているが、敢えて自らの宗旨を立てることはせぬ。ただ諸君とともに、この〈一〉なるものを受用したいと思うだけである。さて、この〈一〉とは何か」。［良久して云く］「吉」。「さらに賀正の一偈があるので、諸君、これに和韻されよ」。偈にいわく、「七十古来稀なりとは誰の語か、喜びは眉に上って、心は飛ばんとす。河伯と山神とが歓喜をともにして舞う、太平の御代、一日として春ならざることはない」。［明応六年］。

○天得一以清、地得一以寧＝『老子』法本に「昔は之れ一を得る者ありき。天は一を得て以て清し、地は一を得て以て寧《やす》し。神は一を得て以て霊に、谷は一を得て以て盈《み》ち、万物は一を得て以て生じ、侯王は一を得て以て天下の正を為せり。其れ之を致せしものは一なり」。「一」とは、物の極。
○門庭＝門庭施設、門庭之説、建化門庭などの略。方便、あるいは宗旨、宗風。
○大衆撃節好＝前出［一—六四］。
○七十古来稀＝杜甫「曲江」に「人生七十古来稀」。白居易「栽松」に「人生七十稀」。
○喜色上眉心欲飛＝喜びの色が眉のあたりに出ることを「喜上眉梢」という。
○明応六年＝一四九七年、師七十歳。

再住青龍山瑞泉禪寺語

【二一一四】［巻之二の二九丁表］

再住青龍山瑞泉禪寺語［明應七年戊午師時七十一歳］

青龍山瑞泉禪寺《せいりょうざんずいせんぜんじ》に再住《さいじゅう》する語《ご》［明應《めいおう》七年戊午《つちのえうま》、師、時に七十一歳］

○明応七年戊午＝一四九八年。ただし、横山住雄氏の考証（「東陽英朝禅師の生涯」）によれば、後出［二一一九］の「瑞龍寺殿尽七日陞座」（明応六年五月二十一日）に「於是、瑞泉小比丘、即今陞斯座」とあるので「瑞龍寺入寺は明応七年ではなくて、明応六年五月以前なのは確実である」とする。横山氏によれば、瑞泉寺旧塔頭の龍済寺にある入寺法語記録である『青龍史考』には「明応六年四月十五日」とあるという。

【二一一五】［巻之二の二九丁表］

據室。

十五年前、密室不通風、猶有玄可扣。十五年後、密室爛如泥、唯有棒可喫。［拈杖云］若有聱頭禪、［卓一下云］從這裏入。

據室《こしつ》。

十五年前、密室《みっしつ》、風《かぜ》を通《つう》ぜず、猶《な》お玄《げん》の扣《たた》く可《べ》き有り。十五年後、密室《みっしつ》、爛《ただ》れて泥《どろ》の如《ごと》し、唯《た》だ棒《ぼう》の喫《きっ》す可《べ》き有り。［杖を拈《ねん》じて云く］若し聱頭《ごうとう》の禪《ぜん》有らば、［卓一下《たくいちげ》して云く］這裏《しゃり》より入れ。

〈訳〉

「十五年前は、風も通さぬ密室のごとく綿密に、なお玄旨を問うていた。そして十五年後の今、その密室は爛れて泥のようではあるが、くらわすべき棒はまだ持っておる」。［杖を手にとって］「我こそはという強者《つわもの》がおれば」［杖を一突きして］「這裏《しゃり》より入れ」。

○十五年前＝文明十五年、丹波龍興寺。

○密室不通風＝『句双葛藤鈔』に「悟ノ方ノナイ境界ゾ」。『禅語辞彙』に「禅活機なき境涯をいふ」。柴山『禅林句集』に「師弟の境涯一致して間隙なし」。『禅学大辞典』「①禅の活発なはたらきのない境涯。②師匠と弟子とが親密で間隙のないことのたとえ」。

東嶺円慈の『宗門無尽灯論』に「関山、老愚堂、児孫今堂に在り。無難の三尺剣、斬り尽くして身を留めず。正受、之を奪却して。磨礱《まろう》すること四十年。密室、風を不通ぜず、仏祖の妙を抉絶し、我が鵠林を捉敗す」。この用例においては、右の諸辞書の意味はあてはまらない。『中峰語録』の「示田侍者」に「工夫綿密不通風、如是三十年、忽爾自省」とあり、また「綿綿密密不通風」「密不通風」の語もあるから、「綿密にして風も通さぬ室内のように隙のないこと」を言おう。『句双葛藤鈔』「綿綿密密不通風」に「宗旨ノ密処ト云ハ、ヲトヅレタエタ処ゾ。風ハヲトヅレ也」。

○猶有玄可扣＝「扣玄」は、入室参禅して玄旨を問うこと。「扣」は、教えを求める、問うこと。

○爛如泥＝ぬかるみのように乱れ汚れている。
○聱頭禅＝前出［一―八九―一］。

【二―一一六】［巻之二の二九丁表］

祝聖。

大日本國尾州路、青龍山瑞泉禪寺再住持、傳法沙門［英朝］、開堂令辰、虔爇寶香、端爲祝延。今上皇帝聖躬萬歳萬歳萬萬歳。陛下恭願、媲文明於日月、萬國櫜細柳弓。齊壽域於乾坤、兆民安太山枕。


祝聖《しゅくしん》。

大日本國《だいにほんこく》尾州路《びしゅうじ》、青龍山《せいりょうざん》瑞泉禪寺《ずいせんぜんじ》再住持《さいじゅうじ》、傳法沙門《でんぼうしゃもん》［英朝《えいちょう》］、開堂令辰《かいどうれいしん》、虔《けん》爇《ぜつ》寶香《ほうこう》、端《たん》爲《に》祝延《しゅくえん》、今上《きんじょう》皇帝聖躬萬歳萬歳萬萬歳《こうていせいきゅうばんざいばんざいばんばんざい》。陛下《へいか》、恭《うやうや》しく願わくは、文明《ぶんめい》を日月《じつげつ》に媲《なら》べ、萬國《ばんこく》、細柳《さいりゅう》の弓《ゆみ》を櫜《ゆみぶくろ》にし、壽域《じゅいき》を乾坤《けんこん》に齊《ひと》しうし、兆民《ちょうみん》、太山《たいざん》の枕《まくら》を安《やす》んぜんことを。


〈訳〉

「大日本国尾州路、青龍山瑞泉禅寺の再住持、伝法沙門英朝、開堂にあたって、恭しく香をたいて、今上天皇の聖躬万歳を祝延したてまつる。陛下、願わくはその文政教化の光が日月と同じように輝き、国中が軍営の弓を袋に納めて、天地までがよく治まり、人々が泰山を枕にして、愁うることなく安心して眠れますように」。

○嚢細柳弓＝「細柳」は細柳営、軍陣、軍営のこと。漢の将軍、周亜夫が細柳に軍営を設けて胡に備えたことによる。「嚢弓」は、弓を弓袋に納める。戦をやめること。
○寿域＝よく治まった世、また、仁寿のおよぶ域。
○安太山枕＝「置枕泰山安」とも。枕を高くして安心して寝る。「安如泰山（安きこと泰山の如し）」は、泰山が動かぬように安定していること。

【二―一一七】［巻之二の二九丁表］

次入兩開山塔拈香曰、　這香亘古今、　一時行照用。　咦。　兩箇漆桶無鼻孔。

次に兩開山塔《りょうかいさんとう》に入って、香を拈《ねん》じて曰く、這《こ》の香、古今《ここん》に亘《わた》り、一時《いちじ》に照用《しょうゆう》を行ず。咦《い》。兩箇《りょうこ》の漆桶《しっつう》、鼻孔《びくう》無し。

〈訳〉

両開山塔で香を拈じていわく、「この香は過去から現在までに行きわたり、間、髪を容れず一時に照用を行ずる。咦。このお二人は黒闇の漆桶のようで、何のとらまえどころもない」。

○両開山塔＝無因宗因禅師と日峰宗舜禅師。
○一時行照用＝前出［一―二八―一］「照用斉行」。
○両箇漆桶無鼻孔＝抑下の托上。『密庵録』に「両箇漆桶、失却鼻孔」。『石門文字禅』の「題範上人僧宝伝」に、「只如懐禅師無鼻孔、作麼生下手」。このばあいの「鼻孔」は「把鼻」に同じ、つかまえどころ。『大慧書』「答厳教授」に「近日叢林、無鼻孔輩、謂之默照者、是也」。これは「祖師の鼻孔をした漢」の意で、「鼻孔」は肝心要の本分。

【二―一一八―一】［巻之二の二九丁裏］

九月一日小參。

幾時苦熱念西風、九月西風驚落葉。看光陰如此易遷。諸禪徳成得甚麼邊事。吾臨濟門庭、有甚麼事。人人具足、箇箇圓成。惜乎、自信不及、自棄自怠。一刹那間、頭童齒豁、噬臍無及。是誰咎耶。


九月一日小參《しょうさん》。

幾時《いくとき》か熱《ねつ》に苦《くる》しんで西風《せいふう》を念《ねが》う、九月西風《せいふう》、落葉《らくよう》を驚《おどろ》かす。看《み》よ、光陰《こういん》此《かく》の如《ごと》く遷《うつ》り易《やす》し。諸禪徳《しょぜんとく》、甚麼邊《じんもへん》の事《じ》をか成《な》し得《え》たる。吾が臨濟《りんざい》の門庭《もんてい》、甚麼《なん》の事《じ》か有る。人人具足《にんにんぐそく》、箇箇圓成《ここえんじょう》。惜しいかな、自信不及《じしんふぎゅう》にして、自《みずか》ら棄《す》て自《みずか》ら怠《おこた》ることを。一刹那《いちせつな》の間《かん》、頭《こうべ》は童《かむろ》に齒《は》は豁《うつろ》にして、臍《ほぞ》を噬《か》むとも及《およ》ぶこと無けん。是《こ》れ誰《た》が咎《とが》ぞや。

〈訳〉

「長いこと暑熱に苦しみ秋風を待ったが、いま九月、落葉が西風にそよいでいる。看よ、光陰はかくも遷りやすいのだ。諸君、これまでに成し得たことは何か。わが臨済の法門には何があるか。（ソイツは）人人箇箇、誰にでも円満に具わっておるのだ。しかし、惜しいかな、（臨済禅師が言われるように）自信不及にして、（せっかく具わっておるソレを）自ら棄て、求めることを怠っておるのだ。またたく間に、歯は抜け髪は薄くなってしまうぞ。そうなってから後悔してももう遅い。これはそもそも誰の罪か」。

○九月一日小参＝自筆本が臨渓院に残る。
○看光陰如此易遷＝自筆本、「光陰如此」。
○人人具足、箇箇円成＝『玄沙広録』上の上堂に「人人具足、人人成現」。
○自信不及＝『臨済録』上堂、「如今の学者の得ざるは、病は甚れの処にか在る。病は不自信の処に在り。你若し自信不及ならば、即便ち忙忙地に一切の境の転ずるに徇い、他の万境に回換せられて自由を得ず」。
○頭童歯豁＝歯が抜けてまばらに、頭は禿げる。老人になること。童は「山に草木がない」こと、禿の意。『古文真宝後集』韓退之「進学解」に「頭童歯豁、竟死何裨（頭は童に歯は豁く、竟《つい》に死すとも何の裨《おぎない》あらん）」。蘇東坡の「赴英州乞舟行状」に「左手不仁、右臂緩弱、六十之年、頭童歯豁、疾病如此」など。

【二―一一八―二】［巻之二の二九丁裏］

有者道、我是後生衲子、參禪時未到。豈不見、倶胝豎指、童子十二歳悟去。仰山十四歳、得體耽源處。趙州在南泉、十七八歳、解破家散宅。有者道、我老矣、無力參禪。豈不見、六祖會下、有法達禪師、垂百歳始悟道。大慧竹篦下、有大悲閑長老、年八十四、豁然大悟。

有《あ》る者《もの》は道《い》う、我《わ》れは是《こ》れ後生《こうせい》の衲子《のっす》、參禪《さんぜん》、時《とき》未《いま》だ到《いた》らずと。豈《あ》に見ずや、倶胝《ぐてい》、指《ゆび》を豎《た》つれば、童子《どうじ》十二歳にして悟《さと》り去《さ》り、仰山《きょうざん》は十四歳にして、體《たい》を耽源《たんげん》の處《ところ》に得《え》、趙州《じょうしゅう》は南泉《なんせん》に在って、十七八歳、破家散宅《はけさんたく》を解することを。有《あ》る者《もの》は道《い》う、我《わ》れ老《お》いたり、參禪《さんぜん》するに力無《ちからな》しと。豈《あ》に見《み》ずや、六祖《ろくそ》の會下《えか》に法達禪師《ほうたつぜんじ》有り、百歳に垂《なん》なんとして始めて悟道《ごどう》す。大慧《だいえ》の竹篦下《しっぺいか》に大悲《だいひ》の閑《かん》長老《ちょうろう》有り、年八十四にして、豁然《かつねん》として大悟《たいご》することを。

〈訳〉
「自分は若いから参禅するにはまだ早い、などと言う者がある。しかし見よ、倶胝和尚が指一本を立てたら、十二歳の童子が悟ったではないか。仰山は十四歳のときに耽源のところで体《たい》を得たし、趙州は南泉のところで十七八歳のときに大悟したのだ。また、自分はもう老いて参禅する力がない言う者がある。しかし見よ、六祖会下の法達禅師は百歳になんなんとして初めて悟道したし、大悲の閑長老は年八十四のときに、大慧の竹篦下に豁然として大悟したではないか」。

○倶胝竪指、童子十二歳悟去＝『五灯会元』巻四、金華山倶胝和尚章に、「凡そ学者の参問する有れば、師、唯だ一指を挙するのみ、別に提唱する無し。一供過の童子有り、人に事を問わるる毎に、亦た指を竪てて祇対す。人、師に謂いて曰く、〈和尚、童子も亦た仏法を会せり、凡そ問い有らば、皆な和尚の如くに指を竪つ〉と。師、一日潜かに刀子を袖にして、童に問うて曰く、〈聞く、你は仏法を会すと、是なりや〉。童曰く、〈是なり〉。師曰く、〈如何なるか是れ仏〉。童、指頭を竪起す。師、刀を以て其の指を断つ。童、叫喚して走り出づ。師、童子を召す。童、首を回らす。師曰く、〈如何なるか是れ仏〉。童、手を挙げて指頭を見ず。豁然として大悟す」。『無門関』第三則。ただし、童子十二歳という拠は知らず。

○仰山十四歳、得体耽源処＝『五灯会元』巻四、潭州石霜山性空章に、「僧問う、〈如何なるか是れ西来の意〉。師曰く、〈人の千尺井中に在るが若し、寸縄を仮らずして、你若し此の人を出だし得ば、即ち汝に西来の意を答えん〉。僧曰く、〈近日湖南の暢和尚、出世して亦た人の為に東語西話す〉。師、沙弥と喚んで、〈死屍を拽出著せよ〉と［沙弥は即ち仰山なり］。沙弥、後に挙して耽源に問う、〈如何か井中の人を出だし得ん〉。耽源曰く、〈咄、痴漢、誰か井中に在る〉と。仰山後に潙山に問う、〈如何か井中の人を出だし得ん〉。潙山乃ち〈慧寂〉と呼ぶ。寂、応諾す。潙山曰く、〈出だせり〉。仰山に住するに及んで、嘗て前語を挙して衆に謂いて曰く、〈我れ耽源の処に在って名を得、潙山の処で地を得たり〉」。これも十四歳という典拠は不明だが、沙弥であったから十五歳以下のときのこと。

○趙州在南泉、十七八歳、解破家散宅＝『聯灯会要』巻十七、阿育王山端裕禅師章、「趙州道わく、我れ十八上にして、便ち破家散宅を解くす」。「破家散宅」は、身上《しんしょう》をなくし家を失い無一物になること。転じて大悟を言う。

○六祖会下、有法達禅師、垂百歳始悟道＝『五灯会元』巻五、洪州法達章。そこに「七歳出家」とあるが、「垂百歳始悟道」については未詳。

○大慧竹篦下、有大悲閑長老＝『続伝灯録』巻六、桐江大悲閑章に、「福州閩県の般若精舎に閑居す。紹興甲寅、時に年八十有四、大慧、洋嶼に居す。般若と一水の隔てなり。師、老いたりと雖も尤も参究に篤し。日びに来たって衆に随って入室す。大慧因みに問うて曰く、〈万法と侶《とも》たらざる者、是れ什麼人《なんぴと》ぞ〉。師曰く、〈扶け起こさず〉。慧曰く、〈扶け起こさざる底、是れ什麽人《なんぴと》ぞ、速やかに道え速やかに道え〉。師、対えんと擬す。大慧、竹篦を以て便ち打つ。師忽ち契悟す。大慧、偈を説いて之を印して曰く、〈一棒に打破す、生死の窟、当時、凡聖行蹤を絶す、反《かえ》って笑う、趙州心歇《や》まずして、老来、猶お自ら西東に走ることを〉」。

【三―一八―三】〔巻之二の二九丁裏〕

有者道、我牽於寺院劇務、無遑參請。豈不見、雪峯存禪師、初出閩嶺之日、自買笊籬木杓、誓向諸方爲飯頭。三登投子九到洞山。洎在徳山多年、皆作典座而勞苦。他後爲千五百人善知識、示衆曰、一千五百人布衲子、從杓頭邊舀將來。又不見、楊岐會監寺、挾紙衾出入庫司三十年、陸沈金穀、遂續得臨濟正脈。至今碧落之碑無贋本。又不見、五祖演禪師、在白雲爲磨頭、納糠麩錢三百貫於常住了。受第一座請、續得楊岐正宗。昔日如此、而今何時。祖庭秋晩、可嘆可悲。

有る者は道う、我れ寺院《じいん》の劇務《げきむ》に牽《ひ》かれて、參請《さんしょう》するに遑無《いとまな》しと。豈《あ》に見ずや、雪峯《せっぽう》の存禪師《そんぜんじ》、初め閩嶺《びんれい》を出づるの日、自ら笊籬木杓《そうりぼくしゃく》を買って、誓って諸方《しょほう》に向かって飯頭《はんじゅう》と爲《な》る。三《み》たび投子《とうす》に登り九《ここの》たび洞山《とうさん》に到る。洎《およ》び徳山《とくさん》に在ること多年《たねん》、皆な典座《てんぞ》と作って勞苦《ろうく》す。他《かれ》、後に千五百人の善知識《ぜんちしき》と爲《な》って、衆《しゅ》に示して曰く、一千五百人の布衲子《ふのっす》、杓頭邊《しゃくとうへん》より舀《く》み將《も》ち來《き》たると。又た見ずや、楊岐《ようぎ》の會監寺《えかんす》、紙衾《しきん》を挾《さしばさ》んで、庫司《くす》に出入《しゅつにゅう》すること三十年《さんじゅうねん》、金穀《きんこく》に陸沈《りくちん》して、遂に臨濟《りんざい》の正脈《しょうみゃく》を續《つ》ぎ得《う》ることを。今に至るまで、碧落《へきらく》の碑《ひ》に贋本《がんほん》無し。又た見ずや、五祖《ごそ》の演禪師《えんぜんじ》、白雲《はくうん》に在って磨頭《まじゅう》と爲《な》って、糠麩錢三百貫《こうふせんさんびゃっかん》を常住《じょうじゅう》に納《い》れ了《おわ》り、第一座《だいいちざ》の請《しょう》を受《う》け、楊岐《ようぎ》の正宗《しょうじゅう》を續《つ》ぎ得《う》ることを。昔日《そのかみ》、此《かく》の如《ごと》し、而今《いま》、何《いず》れの時《とき》ぞ。祖庭秋晩《そていあきく》るる、嘆《たん》ず可《べ》く悲《かな》しむ可《べ》し。

〈訳〉

「また、自分は寺院の劇務で忙しく、参禅する時間などないと言う者もあるが、雪峰和尚を見たまえ、蜀を出るときに、自ら（典座で用いる）笊籬《いかき》（取っ手のついた漉しざる）と柄杓《ひしゃく》を買って、どこででも飯頭になって修行しようと誓い、三たび投子山に登り九たび洞山に到り、徳山でも長いこと、自ら典座となって苦労されたのだ。だから、のちに千五百人を率いる善知識となって、〈この一千五百人の雲衲は、みなこの柄杓で汲み出したものだ〉と言われた。

また、楊岐の会禅師は紙衾《かみぶすま》を着て庫司に出入すること三十年、金穀を管理する仕事をし、遂に臨済の正脈を続いだことは、誰の目にも明らかで、余人の真似のできないところである。

また、五祖法演禅師は白雲守端和尚のところで、水車小屋の責任者となり、糠麩を売り上げた銭三百貫を寺の会計に入れた。そして、ついに第一座の請を受け、楊岐の正宗を継いだのである。昔の人はこのように修行したのだ。さて、今はどうか。宗門も秋晩になった、嘆かわしく悲しいことだ」。

○我牽於寺院劇務＝自筆本、「牽」を「預」に作る。

○雪峰存禅師＝『仏果撃節録』五十七則「欽山恁麼」の評唱に「雪峰、笊籬木杓を担って行脚し、到る処に典座と作る」。また、『碧巌録』第五則、本則評唱に、「三上投子、九到洞山。漆桶木杓を置けて、到る処で飯頭と作る」。

○一千五百人布衲子、従杓頭辺舀将来＝雪峰のこと。前出［一―三五―六］。

○楊岐会監寺、挾紙衾出入庫司三十年＝前出［一―九〇―二］「挾紙衾就楊岐旧職」。

○碧落之碑無贋本＝誰にも真似はできぬ、ほんもの。『五家正宗賛』楊岐章、慶舟峰の賛。「碧落碑」は山西省新絳県龍興宮に在る。龍興宮は一名碧落観という。『助桀』（電子達磨版五三八頁）に、「其の文字甚妙なり、李陽冰も猶お学ぶことを得ず（書の名人といえども模写出来ない）、此れ贋本無き所以なり」と。

○五祖演禅師＝『大慧武庫』「五祖演和尚は、舒州白雲海会の端和尚に依って大事を咨決し深く骨髄に徹す。端、山前に磨頭《まじゅう》と作《な》らしむ。演、年を逐って磨下（水車小屋）に糠麸銭を収めて解典（質草をとって金を貸す）し息（利息）を出だして人工《にんく》を雇い、及び供を開く外、剰銭を常住に入る。毎《つね》に人に端の処に是非《わるくち》を鬥諜《つげぐち》せられて云く、〈演は逐日《まいにち》、磨下で酒を飲み肉を食らい、及び荘客（小作）の婦女を養う〉と。一院紛紜たり。演、之を聞いて、故意に肉を買い酒を沽《か》って磨院に懸け、及び坯粉《おしろい》を買い、荘客の婦女に与えて搽《ぬ》画らしむ。禅和の磨院に来遊する有る毎《ごと》に、演、手を以て婦女を揶揄し語笑して、全く忌憚無し。端、一日、喚んで方丈に至らしめ、其の故を問う。演、喏喏して他語無し。端、劈面《ひつめん》に之を掌す。演、顔色動ぜず、遂に作礼して去る。端、咄して云く、〈急に退却せよ〉。演云く、〈某が算計し了って、人を請じて交割（＝引き継ぎ）せんを俟《ま》て〉。一日、端に白《もう》して曰く、〈某、磨下に在って酒を沽《か》い肉を買うを除くの余、剰銭三百千、常住に入れん〉と。端、大いに驚駭《おどろ》く。方《はじ》めて小人の嫉妬なることを知る。時に秀円通、座元と為り、四面の請を受けて、即ち演を請じて第一座と為す」。

○磨頭＝水車小屋の責任者。

○糠麸銭＝水車小屋で出た糠や麸を売った金。

【二―一一八―四】［巻之二の三〇丁表］

大濟禪師創開此山、豈爲著數百閑漢也哉。苟得一箇半箇、定中必點頭矣。往昔齒其席下者、一一龍驤虎驟。今山中見有諸塔。黄梅、龍濟、慈明諸祖師、妙喜老漢、大龜、臥龍、輝東諸師兄、皆預其會、親喫痛棒底人也。自餘不幸早世者、亦不可勝計。噫、吁嘻、彼此男兒大丈夫、何不各自努力耶。咄。駕與青龍不解騎。

大濟禪師《だいさいぜんじ》、此の山を創開《そうかい》す、豈《あ》に數百の閑漢《かんかん》を著《え》るが爲にせんや。苟《いやし》くも一箇半箇《いっこはんこ》を得ば、定中《じょうちゅう》に必ず點頭《てんとう》せん。往昔《そのかみ》、其の席下《せきか》に齒《つら》なる者、一一《いちいち》、龍《りゅう》のごとくに驤《あが》り、虎《とら》のごとくに驟《はし》る。今、山中《さんちゅう》見《げん》に諸塔《しょとう》有り。黄梅《おうばい》、龍濟《りょうさい》、慈明《じみょう》の諸祖師《しょそし》、妙喜老漢《みょうぎろうかん》、大龜《だいき》、臥龍《がりょう》、輝東《きとう》の諸師兄《しょすひん》、皆《み》な其《そ》の會《え》に預《あずか》って、親《した》しく痛棒《つうぼう》を喫《きっ》する底《てい》の人なり。自餘《じよ》、不幸《ふこう》にして早世《そうせい》する者、亦《ま》た勝《あ》げて計《かぞ》う可《べ》からず。噫《ああ》、吁《あ》嘻《あ》、彼此《ひし》、男児大丈夫《だんじだいじょうぶ》、何ぞ各自《かくじ》に努力《どりょく》せざるや。咄《とつ》。青龍《せいりょう》を駕與《がよ》すれども、騎《の》ることを解《かい》せず。

〈訳〉

「無因宗因禅師が瑞泉寺を開創されたのは、数百人の閑漢《ひまじん》を集めるためであるはずがない。たとえ一箇半箇でも人を得たならば、禅師も定中で必ずや頷かれるであろう。その昔、無因禅師の席下につらなる者は、みな龍のごとくに駆けり、虎のごとくに走った。今現在、山内にその墓塔がある。黄梅、龍済、慈明の諸祖師、妙喜老漢、大亀、臥龍、輝東の諸師兄らは皆なその会下で親しく痛棒を喫した方たちである。その他、不幸にして早世した者は数えられないほどいる。いずれも同じ男児大丈夫ではないか。どうして努力せぬか。咄！。〈青龍の名馬をあてがってやっても、騎り手がない〉とは、このことだ」。

○大済禅師＝無因宗因。
○黄梅＝塔頭黄梅院、義天玄承の開創。
○龍済＝塔頭龍済庵、雲谷玄祥の開創。
○慈明＝塔頭慈明庵、桃隠玄朔の開創。
○妙喜老漢＝塔頭妙喜庵を開創した雪江。
○大亀＝塔頭大亀庵、開創は景川宗隆。大亀庵はのちに龍泉院となった。
○臥龍＝塔頭臥龍庵、悟渓宗頓のこと。
○輝東＝塔頭輝東庵、特芳の開創だが、ここで「師兄」というのは二代の大休宗休。
○駕与青龍不解騎＝前出［二―四五］。自筆本、このあとに「謹白、大衆自点検看　九月小参　東陽叟」とある。

【二―一一九】［巻之二の三〇丁裏］

九月望。

擧。古人曰、欄頭昨夜風兼雨、説得分明落二三。

師曰、是則是、作麼生是不説底法。代曰、我也不會。

九月望《もう》。

擧《こ》す。古人《こじん》曰く、欄頭《らんとう》、昨夜《さくや》、風と雨と、説き得て分明《ふんみょう》なるも、二三《にさん》に落つ、と。

師曰く、是《ぜ》なることは則ち是、作麼生《そもさん》か是れ不説底《ふせってい》の法。代わって曰く、我れも也《ま》た不會《ふえ》。


〈訳〉

九月十五日。

古人いわく、「欄頭、昨夜、風と雨と、説き得て分明なるも、二三に落つ」と。

師いわく、「よいことはよいが、では、不説底の法とは何か」。代わっていわく、「我もまた知らず」。

○古人曰＝『無文道燦語録』の「一庵」頌に「万法須従帰処参、難将帰処与人談。簷頭昨夜風和雨、説得分明落二三」。
○説得分明落二三＝『句双葛藤鈔』「衲僧端的如何弁、弁得分明落二三（衲僧の端的、如何か弁ぜん、弁じ得て分明なるも、二三に落つ）」、「無弁ノ処ガ端的ゾ。弁ズレバ已後ニヲエルゾ」。「落二三」は、はや第二義門、第三義門。

【二―一二〇】［巻之二の三〇丁裏］
開爐示衆。
擧。趙州古佛云、我在南方二十年、有箇火爐頭無賓主話。直至今無人擧著。
幸是無事好。雖然恁麼、這鐵橛子、不可作陳年滞貨。諸人試商量看。自代云、心不負人、面無慚色。

開爐示衆《かいろじしゅ》。

擧《こ》す。趙州古佛《じょうしゅうこぶつ》云く、我、南方《なんぼう》に在って二十年、箇《こ》の火爐頭《かろとう》に無賓主《むひんじゅ》の話《わ》有り、直《じき》に今に至るも人の擧著《こじゃく》する無けん、と。

幸いに是れ無事《ぶじ》にして好《よ》し。然《しか》も恁麼《いんも》なりと雖も、這《こ》の鐵橛子《てっけつす》、陳年《ちんねん》の滞貨《たいか》と作《な》すべからず。諸人《しょにん》試みに商量《しょうりょう》し看《み》よ。自ら代って云く、心《こころ》、人《ひと》に負《そむ》かざれば、面《おもて》に慚《は》ずる色無《いろな》し。

〈訳〉

「趙州和尚は〈我れ南方に在って二十年、火炉頭無賓主の話頭があったが、今までこれを取り上げる者はない〉と言われたが、事無きに事をおこすよりは、事無きがよい。とはいえ、この鉄杭のごとき〈南方火炉頭の話〉を売れ残りの古物と思ってはならぬ。諸君、試みに商量せよ」。自ら代っていわく、「心、人に負かざれば、面《おもて》に慚《は》ずる色無し」。

○趙州古仏云＝『趙州録』下。

○幸是無事好＝（事無きに事を生ずるより）事無きがよろしい。前出〔一―一〇二〕。

○鉄橛子＝前出〔一―八〕。

○陳年滞貨＝「陳年」は、年月をへて古い。売れのこり。

○自代云＝諸人が無語のときに、師が代わって一句をいう。これを代語という。学人の語があって、更に師が一句を述べるのを別語という。

○心不負人、面無慚色＝心にやましいところがなければ、色に出ぬ。『句双葛藤鈔』に「心ニ偽ガナク負カネバ、人ニ逢テモ面ハツカシイコトナキ也。正心ヂヤ」。

【二―一二二】［巻之二の三二丁表］

開山無因和尚一百年忌拈香曰、

百年只省數錢禪、受用將來機不全。賣弄家傳生苕帚、黄金鑄出一爐煙。［永正六年己巳六月初四日、正當百年也。今預以明應七年戊午十月初四日、修之］。

開山無因和尚一百年忌《かいさんむいんおしょういっぴゃくねんき》香を拈《ねん》じて曰く、百年、只だ省數錢《せいすうせん》の禪《ぜん》、受用《じゅよう》し將ち來たって、機全《きまった》からず。家傳《かでん》の生苕帚《すいちょうそう》を賣弄《まいろう》して、黄金《おうごん》鑄《い》出《い》だす、一爐《いちろ》の煙《けむり》。［永正《えいしょう》六年己巳《つちのとみ》六月初四日《しょしにち》、正當百年《しょうとうひゃくねん》なり。今《いま》、預《あらかじ》め明應《めいおう》七年戊午《つちのえうま》十月初《しょ》四日《しにち》を以《も》って之《これ》を修《しゅ》す］。

〈訳〉

香を拈じていいわく、「百年、ただ松源の省数銭の禅を用いて来たが、特段にきばって全機を発揮するという風ではなかった。（今、百年忌にあたって、わたくし東陽は）家伝のちびた箒を持ちだし、黄金もて鋳出だした香をたいて、一炉の煙をお供えする」。〔永正六年六月四日、百年に正当。今、明応七年十月四日に預修する〕。

○百年＝一生涯。

○省数銭禅＝「省数」は、古代の用銭法の語。例えば七十文をもって百文として扱うとき、百文を「足陌銭」といい、七十文「省数銭」という。禅門では、大慧派の仏法を足陌銭、虎丘下松源派の禅を省数銭という。一言半句を用いて説いて十分ならざるを「省数」と云い、広説無碍なるを「足陌」という。

○受用将来機不全＝『碧巌録』第十一則、頌評唱に「擒虎兕兮機不全」。『碧巌録秘抄』「機不全」に「無功用、キバリハセヌ」。

○売弄家伝乇苕帚＝「売弄」は、誇示する、みせびらかす。「乇苕帚」は、先のちびた箒。『江湖風月集』東洲瑞蔵主の「浄頭」に「乇箒用い来たって、日に随って禿《つ》ぶ」とある。ちびた箒は毎日使うにしたがって角《かど》がとれる。いま、無因和尚の老練な家風になぞらえる。

○黄金鋳出一炉煙＝黄金もて鋳出した香を香炉に入れ、そこから出た香煙、ということ。『見桃録』に「炉香、鋳出だす崑崙鉄。散って江南白鳥の煙と作《な》る」とあるが、このような表現を圧縮したもの。

○永正六年已巳六月初四日、正当百年也。今預以明応七年戊午十月初四日、修之＝永正六年は一五〇九年。明応七年は一四九八年。預修法要にしても十年も前である。東陽禅師が遷化したのは永正元年八月。百年遠忌の前である。今、七十一歳、遠諱正当まで生きられぬと考えた禅師が、瑞泉寺に入寺中に預修法要を厳修しようとしたものか。

【二―一二二】［巻之二の三二丁表］

示衆。

擧。南天毘羅國有長者、名梵摩淨徳。一日園樹生大耳。如菌味甚美。唯長者與第二子羅睺羅、多取而食之。盡而復生。時第十五祖迦那提婆尊者、至其家。長者問其故。尊者曰、汝家昔曾供養一比丘。然此比丘道眼未明。以虚霑信施故、報爲木菌。乃説偈曰、入道不通理、復身還信施、長者八十一、其樹不生耳。

師曰、咦。老僧與諸禪徳、不耕而食、不織而衣。一一無不霑信施。但如道眼、且道明未明。自代曰、愁人莫向愁人説、説向愁人愁殺人。

衆《しゅ》に示す。

擧《こ》す。南天《なんてん》の毘羅國《びらこく》に長者《ちょうじゃ》有り、梵摩淨徳《ぼんまじょうとく》と名づく。一日、園樹《えんじゅ》に大耳《だいじ》を生ず。菌《きん》の如《ごと》し、味甚《あじはなは》だ美《び》なり。唯《た》だ長者《ちょうじゃ》と第二子《だいにし》の羅睺羅《らごら》とのみ、多《おお》く取《と》って之《これ》を食《く》う。盡《つ》きて復《ま》た生ず。時に第十五祖迦那提婆尊者《かなだいばそんじゃ》、其の家に至る。長者《ちょうじゃ》、其の故を問う。尊者《そんじゃ》曰く、汝が家、昔、曾て一比丘《いちびく》を供養《くよう》す。然して此の比丘《びく》、道眼《どうげん》未だ明らかならず。虚《むな》しく信施《しんせ》を霑《うるお》すの故を以て、報《ほう》じて木菌《もくきん》と爲《な》る。乃ち偈《げ》を説いて曰く、道《どう》に入《い》って理《り》に通《つう》ぜざれば、身《み》を復《かえ》して信施《しんせ》を還《かえ》す、長者《ちょうじゃ》八十一にして、其《そ》の樹《き》、耳《じ》を生《しょう》ぜざらん、と。

師曰く、咦《い》。老僧《ろうそう》と諸禪徳《しょぜんとく》と、耕《たがや》さずして食《くら》い、織《お》らずして衣《き》る。一一《いちいち》、信施《しんせ》に霑《うるお》わざるということ無し。但だ道眼《どうげん》の如きんば、且らく道え、明《めい》か未明《みめい》か。自ら代わって曰く、愁人《しゅうじん》、愁人《しゅうじん》に向かって説くこと莫かれ、愁人《しゅうじん》に説向《せっこう》すれば、人を愁殺《しゅうさつ》す。

〈訳〉

南インドのカビラに梵摩浄徳という長者がいた。あるとき、その家の庭の木に大きなキノコができた。食べてみると味がとてもいい。長者と第二子のラゴラだけがたくさん食べた。取ってもまた生えて来る。そのころ、迦那提婆尊者がその家にやって来た。長者が尊者に事の次第を話し、わけを問うた。すると尊者いわく、「この家で、昔、一人の比丘に供養したことがあった。しかし、この比丘は道眼が明けてはおらなかった。信者の布施を虚しく受けていたので、死後にその報いでキノコとなったのだ」と。そして偈を説いて、「道に入って理に通ぜざれば、身を復《かえ》して信施を還す、長者八十一にして、其の樹、耳を生ぜざらん」と。

この話を取り上げて師が言われた、「咦。老僧《わたし》も諸君も（出家者であるから）、耕さずして食らい、織らずして着ておる。すべて信施のおかげである。では問う、我らの道眼は明か未明か」。自ら代わっていわく、「愁人、愁人に向かって説うこと莫かれ、愁人に説向すれば、人を愁殺す」。

○南天毘羅国有長者、名梵摩浄徳＝『伝灯録』巻二、第十五祖迦那提婆章。
○入道不通理、復身還信施＝出家しても仏理に明らかでなければ、生まれ変わって信施をかえさねばならない。
○不耕而食、不織而衣＝『荘子』盗跖に「不耕而食、不織而衣」。
○愁人莫向愁人説、説向愁人愁殺人＝前出［一―七二］。

【二―一二三】［巻之二の三二丁裏］

示衆。

擧。僧問巴陵、祖意教意、是同是別。陵曰、雞寒上樹、鴨寒下水。白雲曰、巴陵只道得一半。白雲則不然、掬水月在手、弄花香滿衣。瓚祖曰、白雲盡力道、只道得八成。若有問靈隱、只向他道、人我無明一串穿。

師曰、從上提唱、可謂字經三寫烏焉成馬。即今諸仁者、試下一轉語、爲三大老雪屈去。不也快活哉。自代曰、黄金打就玉鸚鵡、一聲聲作鷓鴣啼。


衆《しゅ》に示す。

擧《こ》す。僧、巴陵《はりょう》に問う、祖意教意《そいきょうい》、是れ同か是れ別か。陵曰く、雞《にわとり》は寒《さむ》うして樹《き》に上《のぼ》り、鴨《かも》は寒《さむ》うして水《みず》に下《くだ》る。白雲《はくうん》曰く、巴陵《はりょう》、只だ一半《いっぱん》を道い得たり。白雲《はくうん》は則ち然らず、水《みず》を掬《きく》すれば、月《つき》、手《て》に在《あ》り、花《はな》を弄《ろう》すれば、香《か》、衣《ころも》に満《み》つ。瓚祖《かいそ》曰く、白雲《はくうん》、力を盡くして道《い》うも、只だ八成《はちじょう》を道い得たり。若し靈隱《りんにん》に問う有らば、只だ他に向かって道わん、人我無明《にんがむみょう》、一串《いっかん》に穿《うが》つと。

師曰く、従上《じゅうじょう》の提唱《ていしょう》、謂っつ可し、字は三写《さんしゃ》を經て、烏焉《うえん》、馬《うま》と成ると。即今《そっこん》、諸仁者《しょにんじゃ》、試みに一轉《いってん》語《ご》を下して、三大老《さんだいろう》の爲《ため》に屈《くつ》を雪《そそ》ぎ去《さ》れ。也《ま》た快活《かいかつ》ならずや。自ら代わって曰く、黄金打就《おうごんたしゅう》す、玉《ぎょく》鸚鵡《おうむ》、一聲《いっせい》、聲《こえ》は鷓鴣《しゃこ》の啼《てい》を作《な》す。

〈訳〉

僧が巴陵の顥鑑《こうかん》禅師に問うた、「祖意と教意と、同じか別か」。顥鑑いわく、「鶏は寒ければ樹に上り、鴨は寒ければ水に入る」と。五祖法演はこれを取り上げて言った、「巴陵はただ半分を言いとめただけだ。某《それがし》ならばこう言おう、〈水を掬すれば、月、手に在り、花を弄すれば、香、衣に満つ〉」と。また、松源崇岳はこれを評して言った、「五祖も頑張ったが、まだ八割がたというところだ。わしならば、〈人我無明、一串に穿つ〉と言おう」と。右を取り上げて師が言われた、「この提唱は、烏という字を三度写したら、焉になり馬になったようなものだ。諸君、即今、試みに一転語を下して、三大老の恥をそそいだならば、また快活ならずや」。自ら代わっていわく、「黄金打就す、玉鸚鵡、一声、声は鷓鴣の啼を作《な》す」。

○僧問巴陵、祖意教意、是同是別＝この話頭、前出[一―九二]。
○鶏寒上樹、鴨寒下水＝前出[一―九二]。祖意は祖意、教意は教意で、それぞれに持ち味がある。

○白雲曰＝五祖法演。『古尊宿語録』巻二十一、「白雲山海会演和尚語録」。
○掬水月在手、弄花香満衣＝『瀛奎律髄』巻十、于良史の「春山月夜」の詩に「春山、勝事多し、賞翫の夜、帰ることを忘る。掬水月在手、弄華香満衣」。
○蹟祖曰＝「蹟祖」は密庵下の松源崇岳。老境に入って耳が聞こえなかったという。この拈頌は、『禅林類聚』巻四に出る。
○人我無明一串穿＝『句双葛藤鈔』「人我無明一串穿」に「一串ニ穿テバ、人我無明ハ無キナリ。衲僧ハ如此セデハゾ」
○字経三写烏焉成馬＝伝写してゆくうちに烏や焉の字が馬になってしまう誤り。『事物異名録』書籍、書訛「烏焉混淆、魚魯雑揉。按ずるに古諺に、書は三写を経て烏焉、馬と成る」。『抱朴子』遐覧に「諺に曰く、書三たび写せば、魚は魯と成り、虚は虎と成ると」。
○雪屈＝屈辱をそそぎはらす。
○黄金打就玉鸚鵡、一声声作鷓鴣啼＝前出［二―一三九］。黄金で玉の鸚鵡を造った、一声鳴いたら鷓鴣の啼き声。

【二―一二四】［巻之二の三二丁表］

上堂。
擧。明招風頭稍硬公案。師曰、這獨眼龍、將謂有陷虎機無斬蛇劍、元來辦王庫刀振塗毒鼓。諸仁者如何甄別。自代曰、欲把枯腸盡底傾、出門不覺又丁寧。

上堂《じょうどう》。

明招《みょうしょう》の風頭稍硬《ふうとうややかた》しの公案《こうあん》を擧《こ》して、師曰く、這《こ》の獨眼龍《どくがんりゅう》、將《まさ》に謂《おも》えり、陷虎《かんこ》の機《き》有って、斬蛇《ざんだ》の劍《つるぎ》無《な》しと、元來《がんらい》、王庫《おうこ》の刀を辨じ、塗毒鼓《ずどっく》を振るう。諸仁者《しょにんじゃ》、如何《いかん》か甄別《けんべつ》せん。自ら代わって曰く、枯腸《こちょう》を把《と》って底《そこ》を盡《つ》くして傾《かたむ》けんと欲す、門《もん》を出《い》でて、覺《おぼ》えず又《ま》た丁寧《ていねい》。

〈訳〉

明招の「風頭稍硬し」の公案を取り上げて、師が言われた、「この独眼龍、虎を陥れるはたらきがあって蛇を斬る剣はないと思っていたが、何と王庫の刀を見極め塗毒鼓を振わすとは。諸君、さてどう弁別するか」。自ら代わっていわく、「枯腸を把って底を尽くして傾けんと欲す、門を出でて、覚えず又た丁寧」。

○明招風頭稍硬公案＝前出［一―九］。

○独眼龍＝明招徳謙のこと。『祖庭事苑』「独眼龍」に「即ち婺州明招の徳謙禅師なり。羅山の印記を受け、一隅に滞まらず玄旨を撃揚す。人皆な其の敏捷なるを畏れて敢えて鋒に当たるもの鮮《な》し。左目を失えるを以て、遂に独眼龍と号す」。

○将謂有陥虎機無斬蛇剣、元来弁王庫刀振塗毒鼓＝将謂A元来B。Aかと思ったのに、何とBだったか。

○塗毒鼓＝毒を塗った太鼓。この音を聞くだけで死ぬ。貪瞋痴を滅することに喩える。『涅槃経』巻九に、「譬えば人有りて雑毒薬を以て用いて太鼓に塗り、大衆中に於いて之を撃ち声を発せしむれば、聞くを欲する心無しと雖も、之を聞くもの皆死すが如し」。

○欲把枯腸尽底傾、出門不覚又丁寧＝前出［二―五一］。丁寧な上にさらに丁寧に心情を吐露し尽くした。

【二―一二五】［巻之二の三二丁表］

冬至上堂。

［拈拄杖云］孤舟簑笠翁、獨釣寒江雪。［靠杖云］若是千尺長鯨、也須離鉤抑逼。有麼。［問答不録］。

冬至上堂《とうじじょうどう》。

［拄杖《しゅじょう》を拈《ねん》じて云く］孤舟簑笠《こしゅうさりゅう》の翁《おう》、獨《ひと》り釣《つ》る、寒江《かんこう》の雪《ゆき》。［杖を靠《よせか》けて云く］若し是れ千尺《せんじゃく》の長鯨《ちょうげい》ならば、也《ま》た須《すべか》らく鉤《つりばり》を離れて抑逼《よくひつ》すべし。有りや。［問答《もんどう》、録せず］。

〈訳〉

［拄杖を手にして］「孤舟簑笠の翁、独り釣る、寒江の雪」。［杖をよせかけて］「千尺の鯨のような大物をねらうならば、鉤なしで追い詰めねばならぬ。そういう勇者はおるか」。［問答、録せず］。

○孤舟簑笠翁、独釣寒江雪＝柳宗元「江雪」詩に「千山、鳥飛絶え、万径、人蹤滅す。孤舟簑笠翁、独釣寒江雪」。

○若是千尺長鯨、也須離鉤抑逼＝「抑逼」は、せめつめる。

【二―一二六】［巻之二の三三丁表］

師乃豎起拂子曰、一毛頭上定乾坤。黒漆崑崙、層臺書雲物、黄梅石女、一線添繡紋。有閑道人高臥、看山不知變遷、終日昏昏。無端、閻浮夜半、海現日輪、天門金鼓、墜地雷奔。須彌山王驚起、蟭螟眼裏藏身。

［拈出拄杖］ 徳山木上座、依舊黒嶙峋、蒼皇出來道、長老眊矣。何不抖擻精神。於是徐徐擡眸、只消一欠伸而已。便見、葭灰吹鄒氏律、梅蘤漏太極春。［以杖畫云］ 陽氣發時無硬地、不須久日樺來脣。

師乃ち拂子《ほっす》を豎起《じゅき》して曰く、一毛頭上《いちもうとうじょう》に乾坤《けんこん》を定む。黒漆《こくしつ》の崑崙《こんろん》、層臺《そうだい》に雲物《うんぶつ》を書し、黄梅《おうばい》の石女《せきじょ》、一線《いっせん》に繍紋《しゅうもん》を添う。閑道人《かんどうにん》有り、高臥《こうが》して山を看《み》て、變遷《へんせん》を知らず、終日昏昏《ひねもすこんこん》たり。端無《はしな》くも、閻浮《えんぶ》、夜半《やはん》に、海《うみ》、日輪《にちりん》を現じ、天門《てんもん》の金鼓《きんく》、地に墜ちて雷奔《らいはし》る。須彌山王《しゅみせんおう》、驚起《きょうき》して、蟭螟眼裏《しょうめいがんり》に身を藏す。

［拄杖《しゅじょう》を拈出《ねんしゅつ》して］徳山《とくさん》の木上座《ぼくじょうざ》、舊《きゅう》に依って黒嶙峋《こくりんしゅん》、蒼皇《そうこう》として出で來たって道《い》う、長老《ちょうろう》、眊《もう》せり。何ぞ精神《せいしん》を抖擻《とそう》せざる。是に於いて、徐徐《じょじょ》として眸《ひとみ》を擡《もた》げて、只だ一欠伸《いちかんしん》を消《しょう》するのみ。便《すなわ》ち見《み》る、葭灰《かかい》、鄒氏《すうし》が律《りつ》を吹き、梅蘤《ばいか》、太極《たいきょく》の春を漏らすことを。［杖を以て畫《かく》して云く］陽氣《ようき》發する時、硬地《こうち》無し、須《もち》いず、久日《きゅうじつ》の樺來脣《からいしん》。

〈訳〉

師、払子を立てていわく、「一毛頭上に乾坤を定む。真っ黒の黒助（まるまるソノモノ）が高殿で雲気を見て記録し、黄梅の石女は刺繍の針仕事で一線を添えている。そして、ここに（英朝という）閑道人がおり、山を看て高臥し、陰陽の変遷を知らずして、一日中ぼんやりとしておる。そこに、思いがけなく、閻浮世界の真夜中に、海から日輪が上がり、天門の金鼓が地上に墜ちて来て雷を奔らせる。須弥山王はびっくりして、蟭螟の目玉の中に身を蔵す」。

［拄杖を拈出して］「徳山の木上座が、例によって真っ黒ななりで、そそくさと出て来て言う、〈東陽長老よ、耄碌《もうろく》めされたか。どうして精神を奮い起こさぬか〉と。〈こう言われては仕方がない〉ゆっくり眼をあけて、一あくびすると、名手の鄒衍《すうえん》が吹いた律管から灰が高く飛び、開いた梅花が天地開闢の春の到来を漏らしておるではないか」。［杖を以て一画して云く］「陽気発する時に硬地はない、〈久日の樺来脣〉はやめて、少しく口を開こう」。

○一毛頭上定乾坤＝前出［二―五］。
○黒漆崑崙、層台書雲物＝「崑崙」は前出［一―三三―四］。絶対無分割のまるまるソノモノを擬人化していう。
○黄梅石女、一線添繡紋＝「黄梅石女」は、『五灯会元』巻十七、仏照杲禅師章に、「願わくは、黄梅の石女、児を生じて子母団円に、少室の無角の鉄牛、常に水草を甘《あまな》わんことを」。禅月大師「山居詩」の九に、「無角の鉄牛、少室に眠り、生児の石女、黄梅に老ゆ」。
○閻浮夜半、海現日輪＝「扶桑夜半日輪紅」などというに同じ。真夜中に太陽が昇る。差別（明）即平等（暗）の端的。
○天門金鼓＝「天門」は天上への入り口の門。地戸の対。
○須弥山王驚起、蟭螟眼裏蔵身＝「蟭螟眼裏」は前出［一―三三―四］。
○徳山木上座＝拄杖を擬人化したもの。

◯黒嶙峋＝黒鱗皴とも。魚の鱗の形状があり真っ黒な拄杖の形容。

◯葭灰吹鄒氏律＝前出［二―二四―二］「葭管吹灰」。「鄒氏律」は鄒律。戦国、斉の鄒衍が律管を吹けば、よく暖気を将来したという。『翰林五鳳集』虎関の「梅花」に、「孤根凍合暖先帰。可是潜拈鄒律吹（孤根凍合せるに、暖先に帰す。可《あ》に是れ潜かに鄒律を拈じて吹くにあらずや）」。

◯梅蘤漏太極春＝「太極」は、天地陰陽未分以前の総体、まるまるそのもの。梅が開いて太極の春が始まる。

◯陽気発時無硬地＝前出［一―六四］。

◯久日樺来脣＝『五灯抜萃』「久日樺来唇」に「方語、開口合不得」。『犁耕』（電子達磨版六七五頁）「忠曰く、樺来脣は脣開いて合することを得ざるなり」。『葛藤語箋』に「忠謂えらく、樺来脣は蓋し樺の皮の久しく日乾を歴るときは、則ち反り曲がりて朱脣の開いたるが如し。故に樺来脣と云うか」。

【二―一二七】［巻之二の三二丁裏］

謝詞。

陞堂之次、伏以山門東西諸禪師、或列叢社四寮、相共守枯淡。或司古規十務、等閑費工夫。或藏江湖飽參之名、了雲水行脚之債。此乃現前一會清衆、適來問話諸位禪師之謂也。各各道體起居萬福。


謝詞《しゃじ》。

陞堂《しんどう》の次いで、伏して以《おもん》みれば、山門東西《さんもんとうざい》の諸禪師《しょぜんじ》、或いは叢社《そうしゃ》の四寮《しりょう》を列《つら》ねて、相共《あいとも》に枯淡《こたん》を守る。或いは古規《こき》の十務《じゅうむ》を司《つかさど》って、等閑《なおざり》に工夫《くふう》を費す。或いは江湖飽參《ごうこほうさん》の名を藏し、雲水行脚《うんすいあんぎゃ》の債《さい》を了《りょう》ず。此れ乃ち現前一會《げんぜんいちえ》の清衆《せいしゅ》、適來《せきらい》の問話《もんわ》の諸位禪師《しょいぜんじ》の謂《いい》なり。各各道體《かくかくどうたい》、起居萬福《ききょまんぷく》。

〈訳〉

「陞堂のついで、伏して惟んみれば、東西両序の諸禅師方は、ある者は四寮を列ねて、共に枯淡を守り、ある者は十務を司って、尋常に工夫して来られた。あるいはまた、江湖飽参の誉れを隠して、雲水行脚の債務を（今もなお）返済せんとしておられた。これが現前一会の清衆、および先ほど問禅をされた禅師方である。各各道体、起居万福」。

○蔵江湖飽参之名、了雲水行脚之債＝「蔵名」は、名を隠して表さない。「了債」は、借りを済ます。すでに飽参底なのに、それを表さずに行脚中の雲水のようにされた、ということ。
○等閑費工夫＝ここの「等閑」は、尋常、平常どおり。
○十務＝寮舎を主管する十の役職。飯頭、菜頭、維伊のほかの詳細は不明（『禅林象器箋』）。
○四寮＝ここでは、首座寮、維伊寮、知客寮、侍者寮のこと。

【二―一二八】［巻之二の三二丁裏］

復曰、記得、僧問睦州、終日著衣喫飯、如何免得著衣喫飯。州曰、著衣喫飯。僧曰不會。州曰、不會即著衣喫飯。師曰、更有昌州海棠有香、也是徐六擔版。

復《ま》た曰く、記得《きとく》す、僧、睦州《ぼくじゅう》に問う、終日著衣喫飯《ひねもすじゃくえきっぱん》、如何《いかん》か著衣喫飯《じゃくえきっぱん》を免れ得ん。州曰く、著衣喫飯《じゃくえきっぱん》。僧曰く、不會《ふえ》。州曰く、不會《ふえ》ならば、即ち著衣喫飯《じゃくえきっぱん》。師曰く、更に昌州《しょうしゅう》の海棠《かいどう》の香《か》有る有り、也《ま》た是れ徐六擔版《じょろくたんぱん》。

〈訳〉

僧が睦州に問うた、「一日中、著衣喫飯をしておるのですが、どうしたら著衣喫飯を免れることができますか」。睦州、「著衣喫飯せよ」。僧、「不会」。睦州、「不会ならば、即ち著衣喫飯だ」。この話を取り上げて、師が言われた、「更に昌州の海棠の香有る有り（というも）、また徐六担版」。

○僧問睦州、終日著衣喫飯＝『古尊宿語録』巻六、「睦州和尚語録」。

○昌州海棠有香＝『冷斎夜話』「昌州の海棠独り香し、佳郡と為す」に「李丹大夫、都下に客たること一年、差遣（地方への派遣）無し。乃ち昌州を受く。議者以《おも》えらく、家を去ること遠しと。乃ち改めて鄂の倅（補佐）を受く。淵才、之を聞いて飯を吐いて、大歩して往いて李に謁して曰く、〈今日聞く、大夫、鄂の倅を受けんと欲すと、之有るか〉と。李が曰く、〈然り〉。淵才悵然として曰く、〈誰か大夫の為に謀る、昌は佳郡なり、奈何《いかん》か之を棄てん〉と。李驚いて曰く、〈供給豊かなるか〉。曰く、〈非なり〉。〈民の訟え簡《つつま》やかなるか〉。曰く、〈非なり〉。曰く、〈然らば則ち何を以てか其の佳なることを知らん〉。淵才が曰く、〈天下の海棠香無し、昌州の海棠独り香し。佳き郡に非ずや〉と。聞く者伝えて以て笑いと為す」。いずこの海棠も香りがあるのに、昌州の海棠だけが香りがあるとした話。

『貞和集』巻五、雪巌祖欽「径山永維那、昌州人」に「桃花爛漫一枝放、元是昌州紅海棠」。南江宗沅の「道昌禅門炬火」に「丹楓染出洛陽霜、元是昌州紅海棠」とある。これらの用例には、『禅林方語』「昌州海棠」に「別様の香り」という解があてはまるように思えるが、ここの用例にはあてはまらない。

○徐六担版＝『校証』に「方語、只見一辺」。『従容録』などに「徐六担板、只見一辺」と。後のある「只見一辺」が「徐六担板」のココロ（意味）を表す。後を省略したものを欠後語という。「徐六」は、「徐家の六さん」、邦語でいう熊さん、八っつあんの類。「誰しもが著衣喫飯しておるのに、睦州が最後に言った「著衣喫飯」だけが特別のようだ（が、それは一方的な見方）」ということであろう。

【二―一二九】［巻之二の三三丁表］

臘月旦示衆。

擧。雲蓋鵬禪師、初參雙泉雅禪師。泉示以芭蕉拄杖話。久無省處。一日向火次、謂鵬道、拄杖子話擧將來、與子商量。鵬擬擧。泉以火筯便摵。鵬豁然大悟。

師曰、敢問諸仁、此是拄杖話、爲甚却向火筯上打發。自代曰、君看陌上二三月、那箇枝頭不帶春。

臘月旦《ろうげつたん》、衆《しゅ》に示す。

擧《こ》す。雲蓋《うんがい》の鵬禪師《ほうぜんじ》、初め雙泉《そうせん》の雅禪師《がぜんじ》に參《さん》ず。泉、示すに芭蕉拄杖《ばしょうしゅじょう》の話《わ》を以てす。久しく省處《せいしょ》無し。一日《いちじつ》、向火《きゃんこ》の次いで、鵬に謂いて道わく、拄杖子《しゅじょうす》の話《わ》、擧《こ》し將《も》ち來たれ、子《なんじ》と商量《しょうりょう》せん。鵬、擧《こ》せんと擬《ぎ》す。泉、火筯《かちょ》を以て便ち摵《さく》す。鵬、豁然《かつねん》として大悟《たいご》す。

師曰く、敢えて諸仁《しょにん》に問う、此は是れ拄杖《しゅじょう》の話《わ》、甚《なん》と為《し》てか、却って火筯上《かちょじょう》に向かって打發《たはつ》す。自ら代わって曰く、君看《み》よ、陌上《はくじょう》の二三月、那箇《なこ》の枝頭《しとう》か春《はる》を帯《お》びざる。

〈訳〉

雲蓋の鵬禅師は初め双泉の雅禅師に参じていた。双泉から「芭蕉拄杖」の公案を出されていたが、久しく省発するところがなかった。ある日、火にあたって暖をとっているときに、双泉が鵬に言った、「拄杖子の話の見解を言ってみよ、そなたと商量しよう」。鵬が言おうとするや、双泉が火箸で打った。鵬は豁然として大悟した。

この話について師が言われた、「諸君に問う、拄杖の公案なのに、どうして火箸で悟ったのか」。自ら代わっていわく、「君看よ、陌上の二三月、那箇《なこ》の枝頭か春を帯びざる」。

◯雲蓋鵬禅師、初参双泉雅禅師＝『五灯会元』巻十五、潭州雲蓋継鵬章。

◯以火筯便摵＝「摵」は「かすめはらう」義だが、「摵砕破沙盆」「摵砕摩尼珠」の用例があるように「撃」の義。『犂耕』（電子達磨版三五八頁）に「『篇海』八に曰く、摵は音策、撃なり」。

◯君看陌上二三月、那箇枝頭不帯春＝いずこも春。拄杖も火筯も、ともに一心の端的。『禅林類聚』巻二、恵因浄の「雲門乾屎橛」の拈頌に、「問処分明にして答処新たなり、半ばは同じく笑を含み、半ばは同じく瞋る、君看陌上二三月、那箇枝頭不帯春」。

【二─一三〇】［巻之二の三三丁表］

擧丹霞燒木佛、師曰、院主因甚眉鬚墮落。代曰、正人説邪法、邪法爲正法。邪人説正法、正法爲邪法。又曰、愁人莫向愁人説、説向愁人愁殺人。

丹霞《たんか》燒木佛《しょうもくぶつ》を擧《こ》して、師曰く、院主《いんじゅ》、甚《なに》に因《よ》ってか眉鬚墮落《びしゅだらく》す。代わって曰く、正人《しょうにん》、邪法《じゃほう》を説けば、邪法《じゃほう》も正法《しょうぼう》と爲り、邪人《じゃにん》、正法《しょうぼう》を説けば、正法《しょうぼう》も邪法《じゃほう》と爲る。又た曰く、愁人《しゅうじん》、愁人《しゅうじん》に向かって説くこと莫かれ、愁人《しゅうじん》に説向《せっこう》すれば、人を愁殺《しゅうさつ》す。

〈訳〉

「木仏を焼いたは丹霞なのに、それを咎めた院主のほうが罰が当たって眉が抜け落ちたのはなぜか」。代わっていわく、「正人、邪法を説けば、邪法も正法と為り、邪人、正法を説けば、正法も邪法と為る」。またいわく、「愁人、愁人に向かって説くこと莫かれ、愁人に説向すれば、人を愁殺す」。

○丹霞焼木仏＝前出［二―六三］。
○正人説邪法、邪法為正法＝前出［一―七一］。
○愁人莫向愁人説、説向愁人愁殺人＝前出［一―七一］。

【二—一三一】［巻之二の三三丁表］

元旦上堂。

擧。妙喜老人上堂、拈拄杖空中作書字勢曰、正朝把筆萬事皆吉。應時納祐。慶無不宜。山僧有一偈、亦以代闥札鴻休。伏乞大衆撃節。不覺春秋八九遷、忽遭拄杖賀同年。年頭勿怪懶開口、紫燕黄鸝皆説禪。

元旦上堂《がんたんじょうどう》。

擧《こ》す。妙喜老人上堂《みょうぎろうじんじょうどう》、拄杖《しゅじょう》を空中《くうちゅう》に拈《ねん》じて、字《じ》を書《しょ》する勢《いきお》いを作《な》して曰《いわ》く、正朝《しょうちょう》、筆《ふで》を把《と》って、萬事《ばんじ》皆な吉なり。時《とき》に應《おう》じて祐《ゆう》を納《い》る。慶《けい》、宜《よろ》しからずということ無し。山僧《さんぞう》、一偈《いちげ》有り。亦た以て闥札鴻休《たっさつこうきゅう》に代《か》う。伏して乞う、大衆撃節《だいしゅげきせつ》せんことを。覺えず、春秋《しゅんじゅう》八九遷《うつ》る、忽《たちま》ち拄杖《しゅじょう》に同年《どうねん》を賀せらる。年頭《ねんとう》、怪《あや》しむこと勿《な》かれ、口《くち》を開《ひら》くに懶《ものう》きことを、紫燕黄鸝《しえんこうり》、皆な禪《ぜん》を説く。

〈訳〉

大慧禅師が歳旦上堂で、拄杖で空中に字を書く格好をして言った、「正月元旦に筆をとって書けば、万事皆な吉なり。時に応じて、幸いを招き入れれば、一切が慶賀にあらざるものはない」と。

この話を取り上げて師が言われた、「山僧《それがし》に一偈がある。〈鴻休（大吉）〉と書いて門に張り出すかわりに、その偈をお見せしよう。諸君、これに和せよ」。偈にいわく、「いつのまにか七十二歳になり、ゆくりなくも同伴の拄杖子からお祝いされることになった。年頭の仏法を説くのが面倒なのを咎めたもうな。（私が言わずとも）ウグイスや燕が禅を説いているのだから」。

○妙喜老人＝『大慧語録』巻一「径山能仁禅院語録」の歳旦上堂。このつづきに、「若し世諦流布と作《な》さば平地に喫交せん。更に仏法の商量在らば、眉鬚堕落せん。卓拄杖、下座」。
○応時納祐＝前出［一－六四］。
○鬮札鴻休＝前出［二－一〇六－二］。ここでは「榜」（書いて門に貼り付ける）といった意味あいだが、その前に出た「万事皆吉」「慶無不宜」を受けて「鴻休」（大いなる美、大吉）をいうもの。
○伏乞大衆撃節＝前出［一－六四］。
○不覚春秋八九遷＝「八九」は七十二歳。
○忽遭拄杖賀同年＝これまで一生携えてきた拄杖と同い年。

【二－一三二】［巻之二の三三丁裏］

上元上堂。

黄面老人曰、我見燈明佛、本光瑞如此。即今燈明古佛、在甚處。［良久云］看脚下。

上元上堂《じょうげんじょうどう》。
黄面老人《おうめんろうじん》曰く、我見燈明佛《がけんとうみょうぶつ》、本光瑞如此《ほんこうずいにょし》。と。即今《そっこん》、燈明古佛《とうみょうこぶつ》、甚《いず》れの處《ところ》にか在る。［良久《りょうきゅう》して云く］
看脚下《かんきゃっか》。

〈訳〉
「釈尊は〈我見灯明仏、本光瑞如此〉と言われたが、さて即今、灯明仏はいずこにおられるか」。［良久して云く］「看脚下」。

○我見灯明仏、本光瑞如此＝『法華経』序品、文殊の偈。我が過去に灯明仏であったときに、このような瑞光が放たれるのを見た。
○看脚下＝前出［二―一五］。

【三―一三三】［巻之二の三三丁裏］

示衆曰、春山青春水碧、 箇箇宣揚古佛家風。李花白桃花紅、 著著漏泄祖師巴鼻。諸仁者、 何不言前薦取、 眞下承當去也。有麼有麼。有則呈露看。自代曰、只爲分明極、却令所得遲。

衆《しゅ》に示して曰く、春山《しゅんざん》は青《あお》く、春水《しゅんすい》は碧《みどり》なり、箇箇《ここ》、古佛《こぶつ》の家風《かふう》を宣揚《せんよう》す。李花《りか》は白く、桃花《とうか》は紅なり、著著《じゃくじゃく》、祖師《そし》の巴鼻《はび》を漏泄《ろぜつ》す。諸仁者《しょにんじゃ》、何ぞ言前《ごんぜん》に薦取《せんしゅ》し、直下《じきげ》に承當《じょうとう》し去らざる。有りや、有りや。有らば、則ち呈露《ていろ》せよ看《み》ん。自ら代わって曰く、只だ分明《ふんみょう》に極むるが爲に、却って所得《しょとく》をして遅からしむ。

〈訳〉
「山は青く水は碧、それぞれが古仏の家風を宣揚している。李の花は白、桃の花は紅、それぞれに禅の本分を表している。諸君、どうして言葉以前のところをズバリ受けとめぬか。ズバリとらえる者はおるか、おるか。おらば示してみよ」。自ら代わっていわく、「只だ分明に極むるが為に、却って所得をして遅からしむ」。

○祖師巴鼻＝前出［一―三五―一三］。禅の本領、本分。
○只為分明極、却令所得遅＝前出［一―六八］。分明に極めようとすれば、かえって所得が遅くなる。

【二―一三四】［巻之二の三四丁表］

六月望。
擧。昔日文殊三處過夏、爲迦葉見擯。山僧今夏、兩處禁足、阿誰爲吾行令。衆中若有箇漢、出來試下迦葉槌看。代曰、心不負人、面無慚色。

六月望《もう》。

擧《こ》す。昔日《そのかみ》、文殊三處《もんじゅさんしょ》に夏《げ》を過《す》ごし、迦葉《かしょう》の爲《ため》に擯《ひん》せらる。山僧今夏《さんぞうこんげ》、兩處《りょうしょ》に禁足《きんそく》す、阿誰《あた》か吾《わ》が爲《ため》に令《れい》を行《ぎょう》ぜん。衆中《しゅうちゅう》、若し箇《こ》の漢有らば、出で來たって、試みに迦葉《かしょう》の槌《つち》を下せ看《み》ん。代わって曰く、心《こころ》、人《ひと》に負《そむ》かざれば、面《おもて》に慚《は》ずる色《いろ》無《な》し

〈訳〉

「昔、文殊は夏中《げちゅう》に、祇園精舎、童子の学堂、および婬坊酒肆の三処におったため、迦葉によって擯出させられようとしたそうだ。さて、山僧は今夏、両処に禁足していたが、この私に対して令を行ずる者は誰かおるか。我こそはと思う者は、出て来て迦葉のように白槌してみよ」。代わっていわく、「心、人に負かざれば、面に慚ずる色無し」。

○文殊三処過夏、為迦葉見擯＝『禅林類聚』巻十四、解結門に、「世尊因みに自恣の日、文殊三処に夏を過ごし来たり霊山に至る。迦葉問うて云く、〈仁者《そなた》、今夏は何れの処にか安居せし〉。文殊云く、〈一月は祇園精舎に在り、一月は童子学堂に在り、一月は婬坊酒肆に在り〉。迦葉云く、〈何ぞ此のごとき不如法の処所《ところ》に住するを得たる〉。遂に乃ち仏に白して文殊を擯せんと欲す。仏云く、〈意に随え〉。迦葉即ち白槌するに、纔かに槌を拈ずれば乃ち百千万億の文殊を見る。迦葉その神力を尽くすも槌を挙げること能わず。世尊遂に迦葉に問う、〈汝、那箇《なこ》の文殊をか貶せんと擬す〉。迦葉対うる無し」。もとは『大方広宝篋経』巻中。

○両処禁足＝具体的には何をいうのか、未詳。

○心不負人、面無慚色＝前出[二―一二〇]。心にやましいところがなければ、色に出ぬ。

【二－一三五】［巻之二の三四丁表］

中秋。

擧仰山與長沙翫月因縁曰、已是人人有者箇、且道受用底作麼生。［一衆下語］。師曰、山僧不然、拈來作胡餅、一口吞却了。

中秋《ちゅうしゅう》。

仰山《きょうざん》、長沙《ちょうさ》と月《つき》を翫《もてあそ》ぶ因縁《いんねん》を擧《こ》して曰く、已に是れ人人《にんにん》、者箇《しゃこ》有り、且らく道え、受用底作麼生《じゅようていそもさん》。［一衆下語《いっしゅうあぎょ》す］。師曰く、山僧《さんぞう》は然らず、拈《ねん》じ來たって胡餅《こびょう》と作《な》して、一口《いっく》に吞却《どんきゃく》し了《おわ》らん。

〈訳〉

「仰山は長沙と月見をしているときに〈誰にも者箇《コイツ》があるのに使いきることができない〉と言われた。誰にもあるというならば、さあ、者箇《コイツ》をどう受け止めるか」。［一衆下語す］。師いわく、「山僧《わし》はそうはやらぬ。（者箇《ソイツ》を）ひとつまみして餅にして、一口に吞んでやろう」。

○仰山与長沙翫月因縁＝『聯灯会要』巻四、長沙景岑章に、「師、仰山と翫月する次いで、山云く、〈人人尽く這箇《しゃこ》の有り、只だ是れ用い得ざるのみ〉。師云く、〈恰かも是なり、你を倩って用いん〉。山云く、〈你作麼生《そもさん》か用ゆ〉。師、劈胸《ひっきょう》に一踏す。山曰く、〈囝《か》、直下に箇《こ》の大虫に似たり〉。……此より諸方称して岑大虫《しんだいちゅう》と為す」。

【二一一三六】［巻之二の三四丁表］

九月旦轉般若次示衆。

古徳曰、青青翠竹、即是眞如、欝欝黄花、無非般若。適來一衆轉般若、且道與采菊東籬底、還有異同麽。自代曰、莫眼花。


九月旦《たん》、般若《はんにゃ》を轉ずる次いで衆《しゅ》に示す。

古徳《ことく》曰く、青青《せいせい》たる翠竹《すいちく》、即ち是れ眞如《しんにょ》、欝欝《うつうつ》たる黄花《こうか》、般若《はんにゃ》に非ざるは無し、と。適來《せきらい》、一衆《いっしゅう》、般若《はんにゃ》を轉ず、且らく道え、菊を東籬《とうり》に采《と》る底《てい》と、還《かえ》って異同《いどう》有りや。自ら代わって曰く、眼花《がんか》すること莫かれ。


〈訳〉

「古徳は〈青青とした翠竹が真如、盛んに開いている菊花が般若そのものである〉と言われた。諸君は先ほど大般若を転読したのだが、これは陶淵明が東籬に下に菊を採って、悠然として南山を見たのと、さて、同じか別か」。自ら代わっていわく、「眼花すること莫かれ」。

○古徳曰＝『祖庭事苑』巻五、「道生法師説くらく、無情も亦た仏性有り、と。乃ち云く、青青たる翠竹、尽く是れ真如、鬱鬱たる黄花、般若に非ざるは無し」。「欝欝」は、盛んなさま。
○采菊東籬底＝陶淵明「飲酒」詩の五に「採菊東籬下、悠然見南山」。
○莫眼花＝自ら幻花を空中に放って、それが実有だと思ってはならぬ。『栲栳珠』（電子達磨版六八四頁）に「忠曰く、外塵の色像は本と無し。但だ妄見の眼翳に由って顕現して有るに似たり」。

【二―一三七】［巻之二の三四丁表］

開爐示衆。

誰道火爐頭無賓主。山僧拄杖子做得亂世英雄。衆中却無有同生同死底漢麽。出來法戰一場。代曰、蕭何賣却假銀城。［今年明應己未、尾州織田之族、圍智多花井城］。


開爐《かいろ》、衆《しゅ》に示す。

誰か道う、火爐頭《かろとう》に賓主《ひんじゅ》無しと。山僧《さんぞう》が拄杖子《しゅじょうす》、亂世《らんせ》の英雄《えいゆう》と做《な》り得《え》たり。衆中《しゅうちゅう》、却って同生同死《どうしょうどうし》底《てい》の漢、有ること無きや。出で來たって、法戰一場《ほっせんいちじょう》せよ。代わって曰く、蕭何賣却《しょうかまいきゃく》す、假銀城《かぎんじょう》。［今年《こんねん》明應己未《めいおうつちのとひつじ》、尾州《びしゅう》織田《おだ》の族《やから》、智多花井《ちたはない》が城《しろ》を圍《かこ》む］。


〈訳〉

「〈火炉頭に賓主無し〉とは誰が言うたか。我が拄杖子は乱世を治める英雄となることができる。諸君の中に生死を共にできる奴はおるか。出で来て法戦一場せよ」。代わっていわく、「蕭何売却す、仮銀城」。［今年明応八年（一四九九）、尾州の織田軍が知多半島の花井氏の城を攻めた］。

○火炉頭無賓主＝前出［二一二四―一］。

○蕭何売却仮銀城＝漢の蕭何が単于と戦った時、銀城を贈ると言って口車に乗せ、一網打尽にしたという。ありもせぬものを、あるように言うこと。霍光の話ともいうが、ともに巷説。『五灯会元』巻九、京兆府米和尚章に、「僧問う、〈古よりの上賢、還って真正の理に達するや也た無や〉。師曰く、〈達す〉。曰く、〈祇だ真正の理の如きんば、作麼生か達す〉。師曰く、〈当時、霍光、仮銀城を単于に売与す、契書は是れ甚麼人か做す〉。曰く、〈某甲、直に得たり、口を杜ざして無言なることを〉。師曰く、〈平地に人をして保を作《な》さしむ〉」。『五灯抜萃』「霍光売仮銀城与単于」に「事苑第七に、霍光……抄に云く、霍光売却仮銀城という者と同じ。蕭何、霍光、本伝に見えず。世に妄りに相伝えて虚説と作《な》す。故に今、無実拠の義に取る」。『祖庭事苑』「仮銀城」に「霍光は漢人なり。書伝に売城易角の説無し。蓋し委巷の劇談に出づ。禅人往往に資けて以て口実と為す。亦た謬にあらざるか」。『碧巌録秘抄』に「姑ラク設ケタ有余ノ化城デハナイカナ」。

○尾州織田之族、囲智多花井城＝明応八年（一四九九）、知多半島に拠る花井氏の堀之内城（寺本城）を織田の軍勢が攻めた。花井氏は土岐のもとで尾張守護代だった。

開山濃州臨濤山大僊禪寺語

【二―一三八】［巻之二の三五丁表］

開山濃州臨濤山大僊禪寺語。

［文龜元年辛酉師七十四歲。檀越革不二庵故基新營造、請師爲開山師。改寺名爲大仙、山爲臨濤］

濃州《じょうしゅう》臨濤山《りんこさん》大僊禪寺《だいせんぜんじ》を開山《かいさん》する語。

［文龜元年辛酉《ぶんきがんねんかのととり》、師七十四歲。檀越《だんおつ》、不二菴《ふにあん》の故基《こき》を革《あらた》めて新《あら》たに營造《えいぞう》し、師《し》を請《しょう》じて開山師《かいさんし》と爲す。寺《てら》を改《あらた》めて名《な》づけて大仙《だいせん》と爲《な》し、山《やま》を臨濤《りんこ》と爲《な》す］

〈訳〉

濃州臨濤山大僊禅寺開山する語。

［文亀元年（一五〇一）、師七十四歳。檀越が不二庵の故基を革めて新寺を営造し、師を開山師に招いた。寺号を大仙寺と改め、山号を臨濤とした］。

○臨濤＝臨済が住した臨済寺の近くにあった「濤沱河《こだか》に臨む」という意。

【三一三九一一】［巻之二の三五丁表］

改不二菴額號大仙寺上堂。

記得、圜悟禪師、自五祖山還蜀之昭覺。遂居八年。次移住夾山道林。又遷天寧金山雲居。凡八坐道場。復還蜀再領昭覺。時勅改昭覺爲崇寧寺。一日上堂曰、獨掌不浪鳴、獨樹不成林。建法幢立宗旨、須是互爲賓主安貼家邦。所以道、我若坐時爾須立、我若立時爾須坐、我若孤峯獨宿、爾須偃息干戈、我若天上人間、爾須三頭六臂。且道、浩浩之中、如何辨主。

不二菴《ふにあん》の額《がく》を改《あらた》めて大仙寺《だいせんじ》と號《ごう》する上堂《じょうどう》。

記得《きとく》す、圜悟禪師《えんごぜんじ》、五祖山《ごそざん》より蜀《しょく》の昭覺《しょうかく》に還《かえ》る。遂《つい》に居《い》ること八年。次に移って夾山《かっさん》、道林《どうりん》に住す。又た天寧《てんねい》、金山《きんざん》、雲居《うんご》に遷る。凡《およ》そ八《はち》たび道場《どうじょう》に坐す。復《ま》た蜀《しょく》に還《かえ》って再《ふたた》び昭覺《しょうかく》を領《りょう》す。時に勅して昭覺《しょうかく》を改めて崇寧寺《すうねいじ》と爲す。一日、上堂《じょうどう》して曰く、獨掌《どくしょう》、浪《みだ》りに鳴《な》らず、獨樹《どくじゅ》、林を成さず。法幢《ほうどう》を建《た》て宗旨《しゅうし》を立《た》て、須《すべか》らく是れ互いに賓主《ひんじゅ》と爲って家邦《かほう》を安貼《あんちょう》す。所以《ゆえ》に道う、我れ若し坐せん時は、爾《なんじ》、須《すべか》らく立つべし、我れ若し立つ時は、爾《なんじ》、須《すべか》らく坐すべし、我若し孤峯獨宿《こほうどくしゅく》せば、爾《なんじ》、須《すべか》らく干戈《かんか》を偃息《えんそく》すべし、我れ若し天上人間《てんじょうじんかん》ならば、爾《なんじ》、須《すべか》らく三頭六臂《さんとうろっぴ》なるべし、と。且らく道え、浩浩《こうこう》の中、如何《いかん》が主を辨ぜん、と。

〈訳〉

圜悟禅師は五祖山の法演禅師のところから蜀に帰り、昭覚寺に八年居られた。そして次には夾山寺、道林寺、天寧寺、金山寺、雲居寺へと、八たび寺に住した。そしてまた蜀に還って再び昭覚寺に入り、勅によって昭覚寺を崇寧寺と改めた。一日、上堂して言われた、「独掌、浪りに鳴らず、独樹、林を成さず（何においても、片一方だけでは成り立たぬ）。法幢を建て宗旨を立て、互いに賓主となって国家に安寧をもたらさんとする。だから言うのである、我れが坐すれば、你は立て、我れ立つ時は你は坐せ。我れが孤峰に独宿するならば、你は戦火を止めるはたらきをせよ。我れが天上人間にあらば、你は三頭六臂の那吒太子のようになって修羅界ではたらけ、と。且らく道え、浩浩たる（四海五湖の）間にあって、どう主体性を発揮するか」と。

○圜悟禅師＝『五灯会元』巻十九、昭覚寺克勤仏果章。

○夾山道林＝夾山寺と道林寺。

○天寧金山雲居＝天寧寺、金山寺、雲居寺。

○一日上堂曰＝『校証』に「此の上堂、偏ねく圜悟録、正灯の圜悟録、会元の十九の圜悟章を検するに未だ之を見ず」とするが、『圜悟語録』の上堂に出る。いわく、「独掌不浪鳴、独樹不成林。建法幢立宗旨、須是互為賓主安貼家邦。所以道、我若坐時爾須立、我若立時爾須坐、我若孤峰独宿、爾須偃息干戈。我若天上人間、爾須三頭六臂。然後可以光揚仏日。且道、浩浩之中如何辨主。是処是慈氏、無門無善財。下座」。

○独掌不浪鳴、独樹不成林＝片手で叩いても音は出ない、樹一本では林にはならぬ。「独掌不浪鳴」は『碧巌録』第十八則、本則。俗諺に「独木不成林、単糸不成線」ともいう。ここでは、主賓いずれかの一辺倒であっては成り立たぬことをいう。

○安貼＝安らか、安全。安帖とも。

○我若坐時爾須立＝『古尊宿語録』巻八、「首山念和尚語録」の上堂に、「者裏、尋常、你に向かって道う、賓なるときは則ち始終賓、主なるときは則ち始終主。賓に二賓無く、主に二主無し。若し二賓二主有らば、即ち是れ両箇の瞎漢なり。所以に、我れ若し立つ時は你須らく坐すべし。我れ若し坐する時は你須らく立つべし。坐するときは則ち你と共に坐し、立つときは則ち你と共に立たん」。

○爾須三頭六臂＝三頭六臂の那吒太子のようにはたらけ。『圜悟語録』巻一では「爾須らく三頭六臂なるべし。然して後に光を以て仏日を揚ぐ可し」となっている。『伝灯録』巻十三、汾州善昭章に、「如何なるか是れ主中の主。師曰く、三頭六臂、天地を驚かし、忿怒の那吒、帝鍾を撲つ」。

○浩浩之中、如何弁主＝分かりにくいが、つぎの用例と同じであろう。『広灯録』巻二十一、福昌禅院重善章に、「〈如何なるか是れ山中の人〉。師云く、〈四海五湖の間、浩浩の中、如何か主を弁ぜん〉。師云く、〈長安では天子、塞外では将軍〉」。

【二―一三九―二】〔巻之二の三五丁表〕

師曰、山僧昔在丹龍興數年、奉勅視篆大徳、又遷妙心。遂還郷居不二小菴、再住尾之瑞泉、退居少林蕞寺。感疾歳餘、復歸不二。仍改額號大仙寺。然未鳴陞堂鼓、不秉小𢌞燭。便老倒疎慵高臥對山。雖然與麼有一句子、要隨分做得主。作麼生是一句子。喝一喝曰、諸仁如何辨別。自代曰、四海五湖龍世界、十洲三島鶴乾坤。

師曰く、山僧《さんぞう》、昔、丹《たん》の龍興《りゅうこう》に在ること數年、勅を奉じて大徳《だいとく》に視篆《してん》し、又た妙心《みょうしん》に遷る。遂に郷に還《かえ》って不二《ふに》小菴《しょうあん》に居し、再び尾《び》の瑞泉《ずいせん》に住し、退いて少林蕞寺《しょうりんさいじ》に居す。疾《しつ》を感《かん》ずること歳餘《さいよ》、復《ま》た不二《ふに》に歸る。仍《よ》って額《がく》を改《あらた》めて大仙寺《だいせんじ》と號す。然れども未だ陞堂《しんどう》の鼓《く》を鳴《な》らさず、小參《しょうさん》の燭《しょく》を秉《と》らず。便ち老倒《ろうとう》疎慵《そよう》、高臥《こうが》して山《やま》に對《たい》す。然《しか》も與麼《よも》なりと雖も、一句子《いっくす》有り、分《ぶん》に隨《したが》って主《しゅ》と做《な》り得《え》んことを要《よう》す。作麼生《そもさん》か是れ一句子《いっくす》。喝一喝《かついっかつ》して曰く、諸仁《しょにん》、如何《いかん》か辨別《べんべつ》せん。自ら代わって曰く、四海五湖《しかいごこ》、龍《りゅう》の世界《せかい》、十洲三島《じゅっしゅうさんとう》、鶴《つる》の乾坤《けんこん》。

〈訳〉

師いわく、「山僧《それがし》は昔、丹波の龍興寺に数年間住していたが、勅命によって大徳寺に視篆し、また妙心寺に遷った。そして郷里に還って不二庵に入り、再び尾張の瑞泉寺に住し、そこを退いて少林寺に遷った。そして病となること一年余り、今また不二庵に帰り、寺の名を大仙寺と改めた。しかし、今や上堂も小参も行わない。ただ老倒疎慵、高臥して山に対するのみである。とはいえ、ここに一句子がある。分に随って上堂を主宰しようと思う。その一句とは何か」。喝一喝していわく、「諸君、この喝をどう辨別するか」。自ら代わっていわく、「四海五湖、龍の世界、十洲三島、鶴の乾坤」。

○老倒疎慵高臥対山＝前出［一―八九―一二］。

○四海五湖龍世界、十洲三島鶴乾坤＝『句双葛藤鈔』「十洲三嶋鶴乾坤、四海五湖龍世界」に「ソコソコ（＝そこもここも）スギナイ（過ぎない＝勝らない）義」。四海五湖は龍の世界、十洲三島は鶴の乾坤、そこもここも、まさり劣りはない。龍興寺、大徳寺、妙心寺、不二庵、瑞泉寺、少林寺、そして大仙寺と渡ったが、いずれも優劣はなく、わたくし東陽にとっては、龍の世界であり、また鶴の乾坤であった。

【三―一四〇】［巻之二の三五丁裏］

復擧。雪堂行和尚、刪東坡偈作一篇云、溪聲廣長舌、山色清淨身。八萬四千偈、如何擧似人。且道、是何人。［一衆各下語］。自代曰、瞎驢端的眼無筋。

復《ま》た擧《こ》す。雪堂《せつどう》の行和尚《ぎょうおしょう》、東坡《とうば》が偈《げ》を刪《さく》して一篇《いっぺん》を作って云く、溪聲廣長舌《けいせいこうちょうぜつ》、山色清淨身《さんしょくしょうじょうしん》。八萬四《はちまんし》千《せん》の偈《げ》、如何《いかん》か人《ひと》に擧似《こじ》せん。且《しば》らく道《い》え、是《こ》れ何人《なんびと》ぞ。［一衆《いっしゅう》、各おの下語《あぎょ》す］。自ら代わって曰く、瞎《かつ》驢《ろ》、端的《たんてき》、眼《まなこ》に筋《すじ》無し。

〈訳〉

「雪堂の行和尚は蘇東坡が投機したときの偈を刪改して〈渓声広長舌、山色清浄身。八万四千の偈、如何か人に挙似せん〉としたが、且らく道え、是れ何人ぞ」。［一衆、それぞれ下語をする］。自ら代わっていわく、「この瞎驢、まことに眼力がない」。

○雪堂行和尚、刪東坡偈作一篇云＝『普灯録』巻二十九、烏巨雪堂行禅師三首、「削東坡宿東林偈」に、「渓声広長舌、山色清浄身。八万四千偈、明明挙似人」。
○渓声広長舌＝もとの偈は『五灯会元』巻十七、内翰東坡居士蘇軾章に、「因みに東林に宿し、照覚と無情の話を論じて省有り。黎明、偈を献げて曰く、渓声便是広長舌、山色豈非清浄身。夜来八万四千偈、他日如何挙似人」。
○瞎驢端的眼無筋＝「瞎驢」、ここでは臨済の「瞎驢辺滅却」と関わらず、単なる罵詞。「眼無筋」は、眼力がないこと。『希叟広録』「末後の句、忒《はなは》だ分暁なるも、眼に筋無ければ覷不破《しょふは》。覷得破《しょとくは》すれば、心月孤円。千差を一照す」。

【二―一四一】［巻之二の三五丁裏］

二月旦示衆曰、識得拄杖子、一生參學事了。奈何久參上士、往往半青半黄。衆中還有渾鋼打就生鐵鑄成底漢麼。試出來施臨機不讓師底作略看。老僧不辭喫一頓。

匡首座出衆曰、昨夜文殊普賢、起佛見法見、各與二十棒趁出了也。

師曰、説甚麼文殊普賢。

匡曰、和尚也須喫一頓始得。

師曰、老僧有甚麼罪過。

匡曰、猶有一頓在。

師呵呵大笑。［良久云］勸君更盡一盃酒、西出陽關無故人。［翌日命匡看少林新寺］。

二月旦《たん》、衆《しゅ》に示して曰く、
拄杖子《しゅじょうす》を識得《しきとく》せば、一生參學《いっしょうさんがく》の事《じ》了《おわ》る。奈何《いかん》ぞ、久參《きゅうさん》の上士《じょうし》、往往《おうおう》に半青半黄《はんしょうはんおう》なる。衆中還《しゅうちゅうかえ》って渾鋼打就《こんこうたしゅう》し、生鐵鑄成《さんてついな》す底《てい》の漢《かん》、有りや。試みに出で來たって、機《き》に臨《のぞ》んで師《し》に譲《ゆず》らざる底《てい》の作略《さりゃく》を施《ほどこ》せ看《み》ん。老僧《ろうそう》、一頓《いっとん》を喫することを辞せじ。

匡首座《きょうしゅそ》、衆を出でて曰く、昨夜《さくや》、文殊普賢《もんじゅふげん》、佛見法見《ぶっけんほっけん》を起こす、各おの二十棒《にじゅうぼう》を與《あた》えて趁《お》い出《い》だし了《おわ》れり。

師曰く、甚麼《なん》の文殊普賢《もんじゅふげん》とか説かん。

匡曰く、和尚《おしょう》も也《ま》た須《すべか》らく一頓《いっとん》を喫して始めて得べし。

師曰く、老僧《ろうそう》、甚麼《なん》の罪過《ざいか》か有る。

匡曰く、猶お一頓《いっとん》の在る有り。

師、呵呵大笑《かかたいしょう》。[良久《りょうきゅう》して云く]君に勸む、更に一盃《いっぱい》の酒《さけ》を盡《つ》くせ、西《にし》のかた陽關《ようかん》を出づれば故人《こじん》無《な》からん。[翌日《きょう》、匡に命じて少林新寺《しょうりんしんじ》を看《み》せしむ]。

〈訳〉

「〈拄杖子を識得せば、一生参学の事了んぬ〉というのに、久参の上士たる者が、往往に半青半黄で熟しきらないのはどうしたことか。諸君の中に、まるのままの渾鋼で鍛え、生鉄で鋳成したような根性の男はおらぬか。出て来て、機に臨んでは師にも譲らざる作略を見せてみよ。老僧も三十棒を惜しみはせぬぞ」。

匡首座が出ていわく、「昨夜、文殊普賢が仏見法見を起こしたので、各おの二十棒を与えて趁《お》い出しました」。

師、「どうして文殊普賢のことを言おうや」。

匡、「和尚もまた、一頓の棒を喰らうがよろしい」。

師、「老僧に何の罪過がある」。

匡、「さらにまだ一頓の棒があります」。

師、呵呵大笑す。［良久して云く］「君に勧む、更に一盃の酒を尽くせ、西のかた陽関を出づれば故人無からん」。［この翌日、匡首座に命じて少林寺を看護せしめた］。

○識得拄杖子、一生参学事了＝『聯灯会要』巻二十四、長慶慧稜の章に、「師、拄杖を拈じて、衆に云く、〈這箇《しゃこ》を識得せば、一生参学の事畢んぬ〉」。
○半青半黄＝『虚堂録』巻一「興聖寺語録」の冬至小参に、「諸方は今夜、堆盤満飣《たいばんまんてい》、此間《すかん》は鬭鬭揍揍《とうとうそうそう》（ゴチャゴチャ）に半青半黄なり」。『犂耕』（電子達磨版九一頁）に「忠曰く、青は果の未熟、黄は果の已に熟せるなり」。『碧巌録』第七十二則、本則評唱に、「看よ他の古人、二十年参究するに、猶お自ら半青半黄、皮に粘じ骨に著きて、穎脱すること能わざることを」。『碧巌秘抄』「半青半黄」に「半熟なり」。
○渾鋼打就生鉄鋳成底漢＝『大慧書』「答厳教授」に、「真実、不疑の地に到る者は、渾鋼もて打就し生鉄もて鋳成するが如し」。「渾鋼」は、まるまるの鋼、「生鉄」は、冶工鍛錬をうけぬ、生地のままの鉄。
○臨機不譲師＝『古尊宿語録』巻七、「南院禅師語要」に、「風穴に問う、〈南方、一棒は作麼《いかん》か商量す〉。穴云く、〈奇特の商量を作《な》す〉。穴却って問う、〈和尚が此間《すかん》、一棒を作麼《いかん》か商量す〉。師、拄杖を拈じて云く、〈棒下の無生忍、機に臨んでは師に譲らず〉」。

○匡首座＝少林寺の師席を嗣いだ大雅端匡（？～一五一八）。
○昨夜文殊普賢、起仏見法見、各与二十棒趁出了也＝前出［二―四二］。
○一頓＝一回分。ここでは、棒をくらわす一回分、二十棒。また食事に用い、「一頓飯」などともいう。
○勧君更尽一盃酒、西出陽関無故人＝前出［二―二三］。さては、一気に飲み干したか。

【二―四三】［巻之二の三五丁裏］

十一月望因事辭衆。

記得、會禪師曰、楊岐乍住屋壁疎、滿牀盡布雪眞珠。縮却項暗嗟吁。良久曰、翻憶、古人樹下居、爲是寒骨相耶、抑又屋裏鬻揚州乎。諸人試辨別看。師乃以坐具纏腰作飛勢曰、腰纏十萬貫、騎鶴下揚州。［翌十六日還少林寺］。

十一月望《もう》、事《じ》に因《よ》って衆《しゅ》を辭《じ》す。

記得《きとく》す、會禪師《えぜんじ》曰く、楊岐乍住《ようぎさじゅう》、屋壁疎《おくへきそ》なり、滿牀《まんしょう》、盡《ことごと》く雪《ゆき》の眞珠《しんじゅ》を布《し》く。項《うなじ》を縮却《しゅくきゃく》し暗《あん》に嗟吁《さう》す。良久《りょうきゅう》して曰く、翻《かえ》って憶《おも》う、古人樹下《こじんじゅげ》の居《きょ》、為《は》た是れ是れ寒骨《かんこつ》の相《そう》か、抑《そも》そも又た屋裏《おくり》に揚州《ようしゅう》を鬻《ひさ》ぐか。諸人《しょにん》試みに辨別《べんべつ》して看《み》よ。師乃ち坐具《ざぐ》を以て腰《こし》に纏《まと》い、飛《と》ぶ勢《いきお》いを作《な》して曰く、腰《こし》に十萬《じゅうまん》貫を纏《まと》って、鶴《つる》に騎《の》って揚州《ようしゅう》に下《くだ》る。［翌十六日、少林寺《しょうりんじ》に還る］。

〈訳〉

「楊岐禅師は、屋壁もまばらな破れ寺に住し、（雪が降れば）満牀ことごとく雪の真珠を布いたようだと言われた。（この言葉を聞けば）首を縮めて、ひそかに嗟嘆するのみである」。良久していわく、「（しかし）かえって思うのである、古人が樹下に居住されたのは、貧寒の姿であろうか、それとも屋裏に揚州（の繁栄）をひさぐごとく、いながらにして自得したものとすべきであろうか、と。諸君、試みに弁別せよ」。師はそこで坐具を腰にあてがい、飛ぶ格好をして言われた、「腰に十万貫をつけて、鶴に騎って揚州に下る」と。［翌十六日、少林寺に還る］。

○十一月望因事辞衆＝大仙寺を辞して少林寺に遷った。
○楊岐乍住屋壁疎、満牀尽布雪真珠＝前出［二―一〇六―一］「楊岐乍住」。
○縮却項＝「縮項」は、恐縮のさま。
○為是寒骨相耶＝原本訓点では「是れ寒骨の相とや為《せ》ん」となるが、改めた。
○屋裏鬻揚州＝『葛藤語箋』に、「遠く求めずして、坐《いなが》らに致すの謂なり」。また、前出［二―八七］。
○腰纏十万貫、騎鶴下揚州＝前出［二―四四］。百事如意を示したところ。
○翌十六日還少林寺＝少林寺に晋山したのは明応八年十月八日であるから、その前年の十一月十六日か。

住濃州龍慶山少林禪寺語

【二一四三】〔巻之二の三七丁表〕

住濃州龍慶山少林禪寺語。

師再住瑞泉時、欲創建一寺於岐陽。相攸于各各務郡新加納。適薄田司農丞、捨祖母所居造立精舍、延請師。遂以明應八年己未〔師時七十二歳〕十月八日進院。

濃州龍慶山少林禪寺《じょうしゅうりゅうけいさんしょうりんぜんじ》に住する語。

師、再び瑞泉《ずいせん》に住する時、一寺《いちじ》を岐陽《ぎよう》に創建《そうけん》せんと欲す。攸《ところ》を各各務郡新加納《かがみぐんしんかのう》に相《み》る。適《たま》たま薄田《うすだ》司農丞《しのうじょう》、祖母《そぼ》の所居《しょご》を捨てて精舎《しょうじゃ》を造立《ぞうりゅう》し、師を延請《えんしょう》す。遂に明應《めいおう》八年己未《つちのとひつじ》〔師時に七十二歳〕十月八日を以て進院《しんいん》。

〈訳〉

師は瑞泉寺に再住したときに、岐陽に一寺を創建せんとして、各各務郡の新加納に土地を選んでいた。たまたま薄田氏が祖母の宅を寄付して一寺を建立し、師を開山に請じたのである。明応八年己未〔師七十二歳〕十月八日に進院した。

○師再住瑞泉時＝明応七年。師七十一歳。
○薄田司農丞＝薄田宮内丞とも。「司農丞」は宮内卿の唐名。土岐氏臣下の薄田源左衛門尉藤原祐貞。天寧寺の龍田の兄、薄田源左衛門尉、入道慧能、加賀守の子。つまり、龍田和尚の甥。『大仙寺史』二一六頁。
○明応八年＝一四九九年。師七十二歳。

【二―一四四】［巻之二の三七丁表］

入門佛事。

指曰、開新加納現古叢林。［顧視左右云］看看。四十頃地、側布萬兩黄金。喝一喝。


入門佛事《にゅうもんぶつじ》。

指《ゆびさ》して曰く、新加納《しんかのう》を開いて古叢林《こそうりん》を現ず。［左右《さゆう》を顧視《こし》して云く］看《み》よ、看《み》よ。四十頃《けい》の地、萬兩《まんりょう》の黄金《おうごん》を側《そばだ》て布《し》くことを。喝一喝《かついっかつ》。


〈訳〉

山門を指していわく、「新加納の地を開いて古叢林を現ず」。［左右を顧視して］「看よ看よ。四十頃の地に万両の黄金を敷きつめたのを」。喝一喝。

○側布万両黄金＝「側布」は「びっしりと敷きつめる。「側」は「遍」「満」の義（項楚『敦煌変文選註』五五〇頁）。「布金」は、須陀長者が祇園精舎を釈尊に寄進するために、その土地に金を敷き詰めて買収した故事。『大般涅槃経』巻二九。

【二一一四五】［巻之二の三七丁表］

歳旦。

示一偈代免人事牓曰、　鶯花刹界乍開闢、　帝網山河元泰平。　七十三年無一法、　只将春睡賞春晴。

歳旦《さいたん》。

一偈《いちげ》を示し、免人事《めんじんじ》の牓《ぼう》に代えて曰く、鶯花《おうか》の刹界《せっかい》、乍《たちま》ち開闢《かいびゃく》す、帝網《たいもう》の山河《せんが》、元《もと》と泰平《たいへい》。七十三年、一法《いっぽう》無し、只だ春睡《しゅんすい》を将って春晴《しゅんせい》を賞《しょう》す。

〈訳〉

一偈を示し免人事の牓に代える。いわく、「春至って、鶯花世界がたちまち開けた、帝網世界は元より泰平である。（これまでの）七十三年間、一法として人に示すべきものはなかった、ただ春の睡りを眠り、春晴をめでるのみ」。

○免人事牓＝前出［一一一四四］。

○帝網山河元泰平＝『百丈清規』巻一、啓建疏に、「帝網百億の山河、咸な聖量に帰す」。『左觽』に「忠曰く、帝網世界は華厳の重重無尽の法門なり。乃ち一国を以て百億国に満たし、百億国を以て一国に入る。此の如く重重無尽なり」。今言うこころは、重重無尽の世界、皆な天子の封疆に入るなり。

○只将春睡賞春晴＝蘇東坡の「春日」詩。前出[一―六六]。(世間ではあるいは詩を作り、あるいは酒を飲んで春を楽しむだろうが)私は春眠で楽しむ。

【二―一四六】［巻之二の三七丁表］

結夏因宿雨忽晴示衆曰。

擧。昔有座主、見法雲杲禪師曰、禪家流多愛脱空。雲問座主、講甚麼經論。主曰、粗通百法論。雲曰、昨日雨今日晴、是甚麼法中收。主不能對。雲便打曰、莫道禪家流多愛脱空好。主恚曰、和尚且道、昨日雨今日晴、是甚麼法中收。雲曰、第四十二時分、不相應法中收。主乃禮謝而去。師拈曰、阿呵呵、這座主、蚍蜉撼於大樹、蚊虻弄空裏猛風。奈何法雲千鈞弩發機於鼷鼠。譬如師子王捉象全其力、捉兎全其力者哉。諸仁試下一轉語。自代曰、迅雷吼破澄潭月。

結夏《けつげ》、宿雨《しゅくう》忽《たちま》ち晴《は》るるに因って衆《しゅ》に示して曰く。

擧《こ》す。昔、座主《ざす》有り、法雲《ほううん》の杲禪師《こうぜんじ》に見《まみ》えて曰く、禪家流《ぜんけりゅう》、多く脱空《だっくう》を愛す。雲、座主《ざす》に問う、甚麼《なん》の經論《きょうろん》をか講ず。主曰く、粗《ほ》ぼ百法論《ひゃくほうろん》に通ず。雲曰く、昨日《さくじつ》の雨、今日《こんにち》の晴、是れ甚麼《なん》の法の中にか収む。主、對《こた》うること能わず。雲、便ち打って曰く、禪家流《ぜんけりゅう》、多く脱空《だっくう》を愛《あい》すと道《い》うこと莫《な》くんば好《よ》し。主、恚《いか》って曰く、和尚《おしょう》、且らく道え、昨日《さくじつ》の雨、今日《こんにち》の晴、是れ甚麼《なん》の法の中にか收む。雲曰く、第四十二時分、不相應法《ふそうおうほう》の中に収む。主、乃ち禮謝《らいしゃ》して去る。師、拈《ねん》じて曰く、阿呵呵《あかか》、這《こ》の座主《ざす》、蚍蜉《ひふ》、大樹《たいじゅ》を撼《うご》かし、蚊虻《ぶんぼう》、空裏《くうり》に猛風《もうふう》を弄《ろう》す。奈何《いかん》せん、法雲《ほううん》、千鈞《せんきん》の弩《ど》、機《き》を鼷鼠《けいそ》に發《はっ》することを。譬《たと》えば師子王《ししおう》の象《ぞう》を捉《とら》うるにも其の力を全《まっと》うし、兔《と》を捉うるにも其の力を全うする如くなる者か。諸仁《しょにん》、試みに一轉語《いってんご》を下せ。自ら代わって曰く、迅雷吼破《じんらいこうは》す、澄潭《ちょうたん》の月。

〈訳〉

結夏、宿雨が晴れたのに因んでの示衆。

昔、西蜀の鑾法師という座主《ざす》が法雲の杲禅師に見《まみ》えていった、「禅僧はだいたいホラを吹くのが好きだ」。杲禅師が座主に尋ねた、「そなたの専門は何の経論か」。座主、「ほぼすべての法論に通じておる」。杲禅師、「〈昨日の雨、今日の晴〉と、これはどの教えの中にあるか」。座主は答えることができない。杲禅師はそこで打っていわく、「禅僧はホラ吹きだなどと言わぬがよい」。座主は怒っていった、「では和尚、〈昨日の雨、今日の晴〉はどこにあるか」。杲禅師いわく、「第四十二時分、不相応法の中だ」。座主は礼謝して去った。師がこの話を取り上げて言われた、「阿呵呵《あはは》、この座主は、蟻が大樹を動かし蚊や虻が猛風を相手に取っ組むようなもの。これに対して法雲は千鈞もの弩《おおゆみ》をハツカネズミに発射したのだから、ひとたまりもない。法雲の作用は、獅子が象を捉うる全力で向かい、兎を捉えるにも全力を発揮するというものである。諸君、一転語を下してみよ」。自ら代わっていいわく、「迅雷が澄潭に映る月を吼破した」。

○昔有座主見法雲杲禅師＝『聯灯会要』巻十五、仏照杲章。
○脱空＝内実のないこと。ホラ。前出[二―三二]。
○昨日雨今日晴＝『句雙葛藤鈔』「昨日雨今日晴」に「タクマヌ理ナリ」。
○第四十二時分、不相応法中＝『普灯録』巻十、西蜀鑾法師章では「第四十二時分」を「第二十四時分」とするが、四十二であれ二十四であれ、どっちでもよいこと。唯識二十四不相応法。
○蚍蜉撼於大樹、蚊虻弄空裏猛風＝『碧巌録』第五十七則、頌評唱に「蚊虻弄空裏猛風、螻蟻撼於鉄柱」。前者は韓愈の「張籍の詩を調査す」に「蚍蜉撼大樹、可笑不自量」。大蟻が大樹を動かそうとするようなもの、身の程知らず。
○千鈞弩発機於鼷鼠＝『魏志』杜襲伝に「千鈞の弩は鼷鼠の為に機を発せず」。今はこれの反対で、千鈞もある大弩をハツカネズミを狙って発射する。
○師子王捉象全其力、捉兔全其力＝北本『涅槃経』巻三十三。『句双葛藤鈔』「獅子擒象全其力、擒兎全其力」に、「全其力トハ、由断セズ情ニ入ル丶ヲ云也。大ニハ大、小ニハ小ホド当タ力量也」。
○迅雷吼破澄潭月＝『羅湖野録』虎丘隆章の百丈像の賛に、「迅雷吼破澄潭月。当下曾経三日聾」。

【二―一四七】［巻之二の三七丁裏］

閏六月望。

擧。應菴昔謝事寶林、到莞山淨明菴。有偈曰、三十三州七十僧、驢腮馬頷得人憎。諸方若具羅籠手、今日無因到淨明。
師曰、山僧罷乾峯、在此蕞寺過夏。相隨底十數輩、還與淨明有優劣也無。代曰、師子窟中無異獸。
又曰、雖然與麼、各自努力。珍重。

閏《うるう》六月望《もう》。

擧《こ》す。應菴《おうあん》、昔、事《じ》を寶林《ほうりん》に謝《しゃ》し、莞山《かんざん》の淨明菴《じょうみょうあん》に到る。偈《げ》有り曰く、三十三州、七十の僧、驢腮馬頷《ろさいばがん》、人の憎しみを得たり。諸方《しょほう》、若《も》し羅籠《らろう》の手を具せば、今日《こんにち》、淨明《じょうみょう》に到る因《いん》無けん。
師曰く、山僧《さんぞう》、乾峯《けんぽう》を罷《や》め、此の蕞寺《さいじ》に在って夏《げ》を過ごす。相隨《あいしたが》う底《てい》、十數輩、還《かえ》って淨明《じょうみょう》と優劣《ゆうれつ》有りや也た無《いな》や。代わって曰く、師子窟《ししくつ》中に異獸《いじゅう》無し。又た曰く、然《しか》も與麼《よも》なりと雖も、各自《かくじ》に努力《どりょく》せよ。珍重《ちんちょう》。

〈訳〉

応庵禅師は宝林寺を退いて莞山の浄明庵に遷った。そこで一偈あり、「三十三州、七十の僧、驢腮馬頷、人の憎しみを得たり。諸方、若し羅籠の手を具せば、今日、浄明に到る因無けん」と。
この話について師が言われた、「山僧《それがし》も大仙寺をやめてこの少林寺という小寺に来て夏を過ごしておるが、随う者は十数名であった。さて、応庵禅師の浄明庵に於けるのと優劣があるかどうか」。代わっていわく、「師子窟中に異獣無し」。またいわく、「とはいえ、各自に努力せよ。珍重」。

○有偈曰＝『応庵和尚語録』「莞山浄明庵小参示衆」。

○三十三州七十僧＝三十三州から集まって来た七十人の衲僧。

○驢腮馬頷得人憎＝人の憎しみを買うような破格の衲僧。『犂耕』（電子達磨版四二六六頁）に「逸堂曰く、我が家の出格の衲僧。忠曰く、驢腮馬頷は異相なり。此れ即ち人の憎しみを得る所以なり」。

○諸方若具羅籠手、今日無因到浄明＝『犂耕』（電子達磨版四二六六頁）に「諸方の宗師、若し手段を具して此の諸もろの衲子を留め得ば、則ち今日者裡《しゃり》に到る可からず。既に羅籠《らろう》することを得ざるが故に、今日此に到るなり」。「羅籠」は（鳥をとらえる）網と駕籠。とどめ置くこと。『碧巌録』第六十二則、本則評唱、「玄沙云く、羅籠すれども肯《あ》えて住まらず、呼喚すれども頭を回さず」。

○山僧罷乾峰、在此蕞寺過夏＝「此蕞寺」は少林寺。「乾峰」は大仙寺か、

○師子窟中無異獣＝『句双葛藤鈔』「皆ナ獅子ノ面ダゾ。別ノ物ガナイゾ。言ハ、ヨイ師家ニツキソダツタモノハ、皆ナ霊利ナリ」。

【三—一四八】［巻之二の三八丁表］

九月旦因發洪上堂［八月二十七八、大雨洪水、晦日大風］

南華眞經曰、大塊噫氣、其名爲風。是唯無作、作則萬竅怒號。杜甫曰、八月秋高風怒號、卷我屋上三重茅。黄九曰、但聞窓風雨、平陸漫成江。此皆人間世口實、不遑論量。倶舍頌曰、三災火水

風、上三上爲頂。要七火一水、七水火後風。此是座主家所談、亦不足擧著。仰山小釋迦、記臨濟宗曰、遇大風即止。世傳讖風穴也。然悟明聯燈録、爲妙喜之讖也。後來應菴師祖、普請栽松上堂、擧這話曰、仰山見解未出常流、但道遇大風即止、何不道直待虚空界盡這話方始大行。豈不快哉。畢竟雨從何來、風作何色。諸禪德、各試下一轉語看。代曰、徧界乾坤皆失色、須彌倒卓半空中。

九月旦《たん》、發洪《はっこう》に因って上堂《じょうどう》［八月二十七八、大雨洪水《たいうこうずい》、晦日大風《みそかたいふう》］

南華眞經《なんかしんきょう》に曰く、大塊《だいかい》の噫氣《あいき》、其《それ》を名づけて風と爲す。是れ唯だ作《な》ること無し、作《な》るときは則ち萬竅《まんきょう》怒號《どごう》す、と。杜甫《とほ》曰く、八月秋高《あきたこ》うして、風《かぜ》怒號《どごう》す、我が屋上三重《おくじょうさんじゅう》の茅《ぼう》を卷く、と。黄九《こうきゅう》に曰く、但だ聞く、窓《まど》の風雨《ふうう》、平陸漫《へいりくみだ》りに江《こう》と成《な》る、と。此れ皆な人間世《じんかんせい》の口實《こうじつ》、論量《ろんりょう》するに遑《いとま》あらず。倶舎《くしゃ》の頌《じゅ》に曰く、三災《さんさい》、火水風《かすいふう》、上《うえ》の三上《さんじょう》を頂と爲す。要《よう》は七火一水《しちかいっすい》、七の水火《すいか》の後に風あり、と。此れは是れ座主家《ざすけ》の所談《しょだん》、亦《ま》た擧著《こじゃく》するに足らず。仰山《きょうざん》の小釋迦《しょうしゃか》、臨濟宗《りんざいしゅう》を記《き》して曰く、大風《たいふう》に遇《あ》わば即《すなわ》ち止《とど》まらん、と。世《よ》に傳《つた》う、風穴《ふけつ》を讖《しん》するなりと。然も悟明《ごみょう》の聯燈録《れんとうろく》に、妙喜《みょうぎ》の讖《しん》と爲す。後來《こうらい》、應菴師祖《おうあんしそ》、普請《ふしん》して松《まつ》を栽《う》うる上堂《じょうどう》に、這《こ》の話《わ》を擧《こ》して曰く、仰山《きょうざん》の見解《けんげ》、未だ常流《じょうる》を出でず、但だ道う、大風《たいふう》に遇わば即ち止まらんと、何ぞ直《じき》に虚空界《こくうかい》盡くるを待って、這《こ》の話《わ》、方《まさ》に始《はじ》めて大《おお》いに行《おこな》われんと道《い》わざる、と。豈《あ》に快《かい》ならずや。畢竟《ひっきょう》、雨《あめ》、何《いず》れよりか來《き》たる、風《かぜ》、何《なん》の色《いろ》をか作《な》す。諸《しょ》禪德《ぜんとく》、各おの試みに一轉語《いってんご》を下せ看《み》ん。代わって曰く、徧界乾坤《へんかいけんこん》、皆な色《いろ》を失《しっ》す、須彌《しゅみ》倒《さかし》まに半空《はんくう》の中に卓《た》つ。

〈訳〉

九月一日、山水が出たのに因む上堂[八月二十七、八日と大雨洪水、三十日には大風が吹いた]「『荘子』には〈大地のあくびを風という。これが起こらないときは何事もない。しかし、ひとたび起これば、すべての竅は怒りほえる〉とある。杜甫は、〈八月秋高くして、大風が怒号し、我が屋上の三重の茅を巻きあげた〉といい、黄山谷は〈窓にはただ風雨の音、平陸が漫りに河となった〉とうたっている。これらはみな世間に伝わることで、とりあげるに遑はない。倶舎論の頌に〈火水風の三災があり、この三つが頂をなす。火災が七回起こった後に、水災が一回起こる。七火一水が七回起こると、一水も七水となり、その後に風が起こる〉とあるが、これは天台学者の言うところで、取り上げるにも足らぬであろう。小釈迦と呼ばれた仰山は臨済宗を予言して〈大風に遇わば即ち止まらん〉と言ったが、これは風穴禅師の出るのを予言したものといわれている。しかし、悟明禅師の『聯灯会要』では大慧を予言したものとなっている。後に応庵禅師は、この臨済栽松の話を挙して言われた、〈仰山の見解はまだ常流を出ておらぬ。大風に遇わば即ち止まらん、と言うだけではなく、どうして、虚空界が尽きるときに、この話は初めて大いに行われるだろう、と言わなかったか〉と。実に痛快ではないか。結局のところ、雨はどこから来るのか、風はどんな色をしておるのか。諸君、各おの試みに一転語を下せ」。代わっていわく、「偏界乾坤、皆な色を失す、須弥倒まに半空の中に卓つ」。

○発洪＝山水が溢れ漲ること。
○南華真経曰＝『荘子』斉物論。「大塊噫気、其名為風。是唯無作、作則万竅怒号」。
○杜甫曰＝「茅屋、秋風の為に破せらるる歌」に「八月秋高風怒号、巻我屋上三重茅」。
○黄九曰＝『黄山谷詩集』巻九、「臥陶軒」詩に「但聞窓風雨、平陸漫成江」。
○倶舎頌曰＝『倶舎論』巻十二に、「三災火水風、上三定為頂。……要七火一水、七水火後風（「三災は火と水と風、上の三定を頂と為す。……要す、七の火あって一の水あり、七の水と火の後に風あり」）」。
○仰山小釈迦、記臨済宗曰、遇大風即止。世伝讖風穴也＝『臨済録』に「師、松を栽うる次いで黄檗問う、〈深山裏に許多を栽えて什麽《なに》をか作《な》す〉。……後に潙山、此の話を挙して仰山に問う、〈黄檗、当時、祇だ臨済一人のみを嘱するか、更に人の在ること有るか〉。仰山云く、〈有り。祇だ是れ年代深遠なり、和尚に挙似することを欲せず〉。潙山云く、〈然も是の如くなりと雖も、吾れ亦た知らんと要す、汝但だ挙せよ看ん〉。仰山云く、〈一人は南を指して、呉越に令行せん、大風に遇わば即ち止まらん（風穴和尚を讖するなり）〉」。
○悟明聯灯録、為妙喜之讖也＝晦翁悟明撰、『宗門聯灯会要』巻九の巻末に、この讖語を取り上げて、つぎのようにいう、「叢林皆な以《おも》えらく、風穴の沼禅師、是の記に当たると。或る者曰く、其の年代を考うるに、風穴、襄州の華厳に在って維那《な》と作る時、廓侍者と夏《げ》を同じうす。即ち朋輩なり。廓は尚お徳山に見《まみ》ゆるに及ぶ。沼、臨済に見えずと雖も、已に身を叢林に致すこと久し。安《なん》ぞ年代深遠なることを得んや。又た云く、呉越に令行じ、大風に遇うて止まらんと。皆な所謂《いわれ》無し。此の記、蓋し預め妙喜を讖するなり。妙喜、臨済十二世の孫と為る。謂っつ可し、年代深遠なりと。先に呉の径山に住し、後に越の阿育王に住す。謂っつ可し、呉越に令行ずと。然れども賢聖の讖記、故《もと》より得て知る可からず。宗門既に利害無し。諸もろの群議を聞いて、謾りに巻末に筆す。智者、其の疑似を審らかにせよ」。
○応庵師祖普請栽松上堂＝『応庵語録』普請栽松上堂に「臨済在黄蘗栽松……を挙して師云く、黄蘗道う、〈然も是《かく》の如くなりと雖も、子已に吾が三十棒を喫し了れり〉と。養子の縁、故に当《まさ》に是《かく》の如くなるべし。臨済、正令行ずと雖も、惜しむ可し、钁頭《かくとう》辺に向かって甘なうて自ら活埋《かつまい》することを。仰山は見解《けんげ》未だ常流《じょうる》を出でず。豈に止《た》だ大風に遇うて即ち止まるのみならんや、当時、何ぞ直に虚空界尽くるを待って、此の話、方《まさ》に始めて大いに行われんと道わざる。豈に是れ頭正しく尾正しきにあらずや。蔣山今日、面皮を捋下《らつげ》して、諸人と相見し去らんことを要す。驀《まく》に拄杖を拈じて卓一卓して云く、驚群は須らく是れ英霊の漢なるべし、勝に敵するは佗の師子児に還す」。

東陽禅師の『宗門正灯録』巻二の賛語にいう、「仰山の大風の讖は旧《も》と是れ風穴を記す。悟明の聯灯録に却って言う、妙喜を之に符《かな》うと。其の批判、似たることは則ち似たるも、奈何《いかん》せん、江湖の輿論太《はなは》だ別なることを。彼の二曇一琇の如きは、分明に大口を開いて道う、吾が済北の道は弥勒下生に到るも終に泯絶す可からず、と。是より之を観れば、小釈迦の記も亦た、恐らくは大三災、最後の一風を指さんか。応庵師祖が蔣山の語録の普請栽松上堂に這《こ》の因縁を挙して、拈じて云く、仰山は見解未だ常流を出でず、豈に止《た》だ大風に遇うて即ち止まるのみならんや、当時、何ぞ直に虚空界の尽くるを待って、此の話、方に始めて大いに行われん、と道わざる。豈に是れ頭正しく尾正しきにあらずや」。

○雨従何来、風作何色＝『祖英集』。

○偏界乾坤皆失色、須弥倒卓半空中＝尽乾坤は色を失い、須弥は驚いて半空の中に逆立ちする」。『人天眼目』巻一、汾陽の臨済四喝頌に、「金剛宝剣最も威雄、一喝能く万仞の峰を摧《くじ》く。偏界乾坤皆失色、須弥倒卓半空中」。

【二―一四九】［巻之二の三八丁裏］

九月望謝普請上堂。

蕞爾小院、類楊岐乍住、似風穴單丁。然作務多而供養少。一衆爲道聚頭、頗無倦色。山僧今年七十五、老羸特甚不能均勞。坐閒普請鼓、慚汗浹背、漫作小偈以矢謝意。野外招提綿蕝初、掛牌普請看何如。钁頭斲出祖師意、不落世間城旦書。珍重。

九月望《もう》、普請《ふしん》を謝《しゃ》する上堂《じょうどう》。
蕞爾《さいじ》の小院《しょういん》、楊岐《ようぎ》の乍住《さじゅう》に類《たぐい》し、風穴《ふけつ》の單丁《たんてい》に似たり。然《しか》も作務《さむ》多くして供養《くよう》少し。一衆《いっしゅう》、道《どう》の爲《ため》に頭《こうべ》を聚《あつ》む、頗《すこぶ》る倦《う》む色《いろ》無《な》し。山僧《さんぞう》、今年《こんねん》七十五、老羸《ろうえい》、特《とく》に甚《はなは》だし、勞《ろう》を均《ひと》しうすること能《あた》わず。坐《いなが》ら普請《ふしん》の鼓《く》を聞いて、慚汗《ざんかん》、背に浹《あまね》し。漫《みだ》りに小偈《しょうげ》を作って以て謝意《しゃい》を矢《の》ぶ。野外《やがい》の招提《しょうだい》、綿蕝《めんぜつ》の初め、牌《はい》を掛《か》け普請《ふしん》して、看《み》よ何如《いかん》。钁頭《かくとう》、斲《き》り出だす祖師《そし》の意、世間城旦《せけんじょうたん》の書に落ちず。珍重《ちんちょう》。

〈訳〉

九月十五日、普請を謝する上堂。
「この小さな少林寺での生活は、楊岐が雪の降り込む廃寺に仮りずまいし、風穴が廃寺にたった一人で住院したようなものだ。しかも作務ばかり多くて供養は少ないのだが、諸君は皆、仏道のために頭を聚めておるのであり、いささかも倦む色はない。山僧は今年七十五歳になり、老羸甚だしく、皆と同じように勤労することができない。坐したまま普請の合図である太鼓を聞いて、慚汗が背に流れるのである。そこで小偈を作って、謝意を述べることにしたい。野外に作った仮小屋から寺が始まるのだ、普請の牌を掛けて、さあ、どんなものかとよく見るのだ。鍬の先から明々たる祖師の意を切り出すのだ、普請は世間の苦役とは異なるのだ。珍重」。

○楊岐乍住＝前出［二―一〇六―二］。

○風穴単丁＝前出［二―一〇六―二］。

○野外招提綿蕝初、掛牌普請看何如＝「招提」は寺。「綿蕝」は野外に小屋掛けすること。

○钁頭斲出祖師意、不落世間城旦書＝「城旦書」は「司空城旦書」とも。「司空」は牢獄の官。「城旦」は苦役に従う罪人のこと。道教から見れば儒教の書は律令のようなものである、ということから、儒教の書物を罵っていう語。

【二―一五〇】［巻之二の三九丁表］

本尊安座示衆。

臘雪連天白、是什麼異祥。春風逼戸寒、是甚麼嘉瑞。看看、大覺世尊出現、容顔甚奇妙、梵王獻花、迦葉微笑、醫王坐斷東方、願王降自忉利。非是山僧事、諸禪徳龍飛虎驟之謂也。各乞下一轉語慶讃。代曰、石人起舞三臺、露柱歡呼萬歳。

本尊安座《ほんぞんあんざ》、衆《しゅ》に示す。

臘雪《ろうせつ》、天《てん》に連《つら》なって白《しろ》し、是れ什麼《なん》の異祥《いしょう》ぞ。春風《しゅんぷう》、戸《こ》に逼《せま》って寒《すさま》し、是れ甚麼《なん》の嘉瑞《かずい》ぞ。看《み》よ、看《み》よ、大覺世尊出現《だいかくせそんしゅつげん》、容顔《ようがん》甚だ奇妙《きみょう》。梵王《ぼんおう》、花《はな》を獻《ささ》げ、迦葉微笑《かしょうみしょう》し、醫王《いおう》、東方《とうほう》を坐斷《ざだん》し、願王《がんのう》、忉利《とうり》より降ることを。是れ山僧《さんぞう》が事《じ》に非ず、諸禅徳《しょぜんとく》、龍《りゅう》のごとくに飛《と》び虎《とら》のごとくに驟《はし》るの謂《いい》なり。各おの乞う、一轉語《いってんご》を下して慶讃《けいさん》せよ。代わって曰く、石人起《せきじんた》って三臺《さんだい》を舞《ま》い、露柱歡《ろちゅうよろこ》んで萬歳《ばんざい》と呼《さけ》ぶ。

〈訳〉

「臘雪は天に連なって白し、これは何の異祥ぞ。春風が戸に逼って寒い、これは何の嘉瑞ぞ。看よ、看よ、ここに大覚世尊が出現ましまして、素晴らしい容顔をしておられる。梵天は讃嘆して花を献げ、迦葉は微笑するであろう。薬師如来は東方をとりしきり、地蔵菩薩は忉利天より降る。しかし、これは山僧が本分の事に非ず。諸君が龍のごとくに飛び虎のごとくに驟ってもらうこと（が本分）であるぞ。各おの一転語を下して慶讃せよ」。代わっていわく、「石人起って三台を舞い、露柱歓んで万歳と呼ぶ」。

○本尊安座＝創建当時の本尊は、この示衆によると釈迦であるが、現在の本尊は観世音菩薩。

○臘雪連天白、春風逼戸寒＝歳夜の現成底。山は雪で真っ白、春が来るというのに寒い風が戸を打つ。『普灯録』巻二、法昌倚遇章に、「歳夜、湯を喫する次いで、感云く、〈昔日、北禅は分歳《ぶんすい》に曾て露地の白牛を烹る、和尚は今夜の分歳に何の施設か有る〉。曰く、〈臘雪連山白、春風逼戸寒〉。云く、〈大衆、箇《こ》の甚麼をか喫す〉。曰く、〈冷淡にして滋味無きことを嫌う莫かれ、一たび飽くれば能く万劫の飢を消す〉」。法昌遇が目前の現成をもって答えたもの。

○梵王献花＝釈尊悟道のとき、梵天が散華した。

○迦葉微笑＝世尊拈華、迦葉破顔微笑。
○医王坐断東方、願王降自忉利＝このときに、薬師如来と地蔵菩薩も安座したか。薬師如来は東方浄瑠璃醫王ともいう。また願王地蔵菩薩は忉利天で釈迦如来の付嘱を受けて六道の衆生を教化する。
○非是山僧事＝右は本分の事に関わらぬ、ということか。
○諸禅徳龍飛虎驟之謂也＝脱あるか。分かりにくい。
○石人起舞三台、露柱歓呼万歳＝石人が舞い露柱が万歳を唱えて、本分の慶讃をするところ。

【二―一五一―一】［巻之二の三九丁表］

孏室忌設齋上堂。

擧。蓮華峯菴主、拈拄杖示衆曰、古人到這裏、爲什麼不肯住。自代曰、爲他途路不得力。復曰、畢竟如何。如此者三十年、竟無人酬得者。一日自代曰、楖標横擔不顧人、直入千峯萬峯去。遂遷化。雪竇頌曰、落花流水太茫茫、剔起眉毛何處去。


孏室忌《らんしつき》、齋《さい》を設《もう》くる上堂《じょうどう》。

擧《こ》す。蓮華峯菴主《れんげほうあんじゅ》、拄杖《しゅじょう》を拈《ねん》じて衆《しゅ》に示して曰く、古人《こじん》、這裏《しゃり》に到って、什麼《なん》と爲《し》てか肯《あ》えて住《とど》まらざる。自ら代わって曰く、他《た》、途路《とろ》に力を得ざるが爲なり。復《ま》た曰く、畢竟如何《ひっきょういかん》、と。此《かく》の如くする者三十年、竟《つい》に人《ひと》の酬《むく》い得《う》る者無《ものな》し。一日、自ら代わって曰く、楖標《しつりつ》横に擔《にな》い、人を顧みず、直《じき》に千峯萬峯《せんぽうばんぽう》に入り去る、と。遂に遷化《せんげ》す。雪竇頌《せっちょうじゅ》して曰く、落花流水《らっかりゅうすい》、太《はなは》だ茫茫《ぼうぼう》、眉毛《びもう》を剔起《てっき》して何れの處にか去る。

〈訳〉

嬾室忌、斎を設くる上堂。

蓮華峰庵主は拄杖をとって衆に示して言った、「古人、這裏《しやり》に到って、什麼《なん》と為てか肯えて住まらざる」。自ら代わっていわく、「他、途路に力を得ざるが為なり」と。またいわく、「畢竟如何」と。このように三十年の間示したが、ついに答えられる者はなかった。ある日、自ら代わって、「榔標横に担い、人を顧みず、直に千峰万峰に入り去る」と言って、ついに遷化した。雪竇はこの話を頌していわく、「落花流水、太だ茫茫、眉毛を剔起して何れの処にか去る」。

○嬾室忌＝後出〔二一一五一―二〕嬾室牧公庵主の斎会における上堂。

○蓮華峰庵主＝『五灯会元』巻十五、天台蓮華峰祥庵主章。最初のところ、「示寂の日、拄杖を拈じて衆に示して曰く」となっている。『碧巌録』第二十五則、本則。

○拈拄杖示衆曰＝『種電鈔』に「拄杖子は至聖の命脈、列祖の大機なり。直下に掲げ来たって衆に示す」。

○古人到這裏、為什麼不肯住＝この（拄杖という）本分のところになぜ留まらなかったか。

○為他途路不得力＝この語、諸説あり。圜悟は評唱で「且らく你諸人に問う、拄杖子は是れ衲僧尋常用うる底なるに、什麼《なん》に因ってか却って道う、途路に力を得ざると。古人、此に到って肯えて住まらざるは、其の実は金屑《きんせつ》貴しと雖も、眼に落ちて翳と成るなり」とするが、『碧巌録秘抄』では「圜悟ノ語デナイ、誤マラヌガヨイ」とし、「差別ニ迷ヒ不調法故、イカナイゾ」とか「差別ノ法門手ニ入レヌ為（力を得ないのだ）」する。

○楖標横担不顧人、直入千峰万峰去＝「楖標」は楖栗とも。杖を作るに適する木の名。杖を横ざまに担いで、まっすぐ千峰に入って行き、振り返りもしない。これが蓮華峰庵主最期の言葉である。行いて帰らぬ死出の旅。今、ここでは、行きて帰らぬ嬾室牧公庵主の法身のさま。

○雪竇頌曰＝『碧巌録』第二十五則の頌。

○落花流水太茫茫、剔起眉毛何処去＝茫茫と流れる水に散った花が落ちる。眉毛をツイと挙げ瞬く間にどこかへ行った。これも嬾室牧公庵主の法身のさま。

【二―一五一―二】〔巻之二の三九丁裏〕

前住興雲嬾室牧公菴主、平生門庭險峻迅機電轉、無人近傍。只有宗夥知藏、一子親得。頃日寓錫於少林。今日當菴主嚴忌、設饡飯於一堂。可謂報恩有餘。雖然與麼、還知菴主去處也未。試下一轉語看。代曰、佛祖位中留不住、夜來依舊宿蘆花。

前住興雲嬾室牧公菴主《ぜんじゅうこううんらんしつぼくこうあんじゅ》、平生《へいぜい》、門庭險峻《もんていけんしゅん》、迅機電轉《じんきらいでん》、人の近傍《きんぼう》する無し。只だ宗夥知藏《そうかちぞう》のみ有って、一子《いっし》親しみ得たり。頃日《さきごろ》、錫《しゃく》を少林《しょうりん》に寓《ぐう》す。今日《こんにち》、菴主《あんじゅ》の嚴忌《ごんき》に當たって、饡飯《さんはん》を一堂《いちどう》に設く。謂っつ可し、報恩《ほうおん》餘り有りと。然《しか》も與麼《よも》なりと雖も、還《かえ》って菴主《あんじゅ》の去處《きょしょ》を知るや也《ま》た未《いまだ》しや。試みに一《いっ》轉語《てんご》を下せ看《み》ん。代わって曰く、佛祖位中《ぶっそいちゅう》、留《とど》むれども住《とど》まらず、夜來《やらい》、舊《きゅう》に依って蘆花《ろか》に宿す。

〈訳〉

「前住興雲孏室牧公庵主は、平生その門庭は険峻、迅機電転のはたらきで近づけたものではなかった。たったひとり宗夥知蔵という弟子がおり、このごろ少林寺に掛錫している。本日、庵主の忌日にあたって一堂の僧に斎を設けて供養された。報恩余りあると言うべきであろう。とはいえ、諸君は庵主の落着《らくちゃく》のところを分かるか。試みに一転語を下せ」。代わっていわく、「仏祖位中、留むれども住まらず、夜来、旧に依って蘆花に宿す」。

○前住興雲孏室牧公庵主＝未詳。

○宗夥知蔵＝未詳。

○饡飯＝五味飯とも。日本の所謂ゆる芳飯、汁かけ飯。『禅林象器箋』に「一山和尚曰く、饡飯は古え多く之れを用ゆ。川僧、最も之れを造ることを好む。乃ち五味飯なり」と。ここでは、単に斎を設けることをいう。

○仏祖位中留不住、夜来依旧宿蘆花＝庵主は仏祖位中にもとどまってはおられぬ。（その法身は）前から変わることなく、昨夜来、蘆花のあたり宿をしておられる。『句双葛藤鈔』に「夜来依旧――トハ、元ノ畀ニナリ還タコトゾ。一色辺ノサタゾ。蘆花ニアラズ仏祖ノ功処ヲ点ジテ無功ノ地ニ至ルノ言句ゾ」。「仏祖位中留不住」は、『仏照禅師語録』「東山和尚照公入祖堂」に「……然も是の如くなりと雖も、霊蹤還って何れの処にか在る。位牌を挙して云く、仏祖位中、留むれども住まらず」。

【二―一五二】［巻之二の三九丁裏］

臘月旦。

擧。古人曰、不是少林客、難爲話雪庭。即今連天臘雪、諸人盡是少林客。若有人問雪庭事、如何祇對他。代曰、自攜瓶去沽村酒、却著衫來作主人。

臘月旦《ろうげつたん》。

擧《こ》す。古人《こじん》曰く、是れ少林《しょうりん》の客にあらずんば、雪庭《せってい》を話《かた》るに難爲《なんい》なり、と。即今《そっこん》、連天臘雪《れんてんろうせつ》、諸人《しょにん》盡く是れ少林《しょうりん》の客。若し人有って雪庭《せってい》の事《じ》を問わば、如何《いかん》か他に祇對《したい》せん。代わって曰く、自ら瓶《へい》を攜《たずさ》え去って村酒《そんしゅ》を沽《か》う、却《かえ》って衫《さん》を著《つ》け來《き》たって主人《しゅじん》と作る。

〈訳〉

「古人は〈少林寺で腰まで雪に埋もれた者でなければ、雪庭（達磨の宗旨）を語ることはできぬ〉と言われた。即今、連天の臘雪である、諸君はみな少林の客であろう。では、人から雪庭の事を問われれば、どう答えるか」。代わっていわく、「自ら瓶を携え去って村酒を沽う、却って衫を著け来たって主人と作る」。

○古人曰、不是少林客、難為話雪庭＝『虚堂録』巻一「瑞巌開善寺語録」。『犂耕』（電子達磨版三二〇頁）に「忠曰く、二祖立雪の事に託す。言うこころは、自ら苦辛を喫する人に非ずんば、苦辛の事を話る可からず」。

○自携瓶去沽村酒、却著衫来作主人＝瓶をぶら下げて酒を買いに行ったかと思えば、今度は裃《かみしも》を着て主人となって酒を勧める。

『羅湖野録』上に、「太子黄公魯直、元祐の間、家難に丁《あ》たって黄龍山に館す。晦堂和尚に従って遊び、死心の新老、霊源の清老と、尤も方外の契《ちぎり》を篤《あつ》くす。……霊源、偈を以て之に寄せて曰く、〈昔日は対面して、千里を隔つ、如今は万里も、弥《いよ》いよ相い親しむ。寂寥たる滋味、斎を同じうし、快活にして談諧、主賓契う。室内、誰か化女の参ずるを許さん、眼中自ずから瞳人を覓むるを休めよ。東西南北、蔵し難き処、金色の頭陀、笑い転《うた》た新たなり〉と。公、和して曰く、〈石工来たって、鼻端の塵を斲《けず》る、無手の人にし来たって、斧始めて親し。白牯《びゃっこ》と狸奴《りぬ》と、心即ち仏、龍睛と虎眼と、主中の賓。自ら瓶を携え去って村酒を沽《か》い、却って衫を著け来たって、主人と作る。万里に相い看て、常に対面す、死心寮裡、清新有り〉」。

『虚堂録』巻三「径山興聖万寿寺語録」、上堂に、「人人、此の一段生死底の話頭有ることを知る。進退揖譲、語言酬酢するに至るまで歴歴分暁なり。甚に因ってか困じ去れば便ち落処を知らざる。設《たと》い能く夢中の仏事を作《な》す者有るも、猶お暗中に物を取るが如し。且らく道え、病、那裏にか在る。今日、径山《それがし》、眉毛を惜まず、普ねく諸人が為に此の障礙を去って、倶に平実の田地に到って受用無窮ならしめん。還って信得及《しんとくきゅう》すや。卓拄杖。自携瓶去沽村酒、却著衫来作主人」。

『犂耕』(電子達磨版八三〇頁)に「忠曰く、能く物に応じて形を現わして、常に本分を離れざるなり。夫れ主人と作ること固《まこと》に難し。彼の落処を知らざるは、是れ主人有ることを知らざるなり。暗中に物を取るが如くなるは、主人有ることを知ると雖も、未だ相見することを得ず。平実の田地に到って受用無窮なるは、正に是れ主人と作り得る者なり」。

【二―一五三】［巻之二の三九丁裏］

臘月望示衆曰、

三世諸佛歴代祖師、皆有度人方便。山僧雖不敏亦有些子。作麼生是度人方便。［良久云］且歸爐邊坐、切忌商量。

臘月望《ろうげつもう》、衆《しゅ》に示して曰く、

三世《さんぜ》の諸佛《しょぶつ》、歴代《れきだい》の祖師《そし》、皆な度人《どにん》の方便《ほうべん》有り。山僧《さんぞう》、不敏《ふびん》なりと雖も、亦た些子《しゃし》有り。作麼生《そもさん》か是れ度人《どにん》の方便《ほうべん》。［良久《りょうきゅう》して云く］且らく爐邊《ろへん》に歸って坐せよ、切に忌む商量《しょうりょう》することを。

〈訳〉

「三世の諸仏も歴代の祖師方も、みなそれぞれ済度の方便をもっておられた。山僧《それがし》も、不才とはいえ、いささか方便がある。その済度の方便とは何か」。［良久していわく］「且らく炉辺に帰って坐せよ、切に忌む商量することを」。

○且帰炉辺坐、切忌商量＝『五灯会元』巻八、明招徳謙章に、「一日天寒し。上堂。衆纔かに集るや、師曰く、〈風頭稍や硬し、是れ汝らが安身立命の処にあらず、且らく暖室に帰って商量せよ〉、といって便ち方丈に帰る。大衆随い至り立定す。師又た曰く、〈纔かに暖室に到るや、便ち瞌睡《かっすい》するを見る〉、といって拄杖を以て一時に趁《お》い下す」。大応国師はこの話を拈じて「者裡《しゃり》風頭稍硬し、切に忌む商量することを」と言っている。

【三一一五四】［巻之二の四〇丁表］

上堂。

適雪下、衆纔集。師曰、乗興來興盡歸。珍重。下座。

上堂《じょうどう》。

適《たま》たま雪下《ゆきふ》る、衆纔《しゅうわず》かに集まる。師曰く、興《きょう》に乗《じょう》じて來《き》たり、興盡《きょうつ》きて歸《かえ》る。珍重《ちんちょう》、といって下座《げざ》。

〈訳〉

たまたま雪が降った。大衆が集まると、師は「興に乗じて来たり、興が尽きれば帰る。珍重」といって下座。

○乗興来興尽帰＝『句双葛藤鈔』「乗興来興尽帰」に「コラエヌ景ヂヤト惜ムナリ」。晋の王子猷《おうしゆう》が、雪の夜に興に乗じて、戴逵《たいき》を訪うたが、興が尽きて会わずに船をかえしたこと。『晋書』王徽之伝「王徽之、字は子猷。嘗て山陰に居す。夜、雪ふり、初めて霽《は》れ、月色晴朗、四望浩然たり。独り酒を酌んで、左思が招隠の詩を詠じ、忽ち戴逵を懐う。逵、時に剡渓《えんけい》に在り。便ち、夜、小船に乗じて之れに詣す。宿を経て方に至らんとす。門に造《いた》って前《すす》まずして返る。人其の故を問うに曰く、〈本《も》と興に乗じて来たる、興尽きて帰る。何ぞ必ずしも安道に見えんや〉」。『蒙求』に「子猷尋戴」の題で収める。

【二―一五五】［巻之二の四〇丁表］

元宵。

擧。吾龍寶國師、元宵雪下上堂、拈拄杖卓一下曰、一燈百千燈、明暗雙雙底時節。又卓一下曰、百千燈一燈、夜深共看千巖雪。所以道、有時前照後用、有時後用前照、有時照用同時、有時照用不同時。又卓一下曰、且道、是照是用、各各自辨別。

師曰、照用一時行則且措、諸人如何甄別。試下一轉語。代曰、室内一盞燈、三人證龜成鼈。

元宵《がんしょう》。

擧《こ》す。吾が龍寶國師《りゅうほうこくし》、元宵《がんしょう》雪下《ふ》る上堂《じょうどう》に、拄杖《しゅじょう》を拈《ねん》じて卓一下《たくいちげ》して曰く、一燈百千燈《いっとうひゃくせんとう》、明暗雙雙底《めいあんそうそうてい》の時節《じせつ》。又た卓一下《たくいちげ》して曰く、百千燈一燈《ひゃくせんとういっとう》、夜深けて共に看《み》る、千巖《せんがん》の雪。所以《ゆえ》に道う、有る時は前照後用《ぜんしょうこうゆう》、有る時は後用前照《こうゆうぜんしょう》、有る時は照用同時《しょうゆうどうじ》、有る時は照用不同時《しょうゆうふどうじ》。又た卓一下《たくいちげ》して曰く、且《しば》らく道《い》え、是《こ》れ照《しょう》か是《こ》れ用《ゆう》か、各各《おのおの》自ら辨別《べんべつ》せよ、と。

師曰く、照用一時《しょうゆういちじ》に行ずるときは則ち且《しば》らく措《お》く、諸人《しょにん》、如何《いかん》か甄別《けんべつ》せん。試みに一轉語《いってんご》を下せ。

代わって曰く、室内一盞《しつないいっさん》の燈《とう》、三人、龜《き》を證《しょう》して鼈《べつ》と成《な》す。

〈訳〉

大灯国師、元宵雪下る上堂。拄杖を拈じて卓一下していわく、「一灯百千灯、明暗双双底の時節」と。また卓一下していわく、「百千灯一灯、夜深けて共に看る、千巌の雪」と。故に言う、「有る時は前照後用、有る時は後用前照、有る時は照用同時、有る時は照用不同時」

と。また卓一下していわく、「且らく道え、是れ照か是れ用か、各各自ら弁別せよ」と。この公案を取り上げて、師が言われた、「照用一時に行ずるときは且らく措いて、諸君、どう甄別するか。試みに一転語を下せ」。代わっていわく、「室内一盞の灯、三人、亀を証して鼈と成す」。

○吾龍宝国師＝『大灯国師語録』元宵雪下上堂。
○一灯百千灯、百千灯一灯＝一灯が百千灯を然し、百千灯は一灯より起こる。『維摩経』四、菩薩品持世章に「維摩詰曰く、法門有り、無尽灯と名づく。汝等当に学すべし。無尽灯とは、譬えば一灯の百千灯を然《もや》すが如し。冥き者皆な明らかに、明、終に尽きず。是の如く諸姉よ、夫れ一菩薩、百千の衆生を開導して、阿耨多羅三藐三菩提心を発せしむ」。
○明暗双双底時節＝「一灯百千灯」への下語。『碧巌録』第五十一則の頌。「明暗双双」は、万般差別の現象界（明）と一色平等の絶対界（暗）、この二つが互いに相即し融合している現成の世界。『碧巌録祕抄』に「双明双暗也、真当位也」「明トスレバ暗、暗ト思ヘバ明」とする。
○夜深共看千巌雪＝「百千灯一灯」への下語。『碧巌録』第五十一則の頌、「夜深同看千巌雪」。君と我の差別のないところ。『碧巌録秘抄』にいう、「此ハ、田子ノ浦ニ打出テ、見レバ白妙ノ雪ジャ」。
○有時前照後用……＝臨済の四照用。『臨済録』示衆。『助桀』（電子達磨版四五三頁）に「忠曰く、照は勘弁なり。用は一棒一喝シタタムルなり。照用に先後の有るは即ち是れ宗師のテダテなり」。「照」は相手を見極める、「用」は、はたらき、本分の作用。
○室内一盞灯、三人証亀成鼈＝『聯灯会要』巻二十六、香林澄遠章「問う、〈如何なるか是れ室内の一盞の灯〉。師云く、〈三人亀を証して鼈と成す〉」。「三人証亀成鼈」は、『禅林方語』に「将錯就錯（錯をもって錯に就く）」。三人ともスッポンだと言えば、亀もスッポンになる。三人ともに誤りを主張すれば、誤りも正となる。

【二一五六】［巻之二の四〇丁裏］

二月旦。

記得、乾峯示衆曰、擧一不得擧二、放過一著、落在第二。雲門出衆曰、昨日有一僧、自天台來、却往徑山去。峯曰、典座來日休普請。後來、大應國師拈曰、無孔笛氈拍版、狭路相逢。吾山宗堯首座、今年正月、自請爲典座、設一堂饡飯數回。可謂大普請。幸是蒸五臺雲。自今去休普請。山僧亦與乾峯大應唱拍相隨。喝一喝曰、山僧擧一了。諸人試擧一看。［衆皆下語了］。宗堯首座出衆禮拜而退。師曰、直得盡大地爲三尺炊巾。


二月旦《たん》。

記得《きとく》す、乾峯《けんぽう》、衆《しゅ》に示して曰く、一を擧《こ》すれば二を擧《こ》することを得ず、一著《いちじゃく》を放過《ほうか》すれば、第二《だいに》に落在《らくざい》す、と。雲門《うんもん》、衆を出でて曰く、昨日《さくじつ》、一僧《いっそう》有り、天台《てんだい》より來たって、却って徑山《きんざん》に往き去る。峯曰く、典座《てんぞ》、來日《らいじつ》、普請《ふしん》することを休《や》めよ、と。後來《こうらい》、大應國師《だいおうこくし》、拈《ねん》じて曰く、無孔笛《むくてき》、氈拍版《せんぱくはん》、狭路《きょうろ》に相逢《あいお》う、と。

吾が山の宗堯首座《そうぎょうしゅそ》、今年正月、自ら請うて典座《てんぞ》と爲り、一堂《いちどう》の饡飯《さんはん》を設くること數回《すうかい》。謂っつ可し、大普請《だいふしん》なりと。幸いに是れ五臺《ごだい》の雲を蒸《む》す。今より去って普請《ふしん》することを休《や》めよ。山僧《さんぞう》も亦た乾峯《けんぽう》、大應《だいおう》と唱拍相隨《しょうはくあいしたが》う。喝一喝《かついっかつ》して曰く、山僧《さんぞう》、一を擧《こ》し了れり。諸人《しょにん》、試みに一を擧《こ》せよ看《み》ん。［衆皆な下語《あぎょ》し了る］。宗堯首座《そうぎょうしゅそ》、衆を出でて、禮拜《らいはい》して退く。師曰く、直《じき》に得たり、盡大地三尺《じんだいちさんじゃく》の炊巾《すいきん》と爲《な》ることを。

〈訳〉

乾峰和尚いわく、「一を挙してさらに二を挙してはいかん。そこで二を挙するようならば、もう第二義門に落ちてしまうであろう」と。すると、雲門が進み出て言った、「昨日、天台山から雲水がひとり来て、今度は径山に行った」。すると乾峰和尚は、「典座、明日の普請はやめだ」と言った。大応国師はこの話頭を評して「乾峰と雲門とが袋小路で出くわし、無孔笛と氈拍版を鳴らしたが、その音は天空に響きわたった」と言われた。この話頭を取り上げて師が言われた、「わが山の宗尭首座は、今年の正月、自ら請うて典座となり、数回、一堂の僧に斎を設けてくれた。まことに大盤振る舞いである。しかし、〈五台山上の雲で飯を蒸す〉の言葉もある、これからは皆請《かいしょう》するのはやめよ。ここで山僧もまた乾峰および大応国師と唱拍相随うことにしよう」。喝一喝していわく、「山僧、一を挙し了れり。諸君、試みに一を挙してみよ」。［衆皆な下語し了る］。そこで、宗尭首座が衆を出て、礼拝して退いた。師いわく、「直に得たり、三尺の炊巾となることを」。

○乾峰示衆曰……大応国師拈曰＝前出［二―四一］。
○無孔笛氈拍版、狭路相逢＝孔のない笛と、毛氈を貼り付けた鳴らぬササラ。ここでは、乾峰と雲門をこの二つになぞらえて、その無心の応対を賞美する。前出［二―四一］。
○饡飯＝前出［二―一五一―二］。五味飯のこと。しかし、ここでは、単に斎を設けることをいう。
○宗尭首座＝未詳。
○蒸五台雲＝『古尊宿語録』巻八、「洞山初禅師語録」に「事に因って頌して曰く、五台山上、雲、飯を蒸し、古仏堂前、狗、天に尿す」。『句双葛藤鈔』「五台山上雲蒸飯、古仏堂前狗尿天」に「此句ニ理ハ付カヌ。狗ハ片足ヲ天ニアゲテ尿スル」。
○大普請＝「普請」は、ここでは「衆を聚めて作務すること」ではなく、単に「大衆を聚めること」をいう。
○炊巾＝叢林で食事のときに、膝をおおう布。

【二―一五七】［巻之二の四〇丁裏］

佛涅槃。

記得、趙州示衆曰、有時以一莖草作丈六金身用、有時以丈六金身作一莖草用。諸禪徳作麼生用。

代曰、有甚麼用處。復曰、正是雙林示滅時、紅紅白白斷腸枝。要看金剛無相體、試拈將草一莖來。


佛涅槃《ぶつねはん》。

記得《きとく》す、趙州《じょうしゅう》、衆《しゅ》に示して曰く、有る時は一莖草《いっきょうそう》を以て丈六《じょうろく》の金身《こんしん》と作《な》して用い、有る時は丈六《じょうろく》の金身《こんしん》を以て一莖草《いっきょうそう》と作《な》して用う。諸禪徳《しょぜんとく》、作麼生《そもさん》か用いん。代わって曰く、甚麼《なん》の用處《ゆうじょ》か有らん。

復《ま》た曰く、正に是れ雙林《そうりん》に滅《めつ》を示《しめ》す時《とき》、紅紅白白《こうこうはくはく》、斷腸《だんちょう》の枝《し》。金剛無相《こんごうむそう》の體《たい》を看《み》んと要《よう》せば、試みに草一莖《くさいっきょう》を拈《ねん》じ將《も》ち來たれ。

〈訳〉

「趙州和尚は、〈有る時は一茎草を丈六の金身と作《な》して用い、有る時は丈六の金身を一茎草と作《な》して用う〉と言われたが、諸君はこれをどう用いるか」。代わっていわく、「何の用処か有らん」。またいわく、「仏が娑羅双林に滅を示す時には、沙羅双樹は断腸しながら紅から白に変わった。金剛無相の体を看んならば、試みに一本の草を取って来い」。

○趙州示衆曰＝『五灯会元』巻四、趙州従諗章、「老僧把一枝草、為丈六金身用、把丈六金身、為一枝草用」。
○紅紅白白断腸枝＝「紅紅白白」は、つねには桃と李の花のことをいうが、ここでは合致せぬように思う。ここは「双林変色」のことをいうか。世尊入滅のときに娑羅双樹が白くなったこと。

【二―一五八】［巻之二の四一丁表］

三月日。

記得、僧問風穴、語默渉離微、如何通不犯。穴曰、常憶江南三月裏、鷓鴣啼處百花香。

諸禪徳非語非默、如何通不犯。師指庭前花曰、時人看此一株花如夢相似。

三月旦《さんがったん》」。

記得《きとく》す、僧、風穴《ふけつ》に問う、語黙《ごもく》、離微《りび》に渉《わた》る、如何《いかん》か通じて不犯《ふぼん》ならん。穴曰く、常《つね》に憶《おも》う、江南三月《こうなんさんがつ》の裏《うち》、鷓鴣《しゃこ》啼《な》く處《ところ》、百花香《ひゃっかかんば》し。

諸禪徳《しょぜんとく》、語に非ず默に非ず、如何《いかん》か通じて不犯《ふぼん》ならん。師、庭前《ていぜん》の花を指して曰く、時の人、此の一株《いっしゅ》の花を看《み》て、夢の如くに相似《あいに》たり。

〈訳〉

僧が風穴に問うた、「語黙、離微に渉る、如何か通じて不犯ならん」。風穴いわく、「常に憶う、江南三月の裏、鷓鴣啼く処、百花香し」と。

師が言われた、「諸君、語に非ず黙に非ず、どうしたら通じて不犯ならんか」。師は庭前の花を指していわく、「時の人、此の一株の花を看て、夢の如くに相似たり」。

○僧問風穴＝『無門関』二十四則、「風穴和尚、因みに僧問う、〈語黙、離微に渉る、如何が通じて不犯なる〉。穴云く、〈長く憶う江南、三月の裏、鷓鴣啼く処、百花香ばし〉」。

○常憶江南三月裏、鷓鴣啼処百花香＝百花が芳しく咲いている中で鷓鴣が鳴いている。声はすれども姿は見えず。前出[二―四一]。

○時人看此一株花如夢相似＝『碧巌録』第四十則、「南泉一株花」に、「陸亘大夫、南泉と語話する次いで、陸云く、〈肇法師道えり、天地我と同根、万物我と一体と。甚だ奇怪なり〉。南泉、庭前の花を指して、〈大夫〉と召して云く、

〈時人此の一株の花を見ること夢の如くに相似たり〉」。『種電鈔』に「這《こ》の一句、唯だ陸亘の認め来たる夢幻の伴《ばん》子《す》を打破するのみにあらず、大地の衆生、空劫以来、未だ覚めざる底の夢境を当下に滅却し了る」。

【三一一五九】［巻之二の四一丁表］

結夏。

記得、雲門大師示衆曰、十五日已前不問汝。十五日已後道將一句來。自代曰、日日是好日。

師曰、作麼生是好底一句。

堯首座曰、安眠高臥對青山。

師曰、正當與麼時如何。

堯曰、全機隨處齊彰。

師曰、作麼生是彰底全機。

堯便喝。師亦喝。

師［拈拄杖］曰、仁義道中、石筍抽枝、荊棘林内、空華結果［靠杖］。


結夏《けつげ》。

記得《きとく》す、雲門大師《うんもんだいし》、衆《しゅ》に示して曰く、十五日已前《いぜん》は、汝に問わず。十五日已後《いご》、一句《いっく》を道《い》い將《も》ち來たれ。自ら代わって曰く、日日《にちにち》是《こ》れ好日《こうにち》。

師曰く、作麼生《そもさん》か是れ好底《こうてい》の一句《いっく》。

堯首座《ぎょうしゅそ》曰く、安眠高臥《あんみんこうが》、青山《せいざん》に對す。

師曰く、正當與麼《しょうとうよも》の時、如何《いかん》。

堯曰く、全機《ぜんき》、處《ところ》に隨《したが》って齊《ひと》しく彰《あら》わる。

師曰く、作麼生《そもさん》か是れ彰わるる底《てい》の全機《ぜんき》。

堯、便ち喝す。師も亦た喝す。

師［拄杖《しゅじょう》を拈《ねん》じて］曰く、仁義道中《じんぎどうちゅう》、石筍《せきじゅん》、枝を抽《ぬき》んで、荊棘林内《けいきょくりんない》、空華《くうげ》、果《か》を結《むす》ぶ、といって［杖を靠《よせか》く］。


〈訳〉


「雲門大師は〈十五日已前は汝に問わず。十五日已後、一句を道い将ち来たれ〉と言い、自ら代わって〈日日是れ好日〉と言われたが、さて、好いところの一句とは何か」。

尭首座が言う、「安眠高臥、青山に対す」。

師、「ちょうどそういう時は如何」。

尭、「至るところに霊機がひとしく丸出しです」。

師、「丸出しになった機とは何か」。

尭すなわち喝す。師もまた喝す。

師［拄杖を手にして］いわく、「まげて浮世の仁義に従って、石のタケノコが芽を出すのを見せてやり、あるいはまた棘だらけの林のごとき本分のところに引きずり込んで、幻の花に果実を実らせてやる」、といって〔拄杖を禅牀によせかけた〕。


◯雲門大師示衆曰＝『碧巌録』第六則。

◯安眠高臥対青山＝『碧巌録』第二十四則、頌評唱に「老倒疎慵無事日、閑眠高臥対青山」。『碧巌秘抄』に「太平世界ノヒマモ打アイテ、ウトウト臥ナガラ青山ニ対ス」。『句双葛藤鈔』「老倒疎慵無事日、閑眠高臥対青山」に「無事閑道人ノ作用也」。

◯全機随処斉彰＝『碧巌録』第四十三則、垂示に「直下更無纖翳、全機随処斉彰」。

◯仁義道中、石筍抽枝、荊棘林内、空華結果＝前出〔一—三八〕。

【二—一六〇】〔巻之二の四一丁裏〕

五月旦。

擧。長慶坐破七箇蒲團。一日捲簾大悟作偈公案。

師曰、諸仁者在會裏久矣。蒲團穿也未。捲起簾端的見處作麼生。代曰、武陵春色老、臺榭緑陰多。


五月旦《たん》。

長慶《ちょうけい》、七箇《しちこ》の蒲團《ふとん》を坐破《ざは》して、一日《いちじつ》、簾《すだれ》を捲いて大悟《たいご》して偈《げ》を作る公案《こうあん》を擧《こ》す。

師曰く、諸仁者《しょにんじゃ》、會裏《えり》に在ること久し。蒲團《ふとん》、穿《うが》つや也《ま》た未《いま》だしや。簾《すだれ》を捲起《けんき》する端的《たんてき》の見處《けんじょ》、作麼《そも》生《さん》。代わって曰く、武陵《ぶりょう》、春色《しゅんしょく》老い、臺榭《だいしゃ》、緑陰《りょくいん》多し。

〈訳〉

長慶の稜道者は二十年間に七箇の蒲団を坐破した（けれども悟ることができないでいた）。ある日、簾を捲いたとたん、豁然として大悟し、偈を作っていわく、「也大差、也大差、簾を捲起し来たって、天下を見る」と。

この話頭をとりあげて師が言われた、「諸君はわが会下に久しくおるが、蒲団に穴があいたかどうか。長慶が簾を捲いて悟った見処とは如何」。代わっていわく、「武陵、春色老い、台榭、緑陰多し」。

○長慶坐破七箇蒲団＝前出［二―七九］。『五灯会元』巻七、長慶慧稜章。
○武陵春色老。台尭緑陰多＝『虚堂録』巻二「報恩光孝寺語録」に「武陵春色早、台榭緑陰多」。もとは応庵の『妙厳録』の語。『犂耕』（電子達磨版一五八頁）に「忠曰く、春色早き故に、緑陰の多きを見ることも亦た早し」。「武陵」は桃源郷の地。桃源郷のことを「武陵春」という。「台榭」は、高台と高殿（物見台）。（桃源郷の）桃の花も満開が早ければ、（それが散って）緑になることもまた早い。

【二―一六一】［巻之二の四一丁裏］
同望。
記得、龐居士訪大梅常禪師、問曰、久響大梅、未審梅子熟也未。梅曰、你向甚處下口。居士曰、百雜碎。梅展手曰、還我核子來。

師曰、居士把髻投衙、大梅破關受敵。全主全賓、當機不讓。因甚老居士、末後放過一著。試代一轉語。代曰、將謂黄連甘於蜜、却是蜜苦似黄連。

同じく望《もう》。

記得《きとく》す、龐居士《ほうこじ》、大梅《だいばい》の常禪師《じょうぜんじ》を訪ない、問うて曰く、久しく大梅《だいばい》と響《ひび》く、未審《いぶかし》、梅子熟《ばいすじゅく》すや也《ま》た未《いま》だしや。梅曰く、你《なんじ》、甚《いず》れの處《ところ》に向《む》かってか口《くち》を下《くだ》す。居士《こじ》曰く、百雜碎《ひゃくざっさい》。梅、手を展《の》べて曰く、我れに核子《かくす》を還《かえ》し來《き》たれ。

師曰く、居士《こじ》、髻《もとどり》を把《と》って衙《が》に投《とう》ず、大梅《だいばい》、關《かん》を破《やぶ》って敵《てき》を受《う》く。全主全賓《ぜんしゅぜんひん》、機に當たって譲《ゆず》らず。甚《なん》に因ってか老居士《ろうこじ》、末後《まつご》に一著《いちじゃく》を放過《ほうか》す。試みに一轉語《いってんご》を代われ。代わって曰く、將《まさ》に謂《おも》えり、黄連《おうれん》、蜜《みつ》よりも甘《あま》しと、却《かえ》って是《こ》れ蜜《みつ》、黄連《おうれん》よりも苦《にが》し。

〈訳〉

龐居士が大梅山の法常禅師を訪れて問うた、「久しく大梅の名を聞いて来たが、梅の実は熟したか、まだか」と。大梅、「そなたはどこに口を下しているか」。居士、「（梅の実は）百雑砕でござる」。大梅、手を伸ばしていわく、「種は我れに返せ」。

この話頭を取り上げて師が言われた、「龐居士は自分の髻をひっつかんで役所に出頭したというもの。そして、大梅は関所を内からぶち破って敵を引っ張りこんだ。互いに主賓となるのを全うし、機にあたって譲らぬ応酬だったが、龐居士はなぜ末後に、もう一突きせずに一手ゆるしたのか。龐居士に代わって一語を着けよ」。師が代わっていわく、「黄連は蜜より甘いと思いきに、かえって蜜が黄連よりも苦いとは」。

○龐居士訪大梅常禅師＝『伝灯録』巻七、大梅山法常章、「龐居士、師に問う、〈久しく大梅と響く、未審《いぶかし》、梅子熟せるや〉。師云く、〈你、什麼《いずれ》の処に向かってか口を下す〉。士云く、〈与麼ならば則ち百雑砕〉。師云く、〈我れに核子を還し来たれ〉」。

○把髻投衙＝前出［二―三九］。

○破関受敵＝『犂耕』（電子達磨版四九二頁）に「逸堂曰く、放行と。忠曰く、関を破るとは自己の関を開いて、敵の来たり入るに任すなり。言うこころは、学者の来問に随順して答う」。

○放過一著＝一手ゆるめる。前出［二―四一］。

○将謂黄連甘於蜜、却是蜜苦似黄連＝『古尊宿語録』巻二十八、「仏眼和尚語録」に、「上堂。只だ今日明朝を知って、今朝明日を覚えず。事事一えに安排するに似たり、箭箭自然に的に中たる。甜き者は黄連よりも甜く、苦き者は苦きこと白蜜に過ぎたり。者般の滋味を喫得せば、乃ち手を以て舞を作《な》して曰く、妨げず、邏邏哩哩することを。下座」。

【二―一六二】［巻之二の四二丁表］

六月旦示衆曰、

半夏令辰、別無供養。白山滿天雪、黄河連底氷。臨濟喝徳山棒、一時拈來羅列面前。各各任現成受用。還覺寒毛卓豎麼。〔良久云〕六六三十六、清風動脩竹。

六月旦《たん》、衆《しゅ》に示して曰く、半夏《はんげ》の令辰《れいしん》、別に供養《くよう》する無し。白山満天《はくさんまんてん》の雪、黄河連底《こうがれんてい》の氷。臨済《りんざい》の喝、徳山《とくさん》の棒、一時《いちじ》に拈《ねん》じ來たって面前《めんぜん》に羅列《られつ》す。各各《おのおの》、現成受用《げんじょうじゅよう》に任す。還《かえ》って寒毛卓豎《かんもうたくじゅ》することを覺《おぼ》うるや。〔良久《りょうきゅう》して云く〕六六三十六、清風《せいふう》、脩竹《しゅうちく》を動かす。

〈訳〉

「半夏だというのに、特に供養するものはない。白山満天の雪と黄河連底の氷があるのみだ。臨済の喝と徳山の棒とを、一時に持ち来たって、諸君の面前に並べよう、各おの現成受用するに任す。さて、寒毛卓豎するや」。〔良久して云く〕「六六三十六、清風、脩竹を動かす」。

○白山満天雪＝「白山」は万年雪のある山、天山など。

○黄河連底氷＝これは無何有のもの。前出〔二一—三五〕「六月黄河連底凍」。

○六六三十六、清風動脩竹＝現成受用底。あるがまま、ありのまま。「六六三十六」は、『趙州録』に、「僧問う、〈羚羊《れいよう》角を挂くる時は如何〉。雲居云く、〈六六三十六〉。師云く、〈雲居師兄《すひん》猶お在り〉。僧却って問う、未審《いぶかし》、〈和尚の尊意如何〉。師云く、〈九九八十一〉」。

【二一一六三】［巻之二の四二丁表］

九月旦示衆。

古徳道、欲識佛性義、當觀時節因縁。時節既至、其理自彰。

作麼生是佛性義。如何是時節因縁。且道、是甚麼理。此三問、諸仁若道得、三處西湖一色秋。若道不得、一火徒弄泥團漢。速道。自代曰、明歴歴。又曰、秋後風光雨後山。


九月旦《たん》、衆《しゅ》に示す。

古徳《ことく》道《い》わく、佛性《ぶっしょう》の義《ぎ》を識らんと欲せば、當《まさ》に時節因縁《じせついんねん》を觀ずべし。時節《じせつ》既に至れば、其の理自ずから彰わる、と。

作麼生《そもさん》か是れ佛性《ぶっしょう》の義。如何《いか》なるか是れ時節因縁《じせついんねん》。且らく道え、是れ甚麼《なん》の理ぞ。此の三問、諸仁《しょにん》、若し道《い》い得ば、三處《さんしょ》の西湖《せいこ》、一色《いっしき》の秋。若し道い得ずんば、一火《いっか》、徒《いたず》らに泥團《でいだん》を弄《ろう》する漢《かん》。速かに道え。自ら代わって曰く、明歴歴《めいれきれき》。又た曰く、秋後《しゅうご》の風光《ふうこう》、雨後《うご》の山《やま》。


〈訳〉

「古徳は〈仏性の義を識らんと欲せば、当に時節因縁を観ずべし。時節既に至れば、其の理自ずから彰わる〉と言われた。

さて、仏性の義とは何ぞ。時節因縁とは何ぞ。これはいったいいかなる理か。諸君、この三つの問いに答えられたならば、〈三つある西湖では、いずこも同じ秋の夕暮れ〉だ。もし答えられなかったならば、〈どれもこれも泥団子をこねる仲間〉というものだ。さあ、速かに答えよ」。自ら代わっていわく、「明歴歴」。またいわく、「秋後の風光、雨後の山」。

○欲識仏性義＝前出［一―六八］。
○三処西湖一色秋＝西湖は、穎州、杭州、許州の三処にある。
○一火徒弄泥団漢＝『碧巌録』第三十六則、本則下語に「一火弄泥団漢」。『碧巌秘抄』に「一火ハ一組也、沙モ賓モ泥団子ヲコネルキタナイ仲間同士」、また「ムサムサシイ棒組」。「泥団」は言句、「一火」は一伙、一グループ。
○自代曰、明歴歴＝何が明歴歴か。仏性の義を識らんと欲せば、当に時節因縁を観ずべし。時節既に至れば、其の理自ずから彰わる。
○秋後風光雨後山＝蘇東坡「暴雨初めて晴る、楼上の晩景」の一に、「秋後の風光、雨後の山、満城の流水、碧潺潺。煙雲好き処、多子無し、昏鴉の未だ到らざる間に及取せん」。

【二―一六四】［巻之二の四二丁裏］

九月望示衆。
十五日已前、賊不打貧兒家。十五日已後、賊不入愼家門。正當十五日、白拈手段意在當陽。衆中却有奪賊鎗殺賊底達者麼。代曰、太平誰整閑戈甲、王庫初無如是刀。［時處處劫盜起］。

九月望《もう》、衆《しゅ》に示す。

十五日已前《いぜん》、賊《ぞく》、貧兒《ひんじ》の家を打《た》せず。十五日已後《いご》、賊《ぞく》、愼家《しんか》の門に入らず。正當《しょうとう》十五日、白拈《びゃくねん》の手段《しゅだん》、意は當陽《とうよう》に在り。衆中《しゅうちゅう》、却って賊鎗《ぞくそう》を奪って賊《ぞく》を殺す底《てい》の達者《たっしゃ》有りや。代わって曰く、太平《たいへい》、誰か閑戈甲《かんかこう》を整えん、王庫《おうこ》、初めより是《かく》の如きの刀無し。［時に處處《しょしょ》、劫盗《ごうとう》起こる］。

〈訳〉

「十五日已前は〈賊は貧乏人を狙わぬ〉というところ。十五日已後は〈用心深い家に賊は入らぬ〉というところ。本日はちょうど十五日だ、我が白拈賊の手段を真正面に出してあるぞ。諸君の中に賊の鎗を奪って賊を殺すような達者はおるか」。代わっていわく、「太平、誰か閑戈甲を整えん、王庫、初めより是の如きの刀無し」。［この頃、あちこちに強盗が勃発していた］。

○賊不打貧児家＝賊は貧乏人の家は襲わない。『伝灯録』巻十、湖南祇林和尚の章に、「毎《つね》に文殊普賢を叱って皆な精魅《せいみ》なりと為す。手に木剣を持って自ら降魔《ごうま》すと謂う。纔かに僧の参礼する有れば、便ち云う、〈魔来也《らいや》、魔来《らい》也《や》〉。剣を以て乱りに揮って方丈に潜入す。是の如くすること十二年、後に剣を置いて無言。僧問う、〈十二年前、什麽《なん》としてか降魔す〉。師曰く、〈賊不打貧児家〉。曰く、〈十二年後、什麽《なん》としてか降魔せざる〉。師曰く、〈賊不打貧児家〉」。

○賊不入愼家門＝用心している家に賊は入らない。「禍不入愼家門」。

○白拈手段意在当陽＝某（東陽）に白拈賊の手段があり、真正面に出してあるぞ。「白拈」は、臨済の家風を言い表わす語の一つ「白拈賊《びゃくねんぞく》」による。『五灯会元』巻十一、定上座章、「師、遂に臨済の上堂を挙して曰く、〈赤肉団上《しゃくにくだんじょう》に一無位の真人有り、常に汝等諸人の面門を出入す、未だ証拠せざる者は、看よ看よ〉。時に僧有り問う、〈如何なるか是れ無位の真人〉。済、禅牀を下りて搊住《すうじゅう》して曰く、〈道え道え〉。僧、擬議す。済、拓開《たっかい》して曰く、〈無位の真人、是れの乾屎橛《かんしけつ》ぞ〉と。巌頭、覚えず舌を吐く。雪峰曰く、〈臨済、大いに白拈賊に似たり〉」。

「白拈賊」は、従来、二説がある。『禅学大辞典』に「白は白昼、拈は取る。白昼盗賊、すりのこと。転じて、目にも止まらぬ迅機、大機用をいう。一説に、白は無の意で、刃物を用いないでかすめ盗るをいう」と二解を挙げる。中川『禅語字彙』に「昼強盗なり。人を恐れず、極めて大肝に振るまうをいふ」、また、『禅語辞典』に「白昼堂々のひったくり」とするのが、白字を白昼と解する立場。

これに対して『諸録俗語解』[一一三二]では次のようにいう。「白拈は、無手にて人の物を取ることなり。『聯灯会要』九、七、無位真人則の下に、〈雪峰云く、臨済は大いに白拈賊に似たり〉。……雪竇云く、夫れ善く竊む者は鬼神も知らず。既に雪峰に覰破せらる、臨済、是れ好手にあらず〉と。『無準録』臨済賛に云く、〈竊めども蹤を見ず、敗れども贓を見ざる、是れ真の白拈、其れ誰か与《とも》に当たらん〉と。これは〈いつの間に誰が取ったやら知れぬように、手目を見せずに盗むを上手〉との意なれば、〈ことごとしく刃物三昧をせず、人の知らぬように盗む〉を白拈賊と云う。刃物もたず戦うを〈白戦〉と云う。柔《ヤワラ》で人を殺すを〈白折〉〈白打〉と云う。日なたぼこりを〈白酔〉と云う。酒をのまずに酔うた心地なる故なり。……行脚しながら参禅の志なく、ブラブラ歩くを〈州県白踏僧〉と云う。其の外、〈白字《アテジ》〉〈白 走《ムダアシハコブ》〉〈白 酒《サカナナキサケ》〉など併せ考う可し。……人を殺し劫《おど》すには、刃物なくてはならぬなり。それに、少しの刃物も棒も持たず、で人の財物を奪い取るは、大いに人に越えたるの盗賊なり」。白隠の『碧巌秘抄』「白拈賊」に「手元ヲミセヌ、スッパノ皮（掏摸《すり》のこと）、油断ハナラヌ」とするのも、同じ理解。前の「白昼云々」説では、『禅語字彙』が釈するように「肝大」の意に傾いてしまい、後説でいう意味とは大きな違いがある。

○奪賊鎗殺賊＝『禅林類聚』巻十四、仏鑑慧懃の偈に、「賊馬に騎って賊を追い、奪賊鎗殺賊」。賊の馬を奪って、これに騎って賊を追い払い、賊の槍を奪って、これで賊を殺す。

○太平誰整閑戈甲、王庫初無如是刀＝前出［一―一七〇］。大休歇のところに閑言語は無用。

【二―一六五】［巻之二の四二丁裏］

開爐示衆。

今年初寒徹骨。者裏禪有些子。只是冷噤噤地如凍凌上驢。也莫由吐半句。山僧有箇方便門、爲諸人一時打開令無所乏。［良久云］指橘皮作猛火、變大地爲黄金。珍重。

開爐《かいろ》、衆《しゅ》に示す。

今年《こんねん》、初寒《しょかん》、骨《ほね》に徹《てっ》す。者裏《しゃり》、禪《ぜん》、些子《しゃし》有り。只だ是れ冷噤噤地《れいきんきんち》、凍凌上《とうりょうじょう》の驢《ろ》の如《ごと》し。也《ま》た半句《はんく》を吐くに由莫《よしな》し。山僧《さんぞう》、箇《こ》の方便門《ほうべんもん》有り、諸人《しょにん》の爲に一時《いちじ》に打開《たかい》して乏しき所無からしめん。［良久《りょうきゅう》して云く］橘皮《きっぴ》を指して猛火《もうか》と作《な》し、大地《だいち》を變じて黄金《おうごん》と爲す。珍重《ちんちょう》。

〈訳〉

「今年初めての寒さが骨にしみる。我がところにいささかの禅があるのだが、寒さで口は凍え、氷上を行く驢馬のようにおっかなびっくりで、半句も吐けぬ。山僧にひとつの方便門がある、諸君のために一時におっぴろげて、諸君の欠乏を補おう」［良久していわく］「橘皮を指して猛火と作し、大地を変じて黄金と為す。珍重」。

◯只是冷噤噤地如凍凌上驢＝『臨済録』示衆に「道流、你、這《こ》の一般の老師の口裏の語を取って是れ真道と為し、是れ善知識は不思議なり、我は是れ凡夫の心なり、敢えて他の老宿を測度《そくたく》せじ、と。瞎屢生《かつるせい》、你一生祇《た》だ這箇《しゃこ》の見《けん》解《げ》を作《な》して、這《こ》の一双の眼に辜負《こぶ》す。冷噤噤地にして、凍凌上の驢駒の如くに相似たり。我れ敢えて善知識を毀って、口業を生ぜんことを怕れず」。「冷噤噤地」は、口が凍えてものを言えぬさま。「如凍凌上驢」は、氷上を歩く驢馬がおどおどするように、「口業を生ずるのではないか」と恐れること。

◯指橘皮作猛火＝（乾燥した）ミカンの皮を火と勘違いする、という意味だが、ここでは、ミカンの皮を火にする。『五灯会元』巻二〇、韲庵慧温章に、「仏意祖意、魚目を将って明珠と作《な》すが如し。大乗小乗、似認橘皮為猛火」。

◯変大地為黄金＝大地を黄金に変えてしまうような自在の三昧。『華厳経疏』巻十一に「攪大海為酥酪、変大地為黄金」。

【二一一六六】〔巻之二の四二丁裏〕

十一月旦。

擧潙山畧運推遷事如何公案曰、當時仰山香嚴答話不得。即今諸人試下一轉語。代曰、燒葉爐中無宿火。

十一月旦《たん》。

潙山《いさん》、畧運推遷《きうんすいせん》の事如何《いかん》の公案《こうあん》を擧《こ》して曰く、當時《そのかみ》、仰山《きょうざん》、香嚴《きょうげん》、話に答え得ず。即今諸人《そっこんしょにん》、試みに一轉語《いってんご》を下せ。代わって曰く、燒葉爐中《しょうようろちゅう》、宿火《しゅくか》無し。

〈訳〉

潙山が示衆して〈仲冬厳寒、年年の事、晷運推移の事如何〉と尋ねたら、仰山も香厳も同じように、近前叉手《きんぜんしゃしゅ》して立った。この公案について師が言われた、「その時、仰山も香厳も答えられてはおらぬ。諸君、即今試みに一転語を下せ」。代わっていわく、「焼葉炉中に宿火無し」。

○潙山晷運推遷事如何公案＝前出［一─四一］。

○焼葉炉中無宿火＝『冷斎夜話』巻四、「魏野が詩に、葉を焼く炉中、宿火無し、読書窓下、残灯有り」。落ち葉を焼いておれば、埋み火はない。

【二─一六七】［巻之二の四三丁表］

冬至示衆。

古人曰、陽氣發時無硬地、陰陽不到處又作麼生。師代豎一指曰、一毛頭上定乾坤。

冬至《とうじ》、衆《しゅ》に示す。

古人《こじん》曰く、陽氣《ようき》發する時、硬地《こうち》無し、陰陽《いんよう》到らざる處、又た作麼生《そもさん》。師代わって、一指《いっし》を豎《た》てて曰く、

一毛頭上《いちもうとうじょう》、乾坤《けんこん》を定む。

〈訳〉

「古人は〈陽気発する時、硬地無し〉と言われたが、陰陽の到らざる処は如何」。師代わって、一指を竪てていわく、「一毛頭上、乾坤を定む」。

○陽気発時無硬地＝前出［一―六四］。『虚堂録』巻三「径山興聖万寿寺語録」。
○陰陽不到処＝前出［一―三七―二］「陰陽不到処、一片好風光」。
○一毛頭上定乾坤＝前出［二―五］。

【二―一六八】［巻之二の四三丁表］

所畜馬斃示衆。

擧。外道問佛、不問有言、不問無言。世尊良久。外道讃歎曰、世尊大慈大悲、開我迷雲令我得入。乃作禮去。阿難白佛、外道得何道理、稱讃而去。世尊曰、如世良馬見鞭影而行。

師曰、山僧頃者養一龍馬。忽然夜半不待鞭影、眨眼十萬八千里去。諸禪徳盡是眉藏寶劍、袖懸金鎚、莫有作死馬醫底麼。代曰、山中無所有、聊贈一枝梅。


畜《か》う所《ところ》の馬斃《うまたお》る、衆《しゅ》に示す。

擧《こ》す。外道《げどう》、佛に問う、有言《うごん》を問わず無言《むごん》を問わず。世尊良久《せそんりょうきゅう》。外道讃歎《げどうさんたん》して曰く、世尊大慈大悲《せそんだいじだいひ》、我が迷雲《めいうん》を開いて我れをして得入《とくにゅう》せしむ。乃ち作禮《さらい》して去る。阿難《あなん》、佛《ぶつ》に白《もう》す、外道《げどう》、何の道理《どうり》をか得て稱讃《しょうさん》して去る。世尊《せそん》曰く、世の良馬《りょうば》の鞭影《べんえい》を見て行くが如し。師曰く、山僧《さんぞう》、頃者《さきごろ》、一龍馬《いちりょうま》を養《か》う。忽然《こつねん》として夜半《やはん》、鞭影《べんえい》を待たず、眼《まなこ》を眨《さつ》すれば十萬八千里《じゅうまんはっせんり》にし去る。諸禪徳《しょぜんとく》、盡く是れ眉《まゆ》に寶劍《ほうけん》を藏《かく》し、袖《そで》に金鎚《きんつい》を懸《か》く。死馬醫《しばい》と作《な》る底《てい》、有ること莫しや。代わって曰く、山中所有《さんちゅうしょゆう》無し、聊《いささ》か一枝《いっし》の梅を贈る。

〈訳〉

外道が仏に問うた、「有言でもなく無言でもないところをお示しください」。世尊良久す。外道は讃歎して、「世尊は大慈悲をもって我が迷雲を開き、我れをして得入してくださった」と言って作礼して去った。阿難が仏に申し上げた、「外道はいかなる道理が分かって、称讃して去ったのですか」。世尊いわく、「世の良馬の鞭影を見て行くが如し」。この話頭を取り上げて師が言われた、「山僧《わたし》は一頭の良馬を養っていたが、夜半に鞭の影も見せないうちに、たちまち十万八千里のところに去ってしまった。諸君はみな眉に宝剣を蔵し、袖に金鎚を懸けた、判断力のある者ばかりだ、ここで死馬医となろうという者はおるか」。代わって曰く、「山中所有無し、聊か一枝の梅を贈る」。

○所畜馬斃示衆＝東陽禅師が少林寺で飼っていた馬が死んだ際の示衆。
○外道問仏＝『碧巌録』第六十五則、「外道問仏」。

○如世良馬見鞭影而行＝ほんとうの良馬は鞭うたなくとも、鞭の影を見ただけで千里を走り行く。
○眉蔵宝剣、袖懸金鎚＝『碧巌録』第百則、頌評唱に、「所以に宗師家は眉に宝剣を蔵し、袖に金鎚を掛けて、以て不平の事を断つ」。
○作死馬医＝『五灯抜萃』「死馬医」の一山一寧の注に「山云く、馬既に死し了るに、且つ医し看る。活するも也た得たり。死するも也た得たり」。『諸録俗語解』［四二二］「死馬医」に「『野客叢書』十二、十、俗語に作死馬医と。故に禅録に〈作死馬医〉は〈向下に落つる〉こととす」。ここでは、死んだ馬を生き返らす馬医ということ。
○山中無所有、聊贈一枝梅＝他に特に何とてないので、梅一枝をお送りする。馬に対する献辞。『太平御覧』巻九七〇、梅の部に「荊州記に曰く、陸凱《りくがい》、范曄《はんか》と相い善《よしみ》なり。江南より梅花一枝を寄せて長安に詣して曄に与う、兼ねて詩を贈って曰く、「花を折って駅使に逢う、隴頭《ろうとう》の人に寄与す、江南、有る所無し、聊か一枝の春を贈る（折花逢駅使、寄与隴頭人。江南無所有、聊贈一枝春）」。

【二一六九】［巻之二の四三丁裏］

臘月七夜定坐示衆。
明星未現時、還有頓悟底麼。代曰、滿堂一一新如來。

臘月七夜定坐《ろうげつしちやじょうざ》、衆《しゅ》に示す。
明星《みょうじょう》未だ現ぜざる時、還って頓悟底《とんごてい》有りや。代わって曰く、滿堂《まんどう》、一一新如來《いちいちしんにょらい》。

〈訳〉

「（釈尊を悟らせた）明星がまだ出ぬ時に頓悟する者はおるか」。代わっていわく、「満堂、一一新如来」。

○満堂一一新如来＝満堂の諸君すべてが、この臘月を終えて、新たな如来となるのだ。

【二一七〇】［巻之二の四三丁裏］

歳旦上堂。

白日現扶桑、紅霞飛碧落。撒手長空、正好商略。有麼。［問答不録］

乃曰、年甲子日甲子、錦上鋪花。天何言地何言、蓂階現暦。任運騰騰、分明歴歴。無端、鏡清明教二大老、遭問著新年頭佛法、墮在有無兩邊。醉倒張李二客、直至今不克勦絶。白鼻崑崙賀泰階平、烏眉齴齲吹無孔笛。與麼時節、且聽取牀角黒面翁、歡喜踊躍出來擊節麼。［卓一下云］祝祝。［叙謝不録］。

歳旦上堂《さいたんじょうどう》。

白日《はくじつ》、扶桑《ふそう》に現じ、紅霞《こうか》、碧落《へきらく》に飛ぶ。手を長空《ちょうくう》に撒《さっ》す、正に好《よ》し商略《しょうりゃく》するに。有りや。［問答《もんどう》、録せず］

乃ち曰く、年《とし》も甲子《かっし》、日《ひ》も甲子《かっし》、錦上《きんじょう》に花《はな》を鋪《し》く。天何をか言い、地何をか言う、蓂階《めいかい》、暦《こよみ》を現《げん》ず。任運騰騰《にんぬんとうとう》、分明歴歴《ふんみょうれきれき》。端無《はしな》くも、鏡清《きょうしょう》、明教《めいきょう》の二大老《にだいろう》、新年頭《しんねんとう》の佛法《ぶっぽう》を問著《もんじゃく》せられて、有無《うむ》の兩邊《りょうへん》に堕在《だざい》す。張李《ちょうり》の二客を酔倒《すいとう》して、直《じき》に今に至るまで勦絶《そうぜつ》すること克《あた》わず。白鼻《はくび》の崑崙《こんろん》、泰階《たいかい》の平らかなるを賀し、烏眉《うび》の鬅鬙《げんう》、無孔笛《むくてき》を吹く。與麼《よも》の時節《じせつ》、且《しば》らく牀角《しょうかく》の黒面翁《こくめんおう》、歓喜踊躍《かんぎゆやく》し出で來たって撃節《げきせつ》するを聽取《ちょうしゅ》すや。[卓一下《たくいちげ》して云く]祝《しゅく》、祝《しゅく》。[叙謝《じょしゃ》、録せず]。

〈訳〉

「(新年の元旦)東海の扶桑に白日が現れ、紅霞が東の天に飛ぶ。この長空に手を撒するところが、正に商量すべきところだ。手をサッとはなす者はあるか」。[問答は録せず]

そして師が言われた、「今年は年も甲子、正月一日も甲子で、まことに錦上に花を鋪いたというものだ。天地は何をいうでもない、しかも、その間に階蓂《こよみぐさ》は一日に一葉を生じ、四時は移り変わる。(騰騰和尚が歌うように、月の大小、歳の余閏も知らずに)今日も任運騰騰、明日も騰騰任運としていても、時の運行は分明歴歴だ。

ところが、鏡清と明教の二大老は、〈新年頭の仏法はあるかどうか〉と問われ、ついうっかり鏡清は〈有り〉と答え、明教は〈無し〉と答え、二人ともに有無の相対に陥ってしまった。明教に至っては、〈年年是れ好年であるのに、どうして無しなのか〉と問いつめられ、〈張公酒を喫して李公酔う〉と答え、張さん李さんの二人まで酔わせてしまった。そして、この問題は今に至るまで決着がついておらぬ。

さて、本日、白鼻の崑崙は太平をことほぎ、真っ黒眉の歯欠け親爺が無孔笛を吹いて伴奏してござる。そして、そこへ禅牀角に寄りかかっていた黒面翁が歓喜して踊りながら出て来て、合いの手を入れ始めた。諸君、このジャムセッションが聞こえるかな」。［卓一下して云く］「祝、祝」。［叙謝、録せず］。

○白日現扶桑、紅霞飛碧落＝「扶桑」は、日出づる東海にある神木。「碧落」は、東方の天。
○年甲子日甲子＝永正元年（一五〇四）甲子。元旦も甲子にあたったのであろう。
○天何言地何言＝『論語』陽貨に、「天、何をか言うや。四時行われ、百物生ず。天、何をか言うや」。『碧巌録』第四十七則、垂示に「天、何をか言うや、四時行わる。地、何をか言うや、万物生ず」。天地は何をいうでもない、しかも、その間、四時は移り、無言のうちにその道を行ずる。
○蓂階現暦＝「蓂」は蓂莢のことで、階に生えたので階蓂という。草莢ともいう。瑞草とされる。コヨミグサ。『帝王世記』に「尭の時、草莢有り階に生ず。毎月朔旦に一莢を生ず。月の半ばに至れば則ち十五莢を生ず。十六日に至って後は、日に一莢を落とし、月の晦に至って尽く。若し月が小なれば則ち一莢を余す。王者、是を以て暦を占う」。
○任運騰騰＝時の推移にまかせて、造作もせず、拘滞もせぬさま。『伝灯録』巻三十、騰騰和尚「了元歌」に「月の大小知らず、歳の余閏に管せず。……今日も任運騰騰、明日も騰騰任運」。
○分明歴歴＝これは何を指すか。こちらが意識しようはしまいが、時の運行は分明歴歴、ということか。
○鏡清明教二大老＝前出［一―四三―二］。「明教」は巴陵顥鑑のこと。
○酔倒張李二客＝明教が「年年是れ好年なるに、どうして無しなのか」と問い詰められて、「張公酒を喫して李公酔う」と答えたこと。
○白鼻崑崙＝白鼻の崑崙（真っ黒黒助）。「崑崙」は前出［一―三三―四］。絶対無分割のまるまるソノモノを擬人化していう。
○齴齵＝欠歯の老胡、達磨をいう。齴は、わらう、歯のあらわれるさま。齵は、むし歯。欠歯の老胡のことは、『犂耕』（電子達磨版三八三頁）に「忠曰く、叢林、古より伝説すらく、達磨、教者と論議す。教師怒って如意を擲って、師の当門の双歯に中って缺落すと。然れども僧史に載せず」と。
○黒面翁＝拄杖の擬人化。
○撃節＝前出［一―一六四］。

【二一―七二】［巻之二の四四丁表］

又擧天衣免人事偈師曰、少林今日、隨例攀條。急著眼看。［一拂云］金輪天子勅、草店家風別。便下座。

又た天衣免人事《てんねめんじんじ》の偈《げ》を擧《こ》して、師曰く、少林今日《しょうりんこんにち》、例《れい》に随《したが》って條《じょう》を攀《よ》づ。急《きゅう》に眼《まなこ》を著《つ》けて看《み》よ。［一拂して云く］金輪天子《こんりんてんし》の勅《ちょく》、草店家風別《そうてんかふうべつ》なり、といって便ち下座《げざ》。

〈訳〉
また天衣の免人事の偈を挙して、師が言われた、「少林《それがし》も今日は（故人の）例に随うことにしよう。急に眼を著けて看よ」。［一払して云く］「金輪天子の勅、草店家風別なり」といって便ち下座。

○天衣免人事偈＝前出［一―四四］。
○随例攀条＝「有条攀条、無条攀例」、法に条文があれば、それに従う、条文がなければ、先例に随う。『句双葛藤鈔』「有条攀条、無条攀例」に「アルベキ式条ニマカセタ事ゾ。法ヲタガヘヌゾ」。
○金輪天子勅、草店家風別＝前出［一―三三一］。「金輪聖王の詔勅（と同じような）格別なるやり口がそれがし（草店）のところにもある」。

【二―一七二】［巻之二の四四丁表］

上元示衆。

［拈拄杖云］我見燈明佛、本光瑞如此。即今燈明古佛、在山僧拄杖頭上、放大光明、照徹十方界。是甚麼祥瑞、諸禪徳試指出看。代曰、秦樓歌夜月、魏闕醉春風。


上元示衆《じょうげんじしゅ》。

［拄杖《しゅじょう》を拈《ねん》じて云く］我見燈明佛《がけんとうみょうぶつ》、本光瑞如此《ほんこうずいにょし》。即今《そっこん》、燈明古佛《とうみょうこぶつ》、山僧《さんぞう》が拄杖頭上《しゅじょうとうじょう》に在って、大光明《だいこうみょう》を放ち十方界《じっぽうかい》を照徹《しょうてつ》す。是れ甚麼《なん》の祥瑞《しょうずい》ぞ、諸禪徳《しょぜんとく》、試みに指出《ししゅつ》せよ看《み》ん。代わって曰く、秦樓《しんろう》、夜月《やげつ》に歌い、魏闕《ぎけつ》、春風《しゅんぷう》に醉《よ》う。


〈訳〉

［拄杖を拈じて云く］「〈我見灯明仏、本光瑞如此〉というが、即今、灯明古仏が山僧の拄杖に

とまって大光明を放ち十方世界を照徹しておる。これはいったい何の祥瑞か。諸君、試みに指出してみよ」。代わっていわく、「花街の妓館では夜月に歌い、朝廷では春風に酔うている」。

○我見灯明仏、本光瑞如此＝前出［二一一三二］。
○秦楼歌夜月、魏闕酔春風＝前出［二一一三一一］。

【二一一七三】［巻之二の四四丁表］

七月旦示衆。

正當今月日、天下大小刹、出牓看經。蓋効采菽氏救倒懸之例也。衲僧家、以父母未生前爲本分行履處。有甚倒懸之可救。雖然與麼、者裏別有事。各請下一轉語。代曰、新羅夜半日頭出。又曰、頭兮第一第二、臥龍不鑒死水。


七月旦《たん》、衆《しゅ》に示す。

正當今月日《しょうとうこんげつにち》、天下《てんか》大小《だいしょう》の刹《せつ》、牓《ぼう》を出《い》だして看經《かんきん》す。蓋《けだ》し采菽氏《さいしゅく》、倒懸《とうけん》を救《すく》うの例《れい》に効《なら》う。衲僧家《のうそうけ》は父母未生前《ふぼみしょうぜん》を以て本分行履《ほんぶんあんり》の處と爲す。甚《なん》の倒懸《とうけん》の救う可きか有る。然も與麼《よも》なりと雖も、者裏《しゃり》、別に事《じ》有り。各おの請う、一轉語《いってんご》を下せ。代わって曰く、新羅夜半《しんらやはん》、日頭《にっとう》出づ。又た曰く、頭《とう》たり、第一第二《だいいちだいに》、臥龍《がりょう》、死水《しすい》を鑒《かんがみ》みず。

〈訳〉

「ちょうど七月一日、天下の大小の寺では、看経牓を出して看経するならわしである。目蓮尊者が、その母が地獄に落ち倒懸の苦を受けているのを救われたことに倣ったものである。禅僧たるもの、〈父母未生前〉が本分行履のところであるから、倒懸の苦から救うなどということはない。ということで、ここに格別の一事がある。各おの一転語を下せ」。代わっていわく、「新羅夜半、日頭出づ」。またいわく、「頭たり、第一第二、臥龍、死水を鑑みず」。

○采菽氏救倒懸＝「采菽」は採菽。大目乾連の中国訳の名。『盂蘭盆経』、目蓮の母が地獄におち、倒懸の苦を受けたのを、目蓮が探しあて、その亡霊を救うべく、七月十五日の僧自恣《そうじし》の日、衆僧に供養したのが、盆会の起りである。
○新羅夜半日頭出＝（埒外の極北である）新羅に夜半に太陽が出る。『大慧語録』巻七「江西雲門庵語録」示衆に、「古人道わく、他人の住処に我れは住まず、他人の行く処に我れは行かず、と。是れ人と共に聚まること難きにあらず、大都《およそ》、緇素、分明ならんことを要す。喝一喝して云く、猶お這箇《しゃこ》の有る在り。雲門は即ち然らず。他人の住処に我も亦た住む、他人の行く処に我れも亦た行く。瞥喜瞥瞋、理会する無し。新羅夜半日頭明。且らく道え、古人と相去さること多少ぞ。試みに定当し看よ」。
○頭兮第一第二、臥龍不鑑死水＝『碧巌録』第九十五則、「長慶二種語」の頌。『碧巌録秘抄』に、「ドレガ第一頭第二頭ト云フカ。第一第二ト云フハ皆理会死水」。

【二一一七四】［巻之二の四四丁裏］

解夏。

擧僧問乾峯十方薄伽梵一路涅槃門公案曰、諸禪徳、乾峯猶是尋常底、雲門答處直是誵訛。諸人試下一轉語。代曰、閻浮樹下笑呵呵、昨夜驪龍拗折角。

解夏《かいげ》。

僧、乾峯《けんぽう》に十方薄伽梵《じっぽうばぎゃぼん》、一路涅槃門《いちろねはんもん》を問う公案《こうあん》を擧《こ》して曰く、諸禪徳《しょぜんとく》、乾峯《けんぽう》は猶お是れ尋常底《じんじょうてい》、雲門《うんもん》の答處《たっしょ》、直《じき》に是れ誵訛《ごうか》。諸人《しょにん》、試みに一轉語《いってんご》を下せ。代わって曰く、閻浮樹下《えんぶじゅげ》、笑い呵呵《かか》、昨夜《さくや》、驪龍《りりょう》、角《つの》を拗折《ようせつ》す。

〈訳〉

僧が乾峰に、「十方薄伽梵、一路涅槃門、その路頭はどこにありますか」と問うた公案を取り上げて師が言われた、「諸君、乾峰が拄杖を手にして〈者裏《しゃり》に在り〉と答えたのは、まだ尋常のやり口だ。しかし、雲門が扇子を手にして〈扇子、𨁝跳《ぼっちょう》して三十三天に上って、帝釈の鼻孔《びくう》を築著《ちくじゃく》す。云々〉と答えたのは、実に入り組んだ言葉だ。諸君、試みに一転語を下せ」。代わっていわく、「閻浮樹下、笑い呵呵、昨夜、驪龍、角を拗折す」。

○十方薄伽梵一路涅槃門＝『無門関』第四十八則「乾峰一路」に「乾峰和尚、因みに僧問う、〈十方薄伽梵、一路涅槃門、未審《いぶかし》、路頭は甚麼《いずれ》の処にか在る〉。峰、拄杖を拈起し、劃一劃して云く、〈者裏《しゃり》に在り〉。後に僧、雲門に請益《しんえき》す。門、扇子を拈起して云く、〈扇子踍跳して三十三天に上って、帝釈の鼻孔を築著す。東海の鯉魚、打つこと一棒すれば、雨、盆の傾くに似たり〉」。

○閻浮樹下笑呵呵、昨夜驪龍拗折角＝『碧巌録』第十四則の頌、「雲門対一説」の頌、「対一説、太《はなは》だ孤絶。無孔の鉄鎚、重ねて楔を下す。閻浮樹下、笑い呵々。昨夜驪龍、角を拗折す。別、別。韶陽老人、一橛を得たり」。『碧巌録秘抄』「閻浮樹下笑呵呵」に「大羅法師《ダイラボッチ》ガ高笑イ。猫ガ角ヲヘシ折ツタガ、タマラナイワイ」。

【二―一七五】［巻之二の四四丁裏］

八月旦上堂。

君不見露従今夜白、君不聞星河秋一雁。説了也説了也。諸人有甚麼疑團。各自珍重。

八月旦上堂《たんじょうどう》。

君見ずや、露は今夜《こんや》より白きことを、君聞かずや、星河《せいが》、秋一雁《あきいちがん》。説了也《せつりょうや》、説了也《せつりょうや》。諸人《しょにん》、甚麼《なん》の疑團《ぎだん》か有らん。各自珍重《かくじちんちょう》。

〈訳〉

「君見ずや、露は今夜より白きことを、君聞かずや、星河、秋一雁。ここにすっかり説き尽くされておるではないか。諸君、何の疑団かあらん。各自珍重」。

○露従今夜白＝杜甫「月夜憶舎弟」詩に「戍鼓《じゅこ》、人行断ゆ、辺秋、一雁の声。露は今夜従《よ》り白し、月は是れ故郷のごとく明なり。……」。

○星河秋一雁＝韓翃の「程延が秋夜即事を贈らるるに酬う」に「星河秋一雁、砧杵夜千家」。

○説了也説了也＝『句双葛藤鈔』「説了也」に「ハヤトキツクシタゾトナリ」。『碧巌秘抄』「説了也」に「ソレナラハヤ説イタト、トドメヲサシテミタ」。

【二一一七六】［巻之二の四四丁裏］

師入滅前三日、作偈示徒曰、造化小兒休嬲人、靈臺不動一微塵。侍僧勞苦以何謝、籬菊半開楓葉新。

師入滅《にゅうめつ》の前《まえ》三日、偈《げ》を作って徒に示して曰く、造化《ぞうけ》の小兒《しょうに》、人《ひと》を嬲《なぶ》ることを休《や》めよ、靈臺《れいだい》、一微塵《いちみじん》を動ぜず。侍僧《じそう》の勞苦《ろうく》、何を以てか謝《しゃ》せん、籬菊《りきく》半ば開いて楓葉《ふうよう》新たなり。

〈訳〉

師入滅の前三日、偈を作って徒に示していわく、「造化の小児、人を嬲ることを休めよ、霊台、一微塵を動ぜず。侍僧の労苦、何を以てか謝せん、籬菊半ば開いて楓葉新たなり」。

○師入滅前三日＝永正元年（一五〇四）八月二十一日。
○造化小児休嬲人、霊台不動一微塵＝造化の小児よ、人をなぶるのをやめよ。（いくらなぶっても）我が心は一微塵も動くことはないぞ。「造化小児」、造化の神を小児と呼ぶのは、唐の杜審言の故事。『新唐書』杜審言伝に「審言、疾甚し。宋之問、武平一等、如何かと省候《おみまい》す。答えて曰く、甚だ造化の小児の為に相苦しむ、尚お何をか言わん」。
○侍僧労苦以何謝、籬菊半開楓葉新＝侍者のご苦労に何をもって謝したらよかろう、垣根には菊が咲き、楓も色づいて来た（これをもって感謝としよう）。

【二―一七七】［巻之二の四四丁表］

師臨滅、書辭世偈曰、涅槃四柱、一時拗折。看看、珊瑚枝枝撐著月。憑甚魔宮化墨魔膽落。喝。
永正初元甲子仲秋念四日東陽叟筆

師、滅《めつ》に臨《のぞ》んで、辭世《じせい》の偈《げ》を書して曰く、涅槃《ねはん》の四柱《しちゅう》、一時《いちじ》に拗折《ようせつ》す。看《み》よ、看《み》よ、珊瑚《さんご》枝枝《しし》、月を撐著《とうじゃく》す。甚《なに》に憑《よ》ってか、魔宮《まきゅう》、墨と化し、魔膽《またん》落つ。喝。永正初元甲子《えいしょうしょげんきのえね》仲秋《ちゅうしゅう》念四日《ねんしにち》、東陽叟筆《とうようそうひつ》

〈訳〉

師、滅に臨んで、辞世の偈を書していわく、「涅槃の四柱、一時に拗折す。看よ、看よ、珊瑚枝枝、月を撐著す。甚に憑ってか、魔宮、墨と化し、魔肝落つ。喝。永正初元甲子仲秋念四

日、東陽叟筆」。

○辞世＝少林寺に真本が残る。口絵参照。

○涅槃四柱＝『涅槃経』に出る「本有今無、本無今有、三世有法、無有是処」の四偈を柱になぞらえていう。柱偈、四柱文とも。

○珊瑚枝枝撐著月＝前出〔一―二七―三〕。

○魔宮化墨魔肝落＝『大方広仏華厳経』巻七、賢首菩薩品第八の二、「諸魔宮殿如聚墨、光照十方悪道滅」。『句双葛藤鈔』「天魔肝落」に「古鏡未磨ノ答也、人我ヲ出ヌ処ナリ」。

○永正初元甲子仲秋念四日＝永正元年（一五〇四）八月二十四日。

少林無孔笛巻之二〔終〕

あとがき

妙心寺六世雪江宗深禅師のもとに、景川宗隆禅師(?-)、特芳禅傑禅師(一四一九～一五〇六)、悟渓宗頓禅師(一四一六～一五〇〇)、東陽英朝禅師(一四二八～一五〇四)の四神足が輩出し、ここに龍泉派、霊雲派、東海派、聖澤派という四派が始まり、のちの妙心寺派興隆の基ができあがった。この四哲にはそれぞれに語録が残されている。景川の『景川録』上下、特芳の『西源録』三巻、悟渓の『虎穴録』上下、東陽の『少林無孔笛』六巻である。この中で『少林無孔笛』はもっとも浩瀚なものである。

平成二十一年に瑞龍寺さまから命ぜられて、『虎穴録』の訳注本を刊行した。そのときの感想である。「いったい、室町時代の語録を現代語訳するなどということは無謀の極みであろう。大過をおかさぬよう、訓注まででおさめておくに如くはないのである。しかしながら、それでは古人の意図は現代人にはなかなか通じ難い。無謀を承知で、あえて現代訳を試みた所以である」と。今回はさらに一層の無謀をおかすことになった。『少林無孔笛』はより難解であり、しかも分量も多い。初めて出会う言葉も多い。この語録は妙心寺史における「文字禅」の代表といっていいだろう。

二〇〇三年、真源大道禅師(東陽英朝)五百年遠忌を記念して、禅師の撰述とされる『江湖風月集略注』を訳注本として刊行することを、聖澤院さまから要請された。この仕事に関しては、無著道忠禅師の懇切にして精緻な注釈書である『江湖集訓解』と、この撰述をさらに可山禅悦禅師が整理し補充した『江湖集訓解添足』という、じつにありがたい注釈書があり、大いに助けられ、かつ導かれつつ、何とか訳注本を出すことができた。このような先達の成果がなかったら、とても歯が立つものではなかった。この仕事を通じて、教えられ学ぶところはじつに多かったのだった。

『少林無孔笛』は、宝永六年(一七〇九)、京都銅駝坊の書肆上田正真から上梓されている。今回の底本がそれである。妙心寺慧照院の大春和尚が諸写本を集めて長らく整理して来られ、さらにこれに無著道忠和尚が校訂に加わって刊行されたものである。この刊行に際して、無著和尚が校訂の段階で記された『少林無孔笛校証』（春光院蔵）という写本が一冊残されている。このたびもまた、この無著和尚という偉大なる「霧海の南針」に大いに期待していたのである。しかしこの写本は『江湖集訓解』にくらべると、より簡単なもので未決事項の項目のみが記されたままのところも多い。実際に『少林無孔笛』を読み進めていくと、校訂が不十分なところもまま見られる。折しも、東陽禅師二〇〇年を迎えたころのことである。刊行が急がれる事情もあったのであろう。無著和尚の校証は未完のままだったのである。

本書は晦渋な修辞の連続で、まさに無孔笛から奏でられる陽春白雪の至難の曲調であるが、五〇〇年の歳時を超えて、我々に迫って来る名文でもある。再住瑞泉寺語録の「九月一日小参の語」（二―一一八）の自筆原本は、聖澤院、臨渓院、瑞巌寺に蔵される三本がある。聖澤派の亀鑑として伝えられて来たことは、序文で藤原宗欽老師が述べられているところである。再住龍興寺語録の「冬夜小参の語」（一―九七）は同時代の宗門への檄文ともいうべきもので、住大徳寺語録の「一休和尚入牌祖堂」（一―四二）とあわせ読むと、この時代の禅林の事情がうかがえる好資料となっている。

また、住不二菴語の「当晩小参」（二―九二、二―九三）には、明応元年十一月、東陽禅師が京都から美濃に至る苦難の旅程が述べられている。混迷乱擾のさなか、禅師の一行は比叡山を超え琵琶湖を渡って美濃に向かおうとするが、湖上でしばしば湖賊に悩まされるさまが記録されている。

『少林無孔笛訳注』は全体三冊で刊行される予定である。本書はそのうちの第一冊である。

平成二十九年四月　芳澤勝弘

◎編著者略歴◎

芳 澤 勝 弘（よしざわ・かつひろ）

1945年長野県生．同志社大学卒業．財団法人禅文化研究所主幹，花園大学国際禅学研究所教授（副所長）を歴任して，現在は国際禅学研究所顧問．専攻・禅学．

著書

『諸録俗語解』（編注，禅文化研究所，1999）
『白隠禅師法語全集』全14巻（訳注，禅文化研究所，1999～2003）
『江湖風月集訳注』（編注，禅文化研究所，2003）
『通玄和尚語録』訓注，上・下（共編注，禅文化研究所，2004）
『白隠—禅画の世界』（中公新書，2005）
『白隠禅師の不思議な世界』（ウェッジ，2008）
『白隠禅画墨蹟』（二玄社，2009）
The Religious Art of Zen Master Hakuin (Counterpoint Press, 2009)
『江月宗玩　欠伸稿訳注　乾』（思文閣出版，2009）
『悟渓宗頓　虎穴録訳注』（思文閣出版，2009）
『江月宗玩　欠伸稿訳注　坤』（思文閣出版，2010）

東陽英朝《とうようえいちょう》　少林無孔笛訳注《しょうりんむくてきやくちゅう》　一

2017（平成29）年４月23日　発行

編著者　芳 澤 勝 弘
発行者　田 中　大
発行所　株式会社　思文閣出版
〒605-0089 京都市東山区元町355
電話 075-533-6860（代表）

印　刷
製　本　株式会社 図書印刷 同朋舎

ISBN978-4-7842-1894-3　C3015

芳澤勝弘編著

東陽英朝　少林無孔笛訳注［全三冊］

一（巻之一・巻之二、入寺法語）　本体13,000円【既刊】

二（巻之三・巻之四、仏事）　2019年 8 月刊行予定

三（巻之五、偈頌　巻之六、像賛・道号）
2020年10月刊行予定